JUS PUBLICUM

Beiträge zum öffentlichen Recht

Band 9

# Privatrechtsgestaltung durch Hoheitsakt

## Verfassungsrechtliche und verwaltungsrechtliche Grundfragen

von

Gerrit Manssen

J.C.B. Mohr (Paul Siebeck) Tübingen

*Die Deutsche Bibliothek – CIP-Einheitsaufnahme*

*Manssen, Gerrit:*
Privatrechtsgestaltung durch Hoheitsakt: verfassungsrechtliche und verwaltungsrechtliche Grundfragen / von Gerrit Manssen. – Tübingen: Mohr, 1994
(Jus publicum; Bd. 9)
ISBN 3-16-146219-X
NE: Ius publicum



Das Buch wurde von Typographic in Tübingen aus der Garamond Antiqua belichtet, von Gulde-Druck in Tübingen auf alterungsbeständiges Werkdruckpapier der Papierfabrik Gebr. Buhl in Ettlingen gedruckt und von der Großbuchbinderei Heinr. Koch in Tübingen gebunden.

ISSN 0941-0503

# Vorwort

Die vorliegende Untersuchung wurde von der Juristischen Fakultät der Universität Regensburg im Sommersemester 1993 als Habilitationsschrift angenommen. Sehr herzlich danken möchte ich Herrn *Prof. Dr. Udo Steiner* für stetige und vielfältige Förderung, sowie den übrigen Professoren der Juristischen Fakultät, stellvertretend ihrem Dekan, Herrn *Prof. Dr. Hans-Jürgen Becker,* für die entgegenkommende Durchführung des Habilitationsverfahrens. Dankend erinnert sei an den Zweitberichterstatter, Herrn *Prof. Dr. Hermann Soell,* der am 15. November 1993 unerwartet verstorben ist. Ich widme diese Arbeit meiner Frau *Heike.*

Regensburg, 15. Dezember 1993 *Gerrit Manssen*

[illegible], DÖV 95, 922

# Inhaltsverzeichnis

# Abkürzungsverzeichnis

| | |
|---|---|
| a. A. | anderer Ansicht |
| ABl. | Amtsblatt |
| AcP | Archiv für civilistische Praxis |
| a. F. | alter Fassung |
| AG | Die Aktiengesellschaft |
| AGB | Allgemeine Geschäftsbedingungen |
| AFG | Arbeitsförderungsgesetz |
| AgrarR | Agrarrecht |
| AK-BGB | Alternativkommentar zum BGB |
| AktG | Aktiengesetz |
| Anm. | Anmerkung |
| AOK | Allgemeine Ortskrankenkasse |
| AöR | Archiv des öffentlichen Rechts |
| AP | Arbeitsrechtliche Praxis |
| ArbGG | Arbeitsgerichtsgesetz |
| ArchivPF | Archiv für das Post- und Fernmeldewesen |
| AT | Allgemeiner Teil |
| AtAnlV | Atomanlagenverordnung |
| AtomG | Atomgesetz |
| AtomVfV | Atomrechtliche Verfahrensverordnung |
| AuR | Arbeit und Recht |
| AVB | Allgemeine Versicherungsbedingungen |
| AWG | Außenwirtschaftsgesetz |
| AWVO | Außenwirtschaftsverordnung |
| Bad-Württem. | Baden-Württembergisches .. |
| BAG | Bundesarbeitsgericht |
| BAGE | Amtliche Entscheidungssammlung des Bundesarbeitsgerichts |
| BAnz. | Bundesanzeiger |
| BauGB | Baugesetzbuch |
| BauR | Baurecht |
| BayAGBGB | Bayerisches Ausführungsgesetz zum Bürgerlichen Gesetzbuch |
| BayBauO | Bayerische Bauordnung |
| BayDSchG | Bayerisches Denkmalschutzgesetz |
| BayGO | Bayerische Gemeindeordnung |
| BayKompKonflH | Bayerischer Gerichtshof für Kompetenzkonflikte |
| BayNatSchG | Bayerisches Naturschutzgesetz |
| BayObLG | Bayerisches Oberstes Landesgericht |
| BayObLGZ | Entscheidungen des Bayerischen Obersten Landesgerichts in Zivilsachen (amtliche Sammlung) |
| BaySammlG | Bayerisches Sammlungsgesetz |
| BayStiftG | Bayerisches Stiftungsgesetz |
| BayVBl. | Bayerische Verwaltungsblätter |
| BayVGH | Bayerischer Verwaltungsgerichtshof |
| BB | Der Betriebs-Berater |
| BBahnG | Bundesbahngesetz |
| BBankG | Gesetz über die Deutsche Bundesbank |
| BBauG | Bundesbaugesetz |
| BGB | Bürgerliches Gesetzbuch |
| BGBl. | Bundesgesetzblatt |
| BGH | Bundesgerichtshof |
| BGHZ | Amtliche Entscheidungssammlung des Bundesgerichtshofes in Zivilsachen |

| | |
|---|---|
| BHO | Bundeshaushaltsordnung |
| BImSchG | Bundesimmissionsschutzgesetz |
| BImSchVO | Verordnung zum Bundesimmissionsschutzgesetz |
| BK | Kommentar zum Bonner Grundgesetz |
| BKartA | Bundeskartellamt |
| BLG | Bundesleistungsgesetz |
| BlnStiftG | Berliner Stiftungsgesetz |
| BPflV | Bundespflegesatzverordnung |
| BR-Drs. | Bundesratsdrucksache |
| BSG | Bundessozialgericht |
| BSGE | Amtliche Entscheidungssammlung des Bundessozialgerichts |
| BRS | Baurechtssammlung |
| BSHG | Bundessozialhilfegesetz |
| BTO-Elt | Bundestarifordnung Elektrizität |
| BV | Bayerische Verfassung |
| B.v. | Beschluß vom |
| BVerfG | Bundesverfassungsgericht |
| BVerfGE | amtliche Entscheidungssammlung des Bundesverfassungsgerichts |
| BVerwG | Bundesverwaltungsgericht |
| BVerwGE | amtliche Entscheidungssammlung des Bundesverwaltungsgerichts |
| BVwVfG | Bundesverwaltungsverfahrensgesetz |
| BWNatSchG | Baden-Württembergisches Naturschutzgesetz |
| BWStiftG | Baden-Württembergisches Stiftungsgesetz |
| BWVGH | Baden-Württembergischer Verwaltungsgerichtshof |
| BWWassG | Baden-Württembergisches Wassergesetz |
| CMLR | Common Market Law Review |
| DB | Der Betrieb |
| DDR | Deutsche Demokratische Republik |
| DJT | Deutscher Juristentag |
| DÖV | Die Öffentliche Verwaltung |
| DuR | Demokratie und Recht |
| DVBl. | Deutsches Verwaltungsblatt |
| EG | Europäische Gemeinschaft |
| EGBGB | Einführungsgesetz zum Bürgerlichen Gesetzbuch |
| EnWG | Energiewirtschaftsgesetz |
| EuGH | Gerichtshof der Europäischen Gemeinschaften |
| EuGRZ | Europäische Grundrechte-Zeitschrift |
| EuMRK | Konvention zum Schutze der Menschenrechte und Grundfreiheiten |
| EuR | Europarecht |
| EWGV | Vertrag zur Gründung der Europäischen Wirtschaftsgemeinschaft |
| EvStL | Evangelisches Staatslexikon |
| FGG | Gesetz über die Angelegenheiten der freiwilligen Gerichtsbarkeit |
| FIW | Forschungsinstitut für Wirtschaftsverfassung und Wettbewerb |
| FluglärmG | Gesetz zum Schutz gegen Fluglärm |
| FlurbG | Flurbereinigungsgesetz |
| FStrG | Bundesfernstraßengesetz |
| GBO | Grundbuchordnung |
| GenG | Gesetz betreffend die Erwerbs- und Wirtschaftsgenossenschaften |
| GetreideG | Getreidegesetz |
| GewArch | Gewerbearchiv |
| GewO | Gewerbeordnung |
| GG | Grundgesetz |
| GK | Gemeinschaftskommentar |

| | |
|---|---|
| GmbHG | Gesetz betreffend die Gesellschaften mit beschränkter Haftung |
| GmS | Gemeinsamer Senat |
| GmS-OGB | Gemeinsamer Senat der Obersten Gerichtshöfe des Bundes |
| GRG | Gesundheits-Reformgesetz |
| GrstVG | Grundstücksverkehrsgesetz |
| GrstVVO | Grundstücksverkehrsverordnung |
| GRUR | Gewerblicher Rechtsschutz und Urheberrecht |
| GSZ | Großer Senat für Zivilsachen |
| GüKG | Güterkraftverkehrsgesetz |
| GVG | Gerichtsverfassungsgesetz |
| GVO | Gruppenfreistellungsverordnung |
| GWB | Gesetz gegen Wettbewerbsbeschränkungen |
| HAG | Heimarbeitsgesetz |
| HambWassG | Hamburgisches Wassergesetz |
| HambWegeG gesetz | Hamburgisches Wege- |
| HausratVO | Hausratverordnung |
| HbStR | Handbuch des Staatsrechts |
| HeimG | Heimgesetz |
| HemmbesG | Hemmnisbeseitigungsgesetz |
| HessNachbarRG | Hessisches Nachbarrechtsgesetz |
| HessStiftG | Hessisches Stiftungsgesetz |
| HGB | Handelsgesetzbuch |
| h.M. | herrschende Meinung |
| HRG | Handwörterbuch der Deutschen Rechtsgeschichte |
| Hrsg. | Herausgeber |
| hrsg. | herausgegeben |
| HS | Halbsatz |
| HwO | Handwerksordnung |
| JA | Juristische Arbeitsblätter |
| JuS | Juristische Schulung |
| JZ | Juristenzeitung |
| KartellVO | EWG-Verordnung Nr. 17, Erste Durchführungsverordnung zu den Artikeln 85 und 86 des Vertrages |
| K.B. | Kammerbeschluß |
| KG | Kammergericht |
| KO | Konkursordnung |
| KSchG | Kündigungsschutzgesetz |
| KSchVO | Kündigungsschutzverordnung |
| KWG | Gesetz über das Kreditwesen |
| LAG | Lastenausgleichsgesetz |
| LAI-Hinweise | Hinweise der nordrhein-westfälischen Landesanstalt für Immissionsschutz |
| LBG | Landbeschaffungsgesetz |
| LdRW | Lexikon des Rechts der Wirtschaft |
| LKV | Landes- und Kommunalverwaltung |
| LPK-BSHG | Lehr- und Praxiskommentar zum Bundessozialhilfegesetz |
| LuftVZO | Luftverkehrs-Zulassungs-Ordnung |
| MDR | Monatsschrift für Deutsches Recht |
| m.Fn. | mit Fußnote (bei Verweis auf das vorliegende Werk) |
| m.Fußn. | mit Fußnote (bei Verweis auf andere Werke) |
| MHRG | Gesetz zur Regelung der Miethöhe |
| MüKo | Münchener Kommentar zum Bürgerlichen Gesetzbuch |
| MünchArbR | Münchener Handbuch zum Arbeitsrecht |
| MuSchG | Mutterschutzgesetz |
| MUV | Vertrag über die Gründung der Europäischen Gemeinschaft für Kohle und Stahl |

| | |
|---|---|
| m.w.N. | mit weiteren Nachweisen |
| Nds.AGBGB | Niedersächsisches Ausführungsgesetz zum Bürgerlichen Gesetzbuch |
| NdsStiftG | Niedersächsisches Stiftungsgesetz |
| NJW | Neue Juristische Wochenschrift |
| NJW-RR | Neue Juristische Wochenschrift – Rechtsprechungsreport |
| NuR | Natur und Recht |
| NVwZ | Neue Zeitschrift für Verwaltungsrecht |
| NVwZ-RR | Neue Zeitschrift für Verwaltungsrecht – Rechtsprechungsreport |
| NWLWG | Nordrhein-westfälisches Landeswassergesetz |
| NWStiftG | Nordrhein-westfälisches Stiftungsgesetz |
| NWVBl. | Nordrhein-westfälische Verwaltungsblätter |
| NZA | Neue Zeitschrift für Arbeitsrecht |
| ÖJK | Österreichische Juristen-Kommission |
| OLG | Oberlandesgericht |
| OVG | Oberverwaltungsgericht |
| OVGE | Amtliche Entscheidungssammlung eines Oberverwaltungsgerichts |
| OWiG | Gesetz über Ordnungswidrigkeiten |
| PBefG | Personenbeförderungsgesetz |
| PflVersG | Pflichtversicherungsgesetz |
| PostG | Gesetz über das Postwesen |
| PostVerfG | Postverfassungsgesetz |
| PrALR | Allgemeines Landrecht für die Preußischen Staaten |
| PreisG | Preisgesetz |
| ProdHaftG | Produkthaftungsgesetz |
| PrOVG | Preußisches Oberverwaltungsgericht |

| | |
|---|---|
| RdA | Recht der Arbeit |
| Rdnr. | Randnummer |
| Rdz. | Randziffer |
| RG | Reichsgericht |
| RGBl. | Reichsgesetzblatt |
| RGRK | Reichsgerichtsrätekommentar |
| RIW | Recht der internationalen Wirtschaft |
| ROW | Recht in Ost und West |
| RVO | Reichsversicherungsordnung |
| Schl.-H.LVwG | Schleswig-holsteinisches Landesverwaltungsgesetz |
| SchwbeschG | Schwerbeschädigtengesetz |
| SchwbG | Schwerbehindertengesetz |
| SGb | Die Sozialgerichtsbarkeit |
| SGB | Sozialgesetzbuch |
| SGB V | Sozialgesetzbuch, Buch V, Gesetzliche Krankenversicherung |
| SGB X | Sozialgesetzbuch, Buch X, Verwaltungsverfahren (u.a.) |
| SGG | Sozialgerichtsgesetz |
| Slg. | Sammlung |
| Sp. | Spalte |
| StVG | Straßenverkehrsgesetz |
| StVO | Straßenverkehrsordnung |
| SZ | Süddeutsche Zeitung |
| TA-Lärm | Technische Anleitung Lärm |
| TA-Luft | Technische Anleitung zur Reinhaltung der Luft |
| TVG | Tarifvertragsgesetz |
| UmweltHG | Umwelthaftungsgesetz |
| UmwG | Umwandlungsgesetz |
| UnBefG | Gesetz über die unentgeltliche Beförderung Schwerbehinderter im öffentlichen Personennahverkehr |

| | |
|---|---|
| UPR | Umwelt- und Planungsrecht |
| Urt. v. | Urteil vom |
| usf. | und so fort |
| UTR | Jahrbuch des Umwelt- und Technikrechts |
| UWG | Gesetz gegen den unlauteren Wettbewerb |
| VAG | Versicherungsaufsichtsgesetz |
| VBlBW | Verwaltungsblätter für Baden-Württemberg |
| Verf.Rh.Pf. | Verfassung für Rheinland-Pfalz |
| Verf. Saarl. | Verfassung des Saarlandes |
| VermG | Vermögensgesetz |
| VermRÄndG | Zweites Vermögensrechtsänderungsgesetz |
| VersR | Versicherungsrecht |
| VerwArch | Verwaltungsarchiv |
| VG | Verwaltungsgericht |
| VGH | Verwaltungsgerichtshof |
| vgl. | vergleiche |
| VIZ | Zeitschrift für Vermögens- und Investitionsrecht |
| VO | Verordnung |
| VO-EWG | Verordnung der Europäischen Wirtschaftsgemeinschaft |
| VSSR | Vierteljahreszeitschrift für Sozialrecht |
| VVDStRL | Veröffentlichungen der Vereinigung der Deutschen Staatsrechtslehrer |
| VwGO | Verwaltungsgerichtsordnung |
| VwVfG | Verwaltungsverfahrensgesetz |
| WaStrG | Bundeswasserstraßengesetz |
| WEG | Wohnungseigentumsgesetz |
| WHG | Wasserhaushaltsgesetz |
| WissR | Wissenschaftsrecht, Wissenschaftsverwaltung, Wissenschaftsförderung |
| WiVerw | Wirtschaft und Verwaltung |
| WM | Wertpapier-Mitteilungen |
| WoBauG | (Zweites) Wohnungsbaugesetz |
| WoBindG | Wohnungsbindungsgesetz |
| WRP | Wettbewerb in Recht und Praxis |
| WRV | Weimarer Reichsverfassung |
| WuM | Wohnungswirtschaft und Mietrecht |
| WuW | Wirtschaft und Wettbewerb (Zeitschrift) |
| WuW/E | Wirtschaft und Wettbewerb, Entscheidungssammlung zum Kartellrecht |
| Z | Amtliche Entscheidungssammlung in Zivilsachen |
| ZfA | Zeitschrift für Arbeitsrecht |
| ZfS | Zentralblatt für Sozialversicherung und Versorgung |
| ZfV | Zeitschrift für Verwaltung |
| ZgesGenW | Zeitschrift für das gesamte Genossenschaftswesen |
| ZgesStW | Zeitschrift für die gesamte Staatswissenschaft |
| ZHR | Zeitschrift für das gesamte Handelsrecht und Wirtschaftsrecht |
| ZPO | Zivilprozeßordnung |
| ZRP | Zeitschrift für Rechtspolitik |
| ZZP | Zeitschrift für Zivilprozeß |

# A. Einleitung

## *I. Ziel der Untersuchung*

### *1. Hoheitliche Privatrechtsgestaltung als Verfassungsproblem*

Privatrecht ist staatliches Recht. Privatautonome Prozesse führen zu Rechtsbindungen aufgrund staatlicher Anerkennung.[1] Sie unterliegen staatlicher Mitwirkung, Mitverantwortung und Kontrolle.[2] Instrumente hierfür sind – neben anderen – die Ausgestaltung der Privatrechtsordnung durch formelles bzw. materielles Gesetz und die hoheitliche Gestaltung von Privatrechtsverhältnissen durch Gesetz oder durch Einzelakt. Sämtliche Vorgänge vollziehen sich vor dem Hintergrund privatrechtsrelevanter verfassungsrechtlicher Aussagen, die explizite oder implizite Garantien zugunsten privatautonomer Prozesse enthalten. Es kann sich um Abwehrrechte handeln, die sich zugunsten der Privatautonomie fruchtbar machen lassen, oder um die grundrechtliche Inpflichtnahme des Gesetzgebers zur Konstituierung privatrechtlicher Rechte und Pflichten.

Das Thema „Privatrechtsgestaltung durch Hoheitsakt" hat somit zum einen eine verfassungsrechtliche Dimension. Dogmatischer Klärungsbedarf ergibt sich daraus, daß der Schwerpunkt bisheriger Untersuchungen zum Verhältnis Verfassung – Privatrecht auf dem durch den Ausdruck „Drittwirkung" umschriebenen Problemkreis der privatrechtsbeeinflussenden Funktion der Grundrechte liegt.[3] Weitgehend nur in Einzelfragen erforscht ist die allgemeine Schutzfunktion der Grundrechte zugunsten des Privatrechts gegenüber Beeinflussungsprozessen durch Hoheitsakte.[4] Die Problematik des Verhältnisses von Verfassungsrecht und Privatrecht wird aber verzerrt, sieht man die Bedeutung der Grundrechte vor allem in der Parteinahme von aus ihnen abgeleiteten „Werten", „Prinzipien" oder Schutzfunktionen zugunsten einer oder

---

[1] *Flume*, AT II, S. 6 f.; MünchArbR-*Richardi*, § 10 Rdnr. 21; *Richardi*, Festschrift für Schwarz, S. 786 ff.; *Taupitz*, Standesordnungen, S. 599 f. m. w. N.

[2] Siehe *Bethge*, Grundrechtskollisionen, S. 19; *Burmeister*, Grundrechtsverständnis, S. 4; *Rittner*, AcP 188 (1988), 124.

[3] Siehe als Beispiel die Ausführungen von *Bethge*, Grundrechtskollisionen, S. 386 ff.

[4] Vgl. etwa *Bettermann*, Grundfragen des Preisrechts für Mieten und Pachten (1952), sowie die weiteren Nachweise im Text.

mehrerer Parteien eines Zivilrechtsverhältnisses. Eigentlich vorrangig und mindestens ebenso wichtig ist die Frage nach der Bedeutung der Grundrechte für die Autonomie im Bürger-Bürger-Bereich gegenüber staatlicher Ingerenz.

### *2. Hoheitliche Privatrechtsgestaltung als Thema des allgemeinen Verwaltungsrechts*

Privatrechtsgestaltung durch Hoheitsakt ist trotz intensiver verfassungsrechtlicher Bezüge im wesentlichen eine verwaltungsrechtliche Erscheinung. Der verwaltungsrechtliche Aspekt des Themas wird dominiert von der Figur des privatrechtsgestaltenden Verwaltungsaktes. Sie hat bisher in der verwaltungsrechtlichen Wissenschaft keine wirklich umfassende und gründliche Untersuchung erfahren. An dem von Steiner im Jahr 1981 anläßlich einer bauplanungsrechtlichen Untersuchung festgestellten dogmatischen Desinteresse[5] hat sich augenscheinlich wenig geändert. Bisherige Untersuchungen zu diesem Thema sind entweder schon älteren Datums,[6] oder sie erheben nur beschränkte wissenschaftliche Ansprüche.[7] Der privatrechtsgestaltende Verwaltungsakt ist aber nicht nur eine wissenschaftlich reizvolle Erscheinung, sondern auch eine praktisch bedeutsame.[8] Letzteres erweist sein Vorkommen in eigentlich allen wichtigen Gebieten des besonderen Verwaltungsrechts, sei es im Kommunal-, Gefahrenabwehr-, Bau-, Umwelt-, Sozial-, Stiftungs- oder Wirtschaftsrecht.[9]

Aus der weiten Verbreitung privatrechtsgestaltender Verwaltungsakte folgt die Notwendigkeit einer Untersuchung seiner allgemeinen verwaltungsrechtlichen Grundlagen. Für dieses Institut besteht die konkrete Gefahr dogmatischer Desintegration. Deutlich wird dies vor allem im Kartellrecht und dem dort unternommenen Versuch, den privatrechtsgestaltenden Verwaltungsakt durch

[5] *Steiner,* DVBl. 1981, 349 m. Fn. 5. Siehe auch *Greiffenhagen,* S. 15, der eine entsprechende Feststellung für den Bereich des Kartellverwaltungsrechts trifft.

[6] So die Arbeiten von *Bürckner,* Der privatrechtsgestaltende Staatsakt (1930), *Kroeber,* Das Problem des privatrechtsgestaltenden Staatsaktes (1931) und *Meyer zum Wischen,* Rechtsgeschäft und behördliche Genehmigung (1956).

[7] Etwa die Dissertationen von *Bengel,* Der privatrechtsgestaltende Verwaltungsakt (1968) und *Lutz Schmidt,* Unmittelbare Privatrechtsgestaltung durch Hoheitsakt (1975). Die Habilitationsschrift von *Schapp,* Das Verhältnis von öffentlichem und privatem Nachbarrecht (1978), beschränkt sich auf den Aspekt der privatrechtsgestaltenden Kraft von Anlagegenehmigungen. Die Untersuchung von *Gerlach,* Privatrecht und Umweltschutz im System des Umweltrechts (1989), betrifft ausschließlich das Zusammenspiel von öffentlichem und privatem Recht im Umweltbereich. Mit den Wechselwirkungen von öffentlichrechtlicher Genehmigung und zivilrechtlicher Rechtswidrigkeit beschäftigt sich die (gleichnamige) neuere Dissertation von *G. Wagner* (1989), jedoch primär aus zivilrechtlicher Sicht. Die Habilitationsschrift von *Loeber,* Der hoheitlich gestaltete Vertrag (1968), hat einen primär rechtsvergleichenden Ansatz und beschränkt sich auf das Vertragsrecht.

[8] Siehe *P. Neumann,* S. 35, und die weiteren Nachweise im Text.

[9] Nachweise im einzelnen im weiteren Text.

die Denkfigur der „Rechtsfolgenanordnung durch Verfahren“ zu ersetzen.[10] Tendenzen zur Entwicklung einer Sonderdogmatik mögen aus fachspezifischer Sicht verständlich sein. Gleichwohl ist ihnen entgegenzutreten, aus Gründen der Verständlichkeit, Überschaubarkeit und Berechenbarkeit des geltenden Rechts.[11] Geschehen soll dies vorliegend mittels einer Querschnittsuntersuchung. Die wichtigsten Erscheinungsformen des privatrechtsgestaltenden Verwaltungsaktes sind unter Einbeziehung auch kartellverwaltungsrechtlicher Befugnisnormen zu erfassen, selbst wenn eine Diskussion ihrer materiellrechtlichen Grundlagen (wie im übrigen bei den anderen Befugnissen für privatrechtsgestaltendes Handeln) unterbleiben muß. Das ist deshalb unschädlich, weil es vor allem darum geht, gemeinsame Strukturen in den unterschiedlichen Rechtsgebieten herauszuarbeiten, die es verbieten, in einzelnen Bereichen des Besonderen Verwaltungsrechts (und hierzu zählt auch das Kartellverwaltungsrecht) unabgestimmte Sonderantworten auf Fragen zu geben, die in anderen Bereichen in gleicher oder vergleichbarer Weise gestellt werden. Deshalb ist die vorliegende Untersuchung gerade auch eine solche zum Allgemeinen Verwaltungsrecht.

Ein weiteres Anliegen der Untersuchung ist es, der Frage nachzugehen, inwieweit privatrechtsgestaltende Tätigkeit vor allem durch privatrechtsgestaltende Verwaltungsakte eine Erscheinung ist, die mit dem die deutsche Rechtsordnung beherrschenden Dualismus von öffentlichem und privatem Recht vereinbar ist. Es stellt sich das Problem, ob es sich jedenfalls um etwas fachspezifisches, atypisches, regel- oder systemwidriges handelt. Eine solche Auffassung wird immer wieder zum Ausdruck gebracht, etwa in der Feststellung, der privatrechtsgestaltende Verwaltungsakt sei ein typisches Instrument von Not- und Krisenzeiten.[12] Hiergegen könnte vor allem sprechen, daß die Unterscheidung von privatem und öffentlichem Recht heute keine „wesensmäßigen“ Gründe mehr hat, sondern vor allem rechtstechnische Bedeutung. Dann ist der privatrechtsgestaltende Verwaltungsakt gerade wegen der Verflochtenheit von öffentlichem und privatem Recht notwendiges Standardhandlungsinstrument der öffentlichen Verwaltung, gegen dessen weitere Ausbreitung auch de lege ferenda keine Bedenken zu erheben wären.

---

[10] Siehe dazu *K. Schmidt,* Kartellverfahrensrecht – Kartellverwaltungsrecht – Bürgerliches Recht (1977), durchgehend. Ausführlich hierzu unten F I 3, S. 278 ff.

[11] So auch allgemein *Schmidt-Aßmann,* Ordnungsidee, S. 67.

[12] So *L. Schmidt,* S. 1 m. Nachweisen. Vgl. auch *W. Kilian,* AcP 180 (1980), 49 und 51, der den Kontrahierungszwang als zwar „legal“, aber „modellwidrig“ bezeichnet. Siehe weiterhin *H. Schulte,* Eigentum und öffentliches Interesse, S. 155, wonach die Präklusionswirkung nach § 26 GewO a. F. eine für einen Verwaltungsakt „ungewöhnliche Funktion“ sei. Weiterhin *Jarass,* DVBl. 1976, 738: Der Verwaltungsakt sei „allein am öffentlichen Recht orientiert“. *Meyer zum Wischen,* S. 22: An sich überschreite die Verwaltung die ihr von Hause aus gestellten Aufgaben, wenn sie durch einen Verwaltungsakt rechtsgestaltend (gemeint ist: privatrechtsgestaltend) wirke. Vgl. auch *Hedemann,* Festschrift für Nipperdey, S. 252. Gegen die Auffassung, wonach die hoheitliche Einwirkung auf zivilrechtliche Verträge eine bloße Krisen- und Übergangserscheinung sei, ausdrücklich *Loeber,* S. 2.

In dem Problem, inwieweit es gelingen kann, die Figur des privatrechtsgestaltenden als Institut des allgemeinen Verwaltungsrechts zu erhalten, erschöpft sich die integrative Fragestellung der Arbeit nicht. Zu untersuchen ist auch, ob der privatrechtsgestaltende innerhalb der „allgemeinen" Verwaltungsakte eine dogmatische Sonderkategorie darstellt, oder ob es sich um eine Erscheinungsform mit gewissen sachlichen Spezifika des damit erfaßten Problembereichs, aber ohne wirkliche Eigenständigkeit im „Regelhaushalt" handelt.

### *II. Hoheitliche Privatrechtsgestaltung im Spannungsverhältnis von Rechts- und Sozialstaat*

Privatrechtsgestaltende Tätigkeit durch Hoheitsakt findet statt vor dem allgemeinen verfassungsrechtlichen Hintergrund der Art. 20 Abs. 1 und 28 Abs. 1 GG. Danach ist die Bundesrepublik ein sozialer und demokratischer Rechtsstaat.[13] Das Grundgesetz enthält damit gegenläufige Verfassungsprinzipien, die gesetzgeberische Präferenzentscheidungen nötig machen, aber auch Gestaltungsmöglichkeiten eröffnen.[14] Wesentliches Merkmal des Rechtsstaats sowohl in seiner historischen Entwicklung als auch seiner aktuellen Bedeutung sind – neben dem Gewaltenteilungsprinzip –[15] die in den Grundrechten garantierten Freiheitsbereiche im weitesten Sinne, also der Schutz von Freiheit, Gleichheit und Eigentum gegen den Staatseingriff.[16] Zu den im Grundsatz gegen den Staat zu schützenden Freiheitsbereichen gehört auch das „Privatrecht", untechnisch und allgemein gesprochen der Komplex von geschriebenem und ungeschriebenem Recht, in dessen Rahmen Private untereinander frei von staatlicher Mitwirkung und Mitgestaltung ihre gegenseitigen Rechtsbeziehungen regeln.

Der Begriff des „Sozialstaats" wird hingegen dem des Rechtsstaates und damit auch den grundrechtlichen Freiheiten gegenübergestellt und vor allem als Auftrag und Verpflichtung zur Schaffung von sozialer Gerechtigkeit und

---

[13] Das der vorliegenden Untersuchung zugrundeliegende Vorverständnis soll an dieser Stelle kurz dargestellt, nicht diskutiert werden.

[14] Dies ist trotz gelegentlicher Einheitlichkeitstendenzen ganz überwiegend anerkannt. Siehe *Badura / Rittner / Rüthers*, S. 262; *Friauf*, DVBl. 1971, 678; *E. R. Huber*, Wirtschaftliche Mitbestimmung, S. 34 f.; *H. H. Klein*, Grundrechte, S. 63; *Lerche*, DÖV 1965, 214; *Pernthaler*, Qualifizierte Mitbestimmung, S. 55 ff.; *Scholz*, Paritätische Mitbestimmung, S. 26.

[15] Siehe *R. Dreier*, JZ 1985, 353.

[16] Siehe *von Arnim*, Leistungsstaat contra Rechtsstaat, S. 117; *Böckenförde*, Rechtsstaatsbegriff, S. 146; *Dreier*, JZ 1985, 353; *E. R. Huber*, Rechtsstaat und Sozialstaat, S. 263 und S. 267; *Scheuner*, Die neuere Entwicklung des Rechtsstaats, S. 471 ff., 490 f.; *Zacher*, Sozialpolitik und Verfassung, S. 389 ff., 404. Ausführliche Auseinandersetzung und Nachweise bei *Kunig*, Rechtsstaatsprinzip, S. 316 ff.

sozialem Ausgleich im Rahmen der Verfassung, also zur „Daseinsvorsorge“[17], zur „sozialen Intervention“[18] und zur „sozialen Korrektur der Gesellschaft“ verstanden.[19] Eines seiner Aspekte[20] ist damit auch der Schutz des zwar rechtlich Gleichgestellten, jedoch sozial und damit faktisch Unterlegenen, etwa auch im Bereich des vom bürgerlichen Recht beherrschten allgemeinen Vertragsrechts,[21] eines seiner Mittel der privatrechtsgestaltende Hoheitsakt, die Überwachung und Korrektur eigentlich als autonom ablaufend gedachter Prozesse durch Staatsakt, sei es im öffentlichen oder privaten Interesse.[22] Privatrechtsgestaltung durch Hoheitsakt ist also – soweit sich entsprechende verfassungsrechtliche Garantien bestimmen lassen – ein vor den Grundrechten zu rechtfertigender, kein unmittelbar von den Grundrechten geforderter Vorgang, auch wenn es um den Schutz von Privatinteressen geht.[23] Zwar gibt es Grundrechte, die die Sozialstaatsforderung des Art. 20 Abs. 1 und 28 Abs. 1 GG unterstützen und ergänzen.[24] Das gilt jedoch nicht insgesamt und umfassend für alle Grundrechte, trotz der unbestreitbaren Erscheinung der Grundrechtseffektuierung durch Organisation, Verfahren, Teilhaberechte, allgemein gesprochen durch konstituierte Rechtspositionen.[25] Deren freiheitsermöglichender Charakter und damit ihre Teilhabe am Grundrechtsschutz ist im Einzelfall zu begründen und nicht als Regelfall zugrundezulegen. Im Grundsatz ist daran festzuhalten, daß der Sozialstaatsgedanke in weiten Bereichen den Staats*eingriff* in Grundrechte verlangt und rechtfertigt.[26] Die Sozialstaatsforderung tritt in ein Kon-

---

[17] So *Benda,* in: Benda / Maihofer / Vogel, S. 512 ff.; *Böckenförde,* Rechtsstaatsbegriff, S. 162; *Forsthoff,* Verfassungsprobleme des Sozialstaats, S. 149; *Menger,* Der Begriff des sozialen Rechtsstaats, S. 71.

[18] Zum Begriff der „sozialen Intervention“ siehe vor allem *Zacher,* Sozialpolitik und Verfassung, S. 37 ff. Daseinsvorsorge und soziale Intervention sollen sich dadurch unterscheiden, daß Daseinsvorsorge von der ökonomischen Position der Bedürftigen grundsätzlich unabhängig sei (Beispiel: öffentliche Strom- und Wasserversorgung), während soziale Intervention in erster Linie die Antwort der staatlichen Gemeinschaft auf vorhandene Wohlstandsdifferenzen sei (so zumindest *Zacher,* aaO, S. 39). Durchgesetzt hat sich diese Unterscheidung allerdings nicht.

[19] *Berg,* GewArchiv 1990, 230.

[20] Der Sozialstaatsauftrag ist umfassend zu verstehen, also als Mandat zur Wirtschafts-, Gesellschafts- und Kulturpolitik (so zu Recht *Ossenbühl,* DÖV 1972, 26).

[21] *Nipperdey,* AT, S. 84.

[22] Siehe *Thiele,* Zustimmungen, S. 54, mit dem zutreffenden Hinweis, daß es sich bei (öffentlich-rechtlichen) Genehmigungserfordernissen um einen Eingriff in das Prinzip der Privatautonomie handelt.

[23] So allgemein hinsichtlich des Schutzes Privater vor „sozialer Macht“ auch *Isensee,* HbStR V, S. 613 Rdnr. 80.

[24] *Badura,* DÖV 1989, 495; *Zacher,* HbStR I, S. 1104 f. Rdnr. 99. Zu allgemein hingegen *Häberle,* Wesensgehaltsgarantie, S. 16 und S. 121: Die Sozialstaatsgarantie effektuiere die Freiheitsrechte. Differenzierter hingegen *ders.,* ebenda, S. 40: Lösung von Konflikten im Einzelfall zwischen Grundrechten und Sozialstaatsgarantie durch Güterabwägung.

[25] Vgl. *Scholz / Langer,* S. 34.

[26] *E. R. Huber,* Rechtsstaat und Sozialstaat, S. 263 und S. 267. Siehe auch *Fechner,* Freiheit und Zwang, S. 80: Freiheit und Zwang als Ausdruck des sozialen Gedankens; *Köttgen,* Der soziale Bundesstaat, S. 442; *Bogs,* Das Problem der Freiheit, S. 317.

kurrenzverhältnis zu den Grundrechten. „Sozialer Rechtsstaat“ ist zwar keine Antinomie,[27] jedoch in sich partiell dialektisch,[28] wenn nicht gar antagonistisch.[29]

## *III. Themenabgrenzung*

### *1. Privatrechtsgestaltung und Privatrechtsausgestaltung*

Mit den dargelegten Anliegen der Untersuchung sowie dem ihr zugrundeliegenden verfassungsrechtlichen Vorverständnis zum Verhältnis von Rechts- und Sozialstaat sind die Hauptproblemfelder für die vorliegende Untersuchung vorgezeichnet. Ausgangspunkt der Arbeit ist der Dualismus von öffentlichem und privatem Recht, Grundthema der Schutz des letzteren vor Publifizierung. Im Hinblick auf die Handlungsformen schwerpunktbestimmend ist der privatrechtsgestaltende Verwaltungsakt. Notwendig ist daher eine Begriffsklärung sowie eine Typisierung der wichtigsten Erscheinungsformen privatrechtsgestaltender Hoheitsakte. Ohne eine Stellungnahme zur Unterscheidung von öffentlichem und privatem Recht kommt eine Untersuchung zu Privatrechtsgestaltung durch Hoheitsakt ebenfalls nicht aus. Wenigstens in Ansätzen muß auch auf das richtige „Mischungsverhältnis“ zwischen beiden Bereichen eingegangen werden. Dies erleichtert die Bewertung privatrechtsgestaltender Hoheitstätigkeit im Rahmen verfassungsrechtlicher Garantien, die vor allem mittels des Übermaßverbotes zugunsten des Privatrechts fruchtbar gemacht werden können.

Das Thema „Privatrechtsgestaltung durch Hoheitsakt“ hat aber auch bei großzügiger Ausmessung des Grundrisses der Arbeit eine Weite, die thematische Beschränkungen nötig macht. Die erste versteht sich eigentlich von

---

[27] So auch *Bogs,* 43. DJT, Band II, G 13; *Krebs,* Vorbehalt des Gesetzes, S. 121. Vgl. allerdings auch *Scholz,* Der Staat 13 (1974), 92: ordnungspolitische Antinomien von Sozialstaatlichkeit und Rechtsstaatlichkeit.

[28] So *H. Huber,* Vertragsfreiheit, S. 20; *Friesenhahn,* 50. DJT, G 11; *Ossenbühl,* DÖV 1972, 26; *Zacher,* HbStR I, S. 1061 Rdnr. 26; *Abendroth,* Zum Begriff des Rechtsstaates, S. 121 f.: Der Sozialstaatsgedanke als Gegengewicht zu einem liberalistischen Grundrechtsverständnis. Siehe auch *E. R. Huber,* Rechtsstaat und Sozialstaat, S. 250 und S. 269, der zwar davon ausgeht, das Sozialstaatliche und das Rechtsstaatliche bildeten ein zusammengehörendes Ganzes, der die Einheit von Sozialstaat und Rechtsstaat aber als Ziel versteht, wonach Spannungen, Gegensätze und Kollisionen auszugleichen sind. Weiterhin *Bogs,* 43. DJT, Band II, G 13: Spannungsverhältnis, aber kein unüberbrückbarer Gegensatz.

[29] Siehe *Badura,* DÖV 1989, 498; vgl. auch *Raiser,* GG und Privatrechtsordnung, B 15: Das Sozialstaatsprinzip und die vom Grundgesetz garantierte freie Entwicklung der Einzelpersönlichkeit ständen im Verhältnis einer manchmal latenten, manchmal offenen Spannung; ähnlich auch *ders.,* JZ 1958, 5 f. und 8: Die Privatrechtsordnung werde vom Spannungsverhältnis zwischen Freiheit und sozialer Gerechtigkeit beherrscht. Weiterhin *Roscher,* Vertragsfreiheit, S. 72; *Ress,* VVDStRL 48 (1989), S. 104; *Böckenförde,* NJW 1974, 1538.

selbst. „Hoheitsakt" ist im Grunde genommen auch jede staatliche Rechtsnorm.[30] Untersuchungsgegenstand soll aber nicht insgesamt die privatrechtsrelevante staatliche Rechtsetzung sein, vor allem nicht die allgemeine Regelung privatrechtlicher Verhältnisse durch privatrechtlich oder öffentlich-rechtlich qualifizierte Gesetze im formellen oder materiellen Sinne,[31] weder bezüglich modaler Fragen (z. B. des Kodifikationsproblems), noch hinsichtlich der verfassungsrechtlichen Vorgaben.[32] Das ergibt sich letztlich bereits aus dem Titel. Es geht um Privatrechts*gestaltung,* nicht um Privatrechts*ausgestaltung.* Privatrechtsgestaltung zielt ab auf Begründung, Änderung oder Aufhebung *konkreter* Rechte und Pflichten. Privatrechtsausgestaltung[33] meint hingegen die Schaffung der *generellen* öffentlich-rechtlichen oder privatrechlichen *Rahmenbedingungen* für privatrechtliches Handeln, des allgemeinen Rechte- und Pflichtensystems, vor allem für den Abschluß privatrechtlicher Verträge, gelegentlich aber auch für den Inhalt bereits bestehender Schuldverhältnisse.[34] Deshalb gehört der Bereich der Drittwirkung nicht unmittelbar zum Bereich Privatrechtsgestaltung.[35] Außer Betracht bleibt auch das Problem der unmittelbaren Anwendbarkeit von Richtlinien der EG im Privatrecht.[36]

Die Unterscheidung von Privatrechtsgestaltung und Privatrechtsausgestaltung ist theoretisch einigermaßen klar zu ziehen. Das normative Preislen-

---

[30] Vgl. BVerfG, Urt. v. 17.5.1961, E 12, 354 (361): Der Erlaß eines formellen Gesetzes ist stets Ausübung öffentlicher Gewalt. Weiterhin *W. Wertenbruch,* Gedächtnisschrift für R. Schmidt, S. 89 f.

[31] Vgl. auch *Kroeber,* S. 13 und *Bürckner,* S. 4, die die privatrechtsgestaltenden Gesetzgebungsakte aus den Bereichen ihrer Untersuchungen ausklammern.

[32] Der Einfluß der Grundrechte auf die Privatrechtsordnung ist deshalb nach der Terminologie der vorliegenden Untersuchung keine Frage der Privatrechts*gestaltung,* sondern der Privatrechts*beeinflussung.* Anders etwa die Terminologie bei *Richardi,* Festschrift für Schwarz, S. 787.

[33] Siehe auch BGH, Urt. v. 6.6.1977, WM 1977, 1226 (1228): „Ausformung" von Rechten und Pflichten.

[34] Diese Terminologie ist eine Frage der Zweckmäßigkeit. Man kann auch – soweit sich dies nach dem Anliegen der Untersuchung anbietet – einen sehr viel weiteren Gestaltungsbegriff bevorzugen, der gesetzliche Vorgaben für zu schließende Verträge in den Gestaltungsbegriff einbezieht (siehe etwa *Loeber,* S. 93). Das Gesetz ist dann „abstrakt vertragsgestaltend" *(Loeber,* aaO). Auch *Loeber* blendet dann aber die „abstrakte Vertragsgestaltung" wieder aus dem Gestaltungsbegriff aus, indem er sie als „Vertragsregelung" bezeichnet. „Vertragsregelung" klingt aber noch „konkreter" als „Vertragsgestaltung". Deshalb ist der Begriff „Ausgestaltung" vorzugswürdig.

[35] In Randfragen ist hierauf gleichwohl einzugehen, siehe unten C III 3 a, S. 140 ff. Hält man im übrigen den Begriff der Drittwirkung für unglücklich gewählt, da es um den Einfluß der Grundrechte auf den gesamten Normbestand gehe (so *Raiser,* GG und Privatrechtsordnung, B 10), sollte man – zumindest aufgrund der dieser Arbeit zugrundeliegenden Terminologie – stattdessen nicht von der „privatrechtsgestaltenden Kraft des Grundgesetzes" sprechen (so aber *Raiser,* aaO), sondern von verfassungsrechtlichen „Ausgestaltungsvorgaben".

[36] Vgl. dazu etwa *Veelken,* JuS 1993, 271 f.

kungsrecht,[37] auch die Festsetzung von Tarifen im Verkehrsrecht durch Rechtsverordnung (§§ 20 a Abs. 6, 84 f Abs. 5 GüKG, § 51 PBefG), oder die Erscheinungsform des gesetzlichen Kontrahierungszwanges liegen (zunächst)[38] außerhalb des Themas der vorliegenden Untersuchung.[39] Gleiches gilt für das Zusammenspiel von privatem und öffentlichem Recht auf rein normativer Ebene (sog. Normverknüpfungen[40]), etwa die Anerkennung von öffentlichrechtlichen Bestimmungen als Schutzgesetze im Sinne von § 823 Abs. 2 BGB oder die Beschränkung der Produkthaftung nach § 1 Abs. 2 Nr. 4 ProdHaftG bei Vorliegen zwingender, gegebenenfalls auch öffentlich-rechtlicher Rechtsvorschriften.[41] Die sog. Verdingungsordnungen gehören ebenfalls zur Privatrechtsausgestaltung. Unabhängig davon, wie die Rechtsnatur im einzelnen zu bestimmen ist,[42] bereiten sie den Abschluß privatrechtlicher Verträge nur vor, nehmen aber keinen unmittelbaren Einfluß auf den Inhalt privatrechtlicher Rechtsverhältnisse.

Mit dieser Ausgrenzung ist aber auch die Problematik der Unterscheidung von Privatrechtsgestaltung und Privatrechtsausgestaltung aufgezeigt. Es kommt unter Umständen zur Trennung von unter anderen Gesichtspunkten sachlich Zusammengehörigem. Die hoheitliche Auferlegung einer Kontrahierungspflicht durch Verwaltungsakt gehört zur Privatrechtsgestaltung, und zwar nach dem folgend zu entwickelnden Verständnis auch dann, wenn sich der Kontrahierungszwang aufgrund einer Norm ergibt, für die der Erlaß des Verwaltungsaktes Tatbestandsmerkmal ist (Beispiel: Tarifgenehmigungen im Verkehrsrecht durch Verwaltungsakt, siehe etwa § 39 Abs. 1 und Abs. 3 PBefG).[43] Die Festsetzung von Beförderungsentgelten mittels Rechtsverordnung (z. B. nach § 51 PBefG) zählt als Normgebungsakt hingegen zur Privatrechtsausgestaltung. Nach der Neufassung des AWG besteht sogar eine beschränkte Wahlfreiheit, Eingriffe in Verträge mittels Rechtsverordnung oder mittels Verwal-

---

[37] Siehe dazu das – heute nur wenig wichtige – Preisgesetz v. 10.4.1948, BGBl. III 720-1. Dazu *Mutzbauer,* S. 3 ff.; *v. Zezschwitz,* DB 1973, 1435 ff. Eine Übersicht zu hoheitlichen Vorgaben für die Preisgestaltung gibt *Rittner,* Wirtschaftsrecht, § 23 Rdnr. 10 ff.

[38] Als verbindendes Element werden sich die grundrechtlichen Garantien erweisen. Siehe dazu die gleich folgenden Ausführungen.

[39] Vgl. auch *P. Neumann,* S. 37.

[40] Siehe *Ossenbühl,* DVBl. 1990, 964.

[41] Siehe *Ossenbühl,* DVBl. 1990, 964. Etwas anderes gilt für den Erlaß von Verwaltungsakten, der dann mittels der Anwendung privatrechtlicher Normen (etwa § 823 Abs. 2 BGB) zu privatrechtlichen Folgen führt. Hierbei handelt es sich um privatrechtsgestaltende Verwaltungsakte. Vgl. zum Fall der Baugenehmigung unten A V 6 b, S. 44 ff.

[42] Dazu *Kunert,* S. 60 ff. Bei den Teilen A handelt es sich richtiger Ansicht nach um Verwaltungsvorschriften, bei den Teilen B um AGB.

[43] Zur Einordnung in den Bereich der Privatrechtsgestaltung unten A V 5 c, S. 38 ff.

tungsakt anzuordnen.[44] Eine vergleichbare Austauschbarkeit von Rechtsverordnung und Verwaltungsakten kennt auch § 2 PreisG.[45]

Die Trennung beider Bereiche durch die primäre Orientierung an der Figur des privatrechtsgestaltenden Verwaltungsaktes ist für die vorliegende Untersuchung gleichwohl aus verschiedenen Gründen unabdingbar. Beim Erlaß von privatrechtsausgestaltenden formellen oder nichtformellen Gesetzen stellen sich nicht zuletzt auch Fragen der Gesetzgebungslehre und -wissenschaft (Kodifikation, Kompetenz, Übergangsrecht etc.). Sie verdienen keine Unterordnung unter verwaltungsdogmatische und hierauf bezogene verfassungsrechtliche Fragestellungen, die jedoch bei Mitbehandlung im Rahmen einer Untersuchung mit eben jenem Schwerpunkt unausbleiblich wäre, soll nicht jeder vernünftige Rahmen für die Arbeit gesprengt werden. Der Erlaß vor allem formeller, privatrechtsbeeinflussender Gesetze ist deshalb nur dann Gegenstand des Themas Privatrechtsgestaltung, wo der Bezug hierzu dies verlangt.[46] Lediglich die teilweise Austauschbarkeit von Verwaltungsakt und Rechtsverordnung gebietet eine beschränkte Hereinnahme des Erlasses von nichtformellen Normen in den Bereich Privatrechtsgestaltung. Der Regelungsbereich des Verwaltungsaktes ist jedenfalls dann nicht erschöpft, wenn zwar in eine größere Zahl von Privatrechtsverhältnissen eingegriffen wird, jedes einzelne aber im Sinne von § 35 S. 2 1. Var. VwVfG bestimmbar ist, weil es nur um in einem bestimmten Zeitpunkt bestehende Sonderbeziehungen geht. Insoweit es durch den Erlaß von Rechtsverordnungen oder Satzungen ebenfalls zu einer vergleichbaren Bestandsbeeinträchtigung kommt, ist diese Erscheinung in den Bereich von „Privatrechtsgestaltung" mit einzubeziehen.

---

[44] Neufassung des § 2 Abs. 2 AWG durch das 7. Gesetz zur Änderung des AWG v. 28.2.1992, BGBl. I 372.

Art. 2 Abs. 1 AWG lautet:

*„Soweit in diesem Gesetz Beschränkungen zugelassen sind, kann durch Rechtsverordnung vorgeschrieben werden, daß Rechtsgeschäfte oder Handlungen allgemein oder unter bestimmten Voraussetzungen*

*1. einer Genehmigung bedürfen oder*

*2. verboten sind."*

Art. 2 Abs. 2 S. 1 AWG lautet jetzt:

*„Der Bundesminister für Wirtschaft kann im Einvernehmen mit dem Auswärtigen Amt und dem Bundesminister für Finanzen die notwendigen Beschränkungen von Rechtsgeschäften und Handlungen im Außenwirtschaftsverkehr anordnen, um eine im einzelnen Falle bestehende Gefahr für die in § 7 Abs. 1 genannten Rechtsgüter abzuwenden."*

Art. 2 Abs. 2 S. 4 AWG lautet jetzt:

*„Die Anordnung tritt sechs Monate nach ihrem Erlaß außer Kraft, sofern die Beschränkung nicht durch Rechtsverordnung vorgeschrieben wird."*

Bei der Anordnung nach Art. 2 Abs. 1 AWG handelt es sich um einen Verwaltungsakt in Form einer Allgemeinverfügung (§ 35 S. 2 1. Var. VwVfG), denn der Kreis der Adressaten ist bestimmbar (*Hantke,* NJW 1992, 2124).

[45] Zur Verfassungsmäßigkeit beider Befugniskomplexe siehe BVerfG, B. v. 12.11.1958, E 8, 274 (305 ff.). Vgl. auch *Kimminich,* DÖV 1970, 226; *Klußmann,* S. 21.

[46] Zur teilweisen Einbeziehung des Erlasses von Rechtsverordnungen und Satzungen siehe die folgenden Ausführungen.

Bereits in diesem frühen Stadium der Untersuchung wird somit bereits deutlich, daß es schwierig werden wird, den Begriff „Privatrechtsgestaltung" als eine eigene dogmatische Kategorie zu entwickeln. Ein Grundanliegen der Untersuchung ist es allerdings auch, verfassungsrechtliche Vorgaben und Grenzen aufzuzeigen, denen vor allem der formelle Gesetzgeber beim Erlaß von Ermächtigungen zu privatrechtsgestaltendem Staatshandeln unterliegt. Solches gesetzgeberisches Handeln ist letztlich auch eine Form von Privatrechtsausgestaltung. Aussagen zu verfassungsrechtlichen Garantien betreffen deshalb als verbindende Klammer gleichzeitig die „normale" Privatrechtsgesetzgebung wie die „Privatrechtsgestaltungsgesetzgebung". Dadurch, daß die verfassungsrechtlichen Aussagen nicht zwingend auf die eigentliche Privatrechtsgestaltung beschränkt sind, mag dem Eindruck der Willkürlichkeit etwas entgegengewirkt sein, der mit der Unterscheidung von Privatrechtsgestaltung und Privatrechtsausgestaltung zunächst entstehen mag.

### *2. Vorbehalt zugunsten der Privatrechtswissenschaft*

Ein zweiter Bereich von Ausgrenzungen ist disziplinbedingt. Er folgt aus einer fachlichen Beschränkung der Untersuchung auf das öffentliche Recht. Nicht ihr Thema sind solche Vorgänge, die üblicherweise von der Privatrechtswissenschaft behandelt werden bzw. zu behandeln sind.[47] Dies betrifft zunächst die vielfältigen justiziellen Genehmigungserfordernisse, etwa im Bereich des Familienrechts, der freiwilligen Gerichtsbarkeit etc. Bei materieller Betrachtung, vor allem dann, wenn man von einem materiellen Verwaltungsaktsbegriff ausgeht, mag eine solche Beschränkung zweifelhaft erscheinen.[48] So haben etwa vormundschaftliche Genehmigungen (§§ 1793 ff. BGB) zweifellos privatrechtsgestaltenden Charakter.[49] Die heute für das öffentliche Recht maßgebende Verwaltungsaktsdefinition in § 35 S. 1 i. V. m. § 1 Abs. 4, § 2 Abs. 3 Nr. 1 VwVfG ist jedoch insoweit eine formelle, als die von Justizbehörden nach privatrechtlichen Gesetzen ausgeübte Tätigkeit ausgegrenzt wird. Damit ist eine entsprechende wissenschaftliche Beschränkung angezeigt und legitim. So enthält etwa § 55 FGG für die Änderung wirksam gewordener Genehmigungen eine Sonderregelung, die für das allgemeine Verwaltungsrecht nicht existiert und gleichzeitig einen Rückgriff auf die allgemeinen Grundsätze des VwVfG ausschließt.[50] Von Interesse sind für die vorliegende Untersuchung deshalb allein privatrechtsgestaltende Akte der Dritten Gewalt im institutionellen Sinne. Denn die Suche nach einer allgemeinen Dogmatik des privatrechtsge-

[47] Weitere Ausgrenzungen aufgrund Vorbehalts zugunsten bzw. zulasten der Privatrechtswissenschaft erfolgen im Laufe der Untersuchung bei der Behandlung der jeweiligen Einzelfragen.

[48] So vor allem *W. Wertenbruch*, Gedächtnisschrift für R. Schmidt, S. 90 ff.

[49] *Bumiller / Winkler*, § 55 Rdnr. 2; *Meyer zum Wischen*, S. 21; MüKo-*Schwab*, § 1828 Rdnr. 5; Palm, S. 33.

[50] MüKo-*Schwab*, § 1828 Rdnr. 5; *Palm*, S. 34.

staltenden Staatshandelns trifft von vornherein auf unüberwindliche Schwierigkeiten, nimmt man nach positivrechtlicher Ausgestaltung zu heterogene Erscheinungen mit in die Untersuchung hinein. Ausgeblendet bleiben deshalb auch Fragen des Urheber-, Patent-, Gebrauchsmuster- und Geschmacksmusterrechts.

### *3. Weitere Beschränkungen*

Die folgende Untersuchung ist als monographische Querschnittsuntersuchung konzipiert. In ihr geht es vor allem um Verbindungslinien zwischen öffentlichem und privatem Recht. Entwickelt werden sollen allgemeine verfassungsrechtliche Grenzen, sowie dogmatische Begriffe und Regeln privatrechtsgestaltenden Staatshandelns. Daher stehen solche Hoheitsakte im Vordergrund des Interesses, die für privatrechtsgestaltendes Handeln des Staates typisch sind, deren „Regelhaushalt" auf andere Erscheinungen, die auf anderen gesetzlichen Grundlagen beruhen, ganz oder zumindest teilweise übertragbar erscheinen. Nicht angestrebt wird hingegen, ein Kompendium privatrechtsgestaltenden Staatshandelns vorzulegen.

Betroffen von der aus diesem Grund notwendigen Beschränkung sind solche Bereiche, die aufgrund spezifischer verfassungsrechtlicher Fundierung dogmatisch weitgehend ein Eigenleben führen, etwa der Bereich „Enteignung". Der Enteignungsbeschluß ist ein klassischer privatrechtsgestaltender Hoheitsakt. Der relativ ausführliche Verfassungstext des Art. 14 Abs. 3 GG hat insoweit jedoch eine Dogmatik entstehen lassen, deren Erfassung den Umfang der vorliegenden Untersuchung sprengen würde. Gleiches gilt für die Rechtsfragen, die sich aus dem VermG ergeben.[51] Art. 14 Abs. 3 GG kommt deshalb vor allem dann in das Blickfeld dieser Untersuchung, soweit es um die Abgrenzung zu Fragen der Inhalts- und Schrankenbestimmung geht.[52] Keine auch nur annähernd erschöpfende Behandlung können die privatrechtsgestaltenden Hoheitsakte im Zusammenhang mit arbeitsrechtlichen Kollektivregelungen erfahren, etwa die Allgemeinverbindlicherklärung von Tarifverträgen (§ 5 TVG) als privatrechtsgestaltender Hoheitsakt gegenüber nicht tarifgebundenen Arbeitnehmern und Arbeitgebern,[53] oder die Festlegung von Entgelten und

---

[51] Ein privatrechtsgestaltender Verwaltungsakt ist etwa die Entscheidung über die Rückübertragung eines Eigentums- oder sonstigen dinglichen Rechts, siehe § 34 Abs. 1 VermG.

[52] Unten E II 3, S. 267 ff.

[53] Anders allerdings BVerfG, B. v. 24.5.1977, E 44, 322 (340): Die Allgemeinverbindlicherklärung von Tarifverträgen sei im Verhältnis zu den ohne sie nicht tarifgebundenen Arbeitgebern und Arbeitnehmern ein Rechtsetzungsakt eigener Art zwischen autonomer Regelung und staatlicher Rechtsetzung. Überzeugend ist diese Auffassung jedoch nicht. Die in § 5 Abs. 1 und Abs. 2 TVG vorgesehenen Mitwirkungsbefugnisse der Arbeitgeber und Arbeitnehmer bzw. ihrer Vertretungen sind Rechtmäßigkeitsvoraussetzungen für die Allgemeinverbindlicherklärung. Sie ändern nichts daran, daß es sich bei der Erklärung selbst um einen Hoheitsakt handelt. Dadurch, daß keine Pflicht zum Erlaß der Allgemeinverbindlicherklärung auch bei zustimmender Stellungnahme besteht, verbleibt die Verant-

sonstigen Vertragsbedingungen für Heimarbeitende nach § 19 HAG. Das typische soziale Spannungsfeld, in dem solche Maßnahmen stattfinden, hat in Art. 9 Abs. 3 GG einen speziellen verfassungsrechtlichen Hintergrund. Die Garantie der Koalitionsfreiheit verlangt in besonderer Weise staatliche Zurückhaltung.[54] Die dadurch aufgeworfenen Fragen lassen sich ebenfalls nicht in eine Untersuchung zu allgemeinen verfassungsrechtlichen und verwaltungsrechtlichen Fragen integrieren. Inwieweit Art. 9 Abs. 3 GG dogmatische Sonderwege erlaubt bzw. fordert und wie die vom Gesetzgeber gewählten Wege einzuordnen sind, ist nur durch eigenständige monographische Untersuchungen angemessen zu behandeln. Es stellen sich zu viele Spezialfragen, die erst nach langen Vorbehandlungen Ertrag für die allgemeine Dogmatik hoheitlicher Privatrechtsgestaltung abwerfen können.[55]

Nicht Gegenstand der vorliegenden Arbeit sind schließlich alle Tätigkeiten des Staates in privatrechtlichem Gewande.[56] Begibt der Staat sich ins Privatrecht, gestaltet er zwar private Rechtsverhältnisse, jedoch nicht durch Hoheitsakt.

## *IV. Klassifizierung privatrechtsgestaltender Staatsakte als Strukturvorgabe für die Untersuchung*

### *1. Öffentliche und private Interessen*

Privatrechtsgestaltende Hoheitsakte kommen in der deutschen Rechtsordnung an unterschiedlichsten Stellen und in verschiedensten Zusammenhän-

---

wortung für ihren Erlaß und auch ihren Inhalt umfassend beim Staat, trotz des unbestreitbar großen Einflusses der Tarifvertragspartner im Vorfeld (anders BVerfG, aaO, S. 34, das davon ausgeht, daß hinsichtlich der inhaltlichen Gestaltung und „der Gesetzgebungsinitiative" das „Schwergewicht" eindeutig bei den Tarifparteien liege.). Vgl. im übrigen auch BVerwG, Urt. v. 3.11.1988, E 80, 355 ff., zur Möglichkeit verwaltungsgerichtlichen Rechtsschutzes bei Ablehnung einer Allgemeinverbindlicherklärung durch die zuständigen staatlichen Stellen.

[54] Siehe nur BVerfG, B. v. 27.2.1973, E 34, 307 (316): Der Gesetzgeber habe kraft der Grundentscheidung des Art. 9 Abs. 3 GG die Bestimmung über alle regelungsbedürftigen Einzelfragen des Arbeitsvertrages den in den Tarifparteien organisierten Arbeitnehmern und Arbeitgebern zu überlassen; B. v. 24.5.1977, E 44, 322 (341): „Normsetzungsprärogative" der Koalitionen.

[55] Nicht nur die Rechtsnatur der Allgemeinverbindlicherklärung nach § 5 TVG ist umstritten (siehe BVerfG, B. v. 24.5.1977, E 44, 322 / 338 ff.). Für die Festsetzungen von Heimarbeitsausschüssen bzw. seine Entscheidungen nach § 19 und § 1 Abs. 4 HAG ist schon unklar, ob es sich um einen staatlichen Hoheitsakt handelt. Zu Recht ablehnend BVerfG, B. v. 27.2.1973, E 34, 307 (320): Im Heimarbeitsausschuß ständen sich „'unorganisierte Tarifparteien'" gegenüber; die Qualität der Festsetzungen als Rechtsregeln folge aus der staatlichen Anerkennung, die im Art. 9 Abs. 3 GG wurzele.

[56] So auch *Bürckner,* S. 1, für den Bereich seiner Untersuchung.

gen vor. Es gibt deshalb eine Reihe von Möglichkeiten der Klassifizierung.[57] Eine ist die der Unterscheidung zwischen der Wahrnehmung öffentlicher oder privater Interessen. Primäres Ziel einer Reihe von privatrechtsgestaltenden Staatsakten ist allein die Geltendmachung öffentlicher Belange. Andere, vor allem die Zustimmungsvorbehalte der Arbeitsverwaltung im besonderen Kündigungsschutzrecht (etwa § 9 Abs. 3 MuSchG, §§ 14 ff. SchwbG), dienen vor allem oder zumindest auch privaten Interessen.[58] Als Strukturvorgabe für eine weitere Untersuchung eignet sich diese Unterscheidung allerdings nicht.[59] „Privates" und „öffentliches Interesse" geben nur sehr allgemeine Richtungen für eine Unterscheidung an.[60] Beide Gruppen stehen in keinem notwendigen oder begrifflich absoluten Gegensatz.[61] Vor allem die Diskussion um die Abgrenzung von öffentlichem und privatem Recht[62] hat deutlich ergeben, daß auf diese Weise keine eindeutigen Zuordnungen möglich sind. Dies hat im wesentlichen zwei Gründe. Die meisten Rechtsnormen, auch solche, die zur Herbeiführung privatrechtsgestaltender Wirkungen ermächtigen, dienen gleichzeitig öffentlichen und privaten Interessen.[63] Des weiteren ist in vielen Fällen das, was als „öffentliches Interesse" bezeichnet wird, nichts anderes als die Verallgemeinerung von privaten Belangen,[64] die Kumulation einer unbestimmten Zahl von Einzelinteressen. Aus dem Bereich der privatrechtsbeeinflussenden Wirtschaftsaufsicht[65] paradigmatisch genannt sei das Genehmigungserfordernis für Änderungen des Geschäftsplans einer Versicherung nach §§ 8 Abs. 1 Nr. 2 1. Var., 13 Abs. 1 VAG. Die Erteilung oder Nichterteilung der Genehmigung ist nicht privatrechtsgestaltend, d. h. ohne Einfluß auf die Wirksamkeit abgeschlossener Verträge.[66] Nach Auffassung des BVerwG ist das Bundesaufsichtsamt für das Versicherungswesen bei der Entscheidung über die Genehmigungserteilung auch nicht als „Stellvertreter" für die Versicherten, sondern nur zur Wahrung öffentlicher Interessen tätig.[67] Unter dem Gesichtspunkt der Interes-

---

57 Siehe sehr detailliert zur Gruppenbildung bei privatrechtsgestaltenden Verwaltungsakten *L. Schmidt,* S. 71 ff.

58 Vgl. auch schon *O. Lange,* AcP 152 (1952/53), 251 f.

59 So auch für den Bereich seiner Untersuchung *Meyer zum Wischen,* S. 14.

60 Vgl. *Kunert,* S. 73 ff. Instruktiv auch *Hügel,* S. 30, zur Frage, ob private Belange zu den „überwiegenden Gründen des Allgemeinwohls" im Sinne der straßenrechtlichen Teileinziehungsbestimmungen gehören.

61 *Scholz,* Wirtschaftsaufsicht, S. 87.

62 Dazu ausführlich unten B I 1, S. 52 ff.

63 Vgl. *D. Schmidt,* S. 88 f. Speziell im Zusammenhang mit privatrechtsgestaltendem Staatshandeln *E. R. Huber,* Wirtschaftsverwaltungsrecht, 1. Auflage, S. 93; *Jacobi,* Grundlehren, § 24 IV 1, S. 378. Die Interessentheorie wird zur Unterscheidung von öffentlichem und privatem Recht deshalb heute – wenn überhaupt – nur im Zusammenhang mit anderen Kriterien verwendet. Siehe ausführlich unten B I 1, S. 52 ff.

64 Vgl. *Manssen,* Örtliche Bauvorschriften, S. 77 m. w. N.

65 Nachweise lassen sich auch anhand anderer Rechtsgebiete führen, siehe zum Baurecht etwa *Manssen,* Örtliche Bauvorschriften, S. 77.

66 *Prölss,* VAG, § 13 Rdnr. 13.

67 BVerwG, Urt. v. 14.10.1980, E 61, 59 (65).

sen der Allgemeinheit dürfe die Genehmigung zur Änderung nur dann versagt werden, wenn schutzwürdige Belange der Versicherten in schwerwiegender Weise beeinträchtigt würden.[68] Konsequent verneint es ein Anfechtungsrecht des einzelnen Versicherten gegen die Erteilung der Genehmigung, auch wenn diese mittelbar Einfluß auf die Versicherungsverträge hat.[69] Es gehe um die Interessen der Gesamtheit der Versicherten, nicht jedes einzelnen Versicherten.[70] Dies kann jedoch nicht darüber hinwegtäuschen, daß das öffentliche Interesse, das die Verweigerung der Genehmigung erlaubt, sich gleichwohl aus der nicht hinreichenden Wahrung der Interessen einer Zahl von Einzelnen, also einer Kumulation von Einzelinteressen ergibt. Eine Unterscheidung von „öffentlich" und „privat" ist daher im Hinblick auf die Motivation von staatlichen Maßnahmen allenfalls möglich im Sinne von „primär öffentlich" und „auch privat". Grundsätzliche Unterschiede läßt diese Unterscheidung aufgrund der letztlich fließenden Übergänge aber höchstens bezüglich von Einzelfragen erwarten.

### 2. *Unterscheidung nach Zwecken*

Ein weiteres mögliches Unterscheidungskriterium sind die Zwecke privatrechtsgestaltenden Staatshandelns.[71] Die Zielsetzungen, die mit privatrechtsgestaltendem hoheitlichem Handeln verbunden sind, sind extrem vielfältig. Deutlicher Beleg hierfür ist, daß vor allem Ermächtigungen zum Erlaß privatrechtsgestaltender Verwaltungsakte in fast jedem Gebiet des besonderen Verwaltungsrechts vorkommen, sei es in den unterschiedlichsten Sparten des Wirtschaftsverwaltungsrechts wie im Kartellrecht (§§ 17, 18 GWB) oder Versicherungsaufsichtsrecht (§ 81 a VAG), sei es im Bodenrecht (§ 19 BauGB, § 2 GrstVG), im Sozialrecht (z. B. § 90 BSHG), oder in der Arbeitsverwaltung (§ 9 Abs. 3 MuSchG, §§ 14 ff. SchwbG). Selbst innerhalb einzelner Gesetze ist vielfach ein einheitlicher, für die konkrete Rechtsanwendung fruchtbar zu machender Zweck nicht zu ermitteln.[72] Eine Unterscheidung nach Zwecken führt deshalb eher zu einer Aufsplitterung als zu einer Auffächerung der Untersuchung des privatrechtsgestaltenden Staatshandelns.

Eine solche Klassifikation wäre zudem nicht nur unpraktisch, sondern auch dogmatisch weitgehend irrelevant. Denn es gibt keinen vorgegebenen Kanon von Staatszwecken.[73] Staatszwecke werden vielmehr in weitem Umfang von

---

[68] BVerwGE 61, 59 (65).

[69] BVerwG, Urt. v. 16.7.1968, VersR 1969, 25 (26).

[70] BVerwG, VersR 1969, 25 (26).

[71] Siehe ausführlich *L. Schmidt*, S. 38 ff., S. 74 ff.; auch *W. Wertenbruch*, Gedächtnisschrift für R. Schmidt, S. 103 ff.

[72] Vgl. *Möschel*, Oligopolmißbrauch, S. 148, für die Mißbrauchsaufsicht nach dem GWB.

[73] *Bull*, Staatsaufgaben, S. 369 ff.

den zuständigen Organen im Rahmen der Vorgaben der Verfassung definiert.[74] Die zu verfolgenden öffentlichen Interessen sind daher offen. Auch sagt die Einordnung eines Zweckes, etwa die Zuordnung zu einer Verfassungsbestimmung, nichts über seine Durchsetzungsfähigkeit. Für viele Zwecke gibt es zwar verfassungsrechtliche Abstützungen, für die denkbaren Gegengründe jedoch auch. Jedenfalls hätte eine Kategorisierung nach Zwecken keine unmittelbaren dogmatischen Folgewirkungen.

### *3. Aufgliederung nach Handlungsformen*

Es gibt im wesentlichen drei Handlungsformen für privatrechtsgestaltendes Staatshandeln: Verwaltungsakt, Rechtsverordnung (etwa nach §§ 5 ff. AWG) und Satzung.[75] Auch hiernach läßt sich eine Untersuchung zum Thema „Privatrechtsgestaltung durch Hoheitsakt" jedoch ebenfalls nicht strukturieren. Der privatrechtsgestaltende Verwaltungsakt ist schon aufgrund der Häufigkeit seines Vorkommens so dominierend, daß ihm Rechtsverordnung und Satzung – auch wenn man beides zusammenfassen würde – nicht als gleichgewichtige Handlungsformen entgegengesetzt werden können.

### *4. Grundrechtlich orientierte Unterscheidung*

#### *a) Die grundsätzliche Eignung einer Aufteilung anhand grundrechtlicher Garantien*

Als Gliederungsprinzip einer um grundsätzliche Aussagen bemühten Untersuchung bietet sich am ehesten eine Aufteilung mit grundrechtlicher Akzentuierung an. Die hier interessierenden privatrechtsgestaltenden Hoheitsakte betreffen im wesentlichen drei vom Privatrecht verwirklichte Freiheitsbereiche, die grundrechtlich an unterschiedlichen Stellen allgemein abgesichert sind:[76] Entweder handelt es sich um Eingriffe im Zusammenhang mit der von der Rechtsprechung im Rahmen des Art. 2 Abs. 1 GG verorteten Vertragsfreiheit, oder die Staatsakte nehmen Einfluß auf die Verbandsbildung (Art. 9 Abs. 1 GG), oder sie betreffen die Eigentumsgarantie (Art. 14 GG).[77] Eine Auf-

---

[74] Siehe etwa *Reuß*, DVBl. 1976, 928; vgl. auch *Steiner*, DÖV 1970, 528 f.

[75] Zur „Ausblendung" des formellen Gesetzes siehe oben A III 1, S. 6 ff.

[76] Zur Ausklammerung der besonderen verfassungsrechtlichen Garantien mit Tendenz zur dogmatischen Sonderstellung, also vor allem Art. 14 Abs. 3 und Art. 9 Abs. 3 GG, siehe oben A III 3, S. 11 ff.

[77] Ähnlich auch schon die Einteilung bei *E. R. Huber*, Wirtschaftsverwaltungsrecht 2. Auflage, S. 78 ff., der für den Bereich des Wirtschaftsverwaltungsrecht unterscheidet zwischen eigentumsgestaltenden, vertragsgestaltenden und verbandsgestaltenden Wirtschaftsverwaltungsakten. Die Begriffe von *Huber* sind jedoch teilweise zu eng. So sind die Zustimmungserfordernisse zu einseitigen Rechtsgeschäften nicht unmittelbar vertragsgestaltend, gehören aber trotzdem in den thematischen Umkreis des Bereichs Vertragsfreiheit. Zutreffende Kritik gegenüber der Terminologie von *Huber* bei *Bengel*, S. 131.

fächerung entsprechend dieser verfassungsrechtlichen Garantien ist vor allem deshalb weiterführend, weil die genannten Grundrechte unmittelbare und unterschiedliche Anforderungen an privatrechtsgestaltende Legislativ- und Exekutivmaßnahmen stellen. So steht die Vertragsfreiheit – soweit man sie durch Art. 2 Abs. 1 GG garantiert sieht – unter einem weiten Gesetzesvorbehalt,[78] während Art. 9 Abs. 2 GG nur in besonderen Fällen Eingriffe in die Vereinigungsfreiheit zuläßt.[79] Soweit die Eigentumsgarantie betroffen ist, ist es oft von entscheidender Bedeutung, ob eine Inhalts- und Schrankenbestimmung (Art. 14 Abs. 1 S. 2 GG) vorliegt, oder eine „Enteignung" nach Art. 14 Abs. 3 GG anzunehmen ist.[80]

### *b) Die privatrechtsgestaltende Tätigkeit der öffentlichen Hand gegenüber sich selbst*

Mit der grundrechtlichen Aufteilung soll nicht mehr als ein grober thematischer Orientierungsrahmen gesteckt werden. Sachlich Zusammengehöriges wird – zumindest in diesem Zusammenhang – gebündelt und nicht getrennt werden. Deshalb wirkt das einfache Recht zum Teil themenzusammenfassend, wo ein striktes Abstellen auf das Verfassungsrecht trennen würde. Problematisch an einer strikt grundrechtlich orientierten Betrachtungsweise wäre etwa, daß auch die öffentliche Hand in nicht unerheblichem Umfang Privatrechtsfähigkeit in Anspruch nimmt und teilweise auch gegenüber sich selbst privatrechtsbeeinflussend[81] tätig wird. Solches Verhalten auf bundesrechtlicher Grundlage, vor allem durch Tarifgenehmigungen, gegenüber Rechtsträgern ohne grundrechtliche Absicherung findet statt gegenüber Unternehmen der Daseinsvorsorge, etwa der Bundesbahn (§ 16 Abs. 1 S. 1 BBahnG),[82] der Bundespost (§ 28 Abs. 1 i. V. m. § 23 Abs. 3 Nr. 6 PostVerfG,)[83] Flughafenunternehmen (§ 43 LuftVZO)[84] oder den Energieversorgungsunternehmen (§ 7 EnWG und die hierauf beruhenden Tarifforderungen[85]). Bundesbahn und Bundespost

---

[78] Ausführlich unten C III, S. 130 ff.

[79] Ausführlich unten D II, S. 204 ff.

[80] Ausführlich unten E II 3, S. 267 ff.

[81] Der Ausdruck „privatrechtsbeeinflussend" wird im folgenden gewählt, wenn zunächst die Frage offen gelassen werden soll, ob eine Maßnahme nach den noch zu entwickelnden Maßstäben „privatrechtsgestaltend" ist oder nicht.

[82] Siehe auch *Dörschuck*, S. 44 und vor allem *N. Mayer*, Rechtsschutz im Rahmen staatlicher Tarifgenehmigungsverfahren unter besonderer Berücksichtigung des Verhältnisses zwischen Deutscher Bundesbahn und Bundesverkehrsminister (1992).

[83] Vgl. *Badura*, ArchivPF 1991, 393. Die Genehmigung von Beteiligungsprojekten ist allerdings nicht privatrechtsgestaltend, da die Erteilung oder Nichterteilung ohne Einfluß auf die private Rechtslage bleibt, vgl. *Badura*, aaO.

[84] Vgl. BVerwG, Urt. v. 8.7.1977, DÖV 1978, 619 (620).

[85] Vgl. etwa § 12 BTO-Elt und dazu *Mutzbauer*, S. 19 ff. Keine Genehmigungspflicht gibt es hingegen im Bereich der BTO-Gas, siehe *Evers*, Recht der Energieversorgung, S. 165 ff.

sind schon aufgrund ihrer öffentlich-rechtlichen Rechtsform (§ 1 BBahnG, § 2 Abs. 1 PostVerfG) nicht grundrechtsfähig. Auch den Elektrizitätsunternehmen hat das BVerfG die Grundrechtsfähigkeit in weitem Umfang abgesprochen.[86] Bei ihnen hat in der Regel die öffentliche Hand aufgrund eigener Kapitalbeteiligung die Möglichkeit, entscheidenden Einfluß auf die Geschäftsführung zu nehmen; sie erfüllen weiterhin auch eine Aufgabe der Daseinsvorsorge.[87] Gleiches gilt für Flughafenunternehmer.

Privatrechtsgestaltende Tätigkeit des Staates gegenüber der öffentlichen Hand gibt es ebenfalls nach Landesrecht. Die meisten privatrechtsgestaltenden Verwaltungsakte haben zwar eine bundesrechtliche Grundlage. Das Beruhen auf Bundesrecht ist aber keine typusbestimmende Eigenschaft. Auch das Landesrecht hat durchaus die Kompetenz zur Anordnung privatrechtsgestaltender Wirkungen. Insofern ist die Rechtslage eine andere als bei den ebenfalls im Kommunalrecht vorkommenden Formerfordernissen.[88] Die Anordnung einer Genehmigungspflicht hat – unter der insoweit maßgeblichen Sichtweise des Art. 55 EGBGB und des Art. 74 Nr. 1 GG –[89] eindeutig öffentlich-rechtlichen Charakter. Anders als die genannten Formvorschriften braucht man die Genehmigungserfordernisse nicht in den Bereich des Organinnenrechts zu verweisen,[90] um ihnen das kompetenzrechtliche Überleben zu sichern. So enthalten die in der Bundesrepublik geltenden Kommunalordnungen eine, wenn auch im Abbau begriffene, so doch immer noch beachtliche Zahl von Genehmigungserfordernissen für von den Gemeinden abzuschließende private Rechtsgeschäfte.[91] Auch das Stiftungsrecht sieht Genehmigungserfordernisse[92] bzw. Anzeigepflichten mit Beanstandungs- und Untersagungsmöglichkeit[93] vor, und zwar gleichermaßen für öffentlich-rechtliche wie für privatrechtliche Stiftungen.

Theoretisch wäre es allerdings auch denkbar, den Bereich der Privatrechtsgestaltung der öffentlichen Hand gegenüber sich selbst aus dem Thema zu verbannen. Es ist im Grenz- und Überschneidungsbereich von privatem und öffentlichem Recht keineswegs so, daß „privatrechtlich" durchgehend mit „pri-

---

[86] BVerfG, B. v. 16.5.1989, JZ 1990, 335. Ablehnend gegenüber dieser Entscheidung etwa *Kühne*, JZ 1990, 335 f.; *Schmidt-Aßmann*, BB 1990, Beilage 34, S. 4 ff.

[87] Zu diesen Kriterien siehe BVerfG, B. v. 16.5.1989, JZ 1990, 335.

[88] Etwa Art. 38 Abs. 2 S. 1 BayGO.

[89] Wie noch zu zeigen sein wird, ist die Aufteilung von Rechtsnormen in die Kategorien „öffentlich-rechtlich" und „privatrechtlich" nicht absolut, sondern relativ. Siehe unten B I 3, S. 98 ff.

[90] Siehe zu den Formvorschriften nach Kommunalrecht BGH, Urt. v. 16.11.1978, NJW 1980, 117 (118). Ähnliches wird auch im Hinblick auf das Recht zur unentgeltlichen Kurzberichterstattung über Sportereignisse diskutiert. Siehe *Steiner*, Sport und Medien, S. 47.

[91] Aus dem Bereich der BayGO siehe etwa Art. 72 Abs. 1, Art. 72 Abs. 2 S. 2, Art. 91 Abs. 2 S. 1 BayGO sowie die umfassende Anordnung privatrechtsgestaltender Wirkung in Art. 117 Abs. 2 BayGO.

[92] Siehe etwa Art. 31 BayStiftG.

[93] Etwa § 13 Abs. 1 BWStiftG, § 21 Abs. 2 und Abs. 3 NWStiftG.

vat" gleichgesetzt werden kann. So hat etwa die Diskussion um die Rechtsfigur der „Beleihung" ergeben, daß die allerdings seltene Erscheinung der Übertragung von Hoheitsbefugnissen auf publifizierte Gesellschaften keine Form von Beleihung ist.[94] Die weitgehende Publifizierung von Unternehmen im Bereich der Elektrizitätswirtschaft und der Flughäfen ist jedoch nicht der vom Gesetz vorgesehene Regelfall. Bei gleicher gesetzlicher Grundlage bietet sich deshalb keine Trennung zwischen publifizierten und nicht publifizierten Unternehmen an. Es ist zudem durchaus zulässig, eine eventuell auch vom Verfassungsrecht gespeiste einfachrechtliche Dogmatik entsprechender privatrechtsgestaltender Akte zu entwickeln und sie gegebenenfalls kraft einfachen Rechts auch auf Unternehmen ohne entsprechenden Grundrechtsschutz anzuwenden. Das wäre eine zulässige Konsequenz daraus, daß sich die Rechtsprechung weigert, aus der Tatsache, daß bei Genehmigungserteilungen Genehmigungsbehörde und Genehmigungsempfänger der öffentlichen Hand angehören,[95] rechtliche Folgerungen zu ziehen.[96] Selbst bei rein staatsbezogenen Aufsichtsakten, etwa im Kommunalrecht, ist keine völlige Sonderbehandlung des privatrechtsgestaltenden Handelns des Staates „gegenüber sich selbst" angezeigt. So ist der am privaten, genehmigungsbedürftigen Rechtsgeschäft mit einer Kommune beteiligte Vertragspartner in der Regel ein normales Privatrechtssubjekt. Damit stellen sich beispielsweise bei der Aufhebung einer erteilten Genehmigung aber ähnliche Fragen etwa hinsichtlich des Bestandsschutzes wie bei anderen privatrechtsgestaltenden Akten auch.

### *c) Weitere Relativierung des grundrechtlichen Orientierungsrahmens*

Die Einteilung nach vertrags-, verbands- und eigentumsgestaltenden Staatsakten ist noch in weiterer Hinsicht nur ein Grobraster für die weitere Gliederung der Arbeit. So wird die staatliche Mitwirkung an der Gründung privatrechtlicher Stiftungen (§ 80 BGB) im Zusammenhang mit der Vereinigungsfreiheit behandelt werden.[97] Das geschieht aus Gründen des Sachzusammenhangs. Es geht um die konstitutive staatliche Mitwirkung am Entstehen einer neuen Rechtsperson, wie sie sonst auch im Vereinsrecht (§ 22 BGB) stattfindet. Insofern besteht eine enge Verwandtschaft zwischen einfachrechtlicher Vereinigungs- und Stiftungsfreiheit, auch wenn erstere in Art. 9 Abs. 1 GG, letztere

---

[94] Ausführlich *Steiner*, Öffentliche Verwaltung durch Private, S. 201 ff., weiterhin *ders.*, DÖV 1970, 531 f.

[95] *Schmidt-Preuß*, Privatinteressen, S. 28 f., bezeichnet diese Fälle als solcher „unechter Multipolarität".

[96] Vgl. etwa BVerwG, Urt. v. 8.7.1977, DÖV 1978, 619 (620) für die Genehmigung nach § 43 LuftVZO: Es sei unerheblich für die Frage der Klagebefugnis eines Luftverkehrsunternehmens gegen eine Genehmigung nach § 43 LuftVZO, daß Genehmigungsempfänger ein Unternehmen der öffentlichen Hand sei.

[97] Unten D III, S. 217 ff.

höchstens in Art. 2 Abs. 1 GG grundrechtlich abgesichert ist.[98] Um eine darstellungsmäßige Aufsplitterung des Stiftungsaufsichtsrechts zu vermeiden, werden dann auch die Fragen der Genehmigungsbedürftigkeit bestimmter Rechtsgeschäfte von Stiftungen dort und nicht bei der Vertragsfreiheit diskutiert, denn die relevanten Fragen hängen ihrerseits wiederum unmittelbar mit der verfassungsrechtlichen Garantie der Stiftungsfreiheit zusammen.[99]

## *V. Begriffe und begriffliche Grenzen privatrechtsgestaltenden Staatshandelns*

### *1. Der Begriff „Hoheitsakt“*

Nicht jeder Rechtsakt aufgrund öffentlichen Rechts ist „Hoheitsakt“, sondern nur ein solcher, der von einer staatlichen Behörde ausgeht. „Hoheitsakte“ sind staatliche Rechtsakte auf öffentlich-rechtlicher Grundlage. Nicht zum Bereich Privatrechtsgestaltung durch Hoheitsakt gehören deshalb öffentlich-rechtliche Willenserklärungen Privater mit privatrechtsgestaltender Wirkung. Sie gibt es vor allem im Kartellrecht bei den Anmelde- und Widerspruchskartellen (§ 9 GWB). Die öffentlich-rechtliche Natur einer Anmeldung folgt aus allgemeinen Grundsätzen.[100] Mit der Anmeldung wird ein Verwaltungsverfahren eingeleitet, an dessen Ende im Fall der §§ 2 Abs. 1, 3 Abs. 1, 5 a I, 5 b I GWB ein Widerspruch, also ein privatrechtsgestaltender Verwaltungsakt stehen kann. Bei den reinen Anmeldekartellen (§§ 5 Abs. 1, 6 Abs. 1 GWB) und in den Fällen, in denen bei einem Widerspruchskartell kein Widerspruch erfolgt, ist im Ergebnis die Anmeldung „privatrechtsgestaltend“.[101] Ähnliches gilt für den Bereich der Zusammenschlußkontrolle (§§ 24, 24 a GWB). Die Anmeldung nach § 24 a Abs. 4 1. HS führt zu den dort und im 2. HS genannten privatrechtsgestaltenden Rechtsfolgen, ohne daß ein Hoheitsakt vorliegt.[102]

---

[98] Zum Schutz der Stiftungsfreiheit durch Art. 2 Abs. 1 GG siehe BVerwG, Urt. v. 22.9.1972, E 40, 347 (348); *Scholz,* in: Maunz / Dürig, Art. 9 Abs. 1, Rdnr. 62; ausführlicher unten D III, S. 217 ff.

[99] Unten D III 4, S. 221 ff.

[100] Das GWB ist je nach Norm als öffentlich-rechtlich oder privatrechtlich zu qualifizieren. GK-*Trautmann,* § 9 Rdnr. 2 (Stand: 1984), will der Anmeldung keine verfahrensrechtliche, sondern nur eine verfahrenstatsächliche Bedeutung zumessen. Überzeugend ist die dafür gegebene Begründung, daß es sich nicht um einen Antrag auf Nichtwiderspruch handelt, jedoch nicht. Auch wenn Rechtsbehelf gegen den Widerspruch die Anfechtungsklage ist, ist doch die Anmeldung eine öffentlich-rechtliche Willenserklärung.

[101] Daß die Wirksamkeit der Vereinbarung bei den Widerspruchskartellen noch vom Ablauf einer Frist abhängt, ist kein entscheidendes Argument gegen eine privatrechtsgestaltende Wirkung der Anmeldung, denn es handelt sich rechtstechnisch um nichts anderes als eine vom Gesetz angeordnete „Hemmung“.

[102] Privatrechtsgestaltend ist allerdings die Mitteilung des Kartellamtes, daß das Vorhaben die Untersagungsvoraussetzungen des § 24 Abs. 1 GWB nicht erfüllt.

### 2. „Zustimmung", „Erlaubnis", „Genehmigung"

Das Zivilrecht unterscheidet in §§ 182 – 184 BGB terminologisch – wenn auch nicht mit letzter Konsequenz –[103] zwischen vorheriger Zustimmung (Erlaubnis) und nachträglicher Zustimmung (Genehmigung).[104] Diese Unterscheidung hätte auch im öffentlichen Recht eine sachliche Berechtigung. So müssen vor allem Zustimmungen zu einseitigen Rechtsgeschäften kraft öffentlichen Rechts in der Regel vor Ausübung des Gestaltungsrechts vorliegen.[105] Öffentlich-rechtliche Gesetze gehen begriffsmäßig jedoch andere Wege als das Zivilrecht. So wird in § 4 BImSchG eine im Grundsatz vor Inbetriebnahme der Anlage einzuholende Zustimmung als „Genehmigung" bezeichnet. Umgekehrt spricht das GWB durchgehend von „Erlaubnis", wo nach zivilrechtlicher Ausdrucksweise „Genehmigung" gemeint ist (etwa in §§ 4 Abs. 1, 5 Abs. 2 und Abs. 3, 6 Abs. 2, 7 Abs. 1, 8 Abs. 1). Im öffentlich-rechtlichen Sinne kann daher „Genehmigung" sowohl eine vorherige, als auch eine nachträgliche Genehmigung sein.

Nicht durchgesetzt hat sich auch ein Vorschlag Kormanns, der Zustimmungen zu Willenserklärungen als Genehmigungen und Zustimmungen zu tatsächlichen Handlungen als Erlaubnisse bezeichnen will.[106] § 4 BImSchG spricht von „Genehmigung", obwohl es um tatsächliches Verhalten geht, das GWB hingegen von „Erlaubnis", obwohl Rechtsgeschäfte Bezugsgegenstand sind. Die terminologiebildende Kraft der Gesetzessprache ist auch für den wissenschaftlichen Bereich von zu großer Bedeutung, um dem Vorschlag Kormanns zu folgen.[107]

### 3. Der Begriff „Privatrechtsgestaltung"

#### a) Grundsätze für die Begriffsbildung

Durch die Verwobenheit von öffentlichem und privatem Recht ausgesprochen umstritten und schwer faßbar ist der Ausdruck „Gestaltung". Hierfür werden zum Teil sehr enge, zum Teil sehr weite Definitionen angeboten. Eine Diskussion der vertretenen Standpunkte ist nur dann sinnvoll möglich, wenn klargestellt ist, welchem Zweck die angestrebte Begriffsbildung dienen soll.[108]

---

[103] Siehe etwa § 1828 BGB und dazu MüKo-*Schwab*, § 1828 Rdnr. 4: Der Begriff Genehmigung nach § 1828 BGB umfaßt die vorherige wie auch die nachträgliche Zustimmung des Vormundschaftsgerichts zu einem Rechtsgeschäft.

[104] Vgl. etwa Soergel-*Leptien*, vor § 182 Rdnr. 1 f.; RGRK-*Steffen*, § 182 Rdnr. 5.

[105] Vgl. etwa § 9 Abs. 3 MuSchG; ausführlicher unten F I 2, S. 276 ff.

[106] *Kormann*, S. 88.

[107] Anders hingegen *Greiffenhagen*, S. 69, der für den Bereich der Literatur meint feststellen zu können, die Unterscheidung von *Kormann* habe „allgemein Anklang gefunden".

[108] Zutreffend der Hinweis von *K. Schmidt*, Kartellverfahrensrecht, S. 151: Der weitgehende Streit um die Begriffsbildung des privatrechtsgestaltenden Verwaltungsaktes beruhe

Einen einheitlichen Zweck juristischer Begriffsbildung gibt es nicht. Zunächst kann es nur um die angemessene Themenerfassung und -umgrenzung einer wissenschaftlichen Untersuchung gehen. In der Rechtstheorie hingegen kommt es beim Stichwort Begriffslehre in der Regel zu Erörterungen über die angemessene Erfassung von Gesetzesbegriffen, Problemsicht ist also die des Rechtsanwenders.[109] Von beidem zu unterscheiden ist die rechtsdogmatische Begriffsbildung. Begriffe, die dort geschaffen werden, haben häufig aber keinesfalls notwendig eine wörtliche Entsprechung im geschriebenen Recht. Bei der dogmatischen Begriffsbildung geht um die Entwicklung von Strukturen, die Gewinnung eines Minimums an einheitlichen Regeln[110] zur Ermöglichung einer rechtsstaatlichen Rechtsanwendung. Alle drei Zwecke können zusammenfallen, sie können unter Umständen durch die Schaffung eines Begriffs ganz oder teilweise erfüllt werden, ohne daß dies notwendig wäre.

Bereits bei der der Themenabgrenzung dienenden Unterscheidung von Privatrechtsgestaltung und Privatrechtsausgestaltung hat sich erwiesen, daß auf diese Weise ein zwar notwendiger, jedoch teilweise durchaus auch künstlicher Trennstrich zwischen z. T. verwandte rechtliche Phänomene gezogen wurde. Deshalb wurden bereits Zweifel artikuliert, ob das Phänomen Privatrechtsgestaltung auf eigenständige dogmatische Regeln zurückgeführt werden kann. Diesen Zweifeln ist im Hinblick auf die Innenabgrenzung, also die Unterscheidung von im eigentlichen Sinne privatrechtsgestaltenden und anderen, nur privatrechtsbeeinflussenden Akten, weiter nachzugehen. Insofern dient die folgende Begriffsdiskussion zunächst vor allem der *Themenbegrenzung.* Hiermit einher geht das Bemühen um Annäherung an die Klärung der Frage, inwieweit sich ein rechtsdogmatischer Begriff Privatrechtsgestaltung entwickeln läßt. In dieser Hinsicht ist die folgende Begriffsdiskussion nicht mehr als der Versuch der Errichtung eines *Provisoriums.* Dessen Tauglichkeit im Hinblick auf konkrete dogmatische Folgerungen muß sich erst im weiteren Verlauf der Untersuchung ganz oder teilweise erweisen.

Eine Erfassung des Begriffs Privatrechtsgestaltung hat anzusetzen bei dem rechtlichen Phänomen, das der Ausdruck „Privatrechtsgestaltung durch Hoheitsakt" bezeichnet. Es ist zur Vermeidung des schon beschriebenen Heterogenisierungseffektes[111] restriktiv zu beschreiben. Unter Berücksichtigung der typischen Fälle, die in der Literatur von einer überwiegenden Meinung als privatrechtsgestaltend verstanden werden, läßt es sich wie folgt skizzieren: Als zivilistisch vorgesehener Regelfall unterliegen privatrechtliche Rechtsverhält-

---

auf der Unsicherheit über den Zweck solcher Terminologie. Allgemein zu den Begriffen in der Rechtswissenschaft *Heck,* Begriffsbildung, S. 52 ff.

[109] Siehe *Larenz,* Methodenlehre, S. 420 ff.

[110] *Steiner,* Öffentliche Verwaltung durch Private, S. 211, spricht von der Schaffung eines „Regelhaushalts".

[111] Siehe oben A III 2, S. 10 f.

nisse[112] in Entstehen, Bestand und Inhalt den beiden Gestaltungsfaktoren privatrechtliches Gesetz (inclusive privatrechtliches Richter- und Gewohnheitsrecht) und privates Rechtsgeschäft. „Privatrechtsgestaltung durch Hoheitsakt" ist nun ein zwar häufig vorkommender, aber letztlich von den Normalvorstellungen abweichender und deshalb als atypisch empfundener[113] Fall der Mit- oder Umgestaltung der Privatrechtslage durch einen öffentlich-rechtlichen Rechtsakt.[114] Erfaßt werden deshalb entsprechend qualifizierte und konstitutive, keine deklaratorischen Hoheitsakte:[115] Der Bürger kann den Tatbestand, der zur Rechtsänderung erforderlich ist, nicht alleine setzen, ohne den Willen des Staates ist der Rechtserfolg nicht herbeizuführen;[116] oder: Der Staat ändert auf hoheitliche Art die zivilrechtliche Rechtslage, ohne daß es einer entsprechenden privatrechtlichen Vereinbarung bedarf.

### *b) Allgemeine Privatrechtsrelevanz als nicht genügendes Kriterium*

Fordert man für das Vorliegen eines privatrechtsgestaltenden Vorgangs im Sinne einer sinnvollen Themenbegrenzung ein qualifiziertes und konstitutives Einwirken auf die Privatrechtslage, hat zunächst eine klare Trennung stattzufinden zwischen solchen Akten, die nur allgemeine „Bedeutung für das Privatrecht" haben, und solchen, denen rechtliche Auswirkungen zukommen, die

---

[112] Unproblematisch privatrechtsgestaltend sind die statusändernden Akte, z. B. der Entzug oder die Verleihung der zivilrechtlichen Rechtsfähigkeit, die hoheitliche Einräumung von Vertretungsbefugnis etc. Auf diese Kategorie von Maßnahmen beziehen sich die folgenden Ausführungen primär nicht. Es geht um den engeren Bereich von *Privatrechtsverhältnisgestaltung.*

[113] Siehe auch *E. R. Huber,* Wirtschaftsverwaltungsrecht 1. Auflage, S. 96: „Aber es ist daran festzuhalten, daß die Ordnung privatrechtlicher Beziehungen durch Verwaltungsanordnung eine Überschreitung der der Verwaltung an und für sich gestellten Aufgaben und gesetzten Grenzen bedeutet."

[114] Sehr plastisch hat dieses Phänomen *E. R. Huber,* Wirtschaftsverwaltungsrecht 1. Auflage, S. 96, beschrieben: Die Gestaltung privater Rechte durch obrigkeitlichen Akt bedeute eine Verbindung zweier entgegengesetzter Prinzipien, zwischen Gegenstand und Mittel stehe der große Gegensatz, der unser Rechtsdenken bestimme. Wenig deutlich in diesem Zusammenhang hingegen *Jachmann,* Erschließungsbeiträge, S. 166, bei privatrechtsgestaltendem Staatshandeln handele es sich streng genommen nicht um die Gestaltung eines privatrechtlichen Rechtsverhältnisses durch Handeln aufgrund öffentlich-rechtlicher Normen, sondern um die „Abgrenzung der beiden Rechtsbereiche". Daß das öffentliche Recht die „Untergrabung seiner Anforderungen durch privatrechtliche Gestaltung zu verhindern versuche" *(Jachmann,* aaO), spricht nicht dagegen, daß aufgrund öffentlich-rechtlicher Normen privatrechtliche Verhältnisse umgestaltet werden. Vgl. dazu auch *Greiffenhagen,* S. 138, der zu Recht darauf hinweist, daß die Verbindung von öffentlich-rechtlicher Rechtsnatur und privatrechtlicher Wirkung, von öffentlich-rechtlicher Gestaltungsform und privatrechtlichem Gegenstand nicht zu einer unzulässigen Vermischung der beiden Rechtsgebiete führt.

[115] Zu dieser Unterscheidung *H. Westermann,* Festschrift für Michaelis, S. 339. Als „deklaratorisch" lassen sich solche Hoheitsakte verstehen, die die Änderung der Privatrechtslage nur publik machen, z. B. bestimmte Eintragungen in öffentlichen Registern.

[116] *H. Westermann,* Festschrift für Michaelis, S. 340.

eine „Vorgabe für das Zivilrecht" bilden,[117] ohne deshalb schon privatrechtsgestaltend sein zu müssen. Das erweist nachdrücklich die wohl extensivste Begriffsbestimmung eines privatrechtsgestaltenden Staatsaktes von Kroeber.[118] Danach ist als privatrechtsgestaltend jede Handlung zu verstehen, ohne die erfahrungsgemäß privatrechtliche Wirkungen nicht eintreten.[119] Deshalb seien sämtliche Erlaubnisse in den Begriff des privatrechtsgestaltenden Staatsaktes mit einzubeziehen, die nach der Rechtsordnung bei Vornahme privatrechtlicher Betätigungen vorliegen müssen, vor allem wirtschaftsaufsichtlichen Genehmigungen (z. B. die Gaststättenerlaubnis), und zwar unabhängig davon, ob ihr Vorliegen für den Bestand abgeschlossener privater Rechtsgeschäfte von Bedeutung ist oder nicht.[120]

Würde man die Begriffsbestimmung von Kroeber der vorliegenden Untersuchung zugrundelegen, ließe sich die Frage, welche Verwaltungsakte nicht „privatrechtsgestaltend" sind, eher beantworten, als die, welche im einzelnen hierunter zu subsumieren wären. Insofern widerlegt sich dieser Definitionsversuch fast von selbst. Er hat eine Weite, die den Begriff des privatrechtsgestaltenden Hoheitsaktes nicht einmal als Themenbegrenzung für eine Untersuchung tauglich sein läßt. Erst recht läßt er in keiner Weise die Vermutung zu, zwischen so unterschiedlichen Maßnahmen wie der Erteilung einer Gaststättenerlaubnis, der Genehmigung der Kündigung des Arbeitsverhältnisses eines Schwerbeschädigten oder der Nichtigerklärung eines Vertrages würden sich im Hinblick auf die Privatrechtsbeeinflussung gemeinsame dogmatische Strukturen aufzeigen lassen.[121] Öffentlich-rechtliche Maßnahmen im Vorfeld privatrechtlicher Tätigkeit, die ohne rechtlichen Einfluß auf die private Rechtslage sind, die also nicht als „Geburtshelfer"[122] oder sonstwie notwendig kausal auf ein privates Rechtsgeschäft oder sonstige private Rechte und Pflichten einwirken,[123] sind deshalb aus dem Begriff des privatrechtsgestaltenden Staatsaktes von vornherein auszuklammern.[124] Für die Genehmigungserfordernisse als Teil-

---

[117] Vgl. nur das Thema der Tagung der Vereinigung der Deutschen Staatsrechtslehrer 1990, VVDStRL 50, 196 ff.: „Verwaltungsrecht als Vorgabe für Zivil- und Strafrecht".

[118] *Wilhelm Kroeber,* Das Problem des privatrechtsgestaltenden Staatsaktes (1931).

[119] *Kroeber,* S. 15.

[120] *Kroeber,* S. 16.

[121] Zu Recht ablehnend gegenüber der Definition von *Kroeber* deshalb *Bengel,* S. 75; *Bullinger,* DÖV 1957, 761. Deutliche Bedenken auch bei *W. Wertenbruch,* Gedächtnisschrift für R. Schmidt, S. 101 f. Sehr gemäßigte Kritik hingegen bei *K. Schmidt,* Kartellverfahrensrecht, S. 150 m. Fn. 22: Die Terminologie von Kroeber sei „allenfalls unzweckmäßig".

[122] Ausdruck von *Bullinger,* DÖV 1957, 761.

[123] Es gibt – wie schon erwähnt – auch die Nichtigerklärung privatrechtlicher Verträge durch Hoheitsakt, siehe § 18 GWB.

[124] So auch *Kiekebusch,* VerwArchiv 57 (1966), 20 für den Begriff „öffentlich-rechtliche Genehmigung". Nicht im einzelnen zu erläutern ist in dieser Untersuchung, welche Genehmigungserfordernisse im einzelnen Wirksamkeitsvoraussetzungen privater Rechtsge-

komplex privatrechtsgestaltenden Handelns wird diese Unterscheidung auch mit dem Begriffspaar „Innengenehmigung" und „Außengenehmigung" zum Ausdruck gebracht.[125] Bei den hier nicht interessierenden Innengenehmigungen bleibt die Nichteinholung ohne zivilrechtliche Folgen, es besteht lediglich eine „Genehmigungslast".[126] „Außengenehmigungen" sind hingegen Voraussetzungen für die Wirksamkeit des genehmigungsbedürftigen Geschäfts.

### *c) Das Erfordernis einer unbedingten Wirkung*

Das komplexe Zusammenwirken von öffentlichem und privatem Recht in der deutschen Rechtsordnung erfordert eine restriktive Definition des Begriffs „Privatrechtsgestaltung". Auszuscheiden aus dem Bereich privatrechtsgestaltender Hoheitsakte sind deshalb Festlegungen von Umweltstandards, seien sie in Verwaltungsvorschriften (TA-Luft, TA-Lärm, LAI-Hinweise etc.) oder Verordnungen (z. B. 18. BImSchVO – SportanlagenlärmschutzVO[127]) enthalten.[128] Auch wenn solche Vorschriften in neuerer Zeit verstärkt zur Konkretisierung auch zivilrechtlicher Maßstäbe, vor allem des § 906 BGB, herangezogen werden,[129] handelt es sich lediglich um Auslegungs- bzw. Rechtsanwendungshilfen,[130] die weder schematisch herangezogen werden dürfen,[131] noch die Pflichten und Rechte in privaten Nachbarrechts- und sonstigen Verhältnissen konstitutiv ändern.[132] Als privatrechtsgestaltend läßt sich nur ein solcher Vor-

---

schäfte sind. Diese Frage steht im Zusammenhang mit § 134 BGB und ist vor allem von der Privatrechtswissenschaft zu lösen. Siehe *Canaris,* Gesetzliches Verbot und Rechtsgeschäft, S. 10 f.

[125] Siehe *Greiffenhagen,* S. 67 m. w. N.

[126] *Greiffenhagen,* S. 67.

[127] Vom 18.7.1991, BGBl. I, 1588, ber. S. 1790.

[128] Ebenso *Ossenbühl,* DVBl. 1990, 966, der die „Wertungsvorgaben" des Verwaltungsrechts für das Zivilrecht vom Bereich der eigentlichen „Privatrechtsgestaltung" unterscheidet.

[129] Siehe vor allem BGH, Urt. v. 23.3.1990, Z 111, 63 (66 f.). Dazu *G. Wagner,* NJW 1991, 3249 und *Selmer,* Privates Umwelthaftungsrecht, S. 6; für die Immissionsrichtwerte der SportanlagenlärmschutzVO *Ketteler,* BauR 1992, 470; vgl. allgemein auch *Marburger,* Regeln der Technik, S. 429 ff. Es ist allerdings stets zu prüfen, ob die in öffentlich-rechtlichen Gesetzen niedergelegten Grenzwerte auf das Verhältnis von Privateigentümern untereinander übertragbar sind oder ob es sich etwa um rein planungsrechtliche Regelungen handelt. Vgl. zur Nichtanwendung des § 2 FluglärmG im nachbarlichen Verhältnis *Soell,* in: Landmann / Rohmer, Band II, § 2 FluglärmG Rdnr. 13 ff. m. w. Nachw, *ders.,* aaO, § 9 FluglärmG Rdnr. 22.

[130] *Selmer,* Privates Umwelthaftungsrecht, S. 5.

[131] BGHZ 111, 63 (66); *Diederichsen,* 56. DJT, L 58; *Marburger,* 56. DJT, C 08; *F. Baur,* JZ 1974, 659; weitergehend hingegen *Sellner,* 56. DJT, L 27.

[132] Zum Einfluß von Regeln der Technik auf die Haftungszurechnung nach §§ 823 ff. BGB siehe etwa *Marburger,* Regeln der Technik, S. 431: Ein Verhalten, das ein nach § 823 BGB geschütztes Rechtsgut verletzt, muß nicht deshalb rechtmäßig sein, weil es den Anforderungen des Rechts der Sicherheitstechnik zur abstrakten Gefahrbeherrschung genügt. Weiterhin *Gerlach,* Privatrecht und Umweltschutz, S. 69 f.; *Marburger / Herrmann,* JuS 1986, 357.

gang verstehen, der nicht lediglich indizierende oder influenzierende, sondern *bindende,* also *unbedingte* Wirkung hat.[133] Wichtiges, wenn auch nicht allein entscheidendes Kriterium ist die Qualität des oktroyierten (bei Normen, die von außen auf privatrechtliche Vorgänge einwirken) oder inkorporierten (bei zwingenden Anknüpfungen in privatrechtlichen Normen an öffentlich-rechtliche Vorgänge) Autonomieverlustes. Soweit sich Privatrechtswissenschaft und -rechtsprechung lediglich im Wege der Interpretation, also quasi aus eigenem Antrieb, sei es wegen autonom gefundener Systemvorgaben oder zur Erfüllung von Zielvorstellungen wie „Einheit der Rechtsordnung" oder „Systemgerechtigkeit" zu einer gewissen, jedoch nicht zwingenden Übereinstimmung mit dem öffentlichen Recht entscheiden, liegt kein echter Autonomieverlust vor. Gleiches gilt, wenn wie im Fall von Mietspiegeln nach § 2 Abs. 4 MHRG das Gesetz keine zwingende Maßgabewirkung vorsieht.[134] Die Maßgabe- oder Vorgabewirkung des öffentlichen Rechts muß für die Annahme von Privatrechtsgestaltung also unbedingt sein.[135]

Aus dem gleichen Grund sind Hoheitsakte nicht deshalb privatrechtsgestaltend, weil sie die Beurteilung der zivilrechtlichen Verschuldensfrage mit beeinflussen. Zwar wird häufig ein deliktischer Verschuldensvorwurf ausscheiden, wenn sich der Schädiger an hoheitliche Anordnungen hält, die der Vermeidung bestimmter Beeinträchtigungen dienen sollen oder die die Möglichkeit des Eintritts einer solchen Gefahr berücksichtigt haben oder haben müßten. Das ist jedoch nie mehr als ein Indiz, es gibt insofern keine rechtliche Automatik.[136] Entscheidender Ansatzpunkt ist insoweit also die Kategorie der Rechtmäßigkeit oder Rechtswidrigkeit, nicht das Verschulden, denn mit dem Rechtmäßigkeitskriterium trennen sich die Bereiche von Verhalten, gegen die Abwehr- oder Schadensersatzansprüche gegeben sein können oder auszuschließen sind.[137]

---

[133] Siehe zu Bindung und Beeinflussung in diesem Zusammenhang *Jarass,* VVDStRL 50 (1991), 250 f.

[134] Nach einer Meldung der SZ v. 1.9.1991, Nr. 201 S. 13, ziehen die „Münchener Mietgerichte" den Mietspiegel in Zweifelsfällen allerdings sogar einem Sachverständigengutachten vor.

[135] Für den Bereich der Schadenszurechnung wird dies auch mit dem (allerdings nicht auf diesen Zusammenhang beschränkten, sondern vor allem im Bereich der Altlastenproblematik verwendeten [siehe dazu *Peine,* Z 1990, 201 ff] und deshalb im vorliegenden Zusammenhang mißverständlichen) Begriff der „Legalisierungswirkung" umschrieben. Siehe *Ossenbühl,* DVBl. 1990, 967; *G. Wagner,* Öffentlich-rechtliche Genehmigung, S. 3.

[136] Vgl. *U. Hübner,* NJW 1988, 450. Die Frage wird ausführlich im Zusammenhang mit dem Verschulden bei der Ausnutzung kartellrechtlicher Genehmigungen erörtert, siehe unten G IV 3, S. 326 ff.

[137] Vgl. statt vieler *G. Wagner,* Öffentlich-rechtliche Genehmigung, S. 64.

### d) Das Erfordernis einer unmittelbaren Einwirkung auf die Privatrechtslage

#### aa) Die Notwendigkeit einer Begrenzung auf unmittelbare Einwirkungen

Allein eine kausale Betrachtung, das Abstellen auf eine unbedingte Maßgabe- bzw. Vorgabewirkung des öffentlichen Rechts, ist noch nicht ausreichend präzise, um eine brauchbare thematische Eingrenzung des Begriffs „privatrechtsgestaltender Hoheitsakt“ zu erreichen. In der deutschen Rechtsordnung sind öffentliches und privates Recht in erheblichem Maße aufeinander bezogen. So führen privatrechtliche Vorgänge zu öffentlich-rechtlichen Rechtsfolgen, etwa die Überweisung einer Geldsumme an das Finanzamt (Begründung einer privatrechtlichen Forderung des Staates gegen ein Kreditinstitut) zum Erlöschen einer Steuerforderung,[138] oder der Abschluß eines privatrechtlichen Vertrages zur öffentlich-rechtlichen Genehmigungsfähigkeit eines Vorhabens, z. B. bei § 5 Abs. 1 Nr. 4 BImSchG.[139] Umgekehrt sind regelmäßig mit einem öffentlich-rechtlichen Akt privatrechtliche Rechtsfolgen verbunden. Die Änderung eines Bebauungsplans bewirkt möglicherweise die Fehlerhaftigkeit von verkauften Grundstücken nach § 459 BGB, unabhängig davon, ob der Kaufvertrag eine Tatsache war, die die Gemeinde bei ihrer Planung berücksichtigen mußte.[140] Die Versagung einer Teilungsgenehmigung (§§ 19 ff. BauGB) führt gegebenenfalls zur Nichterfüllbarkeit und damit Unmöglichkeit eines Kaufvertrages. Die Erteilung einer Genehmigung zur Änderung eines Geschäftsplanes nach §§ 13, 8 VAG erlaubt bei vorheriger vertraglicher Vereinbarung die Anpassung bestehender Versicherungsverträge,[141] die Änderung von Allgemeinen Bedingungen und Tarifen für die Kfz-Versicherung berechtigt aufgrund § 9 a AKB zur Anpassung des Versicherungsvertrages.

Ein Verständnis solcher Phänomene als „Privatrechtsgestaltung durch Hoheitsakt“ würde ähnlich wie die Begriffsbestimmung von Kroeber die Suche nach dogmatischen Gemeinsamkeiten privatrechtsgestaltender Hoheitsakte zum Scheitern verurteilen.[142] Letztlich können sich dogmatische Strukturen nur dort ergeben, wo sich Handlungsanleitungen für Gesetzgebung und Verwaltung entwickeln lassen. Zufällige Wirkungen im Einzelfall, mittelbare oder

---

[138] Siehe *Krause*, Rechtsformen, S. 39.

[139] Siehe dazu *Dienes*, NWVBl. 1990, 405: Die Beziehungen des Wärmeproduzenten zum abnehmenden Dritten unterliegen der Privatautonomie.

[140] Siehe auch den bei *Mußgnug*, NVwZ 1988, 33, besprochenen Fall des VGH Kassel, B. v. 12.6.1986, NJW 1987, 1036: Der Verkäufer erhält den Kaufpreis vom Käufer nur dann, wenn der Käufer die beantragte abfallrechtliche Genehmigung erhalten hat. *Mußgnug*, aaO und S. 36, spricht insoweit zutreffend nicht von einem privatrechtsgestaltenden, sondern von einem privatrechtsrelevanten Verwaltungsakt.

[141] Dazu *Vassel*, S. 26 f.

[142] Hiermit soll nichts darüber ausgesagt sein, ob möglicherweise der eine oder andere der genannten Vorgänge aus einem anderen Grunde privatrechtsgestaltend wirkt.

Nebenfolgen hoheitlichen Handelns müssen deshalb bereits auf einer frühen Stufe ausgeblendet werden. Von privatrechtsgestaltendem Handeln läßt sich nur dann sprechen, wenn die gesetzliche Ermächtigung der Verwaltung die Befugnis gibt, die private Rechtslage „ins Visier" zu nehmen, oder wenn die Verwaltung berechtigt oder verpflichtet wird, an der Änderung privatrechtlich beurteilter Rechtsbeziehungen teilzunehmen. Nur dann können verfassungsrechtliche Autonomiegarantien wirksam und der Begriff hoheitlicher Privatrechtsgestaltung möglicherweise auch dogmatisch greifbar werden.

Die damit notwendig werdende Eingrenzung muß auch über das nicht immer eindeutige Merkmal der Unmittelbarkeit[143] erfolgen.[144] Grundbedingung für die Annahme eines privatrechtsgestaltenden Hoheitsaktes ist es, daß ein unmittelbarer Bezug zur Privatrechtslage besteht. Es reicht nicht aus, wenn ein Hoheitsakt zwar unbedingt auf die Privatrechtslage einwirkt, er jedoch im „Vorfeld" verbleibt.

### *bb) Der Ausschluß „mehrstufiger" Vorgänge*

Über das Merkmal der Unmittelbarkeit ausgeschlossen werden solche Vorgänge, bei denen die Änderung der Privatrechtslage mehrstufig erreicht wird, die einzelnen Stufen jedoch dergestalt gegeneinander verselbständigt sind, daß die eigentliche Einwirkung auf das Privatrecht durch die letzte Stufe einer eigenen rechtlichen Betrachtung zugänglich bleibt. Gemeint sind damit nicht die Erscheinungen, bei denen die privatrechtliche Rechtsfolge nicht auf dem Tenor des Verwaltungsaktes beruht, sondern bei dessen Erlaß ipso iure eintritt, z. B. bei der Verweigerung einer Genehmigung zu einem privaten Rechtsgeschäft.[145] Sie werden vielmehr im allgemeinen als privatrechtsgestaltend verstanden und deshalb auch in die Untersuchung mit einbezogen.[146] Es geht hingegen um die Fälle, in denen die Umsetzung im Privatrecht durch Einzelakte erfolgt, die dem vorgelagerten Hoheitsakt die Qualifizierung als privatrechtsgestaltend verwehren. Ein Beispiel ist das Recht der Subventionen bei Zugrundelegung der sog. Zwei-Stufen-Theorie,[147] ein anderes die Entscheidung über die Inanspruch-

---

[143] Siehe dazu vor allem *Nipperdey,* NJW 1967, 1990: Der Ausdruck „unmittelbar" sei überall dort, wo er auftauche, Ausdruck der dogmatischen und sachlichen Verlegenheit, (noch) nicht ganz präzise angeben zu können, was überhaupt gemeint sei. Genau in diesem Sinne folgt die Verwendung dieses Ausdrucks auch im vorliegenden Zusammenhang.

[144] Vgl. auch den Titel der Arbeit von *Lutz Schmidt:* „Unmittelbare Privatrechtsgestaltung durch Hoheitsakt".

[145] Siehe dazu unten F I 3 b, S. 280 ff, F II, S. 284 ff.

[146] Vgl. etwa *Schmidt-Preuß,* Privatinteressen, S. 161, der nur solche Verwaltungsakte als privatrechtsgestaltend verstehen will, die ipso iure die Begründung, Änderung, Übertragung oder Aufhebung einer zivilrechtlichen Position bewirken. Allerdings liefert *Schmidt-Preuß* hierfür keine Begründung.

[147] *Zuleeg,* Subventionen, S. 50. Zur Zwei-Stufen-Theorie siehe vor allem *H. P. Ipsen,* DVBl. 1956, 461 ff., 602 ff.

nahme eines Unterhaltspflichtigen nach §§ 91 Abs. 2 und 3 BSHG. Die Überleitungsanzeige nach § 90 BSHG ist ein privatrechtsgestaltender Verwaltungsakt, der zu einem Gläubigerwechsel bezüglich der Forderung führt. Die Durchsetzung des Anspruchs, also der eigentliche Rückgriff, erfolgt auf privatrechtlichem Wege.[148] Zwischengeschaltet ist (notwendig) die von der Überleitung zu unterscheidende Entscheidung über die Inanspruchnahme nach §§ 91 Abs. 2 und Abs. 3 BSHG.[149] Sie kann mit der Überleitungsanzeige verbunden werden, aber auch als eigener, gesonderter Verwaltungsakt ergehen.[150] Mit der Inanspruchnahme wird verbindlich über das Vorliegen der Voraussetzungen nach §§ 91 Abs. 2 und Abs. 3 BSHG, nicht aber über die Existenz des privatrechtlichen Unterhaltsanspruchs entschieden.[151] Es handelt sich damit um eine der zivilrechtlichen Durchführung vorgelagerte Entscheidung. Sie wirkt nicht unmittelbar auf die Privatrechtslage ein und ist deshalb nicht privatrechtsgestaltend.

Ebenso sind auch alle diejenigen Hoheitsakte nicht privatrechtsgestaltend, die nur als Rechtmäßigkeitsvoraussetzung für einen späteren privatrechtsgestaltenden Hoheitsakt fungieren (Beispiel: Die Eintragung eines beweglichen Denkmals in das Denkmalbuch nach Art. 2 Abs. 2 BayDSchG als Voraussetzung für die Enteignung nach Art. 19 Abs. 1 BayDSchG). Der erste Akt verbleibt in der Weise im „Vorfeld" der privaten Rechtslage, daß er deren Änderung mitverursacht, aber nicht eigentlich mitbewirkt. Nicht privatrechtsgestaltend sind auch Rechtmäßigkeitsvoraussetzungen für spätere Privatrechtsausgestaltungen, etwa die Genehmigung von Beschlüssen von Tarifkommissionen (z. B. § 20 a GüKG), die später im Wege des Erlasses einer Rechtsverordnung (§ 20 a Abs. 6 GüKG) allgemeine Verbindlichkeit erlangen. Nicht privatrechtsgestaltend sind wegen fehlender Unmittelbarkeit Vereinbarungen zwischen den Verbänden der Sozialleistungsträger bzw. einzelnen Sozialleistungsträgern und Vereinigungen von Leistungserbringern, etwa nach §§ 125, 127 SGB V. Selbst wenn man die Verträge – zutreffenderweise, aber entgegen der herrschenden Meinung – als öffentlich-rechtlich qualifiziert,[152] folgt die Verbindlichkeit für ein privatrechtlich zu beurteilendes Verhältnis zwischen einzelnen Sozialleistungsträgern und einzelnen Leistungserbringern über eine besondere Anerkennungserklärung des Leistungserbringers (§§ 124 Abs. 2 Nr. 4, 126 Abs. 1 SGB V).[153]

---

148 LPK-BSHG, § 90 Rdnr. 57 ff.

149 Dazu BVerwG, Urt. v. 26.11.1969, E 34, 219 (223); Urt. v. 12.7.1979, E 58, 209 (210 f.); VGH Mannheim, Urt. v. 6.9.1990, NJW 1991, 2922 (2922).

150 LPK-BSHG, § 90 Rdnr. 53 f.

151 BVerwGE 58, 209 (214).

152 So *J. Schmitt*, Leistungserbringung, S. 215 f.; *Manssen*, SGb 1992, 339, jeweils m. w. N.

153 Die Anerkennung selbst ist Voraussetzung für die Zulassung, jedoch kein Hoheitsakt. Siehe ausführlich *Heinze*, VSSR 1991, 1 ff.

Aus dem Ausscheiden von „Vorstufen" ist jedoch nicht der Schluß zu ziehen, daß auch sog. Vorausgenehmigungen nicht zu den privatrechtsgestaltenden Hoheitsakten zu zählen sind. Vorausgenehmigungen ergehen vor der Vornahme eines privaten Rechtsgeschäfts, so daß dieses bereits mit Betätigung wirksam wird und nicht wie bei der nachträglichen Genehmigung zunächst schwebend unwirksam ist.[154] Sie sind nicht anders zu qualifizieren, als die privatrechtsgestaltenden „Nach-"Genehmigungen auch.[155]

### *cc) Der Ausschluß von Hoheitsakten zu Teil- und Vorfragen*

Über das Merkmal der Unmittelbarkeit sind auch solche Hoheitsakte auszuscheiden, die nur Teil- oder Vorfragen des privatrechtlichen Rechte- und Pflichtensystems betreffen. Voraussetzung für die Qualifizierung eines Aktes als privatrechtsgestaltend ist ein gewisses Maß an Privatrechtsbedeutung. Als Folge eines privatrechtsgestaltenden Hoheitsaktes muß entweder ein privatrechtliches Rechtsgeschäft Wirksamkeit erlangen oder unwirksam werden, bzw. es müssen sonstige privatrechtliche Rechte oder Pflichten dergestalt begründet oder ausgeschlossen werden, daß der Maßstab der Rechtmäßigkeit bzw. Rechtswidrigkeit bestimmt oder der gesamte Anspruch (etwa ein Schadensersatz-, Beseitigungs- oder Unterlassungsanspruch) erfaßt wird. Nur dann kommt es zu einem hinreichend qualifizierten Eingriff des öffentlichen Rechts in das Privatrecht. Nicht hinreichend ist hingegen eine Einwirkung auf die Beurteilung von Teilfragen privatrechtlicher Zurechnung.

Nicht privatrechtsgestaltend ist deshalb die Konkretisierung von Betriebspflichten durch eine behördliche Genehmigung zur Verhinderung bestimmter Umwelteinwirkungen (vgl. § 6 Abs. 3 UmweltHG),[156] auch wenn der Inhaber bei Einhaltung der auferlegten Pflichten nach § 6 Abs. 2 UmweltHG der Ursachenvermutung nach § 6 Abs. 1 UmweltHG und damit möglicherweise der Gefährdungshaftung nach § 1 UmweltHG überhaupt entgeht, oder sich bei bestimmungsgemäßem Betrieb seine Haftung gemäß § 5 UmweltHG beschränkt. Die öffentlich-rechtliche Genehmigung ist nur ein Teilelement für die Beurteilung des umfassenden Problems der Schadenszurechnung.[157] Gleiches gilt auch insofern, als nach im Zivilrecht gesicherter Auffassung Verkehrssicherungspflichten durch eine Betriebsgenehmigung konkretisiert und damit die deliktische Haftung nach §§ 823 ff. BGB mitbestimmt wird.[158] Dies ist

---

[154] Siehe dazu vor allem *Greiffenhagen,* S. 151 ff.

[155] Anders *Greiffenhagen,* S. 152, der zwischen privatrechtsermöglichenden und privatrechtsgestaltenden Akten unterscheiden will. Eine solche Differenzierung erscheint aber wenig weiterführend.

[156] Besondere Betriebspflichten nach § 6 Abs. 3 UmweltHG können sich insbesondere aus dem Vollzug des BImSchG, aber auch aus anderen Umweltgesetzen ergeben. Siehe *Landsberg / Lülling,* § 6 UmweltHG, Rdnr. 81 ff.

[157] *Gottwald,* Festschrift für Lange, S. 447 ff.

[158] Vgl. *Gottwald,* Festschrift für Lange, S. 467; *Landsberg / Lülling,* S. 336 Rdnr. 6.

gerade zu unterscheiden von dem Fall, daß durch Verwaltungsakt unmittelbar ein Recht zuerkannt oder entzogen wird. Ändern würde sich diese Beurteilung lediglich dann, wenn man der Auffassung etwa des BGH folgte, wonach die Vollziehung eines Gesetzes durch Verwaltungsakt gegebenenfalls zum Vorliegen eines Schutzgesetzes nach §§ 823 Abs. 2 BGB führen soll.[159] Diese Rechtsprechung ist allerdings mit Art. 2 EGBGB kaum in Einklang zu bringen.[160] Der richtige Ansatzpunkt liegt bei den Verkehrssicherungspflichten als Elemente mittelbarer Schadenszurechnung im Rahmen von § 823 Abs. 1 BGB,[161] oder für den Bereich des öffentlichen und privaten Immissionsschutzrechts in einer Indizbedeutung für § 906 BGB.[162]

### *dd) Konkretisierung des Merkmals der Unmittelbarkeit*

Das Merkmal der Unmittelbarkeit der Einwirkung auf die Privatrechtsordnung zur Annahme von Privatrechtsgestaltung läßt sich durch zwei Attribute verdeutlichen. Privatrechtsgestaltung durch Hoheitsakt ist entweder ein gesetzlich vorgesehener unmittelbarer *finaler* Eingriff aufgrund des öffentlichen Rechts in die Begründung, Umwandlung oder Aufhebung privater Beziehungsgefüge,[163] oder die gesetzlich bestimmte notwendige unmittelbare *Kausalität* der staatlichen Mitwirkung. Ein Beispiel für einen finalen Eingriff des öffentlichen Rechts in private Beziehungsgefüge ist die Vernichtung eines Rechtsgeschäfts durch Unwirksamkeitserklärung, etwa im Kartellrecht. Allerdings ist das Erfordernis der Finalität für die Annahme eines privatrechtsgestaltenden Vorgangs auch nicht engherzig zu verstehen. So ist es nicht nötig, daß der Tenor des privatrechtsgestaltenden Hoheitsaktes selbst auf die konkrete Privatrechtslage Bezug nimmt. Es reicht aus, wenn die Einwirkung notwendige und objektiv gesehen mitbezweckte Folge der Maßnahme ist. Untersagt etwa die öffentliche Hand Im- und Exportgeschäfte auf der Grundlage der §§ 5, 7 AWG, braucht sie dies privatrechtlich nicht in dem Sinne zu spezifizieren, daß

---

[159] BGH, Urt. v. 22.4.1974, Z 62, 265 (266); ebenso auch OLG Hamm, Urt. v. 6.11.1980, JZ 1981, 277 f. Zutreffend kritisch zur Entscheidung des OLG Hamm *F. Baur,* JZ 1981, 278; Staudinger-*Roth,* § 906 Rdnr. 17.

[160] Siehe auch *Canaris,* Festschrift für Larenz II, S. 79: Die generelle Unterstellung der Verkehrspflichten unter § 823 Abs. 2 BGB würde die praktische und dogmatische Brauchbarkeit des Begriffs „Schutzgesetz" aushöhlen.

[161] Siehe *Canaris,* Festschrift für Larenz II, S. 77 f., unter Anführung einer Reihe von weiteren Argumenten. Ebenso auch *Medicus,* JZ 1986, 780. Anders etwa *Marburger,* Regeln der Technik, S. 443, der die Verkehrssicherungspflichten nach Funktion und Wirkung den Schutzgesetzen gleichstellen will; bei *Marburger* und *Canaris,* aaO, auch weitere Hinweise auf den Meinungsstand. Auf eine Diskussion muß an dieser Stelle verzichtet werden.

[162] *F. Baur,* JZ 1981, 278.

[163] Die Verwendung dieses allgemeinen Begriffs ist deshalb angebracht, weil es sich nicht um Rechtsgeschäfte handeln muß. Es können auch z. B. deliktische Ansprüche ausgeschlossen oder modifiziert werden, etwa bei der Präklusionswirkung von Anlagengenehmigungen.

sie bestimmte Verträge auflöst oder hoheitlich die Unmöglichkeit oder Hemmung der Erfüllung anordnet. Wird die Aus- und Einfuhr von Waren in bestimmte Länder untersagt,[164] hat dies vor allem auch den Sinn, die Erfüllung bestimmter abgeschlossener Verträge zu verhindern. Deshalb kann ein solcher Verwaltungsakt oder eine solche Verordnung die privatrechtstechnische Umsetzung der damit bewirkten faktischen Forderungsvereitelung dem Privatrecht überlassen, ohne ihren Charakter als privatrechtsgestaltend einzubüßen. Der Bezug zwischen Hoheitsakt und privatrechtlichen Wirkungen ist eng genug, um von einem privatrechtsgestaltenden Vorgang und nicht nur von einem Hoheitsakt mit privatrechtlichen Nebenwirkungen zu sprechen.

Das Merkmal der Finalität ist – wie bereits angedeutet wurde und wie noch zu vertiefen sein wird – ebenfalls nicht dahingehend zu deuten, daß der Eintritt der privatrechtlichen Folge, etwa der Nichtigkeit, vom Tenor des Hoheits- und insbesondere Verwaltungsaktes umfaßt sein muß. Es kann sich auch um eine ipso iure eintretende Rechtsfolge handeln, die jedoch in dem Erlaß des Hoheitsaktes ihren Ausgangspunkt findet.[165] Daher sind z. B. auch Maßnahmen der Zusammenschlußkontrolle nach § 24 GWB privatrechtsgestaltende Hoheitsakte. Die Untersagungsverfügung nach § 24 Abs. 2 S. 1 GWB bewirkt unter den Voraussetzungen des § 24 Abs. 2 S. 4 1. HS die Nichtigkeit anschließend abgeschlossener Rechtsgeschäfte. Zwar ist der Verwaltungsakt „nur" Tatbestandsmerkmal für den Eintritt der ipso iure wirkenden Sanktion. Trotzdem ergeht die Maßnahme vor dem Hintergrund dieser Bestimmung mit dem Ziel, die Nichtigkeit zu bewirken.[166]

Das Kriterium der gesetzlich vorgesehenen notwendigen Kausalität betrifft vor allem die Genehmigungserfordernisse. Hierbei liegt der Effekt auf das private Rechtsgeschäft ebenfalls häufig außerhalb der Regelungswirkung des Verwaltungsaktes.[167] Es besteht aber ein für die vorliegende Untersuchung entscheidender Unterschied zwischen dem Fall, daß die Erfüllung eines Vertrages wegen einer versagten baurechtlichen Genehmigung unmöglich wird, und dem, daß unmittelbar dieser Vertrag Gegenstand der behördlichen Genehmigungspflicht ist,[168] also ohne die Genehmigung nicht rechtswirksam werden kann und bei endgültiger Versagung der Genehmigung nichtig wird (Fall der notwendigen Kausalität).

---

[164] Vgl. etwa die 10. VO zur Änderung der AWVO, BAnz. Nr. 149 v. 11.8.1990, S. 4065 bez. des Irak-/Kuwait-Embargos.

[165] Das übersieht vor allem die Kritik von *K. Schmidt* an der Figur des privatrechtsgestaltenden Verwaltungsaktes. Siehe ausführlich unten F I 3, S. 278 ff.

[166] Anderes gilt für die mit der Verfügung nach § 24 Abs. 2 S. 1 GWB verbundene Auflösungspflicht gemäß § 24 Abs. 2 S. 5 GWB. Hieran knüpfen sich keine unmittelbaren privatrechtlichen Folgen.

[167] *Münzel,* NJW 1959, 603 f. Ausführlich unten F II, S. 284 ff.

[168] Siehe auch BVerwG, B. v. 4.7.1977, BRS 32 Nr. 94, S. 187 (187).

### e) Vorläufige Definition des privatrechtsgestaltenden Staatsaktes

Für die Zwecke der weiteren Untersuchung, also zur Themenabgrenzung und Schaffung einer „Vermutungsgrundlage“ für die Bestimmung einer dogmatischen Kategorie läßt sich folgende allgemeine (Arbeits-)Definition eines privatrechtsgestaltenden Staatsaktes geben: Es handelt sich um öffentlichrechtlich zu qualifizierende, hoheitliche Rechtsakte, die unmittelbar die privatrechtliche Rechtsfähigkeit begründen oder aufheben oder die unmittelbar auf ein privates Rechtsgeschäft oder das privatrechtliche Rechte- und Pflichtensystem dergestalt abzielen, daß sie eine Änderung der Privatrechtslage final herbeiführen oder eine vom Gesetz vorgesehene rechtlich notwendige Bedingung für die Umgestaltung der privatrechtlichen Rechtslage sind.

Es gibt daher drei Charakteristika, die (alternativ) zum Vorliegen eines privatrechtsgestaltenden Hoheitsaktes im engeren Bereich der Privatrechtsrechtsverhältnisgestaltung führen:

– Der Hoheits- (in der Regel: Verwaltungs-)akt versetzt ein privatrechtliches Rechtsgeschäft unmittelbar in den Zustand der Wirksamkeit oder der Unwirksamkeit, bzw. ohne einen wirksamen Hoheitsakt kann ein privatrechtliches Rechtsgeschäft nicht wirksam abgeschlossen werden (Wirksamkeitskriterium).

– Der Hoheitsakt erkennt ein privatrechtliches Recht zu oder ab, er hebt eine privatrechtliche Pflicht auf oder befreit hiervon oder er führt eine entsprechende Modifizierung herbei (Rechte- und Pflichtenkriterium; z. B. Aberkennung von Schadensersatzansprüchen, Umwandlung von Unterlassungs- in Schadensersatzansprüche).

– Der Hoheitsakt entscheidet unmittelbar über die Rechtmäßigkeit oder Rechtswidrigkeit von als privatrechtlich qualifiziertem Verhalten (Rechtmäßigkeitskriterium).

## 4. Übersicht zu weiteren wichtigen Fallgruppen privatrechtsrelevanter, aber nicht privatrechtsgestaltender Hoheitsakte

### a) Verfügungen mit Innenbereichsbeschränkung

Nicht zu den privatrechtsgestaltenden Staatsakten gehören solche behördlichen Verfügungen, die nach der Konzeption des Gesetzes auf den Innenbereich des Adressaten beschränkt bleiben sollen. Gegenüber auch den Geschäftspartner tangierenden und damit privatrechtsgestaltenden Verboten ist dies die häufigere, da weniger einschneidende und vor allem die Leumundsinteressen des Adressaten berücksichtigende Variante staatlicher Kontrolleingriffe (Beispiele: auf § 46 KWG gestütztes Kreditverbot;[169] Nichtgenehmigung von Geschäftsplanänderungen nach § 13 VAG[170]). Kommt es hingegen zur Bestellung eines

[169] BGH, Urt. v. 5.10.1989, NJW 1990, 1356 (1357).

[170] *Prölss*, VAG, § 13 Rdnr. 13; BVerwG, Urt. v. 16.7.1968, VersR 1969, 25 (26).

Verwalters oder Beauftragten (etwa eines Sonderbeauftragten nach § 81 a Abs. 2 a VAG), handelt es sich unter Umständen durchaus um einen privatrechtsgestaltenden Staatsakt.[171] Denn damit wird hoheitlich Vertretungsmacht eingeräumt, also eine rechtsgeschäftliche Erteilung ersetzt. Ebenso privatrechtsgestaltend wirkt der Ausschluß von der Geschäftsführung nach § 46 Abs. 1 S. 2 KWG (siehe § 46 Abs. 1 S. 4 KWG: Ausschluß von Geschäftsführung und Vertretung) oder die Bestellung eines Treuhänders nach § 24 Abs. 7 Nr. 4 GWB.[172]

### *b) Bescheinigungen für Registereinträge*

Nicht privatrechtsgestaltend sind solche nach öffentlichem Recht notwendigen Bescheinigungen, ohne die zwar regelmäßig eine privatrechtliche Rechtsänderung nicht eintritt, die aber nicht rechtliche conditio sine qua non hierfür sind. Kein privatrechtsgestaltender Hoheitsakt ist deshalb die Abgeschlossenheitsbescheinigung nach § 7 Abs. 4 Nr. 2 WEG, und zwar auch dann nicht, wenn man hierin einen Verwaltungsakt erblickt.[173] Die tatsächliche Abgeschlossenheit der Wohnung ist keine Wirksamkeitsvoraussetzung der Eintragung, auch ohne Abgeschlossenheit kann Sondereigentum gebildet werden.[174] Für ein solches Verständnis spricht auch der Vergleich mit der Teilungsgenehmigung nach §§ 19 BauGB.[175] Nach dem WEG wird nur eine „Bescheinigung" verlangt, das BauGB spricht hingegen von der „Wirksamkeit" der Teilung (§ 19 Abs. 1 S. 1 BauGB) und knüpft damit an eine privatrechtliche Willenserklärung (§ 19 Abs. 2 BauGB) an. Weiterhin ermöglicht § 23 Abs. 3 BauGB im Unterschied zum WEG die Eintragung eines Widerspruchs, was ein deutlicher Hinweis darauf ist, daß bei Fehlen der Teilungsgenehmigung das Grundbuch im materiellen Sinne unrichtig wird.[176]

### *c) Untersagung privatrechtlichen Verhaltens*

Die Beeinflussung rechtsgeschäftlichen Verhaltens reicht alleine noch nicht aus, um nach den bisher entwickelten Kriterien von privatrechtsgestaltendem

---

[171] Anders *L. Schmidt,* S. 19 f.

[172] Dazu *Möschel,* Auflösung, S. 43.

[173] Für die Annahme von Verwaltungsaktseigenschaft überzeugend *J. Becker,* NJW 1991, 2742 ff.; anders etwa *Feldhahn,* BayVBl. 1991, 236; BayVGH, Urt. v. 8.5.1989, NJW-RR 1990, 27 (27); BVerwG, Urt. v. 11.12.1987, NJW-RR 1988, 649 (649 f.); vgl. auch BVerwG, B. v. 21.9.1988, Buchholz 454.4 § 82 II. WoBauG, Nr. 35, S. 5 (7). Skepsis gegenüber der Ablehnung der Verwaltungsaktseigenschaft durch die Rechtsprechung bei *Steiner,* VerwArchiv 83 (1992), 482.

[174] *J. Becker,* NJW 1991, 2747.

[175] Allerdings hat das BVerwG die Auffassung vertreten, einer Teilungsgenehmigung komme keine privatrechtsgestaltende Wirkung zu, siehe Urt. v. 12.8.1977, E 54, 257 (262). Für diese Auffassung gibt es aber kaum ein überzeugendes Argument, vgl. *Steiner,* DVBl. 1981, 348 ff.

[176] Ausführlich *Steiner,* DVBl. 1981, 350.

Handeln zu sprechen. Nicht jede Maßnahme, die (faktisch) beeinflußt, gestaltet auch. Auszuscheiden sind deshalb auch solche Maßnahmen, mit denen ein bestimmtes privatrechtliches Rechtsgeschäft untersagt wird, jedoch nicht auf die Wirksamkeit eventuell trotzdem geschlossener Verträge oder vorzunehmender einseitiger Rechtsgeschäfte „durchgegriffen" wird. So stellt etwa § 22 Abs. 5 1. Var. GWB die Untersagung eines mißbräuchlichen Verhaltens neben die (privatrechtsgestaltende) Unwirksamkeitserklärung von Verträgen.[177] Mißbräuchliches Verhalten muß nicht, wird aber oft in rechtsgeschäftlichem Verhalten zum Ausdruck kommen. Trotzdem kann die Untersagungsverfügung nach § 22 Abs. 5 1. HS. 1. Var. GWB vor dem Bestand der Rechtsgeschäfte quasi stehenbleiben (wenn nicht auf die Bußgeldvorschrift des § 38 Abs. 1 Nr. 4 GWB verwiesen wird) und daher nicht privatrechtsgestaltend wirken.[178]

Vergleichbares gilt für privatrechtliches, nicht rechtsgeschäftliches Verhalten. Gelegentlich reicht eine Vernichtung rechtsgeschäftlicher Vereinbarungen nicht aus, um die Ziele eines Gesetzes auch effektiv durchzusetzen. Als weitere Sanktion kann dann hinzutreten, daß die Behörde die Durchführung des nichtigen oder des unwirksamen Vertrages in der Regel mit Bußgeldbewehrung unterbindet (Beispiel: § 37 a i. V. m. § 38 Abs. 1 Nr. 4 GWB). Ein solcher Vorgang ist zwar privatrechtsrelevant, ebenfalls aber nicht privatrechtsgestaltend. Das subjektive private Recht als Eingriffsgegenstand fehlt bereits, etwa in § 37 a Abs. 1 GWB aufgrund de iure angeordneter Nichtigkeit. Privatrechtsgestaltung im Bereich des Vertragsrechts setzt aber stets das Vorhandensein eines rechtlichen Substrats voraus. Nicht erfaßt werden lediglich privatrechtliche Realhandlungen.

Zu unterscheiden ist die Untersagung privatrechtlicher Realhandlungen von der Unwirksamkeitserklärung bereits unwirksamer Verträge.[179] Solche Vorgänge gehören in den Bereich der Privatrechtsgestaltung. Derartige „Doppelwirkungen" sind nichts Ungewöhnliches.[180] Unwirksamkeitserklärungen sind

---

[177] Der Tatsache, daß dem Vertragsbegriff im GWB zum Teil ein anderes Begriffsverständnis zugrundegelegt wird als nach allgemeinem Zivilrecht (siehe dazu *Immenga*, in: Immenga / Mestmäcker, § 1 Rdnr. 109 ff.), wird für die weitere Untersuchung keine besondere Bedeutung beigemessen. Zum einen handelt es sich um eine allgemeine Untersuchung zum Thema Privatrechtsgestaltung, die sich auch auf solche Vorgänge beschränken kann, in denen zivilrechtlicher und kartellrechtlicher Vertragsbegriff übereinstimmen. Zum zweiten ist richtigerweise auch dem GWB der bürgerlichrechtliche Vertragsbegriff zugrundezulegen. Liegt ein Vertrag im allgemeinen zivilrechtlichen Sinne (mit Rechtsfolgewillen!) nicht vor, ist § 25 Abs. 1 GWB einschlägig (so überzeugend *Emmerich*, Kartellrecht, S. 49 und *Rittner*, Wirtschaftsrecht, § 15 II Rdnr. 17).

[178] Zu einem anderen Ergebnis (Nichtigkeit des Rechtsgeschäfts) wird man allerdings dann kommen, wenn eine Ordnungswidrigkeit nach § 38 Abs. 1 Nr. 4 GWB vorliegt. Damit liegt ein Verstoß gegen ein gesetzliches Verbot vor.

[179] GK-*Fikentscher / Straub*, § 18 Rdnr. 330 (1987); *Rittner*, Wirtschaftsrecht, S. 352 m. Fußn. 32; *von Venrooy*, S. 49 ff., jeweils für § 18 GWB.

[180] Vgl. *Kipp*, Festschrift für v. Martitz, S. 223 ff.; *K. Schmidt*, Kartellverfahrensrecht, S. 209 ff.; *von Venrooy*, S. 49 ff.

durchgehend auch dann zulässig, wenn das zivilrechtliche Rechtsgeschäft möglicherweise an einem Wirksamkeitsmangel leidet.[181] Die Unwirksamkeitserklärung sorgt für Rechtsklarheit, unabhängig davon, ob der andere Nichtigkeits- oder Unwirksamkeitsgrund wirklich vorliegt, eine Frage, die oft nicht mit völliger Sicherheit zu entscheiden ist. Es gibt keinen vernünftigen Grund, die Behörden, die zur Nichtigerklärung von Verträgen zuständig sind, vorher zur Prüfung von deren zivilrechtlicher Wirksamkeit zu verpflichten.[182]

In die Kategorie der Untersagung von privatrechtlichen Realhandlungen und damit nicht zum Bereich Doppelwirkungen gehört die Befugnis der Kartellbehörden nach § 37 a GWB.[183] Der ipso iure nichtige rechtsgeschäftliche Vorgang wird nicht durch privatrechtsgestaltenden Staatsakt noch einmal „vernichtet".[184] Dies ergibt deutlich der Wortlaut der Bestimmung. Die gesetzliche Unwirksamkeit oder Nichtigkeit bestimmter Bindungen ist Tatbestandsmerkmal und damit Rechtmäßigkeitsvoraussetzung für eine Verfügung nach § 37 a GWB. Diese konkretisiert deshalb nicht „kraft Verfahrens" die in § 37 a GWB aufgezählten Verbotstatbestände, es geht nicht um eine verbindliche Verbotsabgrenzung.[185] Liegt Nichtigkeit oder Unwirksamkeit nach den genannten Verbotsnormen nicht vor, ist die Verfügung rechtswidrig. Folgte man hingegen der Gegenauffassung,[186] müßte man konsequenterweise dazu kommen, daß Verträge nichtig werden, wenn zu Unrecht eine Verfügung nach § 37 a GWB erginge. Genau eine solche Tenorierung erlaubt § 37 a GWB eindeutig nicht.[187] Ergeht deshalb zu Unrecht eine Verfügung nach § 37 a GWB, weil keine Nichtigkeit vorliegt, und wird sie bestandskräftig, kommt dies zwar zunächst einer rechtmäßigen Verfügung gleich, d. h. die Durchführung eines Vertrages wird untersagt. Wird die Anordnung nach § 37 a GWB später aber aus welchem Grund auch immer aufgehoben, stellt sich die Frage nach der Rücknehmbarkeit privatrechtsgestaltender Verwaltungsakte nicht.[188] Denn der privatrechtliche Bestand wurde durch die Verfügung nicht berührt.

---

[181] Vgl. auch *Emmerich*, in: Immenga / Mestmäcker, § 18 Rdnr. 238.

[182] So auch *von Venrooy*, S. 52 ff., mit überzeugenden Darlegungen.

[183] Anders vor allem *K. Schmidt*, Kartellverfahrensrecht, S. 216 und S. 303: Dasselbe Verbot, das bereits ipso iure gelte, werde überdies „'kraft Verfahrens'" angeordnet. Eine ausführliche Auseinandersetzung mit der Konzeption einer Rechtsfolgenanordnung kraft Verfahrens erfolgt unten F I 3, S. 278 ff.

[184] Wie hier *Emmerich*, in: Immenga / Mestmäcker, § 37 a Rdnr. 12.

[185] So aber GK-*Fischötter*, § 37 a Rdnr. 4 (Stand: 1982); *K. Schmidt*, Kartellverfahrensrecht, S. 303.

[186] Vor allem vertreten von *K. Schmidt*, Kartellverfahrensrecht, S. 216 und S. 303.

[187] Siehe *K. Schmidt* selbst, Kartellverfahrensrecht, S. 216 m. Fußn. 29, mit insoweit allerdings nicht weiterführendem Hinweis auf BGH, B. v. 3.4.1975, WuW/E BGH 1345.

[188] Ausführlich dazu unten F III 1, S. 294 ff.

### d) Verpflichtung zur Vornahme privatrechtlicher Rechtsgeschäfte

Zunächst nicht zu den privatrechtsgestaltenden Verwaltungsakten gehören hoheitlich auferlegte Verpflichtungen zur Vornahme privatrechtlicher Rechtsgeschäfte, vor allem nach § 24 Abs. 6 GWB,[189] oder zur Durchführung der gesetzlichen Entflechtungsverpflichtung des § 24 Abs. 2 S. 5 GWB.[190] In diesem Fällen bleibt das Gesetz bei der Auferlegung einer öffentlich-rechtlichen Verpflichtung stehen. Der Inhalt der abzuschließenden Privatrechtsgeschäfte wird zwar durch den Verwaltungsakt vorgeprägt, ist aber im Detail offen. Die Abschluß- und Gestaltungsfreiheit wird im möglichen Maße erhalten. Das Ziel einer solchen Gesetzestechnik besteht offensichtlich darin, dem Verpflichteten die konkrete Ausformung der Verträge zur Erreichung des vorgegebenen Zieles zu überlassen.[191] Die damit verbundene Unbestimmtheit der konkreten Erfüllungshandlung ist aber kein notwendiger Faktor für die Verneinung eines privatrechtsgestaltenden Vorganges. Unter Umständen kann der Inhalt des abzuschließenden Vertrages von der Behörde auch im Detail festzulegen sein. Erst dann, wenn nicht nur gegen einen „Primär-", sondern auch gegen notwendige Vertragspartner als „Sekundärverpflichtete" im Wege einer Duldungsverfügung vorgegangen wird,[192] kommt es jedoch zu einer Umgestaltung der privatrechtlichen Rechte und Pflichten, trotz grundsätzlicher Trennung von öffentlich-rechtlicher Verpflichtung und privatrechtlicher Durchführung. Ein privatrechtsgestaltender Vorgang liegt weiterhin vor, wenn die inhaltlich vollständig konkretisierte Verpflichtung im Wege des Verwaltungszwanges durchgesetzt wird.[193]

## 5. „Positive" Grenzfälle privatrechtsgestaltenden Handelns

### a) Einführung

Die bisherigen Überlegungen zur Konkretisierung des Begriffs Privatrechtsgestaltung haben die Vermutung bestätigt, die sich bei der Unterscheidung von Privatrechtsgestaltung und Privatrechtsausgestaltung bereits angedeutet hatte. Theoretisch läßt sich zwar ein Kreis von privatrechtsgestaltenden Staatsakten

---

[189] Siehe dazu vor allem *Möschel,* Auflösung, S. 44 ff.

[190] Zur Befugnis des Bundeskartellamtes, entsprechende Anordnungen zu erlassen, siehe *Kerber,* S. 47. Die Untersagungsverfügung nach § 24 Abs. 2 S. 1 GWB ist Tatbestandsmerkmal der gesetzlichen Auflösungsverpflichtung des § 24 Abs. 2 S. 5 GWB. Die Untersagungsverfügung ist allerdings insoweit privatrechtsgestaltend, wie sich dies aus § 24 Abs. 2 S. 4 GWB ergibt, also für nach der Verfügung abgeschlossene Rechtsgeschäfte.

[191] Dies trägt dem verfassungsrechtlichen Übermaßverbot Rechnung, siehe *Kerber,* S. 44.

[192] Siehe *Möschel,* Auflösung, S. 45.

[193] Vgl. auch § 24 Abs. 7 Nr. 4 GWB: Bestellung eines Treuhänders.

abstecken. Die vielen unterschiedlichen Grenz- und Zweifelsfälle weisen aber auf eine Durchwachsung von öffentlichem und privatem Recht hin, die die für die Begriffsabgrenzung vorausgesetzte besondere Qualität privatrechtsgestaltender Vorgänge stark relativiert. Privatrechtsgestaltung durch Hoheitsakt ist zwar ein besonders augenfälliger Publifizierungsvorgang. Andere Erscheinungen kommen ihm jedoch – betrachtet man die Sache aus der Perspektive des Autonomieverlustes des Privatrechts – vielfach nahe.

### *b) Hoheitliche Mitwirkungsakte*

Wendet man sich den „positiven Grenzfällen" von privatrechtsgestaltenden Hoheitsakten zu, stellt man fest, daß selbst die privatrechtsgestaltende Qualität von solchen Vorgängen bestritten wird, die in anderen Untersuchungen geradezu als Paradigma für einen solchen gelten. So wird der privatrechtsgestaltende Charakter bestimmter hoheitlicher Mitwirkungsakte nicht einheitlich beurteilt. Hierzu gehören etwa die öffentlich-rechtlichen Genehmigungen zu Privatrechtsgeschäften, vor allem die im Bereich des besonderen Kündigungsschutzes im Arbeitsrecht zugunsten von bestimmten Personengruppen (§ 9 Abs. 3 MuSchG, §§ 14 ff. SchwbG), im Wohnungsbauförderungsrecht (§ 8 a IV WoBindG) oder Zustimmungserfordernisse zu Verträgen.[194] Der Haupteinwand gegen die Einbeziehung in den Kreis privatrechtsgestaltender Hoheitsakte lautet dahingehend, daß eine solche Genehmigung nicht die private Rechtslage gestalte, sondern die Ausgestaltung der Rechtslage den Bürgern selbst überlassen werde und die Verwaltung insoweit nur die Vereinbarkeit der privaten Gestaltung mit öffentlichen Interessen überprüfe.[195] Folgte man dieser Auffassung, wären also nur solche Zustimmungen privatrechtsgestaltend, die das Vorhandensein der für die Ausübung des Gestaltungsrechts erforderlichen Voraussetzungen bindend bezeugen.[196]

Mit dem genannten Einwand ist ein wichtiger dogmatischer Unterschied angedeutet. Denn gerade hoheitliche Mitwirkungsakte nehmen die vorliegenden privaten Willenserklärungen zwar zum Ausgangspunkt. Sie ändern aber nichts an ihrer Anfechtbarkeit, Nichtigkeit etc.[197] Nach den bisher vorgenommenen Begriffsbestimmungen kann es trotzdem keine Rolle spielen, ob ein Hoheitsakt alleinige, oder eine von mehreren rechtlich notwendigen Bedingungen für die Mit- oder Umgestaltung der Privatrechtslage ist. In beiden Fällen liegt eine Abweichung vom hier zugrundegelegten Regelfall der Gestaltung der Privatrechtslage durch Rechtsgeschäft oder privatrechtliches Gesetz vor.

---

[194] Ausführliche Nachweise unten C I 2, S. 120 ff.
[195] So *Kiekebusch*, VerwArchiv 57 (1966), 21 f.
[196] So die Formulierung von *W. Jellinek*, Festschrift für Thoma, S. 98.
[197] Vgl. *Greiffenhagen*, S. 105 und S. 138 f.

Daher sind die genannten Mitwirkungsakte unter den Arbeitsbegriff des privatrechtsgestaltenden Staatsaktes zu subsumieren.[198] Zu eng ist aus dieser Sicht die Definition, die darauf abstellt, daß privatrechtliche Rechtsverhältnisse vom privatrechtsgestaltenden Staatsakt mit unmittelbar verbindlicher Kraft begründet, verändert oder aufgehoben werden.[199] Die Vorstellung unmittelbar verbindlicher Gestaltung ist zu weitgehend. Deshalb gehören auch sog. Vorausgenehmigungen unter den Begriff des privatrechtsgestaltenden Staatsaktes.[200] Daß erst das später abzuschließende Geschäft die Genehmigungswirkung zur Entfaltung bringt, rechtfertigt keine grundsätzliche Ausgrenzung.

### *c) Materielle Präklusionsvorschriften*

Zu einer Umgestaltung der privaten Rechtslage kommt es auch durch Präklusionsvorschriften. Verschiedene Arten sind hier zu unterscheiden. Zum einen gibt es den Ausschluß (auch) auf privatrechtliche Rechtspositionen gegründeter Einwendungen durch Nichtgeltendmachung in einem Einwendungsverfahren (u. a. § 36 Abs. 4 S. 1 i. V. m. § 73 Abs. 4 S. 1 VwVfG,[201] § 10 Abs. 3 S. 4 BImSchG, § 34 Abs. 1 S. 2 LBG, § 17 Abs. 4 S. 2 Nr. 2 WaStrG,[202] § 7 Abs. 1 S. 2 AtomVfV[203])[204]. In diesen Fällen wirkt die Durchführung des Genehmigungsverfahrens und speziell des Auslegungsverfahrens privatrechtsgestaltend. Stattdessen oder zusätzlich werden privatrechtliche Ansprüche, meist im Anschluß an eine formelle oder materielle Präklusion im Verfahren, auch durch die Bestandskraft von Genehmigungsbescheiden ausgeschlossen (u. a. § 14 S. 1 BImSchG,[205] § 11 Abs. 1 S. 1 WHG, § 21 Abs. 3 WaStrG, § 7 Abs. 6 AtG,

---

[198] *Meyer zum Wischen*, S. 18 ff.; Staudinger-*Dilcher*, § 182 Rdnr. 25; RGRK-*Steffen*, § 182 Rdnr. 12; *Zapp*, S. 83; ausdrücklich für eine Einbeziehung von hoheitlichen Zustimmungen in den Bereich privatrechtsgestaltender Verwaltungsakte auch *Thiele*, Zustimmungen, S. 55.

[199] So *Greiffenhagen*, S. 137; *W. Wertenbruch*, Gedächtnisschrift für R. Schmidt, S. 98 f. m. Nachw.

[200] Anders *Greiffenhagen*, S. 152, für seine Begriffsbildung.

[201] Zum Charakter als materielle Präklusionsvorschrift siehe BVerwG, B. v. 12.11.1992, NVwZ 1993, 266 (266).

[202] Zum Charakter als materielle Präklusionsvorschrift siehe BVerwG, Urt. v. 6.8.1982, E 66, 99 (101).

[203] Zum Charakter als materielle Präklusionsvorschrift siehe BVerwG, Urt. v. 17.7.1980, E 60, 297 (301), allerdings noch zu § 3 Abs. 1 AtAnlV.

[204] Siehe hierzu und zu weiteren vergleichbaren Bestimmungen BVerwG, Urt. v. 29.9.1972, DVBl. 1973, 645 (646); *Papier*, NJW 1980, 314. Zur Frage, welche Vorschriften der verschiedenen Planungsgesetze eine materielle, welche hingegen nur eine formelle Präklusion vorsehen, siehe (allerdings zum Teil durch die Rechtsentwicklung überholt) *Ronellenfitsch*, VerwArchiv 74 (1983), 373 ff.; *Wolfrum*, DÖV 1979, 497.

[205] Zum Teil wird im Landesnachbarrecht auf § 14 BImSchG verwiesen, so etwa in Art. 54 BayAGBGB für Eisenbahn-, Dampfschiffahrts- und ähnliche Unternehmen, die dem öffentlichen Verkehr dienen. Ähnlich § 24 Nds.AGBGB und § 30 Bad.-Württ. Nachbarrechtsgesetz, die § 26 GewO für entsprechend anwendbar erklären.

§ 75 Abs. 2 VwVfG). Dann ist die Präklusion dem Verwaltungsakt, der die Genehmigung enthält, rechtlich zuzuordnen, es liegt ein privatrechtsgestaltender Verwaltungsakt vor.[206] Gleiches gilt bei der hoheitlichen „Befreiung von Altlasten" für Investoren in den neuen Bundesländern nach Art. 1 § 4 Abs. 3 Umweltrahmengesetz der DDR vom 28.6.1990 in der Fassung von Art. 12 HemmbesG vom 22.3.1991.[207]

Gleichwohl wird auch der privatrechtsgestaltende Charakter von Anlagengenehmigungen mit materieller Ausschlußwirkung für privatrechtliche Ansprüche bestritten. Als Begründung wird zum einen genannt, es fehle an einer gewollten, unmittelbaren Gestaltung der Privatrechtslage.[208] Recht klar ist dieses Argument allerdings nicht. Der Ausschluß privatrechtlicher Ansprüche etwa durch § 14 BImSchG ist „gewollt". Er tritt zwar nur eventuell ein, da nicht in jedem Fall entsprechende privatrechtliche Ansprüche zu bestehen brauchen. Trotzdem ist der Ausschluß Ziel der gesetzgeberischen Anordnung einer Präklusionswirkung. Er geschieht auch unmittelbar, irgendein weiterer notwendiger rechtlicher oder tatsächlicher Akt ist nicht erforderlich.[209] Daher lassen sich solche Vorschriften insoweit durchaus als privatrechtsgestaltend verstehen.

Bezweifelt werden kann der privatrechtsgestaltende Charakter etwa einer immissionsschutzrechtlichen Genehmigung (§ 14 BImSchG)[210] allerdings in anderer Hinsicht. In ihrer Erteilung liegt ein privatrechtsgestaltender Vorgang, wenn man dem herkömmlichen Verständnis folgt, daß die nachbarrechtlichen Ansprüche aus §§ 823 ff., 1004, 906 ff. BGB mit Bestandskraft der Genehmigung „aufgeopfert" werden[211] und als Ausgleich für die privatrechtliche Aufopferung die Surrogationsansprüche des § 14 S. 2 BImSchG gewährt werden.[212] Von Schapp ist demgegenüber ein Verständnis entwickelt worden, das im Ergebnis darauf hinausläuft, § 14 S. 1 BImSchG nur deklaratorischen Charakter zuzuerkennen.[213] §§ 1004, 906 BGB beträfen nur Berücksichtigungsinteres-

---

[206] Dies hat Folgen für die Klagebefugnis nach § 42 Abs. 2 VwGO. Diese wird durch die Aberkennung privatrechtlicher Befugnisse begründet. Ausführlich unten F IV 1, S. 301 m. Fußn. 169.

[207] BGBl. I, 766. Der Text und die dazu ergangenen ministeriellen Hinweise sind abgedruckt bei *Michel*, BauR 1992, 176 ff.

[208] So *L. Schmidt*, S. 19.

[209] Nicht stimmig ist die Konzeption von *L. Schmidt* auch deshalb, weil er die öffentlichrechtliche Genehmigung in den Begriff des privatrechtsgestaltenden Verwaltungsaktes mit einbeziehen möchte (siehe S. 26 ff.), obwohl man gerade bei ihnen über das Merkmal der Unmittelbarkeit streiten kann.

[210] Die Problematik wird weitgehend am Beispiel des § 14 BImSchG diskutiert. Sie ist auf vergleichbare Präklusionsvorschriften jedoch entsprechend zu übertragen.

[211] Siehe *H. Schulte*, Eigentum und öffentliches Interesse, S. 107 ff.

[212] So etwa *F. Baur*, JZ 1974, 659; *Peine*, NJW 1990, 2445. Vgl. weiterhin die ausführlichen Nachweise bei *H. Schulte*, Eigentum und öffentliche Interessen, S. 107 ff.

[213] Vgl. *Schapp*, Nachbarrecht, S. 94. Trotzdem geht aber Schapp durchgehend davon aus, daß die Erteilung einer immissionsschutzrechtlichen Genehmigung ein privatrechtsgestaltender Vorgang ist. Siehe *diesen*, aaO, S. 13 ff.

sen aufgrund des baurechtlichen status quo.[214] Der Konflikt um die Raumentwicklung werde hingegen allein vom BImSchG gelöst, vom BGB hingegen gar nicht geregelt.[215] Private Berücksichtigungsinteressen aufgrund der gegebenen Grundstückssituation würden vielmehr in den Planungs- und Genehmigungsprozeß mit eingebunden und dort auch sachlich bewältigt.[216]

In wesentlichen Punkten ist der Konzeption von Schapp zuzustimmen. Die Erteilung einer immissionsschutzrechtlichen Genehmigung ist durch die Bindeglieder des § 6 Nr. 2 BImSchG, § 29 S. 1 2. HS BauGB weniger eine sicherheitsrechtliche Maßnahme, sondern vor allem eine Entscheidung zur Raumentwicklung.[217] Sie kann deshalb als Rechtmäßigkeitsmaßstab nicht an der gegebenen Nutzungsstruktur als Rechtsmaßstab festhalten, wie es § 906 BGB für das private Nachbarrecht vorsieht. Folglich sind privatrechtliche Ansprüche keine Hindernisse für die Erteilung einer immissionsschutzrechtlichen Genehmigung.[218] Die bestehenden Grundstücksnutzungen werden – auch insoweit ist Schapp beizupflichten – deshalb aber nicht ignoriert; sie sind vielmehr Gesichtspunkte für die Beurteilung der bauplanungsrechtlichen Zulässigkeit im Rahmen von §§ 34, 35 BauGB. Sie fließen mittelbar auch in den Maßstab des § 30 BauGB ein, da sie als abwägungserhebliche Belange den Inhalt eines rechtmäßigen Bebauungsplanes mitbestimmen.[219] Diese Konzeption erklärt auch, daß der Vorwurf unberechtigt ist, § 5 Abs. 1 Nr. 1 BImSchG verlange Unmögliches.[220] § 14 S. 1 BImSchG betrifft auch keineswegs nur materiell rechtswidrige, aber formell bestandskräftige Anlagen.[221] § 5 Abs. 1 Nr. 1 BImSchG verlangt gerade nicht die absolute Beachtung privater Nachbarrechte.[222] § 14 S. 1 BImSchG unterstreicht ihre Relativierung durch die übergeordnete, öffentlich-rechtliche Planungsebene.

---

214 *Schapp,* Nachbarrecht, S. 57.

215 *Schapp,* Nachbarrecht, S. 56 und S. 94; siehe auch dens., aaO, S. 121, mit demselben Ansatz für sog. lebenswichtige Anlagen.

216 Vgl. *Schapp,* Nachbarrecht, S. 90. Ähnlich argumentiert auch *H. Schulte,* Eigentum und öffentliches Interesse, S. 155, wonach es (bei § 26 GewO a. F.) nicht um die Gestaltung privater Rechte, sondern um die Entscheidung von „Streit" zwischen zwei Privaten gehe. Dieser „Streit" gehe nicht darum, wie Rechtsbeziehungen zu gestalten seien, sondern darum, wie sie im Gesetz schon gestaltet sind. Überzeugend ist dies schon deshalb nicht, weil es auf einen „Streit" gar nicht ankommt. Die „Gestaltungs"wirkung tritt unabhängig davon ein, ob sich die Nachbarn einig sind oder nicht.

217 Siehe *Schapp,* Nachbarrecht, S. 37 ff.

218 Anders *Papier,* NJW 1980, 317: Bestehende subjektive Privatrechte könnten einer Genehmigungserteilung entgegenstehen. Weiterhin auch *Gerlach,* Privatrecht und Umweltschutz, S. 101.

219 Vgl. etwa *Papier,* UPR 1985, 77.

220 So aber *Peine,* NJW 1990, 2444.

221 So auch *Peine,* NJW 1990, 2444.

222 Etwas relativiert wird diese Aussage allerdings durch die weitgehende Gleichsetzung von Wesentlichkeit und Ortsüblichkeit nach BImSchG und BGB. Siehe BGH, Urt. v. 23.3.1990, Z 111, 63 865 f.); anders noch *Schapp,* Nachbarrecht, S. 27 f.

Zu weitgehend ist jedoch die Auffassung von Schapp, die Normen des BGB von vornherein für unzuständig für die Konfliktlösung zu halten und deshalb § 14 S. 1 BImSchG nur deklaratorischen Charakter einzuräumen. Zwar transformiert bereits das immissionsschutzrechtliche Genehmigungsverfahren die privatrechtlichen Ansprüche zu Abwägungsgesichtspunkten im übergelagerten öffentlich-rechtlichen Planungs- und Genehmigungsprozeß. Gleichwohl nimmt erst die bestandskräftige Genehmigung den privatrechtlichen Ansprüchen ihre Durchsetzbarkeit. Endgültig erst ab dem Moment der Unanfechtbarkeit hat der Nachbar keinen zivilrechtlichen Anspruch auf Einstellung der Anlage mehr.[223] Es kommt für die Verdrängung privatrechtlicher Nachbaransprüche nicht auf die Planung, sondern auf den verbindlichen Planungsakt an.[224] Die Ansprüche aus § 14 S. 1 und S. 2 BImSchG sind durchaus Surrogat für den Verlust des zivilrechtlichen Verbietungsanspruchs. Die immissionsschutzrechtliche Genehmigung ist konstitutiv für diesen Vorgang und damit privatrechtsgestaltend.[225]

---

[223] Für die Zeit vor Unanfechtbarkeit ist zu unterscheiden: Wird ohne Genehmigung eine immissionsschutzrechtlich genehmigungspflichtige Anlage errichtet, können hiergegen auch private Nachbarrechte geltend gemacht werden. Gleiches gilt, wenn gegen eine erteilte Genehmigung der Suspensiveffekt eintritt. Private Rechtsbehelfe sind hingegen ausgeschlossen, soweit die Genehmigung sofort vollziebar ist. Allgemein für den Ausschluß privatrechtlicher Ansprüche hingegen *Schapp,* Nachbarrecht, S. 56.

[224] Ein Blick auf die Rechtslage in dem immissionsschutzrechtlichen Verfahren verwandten Planfeststellungsverfahren bestätigt, daß eine Normkoordination im Sinne von *Schapp* die Dinge nicht richtig erfaßt. So vertritt das BVerwG zu § 17 FStrG a. F. die Auffassung, daß Dritte kein subjektiv-öffentliches Recht auf Durchführung eines objektiv gebotenen Planfeststellungsverfahrens haben (BVerwG, Urt. v. 22.2.1980, DÖV 1980, 516 / 517). Folgt man dieser (allerdings nicht zweifelsfreien) Rechtsprechung, dann müssen den Dritten – neben der Möglichkeit, Auflagen auch außerhalb des Planfeststellungsverfahrens durchzusetzen (BVerwG, aaO, 518) – aber auch privatrechtliche Ansprüche weiter zustehen, soll es nicht zu einer völlig unangemessenen Verkürzung der Interessen der Nachbarn kommen.

[225] Sie ist im übrigen nur insoweit privatrechtsgestaltend, wie dies die öffentlichen Interessen, die zur Einführung der Präklusionswirkung geführt haben, erfordern. Deshalb sind die nach der Präklusionswirkung verbleibenden Ansprüche des Nachbarn gegen den Betreiber der Anlage solche des Privatrechts (so auch *Gerlach,* Privatrecht und Umweltschutz, S. 75, *ders.,* JZ 1988, 171). § 14 S. 1 und S. 2 BImSchG enthalten also eine Art modifizierter Rechtsgrundverweisung auf das Zivilrecht. Vgl. auch *Ule / Laubinger,* BImSchG, § 14 Rdnr. 8 (Stand: August 1981); Staudinger-*Roth,* § 906 Rdnr. 22 ff. Sehr klarsichtig hat diesen Zusammenhang *F. Baur,* JZ 1974, 658, ausgedrückt: Die Rechte aus § 14 BImSchG bestehen nur, wenn dem Nachbarn an und für sich ein Verbietungsrecht nach § 906 BGB zustünde, das eben durch die staatliche Genehmigung i. V. m. § 14 BImSchG verhindert werde. Das Verhältnis von § 14 S. 2 BImSchG und § 906 Abs. 2 S. 2 BGB ist damit folgendes: Ein Anspruch nach § 14 S. 2 BImSchG kommt in Betracht, wenn dem betroffenen Eigentümer an sich (nach §§ 906, 1004 BGB) ein Verbietungsrecht zustünde, dieses Recht aber wegen der Präklusionswirkung des § 14 S. 1 BImSchG nicht ausgeübt werden kann. Ein Ausgleichsanspruch nach § 906 Abs. 2 S. 2 BGB ist hingegen gegeben, wenn ein zivilrechtliches Verbietungsrecht nicht besteht, die Einwirkung aber über den Rahmen des Zumutbaren hinausgeht *(Baur,* JZ 1974, 659). Ebenso auch Erman-*Hagen,* § 906 Rdnr. 41; *Soell,* in: Cramer / Lamarque / Soell / du Pontavice, S. 85; Staudinger-*Roth,* § 906 Rdnr. 72.

### d) Privatrechtsrelevante Geschäftsplan- und Tarifgenehmigungen

Bei den hoheitlichen Mitwirkungsakten ist der privatrechtsgestaltende Verwaltungsakt ein mitgestaltendes Element für die Privatrechtslage. Diese Mitgestaltung geschieht im Wege der unmittelbaren Anknüpfung an das private Rechtsgeschäft. Eine Reihe praktisch wichtiger, privatrechtsrelevanter Genehmigungen im Wirtschaftsverwaltungsrecht nimmt für die Beeinflussung der Privatrechtslage jedoch einen Umweg, indem nicht einzelne, abzuschließende Verträge, sondern Geschäftspläne, also Allgemeine Geschäftsbedingungen,[226] oder Tarifwerke von Unternehmen genehmigt werden. Beispiele hierfür sind etwa Genehmigungen für AVB nach § 4 PflVersG, §§ 5 ff., 13 VAG, die Genehmigung von Tarifen nach § 8 PflVersG, die Genehmigung von Beförderungsentgelten nach § 39 PBefG, Strompreistarifen nach § 12 BTO-Elt etc.[227] Der spätere Abschluß von privatrechtlichen Verträgen zwischen Unternehmer und Benutzer oder Kunde ist dann regelmäßig nur zu den genehmigten Bedingungen zulässig (§ 4 Abs. 1 S. 1 PflVersG, §§ 10, 11 PflVersG, § 39 Abs. 3 PBefG), oder es besteht zumindest eine Abschlußpflicht zu den genehmigten Konditionen (§ 6 Abs. 1 EnWG).[228] Die Genehmigung des Geschäftsplans ist für das Verhältnis von Unternehmer und Kunde jedoch nur mittelbar von Bedeutung, ein Rechtsverhältnis zwischen Genehmigungsbehörde und Kunde / Benutzer besteht keines.[229]

Die Aufstellung eines Geschäftsplanes oder Tarifwerkes ist zunächst ein privatrechtliches Internum des Unternehmers, jedenfalls kein Rechtsgeschäft, vor allem noch kein Vertragsangebot des Unternehmers gegenüber den späteren Benutzern.[230] Der spätere Abschluß von Verträgen wird nur vorbereitet. Mit der Genehmigung verknüpfen sich dann vom Gesetz vorgesehene Rechtsfolgen, vor allem eine Kontrahierungspflicht (§ 22 PBefG, § 5 PflVersG). Soweit von den festgestellten Geschäftsplänen abgewichen wird, sind solche Verträge des weiteren in einigen Bereichen nach § 134 BGB in Verbindung mit der entspre-

---

[226] *Dengler,* DÖV 1979, 662 für das PBefG; *Helm,* NJW 1978, 129, für AVB.

[227] Ausführlich *N. Mayer,* S. 23 ff.

[228] Nach § 12 Abs. 1 S. 2 BTO-Elt sind die genehmigten Tarifpreise Höchstpreise. Zu den Einzelheiten siehe auch *Ebel,* S. 42 ff.

[229] Anders – ohne überzeugende Begründung – *Fielitz / Meier / Montigel / Müller,* PBefG, § 39 Anm. 2 (Stand: November 1985): Es werde mit der Zustimmung der Genehmigungsbehörde zu den Beförderungsentgelten bereits ein konkretes Rechtsverhältnis zwischen Unternehmer und Fahrgast begründet. Hiergegen spricht aber schon, daß die Zahl betroffener Fahrgäste und ihre Identität nicht bestimmbar ist, so daß von einem konkreten Rechtsverhältnis nicht gesprochen werden kann. Dies ist auch die von der höchstrichterlichen Rechtsprechung ständig vertretene Auffassung, siehe BVerwG, Urt. v. 25.11.1986, NJW 1987, 1837 (1838) [verfassungsrechtlich unbedenklich nach BVerfG, K.B. v. 6.7.1989, NJW 1990, 2249 f.]; BVerwG, Urt. v. 16.7.1968, E 30, 135 (136); Urt. v. 8.7.1977, DÖV 1978, 619 (620); BGH, Urt. v. 27.10.1972, DVBl. 1974, 558 (561).

[230] Anders BGH, Urt. v. 27.10.1972, DVBl. 1974, 558 (561); *Kopp,* DÖV 1980, 506. Wie hier hingegen *Ehlers,* Verwaltung in Privatrechtsform, S. 432.

chenden Verbotsnorm nichtig.[231] Dies gilt vor allem für das Personenbeförderungsrecht (§ 39 Abs. 3 PBefG),[232] hingegen nicht für den Bereich der Kfz-Haftpflichtversicherung.[233] Aufgrund beider Erscheinungen, Nichtigkeit nach § 134 BGB und Kontrahierungspflicht, kommt es zu einem privatrechtsgestaltenden Vorgang. Die Genehmigung verursacht die Entstehung subjektiver Rechte und Pflichten, indem die sonst bestehende Möglichkeit beschnitten wird, den Vertragsinhalt frei auszuhandeln. Auch das Merkmal der Unmittelbarkeit ist erfüllt. Zwar wird die eigentliche Rechtsfolge normativ angeordnet. Damit wird der privatrechtsbeeinflussende Genehmigungsakt aber direkt im Privatrechtssystem umgesetzt. Anders als bei mehrstufigem Verwaltungshandeln liegt keine Umsetzung auf der untersten Ebene durch Einzelakt vor. Die genannten Genehmigungen sind deshalb privatrechtsgestaltende Verwaltungsakte.[234]

### 6. *„Eventualfälle" privatrechtsgestaltenden Handelns*

#### *a) Das Negativattest*

Aufgrund der besonderen Wirksamkeitsgarantie des Verwaltungsaktes läßt sich für den Bereich privatrechtsbeeinflussender Verwaltungsakte nicht abstrakt für jeden Fall entscheiden, ob es sich um einen privatrechtsgestaltenden Hoheitsakt handelt. Bestimmte Entscheidungen wirken nur unter Umständen privatrechtsgestaltend. Damit ist nicht die Variante gemeint, daß nicht in jedem Fall eine Änderung der Privatrechtslage eintritt, wie etwa bei den Präklusionsvorschriften. Diese lassen sich zu den privatrechtsgestaltenden Hoheitsakten zählen.[235] Es gibt jedoch Entscheidungen, bei denen der privatrechtsgestaltende Charakter sich abstrakt anhand der (nicht notwendigerweise vorhandenen) gesetzlichen Grundlage nicht bestimmen läßt, sondern nur dann auftritt, wenn die Voraussetzungen für die Maßnahme eigentlich nicht vorlagen. In diese Kategorie fällt das Negativattest mit der bindenden Feststellung einer Behörde, daß ein bestimmtes Rechtsgeschäft einer behördlichen Genehmigung nicht bedarf.[236] Die Behörde bestätigt damit (in der Rechtsform eines Verwaltungsaktes)[237], daß nach ihrer verbindlich geäußerten Auffassung die Voraussetzungen für ein privatrechtsgestaltendes Handeln nicht gegeben sind. Hierfür benötigt sie nach richtiger Auffassung keine ausdrückliche gesetz-

---

[231] Erheblich zu undifferenziert sind in diesem Zusammenhang die Ausführungen von *Mutzbauer,* S. 74 ff.

[232] *Bidinger,* § 39 PBefG, Anm. 14.

[233] Allgemeine Meinung, siehe *Dörschuck,* S. 33.

[234] Ebenso *Mutzbauer,* S. 59.

[235] Siehe oben A V 5 c, S. 38 f.

[236] Siehe *Bergerfurth,* NJW 1956, 290; *Greiffenhagen,* S. 154.

[237] Anders *Greiffenhagen,* S. 156 ff.

liche Grundlage.[238] Die Erteilung eines Negativattestes soll also nicht privatrechtsgestaltend sein. Trotzdem wirkt es privatrechtsgestaltend, wenn es sachlich unrichtig ist, der Vorgang also objektiv genehmigungspflichtig war.[239] Dann ersetzt der Attest-Verwaltungsakt auch ohne ausdrückliche gesetzliche Anordnung die eigentlich erforderliche Genehmigung.[240] Es handelt sich also um die spiegelbildliche Erscheinung der Präklusionsvorschriften. Diese sollen Privatrecht gestalten, tun es aber unter Umständen nicht; ein Negativattest soll hingegen die private Rechtslage unberührt lassen, ändert sie aber möglicherweise.

### *b) Die Baugenehmigung*

Die Baugenehmigung ist nach Auffassung einer überwiegenden Meinung wegen ausdrücklicher Anordnung der Landesbauordnungen kein privatrechtsgestaltender Verwaltungsakt.[241] Sie „wird unbeschadet der privaten Rechte Dritter erteilt" (Art. 74 Abs. 6 BayBO). Gleichwohl mangelt es nicht an literarischen Versuchen, die privatrechtsgestaltende Kraft der Baugenehmigung zu begründen.[242] Daß solchen Versuchen nicht unter schlichtem Verweis auf das in den Bauordnungen niedergelegte positive Recht entgegengetreten werden kann, liegt nicht daran, daß dem öffentlichen Baurecht, seinen Planungs-, Planersatz- und Vollzugsinstrumenten grundsätzlicher Vorrang vor dem privaten Nach-

---

[238] So für das Kartellrecht auch KG, B. v. 18.11.1985, WuW/E OLG 3685 ff. anders für den Bereich des GWB *Greiffenhagen,* S. 156 ff. Die von *Dürig,* in: Maunz / Dürig, Art. 2 Abs. I, Rdnr. 65, geäußerte Ansicht, es sei generell verfassungswidrig, einer Behörde die Entscheidung darüber zu überlassen, ob im Einzelfall die im Gesetz vorgesehene Genehmigung erforderlich ist oder nicht, kann in dieser Allgemeinheit nicht überzeugen (anders *Greiffenhagen,* S. 157). Gerade im Fall des Negativattestes hat der gewaltunterworfene Bürger häufig ein besonderes Interesse an einer verbindlichen Klärung.

[239] Ausdrückliche Gleichstellung von Negativattest und Genehmigung etwa in § 5 S. 2 GrstVG, § 23 Abs. 2 S. 1 BauGB. Siehe weiterhin BGH, Urt. v. 15.3.1951, Z 1, 295 (302 f.); *Bergerfurth,* NJW 1956, 290; *Greiffenhagen,* S. 155. Differenzierend hingegen BGH, Urt. v. 30.11.1965, Z 44, 325 (327): Gleichstellung nur in dem Fall, daß die Genehmigung ausschließlich dem Schutz öffentlicher Interessen dient. Keine Gleichstellung soll hingegen für vormundschaftliche Genehmigung (die hier im einzelnen nicht zu behandeln ist) anzunehmen sein.

[240] *Greiffenhagen,* S. 155.

[241] BGH, Urt. v. 15.1.1971, DVBl. 1971, 744; BayObLG, Urt. v. 2.7.1990, NJW-RR 1991, 19 (19); *J. F. Baur,* Gedächtnisschrift für Martens, S. 550; Soergel-*J. F. Baur,* § 903 Rdnr. 79; *Gerlach,* Privatrecht und Umweltschutz, S. 77, *ders.* JZ 1988, 172; *Kleinlein,* System des Nachbarrechts, S. 77; *Marburger,* 56. DJT, C 19; *Mühl,* Festschrift für Raiser, S. 183; *Papier,* UPR 1985, 81, *ders.,* in: Pikart / Gelzer / Papier, S. 121; Staudinger-*Roth,* § 906 Rdnr. 33; *Timmermann,* S. 236; *Vieweg,* JZ 1987, 1109. Nicht ausgeschlossen ist mit dieser Auffassung eine gewisse *indizielle* Wirkung des Ergehens der Baugenehmigung und ihrer Nichtanfechtung durch den Nachbarn auf das privatrechtliche Rechte- und Pflichtenverhältnis. Siehe dazu *Reidt,* JuS 1993, 23.

[242] Ausführlich *Schapp,* S. 164 ff.; *Zapp,* S. 89 ff.; allgemein auch *Engel,* Planungssicherheit, S. 34 f.

barrecht einzuräumen wäre.[243] Öffentliches und privates Nachbarrecht betreffen unterschiedliche Konfliktsituationen und verfolgen verschiedene Ziele. Das private hat die faktische, kleinräumige Situation zum Regelungsgegenstand und versucht auf dieser Ebene einen Interessenausgleich bei nicht verträglichen Nutzungsinteressen zu erreichen.[244] Hingegen ist das Bauplanungsrecht auf die Zukunft bezogen, es wirkt raumgestaltend.[245] Es gewährt erst als zweiten Aspekt für das Baugenehmigungsverfahren Abwehrrechte für gegenwärtige oder planerische ausgewiesene Grundstücksnutzungsmöglichkeiten. Irgendeine Art von Überordnung des einen über das andere Rechtsgebiet gibt es nicht. Das öffentliche Planungsrecht kann zwar, wenn sich der Gesetzgeber für eine entsprechende Ausgestaltung des einfachen Rechts entscheidet, das private Nachbarrecht überlagern und die privatrechtlichen Ansprüche mit Unanfechtbarkeit der Genehmigung suspendieren. Das wurde am Beispiel der immissionsschutzrechtlichen Genehmigung bereits nachgewiesen. Das Baugenehmigungsverfahren ist durch das Erfordernis der Nachbarbeteiligung auch so ausgestaltet, daß gegen eine privatrechtsgestaltende Wirkung im Sinne

---

[243] So aber etwa *Bartlsperger,* VerwArchiv 60 (1969), 58 ff., *ders.,* DVBl. 1971, 746; vgl. auch *dens.,* Die Straße im Recht des Umweltschutzes, S. 44 ff.; *Berkemann,* NVwZ 1992, 829, der sogar dafür plädiert, den privatrechtlichen Nachbarrechtsschutz zugunsten öffentlich-rechtlicher Rechtsschutzformen vollständig aufzugeben. Wie hier hingegen *Ossenbühl,* DVBl. 1990, 968; *Marburger,* 56. DJT, C 43. Wenig überzeugend ist das von der Gegenauffassung in diesem Zusammenhang angebrachte Argument, der „Unbeschadet-Grundsatz" des Bauordnungsrechts entstamme einer Zeit, in der es keinen öffentlich-rechtlichen Nachbarrechtsschutz gab (so etwa *Kleinlein,* System des Nachbarrechts, S. 11). Die seit 1960 erlassenen Bauordnungen sind mehrfach novelliert worden, und zwar in Kenntnis der Statthaftigkeit öffentlich-rechtlicher Nachbarklagen und der Regelung des § 26 GewO / § 14 BImSchG. Ein „Meilenstein" in der Entwicklung des öffentlich-rechtlichen Nachbarschutzes war etwa das Bandsäge-Urteil des BVerwG vom 18.8.1960, DVBl. 1961, 129 ff. (siehe auch *Steinberg,* NJW 1984, 458 f.). Die grundsätzliche Anerkennung der öffentlich-rechtlichen Nachbarklage erfolgte mit Urteil des BVerwG v. 5.10.1965, E 22, 129 ff. *(Mühl,* Festschrift für Raiser, S. 182). Einen ausdrücklichen Vorbehalt des privaten zugunsten des öffentlichen Nachbarrechts enthalten lediglich einige Landesnachbargesetze, siehe etwa § 45 HessNachbarRG.

[244] Siehe zum System und Anliegen des privaten Nachbarrechts etwa *F. Baur,* JZ 1974, 658; *Gerlach,* Privatrecht und Umweltschutz, S. 70 ff.; Hagen, NVwZ 1991, 817; vgl. weiterhin *dens.,* aaO, 820; vgl. auch *Peine,* JuS 1987, 171; *Schapp,* Nachbarrecht, S. 36; *H. Westermann,* Festschrift für Larenz, S. 1006 ff. Dabei sind die Entwicklungsmöglichkeiten des Privatrechts gerade auch im Hinblick auf Fragen des Umweltschutzes wohl keinesweg so beschränkt, wie dies vielfach angenommen wird. So zumindest *H. P. Westermann,* UTR 11, S. 108; vgl. auch *Mittenzwei,* MDR 1977, 99 ff.

[245] Zutreffend die Feststellung von *Schapp,* Nachbarrecht, S. 41: Die planerische Gestaltungsfreiheit beruhe gerade darauf, daß die bisher ortsübliche Nutzung nicht der zentrale Entscheidungsmaßstab sei. Vgl. auch *Hagen,* NVwZ 1991, 820: Der Bebauungsplan enthalten noch keine so (?) konkreten Festsetzungen, daß diese eine Prognose der konkreten Beeinträchtigungen im kleinnachbarlichen Raum ermöglichen könnten oder auch nur ermöglichen sollten.

einer Präklusion keine verfassungsrechtlichen Einwände zu erheben wären.[246] Auch ermöglichen die öffentlich-rechtlichen Entscheidungsmaßstäbe eine hinreichende Berücksichtigung auch der den privatrechtlichen Normen zugrundeliegenden nachbarlichen Interessen. Es fehlt jedoch an der erforderlichen ausdrücklichen gesetzlichen Anordnung.[247] Die Bauordnungen sehen vielmehr ein Unberührtbleiben privater Rechte vor. Denkbar wäre, daß sich dies nicht auf nachbarrechtliche Ansprüche aus §§ 1004, 906, 823 ff. BGB bezieht, sondern etwa auf die zivilrechtliche Berechtigung zum Bauen oder schuldrechtliche Ansprüche.[248] Der Vergleich mit dem Wortlaut anderer Präklusionsvorschriften, etwa § 14 BImSchG, spricht aber klar gegen eine solche Auslegung.[249]

Eine Konsequenz ist allerdings auch bei Zugrundelegung dieser „Zweigleisigkeitslehre“[250] zu ziehen. Das öffentliche Baurecht wird im Rahmen des Baugenehmigungsverfahrens geprüft. Es ist deshalb ausgeschlossen, Entscheidungen des öffentlichen Baurechts bei der Anwendung zivilrechtlicher Maßstäbe heranzuziehen, wenn das öffentliche Baurecht bereits in einem eigenen Genehmigungsverfahren zur Anwendung gebracht worden ist.[251] Nur genuine zivilrechtliche Wertungen können auch gegen ein baurechtlich genehmigtes Vorhaben geltend gemacht werden.[252]

Privatrechtsrechtsprechung und Privatrechtswissenschaft haben aber über § 823 Abs. 2 BGB eine Verknüpfung zwischen Baugenehmigung und privater Rechtslage hergestellt. Die nach öffentlichem Recht drittschützenden Vorschriften werden als Schutzgesetze im Sinne von § 823 Abs. 2 BGB verstan-

---

[246] Zum Erfordernis der Nachbarbeteiligung als verfassungsrechtliche Voraussetzung für den Eintritt von Präklusionswirkung siehe *Mann,* S. 198; *Peine,* NJW 1990, 2445. Vgl. auch *Schapp,* Nachbarrecht, S. 166, der insoweit zutreffend darauf hinweist, daß Unterschiede zum BImSchG zu keiner generellen Schlechterstellung des Nachbarn führen. Nicht überzeugend insoweit *Hagen,* NVwZ 1991, 822, der die Nachbarbeteiligung im Baugenehmigungsverfahren deshalb nicht für ausreichend hält, da der Nachbar privatrechtliche Ansprüche nicht relevant zu Gehör bringen könne. Die Interessen, die privatrechtliche Rechte begründen, finden sich in der Regel in den öffentlich-rechtlichen Entscheidungsmaßstäben wieder. Gegen eine Eignung der verfahrensrechtlichen Stellung des Nachbarn zur Wahrung seiner Rechte im Baugenehmigungsverfahren auch *Marburger,* 56. DJT, C 47, allerdings ohne ausreichende Begründung.

[247] Zu diesem Erfordernis vgl. *Ossenbühl,* DVBl. 1990, 968; *Peine,* NJW 1990, 2443.

[248] So die Argumentation von *Schapp,* Nachbarrecht, S. 165.

[249] So auch *G. Wagner,* Öffentlich-rechtliche Genehmigung, S. 114. Vgl. auch *Timmermann,* S. 236; anders *Engel,* Planungssicherheit, S. 34 f.

[250] Auch „Doppelgleisigkeitslehre“ genannt, siehe *Alexy,* DÖV 1984, 963; *Marburger,* 56. DJT, C 40; *Papier,* in: Pikart / Gelzer / Papier, S. 103; *Peine,* JuS 1987, 171.

[251] Ähnlich auch *Ossenbühl,* DVBl. 1990, 968: Wenn sich ein zivilrechtlicher Anspruch als Sanktion einer originär öffentlich-rechtlichen Position erweise, werde dieser Anspruch durch den Bestand einer wirksamen Genehmigung ausgeschlossen. Ebenso *H. Schulte,* Eigentum und öffentliches Interesse, S. 189.

[252] Ähnlich auch *H. Geiger,* BayVBl. 1991, 253, sowie — mit ansonsten vollkommen anderen Ausgangsüberlegungen — *Engel,* Planungssicherheit, S. 35.

den.[253] Weitere zivilrechtliche Folgerungen werden angeschlossen, so die für die Durchsetzung von Beseitigungsanordnungen höchst interessante These, die Nichtbeachtung öffentlich-rechtlicher drittschützender Normen löse einen (verschuldensunabhängigen) Unterlassungs- und Beseitigungsanspruch nach § 1004 BGB aus.[254] Dies liegt insoweit außerhalb des Themenbereichs dieser Arbeit, als es um die Frage geht, welche Vorschriften als Schutzgesetze verstanden werden können. Mittlerweile anerkannte Grundvoraussetzung dieser Art von zivilrechtlicher Anknüpfung an das öffentliche Baurecht ist aber die Anerkennung der Maßgeblichkeit des Baugenehmigungsverfahrens.[255] Es ist nur theoretisch nicht ausgeschlossen, öffentlich-rechtliche Normen quasi privatrechtsautonom zu interpretieren.[256] Die vor allem in der älteren Literatur anzutreffende Auffassung, allein der Dispens habe „Tatbestandswirkung" für das private Nachbarrecht,[257] führt zu einer nicht einleuchtenden Differenzierung.[258] Es gibt deshalb keinen privaten Nachbarrechtsschutz gegen die Bauge-

---

[253] Vgl. BGH, Urt. v. 21.12.1973, WM 1974, 572 ff.; Urt. v. 30.4.1976, Z 66, 354 (355 f.); Urt. v. 8.7.1976, Z 66, 388 (389); Urt. v. 27.1.1983, Z 86, 356 (362); Urt. v. 26.2.1993, NJW 1993, 1580 ff.; *J. F. Baur,* Gedächtnisschrift für Martens, S. 555; Soergel-*J. F. Baur,* § 903 Rdnr. 72; *Evers,* JuS 1962, 91; *Konrad,* BayVBl. 1984, 37; *Kraft,* BayVBl. 1992, 460; *Picker,* AcP 176 (1976), 32 ff.; *Rüfner,* DVBl. 1963, 609; *Timmermann,* S. 213 ff.; a. A. *Schapp,* Nachbarrecht, S. 212. Dieser Bereich wird auch als „derivatives privates Nachbarrecht" bezeichnet, vgl. *Breuer,* DVBl. 1983, 438.

[254] Für die Nichtbeachtung von nachbarschützenden Auflagen im Baugenehmigungsbescheid vgl. BGH, Urt. v. 26.2.1993, NJW 1993, 1580 ff. Siehe im einzelnen *Picker,* AcP 176 (1976), S. 48 ff. Ebenso auch *Kraft,* BayVBl. 1992, 456, der deutlich nachweist, daß die Verweisung des Nachbarn ins Privatrecht (nach gewonnener Anfechtungsklage gegen die Baugenehmigung) eher überzeugt, als Versuche, das Ermessen der Bauaufsichtsbehörden bei der Baubeseitigung unter Hinweis auf einen Folgenbeseitigungsanspruch oder eine Folgenbeseitigungslast zu eliminieren. A. A. etwa *Berkemann,* NVwZ 1992, 829.

[255] So für den Fall einer Befreiung auch ausdrücklich der BGH, Urt. v. 30.4.1976, Z 66, 354 (357); weiterhin *J. F. Baur,* Gedächtnisschrift für Martens, S. 556; *Kleinlein,* System des Nachbarrechts, S. 76; *Konrad,* BayVBl. 1984, 73; *Marburger,* 56. DJT, C 46; *Ossenbühl,* DVBl. 1990, 968; RGRK-*Augustin,* vor § 903 Rdnr. 23; *H. Schulte,* Eigentum und öffentliches Interesse, S. 241. Bei *Evers,* JuS 1962, 91, findet sich noch die Beschränkung, daß die Behörde die Erlaubnis aus Gründen des Vertrauensschutzes oder wegen des Übermaßverbotes nicht mehr zurücknehmen kann. Hierauf kann es aber nicht ankommen, sondern nur auf den Bestand der Genehmigung.

[256] Aufgeschlossen gegenüber einer solchen Idee jedoch *Gerlach,* Privatrecht und Umweltschutz, S. 80. Vgl. auch *Bartlsperger,* VerwArchiv 60 (1969), 55, der eine solche Auffassung als „folgerichtig" bezeichnet. Zu Recht ablehnend hingegen *Kleinlein,* System des Nachbarrechts, S. 53 f.

[257] So eindeutig *Timmermann,* S. 237: Der Zivilrichter müsse eine Baugenehmigung unbeachtet lassen, sofern sie keinen Dispens enthält. Weiterhin *Marburger,* 56. DJT, C. 46; *Schmidt-Preuß,* Privatinteressen, S. 128; wohl auch *Mühl,* Festschrift für Raiser, S. 183; *Rüfner,* DVBl. 1963, 609; *H. Schulte,* Eigentum und öffentliches Interesse, S. 208. Nachweise zu dieser Auffassung bei *Schapp,* Nachbarrecht, S. 200 m. Fußn. 3.

[258] Zutreffend kritisch *Schapp,* Nachbarrecht, S. 212: Der Unterscheidung, die diese Lehre mache, liege wohl die Auffassung des Dispenses als gesetzesgleicher Akt zugrunde. Darin liege jedoch eine Überhöhung des Dispenses, der nicht berechtigt sei. Ablehnend auch *J. F. Baur,* Gedächtnisschrift für Martens, S. 556; *Breuer,* DVBl. 1983, 438.

nehmigung wegen der Nichtbeachtung öffentlich-rechtlicher drittschützender Vorschriften.[259] Soweit die Genehmigung wirksam ist, modifiziert sie die privatrechtliche Rechtslage. Davon ausgehend ist die Baugenehmigung in zwei Fällen privatrechtsgestaltend: Zunächst dann, wenn sie von drittschützenden Normen dispensiert,[260] weiterhin ähnlich wie beim Negativattest aber auch, wenn sie die Erlaubnis zum Bauen in Nichtbeachtung drittschützender Normen erteilt, also inhaltlich nicht dem öffentlichen Baurecht entspricht.[261]

### *c) Der Bebauungsplan*

Charakteristikum der Erscheinung hoheitlicher Privatrechtsgestaltung ist nach den bisherigen Untersuchungen die Gestaltung privatrechtlicher Sonderbeziehungen oder des privatrechtlichen Rechts- und Pflichtensystems durch öffentlich-rechtliche Maßnahmen anstelle von privaten Rechtsgeschäften oder formellen (in der Regel privatrechtlich qualifizierten) Gesetzen. Aufgrund der Transformationsbestimmung des § 823 Abs. 2 BGB ist damit auch der Erlaß eines Bebauungsplanes ein privatrechtsgestaltender Vorgang, soweit im Bebauungsplan subjektiv-öffentliche Rechte zuerkannt werden, aus denen dann i. V. m. § 823 Abs. 2 BGB privatrechtliche Befugnisse folgen.

Ohne eine unbedingte zivilrechtliche Anknüpfungsnorm haben Festsetzungen im Bebauungsplan hingegen keinen privatrechtsgestaltenden Charakter.[262] Der häufig anzutreffende Hinweis auf den eigentumsinhalts- und -schrankenbestimmenden Charakter des Bebauungsplanes[263] ist deshalb nicht weiterführend, weil es gerade darum geht, ob die Ausgestaltung des Eigentums durch den Bebauungsplan sich auf das öffentliche Recht beschränkt oder auch die vom Privatrecht geregelten Beziehungen erfaßt.[264] Hinsichtlich des priva-

---

[259] So auch *Breuer,* DVBl. 1983, 438; Soergel-*J. F. Baur,* § 903 Rdnr. 76.

[260] Zur Maßgeblichkeit des Dispenses auch für die „privatrechtliche Schutzfunktion" siehe *Picker,* AcP 176 (1976), 45; *H. Schulte,* Eigentum und öffentliches Interesse, S. 208.

[261] Gegen die Verwendung des Ausdrucks „Privatrechtsgestaltung" in diesem Zusammenhang allerdings *Schapp,* Nachbarrecht, S. 162 f. Die von *Schapp,* aaO, S. 163, gegebene Begründung, der Begriff der Privatrechtsgestaltung verliere sonst seinen „spezifischen Aussagegehalt", ist mangels einer Begriffsdiskussion durch *Schapp* allerdings wenig aussagekräftig.

[262] BGH, Urt. v. 7.2.1980, NJW 1980, 1679: Ein Bebauungsplan habe keine „unmittelbare privatrechtsgestaltende Wirkung"; *F. Baur,* JZ 1974, 660; *J. F. Baur,* Gedächtnisschrift für Martens, S. 552; *Diederichsen,* 56. DJT, L 59; *Marburger,* 56. DJT, C. 105; *Mühl,* Festschrift für Raiser, S. 183; *H. P. Westermann,* UTR 11, S. 118; *Hagen,* UPR 1985, 197 f., *ders.,* NVwZ 1991, 820; anders etwa *Berkemann,* NVwZ 1992, 829; *Kleinlein,* System des Nachbarrechts, S. 75 und S. 124; *Lang,* UPR 1985, 190; *Papier,* UPR 1985, 77; *Peine,* JuS 1987, 176; *Vieweg,* JZ 1987, 1109.

[263] Siehe etwa *Berkemann,* NVwZ 1992, 829; *Gaentzsch,* UPR 1985, 202 und 209.

[264] So zutreffend *Hagen,* UPR 1985, 197: Da das BBauG / BauGB eine den privatrechtlichen Eigentumsabwehranpruch ausdrücklich ausschließende oder einschränkende Vorschrift gerade nicht enthalte, liege die Argumentationslast weiterhin bei denen, die dennoch eine solche Präklusionswirkung behaupten. Damit, daß die verbindliche Bauleitpla-

ten Nachbarrechts kommt es weder zur Auferlegung einer Duldungspflicht nach § 1004 Abs. 2 BGB,[265] noch zu einer normativen Bestimmung der Ortsüblichkeit nach § 906 Abs. 2 S. 1 BGB,[266] noch der Wesentlichkeit nach § 906 Abs. 1 BGB,[267] noch zu einer Bestimmung des Eigentumsinhalts nach § 903 BGB.[268] Diese Auffassung hat sich für den Sonderfall eines zwar nicht für nichtig erklärten, aber in der Sache doch abwägungsfehlerhaften Bebauungsplans bereits bewährt.[269] Sie ist auch für den Fall eines fehlerfreien Bebauungsplanes richtig.[270] Der Bebauungsplan als in die Zukunft weisendes planerisches Gestaltungsmittel beinhaltet noch keine abschließende Beurteilung des auf den Grundstücken zulässigen Baugeschehens. Das ergibt sich schon daraus, daß die Zulässigkeit von planungsrechtlich vorgesehenen Vorhaben noch von einer Reihe weiterer bauplanungsrechtlicher und bauordnungsrechtlicher Voraussetzungen abhängt.[271] Die häufig beschworene Gefahr, die Durchsetzung des im Bebauungsplan zum Ausdruck kommenden planerisch Gewollten

---

nung eine materiellgesetzliche Inhalts- und Schrankenbestimmung des Eigentums sei, sei noch nicht gesagt, wo die von der Bauleitplanung gezogene Eigentumsgrenze jeweils verlaufe und ob sie insbesondere den privatrechtlichen Immissionsschutz einschränke.

265 So aber *Lang*, UPR 1985, 191, im Anschluß an *Papier*, UPR 1985, 77 f. und *dens.*, in: Pikart / Gelzer / Papier, S. 103.

266 So auch BGH, Urt. v. 13.1.1971, DVBl. 1971, 744 (745); anders aber *Johlen*, BauR 1984, 137; zu weiteren entsprechenden Stimmen siehe auch die Nachweise bei *Hagen*, NVwZ 1991, 822.

267 So der Vorschlag von *Gaentzsch*, NVwZ 1986, 604; *Sellner*, 56. DJT, L 25.

268 So aber *Kleinlein*, NVwZ 1982, 669.

269 Siehe die sog. Sportplatzentscheidung des BGH, Urt. v. 17.12.1982, NJW 1983, 751 f. Vgl. dazu etwa *Berkemann*, NVwZ 1992, 819: „Es spricht vieles, wenn nicht sogar alles dafür, daß der vorhandene Bebauungsplan abwägungsfehlerhaft, die erteilte Baugenehmigung daher rechtswidrig war." Ebenso *Gaentzsch*, UPR 1985, 210; *Hagen*, NVwZ 1991, 819; *Ossenbühl*, DVBl. 1990, 965; *Salzwedel*, UPR 1985, 211. Im übrigen befand sich der BGH in der Sportplatzentscheidung durchaus in Kontinuität mit seiner bisherigen Rechtsprechung, siehe *J. F. Baur*, Gedächtnisschrift für Martens, S. 548 f. Reichlich überzogen ist deshalb die Kritik an der Sportplatzentscheidung von *Geiger*, JA 1989, 456. Mit dem letztlich einzigen von *Geiger* angeführten Gegenargument der „Einheit der Rechtsordnung" ist auch in diesem Zusammenhang wenig anzufangen. Es handelt sich insoweit eben um eine Zielvorgabe, jedoch nicht um einen zwingenden Auslegungsgrundsatz.

270 Einschränkend hingegen *Gaentzsch*, UPR 1985, 209; *Gerlach*, Privatrecht und Umweltschutz, S. 173; *Johlen*, BauR 1984, 134 ff. Wie hier hingegen MüKo-*Säcker*, § 906 Rdnr. 17.

271 Vgl. die Feststellung von *Gaentzsch*, UPR 1985, 201 f.: Der Bebauungsplan sei „weniger" als die Baugenehmigung, weil er nicht einmal die öffentlich-rechtliche Zulässigkeit einer bestimmten Anlage abschließend entscheide. Zutreffend auch *Hagen*, UPR 1985, 197: Eine privatrechtsgestaltende, den primären Eigentumsabwehranspruch präkludierende Wirkkraft der Bebauungspläne würde über das hinausgehen, was diese Pläne im öffentlich-rechtlichen Bereich zu leisten vermögen; ebenso *ders*, NVwZ 1991, 821. Deshalb geht auch die von *Ossenbühl* befürwortete Kompromißlinie, wonach sich die Probleme dadurch lösen lassen, daß die Zivilgerichte ein Verwerfungsrecht im Hinblick auf als unwirksam betrachtete Bebauungspläne haben (so auch *Papier*, UPR 1985, 78), nicht weit genug.

würde an der privatrechtlichen Zementierung des baurechtlichen status quo möglicherweise scheitern[272] und auf diese Weise sei auch die gemeindliche Planungshoheit bedroht,[273] scheint eher theoretische Bedeutung zu haben.[274] Der Bebauungsplan nimmt die gegebene Nutzungsstruktur im Abwägungserfordernis (§ 1 Abs. 5 BauGB) auf. Seine Festsetzungen schreiben diese in vielen Fällen fort. Sie sind in der konkreten Rechtsanwendung aufgrund ihres Detaillierungsgrades den weitgehend generalklauselartigen Begriffen des privaten Nachbarrechts ohnehin überlegen.[275] Zudem wirkt sich die nach den Festsetzungen eines Bebauungsplanes entwickelnde Bautätigkeit auf die zivilrechtlichen Maßstäbe aus.[276] Schließlich ist eine engherzige Auslegung vor allem des § 906 BGB durch die Zivilgerichte nicht zu beobachten.[277] Es besteht vielmehr eine weitgehende Tendenz, sich an das regelungsdichte öffentliche Nachbarrecht soweit wie möglich anzulehnen.[278] Auch bei Ablehnung einer privatrechtsgestaltenden Kraft des Bebauungsplanes im Hinblick auf § 1004 Abs. 2 und § 906 BGB ist hiergegen nichts einzuwenden.

---

[272] Siehe etwa *Bartlsperger,* DVBl. 1971, 746.

[273] So etwa *Gaentzsch,* UPR 1985, 210; *Papier,* UPR 1985, 78.

[274] Vgl. *Marburger,* 56. DJT, C 105: Es dürfte kaum erweislich sein, daß die an den faktischen Gebietscharakter anknüpfende zivilrechtliche Rechtsprechung den gemeindlichen Planungsspielraum tatsächlich zu stark einengt (ebenso *Hagen,* UPR 1985, 200). Vgl. weiterhin aber auch *dens.,* NVwZ 1991, 823, wo *Hagen* aus Gründen des Schutzes der Planungshoheit der Gemeinde de lege ferenda eine Harmonisierung für wünschenswert hält. Für den Bereich von Sportanlagen auch *Ketteler,* BauR 1992, 468 f., unter Hinweis auf einen Gesetzesentwurf des Bundesrates, wonach ein neuer § 25 a BImSchG und ein neuer § 906 a BGB mit entsprechendem Inhalt in das BImSchG und das BGB eingefügt werden sollen (BR-Drs. 106/91, S. 2 und BR-Drs. 511/89).

[275] So auch (allgemein zum Verhältnis von öffentlichem und privatem Nachbarrecht) *H. Schulte,* Eigentum und öffentliches Interesse, S. 203. Siehe auch *Gerlach,* Privatrecht und Umweltschutz, S. 80: Wenn das öffentliche Recht das Privatrecht in nachbarlichen Baurechtskonflikten praktisch überflüssig gemacht habe, so liege das daran, daß das Privatrecht für solche Konflikte im allgemeinen auch keine vernünftigen Maßstäbe liefern könne. Vgl. auch *Alexy,* DÖV 1984, 963: Das öffentliche Nachbarrecht habe den Vorteil einer Vollständigkeit, die im Zivilrecht nur schwer oder gar nicht herzustellen sei. Siehe weiterhin *Breuer,* DVBl. 1983, 435.

[276] BGH, Urt. v. 15.1.1971, DVBl. 1971, 744 (745); *Gerlach,* Privatrecht und Umweltschutz, S. 82, *ders.,* JZ 1988, 168; *Hagen,* UPR 1985, 193.

[277] *Hagen,* NVwZ 1991, 819.

[278] Vgl. BVerwG, Urt. v. 29.4.1988, E 79, 254 (258); BGH, Urt. v. 23.3.1990, Z 111, 63 (66 f.); *Berkemann,* NVwZ 1992, 829; *Gaentzsch,* UPR 1985, 210; *Hagen,* UPR 1985, 193: Die öffentlich-rechtlichen Planungen könnten einen „Anhalt" für die ortsübliche Grundstücksnutzung geben; noch weitergehend *ders.,* aaO, NVwZ 1991, 823. Für eine weitgehende Maßgeblichkeit der in der 18. BImSchVO vorgesehenen Werte für das private Nachbarrecht treten etwa *Spindler / Spindler,* NVwZ 1993, 231, ein. Kritisch gegenüber einer Gleichsetzung von „Wesentlichkeit" und „Erheblichkeit" und dem damit von der Rechtsprechung angenommenen Gleichlauf von § 906 BGB und dem BImSchG *G. Wagner,* NJW 1991, 3247 ff.

### *7. Fazit zur Begriffsdiskussion und Ausblick für die weitere Untersuchung*

Die bisherigen Überlegungen zum privatrechtsgestaltenden oder nur privatrechtsbeeinflussenden Charakter verschiedener staatlicher Hoheitsakte diente vor allem einer Eingrenzung des Untersuchungsgegenstandes. Solche Erscheinungen waren aus dem Begriff des privatrechtsgestaltenden Hoheitsaktes auszuklammern, die keinen, durch verschiedenen Kriterien konkretisierten, qualifizierten Eingriff in die Privatautonomie zum Gegenstand haben. Damit ist jedoch noch nichts endgültig darüber ausgesagt, ob die Fälle, die auch bei restriktiver Grenzziehung zunächst als privatrechtsgestaltend zu verstehen sind, eine geschlossene Kategorie mit eigenem dogmatischen Regelhaushalt bilden. Denkbar ist auch, daß es sich lediglich um eine *Sammelbezeichnung für im einzelnen wiederum sehr unterschiedliche Gruppen von Staatsakten handelt.* Die bisherigen Überlegungen, die auf eine starke Verwobenheit des öffentlichen und des privaten Rechts hinweisen, legen eine solche Vermutung in gewissem Maße nahe. Zwar lassen sich Grenzen zwischen privatrechtsgestaltenden und nicht privatrechtsgestaltenden Akten ziehen. Die „Grenzbebauung" ist jedoch dicht, besondere „Abstandsflächen" sieht der Gesetzgeber nicht vor. Der Autonomiebereich des Privatrechts ist im einfachen Recht nicht in einem Maße ausgeprägt, daß Grenzüberschreitungen klar sichtbar werden. Dies spricht gegen eine grundsätzliche Verschiedenbehandlung von privatrechtsgestaltenden und nicht privatrechtsgestaltenden Hoheitsakten und auch gegen eine pauschale Gleichsetzung aller privatrechtsgestaltenden Akte. Die Gründe für die damit angedeutete starke Relativierung des Begriffs der Privatrechtsgestaltung sind im folgenden weiter zu untersuchen.

# B. Öffentliches und Privates Recht in der deutschen Rechtsordnung

## *I. Die Unterscheidung von öffentlichem und privatem Recht*

### *1. Bestandsaufnahme zu den entwickelten Abgrenzungstheorien*

#### *a) Die Anknüpfung an die Unterscheidung von öffentlichem und privatem Recht in der deutschen Rechtsordnung*

Ausgangspunkt einer Abhandlung über „Privatrechtsgestaltung durch Hoheitsakt" ist die Unterscheidung von öffentlichem und privatem Recht. Der Dualismus von „öffentlich-rechtlich" und „privatrechtlich" durchzieht die deutsche Rechtsordnung.[1] Das gilt zunächst und vor allem für das einfache Recht. Markanteste Beispiele sind nach wie vor § 13 GVG und § 40 Abs. 1 VwGO, die bürgerlich-rechtliche Streitigkeiten an die ordentlichen Gerichte und öffentlich-rechtliche an die Verwaltungsgerichte verweisen. Weiterhin gilt das VwVfG des Bundes und der Länder nur für die öffentlich-rechtliche Verwaltungstätigkeit (siehe § 1 BVwVfG), § 35 S. 1 VwVfG definiert den Verwaltungsakt als eine Regelung auf dem Gebiet des öffentlichen Rechts, §§ 54 ff. VwVfG betreffen Verträge auf dem Gebiet des öffentlichen Rechts, § 839 BGB i. V. m. Art. 34 S. 1 GG knüpft die Amtshaftung an die Ausübung eines öffentlichen Amtes, § 7 HGB bestimmt die Anwendung des Gesetzes unabhängig von Vorschriften des öffentlichen Rechts. Die Reihe läßt sich fortsetzen.[2]

Die insbesondere von Bullinger vertretene Idee, die Zweiteilung von öffentlichem und privatem Recht preiszugeben und statt dessen ein differenziertes Gemeinrecht zu entwickeln,[3] hat wegen der genannten Vorgaben des positi-

[1] Ausführlich *D. Schmidt,* S. 49 ff.; weiterhin *Püttner,* Die öffentlichen Unternehmen, S. 78; *Zuleeg,* VerwArchiv 73 (1982), 385; *Ossenbühl,* DVBl. 1990, 963: Die Zweiteilung von Zivilrecht und öffentlichem Recht sei Grund- und Wesenszug der Rechtsordnung der Bundesrepublik Deutschland.

[2] Siehe etwa *Gern,* ZRP 1985, 56; *Malzer,* S. 3 f.; *Martens,* Öffentlich als Rechtsbegriff, S. 92 m. Fußn. 73.

[3] *Bullinger,* Öffentliches Recht und Privatrecht, vor allem S. 81 ff.

von Rechts zu Recht wenig Anklang gefunden.[4] Zuzugeben ist zwar, daß sich die Unterscheidung von öffentlichem und privatem Recht mit historischen und rechtsvergleichenden Erwägungen in Frage stellen läßt. Auch kann man mit Recht kritisieren, daß sie gelegentlich übersteigert wird.[5] Der Wunsch nach einer mehr gemeinrechtlichen Betrachtungsweise ist deshalb verständlich, scheitert aber letztlich am geltenden Recht, das auch dort Unterschiede zwischen privatrechtlich und öffentlich-rechtlich macht, wo dies nicht unbedingt sachnotwendig wäre.[6]

### *b) Die drei herrschenden Theorien*

#### *aa) Der richtige Anknüpfungspunkt für die Unterscheidung*

##### (1) Die Anknüpfung an Rechtsnormen

Der Unterscheidung von öffentlichem und privatem Recht sind schon eine kaum übersehbare Anzahl von Untersuchungen gewidmet worden.[7] Hieraus hervorgegangen sind im wesentlichen drei Rechtssatzqualifizierungstheorien,[8] die Interessen-,[9] Subjektions- bzw. Subordinations-[10] und die Subjekts- bzw.

---

[4] Ablehnend etwa *Kempen,* Formenwahlfreiheit, S. 6; *Zuleeg,* VerwArchiv 73 (1982), 384. Zur weitgehenden Ablehnung seiner Lehre siehe *Bullinger* selbst, Festschrift für Rittner, S. 69 m. Fußn. 5.

[5] Vgl. *Bullinger,* Öffentliches Recht und Privatrecht, S. 75 ff.

[6] *Breuer,* Bodennutzung, S. 176; *Kempen,* Formenwahlfreiheit, S. 6; *Zuleeg,* VerwArchiv 73 (1982), 384.

[7] Einige der wichtigsten: *Bachof,* Über öffentliches Recht, Festgabe 25 Jahre BVerwG, S. 1 ff.; *Christ,* Die Verwaltung zwischen öffentlichem und privatem Recht (1984); *Ehlers,* Verwaltung in Privatrechtsform, 1984, vor allem S. 30 ff.; *P. Kirchhof,* Verwalten durch „mittelbares" Einwirken, S. 98 ff.; *Menger,* Festschrift für Hans J. Wolff, S. 149 ff.; *Molitor,* Über Öffentliches Recht und Privatrecht, 1949; *D. Schmidt,* Die Unterscheidung von privatem und öffentlichem Recht, 1985; *Schöne,* Privatrecht und öffentliches Recht, 1955; *Walz,* Vom Wesen des Öffentlichen Rechts, 1928; *E. Wolf,* Festschrift für Molitor, S. 1 ff.; *H. J. Wolff,* AöR 76 (1950/51), 205 ff.; *Zuleeg,* Subventionen, S. 26 ff.

[8] Zum Charakter der Theorien als Rechtssatzqualifizierungstheorien siehe *Christ,* S. 26 ff.; *J. Martens,* LKV 1991, 296; *W. Martens,* Öffentlich als Rechtsbegriff, S. 93; *Pietzcker,* Staatsauftrag, S. 361; *Scherer,* NJW 1989, 2726; *H. J. Wolff,* AöR 76 (1950/51), 207; *Erichsen,* Jura 1982, 538: Bei der Abgrenzung von öffentlichem und privatem Recht gehe es um die Differenzierung unter den vorhandenen Rechtssätzen.

[9] Ausführliche Darstellung und Nachweise bei *D. Schmidt,* S. 86 ff.; *Schöne,* S. 43 ff. Vertreten wird die Interessentheorie (neben der Subjektstheorie) von *Bachof,* Festgabe 25 Jahre BVerwG, S. 15 ff. und *Redeker / von Oertzen,* § 40 Rdnr. 8; weiterhin von *Broß,* VerwArchiv 79 (1988), 100 und neben der Subordinationstheorie von *W. Müller,* DB 1977, 997. Auch die Rechtsprechung stellt teilweise auf die Interessentheorie ab, siehe unten B I 1 d, S. 75 ff; vgl. auch *Jachmann,* Erschließungsbeiträge, S. 162. Nicht ganz zu Unrecht bezweifeln *J. Ipsen / T. Koch,* JuS 1992, 810, ob das Interessenkriterium überhaupt den Anforderungen an eine „Theorie" gerecht wird. Oft handelt es sich wohl um nicht mehr als einen Argumentationstopos.

[10] Ausführlich *D. Schmidt,* S. 94 ff.; *Schöne,* S. 57 ff.; weiterhin auch *Bachof,* Festgabe 25 Jahre BVerwG, S. 7. Vertreten wird die Subordinationstheorie in starkem Umfang von

Sonderrechtstheorie.[11] Von ihnen kann die letztere für den wissenschaftlichen Bereich am ehesten den Anspruch auf die Bezeichnung „herrschende Meinung" erheben.[12]

Gerechtfertigt wird die Relevanz von Untersuchungen zur Abgrenzungsfrage und die damit oft einhergehende Entwicklung einer neuen, in der Regel die gerade herrschende Theorie in einem oder mehreren Punkten modifizierenden Theorie regelmäßig mit den bereits genannten einfachrechtlichen Bestimmungen, vor allem § 40 VwGO, § 13 GVG, §§ 35 S. 1 und 54 S. 1 VwVfG.[13] Der damit gewählte Ansatzpunkt ist formal richtig. Die Unterscheidung von öffentlichem und privatem Recht ist durch das geltende Recht vorgegeben. Relevanzüberlegungen führen aber zu Zweifeln an der praktischen Brauchbarkeit einer hieran anknüpfenden Abgrenzungstheorie.[14] So gibt es im Zusammenhang mit § 40 VwGO eine große Anzahl von Auslegungsproblemen. Dort spielen die genannten Abgrenzungstheorien jedoch kaum eine Rolle.[15] Die Frage, ob eine öffentlich-rechtliche Streitigkeit vorliegt, richtet sich gemäß einer ständigen Formel der Rechtsprechung nach der Natur des Rechtsverhältnisses, aus dem der jeweilige Klageanspruch hergeleitet wird.[16]

---

der Rechtsprechung (siehe die Nachweise unten B I 1 d, S. 75 ff); weiterhin etwa von *Forsthoff*, Verwaltungsrecht, S. 113 f.; *Siebert*, DÖV 1959, 733 f. (i. V. m. der Subjektstheorie); *W. Müller*, DB 1977, 997 (neben der Interessentheorie).

[11] Grundlegend *H. J. Wolff*, AöR 76 (1950/51), 208 ff., als Weiterführung der berühmten Formel von *Otto Mayer*, Verwaltungsrecht I, S. 15: „Das öffentliche Recht ist aber nichts anderes als die Ordnung von Verhältnissen, an welchen ein Träger öffentlicher Gewalt als solcher und damit die öffentliche Gewalt selbst beteiligt ist." Schon vorher war dieser Ansatz jedoch aufgenommen worden, siehe *Jacobi*, Grundlehren, § 24 IV 1, S. 379. Ausführlich *D. Schmidt*, S. 107 ff.; *Schöne*, S. 61 ff. Vertreten werden allerdings im Detail unterschiedliche Varianten dieser Theorie etwa auch von *Albrecht*, S. 8; *Bachof*, Festgabe 25 Jahre BVerwG, S. 7 ff.; *Hitzler*, GewArch 1981, 360; *J. Ipsen / T. Koch*, JuS 1992, 812 f.; *Lange*, NVwZ 1983, 316; *Menger*, Festschrift für Hans J. Wolff, S. 166; *Gern*, VerwArchiv 70 (1979), 230; *Merten*, Festschrift für Sieg, S. 384, *dems.*, VerwArchiv 66 (1975), 393; *Püttner*, Die öffentlichen Unternehmen, S. 85; *Scherer*, NJW 1989, 2724 ff.; *Scherzberg*, JuS 1992, 206; *D. Schmidt*, S. 246 ff.; *Stern*, Staatsrecht I, S. 6 f., *dems.*, AöR 84 (1959), 314; *Wieland*, Konzessionsabgaben, S. 334.

[12] So auch *Barbey*, WiVerw 1978, 82; *D. Schmidt*, S. 109. Anders (Stand 1978) *Bachof*, Festgabe 25 Jahre BVerwG, S. 3: Keine der drei Theorien könne als herrschend bezeichnet werden. Siehe auch *Lüke*, JuS 1980, 645: Die Subordinationstheorie sei herrschend. Ebenso (Stand 1949) *Molitor*, Über öffentliches Recht, S. 31. Abweichend auch *J. Schmitt*, Leistungserbringung, S. 51, der alle drei Theorien zusammengenommen als eine Art von herrschender Meinung ansehen will. Unrichtig ist jedenfalls die Feststellung von *Broß*, VerwArchiv 79 (1988), 100, daß es heute zum Allgemeingut gehöre, daß die öffentliche Natur rechtlicher Beziehungen davon abhänge, ob die einschlägigen Rechtssätze dem allgemeinen oder privaten Interesse zu dienen bestimmt seien. Zur Verwendung der Theorien in der Rechtsprechung ausführlich unten B I 1 d, S. 75 ff.

[13] Siehe als Beispiele *Bachof*, Festgabe 25 Jahre BVerwG, S. 2; *D. Schmidt*, S. 25.

[14] Kritisch gegenüber einer einseitigen Orientierung an der Rechtswegfrage auch *Lerche*, Festschrift für Löffler, S. 220.

[15] Ausführlichere Darstellung in der Rechtsprechungsanalyse unten B I 1 d, S. 75 ff.

[16] GmS-OGB, B. v. 4.6.1974, NJW 1974, 2087 (2087); B. v. 10.4.1986, BGHZ 97, 312 (313); *Kopp*, VwGO, § 40 Rdnr. 6.

Das Rechtsverhältnis wiederum wird geprägt von den zugrundeliegenden Rechtsnormen, die den jeweils geltend gemachten Anspruch gewähren, also dem jeweiligen subjektiven Recht.[17] Damit entscheidet (zumindest bei Leistungsklagen) die Rechtsnatur der Anspruchsgrundlagen über den Rechtsweg.[18] Deren Rechtsnatur ist in den meisten Streitfällen um die Einschlägigkeit des Zivil- oder Verwaltungsrechtswegs jedoch eindeutig und unbestritten.[19] Rechtsnormen, bei denen eine Einordnung als öffentlich-rechtlich oder privatrechtlich unklar ist, wie z. B. bei § 257 SGB V (Anspruch von freiwillig in der gesetzlichen Krankenkasse Versicherten auf Zahlung eines Beitragszuschusses gegen den Arbeitgeber),[20] § 133 AFG (Pflicht des Arbeitgebers zur Erstellung einer Arbeitsbescheinigung),[21] §§ 45 Abs. 3, 46 BGB (Anfall von Vereinsvermögen an den Fiskus), § 981 BGB (Anfallrecht des Fiskus für Versteigerungserlöse), §§ 1936 und 1942 Abs. 2 BGB (gesetzliches Erbrecht des Fiskus)[22] und § 928 Abs. 2 BGB (Aneignungsrecht des Fiskus), § 3 Abs. 2 GBO (Freistellung staatlicher Grundstücke von der Anlegung eines Grundbuchblattes), § 882 a ZPO (Sonderregelungen für Zwangsvollstreckungen gegen juristische Personen des Öffentlichen Rechts) oder Art. 89 BayGO (Zulässigkeit der Errichtung wirtschaftlicher Unternehmen durch die Gemeinden) sind eher eine Rarität. Unklarheiten über den einzuschlagenden Rechtsweg entstehen vielmehr durch Unsicherheit darüber, welche konkreten Rechtsnormen auf den Sachverhalt anzuwenden sind und damit die Natur des Rechtsverhältnisses bestimmen. Bekannte Beispiele sind das Hausrecht in Behördengebäuden (Befugnis aus öffentlich-rechtlicher Sachherrschaft oder privaten Eigentum bzw. Besitz)[23] und die Rückzahlung fehlgeleiteter Zahlungen (Anspruch aus §§ 812 ff. oder öffentlich-rechtlicher Erstattungsanspruch).[24] Diese Fragen liegen aber außerhalb der thematischen Kompetenz der Abgrenzungstheorien.[25]

---

[17] So besonders deutlich BGH (GSZ), B. v. 22.3.1976, Z 6, 229 (233); vgl. auch BGH (GSZ), B. v. 22.3.1976, Z 67, 81 (85).

[18] So auch *K. Schmidt,* JZ 1976, 305; siehe auch *Manssen,* SGb 1992, 341.

[19] So auch *J. Schmitt,* Leistungserbringung, S. 50; *Zuleeg,* VerwArchiv 73 (1982), 387.

[20] Rechtsweg zu den Sozialgerichten ist gegeben laut GmS-OGB, B. v. 4. 6. 1974, NJW 1974, 2087 f.; ausführlicher unten B I 1 d bb (5), S. 88 ff.

[21] Öffentlich-rechtlicher Anspruch nach BAG, Urt. v. 13.7.1988, E 59, 169 ff. und BSG, Urt. v. 12.12.1990, NJW 1991, 2101 ff.; ausführlicher unten B I 1 d bb (5), S. 88 ff.

[22] Siehe dazu *Erichsen,* Jura 1982, 541.

[23] Siehe dazu *Berg,* JuS 1982, 260 ff.; *Bethge,* Die Verwaltung 10 (1977), 313 ff.; *J. Ipsen / T. Koch,* JuS 1992, 809 ff., jeweils m. w. N.

[24] Vgl. BVerwG, Urt. v. 23.1.1990, JZ 1990, 862 f., mit abl. Anm. *Maurer,* JZ 1990, 863 ff.; Urt. v. 22.3.1990, NVwZ 1991, 168 f.; Urt. v. 12.3.1985, E 77, 85 ff; BGH, Urt. v. 11.6.1987, NVwZ 1988, 92 f. Siehe als weiteres Beispiel BVerwG, Urt. v. 14.3.1968, E 29, 183 (187): Regelungen des LAG oder bürgerlich-rechtliche Ansprüche.

[25] So auch *Erichsen,* Jura 1982, 542; *Lerche,* Festschrift für Löffler, S. 225: Die Theorien setzten voraus, daß über die anzuwendende Rechtsnorm als solche und ihre Zuordnung Klarheit bestehe. Vgl. auch *Christ,* S. 27; *Pestalozza,* DÖV 1974, 190; *Schwarze,* JuS 1978, 96. Weiterhin *Zuleeg,* VerwArchiv 73 (1982), 387: Der hauptsächliche Sinn der Abgrenzung von öffentlichem und privatem Recht, nämlich die Rechtsnormen zu ermitteln, die auf ein

Die Abgrenzungsdiskussion vor allem an die Rechtswegfrage „anzuhängen", ist weiterhin deshalb problematisch, weil zu diesem Zweck eine umfassende Aufteilung des Rechts in die Kategorien öffentlich-rechtlich oder privatrechtlich nicht nötig ist. Qualifizierungsbedürftig wären nur diejenigen Normen, aus denen der Klageanspruch hergeleitet wird. Dieser Unterschied wird auch mit Hilfe der Begriffe „Primärnormen" und „Sekundärnormen" umschrieben.[26] Primärnormen sind solche, die den Rechtsgenossen ein äußeres Verhalten vorschreiben, während Sekundärnormen bestimmen, was im Falle der Nichtbefolgung der primären Normen geschehen soll.[27] Der Rechtsweg entscheidet sich also nach der Qualität der sekundären Normen.[28] Die Anwendung der Primärnormen ist hingegen jeweils nur Vorfrage und vom zuständigen Gericht mitzuerledigen.

Problemlösungskompetenz haben die Abgrenzungstheorien auch im Hinblick auf § 35 S. 1 und § 54 VwVfG nicht. Eine Maßnahme auf dem Gebiet des öffentlichen Rechts nach § 35 S. 1 VwVfG ergeht schon dann, wenn eine Behörde aufgrund einer wirklichen oder vermeintlichen öffentlich-rechtlichen Befugnis handeln will.[29] Öffentlich-rechtliche Befugnisse folgen aus öffentlich-rechtlichen Normen. Abgrenzungsschwierigkeiten (Beispiel: Hausrecht des Behördenleiters) ergeben sich aus der Frage, aufgrund welcher Befugnisse die Behörde handelt bzw. ob sie öffentlich-rechtliche oder nur privatrechtliche Befugnisse hat, fast nie aber daraus, daß Unsicherheit darüber herrscht, ob eine Rechtsnorm öffentlich-rechtlich oder privatrechtlich zu qualifizieren ist. Ein öffentlich-rechtlicher Vertrag nach § 54 S. 1 VwVfG liegt dann vor, wenn ein Rechtsverhältnis auf dem Gebiet des öffentlichen Rechts begründet, geändert oder aufgehoben wird. Die herrschende Meinung versteht dies dahingehend, daß ein öffentlich-rechtlicher Vertrag sich dadurch kennzeichnet, daß sein Gegenstand ein von öffentlich-rechtlichen Normen geregelter Sachverhalt ist.[30] Problematisch ist aber auch hier so gut wie nie die Frage, ob eine Rechtsnorm als öffentlich-rechtlich zu qualifizieren ist oder nicht, sondern höchstens, ob sie den vertraglich erfaßten Sachverhalt ganz, in abgrenzbaren Teilen

---

bestimmtes Rechtsverhältnis Anwendung finden, werde verfehlt. Fast schon mustergültig zu nennen sind deshalb die Ausführungen von *Jellinek*, Verwaltungsrecht, S. 45 ff., zum Thema „Öffentliches Recht und Privatrecht". *Jellinek* kümmert sich bei der Frage der Rechtswegabgrenzung und der Interpretation des Merkmals „bürgerliche Rechtsstreitigkeiten" nach § 13 GVG nicht um die Normabgrenzungstheorien, sondern um die wirklichen Rechtsanwendungs- und daraus resultierenden Rechtswegabgrenzungsprobleme. Diese Konzentration auf die relevanten Fragen hat bei späteren Autoren von Lehrbüchern zum Allgemeinen Verwaltungsrecht jedoch leider kaum Nachahmung gefunden.

[26] Siehe *Schwabe*, Drittwirkung, S. 29; *H. Schulte*, Dogmatik, S. 7; vgl. auch *K. Schmidt*, Kartellverfahrensrecht, S. 91; allgemein *Schnapp*, Amtsrecht, S. 107 ff.

[27] *Schwabe*, Drittwirkung, S. 29.

[28] *Schwabe*, Drittwirkung, S. 34.

[29] *Kopp*, VwGO, Anh. § 42, Rdnr. 18 .

[30] *Kopp*, VwVfG, § 54 Rdnr. 7; *Jachmann*, Erschließungsbeiträge, S. 166 ff.; *Lange*, NVwZ 1983, 314, jeweils m. w. N.; *Scherzberg*, JuS 1992, 206.

oder nur am Rande erfaßt.[31] Gerade der öffentlich-rechtliche Vertrag zeigt aber auch, daß man mit der Behauptung über das Ziel hinausschießt, es sei überhaupt nicht nötig bzw. möglich, Primärnormen als Sätze des öffentlichen oder privaten Rechts zu qualifizieren.[32] So ist die Unterscheidung von Primär- und Sekundärnormen kaum in jedem Fall trennscharf durchführbar. Des weiteren wird der Gegenstand dessen, was in einem Vertrag vereinbart wird, regelmäßig von Primärnormen rechtlich geregelt,[33] nicht von den Sanktionsnormen, da für den öffentlich-rechtlichen Vertrag ein eigenes Fehlerfolgensystem besteht (§§ 59 ff. VwVfG). Insofern ist aber die Qualifikation von Primärnormen durchaus nötig. Somit muß man auch Primärnormen unter Umständen als öffentlich-rechtlich oder privatrechtlich qualifizieren, wie dies von einer Norm, die auf diesen Dualismus abstellt, verlangt wird.

(2) Anknüpfung an Rechtsverhältnisse

Nicht zuletzt aufgrund der dargestellten weitgehenden Irrelevanz der Abgrenzungstheorien für die Entscheidung von konkreten und dabei vor allem von Rechtswegproblemen werden für die Unterscheidung von öffentlichem und privatem Recht statt der objektiven Rechtsnorm häufig andere Anknüpfungspunkte gewählt.[34] Im Vordergrund steht dabei das Abstellen auf das fragliche Rechtsverhältnis.[35] Dies findet eine Stütze in der ständigen Rechtsprechung der obersten Bundesgerichte. Sie stellt für die Abgrenzung von öffentlich-rechtlichen und privatrechtlichen Streitigkeiten auf die Natur des Rechtsverhältnisses ab, aus dem der Klageanspruch hergeleitet wird.[36] Auch § 54 S. 1 VwVfG verlangt für die Annahme eines öffentlich-rechtlichen Vertrages die Begründung eines Rechtsverhältnisses auf dem Gebiet des öffentlichen Rechts.

---

31 Aus diesem Dilemma führen auch die alternativen Ansätze zur Abgrenzung öffentlich-rechtlicher und privatrechtlicher Verträge nicht heraus, etwa der Versuch der Fruchtbarmachung der Sonderrechtstheorie bei *Gern,* VerwArchiv 70 (1979), 230: Ein Vertrag ist danach öffentlich-rechtlich, wenn an ihm ein öffentlich-rechtlicher Sonderrechtsträger als Hoheitsträger beteiligt ist. Ähnlich OVG Münster, Urt. v. 23. 5. 1990, NJW 1991, 61 (61): Es komme darauf an, ob eine Vertragspartei notwendig ein Subjekt öffentlicher Verwaltung sei. Auch dies führt letztlich wieder zur Frage der Rechtsnormqualifizierung.

32 So aber *Schwabe,* Drittwirkung, S. 36. Tendenziell wie hier hingegen *Bettermann,* Vom Rechtsschutz gegen Rundfunk-Rufmord, S. 265.

33 Siehe *Jachmann,* Erschließungsbeiträge, S. 167: Ob ein durch Vertrag gestaltetes Rechtsverhältnis öffentlich-rechtlich oder privatrechtlich sei, bemesse sich nach dem gesamten einschlägigen materiellen Recht.

34 Ausführlich *D. Schmidt,* S. 29 ff.

35 So etwa *Bengel,* S. 65; *Pinger,* GRUR 1973, 457; *Zuleeg,* Subventionen, S. 26 ff.; Nachweise bei *D. Schmidt,* S. 32 ff.

36 Vgl. etwa GmS-OGB, B. v. 4.6.1974, NJW 1974, 2087 (2087), B. v. 10.4.1986, BGHZ 97, 312 (313); GmS-OGB, B. v. 29.10.1987, BGHZ 102, 280 (283); GmS-OGB, B. v. 10.7.1989, BGHZ 108, 284 (286); BGH, Urt. v. 7.5.1991, NJW 1991, 2147 (2148); Urt. v. 28.2.1991, NJW 1991, 1686 (1687); *Kopp,* VwGO, § 40 Rdnr. 6.

Das Abstellen auf das Rechtsverhältnis ist jedoch nur ein Umweg. Der Charakter des anzuwendenden Rechtssatzes bestimmt den des Rechtsverhältnisses.[37] Ist die anzuwendende Rechtsnorm aber unklar, ist der Schluß vom Rechtsverhältnis auf die Norm zirkulär.[38] Selbst bei § 54 S. 1 VwVfG, wo ausdrücklich der Begriff „Rechtsverhältnis" auftaucht, kommt es letztlich darauf an, ob die die Beziehungen der Beteiligten regelnden Rechtssätze als öffentlich-rechtlich zu qualifizieren sind.[39] Dann ist der Gegenstand des Vertrages und damit der Vertrag selbst öffentlich-rechtlich.

(3) Die Qualifikation von Verwaltungshandeln

Aus ähnlichen Gründen ist es nicht weiterführend, bestimmte Handlungen oder Sachen isoliert von bestimmten Normen als öffentlich-rechtlich oder privatrechtlich zu qualifizieren.[40] Die entsprechende Einordnung ist nichts, was einer Handlung oder Sache quasi von Natur aus mitgegeben ist,[41] sie wird ihnen vielmehr von bestimmten Normen beigefügt.[42] So gibt es genau genommen keine öffentlich-rechtlichen im Gegensatz zu privatrechtlichen Immissionen, keine öffentlich-rechtliche im Unterschied zur privatrechtlichen Beleidigung etc. Eine tatsächliche Gegebenheit kann lediglich öffentlich-rechtliche oder privatrechtliche Folgen auslösen[43] und deshalb insofern als öffentlich-rechtlich oder privatrechtlich bezeichnet werden; sie ist jedoch als solche deshalb nicht öffentlich-rechtlich oder privatrechtlich.[44] Die Hauptschwierigkeit bei der Rechtswegabgrenzung besteht – wie schon ausgeführt – in der Frage, ob die öffentlich-rechtliche oder die privatrechtliche Norm den Sachverhalt regelt. Dies läßt sich aber nur dadurch lösen, daß man die Anwendungsbereiche der Normen abgrenzt. Nicht die öffentlich-rechtliche Vermögensverschiebung führt zum öffentlich-rechtlichen Erstattungsanspruch, sondern das Vorliegen der Tatbestandsvoraussetzungen des öffentlich-rechtlichen Erstattungsanspruchs erlaubt es, eine Vermögensverschiebung – wozu auch immer –

---

[37] So zu Recht *D. Schmidt*, S. 34; deutlich auch BGH, Urt. v. 10.1.1984, Z 89, 250 (252).

[38] Gelegentlich findet sich auch in der Rechtsprechung die durchaus überzeugende Formulierung, wonach es für die Rechtswegabgrenzung darauf ankommen soll, ob es sich um einen vom privaten oder vom öffentlichen Recht geregelten Sachverhalt handelt, s. BVerwG, Urt. v. 22.3.1990, NVwZ 1991, 168 (169). Vgl. auch BSG, B. v. 12.3.1985, SGb 1986, 28 (29): Die Qualifikation von Rechtsbeziehungen richte sich nach den in Frage stehenden Rechtsnormen; die Frage, ob eine Streitigkeit öffentlich-rechtlicher oder privatrechtlicher Natur sei, sei nach den betreffenden Rechtsnormen zu entscheiden.

[39] Siehe schon oben B I 1 b aa (1), S. 53 (57). Weiterhin etwa *Scherzberg*, JuS 1992, 206.

[40] So auch *Krause*, Rechtsformen, S. 40; *Pestalozza*, Formenmißbrauch, S. 179; anders wohl *Laubinger*, VerwArchiv 83 (1992), 642 ff.

[41] *Christ*, S. 71.

[42] *Christ*, S. 51: „Der Realakt als Problem der Zurechnung von Normen."

[43] *Pinger*, GRUR 1973, 458.

[44] Ebenso *Christ*, S. 71: Der Realakt sei „rechtlich neutral".

als „öffentlich-rechtlich" zu qualifizieren. Rechtsanwendungsfragen können somit nicht an die Stelle von Rechtsnormqualifizierungen treten. Sie stehen ihnen auch nicht gleichrangig zur Seite, sondern sind ihnen nachrangig.

Es gibt daher eigentlich auch kein „hybrides" Verwaltungshandeln,[45] also ein solches, das gleichzeitig öffentlich-rechtlich und privatrechtlich „ist". Denkbar ist lediglich, daß eine tatsächliche Gegebenheit sowohl von einer öffentlich-rechtlichen als auch von einer privatrechtlichen Norm erfaßt wird,[46] also gleichzeitig öffentlich-rechtliche und privatrechtliche Wirkungen auslöst.[47] Allerdings verfährt vor allem der BGH häufig anders, versucht also Handlungen an sich einzuordnen, gegebenenfalls auch „hybrid". Nicht zuletzt dieser verfehlte Ansatz führt dann zu den stark kritisierten Entscheidungen wie der, daß die Selbstabgabe von Brillen durch eine AOK gleichzeitig öffentlich-rechtliche (gegenüber den Mitgliedern) und privatrechtliche (gegenüber den privaten Wettbewerbern) Wirkungen hervorrufe,[48] oder die Ausstrahlung einer Rundfunksendung durch eine öffentlich-rechtliche Fernsehanstalt sowohl öffentlich-rechtlich (als Erfüllung des Sendeauftrags gegenüber den Gebührenzahlern) als auch privatrechtlich (gegenüber den in der Sendung kritisierten Personen) einzuordnen sei.[49] Solche Überlegungen müssen in die Irre führen. Entscheidend ist allein, ob § 1 UWG und die Vorschriften über den Persönlichkeitsschutz (§§ 823 ff. BGB) beschränkt sind auf das Handeln von Privatpersonen und von Hoheitsträgern im privatrechtlichen Gewande, oder ob sie auch Verwaltungshandeln erfassen, das in anderem Zusammenhang von als öffentlich-rechtlich qualifizierten Normen geregelt wird.[50]

---

45 Zu diesem Begriff siehe *Scherer,* NJW 1989, 2724.

46 So auch *Christ,* S. 71.

47 Zu pauschal deshalb *Scherer,* NJW 1989, 2726, der stets zu einer Entweder-Oder-Entscheidung kommen will.

48 BGH, Urt. v. 18.12.1981, Z 82, 375 (383); zustimmend zu einer solchen Doppelqualifikation *Scholz,* NJW 1978, 16, *ders.,* NJW 1974, 803.

49 BGH, Urt. v. 6.4.1976, Z 66, 182 ff. Aus den Reihen der Kritiker siehe vor allem *Bettermann,* Vom Rechtsschutz gegen Rundfunk-Rufmord, S. 259 ff.; *Kopp,* Festgabe für Ule, S. 42 ff.; *Lerche,* Festschrift für Löffler, S. 229 ff. Schon vorher kritisch gegenüber vergleichbaren Tendenzen in der Rechtsprechung der ordentlichen Gerichte *Bethge,* VerwArchiv 63 (1972), 157 m. w. N.

50 Es ist insofern durchaus ein vertretbares Argument, den Schutz des Individuums vor dem Kommunikationsträger Rundfunk nach den gleichen Regeln und im gleichen Rechtsweg zu entscheiden, wie Übergriffe der Presse, vgl. BGHZ 66, 182 (187). Kaum überzeugend ist aber die Auffassung des BGH, aus § 1 UWG die Unzulässigkeit einer Selbstabgabestelle von Brillen herzuleiten. § 1 UWG betrifft im wesentlichen das Wie einer Wettbewerbshandlung, nicht das Ob (*Krause,* ZfS 1983, 133; *Scholz,* ZHR 1969, 134). Dementsprechend leitet der BGH die Unzulässigkeit letztlich auch aus sozialversicherungsrechtlichen Normen her, siehe BGHZ 82, 375 (395 f.). § 1 UWG diente allein der Begründung des Zivilrechtswegs. Siehe auch ausführlich unten B I 1 d bb (5), S. 88 ff. Kritisch zur Entscheidung des BGH vor allem *Rohwer-Kahlmann,* SGb 1982, 373 ff.

### bb) Symptome für die Krise der Abgrenzungsdiskussion

(1) Das Zirkelschlußproblem

Für die Zwecke einer Untersuchung zur privatrechtsgestaltenden Kraft öffentlich-rechtlicher Rechtsakte ist eine exakte *Tatbestandsabgrenzung* öffentlich-rechtlicher und privatrechtlicher Rechtsnormen nicht erforderlich. Es reicht aus, den „Eingriffsbereich" gegebenenfalls auch mit Hilfe von *Rechtsnormqualifizierungstheorien* sichtbar zu machen. Deren Insuffizienz für die Entscheidung konkreter Rechtswegabgrenzungsfragen ist zwar signifikant und bedauerlich, aber im vorliegenden Zusammenhang hinnehmbar. Sie ist jedoch ein deutliches Symptom für eine Krise der gesamten Abgrenzungsdiskussion, was zunächst für den Bereich der wissenschaftlichen Literatur nachgewiesen werden soll.

Vor- und Nachteile, Stärken und Schwächen vor allem der drei Haupttheorien zur Abgrenzung von Rechtssätzen nach den Kategorien öffentliches und privates Recht sind schon unter fast jedem Gesichtspunkt beleuchtet worden.[51] Der effektive Nutzen dieses wissenschaftlichen Mammutaktes ist aber eher gering. Vielmehr ist der Stand der wissenschaftlichen Diskussion nach wie vor als unbefriedigend zu bezeichnen.[52] Eines ihrer Merkmale ist etwa der permanente gegenseitige Vorwurf und die bei der Formulierung von Abgrenzungsmaßstäben einhergehende Befürchtung, einem Zirkelschluß zu unterliegen.[53]

---

[51] Zusammenfassung der Bedenken gegen die Interessentheorie bei *Ehlers,* Verwaltung in Privatrechtsform, S. 55; *Erichsen,* Jura 1982, 538 f.; *Molitor,* Über öffentliches Recht, S. 30; *D. Schmidt,* S. 88 ff.; *Schöne,* S. 44 ff.; *Zuleeg,* Subventionen, S. 29 f., *dems.,* VerwArchiv 73 (1982), 390 f.; gegen die Subordinationstheorie bei *Ehlers,* aaO, S. 55 ff.; *Erichsen,* Jura 1982, 539; *D. Schmidt,* S. 96 ff.; *Schöne,* S. 60 ff.; *Zuleeg,* VerwArchiv 73 (1982), 391 f.; gegen die Subjektstheorie in Formulierung von *H. J. Wolff* bei *Barbey,* WiVerw 1978, 82 ff.; *Bettermann,* Vom Rechtsschutz gegen Rundfunk-Rufmord, S. 264 f.; *Ehlers,* Verwaltung in Privatrechtsform, S. 57 ff.; *Erichsen,* Jura 1982, 540; ; *J. Ipsen / T. Koch,* JuS 1992, 811; *Zuleeg,* Subventionen, S. 31 ff., *dems.,* VerwArchiv 73 (1982), 386 ff.

[52] Ähnlich auch *Kempen,* Formenwahlfreiheit, S. 5.

[53] Zirkelschlußvorwürfe etwa bei *D. Schmidt,* S. 35, gegenüber denjenigen, die bei Rechtsanwendungsproblemen auf das Rechtsverhältnis abstellen wollen (zugegebenermaßen völlig zu Recht). Weiterhin bei *dems.,* S. 96 und S. 253, gegenüber der Subordinationstheorie, *dems.,* S. 125, gegenüber ein Begründungselement in der Subjektslehre *H. J. Wolffs* (Unterscheidung von Personen des öffentlichen und des privaten Rechts aufgrund der rechtlichen Qualität des Gründungsaktes). Siehe auch *D. Schmidt,* Überschrift S. 135: „Die Subjektstheorie als nicht zirkuläre Definition". Weitere Zirkelschlußvorwürfe bei *Ehlers,* Verwaltung in Privatrechtsform, S. 56 m. Fußn. 22; *Erichsen,* Jura 1982, 539; *Lüke,* JuS 1980, 645, ebenfalls gegenüber der Subordinationstheorie. Weiterhin *Menger,* Festschrift für Hans J. Wolff, S. 163, gegen einige Theoriekombinationen; *Schöne,* S. 50, gegen die sog. Rechtsschutztheorie; *Wagner,* JZ 1968, 246, gegen die Subjektstheorie von *H. J. Wolff* als Antwort auf einen von *H. J. Wolff* erhobenen Zirkelschlußvorwurf; *Kempen,* Formenwahlfreiheit, S. 115, ebenfalls gegen die Subjektstheorie.

Gegen erhobene Zirkelschlußvorwürfe ist zwar sachlich oft nichts einzuwenden.[54] Zu beachten ist aber, daß die Abgrenzungstheorien in der Regel vor allem Darstellungswert haben sollen.[55] Hierbei ist die Versuchung besonders groß, das Ergebnis, welches eigentlich abgeleitet werden soll, bereits bei der Formulierung der Theorie selbst vorauszusetzen. Trotzdem führt ein permanentes Wiederhinterfragen irgendwann immer in einen hermeneutischen Zirkel. Dies mag bei der Abgrenzung von öffentlichem und privatem Recht schneller als bei anderen Fragen der Fall sein. Trotzdem ist diese Art der wissenschaftlichen Auseinandersetzung in diesem Bereich fast schon zur Masche entartet.

Ein besonders markantes Beispiel für die Fruchtlosigkeit einer Diskussion, die von der Erhebung und dem Versuch der Vermeidung von Zirkelschlußeinwänden bestimmt ist, deshalb aber letztlich nur in anderen, sehr viel gravierenderen Ungereimtheiten endet, bieten die Ausführungen H. J. Wolffs zur Abgrenzung von privaten und öffentlichen juristischen Personen. H. J. Wolff stand vor der Aufgabe, die Qualifikation von Rechtssubjekten als öffentlichrechtlich oder privatrechtlich in seiner Formulierung der Sonderrechtstheorie zu integrieren. „Zirkelschlußgefahr" bestand insoweit, als nach H. J. Wolff „öffentliches Recht" als Sonderrecht von Trägern der „öffentlichen Gewalt" verstanden werden sollte.[56] H. J. Wolff versuchte deshalb, die juristischen Personen des öffentlichen Rechts als „notwendig rechtlich" zu verstehen. Damit war gemeint, daß solche juristischen Personen durch Gesetz oder aufgrund eines Gesetzes durch Staatsakt entstehen.[57] Der Einwand hiergegen liegt auf der Hand: Es gibt durchaus privatrechtliche juristische Personen, die nicht privatautonom gegründet werden können, etwa wirtschaftliche Vereine nach § 22 BGB.[58]

(2) Das Problem der Unüberschaubarkeit

Mögliche Mitursache, aber auch Ausdruck der Krise der Abgrenzungsdiskussion ist ihre quantitative wissenschaftliche Übersättigung. Das Problem der

---

[54] Kritik am Zirkelschlußvorwurf gegen die Subordinationstheorie allerdings bei *J. Ipsen / T. Koch,* JuS 1992, 811; zum Versuch der Vermeidung eines Zirkelschlußvorwurfs gegen die Sonderrechtstheorie siehe *dies.,* aaO, 812.

[55] Zu den unterschiedlichen Funktionen rechtswissenschaftlicher Theorien siehe *K. Schmidt,* JuS 1970, S. 545.

[56] *H. J. Wolff,* AöR 76 (1950/51), 209.

[57] Siehe *H. J. Wolff,* AöR 76 (1950/51), 209; *Wolff / Bachof / Stober,* Verwaltungsrecht II, § 84 II 2. a), S. 9 Rdnr. 12.

[58] Zu Recht ablehnend gegenüber der Definition von *H. J. Wolff* deshalb *Schöne,* S. 74. Der Versuch einer „Rettung" findet sich etwa bei *Stern,* AöR 84 (1959), 319: Die auf einen Rechtssatz gestützte Beleihung mit hoheitlicher Gewalt charakterisiere die Rechtsträger des öffentlichen Rechts. Dies erklärt jedoch z. B. die Existenz von Körperschaften des öffentlichen Rechts im formellen Sinne nicht. Siehe dazu *F. Knöpfle,* Festschrift für Ule, S. 93 ff.; *Mronz,* S. 165 ff.

Abgrenzung tritt an derartig vielen Stellen auf, daß selbst ausführlichste Untersuchungen sich meist nicht in der Lage zeigen, eine umfassende Problembewältigung zu leisten. Ein wichtiger Aspekt wird fast immer nicht genügend gewürdigt. Schon gar nicht sind Arbeiten zu eigentlich anderen Themen in der Lage, die allgemeine Abgrenzungsdiskussion weiterzubringen. Die nicht mehr überschaubare Meinungsvielfalt dürfte auch der Grund dafür sein, daß oft „gegnerischen" Theorien Aussagen unterstellt werden, die diese nie getroffen haben. So ist etwa gegen die Subordinations- bzw. Subjektionstheorie immer wieder der Vorwurf zu lesen, sie berücksichtige nicht, daß es auch außerhalb des öffentlichen Rechts Über- und Unterordnungsverhältnisse gebe, beispielsweise das Eltern-/Kind-Verhältnis,[59] oder das Verhältnis von Arbeitnehmern und Arbeitgebern.[60] Die maßgeblichen Vertreter der Subordinationstheorie haben aber nie behauptet, die Überordnung der Eltern über die Kinder sei ein Problem des öffentlichen Rechts.[61] Vielmehr lautet die klassische Formulierung der Subordinationstheorie gerade dahingehend, ein Rechtsverhältnis des öffentlichen Rechts liege dann vor, wenn ein *Hoheitsträger* sich gegenüber dem Bürger in einem Über- / Unterordnungsverhältnis befinde, wenn der *Staat oder ein anderer Träger öffentlicher Gewalt* anderen Rechtsträgern gegenüber kraft ihres Überordnungsverhältnisses obrigkeitlich gegenübertrete.[62]

(3) Der Beitrag der Gesetzgebung

Die Gesetzgebung trägt entscheidend zu den Schwierigkeiten der Theoriebildung bei. In ihr spiegeln sich die herrschenden Auffassungen zur Abgrenzung von öffentlichem und privatem Recht wider.[63] Wechselt die herrschende

---

[59] Vorwurf wird erhoben etwa von *Bengel*, S. 65; *Menger*, Festschrift für H. J. Wolff, S. 155; *H. J. Wolff*, AöR 76 (1950/51), 205; *Zuleeg*, VerwArchiv 73 (1982), 392. Siehe auch *Erichsen*, Jura 1982, 539, vgl. allerdings auch *dens.*, aaO, S. 540. Ausführliche Nachweise bei *D. Schmidt*, S. 100 m. Fußn. 118.

[60] So *Zuleeg*, VerwArchiv 73 (1982), 392.

[61] So zutreffend *Bachof*, Festgabe 25 Jahre BVerwG, S. 7; *H. Wagner*, JZ 1968, 246.

[62] Siehe etwa RG, Urt. v. 2.10.1941, Z 167, 281 (284): Bei einem öffentlich-rechtlichen Rechtsverhältnis greife der Staat oder ein anderer Hoheitsträger kraft seines Hoheitsrechts in den Rechtsbereich einer Person ein. GmS-OGB, B. v. 10.04.1986, BGHZ 97, 312 (314): Es komme darauf an, ob die Beteiligten zueinander in einem hoheitlichen Verhältnis der Über- und Unterordnung ständen und sich der Träger der hoheitlichen Gewalt der besonderen Rechtssätze des öffentlichen Rechts bediene. Vgl. weiterhin auch *Bachof*, AöR 83 (1958), 228. Damit soll nicht behauptet werden, daß die Subordinationstheorie bei richtigem Verständnis das Abgrenzungsproblem löst; vielmehr bleiben auch in „geläutertem" Verständnis Zweifel und Ungereimtheiten, etwa bei den Hausrechtsmaßnahmen (so zu Recht *Ehlers*, Verwaltung in Privatrechtsform, S. 56 m. Fußn. 22). Auch bei der Sonderrechtstheorie stellt sich ein ähnliches Problem, vor dem auch *H. J. Wolff* (siehe oben B I 1 b bb (2), S. 75 f.) stand; denn das Vorliegen eines Rechtssatzes des öffentlichen Rechts wird begründet mit der übergeordneten Stellung eines Hoheitsträgers, also eines Trägers der öffentlichen Gewalt.

[63] *Bachof*, AöR 83 (1958), S. 229; vgl. auch *Albrecht*, S. 9, bezüglich der Regelungen im BGB über das Vereinsrecht.

Meinung, wechselt der Gesetzgeber oft mit, regelmäßig aber ohne die alten Gesetze anzupassen.[64] Die neuen gesetzgeberischen Aktivitäten bestätigen dann die neue Theorie, widerlegen aber die alte. Deutliches Beispiel sind die §§ 54 ff. VwVfG, die ein wesentliches Argument gegen die Subordinationstheorie sind. Auch die Idee der Formenwahlfreiheit des Staates hat in vielfacher Weise Ausdruck in der Gesetzgebung gefunden,[65] so daß die Theorie, öffentliches Recht sei das zwingende Recht öffentlicher Aufgabenerfüllung, mit der einfachen Rechtslage nicht zu vereinbaren ist.[66] Die alten Gesetze stimmen hingegen oft mit der oder einer neuen Theorie nicht überein. Auf diese Weise dürfte man irgendwann dazu kommen, daß es gar keine theoretische Erfassung des Unterschiedes von öffentlichem und privatem Recht geben kann, weil der Gesetzgeber theoretisch unvereinbare Orientierungspunkte gesetzt hat.[67]

Aber nicht nur durch die Theorierezeption trägt die Gesetzgebung zur Unmöglichkeit einer theoretisch eindeutigen Abgrenzung bei. Die Theorien sind auch durch die Kompliziertheit der Rechtsordnung überfordert. Sie überzeugen, soweit sie daraufhin überprüft werden, ob aus ihnen abgeleitet werden kann, daß eine Rechtsnorm, die zum Erlaß einer Polizeiverfügung ermächtigt, dem öffentlichen Recht angehört, und die Bestimmungen des bürgerlichen Kaufrechts dem Privatrecht. Dies hat auch die Gesetzgebung nie anders gesehen. In mehr oder weniger große Schwierigkeiten kommen sie aber schon bei den leicht atypischen Sachverhalten. Als Beispiel seien das Verwaltungsprivatrecht, die Beleihung und der öffentlich-rechtliche Vertrag genannt. Bei den völlig atypischen Konstellationen, etwa der Möglichkeit eines öffentlich-rechtlichen Vertrages unter Privaten,[68] oder der von der Wissenschaft anerkannten Möglichkeit einer öffentlich-rechtlichen Geschäftsführung ohne Auftrag unter Privaten,[69] sind alle Theorien überfordert.

---

64 *Bachof,* AöR 83 (1958), S. 229.

65 Vgl. etwa die Anerkennung der sog. Zwei-Stufen-Theorie (grundlegend *H. P. Ipsen,* DVBl. 1956, 603 ff.) durch § 102 Abs. 2 II. WoBauG. Siehe dazu auch *Zuleeg,* Festschrift für Fröhler, S. 275 f.

66 Weitere Beispiele und eine ausführlichere Auseinandersetzung mit der Theorie vom öffentlichen Recht als dem notwendigen Recht der staatlichen Aufgabenerfüllung unten B I 1 c bb, S. 68 ff.

67 Siehe die Feststellung von *H. Wagner,* JZ 1968, 246: Keine Theorie werde die pragmatisch-opportunistischen Zuweisungen mancher Gesetze, noch die auf bloße Analogien gestützte Rechtsprechung erklären können. Vgl. auch die Mahnung von *Bachof,* AöR 83 (1958), daß die historische „Schichtung" nicht irgendeiner Theorie zuliebe unberücksichtigt bleiben könne.

68 Ein Beispiel liefert § 95 NWLWG, die Übertragung der Pflicht zur Gewässerunterhaltung mit öffentlich-rechtlicher Wirkung von einem Privaten auf einen anderen (siehe *Erichsen,* in: Erichsen / Martens, § 35 III, Rdnr. 9, S. 365). Zur Möglichkeit eines öffentlichrechtlichen Vertrages unter Privaten vgl. weiterhin BVerwG, Urt. v. 12.6.1992, NJW 1992, 2908 f.

69 Beispiel: Ein Privater übernimmt für einen anderen eine öffentlich-rechtliche Verpflichtung *(Erichsen,* in: Erichsen / Martens, § 30 II, Rdnr. 9, S. 393).

(4) Die Ungeeignetheit modifizierender oder kombinierender Ansätze

Versucht man, einen oder mehrere der Problemfelder auch nur aus der Gruppe der leicht atypischen Fälle im Wege der Modifikation oder Ergänzung in einer Theorie unterzubringen, sieht man sich der Notwendigkeit gegenüber, in erheblichem Ausmaß Ausnahmen zuzulassen, die vom Ausgangspunkt der (Ursprungs-)theorie her eigentlich nicht erklärbar sind.[70] Der ursprüngliche Ansatz muß dann ständig ergänzt, berichtigt oder eingeschränkt werden.[71] Mit jeder Ausnahme oder Ergänzung verliert eine Theorie aber an Überzeugungskraft. Sie wird unmerkbar, für die Praxis bedeutungslos und mehr oder weniger eine Spielwiese wissenschaftlicher Dispute. Als Beleg sei nur ein Beispiel im Hinblick auf die Subjektstheorie angeführt. In einer den Ausgangspunkt von H. J. Wolff korrigierenden Formulierung von Bachof lautet sie: Öffentliches Recht liegt vor, wenn und soweit ein Rechtssatz einen Träger öffentlicher Gewalt *als solchen* berechtigt oder verpflichtet.[72] Dies würde dazu führen, daß die Normen von StVG und StVO insgesamt Privatrecht sind.[73] Ein solches Ergebnis entspräche jedoch weder der Auffassung der überwiegenden Meinung noch der von Bachof. Es ist deshalb ein Zusatz zu machen. Öffentlichrechtlich ist eine Norm auch dann, wenn sie zwar jedermann berechtigt und verpflichtet, aber ein Hoheitsträger als Garant dieser Erstnorm auftritt.[74] Damit setzt sich die Subjektstheorie aber neuen und erheblichen Einwänden aus. Vor allem garantiert der Staat letztlich die Geltung jeder als zwingend konzipierten innerstaatlichen Norm, des Privatrechts nicht minder als des öffentlichen.

Liegen zu einem Problem verschiedene Theorien vor, von denen jede eine gewisse, wenn auch nicht umfassende Überzeugungskraft hat, liegt weiterhin der Versuch nahe, sich um eine Verbindung der verschiedenen Ansätze zu bemühen. Hiermit ist nicht gemeint, die einzelnen Theorien hintereinanderzureihen und angesichts einer Einordnungsfrage „abzuklappern", wie das angesichts des bisher vergeblichen Bemühens um einen Konsens in der Abgren-

---

[70] Siehe *Bachof,* AöR 83 (1958), 229. Sehr deutlich wird dies bei *D. Schmidt,* der den Ausnahmen von der von ihm vertretenen Subjektstheorie gleich ein ganzes Kapitel widmet (S. 259 – 316). Zutreffend die Feststellung von *Kempen,* Formenwahlfreiheit, S. 29: Die Konzeption einer auch den atypischen Fall erfassenden Abgrenzung verursache „so unvergleichlich viel Aufwand".

[71] Siehe die Feststellung von *Burmeister,* DÖV 1975, 695: Die Lehre reagiere auf die Abgrenzungsschwierigkeiten mit immer neuen Verfeinerungen und Nuancierungen der Theorien. Dies ende letztlich damit, daß der ganze Problemkomplex von einem „Sammelsurium bizarrer juristischer Gebilde überwuchert" und „einen kaum überbietbaren Komplikationsgrad erreicht" habe.

[72] *Bachof,* Festgabe 25 Jahre BVerwG, S. 13; ähnlich *Ehlers,* Die Verwaltung 30 (1987), 379.

[73] So zu Recht *Barbey,* WiVerw 1978, 85.

[74] *Bachof,* Festgabe 25 Jahre BVerwG, S. 13; zu weiteren notwendigen Ergänzungen durch die Interessentheorie siehe *Bachof,* Festgabe 25 Jahre BVerwG, S. 17.

zungsfrage gelegentlich geschieht.[75] Vielmehr geht es darum, die richtigen Elemente, den „richtigen Kern“[76] einzelner Ansätze herauszufiltern und zu einer neuen, eigenen Theorie zu verbinden, sie also in ein konsistentes System zu integrieren.[77] Ein solcher Kombinationsversuch ist für die Abgrenzung von öffentlichem und privatem Recht in Anlehnung an Bachof[78] von Ehlers unternommen worden.[79] Ehlers modifiziert dafür – ähnlich wie Bachof –[80] zunächst die Subjektstheorie. Die Frage nach dem notwendigen Zuordnungssubjekt soll nicht formal nach der Struktur des Rechtssatzes entschieden werden. Öffentliches Recht liege vielmehr dann vor, wenn ein Hoheitsträger „als solcher“ angesprochen werde.[81] Dies sei auch dann der Fall, wenn die Norm ihn „als Sachwalter der Angelegenheiten der verfaßten sozialen Gesamtheit“ beträfen; vor allem könne es sein, daß auch Jedermann-Rechtssätze wie die genannten Straßenverkehrsvorschriften die Einbeziehung eines Hoheitsträgers in ihre Geltung nahelegten.[82] Damit wird die ursprünglich von H. J. Wolff formulierte Subjektstheorie bereits soweit „verbessert“, daß sie jedenfalls kaum noch eindeutige Einordnungen zuläßt. Zur Stützung des jeweils gewünschten Ergebnisses zieht Ehlers dann hilfsweise die Subordinationstheorie und hilfshilfsweise die Interessentheorie heran.[83] An dieser Stelle soll nicht Zweifeln nachgegangen werden, inwieweit die Ausführungen von Ehlers einen geeigneten Versuch darstellen, zu einer kombinierten (und nicht nur einer kumulierenden) Theorie zu kommen. Entscheidend ist vielmehr folgendes: Ehlers hat (ähnlich wie Bachof, der ganz ähnlich verfährt) anscheinend feststehende Vorstellungen, welche Normen er zum Bereich des öffentlichen Rechts zählen will und welche nicht.[84] Seine „Theorieelementeverbindung“ und Formelsuche erfolgt mit dem Ziel, dies theoretisch zu untermauern. Führen anfangs genannte Kri-

---

[75] Vgl. etwa *Pinger,* GRUR 1973, 458, zur Rechtsnatur des Wettbewerbsverhältnisses zwischen Privaten und der öffentlichen Hand.

[76] So *Ehlers,* Verwaltung in Privatrechtsform, S. 61.

[77] Siehe auch *Alexy,* Theorie der Grundrechte, S. 28 ff.; ausführlicher zu dieser Art wissenschaftlicher Systematisierung auch unten C III 3 c, S. 149 ff.

[78] *Bachof,* Festgabe 25 Jahre BVerwG, S. 15 ff.; *Siebert,* DÖV 1959, 734, zustimmend hierzu *Bengel,* S. 69; *H. Wagner,* JZ 1968, 246 ff.; weitere Nachweise bei *D. Schmidt,* S. 102 ff. m. w. N.; zustimmend zur Idee der Verbindung der drei herrschenden Theorieansätze *J. Schmitt,* Leistungserbringung, S. 51.

[79] Verwaltung in Privatrechtsform, S. 61 ff. Dieser Ansatz konnte bei *D. Schmidt,* Die Unterscheidung von öffentlichem und privatem Recht, S. 102 ff., noch nicht berücksichtigt werden. Er wird deshalb hier ausführlicher behandelt.

[80] *Bachof,* Festgabe 25 Jahre BVerwG, S. 13 ff.

[81] Siehe auch *Ehlers,* Die Verwaltung 20 (1987), 379.

[82] *Ehlers,* Verwaltung in Privatrechtsform, S. 62.

[83] *Ehlers,* Verwaltung in Privatrechtsform, S. 62: „Die einen Hoheitsträger als Zuordnungssubjekt ausweisenden Rechtssätze sprechen den Hoheitsträger als solchen an, wenn sie eine Tätigkeit des Hoheitsträgers im Über-Unterordnungsverhältnis regeln oder wenn den Rechtssätzen ein überwiegendes öffentliches Interesse an ihrer Verwirklichung gerade durch einen Hoheitsträger entnommen werden kann.“

[84] Siehe nur *diesen,* Verwaltung in Privatrechtsform, S. 59: Die meisten Normen des Straßenverkehrsrechts gehörten dem öffentlichen Recht an.

terien nicht zum gewünschten Ergebnis, werden weitere dazugenommen.[85] Gesucht wird deshalb eigentlich nicht nach richtigen Theorieelementen. Fixpunkte in der Diskussion sind vielmehr die für richtig gehaltenen Ergebnisse. Die auf diese Weise entwickelte „Theorie" kann die Hauptaufgabe einer solchen aber nicht erfüllen. Sie reduziert die Komplexität des Rechtsstoffes nicht, sondern wird ähnlich kompliziert wie das geschriebene und ausgelegte Recht in allen Detailfragen zu diesem Problem auch. Bei perfekter Durchführung fallen „Richtigkeit" und Unbrauchbarkeit der „Theorie" zusammen. Hieran wird letztlich jeder Versuch scheitern, das komplexe Qualifikationsproblem mittels der Kombination verschiedener Ansichten in einer „Theorie" unterzubringen.

### c) *Ausgewählte einzelne Entwicklungen*

#### aa) *Ontologisch orientierte Betrachtungsweisen*

Die bisher vor allem herangezogenen drei Hauptabgrenzungstheorien zur Unterscheidung von öffentlichem und privatem Recht sind trotz ihrer weiten Verbreitung letztlich nur ein Ausschnitt aus dem Spektrum der in der Wissenschaft angebotenen Lösungsansätze. Eine grundsätzliche Ablehnung des Versuchs, den Dualismus von öffentlichem und privatem Recht mittels einer Theorie darzustellen, setzt deshalb voraus, daß sich die wichtigsten „Sonderwege" ebenfalls als nicht weiterführend erweisen.

Regelmäßig finden sich in verschiedenen Zusammenhängen wertorientierte Unterscheidungen von öffentlichem und privatem Recht. Solche Auffassungen, die von wesensmäßigen inneren Gegensätzen von öffentlichem und privatem Recht ausgehen, haben eine lange Tradition.[86] Sie berufen sich auch heute auf unterschiedliche Prinzipien, auf denen öffentliches und privates Recht beruhen sollen.[87] In der Regel ist ihre konkrete Ausformulierung eher plakativ als differenziert.[88] So soll das Grundanliegen des Privatrechts darin bestehen, die Freiheit der Gestaltung der rechtlichen Beziehungen zu anderen nichtstaatlichen Subjekten zu ermöglichen, das des öffentlichen Rechts hingegen in der Begrenzung staatlicher Gewalt.[89] Privatautonomie stände auf der einen, Rechtsstaatlichkeit auf der anderen Seite. Noch mehr vereinfacht klingt das

---

[85] Beispiel: Trotz Einschaltung von Hoheitsträgern durch Bußgeldbewehrung nach § 38 Abs. 1 Nr. 8 GWB sei § 26 GWB privates und nicht öffentliches Recht. Begründung: § 26 GWB determiniere das Verhalten nicht vollständig, sondern lasse Raum für eine privatautonome Gestaltungsfreiheit (*Ehlers*, Verwaltung in Privatrechtsform, S. 60 m. Fußn. 60).

[86] Ausführlich *Bullinger*, Öffentliches Recht und Privatrecht, S. 54 ff.

[87] Ausführlich *D. Schmidt*, S. 173 ff.; dem folgend *V. Neumann*, DÖV 1992, 160.

[88] Zutreffend kritisch *Jarass*, VVDStRL 50 (1990), 241.

[89] So etwa *D. Schmidt*, S. 226; siehe auch *Zuleeg*, VerwArchiv 73 (1982), 386. Störend ist an dieser Formulierung aber schon, daß in ihr in keiner Weise zum Ausdruck kommt, daß das öffentliche Recht nicht nur die staatliche Macht begrenzt, sondern nach heutigem Verfassungsverständnis genauso die Machtausübung durch den Staat ermöglicht.

dann folgendermaßen: Privatrecht ist das Recht der persönlichen Freiheit und das öffentliche Recht das der Freiheitsbeschränkung,[90] oder: Grundunterschied sei die Freiheit auf der Seite des Privatrechts, die Bindung des Handelns auf der Seite des öffentlichen Rechts.[91] Das BSG hat in jüngerer Zeit das Wesen des öffentlichen Rechts in dessen unbedingtem Geltungsanspruch, seinem zwingenden Charakter gesehen.[92]

Mit den genannten Ansätzen ließe sich allerdings nur ein grobes Raster aufzeichnen.[93] Ein präziser Abgrenzungsmaßstab läßt sich auf diese Weise nicht entwickeln. Die Sollenswirkungen des öffentlichen Rechts verlangen keineswegs stets unbedingte Geltung. Dies wird vor allem an den diversen Ermessenstatbeständen deutlich. Auch im Zivilrecht gibt es zudem Zwang und Einschränkung, einseitige Durchsetzung von Interessen etc.[94] Andererseits gibt es im öffentlichen Recht nicht nur Gehorsam und Zwang.[95] Die genannten Grundprinzipien sind deshalb kaum so dominant, daß sich den jeweiligen Teilbereichen insgesamt entsprechende Etiketten anheften ließen. Ein weiterer Aspekt kommt hinzu. Thema des Privatrechts ist zwar im Grundsatz das Bürger-Bürger-, des öffentlichen Rechts das Bürger-Staat-Verhältnis. Allerdings überwölbt das Verfassungsrecht als Teil des öffentlichen Rechts[96] auch das Privatrecht.[97] Andererseits ist das regelungstechnisch reifere Privatrecht in erheblichem Umfang auch für das Staat-Bürger-Verhältnis zur Anwendung gebracht worden. Die vom öffentlichen Recht und vom Privatrecht zu ordnenden Lebens- und Problemsachverhalte[98] sind daher in keiner Weise trennscharf zu unterscheiden.[99] Es gibt zwischen öffentlichem und privatem Recht zwar begrenzte Sachverschiedenheiten, aber auch eine Reihe von Sachgemeinsam-

---

[90] Nachweise bei *Bullinger,* Öffentliches Recht und Privatrecht, S. 55. Dort findet sich auch die Feststellung: Die Gleichsetzung von Privatrecht und Freiheit konnte fast zum Glaubenssatz gesteigert werden. Gegen eine solche Gleichsetzung zu Recht etwa *Bechtold,* S. 140; *Bullinger,* Festschrift für Rittner, S. 81 ff.; *Bydlinski,* Festschrift für Wilburg, S. 58 f.: *Jarass,* VVDStRL 50 (1990), 241.

[91] So *L. Schmidt,* S. 12 m. w. N. Diese Auffassungen sind letztlich ein Produkt der geschichtlichen Entwicklung. Siehe *Grimm,* in: Dilcher / Horn, Band IV, S. 62: Die Trennung von öffentlichem und privatem Recht, die zunächst politisches Postulat gewesen war, steigerte sich im 19. Jahrhundert zum Wesensgegensatz. Das Privatrecht stand für Freiheit, welche das öffentliche Recht als Recht des Zwangs lediglich zu garantieren hatte. Ähnlich auch *G. Dilcher,* in: Dilcher / Horn, S. 73.

[92] BSG, B. v. 12.3.1985, SGb 1986, 28 (29).

[93] Kritisch zu solchen Versuchen auch *P. Kirchhof,* Verwalten durch „mittelbares" Einwirken, S. 99.

[94] So zu Recht *Baur,* JZ 1963, 41 und S. 45: „Hoheitliches Privatrecht".

[95] *Baur,* JZ 1963, 41; *Maunz,* Öffentliches Sachenrecht, S. 63.

[96] Dazu *Bachof,* Festgabe 25 Jahre BVerwG, S. 11 m. Fußn. 54.

[97] Zum heute wohl unbestrittenen normhierarchischen Vorrang des Verfassungsrechts gegenüber dem Privatrecht siehe *Müller-Freienfels,* Festschrift für Rittner, S. 426; *Rittner,* Festschrift für Müller-Freienfels, S. 516.

[98] So *H. H. Rupp,* Postgebühr, S. 31.

[99] So auch *Baur,* JZ 1963, 42.

keiten, letztlich also keine umfassenden Sachgegensätze.[100] „Gegensatzmodelle“[101] enthalten zwar oft einen richtigen Kern, sind jedoch für die Lösung von technischen Abgrenzungsfragen nicht brauchbar.[102]

### *bb) Öffentliches Recht als notwendiges Recht staatlicher Aufgabenerfüllung*

#### (1) Die Privatrechtsfähigkeit des Staates

Relativ einfach würde sich die Unterscheidung von öffentlichem und privatem Recht dann gestalten, wenn von Verfassungs wegen das Privatrecht das Recht der Bürger für ihre Beziehungen untereinander und das öffentliche Recht das Recht bei Beteiligung des Staates sein müßte.[103] Jeder Rechtssatz, bei dem der Staat potentielles oder notwendiges Zuordnungssubjekt ist, wäre dann öffentlich-rechtlich. Eine solche Auffassung würde die Möglichkeit bestreiten, das Handeln des Staates mit privatrechtlichen Maßstäben messen zu können.

Die Privatrechtsfähigkeit des Staates ist von der Rechtsprechung und der herrschenden Meinung anerkannt.[104] Dabei spielt es im vorliegenden Zusammenhang keine Rolle, ob man dem Staat und seinen Untergliederungen privatrechtliche Voll- oder nur eine Teilrechtsfähigkeit zugestehen will.[105] Denn die

---

[100] So auch *Bullinger,* Öffentliches Recht und Privatrecht, S. 61; *Breuer,* Bodennutzung, S. 176.

[101] Ausdruck von *Bullinger,* Öffentliches Recht und Privatrecht, S. 56.

[102] Gegen die Entscheidung vor allem von Rechtswegfragen nach dem „Wesen“ von öffentlichem und privatem Recht auch *Stolterfoth,* JZ 1975, 661.

[103] So zumindest vom Ansatz her *Pestalozza,* DÖV 1974, 190; *Schachtschneider,* Staatsunternehmen und Privatrecht, 1986; *v. Zezschwitz,* NJW 1983, 1875; *Kempen,* Formenwahlfreiheit; *Zuleeg,* VerwArchiv 73 (1982), 397. Zu dieser Gruppe gehören auch diejenigen, die den Staat nur bei der Erfüllung staatlicher Aufgaben, nicht im Fiskalbereich, auf das öffentliche Recht verweisen wollen (so etwa *Ossenbühl,* DVBl. 1974, 541 ff.).

[104] BGH, Urt. v. 23.2.1956, JZ 1956, 488 (488); BGH, Urt. v. 16.12.1971, WM 1972, 477 (477); Urt. v. 26.5.1987, Z 101, 72 (80) m. w. N.; *Badura,* ArchivPF 1991, 391; *Berg,* GewArchiv 1990, 225; *Bethge,* Standort, S. 97 ff., *ders.,* VerwArchiv 63 (1972), 159, *ders.,* Die Verwaltung 10 (1977), 322; *Bettermann,* DVBl. 1977, 181, *ders.,* Festschrift für Reimers, S. 422 ff.; *Emmerich,* JuS 1970, 332 ff., *ders.,* Öffentliche Unternehmen, S. 187; *Gusy,* DÖV 1974, 872 ff.; *Henke,* Vertragsrecht, S. 8 f.; *H. P. Ipsen,* DVBl. 1956, 465; *Jachmann,* Erschließungsbeiträge, S. 163; *Kopp,* GewArch 1988, 356; *Lange,* NVwZ 1983, 314; *Püttner,* Die öffentlichen Unternehmen, S. 81; *Rittner,* ZHR 1988, 318 ff., *ders.,* Wirtschaftsrecht, S. 189 Rdnr. 8; *Ronellenfitsch,* HbStR III, § 84 Rdnr. 20 ff.; *Stern,* AöR 84 (1959), 317; *Stober,* ZHR 1981, 567; *Wallerath,* Bedarfsdeckung, S. 64 ff.; *Wieland,* Konzessionsabgaben, S. 333; *Wilke / Schachel,* WiVerw 1978, 95 und 102.

[105] Für eine Beschränkung des Staates auf auch zivilrechtliche Teilrechtsfähigkeit plädiert vor allem *Kempen,* Formenwahlfreiheit, S. 70 ff. Überzeugend begründet ist diese Auffassung jedoch nicht. Entscheidendes Argument ist für *Kempen,* daß die „Grundrechtsfähigkeit der verfassungsrechtliche Bezugspunkt der allgemeinen Rechtsfähigkeit“ sei (aaO, S. 71). Wer somit nicht Grundrechtsinhaber sei, besitze auch keine Vollrechtsfähigkeit (aaO, S. 72). Die argumentative Absicherung, die *Kempen* bei anderen Autoren im Hinblick auf deren Ansichten ständig vermißt, fehlt jedoch dieser Zentralthese seiner Arbeit ebenfalls (deshalb zu Recht kritisch *Schnapp,* DÖV 1990, 828 f). Zwar kann die Pri-

Lehre, wonach der Staat nur teilrechtsfähig ist, geht davon aus, daß sich die Zuweisung auch privatrechtlichen Könnens nach der Interpretation vor allem des einfachen Privatrechts richtet.[106] Damit erkennt sie im Grundsatz die Möglichkeit an, daß sich der Staat per Gesetz (zumindest partiell) für privatrechtsfähig erklärt.

Die Privatrechtsfähigkeit des Staates wird jedoch immer wieder – meist unter der Parole „Ende der Formenwahlfreiheit"[107] – in Frage gestellt, eingeschränkt und bestritten.[108] Ein profilierter Vertreter einer zwingenden Einbindung des Staates in das Regelungssystem des öffentlichen Rechts ist Pestalozza. Er geht davon aus, das öffentliche Recht sei zwingendes Sonderrecht des Staates.[109] Das zentrale Argument dafür, warum der Staat und seine Untergliederungen zwingend auf das öffentliche Recht zu verweisen sind, ist die These, der Gesetzgeber als Herr über Normbestand und Normgeltung sei beim Wort zu nehmen und dem Staat sei deshalb dasjenige Recht zuzurechnen, das er als Staatssonderrecht geschaffen habe.[110] Dem Staat wird unterstellt, daß er die ihm angepaßte, zwingende Normentscheidung getroffen habe.[111] Vor allem das VwVfG des Bundes und der Länder hat jedoch deutlich gemacht, daß der Gesetzgeber durchaus nicht gewillt ist, das gesamte Verwaltungshandeln öffentlich-rechtlich „einzufangen", denn der sachliche Anwendungsbereich wird ausdrücklich in § 1 VwVfG auf öffentlich-rechtliche Verwaltungstätigkeit beschränkt.[112] Des weiteren gibt es eine lange Reihe weiterer gesetzlicher Vorschriften, in denen Bundes- und Landesgesetzgeber zu erkennen gegeben haben, daß sie durchaus

---

vatautonomie der Verwaltung nicht aus den Grundrechten abgeleitet werden (so auch *Ehlers,* Verwaltung in Privatrechtsform, S. 85). Das braucht man aber auch gar nicht, es reicht aus, wenn sich aus dem einfachen Recht die Kompetenz zur „Benutzung" privater Rechtsformen ergibt. Siehe dazu die weiteren Ausführungen im Text.

[106] Siehe *Kempen,* Formenwahlfreiheit, S. 123: Ob und inwieweit der Staat partiell privatrechtsfähig sei, sei durch Auslegung der privatrechtlichen Normen, aber auch der konstituierenden Kompetenz- und Zuständigkeitsregeln zu ermitteln.

[107] Etwa bei *Pestalozza,* DÖV 1974, 193; *Kempen,* Formenwahlfreiheit, S. 123.

[108] Anders noch *Bachof,* Festgabe 25 Jahre BVerwG, S. 5, der (Stand 1978) feststellte, die Privatrechtsfähigkeit von Hoheitsträgern sei unbestritten. Zu ablehnenden bzw. einschränkenden Auffassungen siehe jedoch die Nachweise oben Fußn. 105; weiterhin *Gern,* ZRP 1985, 60; *Ossenbühl,* DVBl. 1974, 541; *Renck,* JuS 1978, 460; *Ehlers,* Verwaltung in Privatrechtsform, S. 70 ff.

[109] Siehe *Pestalozza,* Formenmißbrauch, S. 170 ff., *dens.,* DÖV 1974, 190; im Grundsatz zustimmend *Ehlers,* Verwaltung in Privatrechtsform, S. 69 ff.

[110] *Pestalozza,* Formenmißbrauch, S. 173 ff, *ders.,* DÖV 1974, 190.

[111] *Pestalozza,* DÖV 1974, 190. Diese Aussagen sind sehr viel entscheidender, als die meist mehr beachteten Überlegungen zur gebotenen Annahme einer Kollisionsnorm für Anwendbarkeit von öffentlichem und privatem Recht (siehe *Pestalozza,* Formenmißbrauch, S. 170 ff.) und dem damit verbundenen doppelten Subsumtionsschluß, die zwar klarsichtig ausgeführt sind, die die eigentlich entscheidende Argumentation aber nur einleiten können.

[112] Ähnliches Argument bei *Pietzcker,* Staatsauftrag, S. 363: Die Begrenzung des VwVfG auf das öffentlich-rechtliche Handeln sei nur vor dem Hintergrund der vom Gesetzgeber vorgefundenen Wahlfreiheit verständlich.

von der Privatrechtsfähigkeit der Verwaltung ausgehen.[113] Genannt seien nur die Bestimmungen der Kommunalordnungen über die Beteiligung an privatrechtlichen Unternehmen[114], die §§ 57 ff. UmwG über die Umwandlung von Unternehmen der Gebietskörperschaften oder Gemeindeverbände in Aktiengesellschaften oder Gesellschaften mit beschränkter Haftung, die Bestimmungen über die geldpolitischen Befugnisse der Bundesbank,[115] oder die Anerkennung der Zweistufentheorie[116] durch § 102 Abs. 2 II. WoBauG.[117] Es besteht nicht der geringste Anlaß, diese gesetzgeberischen Hinweise unter Anwendung des Gemeinplatzes, dies seien die Ausnahmen, die die Regel bestätigen, als systemfremd unter den Tisch zu kehren.[118]

Das Abgrenzungsproblem von privatem und öffentlichem Recht wäre weiterhin dann gelöst, wenn die Auffassung zuträfe, daß dann, wenn der Gesetzgeber die Anwendung privatrechtlicher Normen auf staatliches Verhalten vorsehe, er eine analoge Anwendung normiere und das insoweit anwendbare Recht zu Staatsrecht (im Sinne von öffentlichem Recht) werde.[119] Damit erschlägt man jedoch methodisch die gesamte Abgrenzungsdiskussion und verfährt nach der Devise, alles was nicht zur eigenen Theorie und ihrem philosophischen Unter- oder Überbau paßt, eben passend zu machen. Auf diese Weise läßt sich das Primat der Gesetzgebung nicht überspielen.

Bestritten wird die Privatrechtsfähigkeit des Staates auch mit einer Art Wesensschau des Privatrechts.[120] Privatrechtsfähigkeit setze Privatheit voraus; Privatheit sei aber durch das Recht des Privaten zur Autonomie definiert.[121] Autonomes Handeln komme für den Staat jedoch nicht in Frage.[122] „Legitimationsgrundlage" für privatrechtliches Handeln braucht jedoch nicht zwingend die Privatautonomie sein.[123] Für den Staat reicht insoweit eine Kompetenz aus.[124] Eine solche kann er jedoch in Anspruch nehmen, wenn er sich auf einen

---

[113] Diesen Einwand sieht auch *Pestalozza,* vgl. *diesen,* Formenmißbrauch, S. 177. Er überprüft seine Auffassung unter diesem Gesichtspunkt jedoch nicht hinreichend.

[114] Etwa Art. 91 BayGO.

[115] §§ 19, 21 BBankG.

[116] Grundlegend *H. P. Ipsen,* DVBl. 1956, 603 ff.

[117] Siehe auch BGH, Urt. v. 16.12.1977, WM 1972, 477 (477).

[118] Ablehnend gegenüber der Grundthese von *Pestalozza* im Ergebnis auch *Pietzcker,* Staatsauftrag, S. 364.

[119] So *Schachtschneider,* Staatsunternehmen und Privatrecht, S. 259 und S. 289, für § 98 Abs. 1 GWB.

[120] Vgl. vor allem *Schachtschneider,* Staatsunternehmen und Privatrecht, S. 11: „Das Wesen des Privatrechts wird verkannt, wenn es nicht in dieser Privatautonomie gesehen wird."

[121] *Schachtschneider,* Staatsunternehmen und Privatrecht, S. 10 und durchgehend.

[122] *Schachtschneider,* Staatsunternehmen und Privatrecht, S. 131.

[123] So auch *Barbey,* WiVerw 1978, 88 f.

[124] So auch *Ehlers,* JZ 1990, 1091: Im Privatrecht beruhe die Rechtssubjektivität der Verwaltungsträger auf der ihnen öffentlich-rechtlich zugewiesenen Kompetenzgrundlage. *Püttner,* Die öffentlichen Unternehmen, S. 84: Dem Fiskus stände das Privatrecht, nicht aber die Privatautonomie zu. Vgl. auch *Scholz,* ZHR 1969, 123.

entsprechenden öffentlichen Zweck berufen kann.[125] An Gründen für die Inanspruchnahme privatrechtlicher Rechtsformen mangelt es nicht.[126]

Sie entstand in dem Moment, in welchem der Staat seine Gesetzgebungsgewalt zum ersten Mal in großem Stil auf das Privatrecht anwendete, nämlich bei Erlaß des PrALR.[127] Das Privatrecht ist jedoch aus der hier maßgeblichen Sicht des Grundgesetzes nicht etwas dem Staat Vorgegebenes, sondern etwas dem Staat Zuzurechnendes und damit zu seiner Disposition Stehendes.[128] Dann läßt sich aber die Privatrechtfähigkeit von Hoheitsträgern nicht mit ontologischen oder philosophischen Betrachtungen zum Privatrecht im allgemeinen oder zur Privatrechtsfähigkeit im besonderen in Frage stellen. Damit ist es auch verfehlt, davon zu sprechen, das Recht zur Wahl der Verhaltensordnung wäre ein „begrenzter Absolutismus", die freie Wahl der Rechtsform sei „willkürliche Entscheidung des an sich Rechtsunterworfenen über diese Rechtsunterworfenheit".[129] Vielmehr ist zu unterscheiden zwischen Staat, Gesetzgeber und Verwaltung. Die Verwaltung steht unter dem einfachen Gesetz (Art. 20 Abs. 3 2. HS GG), die Gesetzgebung hingegen nicht (Art. 20 Abs. 3 1. HS GG). Die Verwaltung hat die Wahl zwischen öffentlichem und privatem Recht, wenn der Gesetzgeber ihr diese Wahl ermöglicht. Auch wenn dies nicht immer die Sicht der Privatrechtswissenschaft sein mag, ist das Privatrecht „Teilfunktion der Ordnung im staatlichen Gemeinwesen".[130] Es ist also integraler Bestand der Gesamtrechtsordnung, nicht ein von ihr getrennter Teil. Sie ist vor allem nichts, was dem Staat für die Verfolgung unmittelbar eigener Zwecke verschlossen wäre.

#### (2) Verfassungsrechtliche Begründungsansätze

Zu einer wirklich zwingenden Verpflichtung des Staates auf ein öffentliches Rechtsregime kommt man somit nicht, soweit man – wenn auch etwas verbrämt – eine Dispositionsbefugnis des Gesetzgebers über die Privatrechtsfähigkeit anerkennt, sondern nur über eine eindeutige verfassungsrechtliche Verpflichtung.[131] Mißglückt sind allerdings Versuche, unter dem Aspekt einer hin-

---

[125] So auch *Ehlers,* Verwaltung in Privatrechtsform, S. 87.

[126] Dabei kommt es nicht darauf an, ob diese Gründe im Einzelfall alle stichhaltig sind. Mit welchen Mitteln der Staat seine Zwecke erfüllen will, unterliegt weitgehend seiner Gestaltungsfreiheit.

[127] Vgl. *Grimm,* in Wilhelm (Hrsg.), Studien, S. 224 f.; siehe auch *Müller-Freienfels,* Festschrift für Rittner, S. 452 ff.

[128] Siehe auch *Bethge,* NJW 1991, 2395: Das Privatrecht sei keine naturrechtlich vorgefundene, extrakonstitutionelle Materie.

[129] So aber *Schachtschneider,* Staatsunternehmen und Privatrecht, S. 182.

[130] *Bullinger,* Öffentliches Recht und Privatrecht, S. 77.

[131] Zutreffend *P. Kirchhof,* Verwalten durch mittelbares Einwirken, S. 103: Eine Kollisionsnorm für den Anwendungsbereich von öffentlichem und privatem Recht sei im Verfassungsrecht zu suchen, das allein dem zweigeteilten Gesetzessystem übergeordnet sei.

reichenden Bindung der Staatsgewalt an die Verfassung und vor allem an die Grundrechte einen Rechtsformenzwang abzuleiten. Die Vorstellung, das Verfassungsrecht binde den Staat nur bei öffentlich-rechtlicher Tätigkeit, ist unrichtig.[132] Art. 1 Abs. 3 GG knüpft an an den Staat als handelndes Subjekt, nicht an die Wahl öffentlich-rechtlicher Rechtsformen.[133] Sind bei privatrechtlichen Handlungsformen privatrechtliche Vorschriften anzuwenden, sind die verfassungsrechtlichen Prinzipien über diese, sonst über öffentlich-rechtliche Vorschriften zum Tragen zu bringen. Falls ein solches Medium in Form einfachen Gesetzesrechts fehlt, sind die verfassungsrechtlichen unabdingbaren Folgen direkt aus dem Grundgesetz abzuleiten.[134] Zuzugeben ist, daß eine hinreichende Bindung des Staates auch bei privatrechtlicher Tätigkeit kein zwingendes Argument für die Formenwahlfreiheit ist; vielmehr setzt dies die Formenwahlfreiheit voraus.[135] Jedenfalls wird damit aber ein gewichtiges Argument gegen die Freiheit der Verwaltung bezüglich der Wahl von öffentlich-rechtlichen und privatrechtlichen Handlungsformen entschärft.[136]

Überzeugen kann eine Verneinung der Privatrechtsfähigkeit des Staates mit verfassungsrechtlichen Argumenten nur dann, wenn sich aus der Verfassung eine Selbstbindungspflicht der öffentlichen Hände ableiten läßt. Ein Ansatz, der in diese Richtung geht, ist von Zuleeg unternommen worden.[137] Zuleeg entnimmt dem Art. 19 Abs. 4 S. 1 GG ein „Verrechtlichungsgebot" mit der Folge, daß dem Gesetzgeber von Verfassungs wegen zu unterstellen sei, es solle im Grundsatz öffentliches Recht gelten.[138] Art. 19 Abs. 4 S. 1 GG jedoch schützt

---

132 Ausführlich *Gusy,* DÖV 1984, 872 ff.

133 So auch *Gusy,* DÖV 1984, 878; *Ehlers,* Verwaltung in Privatrechtsform, S. 216.

134 Es ist daher zu weitgehend, wenn *Gusy,* DÖV 1984, 879, allgemein davon spricht, bei privatrechtlichem Verwaltungshandeln folgten die Grundsätze des öffentlichen Rechts dem staatlichen Handeln in das Privatrecht über das Medium der §§ 133, 134, 138, 130, 242, 315, 826 BGB. Dies gilt nur für das unabdingbare verfassungsrechtliche Minimum (so auch *Ehlers,* Verwaltung in Privatrechtsform, S. 227), keinesfalls für jeden Grundsatz des öffentlichen Rechts.

135 So zu Recht *Kempen,* Formenwahlfreiheit, S. 2.

136 Keinen Gefallen tut man allerdings der Auffassung von der Privatrechtsfähigkeit des Staates, wenn man versucht, bei fiskalischer staatlicher Tätigkeit die Bindungen aus dem Privatrecht gegen diejenigen aus der Verfassung auszuspielen und eine Bindung des Staates bei privatrechtlicher Tätigkeit nur aus privatrechtlichen Jedermann-Regeln herzuleiten (so aber *Emmerich,* etwa in JuS 1970, 337; kritisch zu Recht *Ehlers,* Verwaltung in Privatrechtsform, S. 217). Auch der privatrechtlich agierende Staat ist zwar an die Privatrechtsordnung gebunden, jedoch nur, soweit er die von ihm geschaffenen Privatrechtsnormen dies vorsehen (vgl. etwa §§ 98 ff. GWB). Die Diskussion um die Fiskalgeltung der Grundrechte kann also nicht „entbehrlich" sein (so aber *Emmerich,* JuS 1970, 337). Denn Voraussetzung für die Bejahung der Privatrechtsfähigkeit des Staates ist dessen Dispositonsbefugnis über das Privatrecht. Damit geht aber die Änderungsbefugnis für privatrechtliche Bindungen einher. So sind durchaus „Lücken" vorstellbar, die gegebenenfalls unter Rückgriff auf verfassungsrechtliche Grundsätze zu schließen sind (vgl. auch *Ehlers,* Verwaltung in Privatrechtsform, S. 217).

137 *Zuleeg,* VerwArchiv 73 (1982), 384 ff.

138 *Zuleeg,* VerwArchiv 73 (1982), 397.

subjektiv-öffentliche Rechte, begründet sie aber nicht.[139] Zuleeg stellt damit die Aussage des Art. 19 Abs. 4 S. 1 GG auf den Kopf. Die Vorschrift verlangt die Gewährung von Rechtsschutz gegen Rechtsverletzungen durch die öffentliche Gewalt, nicht aber die Ausübung von öffentlicher Gewalt zur Gewährung von Rechtsschutz. Zudem ringt auch Zuleeg sich nicht zu einem wirklich verbindlichen verfassungsrechtlichen Gebot durch, sondern gibt dem Gesetzgeber das Recht, etwas anderes als die Geltung des öffentlichen Rechtsregimes festzulegen,[140] ohne jedoch zu erklären, wieso Art. 19 Abs. 4 S. 1 GG insoweit dispositiv sein soll. Schließlich liegt den Ausführungen auch von Zuleeg die nicht zweifelsfreie Vorstellung zugrunde, die Anwendung öffentlichen Rechts sei besonders günstig für den Bürger. Gerade die vom BGH vertretene Anwendung des § 1 UWG auf wettbewerbswidriges Verhalten der öffentlichen Hand[141] zeigt jedoch deutlich, daß das Privatrecht Hoheitsträgern unter Umständen sehr viel massivere Einschränkungen auferlegt als das oft regelungsarme und gelegentlich umständliche öffentliche Recht.[142]

Ein überzeugendes Argument für ein Verständnis des öffentlichen Rechts als zwingendes Sonderrecht des Staates ist somit bisher nicht gefunden worden, weder auf verfassungsrechtlicher noch auf einfachgesetzlicher Ebene.[143] Vielmehr ist es sogar so, daß das Grundgesetz von einer Privatrechtsfähigkeit des Staates ausgeht und diese sogar voraussetzt. Eher wenig ergiebig sind in diesem Zusammenhang allerdings die Vorschriften der Art. 110 Abs. 1 S. 1, 134, 135 Abs. 6 S. 1 GG.[144] Art. 110 Abs. 1 S. 1 GG spricht nicht eindeutig von einer privatrechtlichen Rechtsform, ebensowenig Art. 134 GG, und Art. 135 Abs. 6 S. 1 GG ist eine aufgrund der historischen Entwicklung notwendige Übergangsvorschrift und hat deshalb nur einen begrenzten Aussagewert.[145] Aussagekräftig ist aber vor allem Art. 12 a Abs. 3 S. 1 2. HS GG, der öffentlich-rechtliche Dienstverhältnisse nur unter besonderen Bedingungen zuläßt und somit auch die Aussage enthält, daß ansonsten privatrechtliche Dienstverhältnisse abzuschließen sind. Vergleichbares gilt für Art. 33 Abs. 4 GG und Art. 96 Abs. 4 GG. Nähme man die These ernst, wonach das öffentliche Recht zwingendes Sonderrecht des Staates ist, käme man konsequenterweise dazu, daß sämtliche öffentliche Bedienstete zu verbeamten wären (zumindest, solange keine anderen Vorschriften für allgemeine öffentlich-rechtliche Dienstverhältnisse zur Ver-

[139] Vgl. etwa *Bethge,* NJW 1991, 2393.

[140] *Zuleeg,* VerwArchiv 73 (1982), 397.

[141] BGH (GSZ), B. v. 22.3.1976, Z 66, 229 ff.; B. v. 22.3.1976, Z 67, 81 ff.; ausführlich zu diesen Entscheidungen unten B I 1 d bb (4), S. 84 ff.

[142] Deutlich wird dies gerade bei Drittschutzfragen, wo es bei Auseinandersetzungen zwischen Privaten und öffentlicher Hand für den Privaten meist ein zu wenig aussichtsreicher Weg ist, sich im öffentlichen Recht eine Schutznorm zu suchen. Vgl. auch *Manssen,* SGb 1992, 342 zur Frage der Anwendung des Wettbewerbsrechts im Bereich des SGB V.

[143] So im Ergebnis auch *Ehlers,* Verwaltung in Privatrechtsform, S. 113.

[144] Auf diese Bestimmungen berufen sich aber *Wilke / Schachel,* WiVerw 1978, 103.

[145] Ähnlich auch *Stober,* ZHR 1981, 570 f.

fügung ständen), eine Vorstellung, die zweifellos nicht die des Grundgesetz ist.[146] Auch wäre mangels Privatrechtsfähigkeit des Staates jede vom Staat gegründete juristische Person eine solche des öffentlichen Rechts, was die Frage provozieren würde, was dann der entsprechende Zusatz „des öffentlichen Rechts" beispielsweise in Art. 87 Abs. 3 GG überhaupt soll.

Schließlich kann man den Vertretern eines öffentlich-rechtlichen Rechtsformenzwanges der öffentlichen Hand den Vorwurf nicht ersparen, daß sie einseitig an Fragen des Vertrags- oder Wettbewerbsrechts orientiert sind. Gerade im Bereich der Eigentumsordnung gibt es aber nach einfachem Recht von vornherein keine Alternativmöglichkeiten für die Wahl von öffentlich-rechtlichem oder privatrechtlichem Rechtsregime.[147] Es ist auch keine verfassungsrechtliche Norm ersichtlich, aus der sich eine Pflicht des Gesetzgebers ergeben sollte, „öffentliches" Eigentum für juristische Personen des öffentlichen Rechts als Alternative zu privatrechtlichem Eigentum zur Verfügung zu stellen.[148]

(3) Fazit und weitere Folgerungen

Ein Rechtsformenzwang zugunsten des öffentlichen Rechts läßt sich dem Grundgesetz nicht entnehmen.[149] Das geltende deutsche Privatrecht ist somit in Einklang mit der Verfassung und entsprechend den genannten einfachrechtlichen Vorschriften so auszulegen, daß der Staat und seine Untergliederungen privatrechtsfähig sind. Damit ist es aber überflüssig, eine zusätzliche ausdrückliche gesetzliche Ermächtigung der Verwaltung für die Inanspruchnahme privatrechtlicher Rechtsformen zu fordern.[150] Denn das Recht zur Formenwahlfreiheit ist ein allgemeiner und gesicherter Grundsatz und in der deutschen

---

[146] Ebenso *Wilke / Schachel,* WiVerw 1978, 105: Aus Art. 33 Abs. 4 GG folge, daß die öffentliche Hand die Nachfrage nach dem Faktor Arbeit in weiten Bereichen mit privatrechtlichen Dienstverträgen befriedigen könne. Dies gesteht im übrigen auch *Zuleeg,* VerwArchiv 73 (1982), 394 zu, der ansonsten ein Verständnis des öffentlichen Rechts als zwingendes Sonderrecht propagiert.

[147] Die Figur des „öffentlichen Eigentums" gibt es nur in wenigen Landesgesetzen (§ 5 BWWassG; § 4a Abs. 2 HambWassG; § 4 HambWegeG). Sie schließen zudem für ihren Bereich die Begründung zivilrechtlichen Eigentums aus *(Salzwedel,* in: Erichsen / Martens, § 45 I Rdnr. 4; *Manssen,* JuS 1992, 745).

[148] So auch *Stern,* VVDStRL 21 (1964), 192. Im übrigen hat das Problem der Formenwahlfreiheit noch weitere Aspekte, die an dieser Stelle nicht vertieft werden können. So überzeugt es, wenn *P. Kirchhof,* Verwalten durch „mittelbares" Einwirken, S. 103 f., darauf hinweist, daß es gegenüber einem in der Gesellschaft wirkenden Staat geboten sei, unterschiedliche Mittel zur Verursachung rechtlicher Verwaltungsfolgen bereit zu halten; insofern werde eine private Rechtsordnung für das staatliche Verhalten benötigt. Siehe auch *dens.,* aaO, S. 328 f.

[149] Ebenso *Ehlers,* Die Verwaltung 20 (1987), 381.

[150] Vgl. aber *Ehlers,* JZ 1990, 1092 f., der jedoch gleichzeitig feststellt, etwa die Bestimmungen in den staatlichen Haushaltsordnungen wie § 65 BHO genügten diesen Voraussetzungen „noch". Ablehnend gegenüber einer solchen Forderung auch *Püttner,* Die öffentlichen Unternehmen, S. 81 f.

Rechtsordnung zweifelsfrei enthalten. Einem für notwendig gehaltenen Gesetzesvorbehalt ist daher ohnehin genügt.

### *d) Die Abgrenzungstheorien in der Rechtsprechung*

#### *aa) Allgemeine Tendenzen zu einer Relativierung der Bedeutung der Abgrenzungstheorien in der Rechtsprechung*

Ein praktisch brauchbarer Beitrag der Wissenschaft zur Lösung der Abgrenzungsfragen im Bereich der Unterscheidung von öffentlichem und privatem Recht läßt sich nach dem bisher Ausgeführten nicht nachweisen. Es verstärkte sich schon bisher vielmehr der Eindruck, daß es „die" Abgrenzungstheorie gar nicht geben kann. Ein Plädoyer für einen Verzicht auf einen einheitlichen Abgrenzungsmaßstab und eine „Theorie" für die Rechtsnormqualifizierung setzt jedoch weiterhin voraus, daß sich die bisher entwickelten Ansätze auch bei einer Analyse der Rechtsprechung als praktisch entbehrlich erweisen. Denn die Abgrenzung von öffentlichem und privatem Recht ist mangels einer vorgegebenen verfassungsrechtlichen Grenzziehung vor allem ein praktisches Problem der Anwendung einfachen Rechts. Die Ziehung der richtigen Grenzlinie ist damit auch eine Sache der Judikatur.

Die wissenschaftliche Literatur hat eine überwiegende Präferenz für die Sonderrechtstheorie, trotz aller Bemühungen um Verbesserungen im Detail. Für den Bereich der Rechtsprechung läßt sich die eindeutige Dominanz einer Theorie hingegen nicht feststellen. In Entscheidungen von Untergerichten gibt es zwar gelegentlich durchaus eindeutige Theoriebekenntnisse, die sachlich einer Anwendung der Sonderrechtstheorie entsprechen.[151] In der maßgeblichen Rechtsprechung der obersten Bundesgerichte lassen sich einheitliche Tendenzen im Hinblick auf die Abgrenzung von öffentlichem und privatem Recht hingegen nur schwer feststellen.[152] Dies hat schon Anlaß zu einigen resignativen Feststellungen gegeben,[153] ist aber angesichts erwiesener Mängel jeder

[151] Siehe etwa VG Berlin, B. v. 19.12.1990, NJW 1991, 376 (377); B. v. 6.6.1991, NJW 1991, 1969 (1970); OVG Münster, Urt. v. 23.5.1990, NJW 1991, 61 (61). Es ist überhaupt auffällig, daß die „Theorien" in der Rechtsprechung meist nur der Sache nach referiert, nicht hingegen mit ihrem in der wissenschaftlichen Literatur verbreiteten Namen benannt werden.

[152] So wendet das BVerwG im Urt. v. 3.8.1989, NJW 1990, 1435 (1436), die Sonderrechtstheorie an, während es ansonsten eher zur Subordinationstheorie tendiert, siehe etwa Urt. v. 25.3.1971, E 38, 1 ff. (Entscheidung zum Erstattungsgesetz). Hierzu und zu weiteren vergleichbaren Beispielen unten im Text. Der BGH bekennt sich meist zur Subordinationstheorie, siehe Urt. v. 26.10.1961, Z 36, 91 (93) und unten, kombiniert aber gelegentlich auch Subordinations- und Sonderrechtstheorie, siehe etwa BGH, Urt. v. 12.11.1991, NJW 1992, 1237 (1238). Der GmS-OGB wendet in seinem Beschluß vom 10.7.1989, BGHZ 108, 284 (286 f.) alle drei herrschenden Theorien nacheinander an. Ausführlicher ebenfalls unten B I 1 d bb (4), S. 84 ff.

[153] Siehe vor allem *Burmeister*, DÖV 1975, 696.

Theorie mit Absolutheitsanspruch eigentlich nur zu begrüßen. Die Vorstellung, öffentliches Recht sei „Sonderrecht“, findet sogar eher wenig Resonanz.[154]

In den meisten Fällen ist jegliche Theorieerörterung ohnehin überflüssig. So entscheiden sich die meisten Rechtswegprobleme nach einigen wichtigen allgemeinen Grundsätzen, die die Wahl des Rechtswegs in vielen Fällen – jenseits der bekannten Abgrenzungstheorien – auf eine richtige oder zumindestens eine vertretbare Bahn lenken. Die erste, zentrale Weichenstellung folgt aus Art. 95 GG. Im Grundsatz sind die Gerichtszweige gleichwertig.[155] Die richtige Zuordnung in die Kategorien öffentliches oder privates Recht entscheidet nicht mehr wie noch im 19. Jahrhundert[156] über die Alternative Rechtsschutz oder kein Rechtsschutz. Es geht im wesentlichen nur noch um die funktionsgerechte Zuordnung zum eigentlichen kompetenten Rechtsweg.[157] So bemühten sich die Gerichte schon lange vor Neufassung der §§ 17, 17 a GVG[158] um eine praktikable und vor allem Grundsätzen der Prozeßökonomie gerecht werdende Abgrenzung der Rechtswege. Sie lassen deshalb in gewissem Rahmen durchaus für die Einordnung auch prozeßwirtschaftliche Gründe, vor allem solche der Fachkompetenz (Sachkunde und Sachnähe) gelten.[159]

Des weiteren klärt sich die Zuständigkeit der Verwaltungsgerichte nach § 40 VwGO in vielen Fällen schon durch den Satz, daß bei Inanspruchnahme öffentlicher Gewalt (im Sinne von Befehl und Zwang), insbesondere bei Erlaß eines Verwaltungsaktes, immer eine öffentlich-rechtliche Streitigkeit gegeben

---

[154] So tritt etwa das BVerwG der Vorstellung entgegen, das bürgerlichen Recht sei „allgemein“ und das öffentliche Recht habe Sondercharakter. Vor allem wird nicht vorschnell auf bekannte bürgerlich-rechtliche Lösungen zurückgegriffen, sondern öffentlich-rechtlich „begonnene“ Sachverhalte werden auch öffentlich-rechtlich „durchgelöst“. Siehe etwa BVerwG, Urt. v. 14.3.1968, E 29, 183 (187) für Rückabwicklungsanspruch nach dem LAG; Urt. v. 11.9.1968, E 30, 211 (213): Bei einem Rückforderungsanspruch für ein von der öffentlichen Hand verbürgtes Darlehen wird zunächst eine öffentlich-rechtliche Anspruchsgrundlage gesucht. Danach wird festgestellt, daß sich der Anspruch aus § 774 BGB ergebe. Öffentlich-rechtliche und bürgerlich-rechtliche Ansprüche werden ähnlich behandelt, wie mehrere zivilrechtliche oder öffentlich-rechtliche Ansprüche nebeneinander auch. Siehe weiterhin auch BVerwG, Urt. v. 17.2.1971, E 37, 231 (233) für einen Zinsanspruch aus einer öffentlich-rechtlichen Forderung.

[155] Vgl. *Degenhart,* HbStR III, § 75 Rdnr. 7, S. 864; *J. Martens,* LKV 1991, 295.

[156] Dazu *Bullinger,* Öffentliches Recht und Privatrecht, S. 50 ff., *ders.,* Festschrift für Rittner, S. 72.

[157] Vgl. auch *Bullinger,* Festschrift für Rittner, S. 72; *Stolterfoth,* JZ 1975, 661.

[158] Durch Art. 2 des Gesetzes vom 17.12.1990, BGBl. I S. 2809.

[159] Siehe vor allem BVerwG, Urt. v. 25.3.1971, E 38, 1 (6 f.); Urt. vom 15.8.1974, E 47, 7 (11); Urt. v. 11.6.1975, VersR 1976, 466 (467). Prozeßpraktische Erwägungen läßt auch der BGH zu, allerdings mehr in Richtung auf die Begründung und Erhaltung der eigenen Zuständigkeit, siehe BGH (GSZ), B. v. 22.3.1976, Z 66, 229 (237); Urt. v. 6.4.1976, Z 66, 182 (186); B. v. 22.3.1976, Z 67, 81 (87 und 89). Bei gegebenem Anlaß gesteht aber auch der BGH anderen obersten Bundesgerichten die größere Sachnähe zu, siehe Urt. v. 10.1.1984, Z 89, 250 (252).

ist.[160] Soweit die Frage streitentscheidend ist, ob das Handeln eines Hoheitsträgers gegen den rechtsstaatlichen Vorbehalt des Gesetzes verstößt, liegt immer eine öffentlich-rechtliche Streitigkeit i. S. v. § 40 Abs. 1 S. 1 VwGO vor. Eine andere, mittlerweile ebenfalls gesicherte Erkenntnis ist hiervon zu unterscheiden, steht gleichwohl hiermit in Verbindung und ist heute ebenfalls ein wichtiger Hinweis auf die bereits festgestellte Gleichstellung, Gleichwertigkeit und Austauschbarkeit von Verwaltungs- und ordentlichem Rechtsweg, sowie von privatem und öffentlichem Recht allgemein. So ist es nach Auffassung der Rechtsprechung[161] keinesfalls so, daß dann, wenn eine hoheitliche Handlung (bzw. ihre Unterlassung oder Aufhebung) erstritten werden soll, immer eine öffentlich-rechtliche Anspruchsgrundlage vorliegen muß.[162] Vielmehr können sich öffentlich-rechtliche Rechtsfolgen auch aus privatrechtlichen Verträgen[163] oder privatrechtlichen Rechtsnormen ergeben, und damit vor den ordentlichen Gerichten zu erstreiten sein. Von den Rechtsfolgen allein kann nicht auf den Rechtsweg geschlossen werden.[164] Entscheidend ist nur die Rechtsnatur des geltend gemachten Anspruchs.[165] Daß es dann zum Automatismus öffent-

---

[160] BVerwG, Urt. v. 11.9.1968, E 30, 211 (212); Urt. v. 21.4.1972, E 40, 85 (85): vgl. auch Urt. v. 2.7.1969, E 32, 283 (283) und Urt. v. 22.8.1985, E 72, 82 (83); BSG, Urt. v. 12.2.1980, E 49, 291 (292). Eine Ausnahme bildet allerdings das ErstG, siehe BVerwG, Urt. v. 25.3.1971, E 38, 1 ff. (ausführlich unten B I 1 d bb (3), S. 82 ff).

[161] BGH (GSZ), B. v. 22.3.1976, Z 66, 229 (232); das OLG Köln hatte sich als Vorinstanz noch eher halbherzig zu diesem Grundsatz bekannt und versucht, die „eigentlich hoheitliche Tätigkeit" aus dem Anwendungsbereich des Privatrechts und dem Zuständigkeitsbereich der Zivilgerichte herauszuhalten, siehe Urt. v. 28.11.1973, NJW 1974, 802. Kritisch zu Recht *Scholz*, NJW 1974, 782; weiterhin siehe BGH (GSZ), B. v. 22.3.1976, Z 67, 81 (89); BVerwG, Urt. v. 15.11.1990, NVwZ 1991, 774 (775).

[162] So aber die noch immer wieder anzutreffende Auffassung, wonach es allein Sache der Verwaltungsgerichte sei, einem öffentlichen Rechtsträger ein bestimmtes Handeln zu gebieten oder zu verbieten, etwa Gerichtshof für Kompetenzkonflikte beim BayObLG, Urt. v. 28.11.1974, DVBl. 1975, 370 (373); *Bettermann*, DVBl. 1977, 180; *Kopp*, GewArch 1988, 355, *ders.*, VwGO, § 40 Rdnr. 7. In die gleiche Richtung geht die Meinung, privatrechtliche Normen könnten der Verwaltung kein öffentlich-rechtliches Verhalten ge- oder verbieten. So etwa *Ehlers*, Verwaltung in Privatrechtsform, S. 364; *Melullis*, WRP 1988, 230; *Redeker / von Oertzen*, § 40 Rdnr. 6. Ähnlich auch *Weides*, JuS 1991, 820, wonach es für die Rechtswegabgrenzung auf die Rechtsnatur des Eingriffsverhaltens ankommen soll. Wie hier hingegen *Harms*, BB Beilage 17/1986, 4 ff.; *Odersky*, Festschrift für Lerche, S. 958. Siehe auch *Krause*, ZfS 1983, 137, der die Gegenauffassung gar als „unausrottbar" bezeichnet. Siehe weiterhin *dens.*, Rechtsformen, S. 39.

[163] Dies ist allerdings meist nur dann relevant, wenn Verträge von Privatpersonen geschlossen werden.

[164] BGH (GSZ), B v. 22.3.1976, Z 67, 81 (89). Konsequenterweise ist es auch nicht ausgeschlossen, daß ein Zivilgericht einen Verwaltungsakt aufhebt. Voraussetzung hierfür wäre nur, daß sich aus einer privatrechtlichen Norm ein entsprechender Aufhebungsanspruch ergibt (a. A. allerdings etwa *Püttner*, DÖV 1976, 636).

[165] BVerwG, Urt. v. 15.11.1990, E 87, 115 (119). Sehr deutlich auch BayVGH, B. v. 7.4.1992, BayVBl. 1992, 470; *Krause*, Rechtsformen, S. 39. Unzutreffend deshalb OVG Berlin, B. v. 22.1.1991, NJW 1991, 715 (716) für Klagen gegen eine Anteilsveräußerung durch die Treuhandanstalt. Das OVG Berlin hielt deshalb den Verwaltungsrechtsweg nicht für gegeben, weil die Treuhandanstalt nicht außengerichtet öffentlich-rechtlich tätig werde.

liches Handeln – öffentliche Streitigkeit kommt, wenn von staatlicher Seite hoheitliche Befugnisse in Anspruch genommen werden und die Berechtigung dieser Inanspruchnahme bestritten wird, liegt daran, daß der damit ausgelöste Abwehranspruch als öffentlich-rechtlich qualifiziert wird. Es gilt deshalb allgemein, daß die öffentlich-rechtliche bzw. privatrechtliche Natur der Anspruchsgrundlage auch zu einer öffentlich-rechtlichen bzw. privatrechtlichen Streitigkeit führt und umgekehrt. Dasjenige, was erstritten werden soll, ist hingegen höchstens Tatbestandsvoraussetzung für die geltend gemachte Anspruchsgrundlage und bestimmt auf diese Weise indirekt den Rechtsweg. Damit ist jedoch ein anderes Problem angesprochen, nämlich das der Abgrenzung bestimmter öffentlich-rechtlicher von parallelen zivilrechtlichen Anspruchsgrundlagen.[166]

### *bb) Analyse ausgesuchter Entscheidungen zur Bedeutung der Theorien für die Rechtsprechung*

#### (1) Grundsätze für die Auswahl

Auch wenn somit die Theorien von vornherein nur eine begrenzte Rolle spielen, so tauchen sie doch in gerichtlichen Entscheidungen immer wieder auf. Zur Abstützung (oder Widerlegung) der bereits angedeuteten These, wonach *die* Theorie zur Abgrenzung von öffentlichem und privatem Recht im Hinblick auf die relevanten Anknüpfungspunkte im positiven Recht nicht existieren kann, ist deshalb eine Analyse der Rolle hilfreich, die die Abgrenzungslehren bei der Begründung ausgewählter höchstrichterlicher Entscheidungen spielen.

Eine erschöpfende Auswertung auch nur der wichtigen Entscheidungen mit Theorieberührung ist an dieser Stelle aus verschiedenen Gründen nicht möglich. Sie wäre auch nicht wünschenswert, denn die Fülle an Judikaten würde die interessierenden Grundlinien eher verdecken als aufzeigen. Es ist deshalb ausreichend, sich auf solche Entscheidungen zu konzentrieren, bei denen sich die Rolle der Theorien exemplarisch verdeutlichen lassen. Von besonderem Interesse sind solche Sachverhalte, bei denen der unmittelbare Rückgriff auf Normen im Vordergrund steht, deren Qualifizierung zweifelhaft erscheint, für die also nicht gesonderte Zusatzbegründungen notwendig sind, die also eigentlich durch direkten Rückgriff auf die Rechtssatzqualifizierungstheorien gelöst werden könnten. Die Untersuchung kann sich des weiteren auf die Bedeutung der drei Haupttheorien (Interessen-, Subordinations- und Subjektstheorie)

---

Richtig ist hingegen die Entscheidung der Vorinstanz, VG Berlin, B. v. 19.12.1990, NJW 1991, 376 (377). Siehe allerdings dann VG Berlin, B. v. 6.6.1991, NJW 1991, 1969 (1970); umgekehrt (Zustimmung zur Entscheidung des OVG Berlin, Ablehnung gegenüber der ersten Entscheidung des VG Berlin) *Schmidt-Preuß*, Die Verwaltung 25 (1992), 333; dort auch weitere Nachweise auf die Literatur.

[166] Beispiel: Öffentlich-rechtlicher Erstattungsanspruch oder zivilrechtlicher Bereicherungsanspruch. Siehe auch BGH, Urt. v. 7.3.1986, NJW 1986, 2640 (2641).

beschränken. Sonstige Ansätze (auch die im Rahmen dieser Untersuchung behandelten) haben bisher weder dem Namen noch der Sache nach besonderen Widerhall in der Rechtsprechung gefunden.

(2) Entscheidungen des BVerwG zur normativen Begünstigung

Fall 1 (BVerwGE 37, 243 ff.):[167] Ein Schwerbeschädigter klagt im Wege der verwaltungsgerichtlichen Feststellungsklage gegen eine publizistische[168] GmbH auf Feststellung der Pflicht zur unentgeltlichen Beförderung auf bestimmten Linien nach dem UnBefG.[169]

Fall 2 (BVerwGE 34, 213 ff.):[170] Ein Schwerbeschädigter (Bauunternehmer) klagt gegen einen Hoheitsträger wegen Nichtberücksichtigung bei der Vergabe öffentlicher Aufträge unter Berufung auf § 37 Abs. 2 SchwbeschG.[171]

Beide Entscheidungen liegen begründungs- und ergebnismäßig auf einer einheitlichen Linie. Im Fall 1 ging das BVerwG davon aus, daß das Benutzungsverhältnis, also die Beziehungen zwischen den Personenbeförderungsunternehmen und den Kunden (auch den schwerbeschädigten) bürgerlich-rechtlicher Natur war.[172] Der Kläger berufe sich – so das BVerwG – für sein Klagebegehren jedoch nicht auf die Beförderungsverträge, sondern auf eine gesetzliche Verpflichtung.[173] Diese Verpflichtung sei jedoch öffentlich-rechtlicher Natur, denn durch die Vorschrift des § 1 UnBefG werde von hoher Hand in die im Rahmen der übrigen Rechtsordnung bestehende Gestaltungsfreiheit eingegriffen.[174] Ähnlich die Argumente in Fall 2. Es gehe nicht um einen bestimmten Auftrag, sondern um den Inhalt des Betreuungsverhältnisses, das zwischen dem Auftragsbewerber und einer Stelle der öffentlichen Hand aus dem Gebot zur Bevorzugung bestimmter Personen bestehe.[175] Die zugrundeliegenden

---

167 Urt. v. 17.2.1971.

168 Als publizistisch wird eine privatrechtliche Gesellschaft hier und auch sonst bezeichnet, wenn sie ausschließlich von der öffentlichen Hand getragen wird (vgl. auch *Ehlers*, Verwaltung in Privatrechtsform, S. 9).

169 G. v. 27.9.1965, BGBl. I S. 978 i. d. F. d. G. v. 20.12.1965, BGBl. I S. 2065; siehe jetzt §§ 57 ff. SchwbG.

170 Urt. v. 26.11.1969. Ganz ähnlich in Sachverhalt und Begründung BVerwG, Urt. v. 6.6.1958, E 7, 89 ff.

171 G. v. 14.8.1961, BGBl. I S. 1234.

172 BVerwGE 34, 213 (244).

173 BVerwGE 34, 213 (244).

174 BVerwGE 34, 213 (245). Dieses Argument ist zweifellos unzutreffend. Wenn es tatsächlich so wäre, daß Eingriffe von hoher Hand (auch per Gesetzgebung) in die im Rahmen der übrigen Rechtsordnung bestehende Gestaltungsfreiheit nur aufgrund einer als öffentlich-rechtlich zu qualifizierenden Norm erfolgen könne, wäre es um den Bestand privatrechtlicher Normen schlecht bestellt. Denn angefangen bei § 138 BGB ist die gesamte Privatrechtsordnung geradezu durchzogen von Bestimmungen, die die rechtsgeschäftliche Gestaltungsfreiheit beschränken.

175 Ähnlich auch schon BVerwG, Urt. v. 5.10.1965, MDR 1966, 536 (536).

Normen seien fürsorgerechtliche Vorschriften und legten den Behörden über ihre allgemeinen hoheitlichen[176] Aufgaben spezielle Verpflichtungen auf.[177]

Die drei Abgrenzungstheorien wurden vom BVerwG für die Lösung des Falles 1 gar nicht herangezogen. Dies geschah wohl nicht ohne Grund, denn keine der Theorien hätte das Ergebnis des BVerwG argumentativ gestützt. Bei aller Unschärfe des Interessekriteriums überwiegen bei der Verpflichtung zur unentgeltlichen Beförderung bestimmter Benutzerkreise wohl die privaten Interessen dieser Einzelpersonen. Ein Unterordnungsverhältnis zur öffentlichen Gewalt liegt beim Abschluß eines Beförderungsvertrages ebenfalls nicht vor. Allein aus der Gesetzesunterworfenheit läßt es sich nicht herleiten, denn sonst würde jede gesetzliche Verpflichtung zu einer öffentlich-rechtlichen Streitigkeit führen. Die publifizierte GmbH zum staatlichen Organisationsbereich zu zählen, wäre ebenfalls schwergefallen. Die Pflicht aus § 1 UBefG betraf publifizierte wie nicht publifizierte Gesellschaften. Personenbeförderung wird zudem allein durch die Bevorzugungspflicht nicht zu einer staatlichen Aufgabe mit der Folge des Vorliegens eines Beleihungstatbestandes.[178] Auch die Subjektstheorie hätte somit nicht zu einer öffentlich-rechtlichen Qualifizierung geführt. Alle drei Theorien wurden somit durchaus konsequent aus der Begründung herausgehalten.

Im Fall 2 lag hingegen eindeutig eine Verpflichtung vor, die einem Hoheitsträger (durchaus auch „als solchem") auferlegt worden ist. So beruft sich das BVerwG der Sache nach auch auf die Subjektstheorie. Der Behörde seien spezielle Verpflichtungen auferlegt, so daß eine öffentlich-rechtliche Streitigkeit vorliege.[179] Interessen- und Subordinationstheorie wurden hingegen nicht erwähnt. Sie hätte auch gegen das vom BVerwG gefundene Ergebnis gesprochen.

Die beiden Entscheidungsbegründungen weisen eine erste typische Variante des Umgangs der Rechtsprechung mit den Abgrenzungstheorien nach. In ihnen wird kein absoluter Maßstab gesehen. Sie werden vielmehr herangezogen, wenn sich mit ihnen das gefundene Ergebnis stützen läßt. Ansonsten werden sie ignoriert.

Im übrigen zeigt nicht nur eine Analyse der Entscheidungsbegründungen die geringe Bedeutung der Theorien. Noch viel deutlicher macht dies eine Kritik der Entscheidungen. So lagen für die Fälle 1 und 2 die eigentlichen Problemschwerpunkte an ganz anderen Stellen, als sie von den Theorien „vorbereitet" worden sind. Das gilt zunächst für das Verhältnis von unstreitig als öffentlich-rechtlich qualifizierter Norm (§ 1 UnBefG, § 37 Abs. 2 Schw-

[176] Gemeint ist hier wohl: Und im Wege der Vergabe zivilrechtlicher Werkverträge zu erfüllenden Aufgaben.

[177] BVerwGE 34, 213 (214 f.); ähnlich auch BVerwGE 7, 89 (91); MDR 1966, 536 (536).

[178] Zum Verständnis der Beleihung als Übertragung von Staatsaufgaben auf Private siehe *Steiner*, Öffentliche Verwaltung durch Private, etwa S. 55.

[179] BVerwGE 34, 213 (215); ähnlich BVerwGE 7, 89 (91); MDR 1966, 536 (536).

beschG)[180] und privatrechtlichem Benutzungsverhältnis bzw. privatrechtlichem Werkvertrag. Denn die angestrebte Entgeltfreiheit im Fall 1 betraf ein Element des Beförderungsvertrages, das sich vom Vertrag an sich nicht isolieren läßt. Bei öffentlichem Personennahverkehr ist das Recht zur Benutzung ohnehin unstreitig, denn der Kontrahierungszwang des Beförderungsunternehmers ist gesetzlich angeordnet (§ 22 PBefG). Es konnte nur um die Frage der entgeltlichen oder unentgeltlichen Nutzung gehen. Eine Aufteilung in den bürgerlich-rechtlichen Beförderungsvertrag und ein hoheitliches Element der Entgeltfreiheit ist somit absolut künstlich. Sie wird im übrigen auch in anderen Zusammenhängen nicht durchgeführt, wo öffentlich-rechtliche Bestimmungen ebenfalls die Höhe der Vergütung bestimmen, z. B. im gesamten Bereich der Honorarordnungen. Dort werden Streitigkeiten vielmehr insgesamt im bürgerlichen Recht belassen. Schon aus diesem Grund war die Entscheidung im Fall 1 nicht überzeugend. Im Fall 2 hingegen ließ sich eine getrennte Betrachtungsweise vertreten. Sie entspricht der sog. Zweistufentheorie.[181] Jedenfalls bleibt aber festzuhalten, daß die drei Abgrenzungstheorien bei der richtigen Entscheidung in keiner Weise weitergeholfen hätten.

Selbst soweit einzelnen Begründungselementen der genannten Entscheidungen zuzustimmen ist, wertet dies die Bedeutung der Theorien weiter ab. Die Entscheidung im Fall 1 enthielt ein zukunftsweisendes Element. Es ist die Feststellung des Gerichts, auch eine Person des Privatrechts könne Träger einer öffentlich-rechtlichen Pflicht sein.[182] Zukunftweisend war diese Feststellung vor allem deshalb, weil sie getroffen wurde, ohne von einer funktionellen Einordnung des Privaten in den Staatsbereich auszugehen, etwa im Wege einer Beleihung. Diese Sichtweise, die in späteren Entscheidungen von BSG und BAG wieder auftaucht,[183] wäre durch die Theorien jedoch nicht gefördert worden. Vor allem mit der in der Wissenschaft bevorzugten Subjektstheorie läßt sie sich kaum vereinbaren.

Letztlich hätte das BVerwG unter Verzicht auf irgendeine Theorie besser anders entscheiden können. Dies zeigt deutlich

Fall 3 (BVerwGE 14, 65):[184] Ein normativ begünstigter Bewerber verlangt Feststellung der rechtswidrigen Benachteiligung bei der Vergabe eines bestimmten Auftrags.

Das BVerwG entschied gegen die Zulässigkeit des Verwaltungsrechtsweges. Die öffentlich-rechtliche Bevorzugungspflicht bewirke einen Vorrang bei der Wertung der Angebote; die Ermittlung der Reihenfolge bleibe aber ein innerer

---

[180] Für diese Qualifikationsentscheidung hätten die Theorien herangezogen werden können. Insofern bestand aber kein Klärungsbedarf.

[181] So ausdrücklich BVerwGE 7, 89 (91): Die Entscheidung über die Bevorzugung und die Erteilung des Auftrags fielen zwar zeitlich zusammen, logisch gehe jedoch die Entscheidung über die Bevorzugung der Erteilung des Auftrages voraus.

[182] BVerwGE 37, 243 (245).

[183] Siehe ausführlich unten B I 1 d bb (5), S. 88 ff.

[184] Urt. v. 8.3.1962, E 14, 65 ff.

Vorgang der auftraggebenden Stelle.[185] Es handele sich somit nur um die Vorfrage eines bürgerlich-rechtlichen Rechtsstreites.[186] Ein Verwaltungsakt über die Auftragsvergabe liege nicht vor.[187] Dem ist kaum etwas hinzuzufügen, jedenfalls keine „Erkenntnis" einer der herrschenden Abgrenzungstheorien.

(3) Rechtsprechung des BVerwG zum ErstG

Fall 4 (BVerwGE 38, 1 ff.):[188] Der Angestellte einer Kreissparkasse wird nach dem ErstG auf Ersatz von 70 912 DM in Anspruch genommen und ficht diesen Beschluß vor dem Verwaltungsgericht an.

Nach Auffassung des BVerwG lag im vorliegenden Fall eine öffentlich-rechtliche Streitigkeit nicht vor. Zwar handele es sich bei dem Erstattungsbeschluß um einen öffentlich-rechtlichen Hoheits- und damit einen Verwaltungsakt.[189] Der zugrundeliegende Anspruch sei und bleibe jedoch bürgerlich-rechtlicher Natur.[190] Eine Teilung des Rechtsweges (würde der öffentliche Arbeitgeber direkt Klage erheben, ohne einen Bescheid nach dem ErstG zu erlassen, wären die Arbeitsgerichte nach § 2 Abs. 1 Nr. 2 ArbGG zuständig[191]) wäre mit dem Zweck des ErstG unvereinbar, da dies „zu erheblichen Verzögerungen der abschließenden Entscheidung über die Rechtmäßigkeit des Erstattungsbeschlusses und zur Verzögerung der Vollstreckung führen" würde.[192] Zudem sei es mit rechtsstaatlichen Gründen unvereinbar, dem öffentlichen Arbeitgeber die Wahl zwischen zwei Rechtswegen zu belassen.[193]

Der Beschluß ist in verschiedener Hinsicht nicht überzeugend. Vor allem wäre das „Wahlrecht" des Arbeitgebers alles andere als ein rechtsstaatliches Drama.[194] Verwaltungsrechtsweg und Rechtsweg zu den Arbeitsgerichten sind gleichwertig, zu ersterem kommt es auch nur dann, wenn der Arbeitnehmer sich gegen den erlassenen Bescheid wehrt, so daß man von einem Rechtswegwahlrecht des Arbeitgebers genau genommen gar nicht sprechen kann. Rechtsstaatlich bedenklich wäre es höchstens, dem Arbeitgeber beide Wege kumulativ zu eröffnen. Dies ließe sich jedoch mit prozessualen Mitteln, vor allem der Aussetzung des Arbeitsgerichtsverfahrens bei Erlaß eines Erstattungsbescheides, bewältigen.

---

[185] BVerwGE 14, 65 (70).
[186] BVerwGE 14, 65 (68).
[187] BVerwGE 14, 65 (70).
[188] Urt. v. 25.3.1971, E 38, 1 ff.
[189] BVerwGE 38, 1 (3).
[190] BVerwGE 38, 1 (2).
[191] BVerwGE 38, 1 (6).
[192] BVerwGE 38, 1 (7).
[193] BVerwGE 38, 1 (7).
[194] Vgl. auch *Molitor,* Über öffentliches Recht, S. 61, der meint, eine Verbindung von öffentlich-rechtlicher und privatrechtlicher Durchsetzungsmöglichkeit sei denkbar, aber im allgemeinen wenig sinnvoll.

Vor allem interessant ist die Entscheidung aber im Hinblick auf die Relevanz der Abgrenzungstheorien. Das BVerwG bekennt sich – ohne das ausdrücklich zu sagen – an zwei Stellen zur Subordinationstheorie. Es stellt zunächst fest, daß durch die Bestimmungen des ErstG der Arbeitnehmer sich in einem „beschränkten hoheitlichen Unterordnungsverhältnis" zu seinem Dienstherren befände, so daß der Erstattungsbeschluß einen Verwaltungsakt darstelle.[195] Das ist zweifellos richtig, begründet aber – folgt man dem BVerwG – nur den Verwaltungsaktscharakter des Erstattungsbeschlusses, präjudiziert aber nicht den Rechtsweg.[196] Wichtig für die Rechtswegentscheidung wird die Anwendung der Theorie an der Stelle, an der es nach Auffassung des Gerichts unmittelbar um die Frage geht, ob die Anfechtung des Erstattungsbeschlusses zu einer öffentlich-rechtlichen oder einer bürgerlich-rechtlichen Streitigkeit führt.[197] Hier beginnt das BVerwG mit der bekannten Feststellung, dies bestimme sich nach dem Rechtsverhältnis, aus dem der streitige Anspruch hergeleitet werde.[198] Erstattungsansprüche und Erstattungsbeschlüsse knüpften aber an ein bürgerlich-rechtliches Dienst- oder Arbeitsverhältnis an, in dem der öffentlich-rechtliche Arbeitgeber und sein Angestellter oder Arbeiter Vertragspartner *auf gleicher Ebene* seien.[199] Durch das ErstG werde – insofern wiederholt das Gericht eine bereits getroffene Feststellung – der bürgerlich-rechtliche Anspruch nicht in einen öffentlich-rechtlichen umgewandelt.[200] Die Einführung des „Fremdkörpers" Erstattungsbeschluß in die im übrigen auf der Gleichordnung der Vertragspartner beruhenden arbeitsrechtlichen Beziehungen zwischen dem öffentlichen Arbeitgeber und den Arbeitnehmern rechtfertige allein nicht die Annahme einer öffentlich-rechtlichen Streitigkeit.[201]

Diese Begründung ist nicht überzeugend. Das BVerwG stellt auf das falsche Rechtsverhältnis ab. Gegen den auf öffentlich-rechtlicher Grundlage (so auch das BVerwG[202]) erlassenen Erstattungsbeschluß richtet sich die Klage, nicht allein gegen ein Rechtsmäßigkeitselement dieses Streits, nämlich den aus dem Zivilrecht und dem Arbeitsverhältnis resultierenden Anspruch. Damit geht es um ein vom öffentlichen Recht geregeltes und deshalb öffentlich-rechtliches Rechtsverhältnis.

Die Subordinationstheorie hilft also bei der Entscheidung des Streits gar nicht weiter. Sie sagt nämlich nichts zu der Frage, ob und inwieweit in einem im Grundsatz auf Gleichordnung beruhenden Verhältnis in Ausnahmefällen auch ein Über-/ Unterordnungsverhältnis vorliegen kann. Diese, im vorliegenden Fall streitentscheidende Frage liegt außerhalb ihrer Sichtweise und Kompe-

---

195 BVerwGE 38, 1 (3).
196 Siehe BVerwGE 38, 1 (3).
197 BVerwGE 38, 1 (4 ff.)
198 BVerwGE 38, 1 (4).
199 BVerwGE 38, 1 (5).
200 BVerwGE 38, 1 (5).
201 BVerwGE 38, 1 (5).
202 BVerwGE 38, 1 (3).

tenz. Die Subordinationsüberlegungen, die das BVerwG anstellt, lenken von dem eigentlichen Argumentationsdefizit ab. Interessen- und Subjektstheorie, die eher auf das richtige Ergebnis – nämlich das Vorliegen des Verwaltungsrechtsweges – hingewiesen hätten, finden keine Erwähnung.

(4) Wettbewerbsverstöße der öffentlichen Hand

Fall 5 (BGHZ 66, 229 ff.):[203] Eine private Krankenkasse verklagt eine Ersatzkasse, da diese wegen angeblich unlauterer Werbemethoden im Hinblick auf die Versicherung von Studenten gegen § 1 UWG verstoßen habe.

Fall 6 (BGHZ 67, 81 ff.):[204] Die Betreiberin einer Auto-Analyzer-Anlage klagt gegen Körperschaften des öffentlichen Rechts auf die Unterlassung von Wettbewerbsverstößen (Verstöße gegen § 1 UWG, GWB, § 826 BGB).

Der BGH erklärte in beiden Fällen – in Übereinstimmung mit bereits früher entwickelten Grundsätzen[205] – den Zivilrechtsweg für zulässig.[206] Dabei taucht in den Entscheidungen eine Reihe von bereits bekannten Begründungselementen auf. So wird getrennt zwischen dem öffentlich-rechtlichen Verhältnis der Körperschaften zu ihren Mitgliedern und dem Wettbewerbsverhältnis.[207] Des weiteren wird die größere Sachkompetenz (Wettbewerbsrecht) der Zivilgerichte betont.[208] Dies wird untermauert durch den Gedanken, es sei nicht sinnvoll, Klagen von Privatpersonen gegen wettbewerbswidriges Verhalten von Privatpersonen vor anderen Gerichten zu entscheiden als umgekehrt Klagen von Privatpersonen gegen wettbewerbswidriges Verhalten der öffentlichen Hand.[209] In diesen beiden Fällen scheint aber auch die Subordinationstheorie eine wichtige Rolle zu spielen. So betont der BGH an verschiedenen Stellen, das Rechtsverhältnis zwischen Klägern und beklagten öffentlich-rechtlichen Körperschaften sei kein solches der Über-/Unterordnung, sondern der Gleichordnung.[210]

[203] BGH (GSZ), B. v. 22.3.1976, Z 66, 229 ff.

[204] BGH (GSZ), B. v. 22.3.1976, Z 67, 81 ff.; vergleichbare Problematik: BGH, Urt. v. 18.12.1981, Z 83, 375 ff. (Selbstabgabestelle für Brillen); insgesamt zu den in diesem Bereich relevanten Urteilen siehe *Harms,* BB Beilage 17/1986, 1 ff. Der BGH hat die bisher entwickelten Grundsätze bestätigt im B. v. 14.1.1993, DÖV 1993, 573 ff.

[205] Siehe *Pinger,* GRUR 1973, 456.

[206] Ebenso *Pinger,* GRUR 1973, 458. Bezüglich beider Fälle zustimmend *Harms,* BB Beilage 17/1986, 1 ff.; *Scholz,* NJW 1978, 16 ff. Ablehnend bezüglich Fall 5 *Broß,* VerwArchiv 79 (1988), 110; *Schachtschneider,* Staatsunternehmen und Privatrecht, S. 13; zumindest skeptisch *Püttner,* DÖV 1976, 635 f. Ablehnend bezüglich Fall 6 *Renck,* JuS 1978, 459 ff. Ablehnend auch *Bettermann,* DVBl. 1977, 180 ff., der kurioserweise (wohl) Fall 6 bespricht, während vor der Anmerkung die Entscheidung von Fall 5 abgedruckt ist. Insgesamt ablehnend *Kopp,* GewArch 1988, 356 f.; *Scherer,* NJW 1989, 2728. Zustimmend im Hinblick auf die vergleichbare Problematik und Rechtsprechung bei der Entscheidung zu den Selbstabgabestellen für Brillen *Kleinmann,* NJW 1985, 1370. Eine Übersicht zur kartellrechtlichen Kontrolle der öffentlichen Hand gibt *Odersky,* Festschrift für Lerche, S. 949.

[207] BGHZ 66, 229 (237); Z 67, 81 (85); ebenso Z 83, 375 (382 f.).

[208] BGHZ 66, 229 (237); Z 67, 81 (87).

[209] BGHZ 66, 229 (236); Z 67, 81 (85).

[210] BGHZ 66, 229 (233 f. und 237); Z 67, 81 (84 und 86).

Letztlich ist dies jedoch für den BGH nicht entscheidend, und es kann auch nicht entscheidend sein, denn Gleichordnungsverhältnisse gibt es unstreitig auch im öffentlichen Recht.[211] Tragender Grund ist vielmehr, daß nach Auffassung des BGH sich die Rechtswegabgrenzung nach der rechtlichen Natur des geltend gemachten Anspruchs richtet.[212] Es komme dabei nicht so sehr auf die erwünschte Rechtsfolge (Eingriffe in öffentlich-rechtliches Verwaltungshandeln) an.[213] Auch die zu beachtenden öffentlich-rechtlichen Vorschriften seien nur Vorfragen.[214] Entscheidend sei nur, welche Rechtssätze den Sachverhalt entscheidend prägen.[215] Weil insofern § 1 UWG nach überwiegender Meinung[216] eine privatrechtliche Norm ist (hierfür spricht zum einen der zivilrechtliche Gesamtcharakter des UWG und die größere Sachnähe der Zivilgerichte),[217] und diese Norm den Rechtsstreit prägt, da sie auch Wettbewerbsverstöße von Hoheitsträgern erfasse,[218] ist die Streitigkeit nach Auffasung des BGH bürgerlich-rechtlicher Art.[219] Allein die privatrechtliche Natur des § 1 UWG hätte der BGH theoriemäßig durch die Subjektstheorie (etwa in der ursprünglichen Formulierung von H. J. Wolff) abstützen können. Sie lautete, daß ein Anspruch aufgrund eines privatrechtlichen Rechtssatzes dann vorliege, wenn sich „auch eine beliebige Privatperson einer anderen beliebigen Privatperson gegenüber auf ihn berufen" könne.[221] Daraus hätte sich dann die Qualifikation als privatrechtliche Norm ergeben.[221]

---

[211] Zutreffend bezeichnet *Scholz*, NJW 1978, 16, den Rückgriff auf die Subordinationstheorie in diesem Zusammenhang als „nicht sehr glücklich". Zu Recht kritisch gegenüber diesen Ausführungen des BGH auch *Bettermann*, DVBl. 1977, 181.

[212] BGHZ 66, 229 (232); Z 67, 81 (85).

[213] BGHZ 66, 229 (233); Z 67, 81 (85); ebenso Urt. v. 22.2.1990, NJW 1990, 3199 (3200); zustimmend *Harms*, BB Beilage 17/1986, 4.

[214] BGHZ 67, 81 (88).

[215] BGHZ 67, 81 (88).

[216] Siehe *Pinger*, GRUR 1973, 458; *Schachtschneider*, Staatsunternehmen und Privatrecht, S. 84 m. w. N.

[217] Die bürgerlich-rechtliche Qualifikation des § 1 UWG ergibt sich im übrigen nicht aus § 27 UWG (anders wohl *Scholz*, NJW 1978, 17), denn diese Vorschrift setzt das Vorliegen einer bürgerlich-rechtlichen Streitigkeit voraus.

[218] Das wurde bestätigt im Urteil des BGH vom 22.2.1990, NJW 1990, 3199 (3200).

[219] Ganz ähnlich verfährt der BGH auch in anderen Fällen: Nach BGH, Urt. v. 7.5.1991, NJW 1991, 2147 (2148) ist ein Rechtsstreit, der nach den Vorschriften der KO zu entscheiden ist, bürgerlich-rechtlich, und zwar auch dann, wenn darüber zu befinden ist, ob die öffentliche Hand durch eine öffentlich-rechtliche Rechtshandlung wegen öffentlich-rechtlicher Abgabenansprüche eine nach § 30 KO anfechtbare Sicherung oder Befriedigung erlangt hat. Ablehnend gegenüber einem solchen Schluß aus dem gesetzlichen Standort einer Bestimmung auf ihren rechtlichen Charakter als öffentliches oder privates Recht vor allem *Merten*, VerwArchiv 66 (1975), 389.

[220] *H. J. Wolff*, AöR 76 (1950/51), 209.

[221] Anders *Bettermann*, DVBl. 1977, 181, der meint, soweit Vorschriften von GWB und UWG auf hoheitliches Handeln angewandt würden, handele es sich um öffentliches Recht. Hiermit vereinbart es sich aber nicht, wenn *Bettermann* wenige Zeilen später beim BGH die Kenntnis der Sonderrechtstheorie von *H. J. Wolff* anmahnt.

Überzeugend an der Rechtsprechung des BGH ist ihre Simplizität. Ihre Ergebnisse sind zwar nicht zweifelsfrei,[222] aber nachvollziehbar, was angesichts der Gleichwertigkeit der Gerichtszweige fast wichtiger ist als die Einpassung in irgendein vielfach doch nicht stimmiges Gesamtabgrenzungssystem. Die Abgrenzungstheorien spielen jedoch keine wirkliche Rolle: Wo sie angewendet werden, braucht man sie nicht, wo man sie anwenden könnte, werden sie nicht erwähnt. Die Subordinationstheorie läßt sich in der Begründung einer gerichtlichen Entscheidung nur dann sinnvoll einsetzen, wenn es darum geht, wegen des Vorliegens eines hoheitlichen Über-/Unterordnungsverhältnisses eine öffentlich-rechtliche Streitigkeit anzunehmen. Dann hat sie bei der Qualifizierung von Wettbewerbsstreitigkeiten eigentlich keinen Platz. Daß sie trotzdem insofern ein zähes Leben führt, mag darauf zurückzuführen sein, daß die zu generelle und deshalb im Einzelfall möglicherweise falsche Aussage der Subordinationstheorie, bei Gleichordnungsverhältnissen handele es sich um Privatrecht, aus der Sicht des BGH im konkreten Fall von Wettbewerbsstreitigkeiten richtig ist.[223]

Fall 7 (GmS-OGB, BGHZ 102, 280 ff.):[224] Eine AOK klagt gegen die zuständige Innung für Orthopädie-Technik, daß sie weiterhin berechtigt sei, von Versicherten zurückgegebene Rollstühle an ihre Mitglieder oder deren familienhilfeberechtigte Angehörige auszugeben. Anlaß für die Klage war ein von der Innung geltend gemachter Unterlassungsanspruch.

Der GmS kommt auch in dieser Konstellation zur Zulässigkeit des Zivilrechtsweges.[225] Dies liegt auf der schon ausgeführten und vorher vom BGH vertretenen Linie. Bemerkenswert ist aber die Verbreiterung der Theoriebasis, die der GmS vornimmt. Für die öffentlich-rechtliche Natur einer Streitigkeit komme es darauf an, „ob die an der Streitigkeit Beteiligten in einem hoheitlichen Verhältnis der Über- und Unterordnung stehen und ob sich der Träger hoheitlicher Gewalt der besonderen, ihm zugeordneten Rechtssätze des öffentlichen Rechts bedient oder ob er sich den für jedermann geltenden zivilrechtlichen Regelungen unterstellt".[226] Damit wählt der GmS als Ausgangspunkt seiner Betrachtungen eine Art Kombination von Subordinations- und Subjektstheorie.

Für die sachliche Entscheidung des Rechtswegproblems hat dies aber bei genauer Betrachtung wiederum keine Auswirkungen. Zwar verschiebt der GmS gegenüber der wettbewerbsrechtlichen Judikatur des BGH etwas den Akzent der Begründung. Er stellt in zunächst scheinbar deutlicher Betonung des

---

222 Sehr kritisch vor allem *Schachtschneider*, Staatsunternehmen und Privatrecht, durchgehend.

223 Dahinter steht wohl als Anliegen, daß sich der BGH für Wettbewerbsstreitigkeiten in besonderem Maße kompetent hält, was etwa die §§ 87 ff. GWB in gewissem Maße bestätigen.

224 B. v. 29.10.1987.

225 GmS-OGB, BGHZ 102, 280 (282); ablehnend auch hierzu *Scherer*, NJW 1989, 2728.

226 GmS-OGB, BGHZ 102, 280 (283).

Ansatzes der Subjektstheorie verstärkt darauf ab, daß der Kasse gegenüber den Wettbewerbern keine hoheitlichen Befugnisse zuständen.[227] Eine Umsetzung der Theorien auf den konkreten Problemfall ist dies aber letzlich nicht. Entscheidend ist erneut die Frage, ob die unstreitig öffentlich-rechtlichen Normen des Sozialversicherungsrechts oder die privatrechtliche des § 1 UWG den von der Innung geltend gemachten Anspruch[228] und damit den zu entscheidenden Sachverhalt prägen. Das wird beantwortet mit dem einzigen Satz, daß im Rahmen des geltend gemachten Unterlassungsanspruchs das behauptete Wettbewerbsverhältnis zwischen AOK und Innung „im Vordergrund" stehe.[229] Damit ist – wenn das Argument zutrifft – die Rechtswegfrage gelöst, ohne daß es weiterer Theorieerörterungen bedürfte. Die Kompetenz zur Entscheidung wettbewerbsrechtlicher Fragen liegt bei den Zivilgerichten, steht das Wettbewerbsverhältnis und nicht das Sozialversicherungsrecht „im Vordergrund", ist der Rechtsstreit bürgerlich-rechtlich. Höchstens die Frage, warum das Wettbewerbsrecht „im Vordergrund" steht, ist diskussionsbedürftig. Hierbei helfen aber die Theorien nicht weiter.

Den zumindest vorläufigen Höhepunkt im Hinblick auf die Theorieverwendung in der Rechtsprechung der obersten Bundesgerichte bildet aber ein Beschluß des GmS-OGB zum Wettbewerb unter öffentlich-rechtlichen Krankenkassen.

Fall 8 (GmS-OGB, BGHZ 108, 284 ff.):[230] Eine Ersatzkasse klagt gegen eine AOK auf Unterlassung unzulässiger Mitgliederwerbung.

Der GmS-OGB sah den Rechtsweg zu den Sozialgerichten als gegeben an.[231] Wesentliches Argument hierfür war, daß das Verhältnis der beiden Kassen zueinander von sozialversicherungsrechtlichen, also öffentlich-rechtlichen Normen beherrscht wird.[232] Dies hätte als Begründung eigentlich völlig ausgereicht. Trotzdem meinte der GmS-OGB wohl, seine Kenntnisse der Abgrenzungstheorien von öffentlichem und privatem Recht umfassend zur Anwendung bringen zu müssen. Er beginnt daher zunächst mit der Subordinationstheorie: Öffentlich-rechtlich seien Streitigkeiten, die aus einem hoheitlichen Verhältnis der Über- und Unterordnung entstehen.[233] Eine öffentlich-rechtliche Streitigkeit könne aber auch auf einem Gleichordnungsverhältnis beruhen.[234] Mit diesen beiden Feststellungen gibt der GmS erneut deutlich zu erkennen, daß man mit der Subordinationstheorie in den hier interessierenden Zweifelsfragen nicht weiterkommt. Mangels Ergiebigkeit des Über-/Unterord-

---

[227] GmS-OGB, BGHZ 102, 280 (286).

[228] Es handelte sich um eine negative Feststellungsklage, so daß der von der Innung bestrittene Anspruch entscheidend für die Rechtswegqualifizierung war.

[229] GmS-OGB, BGHZ 102, 280 (284).

[230] B. v. 10.7.1989.

[231] GmS-OGB, BGHZ 108, 284 (286).

[232] GmS-OGB, BGHZ 108, 284 (287).

[233] GmS-OGB, BGHZ 108, 284 (286).

[234] GmS-OGB, BGHZ 108, 284 (286).

nungskriteriums setzt der GmS seine Erörterungen mit einer absolut zutreffenden Erkenntnis fort: Es komme für die Rechtswegabgrenzung auf die das Rechtsverhältnis beherrschenden Normen an.[235] Dies waren im vorliegenden Fall die Bestimmungen des SGB, vor allem des V. Buches. Ihre öffentlich-rechtliche Natur schließt der GmS aus einer Kombination von Interessen- und Subjektstheorie: Entscheidend sei, ob die das Rechtsverhältnis beherrschenden Normen überwiegend den Interessen der Allgemeinheit dienen, ob sie sich nur an einen Hoheitsträger wenden und ob der Sachverhalt einem Sonderrecht der Träger öffentlicher Aufgaben unterworfen ist.[236] Immerhin ist diese Entscheidung des GmS damit einer der wenigen Fälle, in denen die Abgrenzungstheorien für die Lösung der Frage herangezogen werden, für die sie formuliert sind, nämlich die Qualifikation von Rechtsnormen. Es ging um eine Streitigkeit öffentlich-rechtlicher Verwaltungsträger bezüglich eines Sachverhaltes, der umfassend von öffentlich-rechtlichen Normen des Sozialversicherungsrechts geprägt ist.[237] Deshalb lag eine öffentlich-rechtliche Streitigkeit vor. Gar nichts sprach für das Vorliegen einer bürgerlichrechtlichen Frage.

#### (5) Weitere sozialrechtliche Entscheidungen zum Grenzbereich von öffentlichem und privatem Recht

Fall 9 (GmS-OGB, NJW 1974, 2087 f.):[238] Ein wissenschaftlicher Assistent an einer Hochschule ist wegen Überschreitung der Verdienstgrenze freiwillig in der AOK versichert. Nach § 405 RVO (jetzt § 257 SGB V) verlangt er einen Beitragszuschuß von seinem Arbeitgeber.

Fall 10 (GmS-OGB, BGHZ 97, 312 ff.):[239] Ein Meister im Orthopädie-, Chirurgiemechaniker- und Bandagistenhandwerk verlangt die nach einem Rahmenvertrag zwischen dem beklagten Verband der Angestellten-Krankenkassen und dem Bundesinnungsverband für das Orthopädie-, Chirurgiemechaniker- und Bandagistenhandwerk notwendige Zulassung eines Filialbetriebes zur Lieferung von orthopädischen Heilmitteln an Mitglieder der betreffenden Kassen.

Im Fall 9 kam der GmS zu der Auffassung, es sei der Rechtsweg zu den Sozialgerichten gegeben. Er erstreckt dies ausdrücklich auch auf den Fall, daß der Kläger nicht öffentlich-rechtlich wie bei der AOK, sondern bei einem privaten Versicherungsunternehmen versichert gewesen wäre (Zuschußpflicht in

---

[235] GmS-OGB, BGHZ 108, 284 (287).

[236] GmS-OGB, BGHZ 108, 284 (287).

[237] Siehe ausführlich GmS-OGB, BGHZ 108, 284 (287 ff.)

[238] B. v. 4.6.1974, NJW 1974, 2087 f.; ablehnend zum Ergebnis der Entscheidung *Grunsky*, AuR 1975, 94; *Merten*, Festschrift für Sieg, S. 386 ff., *ders.*, VerwArchiv 66 (1975), 387 ff.; *W. Müller*, DB 1977, 998.

[239] B. v. 10.4.1986, BGHZ 97, 312 ff. Siehe auch den Vorlagebeschluß des BSG v. 12.3.1985, SGb 1986, 28 ff. und zustimmend hierzu *Narr*, SGb 1986, 34. Ablehnende Stellungnahme zur Entscheidung des GmS-OGB bei *J. Schmitt*, Leistungserbringung, S. 214 ff.; teilweise kritisch auch *Wallerath*, NJW 1987, 1472 ff.

diesem Fall aus § 257 Abs. 2 SGB V). Dies liegt auf der bekannten Linie der getrennten Betrachtung der jeweiligen Rechtsverhältnisse. Wichtiges (wenn auch nicht entscheidendes) Argument für die öffentlich-rechtliche Qualifikation des Anspruchs aus § 405 RVO / § 257 SGB V war die öffentlich-rechtliche Gesamtnatur des anspruchsbegründenden Gesetzes.[240] Zwar sei der Standort der Vorschrift für sich allein „kein eindeutiges Kriterium", die Einfügung der Vorschrift in die RVO aber gleichwohl ein gewichtiges Indiz.[241] Damit deutet gerade diese Entscheidung eine Linie zur Abgrenzung von öffentlichem und privatem Recht an, die sich nach den bisher in dieser Untersuchung gewonnenen Ergebnissen fast notwendig ergibt: Mangels umfassenden und zwingenden verfassungsrechtlichen Vorgaben für die Wahl eines öffentlichen oder privaten Rechtsregimes hat der Gesetzgeber das Recht der konstitutiven Einordnung. Eine der wenigen Sätze, die bislang Halt in der Abgrenzungstheorie boten, nämlich, daß ohne öffentliche Gewalt auch kein öffentliches Recht vorliege,[242] stimmt deshalb nicht. Ob der Gesetzgeber einen bürgerlich-rechtlichen oder öffentlich-rechtlichen Anspruch gewähren will, liegt in seinem *Dispositionsermessen.* Für welche Lösung er sich entscheidet, ist durch Auslegung zu ermitteln. Hierfür bilden die Theorien eine gewisse Hilfe, denn dem Gesetzgeber kann unterstellt werden, daß er sich, wenn keine ausdrückliche andere Entscheidung zu ermitteln ist, an den herkömmlichen Abgrenzungsmodellen orientiert hat. Sie bieten aber keinen wirklichen Entscheidungsmaßstab.

Im Fall 10 hingegen entschied sich der GmS für die Zulässigkeit des Zivilrechtsweges.[243] Die Begründung ist nicht frei von Zweifeln, die Mehrzahl der Argumente sprach für das Vorliegen eines öffentlich-rechtlichen Vertrages (öffentliche Aufgabe; Gegenstand des Vertrages von RVO, also einem öffentlich-rechtlichen Gesetz geregelt).[244] Vor allem verkürzt der GmS den Anwendungsbereich der §§ 54 ff. VwVfG und der §§ 53 ff. SGB X unzulässig durch den Satz, für einen öffentlich-rechtlichen Vertrag sei typisch, daß er an die Stelle einer sonst möglichen Regelung durch Verwaltungsakt trete.[245] Die ausdrückli-

---

240 GmS-OGB, NJW 1974, 2087 (2088).

241 GmS-OGB, NJW 1974, 2087 (2088).

242 So etwa *Bettermann,* Festschrift für Reimers, S. 417.

243 Der GmS-OGB hat sich damit im Ergebnis der Auffassung angeschlossen, die der BGH schon in der sog. Gummistrumpf-Entscheidung vertreten hatte, siehe Urt. v. 26.10.1961, Z 36, 91 (93). Das BSG, B. v. 12.3.1985, SGb 1986, 28 (28) wollte hingegen – allerdings mit umständlicher und künstlich kompliziert wirkender Begründung – eine öffentlich-rechtliche Streitigkeit annehmen. Ebenso auch *Schulin,* JZ 1986, 478 und 481, den jedoch die Begründung des BSG verständlicherweise auch nicht überzeugte, siehe aaO, S. 482. Nach dem mittlerweile neugefaßten § 51 Abs. 2 SGG sind heute allerdings die Sozialgerichte zuständig *(J. Schmitt,* Leistungserbringung, S. 208).

244 So auch *Narr,* SGb 1986, 34.

245 GmS-OGB, BGHZ 97, 312 (314); kritisch zu Recht *J. Schmitt,* Leistungserbringung, S. 215.

che Normierung des koordinationsrechtlichen Vertrages in den § 53 SGB X[246] und § 54 VwVfG erweist die Unrichtigkeit dieser Behauptung. Entscheidend war für den GmS aber schließlich die Erwägung, die Rechtsnatur der Zulassung folge der zivilrechtlichen Qualifikation des Beschaffungsvertrages.[247]

Interessant ist in beiden Fällen erneut die Verwendung der Subordinationstheorie. Im Fall 9 lag ein Fall von Gleichordnung vor, der GmS betont jedoch, dies stände einer öffentlich-rechtlichen Qualifikation des § 405 RVO nicht entgegen.[248] Im übrigen entwickelt die Begründung das gefundene Ergebnis aber außerhalb allgemeiner Begriffsbestimmungen zum Gegensatz privates und öffentliches Recht.[249] Im Fall 10, bei dem es entscheidend um die Rechtsnatur eines Vertrages ging, stellt der GmS sogar relativ am Anfang seiner Entscheidungsgründe die These auf, für die Qualifikation des Rechtsverhältnisses, aus dem der Klageanspruch hergeleitet werde, komme es darauf an, ob die Beteiligten zueinander in einem hoheitlichen Verhältnis der Über- und Unterordnung ständen, um dann gleich in Anschluß daran festzustellen, dies sei für den vorliegenden Fall aber nicht entscheidend.[250] Dies ist eine weitere Variante der Verwendung von Abgrenzungstheorien, wie sie sich schon im Fall 8 angedeutet hatte. Die Theorien werden zwar referiert, aber nicht befolgt. Sie dehnen die Argumentationsbasis aus, ohne diese jedoch zu verfestigen, das heißt vor allem, ohne das gefundene Ergebnis weiter zu stützen. Ihr Auftauchen in den Entscheidungsbegründungen entspricht einem überflüssigen Ritual.

Wie man ohne jegliche Theorieerörterungen zu einfachen und vertretbaren Ergebnissen kommt, zeigt

Fall 11 (BAGE 59, 169 ff.; BSG, NJW 1991, 2101 ff.):[251] Ein Arbeitnehmer klagt gegen seinen früheren Arbeitgeber auf Berichtigung der nach § 133 AFG ausgestellten Arbeitsbescheinigung.

Weder das BAG noch das BSG äußerten sich abschließend zu der Frage, ob § 133 AFG auch dem Arbeitnehmer den entsprechenden Anspruch gegen den Arbeitgeber einräumt. Die begehrte Entscheidung über das Bestehen dieses Anspruchs führe aber jedenfalls zu einer öffentlich-rechtlichen Streitigkeit und damit zur Zuständigkeit der Sozialgerichte.[252] Denn die Entscheidung des Streites richte sich insgesamt nach § 133 AFG, dies sei aber eine öffentlich-rechtliche Vorschrift, da sie im dem öffentlichen Recht zuzuordnenden AFG

[246] Beispiele für koordinationsrechtliche Verträge im Bereich des Sozialrechts: Verträge zwischen den kassenärztlichen Vereinigungen und den Krankenkassen; Vereinbarungen zwischen verschiedenen Versicherungsträgern über Rehabilitationsmaßnahmen etc.; vgl. *J. Schmitt*, Leistungserbringung, S. 55.

[247] Diese Fragen sind an dieser Stelle nicht weiter zu vertiefen.

[248] GmS-OGB, NJW 1974, 2088.

[249] Zustimmend dazu *Grunsky*, AuR 1975, 94.

[250] GmS-OGB, BGHZ 97, 312 (314).

[251] BAG, Urt. v. 13.7.1988; BSG, Urt. v. 12.12.1990.

[252] Vgl. § 2 Abs. 1 Nr. 3 e ArbGG, der nur „bürgerliche Rechtsstreitigkeiten" „über Arbeitspapiere" erfaßt.

enthalten ist.[253] Streitentscheidend seien also Rechtssätze des Sozial- und nicht des Arbeitsrechts.[254]

Die Abgrenzungstheorien bleiben in beiden Fällen in der Schublade. Keine von ihnen hätte das gefundene Ergebnis bestätigt. Vielmehr hätte es nach ihnen nahegelegen, in § 133 AFG eine Norm mit Doppelcharakter zu sehen. Soweit das Arbeitsamt als Anspruchsteller auftritt, wäre zumindest nach der Subjektstheorie ein Hoheitsträger als solcher berechtigt und die Streitigkeit öffentlich-rechtlich.[255] Beim Auftreten des Arbeitnehmers als Anspruchsteller hingegen wäre ein bürgerlichrechtlicher Anspruch anzunehmen gewesen. Eine solche Theorie der Doppelnatur wird von BSG und BAG der Sache nach eindeutig verworfen. Auf Antragsteller und -gegner kommt es danach nicht entscheidend an. Wichtig ist allein die Qualifikation der anspruchsbegründenden Norm des § 133 AFG. Diese ist aber öffentlich-rechtlich, weil das ganze AFG ein öffentlich-rechtliches Gesetz ist.

(6) Zusammenfassung der Rechtsprechungsanalyse

Die drei Haupttheorien zur Abgrenzung von öffentlichem und privatem Recht finden in der Rechtsprechung der obersten Bundesgerichte Verwendung. Die Subordinationstheorie hat nach wie vor den größten Verbreitungsraum. Auch andere Theorieansätze tauchen gelegentlich auf. Eindeutige Aussagen darüber, welches Gericht welche Theorie anwendet, sind jedoch nicht möglich.

Daß die Theorien in der Rechtsprechung verbreitet sind, bedeutet noch nicht, daß sie auch stets in dem Sinn Verwendung finden, daß die entwickelten Ergebnisse auf ihnen beruhen. Das ist vielmehr regelmäßig nicht der Fall. Die Funktionen, die ihnen zukommen, lassen sich folgendermaßen zusammenfassen.

– Die erste Funktion besteht darin, topoi für die Absicherung des gewünschten Ergebnisses zu liefern (Fälle 1 und 2). Die Theorien sind dabei eines von meist mehreren Argumenten zur Rechtswegqualifikation. Ihnen wird kein verbindlicher Charakter beigemessen. Fast immer tragen andere Argumente die Entscheidung.

– Die zweite Funktion ist die Ausweitung der Argumentationsbasis in Fällen, in denen der Theorie nicht gefolgt wird (Fälle 8, 9 und 10). Da die Theorie das gefundene Ergebnis nicht stützt, kommt es zur Wiederholung bekannter Einwände gegen die Theorie. Die Entscheidungsfindung wird in keiner Weise überzeugender. Sie gewinnt durch die Theorieverwendung nicht an Qualität. Die entscheidenden Gesichtspunkte liegen auch in diesen Fällen an anderen Stellen.

---

[253] BAGE 59, 169 (172); BSG, NJW 1991, 2101 (2101).

[254] BAGE 59, 169 (172); ablehnend zu dieser Rechtsprechung *Krasshöfer-Pidde / Molkenbur*, NZA 1991, 627.

[255] Zur Anwendung der Subjektstheorie durch das BSG im Zusammenhang mit § 133 AFG siehe BSG, Urt. v. 12.2.1980, E 49, 291 (293).

– Die dritte Funktion besteht schließlich darin, durch mehr oder weniger schlagwortartige Berufung auf eine Theorie die eigentlichen Probleme zu verdecken (Fall 4). Die Theorien sind meist zu plump, um wirklich etwas zur Lösung des Falles beizutragen. Ihre massiv auftretende Verwendung ist dann ein Indiz für die Verdeckung mangelnder Problembewältigung. In diesen Fällen bestätigt sich in besonderem Maße, was sich bei theoretischer Betrachtung schon vorher angedeutet hatte:[256] Für die Lösung praktischer Abgrenzungsprobleme sind die Theorien fast bedeutungslos.

– Die beste Funktion, welche die Theorien spielen können, ist ihre Nichtfunktion (Fall 3 und 11). Fälle, in denen die Theorien überhaupt nicht auftauchen und die Begründungen sich auf die individuelle Problematik des Falles konzentrieren, sind eher überzeugend gelöst.

Insgesamt läßt sich damit zur Theoriediskussion folgendes Fazit ziehen: Die Theorien sind praktisch unbrauchbar und wissenschaftlich insuffizient. Sie tragen häufig mehr zur Verunklarung als zur Aufhellung eines Problems bei. Die Rechtsprechungsanalyse spricht deshalb ebenfalls dafür, daß die Bedeutung von Abgrenzungstheorien deutlich relativiert gesehen und die Frage gestellt werden muß, ob nicht „die" Abgrenzungstheorie auch für Rechtssatzqualifizierungsfragen entbehrlich ist.

### 2. *Die Infragestellung der Theoriesuche*

#### *a) Theoriebildung und Abgrenzungsdiskussion*

Keine der bisher untersuchten Ansätze zur Abgrenzung von öffentlichem und privatem Recht bietet einen überzeugenden Schlüssel für eine theoretisch einwandfreie und praktisch brauchbare Aufteilung der Rechtsnormen in die Kategorien des öffentlichen oder privaten Rechts. Dies dürfte auf den Grundansatz aller dieser Überlegungen zurückgehen, nämlich mit einer Theorie (auch wenn sie sich aus Elementen verschiedener Theorien zusammensetzt) zu einer einheitlichen Formel für die Abgrenzungsfragen zu kommen.[257] Denn dies ist nach wie vor der Anspruch fast aller Untersuchungen zur Unterscheidung von öffentlichem und privatem Recht.[258]

---

[256] Siehe schon oben B I 1 b aa, S. 53 ff.

[257] Schon früh skeptisch gegenüber einer „logischen" Unterscheidung von öffentlichem und privatem Recht *Maunz*, Öffentliches Sachenrecht, S. 61. Sehr deutlich auch *H. Wagner*, JZ 1968, 246: Am Ende der Diskussion müßte die Einsicht stehen, daß unser geltendes Recht nicht mit einem einzigen Kriterium aufgeteilt werden kann. Die von *H. Wagner* dann aufgestellte Stufentheorie zur Kombination mehrerer Theorien unterliegt jedoch den schon ausgeführten Bedenken gegen solche Ansätze. Siehe oben B I 1 b bb, S. 60 ff.

[258] *D. Schmidt*, S. 28: Die Anforderung an eine Theorie zur Abgrenzung von privatem und öffentlichem Recht sei darin zu sehen, für jede konkrete Anwendung des positiv-rechtlichen Tatbestandsmerkmals „Privatrecht" und „Öffentliches Recht" eine Unterscheidung beider Rechtsgebiete zu ermöglichen.

Um die Bedenken gegen eine solche Zielsetzung zu vertiefen und zu Ende zu führen, bedarf es kurzer Erläuterungen zur „Theorie der Theoriebildung". Eine Theorie „wirkt" durch die Reduktion von Komplexität. Sie versucht, durch abstrakte Aussagen Antworten auf konkrete Einzelfragen zu geben oder ihre Beantwortung zu lenken.[259] Sie bemüht sich deshalb um die Sichtbarmachung von Wesentlichem.[260] Die Theorie abstrahiert von Einzelphänomenen und konzentriert sich auf zugrundeliegende Strukturen. „Einzelphänomene" sind die Gesetzesbegriffe[261] „öffentlich-rechtlich", „bürgerlich-rechtlich", „privatrechtlich", „hoheitlich" in den genannten Normen wie § 40 VwGO, § 13 GVG etc. Erreicht werden soll eine Vereinfachung der Rechtsanwendung[262] mit Hilfe der Gewinnung *rechtswissenschaftlicher* Begriffe „Öffentliches Recht" und „Privatrecht".[263] Eine Theorie zur Unterscheidung von öffentlichem und privatem Recht beruht damit – zumindest, soweit davon ausgegangen wird, daß sich der Rechtsstoff im wesentlichen in eine dieser Gruppen einordnen läßt – auf der Prämisse, den genannten Gesetzesbegriffen liege ein jeweils einheitliches „Muster" zugrunde, das eine Einordnung in die Kategorien öffentlich-rechtlich und privatrechtlich erlaube. Anders ausgedrückt: Die Suche nach einer einheitlichen Theorie geht davon aus, daß die Rechts- bzw. Gesetzesbegriffe „öffentlich-rechtlich" und „privatrechtlich" (unter Einschluß von als Synonyma verstandener Parallelbegriffe) in ihrem Vorkommen im geltenden Recht uneingeschränkt wie rechtswissenschaftliche Begriffe zu behandeln sind.[264] Hiervon ausgehend können Theorien in der Rechtsdogmatik im wesentlichen zwei Funktionen erfüllen.[265] Zunächst kann man eine Theorie als Erkenntnisquelle benutzen, zur Ableitung nicht vorgegebener Ergebnisse, zur Erkenntnis von

---

[259] So zur Aufgabe der Systematik im Allgemeinen Verwaltungsrecht *Schmidt-Aßmann,* Ordnungsidee, S. 12.

[260] Siehe *R. Dreier,* Theoriebildung, S. 80.

[261] Man bezeichnet sie auch als „Rechtsbegriffe". Siehe *D. Schmidt,* S. 152: Rechtsbegriffe seien die in den Rechtssätzen des positiven Rechts enthaltenen Begriffe, die Tatbestandsmerkmale des Gesetzes.

[262] Klarsichtig *Jacobi,* Grundlehren, § 24 IV 3 b), S. 386: „Auch die Einteilung in privates und öffentliches Recht ist, wie alle Rechtsdogmatik, nicht Selbstzweck, sondern ein Mittel zur geistigen Beherrschung der positiven Rechtsnormen, dazu bestimmt, der Anwendung des positiven Rechts zu dienen."

[263] Zur Unterscheidung von Rechtsbegriffen und rechtswissenschaftlichen Begriffen siehe *D. Schmidt,* S. 152. *D. Schmidt* macht die Definition jedoch dadurch unnötig schwierig, daß er Rechtsbegriffen die Funktion zuweist, Erscheinungen der Wirklichkeit sprachlich wiederzugeben. Damit gerät er in das Problem, daß „öffentlich-rechtlich" und „privatrechtlich" keine Beziehung zu außerhalb des positiven Rechts liegenden Gegenständen herstellen – s. S. 153. „Rechtsbegriff" kann man jedoch sehr viel einfacher definieren. Sie sind schlicht solche Begriffe, die als Tatbestandselemente des positiven Rechts fungieren, so auch *D. Schmidt* selbst, S. 153. Vgl. auch *V. Neumann,* DÖV 1992, 159.

[264] So ausdrücklich *D. Schmidt,* S. 157; dem folgend *V. Neumann,* DÖV 1992, 160; kritisch hiergegen *Ehlers,* Die Verwaltung 20 (1987), 378.

[265] Siehe zum folgenden *R. Dreier,* Theoriebildung, S. 83; *K. Schmidt,* JuS 1970, 545; *Eckhold-Schmidt,* S. 66 f. Siehe auch *Canaris,* JZ 1993, 371 ff.

„Nichtgegebenem".[266] Zum zweiten kann eine Theorie aber auch eine Darstellungs- und Formulierungshilfe für bereits bekannte Ergebnisse sein, also eine Erklärung von „Gegebenem" bieten.[267] Ist eine Theorie – mag sie einen Gesichtspunkt hervorheben oder beide verbinden – nicht in der Lage, entweder das eine oder das andere zu leisten, hat sie keinen rechtsdogmatischen Wert und ist gescheitert.

Ein solches Scheitern kann man bis zu einem gewissen Grade allen Theorien zur Abgrenzung von öffentlichem und privatem Recht bescheinigen. Der Anspruch, Erkenntnisquelle für noch nicht bekannte Ergebnisse zu sein, wird ohnehin kaum erhoben.[268] Aber auch dem Anliegen, das „Gegebene" plausibel zu erklären, werden sie kaum gerecht. Dies ist jedoch primär kein Fehler in den Theorien. Eine Theorie kann nicht besser sein, als die Frage, auf die sie eine Antwort geben soll. Es liegt angesichts der aufgewendeten rechtsdogmatischen Verarbeitungskapazität bei der Diskussion um die Abgrenzung von öffentlichem und privatem Recht deshalb der Schluß nahe, daß es *die* Abgrenzungstheorie gar nicht geben kann, weil es *die* Grenze von öffentlichem und privatem Recht nicht gibt. Das einfache Recht fordert die Entwicklung einer einheitlichen Grenzlinie nicht. Die Begriffe „öffentlich-rechtlich" oder „bürgerlich-rechtlich" stehen in einem spezifischen Problemzusammenhang.[269] Im jeweiligen Kontext ist es durchaus nicht ausgeschlossen, etwa den Ausdruck „öffentlich-rechtlich" nicht rechtsordnungs-[270] sondern gesetzesspezifisch zu interpretieren.[271] Damit wendet man sich ab von mehr oder weniger diffusen Wesensdiskussionen und hin zur konkreten Regelungsaufgabe der Norm, von der diese Unterscheidung vorausgesetzt wird.[272] Bestätigt wird die Statthaftigkeit eines solchen Vorgehens, d. h. einer rechtsnorm- oder gesetzesspezifischen Interpretation dadurch, daß der einfache Gesetzgeber in erheblichem Umfang den Grundtatbestand, der durch das Merkmal „öffentlich-rechtlich" oder „bürgerlich-rechtlich" bzw. „privatrechtlich" gekennzeichnet ist, im Wege der Spezialverweisung derogiert, vor allem im Bereich der §§ 40 VwGO, 13 GVG. So werden in erheblichem Umfang Streitigkeiten von den Zivilgerichten entschie-

---

[266] So *R. Dreier,* Theoriebildung, S. 83.

[267] *R. Dreier,* Theoriebildung, S. 83.

[268] Wenn er einmal der Sache nach erhoben wird, dient dies meistens dazu, die eigenen Ausgangspunkte stimmig zu halten (etwa bei *Schachtschneider,* Staatsunternehmen und Privatrecht, S. 259). Aussicht auf Akzeptanz ist hiermit nicht verbunden. Siehe zu den Auffassungen von *Schachtschneider* in dieser Hinsicht auch schon oben B I 1 c bb, S. 68 ff.

[269] Vgl. die Mahnung von *Breuer,* Bodennutzung, S. 176: Es gelte, aus der erkannten Relativierung der Unterscheidung von öffentlichem und privatem Recht die Konsequenzen zu ziehen und zu einem funktionalen und differenzierten Verständnis der Unterscheidung zu gelangen. Siehe weiterhin *Rittner,* AcP 188 (1988), 106: Jeder Systematisierungsversuch sei angesichts einer unvorstellbaren Zahl zu berücksichtigender Größen unvollständig und ein wenig unrichtig.

[270] So aber *D. Schmidt,* S. 28 und durchgehend.

[271] So auch *Bullinger,* Öffentliches Recht und Privatrecht, S. 10.

[272] So auch *Stolterfoth,* JZ 1975, 661.

den, die „eigentlich“ öffentlich-rechtlicher Natur sind, etwa im Amtshaftungsrecht (Art. 34 S. 1 GG), Enteignungsrecht (Art. 14 Abs. 3 S. 4 GG) oder bei der Anfechtung von Bußgeldbescheiden (§ 68 OWiG).[273] Auch wenn man sich darüber einig ist, daß etwa der Streit um eine Enteignungsentschädigung materiell öffentlich-rechtlichen Charakter trägt,[274] wäre es dem Gesetzgeber doch möglich, statt den Weg der ausdrücklichen anderweitigen Zuweisung zu wählen, den Charakter einer Streitigkeit mit Tatbestandswirkung für die Rechtswegeröffnungsnormen vom Rechtscharakter her zu definieren, und zwar nicht nur im Wege einer Fiktion, sondern einer echten Qualifikationsentscheidung.[275] „Die Abgrenzungstheorie“ müßte es somit nur dann geben, wenn auch der einfache Gesetzgeber gehalten wäre, eine bestimmte Grenzlinie zwischen privatem und öffentlichem Recht einzuhalten. Eine solche könnte sich nur aus der Verfassung ergeben.[276]

### *b) Abgrenzungsdiskussion und Verfassung*

Das Grundgesetz knüpft an verschiedenen Stellen ausdrücklich an die Unterscheidung von öffentlich-rechtlich und privatrechtlich an. Sieht man von der Problematik der noch gesondert zu behandelnden Institutsgarantien ab,[277] sind vor allem zu nennen Art. 12 a Abs. 3, 33 Abs. 5, 87 Abs. 2, Abs. 3 GG.[278] Daß sich daraus die Aussage entnehmen läßt, daß auch der Staat privatrechtliche Rechtsformen in Anspruch nehmen kann und deshalb die Vorstellung unrichtig ist, das öffentliche Recht sei zwingendes Sonderrecht des Staates, wurde bereits ausgeführt.[279] Es bleibt die Frage, ob sich aus den Bestimmungen des Grundgesetz, die an den Dualismus öffentlich-rechtlich / privatrechtlich anknüpfen, auch eine *Abgrenzungslinie zwischen öffentlichem und privatem Recht* ergibt.

Die im Grundgesetz enthaltenen Anknüpfungen an die Unterscheidung von öffentlichem und privatem Recht betreffen im wesentlichen zwei Bereiche.

---

273 Vgl. zu diesen und weiteren Fällen *Bettermann,* DVBl. 1977, 180.

274 Siehe auch *D. Schmidt,* S. 51, wo auch die wichtigsten weiteren Beispiele aufgeführt werden.

275 Anders ausdrücklich *Erichsen,* Jura 1982, 541: Der Gesetzgeber sei nicht in der Lage, einen Rechtssatz, der nach den der Gesamtrechtsordnung zugrundeliegenden Kategorien dem öffentlichen Recht zuzuordnen ist, als privatrechtlich zu deklarieren. Nicht die Theorien verpflichten aber den Gesetzgeber, sondern allein die Verfassung. Siehe dazu auch die Ausführungen unten B I 2 b, S. 95 ff. Im Grundsatz wie hier *Ehlers,* Die Verwaltung 20 (1987), 383: Der Gesetzgeber sei nicht zur rechtswissenschaftlichen Prinzipientreue, sondern lediglich zur Beachtung des Verfassungsrechts verpflichtet.

276 So der Tendenz nach *Ehlers,* Verwaltung in Privatrechtsform, Überschrift auf S. 50: „Die rechtliche Verbindlichkeit der Zweiteilung des Rechts“.

277 Ausführlich unten C III 5, S. 159 ff.

278 Auflistung bei *Ehlers,* Verwaltung in Privatrechtsform, S. 50. Vgl. auch *Püttner,* Die öffentlichen Unternehmen, S. 77. Siehe auch Art. 74 Nr. 11 GG („privatrechtliches Versicherungswesen“) und dazu BVerfG, B. v. 14.1.1976, E 41, 205 ff.

279 Siehe oben B I 1 c bb, S. 68 ff.

Zum einen geht es um die personale, zum zweiten um die organiationsmäßige Erfüllung staatlicher Aufgaben. Im personalen Bereich setzt die Verfassung die Existenz besonderer öffentlich-rechtlicher Dienstverhältnisse zum Staat voraus, im Unterschied zu auch zu ihm bestehenden privatrechtlichen Arbeitsverhältnissen (Art. 12 a Abs. 3 S. 1 1. H.S. auf der einen und S. 1 2. HS GG auf der anderen Seite; Art. 33 Abs. 4 GG, Art. 96 Abs. 4 GG). Diese Rezeption des Dualismus von öffentlichem und privatem Recht hat jedoch nur beschränkten sachlichen Gehalt. Es werden besondere Strukturen der Dienstverhältnisse für bestimmte Bereiche vorgeschrieben.[280] Zum zweiten knüpft das Grundgesetz an die Unterscheidung von öffentlichem und privatem Recht im Hinblick auf die öffentlich-rechtliche Qualität des Rechtsstatus von Behörden und juristischen Personen an (Art. 87 Abs. 2 und 3 GG; Art. 140 Abs. 3 GG; Art. 135 Abs. 2, Abs. 5, Abs. 7 GG; Art. 135 a Nr. 2 GG; Art. 140 GG i. V. m. Art. 137 Abs. 5 WRV). Dies dient im wesentlichen der Absicherung des föderalistischen Prinzips. Eine Aushöhlung von Landesverwaltungskompetenzen droht vor allem dann, wenn der Bund Verwaltungsträger mit öffentlich-rechtlichem Status schafft, denn hoheitliches Handeln durch den Bund setzt (zumindest in aller Regel)[281] einen öffentlich-rechtlichen Rechtsträger voraus.[282] Privatrechtliche Gründungen des Bundes erscheinen (auf den ersten Blick) unproblematischer.

Damit ist jedoch zunächst nur festgestellt, daß das Grundgesetz es ausschließt, den Dualismus von öffentlichem und privatem Recht zugunsten eines allgemeinen Gemeinrechts aufzugeben.[283] Obwohl aber der öffentlich-rechtliche Rechtsstatus von Verwaltungsträgern und das öffentlich-rechtliche Dienstverhältnis funktionell aufeinander bezogen sind, hat doch der Begriff „öffentlich-rechtlich" in beiden Fällen keine identische Bedeutung. Es sind vielmehr nur Teilaspekte der Unterscheidung von öffentlichem und privatem Recht betroffen. Für die Dienstverhältnisse verlangt das Grundgesetz bestimmte inhaltliche Merkmale, die das besondere Treueverhältnis zum Staat im Vergleich zum normalen Dienstverhältnis zum Ausdruck bringen. Die Verpflichtung zu öffentlich-rechtlicher Rechtsträgerschaft verlangt entweder eine vollständige Eingliederung in den staatlichen Verwaltungsaufbau (wie bei Art.

---

[280] Zum Zusammenhang von Art. 12 a Abs. 3 GG mit Art. 33 Abs. 4 GG siehe *Scholz,* in: Maunz / Dürig, Art. 12 a Rdnr. 1.

[281] Siehe *Ehlers,* Verwaltung in Privatrechtsform, S. 111: Die Übertragung von Hoheitsbefugnissen auf publizistische Privatrechtsvereinigungen muß eine begründungsbedürftige Ausnahme bleiben.

[282] Die grundsätzliche Zulässigkeit von „Beleihung" ist insofern kein Gegenbeispiel, denn publizierte Privatrechtsgesellschaften sind kein tauglicher Adressat einer Beleihung. Siehe *Steiner,* Öffentliche Verwaltung durch Private, S. 208 ff.; dem folgend etwa *Ehlers,* Verwaltung in Privatrechtsform, S. 110.

[283] So auch *Kempen,* Formenwahlfreiheit, S. 41: Das Grundgesetz wolle den Unterschied von öffentlichem und privatem Recht als Essentiale der Verfassungsordnung gewahrt wissen. Siehe auch *Renck,* JuS 1978, 461: „Verfassungsrang der Unterscheidung von öffentlichem und privatem Recht"; *Püttner,* Die öffentlichen Unternehmen, S. 78: Der einfache Gesetzgeber könne die Unterscheidung weitgehend ignorieren. „Weitgehend" heißt aber eben nicht „vollständig".

87 d GG), oder verbietet zumindest einen Rückgriff auf private Jedermann-Rechtsformen. Der konkrete Aussagegehalt der Verpflichtung auf das öffentliche Recht ist also je nach Sachzusammenhang unterschiedlich und beschränkt. Eine einheitliche Grenzlinie zwischen öffentlichem und privatem Recht läßt sich aus solchen Teilaussagen nicht entnehmen.

Als Beleg für eine von der Verfassung vorausgesetzte Trennlinie zwischen öffentlichem und privatem Recht wird des weiteren die Kompetenznorm des Art. 74 Nr. 1 GG angeführt.[284] Das beweist aber das Gegenteil von dem, was bewiesen werden soll. Art. 74 Nr. 1 GG umfaßt die im BGB und den herkömmlich zum bürgerlichen Recht gerechneten Nebengesetzen geregelten Materien. Die Kompetenznorm ist retroperspektiv auszulegen[285] und kann u. U. durchaus einzelne, unter anderweitigen Gesichtspunkten zum öffentlichen Recht gezählte Normen mit umfassen.[286] So enthält das Vereinsrecht des BGB (§§ 22 – 79) eine Reihe von Vorschriften, die unter dem Blickwinkel des § 40 VwGO oder des VwVfG zum öffentlichen Recht gehören. Beim Verfahren zur Entziehung der Rechtsfähigkeit nach § 43 BGB gilt das VwVfG, zuständig für eine Anfechtung sind die Verwaltungsgerichte nach § 40 Abs. 1 VwGO.[287] Auf der anderen Seite umfaßt Art. 74 Nr. 1 GG wesentliche Bereiche von herkömmlich zum Privatrecht gezählten Materien nicht. Diese fallen vielmehr unter besondere Kompetenztitel, die ihrerseits auch die öffentlich-rechtlichen Aspekte mitumfassen, so etwa das Wirtschaftsrecht in Art. 74 Nr. 11 GG und das Arbeitsrecht in Art. 74 Nr. 12 GG. Es ist deshalb unkorrekt, den Begriff „Privatrecht" im allgemeinen Gegensatz zum öffentlichen Recht mit dem Begriff „bürgerliches Recht" des Art. 74 Nr. 1 GG gleichzusetzen.[288] Unrichtig ist es weiterhin, gegen ein gesetzgeberisches Dispositionsermessen für die Frage, ob etwas

---

[284] *D. Schmidt,* S. 53 f.; *Bullinger,* Öffentliches Recht und Privatrecht, S. 9; *Gern,* ZRP 1985, 58; vor allem aber *Renck,* JuS 1978, 461.

[285] So auch BVerfG, B. v. 10.3.1976, E 42, 20 (29).

[286] So auch BVerwG, Urt. v. 26.5.1967, E 27, 131 (134); *Schöne,* S. 29 m. Anm. 10. Vgl. auch *Salzwedel,* 44. DJT, Band I/5, S. 53, der den Begriff des „bürgerlichen Rechts" mehr kodifikationstechnisch verstehen will.

[287] Ausführlich *Albrecht,* S. 7 ff.

[288] Von einigen Autoren wird dies auch nur unter Einschränkung vertreten, siehe *Bullinger,* Öffentliches Recht und Privatrecht, S. 9 auf der einen und S. 107 auf der anderen Seite. Weiterhin *D. Schmidt,* S. 53 f., der aufgrund der vielen von ihm selbst dargestellten Ausnahmen diese Meinung eigentlich selbst widerlegt. Gegen eine Gleichsetzung von bürgerlichem Recht im Sinne von Art. 74 Nr. 1 GG und Privatrecht auch *Ehlers,* Verwaltung in Privatrechtsform, S. 4. Allerdings läßt sich feststellen, daß die Landesgesetzgeber von ihnen geregelte Rechtsinstitute öffentlich-rechtlich „ausflaggen", wenn es eine Kollision mit dem Kodifikationsanspruch des BGB zu vermeiden gilt. Deutlich wird dies etwa an der Figur der öffentlich-rechtlichen Baulast (siehe BVerwG, B. v. 27.9.1990, NJW 1991, 713 f.; B. v. 29.10.1992, NJW 1993, 480; *Meedermann / Lassek,* NJW 1993, 424 ff.). Entscheidend dafür, daß kein Verstoß gegen Art. 72, 74 Nr. 1 GG vorliegt, ist aber nicht das öffentlich-rechtliche „Etikett", sondern die auf die Durchführung des Bauordnungsrechts bezogene Aufgabe, die einen hinreichenden Kontrast zu zivilrechtlichen Bestimmungen entstehen läßt (die Baulast begründet Verpflichtungen nur gegenüber der Bauaufsichtsbehörde und kann hoheitlich durchgesetzt werden, siehe *Meedermann / Lassek,* NJW 1993, 426).

im Sinne von § 40 VwGO öffentlich-rechtlich oder im Sinne von § 13 GVG bürgerlich-rechtlich ist, einzuwenden, damit könne der Bundesgesetzgeber über den Umfang seiner Kompetenz nach Art. 74 Nr. 1 GG entscheiden.[289] Ob Streitigkeiten vor die Zivilgerichte kommen und ob der Bundesgesetzgeber eine Kompetenz aus dem Titel „bürgerliches Recht" des Art. 74 Nr. 1 GG hat, sind zwei verschiedene Dinge. Die Notwendigkeit einer rechtsordnungsspezifischen Definition des Begriffs „Öffentliches Recht" braucht es somit von verfassungs wegen nicht zu geben und es gibt ihn auch nicht.[290]

### *3. Öffentliches und privates Recht als rechtssystematische und rechtstechnische Unterscheidung*

Die Unterscheidung von privatem und öffentlichem Recht ist mangels eindeutiger verfassungsrechtlicher Grenzziehung vor allem für Fragen der Rechtswegabgrenzung, aber auch hinsichtlich sonstiger einfachrechtlicher Konsequenzen ein Problem des einfachen Rechts.[291] Öffentliches Recht ist das, was der Gesetzgeber – und zwar immer im Hinblick auf ein bestimmtes Einordnungsproblem – als öffentliches Recht, privates Recht das, was er insoweit als privates Recht erlassen hat. Dies zu ermitteln ist eine *Interpretationsaufgabe.* Im Wege der Auslegung jeder einzelnen Norm ist zu bestimmen, ob der Gesetzgeber sie *im Hinblick auf die Bezug nehmende Bestimmung* als öffentlich-rechtlich (etwa mit der Folge der Eröffnung des Verwaltungsrechtsweges nach § 40 VwGO) oder als privatrechtlich qualifiziert hat. Soweit sich keine ausdrückliche Entscheidung des Gesetzgebers eruieren läßt, teilt dabei eine einfache Norm im Regelfall den Gesamtcharakter des Gesetzes, in dem sie enthalten ist. Dieser Gesamtcharakter ist ebenfalls durch Auslegung zu ermitteln.[292] Dabei liegt in weitem Umfang die Aufteilung durch die historische Entwicklung und gewachsene Systematik beider Rechtsgebiete fest, die bisher vom Gesetzgeber substantiell auch nicht in Frage gestellt worden ist.[293] Insofern bieten die „Theorien" zur Abgrenzung von öffentlichem und privatem Recht eine Orientierungshilfe. Die Probleme des Bürger-Bürger-Verhältnisses werden in der

[289] So aber *Renck,* JuS 1978, 461: Könne der Gesetzgeber darüber bestimmen, was als bürgerliches Recht zu gelten hat, so könnte er ... über seine Befugnisse verfügen mit der Folge, daß die verfassungsgesetzliche Zuständigkeitsordnung gegen den Sinn der Verfassung dispositiv wäre.

[290] So zutreffend auch *Leisner,* Grundrechte und Privatrecht, S. 202. Deutlich wird dies auch in der Entscheidung des BVerfG, B. v. 14.1.1976, E 41, 205 (221), wonach „privatrechtliches Versicherungsrecht" auch die Tätigkeit der öffentlich-rechtlichen Wettbewerbsversicherer umfaßt und allein die landesrechtlichen Monopolanstalten aus der Zuständigkeit des Bundes ausnimmt.

[291] So auch *Bachof,* AöR 83 (1958), S. 228, *ders.,* Festgabe 25 Jahre BVerwG, S. 2.

[292] Er muß jedoch nicht in jedem Fall bestehen. Es ist denkbar, daß für ein Gesetz keine Gesamtqualifikationsentscheidung möglich ist. Musterbeispiel hierfür ist das GWB.

[293] *Gern,* ZRP 1985, 58, schießt deshalb mit seiner Kritik deutlich über das Ziel hinaus, wenn er dem Gesetzgeber allgemeine Systemlosigkeit und Heterogenität bei der Qualifikation vorwirft.

Regel von privatrechtlichen und solche des Bürger-Staat-Verhältnisses bzw. solche von staatlichen Organen oder Organträgern untereinander von öffentlich-rechtlichen Normen geregelt.[294] Dies hat die Zuständigkeit der Verwaltungs- bzw. Zivilgerichte, die Anwendbarkeit oder Nichtanwendbarkeit des VwVfG etc. zur Folge. Dies ist aber nur der Regelfall, von dem der Gesetzgeber abweichen kann, wenn er dies will. Daß Normen auch den Staat und seine Untergliederungen betreffen, spricht also ebensowenig zwingend gegen ihren privatrechtlichen Charakter, wie eine ausschließliche Beteiligung von Privatpersonen gegen ihren öffentlich-rechtlichen.

Es gibt also Spielraum für eine konstitutive Entscheidung zugunsten einer öffentlich-rechtlichen oder privatrechtlichen Regelung. Zwar besteht für den Gesetzgeber eine verfassungsrechtliche Obliegenheit zur Systemgerechtigkeit. Bis zur Grenze des Gleichheitsverstoßes kann er jedoch zwischen öffentlich-rechtlicher und privatrechtlicher Regelung variieren, dann mit der Qualifizierung als privatrechtlich die Regelungszusammenhänge zu BGB, ZPO, GVG in Gang setzen, aber auch ausschließen und umgekehrt. Auch wenn der Gesetzgeber meistens nicht erklärt, ob eine erlassene Norm öffentlich-rechtlichen oder privatrechtlichen Charakter haben soll, besteht doch kein Zweifel, daß er eine konstitutive Zuordnung vornehmen könnte. Der Gesetzgeber ist Herr der Unterscheidung von öffentlichem und privatem Recht. Für die Einordnung von Institutionen ist diese Wahlfreiheit im übrigen seit langem anerkannt[295] und vom Gesetzgeber auch praktiziert.[296] Auch im Hinblick auf die Qualifizierung von Rechtsnormen hat der Gesetzgeber aber gelegentlich ein Recht zur Derogierung der Rechtsprechung in Anspruch genommen.[297]

Überzogen ist es allerdings, wenn man versucht, ausgehend von der Definitionsmacht unter Zuhilfenahme der Wesentlichkeitstheorie auf eine Definitionspflicht des Gesetzgebers zu schließen.[298] Der Gesetzgeber ist zwar aus all-

---

[294] Vgl. BVerfG, B. v. 10.3.1976, E 42, 20 (31): „Das bürgerliche Recht ist in seinen Wirkungen auf den Mitbürger ausgerichtet." Weiterhin etwa *Barbey,* VersR 1985, 107.

[295] Siehe vor allem *Bachof,* AöR 83 (1958), S. 227. Vgl. auch die Regelungen des Art. 140 GG i. V. m. Art. 137 WRV über den möglichen Status der Kirchen als Körperschaft des öffentlichen Rechts. Dieser Status bewirkt keine Einordnung der Kirchen in den Staat (siehe *Richardi,* Arbeitsrecht in der Kirche, § 1 Rdnr. 11, S. 5 m. w. N.). Vielmehr erhalten die Kirchen die Möglichkeit, die Eigenständigkeit ihrer Ordnung durch das Instrumentarium des öffentlichen Rechts zu sichern (so zutreffend *Richardi,* Arbeitsrecht in der Kirche, § 1 Rdnr. 22, S. 9).

[296] Bekanntestes Beispiel: Nach § 53 HwO ist die Handwerksinnung eine Körperschaft des öffentlichen Rechts, der Landesinnungsverband als Zusammenschluß von Innungen des gleichen Handwerks nach § 80 HwO hingegen eine Körperschaft des Privatrechts, die Kreishandwerkerschaft als örtlicher Zusammenschluß der Innungen nach § 90 Abs. 1 HwO wiederum eine Körperschaft des öffentlichen Rechts. Ausdruck des gesetzgeberischen Dispositionsermessens sind auch die Körperschaften des öffentlichen Rechts im formellen Sinn. Sie gehören nicht zur mittelbaren Staatsverwaltung, sondern in die Kategorie des Privaten (siehe *Mronz,* S. 165 ff.; *F. Knöpfle,* Festschrift für Ule, S. 93 ff).

[297] Siehe vor allem § 24 Abs. 4 BBauG i. d. F. des Änderungsgesetzes v. 18.8.1976, BGBl. I, S. 2221; ausführlicher dazu unten B II 4 b, S. 107 ff.

[298] So aber *Gern,* ZRP 1985, 58.

gemeinen rechtsstaatlichen Erwägungen verpflichtet, den Rechtsweg, das Haftungsregime, die Verfahrensordnung etc. für jede Norm erkennbar werden zu lassen. Zu einer die gesamte Rechtsordnung umfassenden allgemeinen Definition verpflichtet ihn dies aber nicht. Eine solche Formel wäre im übrigen auch kaum zu gewinnen, denn dem Gesetzgeber wird es genausowenig wie der Wissenschaft gelingen, alle Qualifikationsprobleme in einer Formel unterzubringen.

Ist die Unterscheidung von öffentlichem und privatem Recht aber *dispositiv,* so ist sie auch *relativ.* Dem Gesetzgeber ist es möglich, Normen einen Doppelcharakter zu gewähren, sie also je nach Zusammenhang als öffentlich-rechtlich oder privatrechtlich zu qualifizieren. Diese Relativität kann sich entweder aus verschiedenen Normbezügen oder aus unterschiedlichen Beteiligten ergeben.[299] Auch dies unterstreicht, daß letztlich jeder Versuch aussichtslos ist, einen rechtswissenschaftlichen Begriff des öffentlichen oder privaten Rechts zu gewinnen.

## *II. Privatrechtsgestaltung und Publifizierung*

### *1. Hoheitliche Privatrechtsgestaltung als Erscheinungsform der Publifizierung des Privatrechts*

Georges Ripert stellt 1949 für das französische Recht im Anschluß an Portalis fest: „Tout devient droit public.“[300] Auch im deutschen Rechtskreis findet sich die immer wieder anzutreffende Meinung, wonach das Privatrecht gegenüber dem öffentlichen Recht mehr und mehr in einer Position der Defensive sei.[301] Zwar ist die hervorragende rechtstatsächliche Bedeutung des Privatrechts

[299] So auch *Bettermann,* Vom Rechtsschutz gegen Rundfunk-Rufmord, S. 265; *Scholz,* ZHR 1969, 122. Daher wird man insgesamt davon ausgehen können, daß der Urlaubsanspruch nach Art. 48 Abs. 1 GG bei einem privatrechtlichen Dienstverhältnis zu einer bürgerlichen Rechtsstreitigkeit führt (vgl. *Erichsen,* Jura 1982, 541; *Maunz,* in: Maunz / Dürig, Art. 48 Rdnr. 4). Zwar hat das Grundgesetz insgesamt weitgehend öffentlich-rechtlichen Charakter, Ansprüche unter Privaten gehören aber in der Regel vor die Zivilgerichte. Anders als bei § 133 AFG und § 257 SGB V sprechen keine besonderen Gründe der Sachnähe für eine insgesamt öffentlich-rechtliche Einordnung. Ein weiteres Beispiel bietet § 70 GewO (vgl. dazu *Hitzler,* GewArch 1981, 362). Zu pauschal deshalb *Scherer,* NJW 1989, 2726: Eine Norm könne nur öffentlich-rechtlich oder privatrechtlich sein, „tertium non datur“. Gegen eine relative Sicht der Unterscheidung wohl auch *Laubinger,* VerwArchiv 83 (1992), 646, im Hinblick auf die Qualifizierung des Handelns öffentlich-rechtlicher Religionsgemeinschaften bezüglich Sachstatus, Einordnung von Handlungen als Verwaltungsakt nach § 35 S. 1 VwVfG, Statthaftigkeit der Verfassungsbeschwerde etc.

[300] *Ripert,* Le Déclin du Droit, S. 37 ff.

[301] Schon am Anfang des 20. Jahrhunderts stellte *Kormann,* S. 35, fest, daß eine unverkennbare Entwicklungstendenz darauf hinziele, das Gebiet des privaten zugunsten des Verwaltungsrechts einzuengen. Für den Bereich des Arbeitsrechts ausführliche Nachweise

nach wie vor genauso unbestritten wie seine grundsätzliche Leistungsfähigkeit.[302] Die grundsätzliche Entwicklung des Verhältnisses von öffentlichem und privatem Recht in der deutschen Rechtsordnung wird jedoch nicht ohne Skepsis beobachtet. Von „Entprivatisierung",[303] „Denaturierung",[304] „Publifizierung", „Durchstaatlichung", gar „Sozialisierung" des Privatrechts ist die Rede.[305]

Diese Skepsis scheint auf den ersten Blick durch das hier behandelte Thema bestärkt zu werden. Privatrechtsgestaltende Hoheitsakte sind nach den für die Begriffsbestimmung zugrundegelegten Kriterien „Einmischungen" des öffentlichen Rechts in ansonsten privatautonom ablaufende Prozesse.[306] Folgt man zudem der hier vertretenen Abgrenzung von öffentlichem und privatem Recht, kommt leicht der Verdacht auf, damit sei das Privatrecht einer Publifizierung gerade durch hoheitliche Privatrechtsgestaltung quasi schutzlos ausgesetzt. Denn einen durchgehenden Wesensunterschied von öffentlichem und privatem Recht gibt es hiernach nicht, ein besonderer Rechtfertigungszwang für hoheitliche Privatrechtsgestaltung besteht von daher nicht. Privatrecht ist staatliches Recht wie das öffentliche Recht auch, es genießt – soweit sich nicht aus der Verfassung und damit aus dem öffentlichen Recht anderes ergibt – keine Immunitäten gegenüber hoheitlichen Eingriffen, zumindest nicht aufgrund der Tatsache, daß es sich um Privatrecht handelt. Besonders verdächtig mag insoweit erscheinen, daß auch für den Geltungsanspruch der Grundrechte sich konsequenterweise allein aus der Qualifizierung einer Norm als privatrechtlich nichts ergibt.[307] Der Grundrechtsbindung nach Art. 1 Abs. 3 GG kann sich der Gesetzgeber nicht dadurch entziehen, daß er eine Norm statt als

---

bei *Jacobi,* Grundlehren, § 24 II 1, S. 389. Vgl. weiterhin *Großfeld,* Zivilrecht als Gestaltungsaufgabe, S. 13; *Hillermeier,* BB 1976, 726; *Meyer zum Wischen,* S. 6; *Raiser,* Die Zukunft des Privatrechts, S. 210 f.: Funktionsverlust des Privatrechts, Schrumpfung seines Anwendungsbereichs; *Badura,* Staatsrecht, A 6; *Berg,* Die Verwaltung 21 (1988), 319; *Jarass,* VVDStRL 50 (1990), 240; *Schack,* DVBl. 1961, 897; *Zöllner,* JuS 1988, 331. Für den Bereich des Umweltrechts siehe *Gerlach,* Privatrecht und Umweltschutz, S. 49; für das Baurecht *Breuer,* DVBl. 1983, 435: Publifizierung des Baunachbarrechts; weitere Nachweise bei *D. Schmidt,* S. 16.

302 Siehe vor allem *Rittner,* Festschrift für Müller-Freienfels, S. 521.

303 So *W. Kilian,* AcP 180 (1980), 77.

304 *Hedemann,* Festschrift für Nipperdey, S. 258.

305 Zur Verwendung dieser Ausdrücke siehe die Nachweise bei *Jacobi,* Grundlehren, § 24 II 1, S. 389.

306 *Jacobi,* Grundlehren, § 24 VI 6, S. 417, spricht ausdrücklich im Hinblick auf privatrechtsgestaltende Hoheitsakte von einem „Vordringen des öffentlichen Rechts in das Gebiet des Privatrechts". *Diederichsen,* 56. DJT, L 69, wendet sich gegen die Ausweitung von Präklusionsnormen wie § 11 WHG und § 14 BImSchG aus und gibt dem öffentlichen Recht den Ratschlag, sich lieber um eine größere Effektivität der eigenen Machtmittel zu kümmern, „statt die Usurpation des Zivilrechts anzustreben". Vgl. auch *Meyer zum Wischen,* S. 6: Genehmigungserfordernisse für private Rechtsgeschäfte als Ausdruck von staatlichem Dirigismus und Interventionismus.

307 So auch *Bethge,* Standort, S. 98 ff.

öffentlich-rechtlich als privatrechtlich einstuft. Die Qualifikationsentscheidung ist daher aus grundrechtlicher Sicht irrelevant.[308]

Hiermit ist möglicherweise ein Nährboden für eine ablehnende Haltung gerade aus zivilrechtlichen Kreisen gegen die hier vertretene Abgrenzungslehre und möglicherweise auch das Instrument hoheitlicher Privatrechtsgestaltung gelegt. Um insofern keine falschen Frontstellungen entstehen zu lassen, sind einige allgemeine Anmerkungen zum Publifizierungsproblem erforderlich. Mit der hier vertretenen Auffassung zum Abgrenzungsproblem ist noch nichts darüber ausgesagt, inwieweit bestehende privatrechtliche Normkomplexe von speziellen grundrechtlichen Garantien *aufgrund ihres freiheitsermöglichenden Charakters* (nicht deshalb, weil es sich „technisch" um Privatrecht handelt) abgesichert sind. Es ist auch jeglicher Verdacht unbegründet, die grundsätzliche Unterscheidbarkeit von öffentlichem und privatem Recht werde in Frage gestellt. Es bleibt auch nach der hier vertretenen Abgrenzungstheorie dabei, daß sich beide Gebiete in vielfachen Zusammenhängen unterscheiden, unterscheiden lassen und unterschieden werden müssen. Dies kann eben nur nicht anhand eines einheitlichen Maßstabes geschehen, sondern nur anhand der konkreten Einordnungsfrage. Es hätte im übrigen auch gar keinen Sinn, die hoheitliche Privatrechtsgestaltung als besonderes rechtliches Phänomen zu behandeln, wenn es sich von vornherein um ein unproblematisches Zusammenwirken verschiedener Rechtsnormen oder Rechtsbereiche handelte, wie es in anderen Zusammenhängen vielfach zu beobachten ist. Die Relevanz und der Reiz des Themas folgt gerade daraus, daß bestimmte Prinzipien im öffentlichen und privaten Recht in ganz unterschiedlichem Maße auftauchen.[309] Einschränkungen privater Autonomie betreffen zwar nicht aufgrund einer absoluten theoretischen Notwendigkeit, gleichwohl aber rechtstatsächlich in der Regel das Privatrecht, sowohl für die Vertrags-, als auch die Vereinigungs- und die Eigentumsfreiheit.[310]

### 2. *Publifizierung und Privatisierung*

Die Befürchtungen um die Publifizierung der Rechtsordnung sind teilweise berechtigt, gelegentlich aber auch zu einer Art Phobie gesteigert. Eine allgemeine Publifizierungstendenz läßt sich in der deutschen Rechtsordnung überhaupt nicht in der Weise feststellen, wie gelegentlich der Eindruck vermittelt wird.[311] So führt vor allem die Rechtsformenwahlfreiheit der Verwaltung gerade

---

[308] Diese Frage ist an dieser Stelle nicht zu vertiefen. Sie wird in einem Teilaspekt diskutiert hinsichtlich des Grundrechts der Eigentumsgarantie. Siehe dazu unten E II 1, S. 236 ff.

[309] Siehe dazu ausführlich *D. Schmidt,* S. 166 ff.

[310] Siehe die Darstellungen unten C I, S. 119 ff., D I, S. 198 ff., E I, S. 223 ff.

[311] So auch für das Arbeitsrecht schon frühzeitig *Jacobi,* Grundlehren, § 24 IV 2, S. 422: „Privates wie öffentliches Recht sind durch die arbeitsrechtliche Entwicklung befruchtet, von einer besonderen Bevorzugung des öffentlichen Rechts, oder gar von einem stürmischen Vordringen des öffentlichen Rechts kann nicht gesprochen werden."

in jüngerer Zeit zu erheblichen Bedeutungszuwächsen des Privatrechts. Erwähnt sei nur der erste Teil der Poststrukturreform.[312] Auch die institutionelle Absicherung der ordentlichen Gerichtsbarkeit wirkt – wenn auch im Einzelfall in nicht unproblematischer Weise – einer generellen Publifizierung entgegen.[313] Publifizierungstendenzen, die ermittelt werden können, müssen zudem differenziert auf ihre Ursachen untersucht werden. Vor allem ist die Frage zu stellen, ob sie sich nicht oft auf durchaus sachliche Gründe zurückführen lassen. Erst bei einer entsprechend bereinigten Sicht des Publifizierungsproblems läßt sich eine qualifizierte Grundhaltung hierzu einnehmen.

Die Auffassung, das Privatrecht sei gegenüber dem öffentlichen Recht in der Defensive, wird allerdings auch nicht allgemein geteilt. Eine solche Feststellung wird namentlich von Hesse als ein unrichtiger, da nur vordergründiger Befund bezeichnet.[314] Hesse beruft sich als Gegenargument nicht auf die schon angesprochene Formenwahlfreiheit. Er meint vielmehr, eine Art gegenseitiger „Änderung durch Annäherung" erkennen zu können. Der Wandel des Verhältnisses von Verfassungsrecht und Privatrecht sei Ausdruck eines Wandels eines jeden der beiden Rechtsgebiete.[315] Daß sich sowohl Privat- als auch Verfassungsrecht – wie von Hesse dargestellt – gewandelt haben und wandeln, ist nicht zu bestreiten. Der Anpassungsprozeß betraf jedoch fast ausschließlich das Privatrecht, nicht das Verfassungsrecht.[316] Änderungen in der Auslegung des Privatrechts ergeben sich in einer Reihe von wesentlichen Punkten durch von verfassungsrechtlicher und insbesondere bundesverfassungsgerichtlicher Seite veranlaßter Öffnung des Privatrechts für verfassungsrechtliche Wertungen.[317] Dies läßt sich als „mittelbare Publifizierung" bezeichnen.[318] Die mittelbare Publifizierung sollte man in ihrer Bedeutung jedoch nicht überbewerten. Das Privatrecht hat vor allem in den zwanziger Jahren eine Reihe von Wertungskorrekturen aus sozialen Gründen vorgenommen.[319] Es mußte deshalb nicht nach 1949 „auf grundrechtlicher Grundlage völlig neu aufgebaut werden".[320] Eingetretene Neuorientierungen sind nicht unbedingt ein Verdienst

---

[312] Siehe das Poststrukturgesetz v. 8.6.1989 – BGBl. I, 1026; dazu auch *Müssig,* NJW 1991, 472; *Schwonke,* NVwZ 1991, 149. Die Postdienste bleiben zwar (solange Art. 87 GG nicht geändert ist) öffentliche Verwaltung, nach § 7 S. 1 PostG werden die Rechtsbeziehungen zu den Kunden jedoch weitgehend dem Privatrecht unterstellt.

[313] Zutreffend *Ossenbühl,* DVBl. 1990, 967.

[314] Siehe *Hesse,* Verfassungsrecht und Privatrecht, S. 31.

[315] *Hesse,* Verfassungsrecht und Privatrecht, S. 31.

[316] Die von *Hesse,* Verfassungsrecht und Privatrecht, S. 39, behauptete Bedeutung des Privatrechts für die Verfassung kommt dementsprechend auch an keiner Stelle seiner Ausführungen recht zum Ausdruck.

[317] Deutlich wird dies gerade auch im Familienrecht. Siehe etwa *Henrich,* Festschrift für Lerche, S. 239 ff., *dens.,* Familienrecht, S. 1 ff.; *Schwab,* Familienrecht, S. 5 ff.

[318] Vgl. auch *Hesse,* Verfassungsrecht und Privatrecht, S. 34.

[319] Vgl. allgemein *Nipperdey,* AT, S. 72 ff.; zu den Gründen für notwendig gewordene Änderungen vgl. auch *W. Kilian,* AcP 180 (1980), 77 f.

[320] *Mestmäcker,* AcP 168 (1968), 240.

des bundesrepublikanischen Verfassungsgesetzgebers.[321] Der Autonomieverlust, den das Privatrecht durch das höherrangige Verfassungsrecht erleidet, wird aber noch aus einem anderen Grund eher überbewertet. Die Korrekturen, die das BVerfG in der Zivilrechtsordnung vorgenommen hat, hätten mit etwas mehr Sensibilität für die richtige Interessenbewertung auch von den Fachgerichten geleistet werden können. Die Verfassung gibt nur sehr allgemeine Richtlinien für den richtigen Interessenausgleich vor. Insofern ist das Drittwirkungsproblem nach wie vor eher eine Kompetenzfrage zwischen BVerfG und vor allem dem BGH als ein Konkurrenzproblem zwischen Zivil- und Verfassungsrecht. Die Feststellung, daß das BVerfG letztlich doch als Superrevisionsinstanz in Zivilsachen fungiert, ist nicht wirklich zu widerlegen.[322] Ein weiterer Aspekt kommt noch hinzu. Reaktionen des Gesetzgebers, die vom Verfassungsrecht mit vorgegebene Wertungskorrekturen vollziehen, erfolgen in aller Regel durch das Medium der Privatrechtsordnung. Von einer Publifizierung läßt sich deshalb insofern eigentlich nicht sprechen.

### 3. *Unmittelbare Publifizierung*

Insgesamt wichtiger für die Gesamtdiagnose des Zustandes der deutschen Rechtsordnung im Hinblick auf die richtige Gewichtung von öffentlichem und privatem Recht ist die unmittelbare Publifizierung, also die *Ergänzung, Verdrängung* oder *Ersetzung* privatrechtlicher Normenkomplexe durch öffentlichrechtliche Regelungen.

„Ergänzung" meint den Vorgang, daß zusätzlich zu zunächst privatrechtlich geregelten Sachverhalten öffentlich-rechtliche Regelungen treten. Anzutreffen ist eine solche Ergänzung vor allem im Arbeitsrecht, wo neben dem privatrechtlichen Abschlußtatbestand in erheblichem Umfang sozialversicherungsrechtliche und damit öffentlich-rechtliche Folgen eine Rolle spielen.[323] Die durch Zahlung von Sozialversicherungsbeiträgen entstehenden Eigentumspositionen[324] garantieren häufig in weit größerem Umfang als das Privateigentum die Freiheit im vermögenswerten Bereich.[325] Auch im Zusammenhang mit der Mitbestimmungsfrage wird eine „Flucht" der modernen Gesetzgebung aus

[321] Plastisch *Dürig,* Festschrift für Nawiasky, S. 177: Das Privatrecht habe nicht auf den Anruf des Grundgesetzes warten müssen, um wirklich werthaftig zu werden.

[322] Inwieweit es theoretische Möglichkeiten gibt, dieses Problem in den Griff zu bekommen, ist an dieser Stelle nicht zu diskutieren. Jedenfalls läßt sich die Rechtsprechung des BVerfG nicht in ein stringentes Schema bringen.

[323] Siehe *D. Schmidt,* S. 19. Vgl. aus dem Bereich der öffentlich-rechtlichen Arbeitnehmerschutzgesetzgebung etwa die Diskussion um den Sonn- und Feiertagsschutz (dazu *Richardi,* Essener Gespräche 24, S. 117 ff.). *D. Schmidt,* aaO, möchte diesen Vorgang als „Überlagerung" des privaten durch das öffentliche Recht bezeichnen. Dieser Ausdruck bringt den dargestellten Vorgang jedoch deshalb nicht ganz zutreffend zum Ausdruck, weil der privatrechtliche Tatbestand durchaus nicht verdeckt wird. Ihm verbleibt primäre und sichtbare Bedeutung.

[324] Ausführlich dazu unten E II 1 c, S. 242 ff.

[325] Siehe *Kübler,* Differenziertheit, S. 214 und unten E II 1 c, S. 242 ff.

dem Privateigentum konstatiert.[326] Ein Anwendungsfall für die Ergänzung des Privatrechts durch das öffentliche Recht ist die Privatrechtsgestaltung, also etwa der Fall, daß der Eintritt zivilrechtlich vereinbarter Folgen unter die notwendige Bedingung eines öffentlich-rechtlichen Mitwirkungsaktes gestellt wird.[327]

„Verdrängung" des Privatrechts bedeutet, daß öffentlich-rechtliche Normen privatrechtliche Bestimmungen zwar formal nicht antasten, sie in ihrem effektiven Bedeutungsbereich jedoch vermindern. Bekanntestes Beispiel hierfür ist die Entwicklung des öffentlichen Nachbarrechts.[328] „Schuld" an solchen Erscheinungen ist aber in erster Linie das Privatrecht selbst. Mangelnde Problemlösungskompetenz sind allein durch interne Weiterentwicklung zu überwinden.[329]

„Ersetzen" betrifft schließlich den Vorgang, daß bisher privatrechtlich geregelte Sachverhalte vom öffentlichen Recht „übernommen" werden.[330] Beispiele hierfür liefert vor allem das Sozialrecht. Schon früh wurden etwa die ursprünglich privatrechtlichen Verträge zwischen Krankenkassen und Kassenärzten durch ein öffentlich-rechtliches Kassenarztsystem ersetzt.[331] Einen Fall der Ersetzung bisher privatrechtlicher Regelungen enthält auch das zum 1.1.1989 in Kraft getretene GRG: Erfolgte bis zum 1.1.1989 die Zulassung zur Erbringung von Heilmitteln in zivilrechtlichen Rahmenverträgen zwischen den Landesverbänden der Krankenkassen und den Verbänden der Leistungserbringer,[332] gelten seitdem gemäß §§ 124, 126 SGB X öffentlich-rechtliche Zulassungsregelungen.[333] Eine ganz ähnliche Entwicklung ist im Hinblick auf die Beziehungen zwischen den Krankenkassen und den Zahntechnikern zu beobachten. Die Zahntechniker standen zunächst außerhalb des schon von Beginn an öffentlich-rechtlich ausgestalteten Kassenarztrechts und seines Ver-

---

[326] *Papier,* Eigentumsgarantie im Wandel, S. 25.

[327] *Meyer zum Wischen,* S. 18, spricht insoweit von einer „Unterwanderung" des öffentlichen durch das private Recht.

[328] Vgl. dazu schon oben A V 6 b und c, S. 44 ff. Siehe auch *D. Schmidt,* S. 17, der diesen Vorgang als „Überholen" des Privatrechts durch das öffentliche Recht bezeichnen möchte.

[329] Darstellung am Beispiel des Nachbarrechts oben A V 6 b, S. 44 ff.

[330] *D. Schmidt,* S. 17, spricht statt dessen vom „Unterlaufen" des Privatrechts durch das öffentliche Recht. Er meint damit, daß bei neu entstehenden oder sichtbar werdenden Problemen von vornherein nur öffentlich-rechtliche Regelungen erlassen werden. Hierbei handelt es sich aber um eine vierte Kategorie, während *Detlef Schmidt* die dritte, nämlich das Ersetzen, nicht behandelt. Des weiteren gehört das durchaus korrekt beobachtete Phänomen des Neubesetzungsvorrangs des öffentlichen Rechts weniger zum Thema Publifizierung des Privatrechts – es gibt ja keine privatrechtliche Regelung –, als vielmehr in die Kategorie Publifizierung der Rechtsordnung. Schließlich erscheint der Begriff „Unterlaufen" in diesem Zusammenhang nicht ganz glücklich gewählt. Denn wo keine privatrechtlichen Regelungen bestehen, können diese auch nicht „unterlaufen" werden.

[331] Vgl. *Schulin,* JZ 1986, 477.

[332] Zur zivilrechtlichen Qualifikation solcher Verträge siehe vor allem GmS-OGB, B. v. 10.4.1986, BGHZ 97, 312 (316); weiterhin BGH, Urt. v. 26.10.1961, Z 36, 91 (93); vgl. auch BVerfG, B. v. 14.5.1985, E 70, 1 (19); *Kleinmann,* NJW 1985, 1369.

[333] Ausführlich *Heinze,* VSSR 1991, 5; *J. Schmitt,* Leistungserbringung, S. 212; vgl. auch BGH, Urt. v. 25.6.1991, NJW 1992, 1561 (1562).

tragssystems.[334] Sie schlossen privatrechtliche Verträge mit dem jeweils für die Behandlung verantwortlichen Zahnarzt.[335] Die heute in § 88 SGB V vorgesehenen Vereinbarungen über das Leistungsverzeichnis und die entsprechenden Vergütungen zwischen den Spitzenverbänden der Krankenversicherungsträger und dem Bundesinnungsverband der Zahntechniker sind hingegen öffentlich-rechtlicher Natur.[336]

### 4. *Gründe für die Publifizierung*

#### *a) Das gewandelte Staatsaufgabenverständnis*

Nach Auffassung von Ripert vollzieht sich der Übergang vom privaten zum öffentlichen Recht, wenn der Staat sich in bisher durch Gesetz und Vertrag geregelte Rechtsbeziehungen einmische.[337] Dieses Eingreifen werde immer massiver, gleichzeitig aber auch immer uneffektiver; es beginne mit Verbotsgesetzen für private Rechtsakte, setze sich fort in Genehmigungserfordernissen, Kontrahierungszwängen, Tätigkeitsüberwachungen und ende in einer allgemeinen Verstaatlichung.[338]

Das den Ausführungen von Ripert zugrundeliegende Credo, letztlich würden durch die Aktivität des Staates alle weniger frei,[339] so daß das Privatrecht als das Recht der Freiheit und das öffentliche Recht als das der Zwangsjacke erscheint, entspricht weder der rechtlichen noch der sozialen Realität.[340] Die Ausgangsüberlegung ist gleichwohl richtig und gleichzeitig Hauptursache für die „echten" Publifizierungstendenzen. Der „Aufstieg" des öffentlichen Rechts beruht wesentlich auf einem in allen modernen Sozialstaaten zu beobachtenden sich wandelnden Staatsaufgaben- und -verantwortungsverständnis.[341] Dies führt zu den beschriebenen Funktionsverdrängungsprozessen zulasten des Privatrechts. Besonders beeinflußt ist der Aufstieg des ius publicum für das deutsche Recht durch die Rechtsprechung des BVerfG, vor allem die Anerkennung von aus den Grundrechten folgenden Schutzpflichten des Staates auch

---

[334] BVerfG, B. v. 14.5.1985, E 70, 1 (17).

[335] *Reiter,* Festschrift für Sendler, S. 523; BVerfG, B. v. 14.5.1985, E 70, 1 (17).

[336] So noch unter Geltung der entsprechenden Bestimmungen der RVO BVerfGE 70, 1 (17); siehe auch *Kleinmann,* NJW 1985, 1369.

[337] *Ripert,* Déclin, S. 41.

[338] *Ripert,* Déclin, S. 41 ff.

[339] *Ripert,* Déclin, S. 44: „La loi ne peut pas affranchir parce que tout homme en est le sujet."

[340] So im Grundsatz auch *Hesse,* Verfassungsrecht und Privatrecht, S. 37; ausführlich auch schon oben B I 1 c aa, S. 80 ff.

[341] Plastisch *Raiser,* JZ 1958, 3: „Der von anonymen Mächten abhängig gewordene Bürger wendet sich nicht mehr gegen den Staat, sondern ruft ihn zu Hilfe." Weiterhin *Großfeld,* Zivilrecht als Gestaltungsaufgabe, S. 13. Speziell zur öffentlich-rechtlichen Überlagerung der privaten Eigentumsordnung siehe *Pieroth,* Rückwirkung, S. 284.

gegenüber von Privaten ausgehenden Gefährdungen und Verletzungen.[342] Nicht als zwingende Konsequenz, aber als vielfach zu beobachtende Folge kommt es in weiten Bereichen zu einer Umpolung der Bürger-Bürger-Beziehungen in Dreiecksverhältnisse Bürger / Staat / Bürger, also zu einem direkten Eindringen des öffentlichen Rechts in bisher vom Privatrecht geregelte Lebensbereiche.

Trotzdem braucht insoweit das Privatrecht das Feld nicht vorschnell zu räumen. Wie bereits erwähnt, kann und wird der staatliche Korrekturauftrag nicht zuletzt auch durch Privatrechtsgesetzgebung vorgenommen. Selbst dort, wo es zur Einschaltung der öffentlichen Verwaltung kommt, hat das Zivilrecht eine wichtige Funktion. Zwar verbleibt – wie bereits ausgeführt –[343] etwa dem Nachbarn bei Erteilung einer Baugenehmigung kaum eine andere Wahl, als mittels Anfechtung der Baugenehmigung dem Bauherrn die öffentlich-rechtliche Legitimation seines Vorhabens zu entziehen. Ist der Bau jedoch schon ganz oder teilweise errichtet, gibt das öffentliche Recht dem Nachbarn oft aber eher Steine als Brot, wenn es ihn für die Durchsetzung der Baubeseitigung von der Ermessensentscheidung der Bauaufsichtsbehörde abhängig macht. Hier bliebe ein wichtiger Anwendungsbereich für einen zivilrechtlichen Beseitigungsanspruch.[344] Das öffentliche Recht hat auch in grundsätzlichen „Einmischungsbereichen" durch die grundsätzliche Orientierung auf das Bürger-Staat-Verhältnis Schwächen, die das Zivilrecht ausgleichen kann.[345]

### *b) Der „Aufstieg" des öffentlichen Rechts als notwendiger Bereinigungsprozeß*

Das gewandelte Staatsaufgabenverständnis ist keinesfalls der einzige Grund für den „Aufstieg" des ius publicum. Eine weitere „Säule" bildet der heute von den Verwaltungs- und Sozialgerichten gewährte Rechtsschutz und die damit einhergehende Ausdifferenzierung der Dogmatik des öffentlichen Rechts. Hierbei handelt es sich nicht um Publifizierungserscheinungen im eigentlichen Sinne. Vielmehr wird in das öffentliche Recht zurückgeholt, was im Privatrecht letztlich nie heimisch war, sondern entweder wegen mangelnder Rechtsschutzgewährung außerhalb der ordentlichen Gerichte oder wegen fehlender dogmatischer Ausformung notwendiger öffentlich-rechtlicher Rechtsinstitute „privatisiert" worden war. Insofern kann man auch von Republifizierung oder „unechter" Publifizierung sprechen.

Nach polizeirechtlicher Tradition unterlag der Staat nur als „Fiskus" der Gerichtsbarkeit.[346] Um trotzdem in möglichst großem Umfang Rechtsschutz

---

[342] Siehe ausführlich *Stern,* Staatsrecht, Band III/1, § 69 IV, S. 931 ff.

[343] Siehe ausführlich oben A V 6 b und c, S. 44 ff..

[344] *Picker,* AcP 176 (1976), 28 ff.; ausführlich auch oben A V 6 b, S. 44 ff.

[345] So auch *Diederichsen,* 56. DJT, L 63.

[346] Vgl. *Böhmer,* Der Staat 24 (1985), 167 ff.; *Bullinger,* Öffentliches Recht und Privatrecht, S. 50 ff.; *Fleiner,* Umbildung, S. 3 f.

zu gewähren, ging man dazu über, eigentlich öffentlich-rechtliche Fragen zivilrechtlich ein- und zu verkleiden. So diente etwa die – allerdings stets umstrittene – sog. Zwangskauftheorie[347] auch dazu, mangels möglichen Rechtsschutzes gegen die Anordnung einer Enteignung im Hinblick auf die Höhe der Entschädigung Rechtsschutz zu gewähren, indem derjenige, dessen Grundstück für öffentliche Zwecke in Anspruch genommen wurde, als Verkäufer im Rahmen einer privatrechtlichen, kaufvertraglichen Beziehung angesehen wurde.[348]

Ein weiteres Beispiel ist das Beamtenrecht. Das Beamtenverhältnis erreichte nur allmählich und schrittweise den heutigen, vollständig öffentlich-rechtlichen Charakter.[349] Im Bereich des Sozialrechts wurden die vertraglichen Beziehungen zwischen den kassenärztlichen Vereinigungen und den Krankenversicherungsträgern als solche öffentlich-rechtlicher Art verstanden, nachdem in den fünfziger Jahren durch das Inkrafttreten des Grundgesetzes mit einer solchen Einordnung keine Rechtsschutznachteile mehr verbunden waren.[350]

Die wesentlichste dogmatische Weiterentwicklung, der das öffentliche Recht seinen „Aufschwung" verdankt, ist aber das öffentliche Vertragsrecht. Dadurch, daß der öffentlich-rechtliche Vertrag auch zwischen Staat und Gewaltunterworfenen seit dem Ende des 2. Weltkrieges und spätestens seit dem Erlaß des VwVfG unzweifelhaft Bestandteil des Kanons der Handlungsformen im öffentlichen Recht wurde, gerieten eine Reihe ursprünglich – nicht zuletzt aus Unsicherheit über die Existenz und Reichweite öffentlich-rechtlicher Verträge – zivilrechtlich qualifizierter Vereinbarungen in den Sog der eigentlich systemgerechten öffentlich-rechtlichen Erfassung. Zwar meinte Püttner 1982 noch feststellen zu können, Anwendungsbereich und Häufigkeit öffentlich-rechtlicher Verträge hätten sich seit der Regelung im VwVfG eher eingeengt statt erweitert.[351] Zumindest aus heutiger Sicht ist diese Feststellung aber nicht überzeugend, vor allem dann, wenn man das Sozialrecht und die entsprechenden §§ 53 ff. SGB X mit in die Betrachtung einbezieht.[352] So wurden die später in §§ 109, 112 SGB V geregelten vertraglichen Beziehungen zwischen Krankenkassen und Krankenhaus über die allgemeinen Bedingungen der Krankenhausbehandlung durch Grundsatzurteil des BSG[353] dem öffentlichen Recht unterstellt.[354] Ähnliches zeigt sich bei der Frage, welche Rechtsbeziehungen anläß-

---

[347] Siehe die schon fast spöttische Kritik von *Laband,* AcP 52 (1869), 171 f., der schon damals energisch für eine öffentlich-rechtliche Sicht der Enteignung eintrat, allerdings durch einige Differenzierungen doch dazu kam, den Entschädigungsanspruch dem Privatrecht zu unterstellen (siehe *dens.,* aaO, S. 181).

[348] *Böhmer,* Der Staat 24 (1985), 178. Dies war allerdings nicht die einzige Ursache. Eine weitere lag in der damals noch schwach bis gar nicht ausgebildeten Verwaltungsaktsdogmatik (vgl. *Bürckner,* S. 61).

[349] Siehe *Fleiner,* Umbildung, S. 10 f.

[350] Ausführlich *J. Schmitt,* Leistungserbringung, S. 154 f.

[351] *Püttner,* DVBl. 1982, 123.

[352] Ausführlich zur Entwicklung im Bereich der GKV bis 1985 *Behrends,* S. 129 ff.

[353] Urt. v. 27.1.1981, E 51, 126 (128).

[354] Ausführlich auch dazu *J. Schmitt,* Leistungserbringung, S. 172 ff., 176 ff.; weiterhin *Lenz,* NJW 1985, 652; zustimmend *Behrends,* S. 157.

lich der Einweisung eines öffentlich-rechtlich Versicherten in ein Krankenhaus zwischen Krankenhaus und Krankenkasse entstehen.[355] Während jahrelang die Auffassung herrschend war, es komme bei der Einweisung zu einem privatrechtlichen Vertrag zugunsten Dritter,[356] überwiegt seit dem Anfang der achtziger Jahre eine öffentlich-rechtliche Betrachtungsweise, wenn auch beschränkt auf das sog. Abrechnungsverhältnis.[357] Schließlich wird man entgegen der Auffassung des GmS-OGB[358] die Verträge zwischen den Verbänden der Krankenkassen und den Verbänden der Leistungserbringer von Heil- und Hilfsmitteln dem öffentlichen Recht zuzuordnen haben.[359]

Die aus dogmatischer und Rechtsschutzverlegenheit in der Vergangenheit den Zivilgerichten und dem Zivilrecht zugewachsenen Aufgaben gehören heute in den Bereich des öffentlichen Rechts und kompetentiell in den Zuständigkeitsbereich der Verwaltungs- bzw. Sozialgerichte. Das Zurückholen[360] solcher zivilrechtlichen Notkonstruktionen in das öffentliche Recht ist ein systematisch erforderlicher und wünschenswerter Bereinigungsprozeß. Er schafft die Voraussetzungen für die Anwendung der besonderen Grundsätze des öffentlichen Rechts als rechtsstaatlich angemessenere Antwort auf die spezifische Beteiligung öffentlicher Rechtsträger.[361] Es handelt sich insoweit aber um einen überschaubaren und abgrenzbaren Bereich von Problemfeldern. Hiervon sind deshalb auf Dauer keine übermäßigen und funktionsbeeinträchtigenden Verschiebungen zulasten des Zivilrechts zu erwarten.

Trotzdem gelingt es oft nur langsam und mühselig, den Zivilgerichten und dabei insbesondere dem BGH Zuständigkeiten zu entwinden, die dieser sich einmal zugestanden hat. Signifikant ist hierbei gerade der Bereich privatrechtsgestaltender Verwaltungsakte und dabei insbesondere der des städtebaulichen Vorkaufsrechts (jetzt §§ 24 ff. BauGB). Obwohl die „unmittelbare Privatrechtsgestaltung durch Verwaltungsakt“[362] schon lange ein bekanntes und bewährtes

---

[355] Siehe auch *Schulin,* JZ 1986, 477 f.

[356] Vgl. etwa OLG Stuttgart, Urt. v. 22.10.1975, SGb 1977, 212 ff. Ablehnend schon damals *Schnorr von Carolsfeld,* SGb 1977, 214 ff., der einen öffentlich-rechtlichen Vertrag annehmen wollte. Ausführlich *J. Schmitt,* Leistungserbringung, S. 166 f.

[357] BGH, Urt. v. 10.1.1984, Z 89, 250 (255); BSG, Urt. v. 14.1.1981, E 51, 108 (110). Grds. zustimmend *Broß,* SGb 1981, 549 ff.; zustimmend auch *Reiter,* Festschrift für Sendler, S. 524 f. Ablehnend allerdings *J. Schmitt,* Leistungserbringung, S. 192 f., der für eine zivilrechtliche Qualifikation eintritt; ebenso *Kleinmann,* NJW 1985, 1368. Vgl. auch BSG, Urt. v. 20.1.1982, E 53, 62 (64), wo das BSG im konkreten Fall zwar auch den öffentlichen Rechtsweg bejahte, trotzdem aber noch von zivilrechtlichen Vereinbarungen zwischen Krankenhaus und Krankenversicherungsträgern ausging.

[358] B. v. 10.4.1986, Z 97, 312 ff.

[359] *Behrends,* S. 187; *J. Schmitt,* Leistungserbringung, S. 214.

[360] *Fleiner,* Umbildung, S. 9, spricht entsprechend dem Titel seiner Monographie von einem „Umbildungsprozeß“.

[361] Vgl. auch *Fleiner,* Umbildung, S. 9 f.

[362] Vgl. den Titel der Monographie von *Lutz Schmidt.*

Verfahren war[363], bekräftigte der BGH noch im Jahr 1973 seine lange vertretene Auffassung, die Ausübung eines Vorkaufsrechts zur Durchführung städtebaulicher Ziele[364] sei kein Verwaltungsakt, sondern eine privatrechtliche Willenserklärung.[365] Dabei sprach schon zur damaligen Zeit kaum etwas für die Richtigkeit dieser Auffassung.[366] Hätte man etwa eine der sonst auch vom BGH verwendeten Abgrenzungstheorien herangezogen, wäre man ohne weiteres zur Qualifizierung des § 24 BBauG 1960 als öffentlich-rechtliche Norm gekommen.[367] Es bestand ein Subordinationsverhältnis;[368] die Gemeinde nahm „Sonderrechte" in Anspruch;[369] schließlich ging es eindeutig um die Erfüllung von unmittelbar im öffentlichen Interesse liegenden Aufgaben.[370]

Der BGH stützte sich in seinem Urteil von 1973, in der er also eine hoheitliche Entscheidung auf der Grundlage einer Norm, die eindeutig als öffentlichrechtliche zu qualifizieren ist, trotzdem privatrechtlich einordnete, im wesentlichen auf Traditionsargumente.[371] Die von ihm vorgenommene zivilrechtliche Deutung des städtebaulichen Vorkaufsrechts scheidet aber spätestens seit der Neufassung der Bestimmungen über das Vorkaufsrecht durch § 24 Abs. 4 S. 1 BBauG 1976[372] aus, mit der eindeutig die systemgerechte öffentlich-rechtliche Lösung, also eine Ausübung des Vorkaufsrechts durch Verwaltungsakt positivrechtlich niedergelegt wurde.[373] Daß vor allem das OLG Frankfurt trotzdem

---

[363] Siehe die entsprechende Feststellung von *Lürig* (Stand 1951), S. 15 f.; weiterhin *Zuleeg*, DVBl. 1963, 35; *Gern*, VerwArchiv 70 (1979), 228; vgl. auch das Rechtsquellenverzeichnis bei *L. Schmidt*, S. 381 ff.; *Ebert*, NJW 1961, 1431.

[364] Damals geregelt in § 24 BBauG 1960.

[365] BGH, Urt. v. 16.1.1973, BauR 1973, 297 ff. Diese Auffassung hatte der BGH auch schon zu den Aufbaugesetzen der Länder vertreten, siehe Urt. v. 21.11.1961, Z 36, 155 (157), Urt. v. 28.06.1965, DVBl. 1966, 266 (267); zustimmend hierzu etwa *Meister*, DVBl. 1967, 262 ff.

[366] Für die Einordnung der Erklärung nach § 24 BBauG 1960 als privatrechtsgestaltender Verwaltungsakt OVG Münster, Urt. v. 13.12.1967, DVBl. 1968, 525 (525), Urt. v. 7.12.1971, BRS 24, Nr. 95, S. 138 f.; *Bachof*, Festgabe 25 Jahre BVerwG, S. 18. Kritisch zur Einordnung als privatrechtliche Willenserklärung auch *Badura*, DVBl. 1966, 268; *Ebert*, NJW 1961, 1431 m. w. N.; *Eickmann*, S. 388; *Stern*, JZ 1962, 297, *ders.*, NJW 1956, 1621 zu den Parallelinstrumenten in den Aufbaugesetzen der Länder; *W. Wertenbruch*, Gedächtnisschrift für Rudolf Schmidt, S. 106; *Zuleeg*, DVBl. 1967, 268, *ders.*, DVBl. 1963, 34 f., *ders.*, DVBl. 1966, 235.

[367] Vgl. auch *Badura*, DVBl. 1966, 268; *Zuleeg*, DVBl. 1967, 268.

[368] OVG Münster, Urt. v. 7.12.1971, BRS 24, Nr. 95, S. 138 (139).

[369] OVG Münster, DVBl. 1968, 526; BRS 24, Nr. 95, S. 138 (139); *Kottke*, MDR 1967, 976; *Zuleeg*, DVBl. 1967, 268.

[370] OVG Münster, DVBl. 1968, 526. Hiervon ging auch der BGH selbst aus, siehe Urt. v. 28.6.1965, DVBl. 1966, 266 (267); siehe zu letzterem auch BGH, BauR 1973, 300. Vgl. auch *Berg*, LdRW „Wirtschaftsverwaltungsakte", S. 2.

[371] BGH, BauR 1973, 300 f.

[372] Vom 18.8.1976, BGBl. I, 2256; jetzt: § 28 Abs. 2 S. 1 BauGB.

[373] So auch das OVG Münster, Urt. v. 1.9.1980, BauR 1981, 264 (264); OVG Lüneburg, Urt. v.28.2.1980, BauR 1981, 262 (262). Diese Auffassung hat mittlerweile auch der BGH selbst anerkannt, siehe Urt. v. 5.5.1988, NJW 1989, 37 (38).

eine zivilrechtliche Deutung des Vorkaufsrechts beibehielt,[374] zeigt die Langlebigkeit der privatrechtlichen Qualifikation von systemfremd dem Zivilrecht zugeschlagenen Materien.[375]

### c) Fazit

Der Überblick über die Publifizierungstendenzen im deutschen Recht war notwendigerweise kursorisch. Er dürfte jedoch ausgereicht haben, um zu belegen, daß von einem allgemeinen Niedergang des Privatrechts durch den Vormarsch des öffentlichen Rechts nicht gesprochen werden kann. Vor allem beruhen Publifizierungserscheinungen oft auf einer ungenügenden Aktivierung zivilrechtlicher Entwicklungsmöglichkeiten, andere auf einem systematisch wünschenswerten Bereinigungsprozeß. Selbst dort aber, wo das gewandelte Staatsaufgabenverständnis zu einem Funktionsverlust des Privatrechts führt, spielt die administrative Privatrechtsgestaltung hierfür keine besondere Rolle. Obwohl solche Ermächtigungen zu privatrechtsgestaltendem Handeln in der Rechtsordnung häufig sind, wäre jede Befürchtung, die festzustellenden Publifizierungstendenzen führten dazu, daß in näherer oder fernerer Zukunft fast jeder Vertrag nur bei administrativer Mitwirkung wirksam werde, unbegründet. Schon kapazitätsmäßig ist es der öffentlichen Verwaltung nicht möglich, anders als nur punktuell

---

374 OLG Frankfurt, Urt. v. 8.3.1982, NVwZ 1983, 580 f. Selbst in neuerer Kommentarliteratur wird an der zivilrechtlichen Einordnung von Vorkaufsrechten der öffentlichen Hand festgehalten. Siehe für Art. 19 BayDSchG *Eberl / Martin / Petzet,* Erl. Art. 19 DSchG, Rdnr. 8 und 12. Das ist vor allem auch deshalb erstaunlich, weil der BayVGH für die in den entscheidenden Passagen ähnlich formulierte Bestimmung des Art. 34 BayNatSchG von einem privatrechtsgestaltenden Verwaltungsakt ausgeht, siehe Urt. v. 11.8.1989, BayVBl. 1990, 277 (277); ebenso BWVGH, Urt. v. 28.2.1991, NVwZ 1992, 898 (898) für die Parallelbestimmung des § 46 BadWürttNatSchG. Der Hinweis, Art. 19 Abs. 2 S. 2 BayDSchG sehe eine Anwendung der §§ 504 ff. BGB vor (siehe *Eberl / Martin / Petzet,* Erl. Art. 19 DSchG, Rdnr. 12), rechtfertigt eine zivilrechtliche Einordnung nicht. Insofern handelt es sich um eine Verweisung, die die öffentlich-rechtliche Rechtsnatur unberührt läßt. Festzuhalten ist somit, daß die Vorkaufsrechte nach den Denkmalschutz- und Naturschutzgesetzen der Länder durch privatrechtsgestaltenden Verwaltungsakt ausgeübt werden.

375 Die Unrichtigkeit der Entscheidung des OLG Frankfurt wird schon an der widersprüchlichen Terminologie deutlich. Nach Auffassung des OLG sei die „Ausübung des Vorkaufsrechts eine privatrechtliche Willenserklärung", die Novellierung habe allein klargestellt, „daß das Recht durch Verwaltungsakt ausgeübt wird" (NVwZ 1983, 581). Gegen diese Auffassung des OLG Frankfurt zur Rechtsnatur des Vorkaufsrechts zu Recht VGH Kassel, Urt. v. 11.1.1983, NVwZ 1983, 556. Für ein rein öffentlich-rechtliches Verständnis auch OVG Lüneburg, Urt. v. 28.2.1980, BauR 1981, 262 (262); OVG Münster, Urt. v. 1.9.1980, OVGE 35, 60 (61); *Dyong,* in: Ernst / Zinkahn / Bielenberg, BauGB, § 28 Rdnr. 17; *Kopp,* VwGO, Anh. § 42, Rdnr. 20; *Lemmel,* Berliner Kommentar, § 28 Rdnr. 7.

öffentliche Interessen mit diesem Mittel zur Geltung zu bringen.[376] Dies beweist gerade auch die Diskussion um den sog. Verfahrensdurchgriff im Kartellrecht.[377]

### 5. *Die Unterscheidung von „Staat" und „Gesellschaft" als mögliche Garantie gegen die Publifizierung des Privatrechts*

#### *a) Privatrecht und Gesellschaft*

Der Schutz privatautonomer Prozesse gegen privatrechtsgestaltende Hoheitstätigkeit kann sich im konkreten *grundrechtlichen Zusammenhang* aus der entsprechenden verfassungsrechtlichen Garantie ergeben. Bevor jedoch einzelne Grundrechte auf ihren Garantiegehalt zugunsten „des Privatrechts" zu untersuchen sind und damit das verfassungsrechtliche Existenzschicksal privatrechtlicher Normenkomplexe mit der Grundrechtsdogmatik verbunden wird, ist noch auf die Frage einzugehen, inwieweit allgemeine Publifizierungstendenzen ihre Grenze in der in jüngerer Zeit verstärkt betonten Bedeutung der Unterscheidung von Staat und Gesellschaft finden können.

Die Trennung von öffentlichem und privatem Recht wird traditionell als Ausdruck der Unterscheidung von Staat und Gesellschaft verstanden.[378] So rechnet man das Privatrecht dem Bereich der Gesellschaft, das öffentliche dem des Staates zu.[379] Deutliches Zeichen für die Zusammengehörigkeit von Privatrecht und „Gesellschaft" ist, daß die „Gesellschaft" heute gegenüber dem „Staat" nach überwiegender Auffassung genauso in einer Position der Defensive sein soll, wie das Privatrecht gegenüber dem öffentlichen Recht.[380] Diese Zusammengehörigkeit resultiert aus einem wechselseitigen Bedingungszu-

[376] Erheblich zu weitgehend ist deshalb die Feststellung von *W. Kilian,* AcP 180 (1980), 77, es gäbe nur wenige Verträge, die von Meldepflichten, Genehmigungen, Aufsichtskontrollen, Mitbestimmungsverfahren oder Steuervorschriften unbeeinflußt seien. Dem könnte man nur dann zustimmen, wenn man den Begriff der „Beeinflussung" in einem denkbar weiten und damit letztlich substanzlosen Sinne verstehen würde.

[377] Siehe ausführlich unten Teil G, S. 307 ff.

[378] *Bydlinski,* Festschrift für Wilburg, S. 54.

[379] Deutlich *C. Schmitt,* Aufgaben der Verfassungsgeschichte, S. 230: In der Trennung von öffentlichem und privatem Recht spiegele sich der fundamentale Gegensatz von Staat und bürgerlicher Gesellschaft. Weiterhin *Bettermann,* DVBl. 1977, 181, *ders.,* Festschrift für Reimers, S. 423; *Breuer,* Bodennutzung, S. 172; *Erichsen,* Jura 1982, 541; *H. H. Rupp,* HbStR I, Rdnr. 46: Der Gesellschaft entspreche der Strukturtyp des horizontalen Zivilrechtsverhältnisses; *Raiser,* Die Zukunft des Privatrechts, S. 218: Der Unterscheidung von Staat und Gesellschaft entspreche der von öffentlichem und Privatrecht wenigstens in Umrissen; *Ridder,* Verfassungsrechtliche Stellung, S. 221: Die Unterscheidbarkeit werde durch die Dichotomie von öffentlichem und privatem Recht indiziert; weiterhin *Schachtschneider,* Staatsunternehmen und Privatrecht, S. 12; *D. Schmidt,* S. 166; *Zöllner,* JuS 1988, 329. Diese Überzeugung stammt aus dem 19. Jahrhundert, siehe *Grimm,* in: Dilcher / Horn, Band IV, S. 61; *Großfeld,* Zivilrecht als Gestaltungsaufgabe, S. 12; *Ehlers,* Verwaltung in Privatrechtsform, S. 34; *Schöne,* S. 25 ff.

[380] Vgl. *Rupp,* HbStR I, Rdnr. 46 ff.

sammenhang. Zunächst ist ein möglichst weit ausgreifendes Privatrecht ein zentraler Faktor einer wirklich umfassenden, d. h. nicht auf den staatlich institutionellen Bereich beschränkten Gewaltenteilung.[381] Je mehr Rechtsmacht auf nichtstaatliche Rechtssubjekte verteilt ist, je geringer ist der Einfluß des Staatsapparates.[382] Dieser Zusammenhang läßt sich aber auch umkehren. Mit der Annahme, daß „das Privatrecht" das Recht „der Gesellschaft" ist, ist Funktionsschutz für den gesellschaftlichen, autonomen und damit grundsätzlich staatsfreien Bereich mittelbar stets auch ein Schutz für den Gesamtregelungsbereich des Privatrechts. Je größer der Autonomieschutz ausgeprägt ist, je geringer ist der Einfluß des öffentlichen Rechts inclusive des Verfassungsrechts auf die Beziehungen der Bürger untereinander. Im Extremfall käme man zurück zu den Verhältnissen im deutschen Verfassungsstaat des 19. Jahrhunderts, wo die auf liberalistischem Denken beruhende strikte Unterscheidung von Staat und Gesellschaft eine Auffassung der weitgehenden Verfassungsneutralität des Privatrechts entsprach.[383] In moderaterer Form läßt sich aber durchaus die Frage zu stellen, inwieweit sich aus dem allgemeinen Verständnis der Verfassung zum Verhältnis von Staat und Gesellschaft ein allgemeiner Schutz des Privatrechts vor Publifizierung ergibt.

### *b) Die Unterscheidung von Staat und Gesellschaft*

Die Berechtigung einer verfassungstheoretischen Unterscheidung zwischen Staat und Gesellschaft ist seit längerem umstritten.[384] Die mit vielen Differenzen im Detail vorgetragenen Auffassungen lassen sich im wesentlichen in zwei Gruppen aufteilen. Die eine geht davon aus, die Voraussetzungen für einen solchen Dualismus im demokratischen und sozialen Staat der Gegenwart seien „entfallen".[385] Nach der Auffassung der anderen wird die Unterscheidung

[381] Vgl. *Bydlinski*, Festschrift für Wilburg, S. 67; *Emmerich*, Der unlautere Wettbewerb der öffentlichen Hand, S. 23.

[382] *Bydlinski*, Festschrift für Wilburg, S. 66: Die Existenz und Reichweite des Privatrechts als des Rechts der Gesellschaft beschränke die Macht derjenigen, die den Staatsapparat beherrschen. Weiterhin *Zöllner*, JuS 1988, 329: „Je mehr Privatrecht, desto weniger Staatsbevormundung."

[383] Siehe *Raiser*, GG und Privatrechtsordnung, B 145 f.; *Laufke*, Festschrift für Lehmann, S. 142 f. Vgl. vor allem auch *Grimm*, in: Coing, Handbuch, Band III/1, S. 20: Das Bürgertum konstruierte sein Ordnungsmodell vom Privaten her. Die Gesellschaft wurde als vorstaatlich und autoregulativ betrachtet; weiterhin *ders.*, in: Dilcher / Horn, Band IV, S. 60 ff.

[384] Zur ideengeschichtlichen Entwicklung siehe etwa *Preuß*, Begriff des Öffentlichen, S. 81 ff.

[385] So vor allem von *Krockow*, Staat, Gesellschaft, Freiheitswahrung, S. 433 f, S. 474 und passim, und *Hesse*, Verfassungsrecht, Rdnr. 4, *ders.*, Der Rechtsstaat im Verfassungssystem, S. 567: Jeder rechtlichen Entgegensetzung von „Staat" und „Gesellschaft" sei der Boden entzogen; differenzierter allerdings *ders.*, DÖV 1975, 439 f.; weiterhin *Ehmke*, Festgabe für Smend, S. 24 und passim, *ders.* Wirtschaft und Verfassung, S. 5; *Abendroth*, Zum Begriff des Rechtsstaates, S. 126 ff.; vgl. auch *Lipphardt*, EuGRZ 1986, 151; *Roscher*, Vertragsfreiheit, S. 42 f. und S. 60; *Angermann*, „Staat und Gesellschaft", S. 130; *Achterberg*, Festschrift für Schelsky, S. 2: Die Demokratie intendiere die Identifikation und damit Kongruenz von

(nicht zu verstehen als unverbundenes Nebeneinander, sondern als ein Verhältnis von Zuordnung und gegenseitiger Beeinflussung und Durchdringung) begriffen als zumindest eine „Bedingung der individuellen Freiheit".[386]

Der Versuch einer Stellungnahme zu dieser Kontroverse – verbunden mit dem Anliegen, die Stellung des Privatrechts zu Staat und Verfassung zu klären – trifft schon im Ausgangspunkt auf Schwierigkeiten. Für die Beantwortung der Frage nach der Berechtigung des „Ob" der Unterscheidung wäre eine zumindest annäherungsweise begriffliche Bestimmung der teils antithetisch, teils mit synthetischer Tendenz verwendeten Ausdrücke „Staat" und „Gesellschaft" ausgesprochen hilfreich. Eine auch nur halbwegs akzeptierte Definition des Staates gibt es jedoch nicht, sondern nur Definitionen aufgrund entsprechender Staatstheorien.[387] Eine positive Umschreibung dessen, was unter „Gesellschaft" als juristischer Terminus verstanden werden soll, wird meist nicht einmal versucht.[388] Eine substantielle Definition von „Gesellschaft" als

---

Gesellschaft und Staat. Etwas abgeschwächt *Großfeld,* Zivilrecht als Gestaltungsaufgabe, S. 78: Es bestände kein echter Dualismus mehr; *Breuer,* Bodennutzung, S. 172: Die „prinzipielle Trennung" von Staat und Gesellschaft sei unhaltbar geworden.

[386] So vor allem *J. H. Kaiser,* Repräsentative Funktion, S. 175: „Die Dialektik von Staat und Gesellschaft ist die Grundlage der staatsbürgerlichen Freiheit"; *Böckenförde,* Die verfassungstheoretische Unterscheidung von Staat und Gesellschaft als *Bedingung der individuellen Freiheit;* zustimmend dazu *Schnapp,* DÖV 1990, 827. Leicht abwandelnd *Karpen,* Die Unterscheidung von Staat und Gesellschaft als *Bedingung der rechtsstaatlichen Freiheit,* JA 1986, 299 ff.; *Forsthoff,* Der Staat der Industriegesellschaft, S. 21: Die freiheitsstiftende rechtsstaatliche Verfassung stehe und falle mit der Unterscheidung von Staat und Gesellschaft; weiterhin *Böckenförde,* Die Bedeutung der Unterscheidung von Staat und Gesellschaft im demokratischen Sozialstaat der Gegenwart; *Mestmäcker,* Macht – Recht – Wirtschaftsverfassung, S. 23: Das Verhältnis von Staat und Gesellschaft bezeichne ein materielles Problem der Gewaltenteilung. Für eine grundsätzliche Beibehaltung der Unterscheidung weiterhin *Berg,* GewArchiv 1990, 225; *Bettermann,* DVBl. 1977, 181; *Bullinger,* Öffentliches Recht und Privatrecht, S. 80; *Dickersbach,* WiVerw 1983, 198; *Ehlers,* Die Verwaltung 20 (1987), 377; *Hamel,* Deutsches Staatsrecht I, S. 52 ff.; *Henke,* Parteien zwischen Staat und Gesellschaft, S. 369 f.; *P.-M. Huber,* Konkurrenzschutz, S. 163; *Isensee,* NJW 1977, 546; *Kempen,* Formenwahlfreiheit, S. 2 f., 31 ff.; *H. H. Klein,* Grundrechte, S. 34 und S. 49; *Krüger,* BetrVG und GG, S. 27; *Richardi,* Betriebsverfassung und Privatautonomie, S. 8; *Ridder,* Verfassungsrechtliche Stellung, S. 221; *Rupp,* HbStR I, Rdnr. 20; *Link,* VVDStRL 48 (1989), S. 42 und S. 54 / These 16; *Raiser,* Die Zukunft des Privatrechts, S. 218; *Schelter,* Demokratisierung der Verbände?, S. 39 und S. 125 mit These 3; *Scholz,* Paritätische Mitbestimmung, S. 25, *ders.,* Der Staat 13 (1974), 93; *Steiner,* Öffentliche Verwaltung durch Private, S. 64 m. Fn. 247; *Zacher,* HbStR I, S. 1061 Rdnr. 26; hingegen erscheint die Auffassung von *Carl Schmitt* zum Verhältnis von Staat und Gesellschaft recht zwiespältig, so zutreffend *F. Klein,* Institutionelle Garantien, S. 38 Fn. 134 m. Nachw.

[387] Übersicht über die wichtigsten Staatstheorien bei *Drath,* EvStL, Sp. 3343 ff.

[388] Siehe *Scupin,* Festschrift für Schelsky, S. 639: Für die Rechtswissenschaft handele es sich bei der Gesellschaft um einen außerrechtlichen Begriff; für den Bereich der Soziologie siehe *Adorno,* EvStL, Sp. 1105: „Weil G. weder als Begriff nach der gängigen Logik sich definieren noch deiktisch sich demonstrieren läßt, während doch die sozialen Phänomene unabweislich ihren Begriff fordern, ist dessen Organ die Theorie." Auch in anderen Wissenschaftsbereichen wird der Gesellschaftsbegriff fast durchgängig vorausgesetzt, vgl. *Scupin,* ebenda, S. 638 f. Wenn einmal der Versuch gemacht wird, bleibt er fast notwendiger-

verfassungstheoretischer oder verfassungsrechtlicher Begriff erscheint auch weitgehend nicht erreichbar. „Gesellschaft" wird nur als negativer Komplementärbegriff verwendet: Alles das, was in den Bereich des „Öffentlichen",[389] aber nicht zum „Staat" gehört und auch nicht „Kirche" ist, ist eben „Gesellschaft".[390] Die Frage nach der Berechtigung einer „Unterscheidung von Staat und Gesellschaft" vernebelt daher von vornherein etwas die eigentlichen Fragestellungen, nämlich denen nach der richtigen Staatsbegrenzung, seinen Funktionen, Aufgaben, Zwecken, Verantwortlichkeiten und Emanationen.[391]

Sieht man hiervon einmal ab, so ist zur Frage einer Berechtigung der Unterscheidung folgendes zu sagen: Die vor allem von Ehmke[392] begründete monistische Position war in ihrer Ausgangsüberlegung von Anfang an zweifelhaft. Das kommt vor allem in der von Ehmke gestellten Frage zum Ausdruck, ob es sinnvoll sei, davon zu sprechen, der „Staat" interveniere in „die Wirtschaft"; da alle Staatsangehörigen in irgendeiner Weise in der Wirtschaft ständen, käme es doch möglicherweise dazu, daß diese gegenüber sich selbst intervenieren.[393] Der Einwand gegen diese Auffassung („praktisch gesehen handele es sich bei Staat und Gesellschaft um denselben Verband"[394]) kann zunächst genauso simpel ausfallen wie sie selbst formuliert ist.[395] Denn es interveniert – auch praktisch gesehen – nie „der Staat" in „die Gesellschaft". Ungenau ist es schon, von „dem Staat" zu sprechen, und dabei großzügig darüber hinwegzusehen, daß hinter den einzelnen handelnden Stellen unterschiedliche Träger mit personal wie qualitativ verschiedener demokratischer Legitimation stehen. Auf jeden Fall bildet aber „die Gesellschaft" kein einheitliches Gebilde. Betroffen von staatlichen Maßnahmen werden einzelne, denen im Interesse aller Beschrän-

---

weise sehr allgemein. Siehe etwa *Zöllner,* JuS 1988, 329 m. Fußn. 4: Die Gesellschaft werde durch die Summe der Menschen gebildet, die unter dem Schutz des Staates leben; *Bydlinski,* Festschrift für Wilburg, S. 62: Staat sei jener sozialer Organismus, der die politischen Herrschaftsbefugnisse verwaltet und ausübt. Weiterhin *Preuß,* Begriff des Öffentlichen, S. 84: Gesellschaft als prinzipiell herrschaftslose Sphäre.

389 Siehe *J. H. Kaiser,* Repräsentative Funktion, S. 188; *Preuß,* Begriff des Öffentlichen, S. 85.

390 *C. Schmitt,* Die Wendung zum totalen Staat, S. 146, *ders.;* Hüter der Verfassung, S. 73 f.; *Bydlinski,* Festschrift für Wilburg, S. 62; *Böckenförde,* Einleitung, S. XV: Gesellschaft als Organisationsform der societas civilis extra imperium; *Brunner,* Freiheitsrechte, S. 20 f.; *Preuß,* Begriff des Öffentlichen, S. 85; aus philosophisch-historischer Sicht insbesondere bei *Hegel* vgl. *Riedel,* „Bürgerliche Gesellschaft", etwa S. 82 ff. Die Schwierigkeit einer Definition zeigt sich auch darin, daß *Isensee,* NJW 1977, 546, dazu tendiert, den „Staat" als Komplement zur Gesellschaft zu definieren.

391 Vgl. die Feststellung von *Angermann,* „Staat und Gesellschaft", S. 127: Die Anerkennung eines Bereichs der Gesellschaft reduzierte den Staat auf seine „eigentliche" Aufgabe, die Wahrung von Recht und Sicherheit.

392 *Ehmke,* Wirtschaft und Verfassung, S. 5, *ders.,* Festschrift für Smend, S. 24 ff.

393 *Ehmke,* ebenda.

394 Vgl. *Ehmke,* Festgabe für Smend, S. 24 f.; auch *Roscher,* Vertragsfreiheit, S. 42.

395 Ein anders begründeter Widerlegungsversuch findet sich bei *Böckenförde,* Die verfassungstheoretische Unterscheidung, S. 22 ff.

kungen auferlegt werden. Auch, wenn man an der wohl verfehlten Verbandsvorstellung von Staat und Gesellschaft festhalten will,[396] sind beide Verbände eben nicht identisch. Es sind höchstens die Mitglieder des Eingriffsobjekts unter und neben anderen auch Angehörige des eingreifenden Verbandes. Noch aus einem weiteren Grunde ist die Identitätsvorstellung nicht haltbar. Art. 20 Abs. 2 S. 2 2. H. S. GG enthält ein deutliches Bekenntnis zur repräsentativen Demokratie. Die Staatsgewalt geht zwar vom Volke aus, ihm ist aber der Bereich der organisierten Staatlichkeit gegenüber gestellt, die die Staatsgewalt „ausübt".[397]

Der auf den ersten Blick diametrale Gegensatz zwischen der monistischen und der dualistischen Auffassung wird bei näherem Zusehen zudem erheblich relativiert, und zwar vor allem von denjenigen, die sich zunächst gegen das herkömmliche dualistische Konzept ausgesprochen haben. So argumentiert etwa Ehmke gegen Ende eines Abschnitts über die verfassungs*rechtliche* Problematik eines Denkens im Gegensatzpaar „Staat und Gesellschaft"[398] dahingehend, „wie es wäre", wenn die Vorschrift des Art. 1 Abs. 3 GG nicht die herkömmlichen drei Formen der Staatsgewalt, nämlich Gesetzgebung, Verwaltung und Rechtsprechung, sondern ein im amerikanischen Sinne verstandenes „government" für an die Grundrechte gebunden erklären würde.[399] Dieser Vorschlag mag verfassungspolitisch etwas für sich haben. Er entspricht aber eben nicht dem geltenden deutschen Verfassungsrecht.[400]

Auch Hesse als der wohl einflußreichste Vertreter der Gruppe derjenigen, die sich zumindest gegen eine Entgegensetzung von Staat und Gesellschaft wehren, hat die ursprünglich von Ehmke als reine Identitätsthese in die Diskussion eingebrachte Auffassung zwischenzeitlich erheblich modifiziert. Vom Grenzfall einer reinen Identität von Staat und Gesellschaft abgesehen sei mit der Unterscheidung von Staat und Gesellschaft als solcher noch nichts gewonnen.[401] Es komme auf das Wie der Zuordnung und Ausgestaltung beider Bereiche an, die eine Sache von Verfassung und Gesetz sei.[402] Dann treffen sich jedoch beide, zunächst vollkommen entgegengesetzt formulierte Positionen. Denn daß über die richtigen Modifikationen des Verhältnisses von Staat und Gesellschaft gestritten werden kann, bestreitet auch die dualistische Konzeption nicht. Sie wendet sich gegen diejenigen, die die Berechtigung der Unterscheidung überhaupt leugnen.[403]

---

[396] Siehe dazu kritisch vor allem *Böckenförde*, ebenda, S. 24.

[397] So zu Recht *Kempen*, Formenwahlfreiheit, S. 36.

[398] *Ehmke*, Festgabe für Smend, S. 42 – 49.

[399] *Ehmke*, ebenda, S. 48.

[400] Zu Recht kritisch *Isensee*, Subsidiaritätsprinzip, S. 153 mit Anm. 15: „Unangemessenheit des importierten Begriffsgutes". Ablehnend im Ergebnis auch *Hesse*, Verfassungsrecht, Rdnr. 11.

[401] *Hesse*, DÖV 1975, 439.

[402] *Hesse*, ebenda; dem folgend etwa *W. Schmidt*, AöR 101 (1976), 27 und 43.

[403] Siehe *Böckenförde*, Die verfassungstheoretische Unterscheidung, S. 8; *H. H. Rupp*, HbStR I, Rdnr. 1, spricht deshalb nicht ganz zu Unrecht von einem gelegentlichen „Schattenfechten", *Benda*, in: Benda / Maihofer / Vogel, S. 530, von einem wenig ergiebigen Streit.

### c) „Staat und Gesellschaft" und andere verfassungsrechtliche Grundfragen

Trotzdem ist die Auseinandersetzung um den Dualismus Staat / Gesellschaft bis heute nicht endgültig abgeebbt.[404] Dies findet seinen Grund darin, daß hinter der Auseinandersetzung über das richtige Verständnis beider Bereiche zueinander meist andere Fragen stehen, für die die dort getroffene Grundentscheidung in Anspruch genommen werden soll. Das gilt vor allem für den Streit um die richtige Grundrechtstheorie.[405] „Dualisten" tendieren eher zum klassischen, rechtsstaatlich orientierten, „Monisten" eher zu einem leistungsstaatlichen Grundrechtsverständnis.[406] Vor einem solchen Hintergrund läßt sich die Diskussion um das Verhältnis von Staat und Gesellschaft aber nicht sinnvoll führen. Es ist bereits bezweifelt worden, ob man aus den in Art. 20 und Art. 28 GG enthaltenen Prinzipien (Demokratie-, Rechtsstaats- und Sozialstaatsprinzip) konkrete verfassungsrechtliche Folgerungen ableiten kann, die in den speziellen Normen des Grundgesetz nicht enthalten sind.[407] Noch viel weniger läßt sich die Verfassung insgesamt oder in einzelnen Normzusammenhängen gemäß einem als allgemeine Grundlage angenommenen Prinzip interpretieren.[408] Soweit dem Grundgesetz allgemeine Prinzipien zugrundeliegen, müssen vielmehr diese aus den konkreten verfassungsdogmatischen Lösungen abgeleitet werden. Ein Verstoß gegen diesen Grundsatz ist gerade im Hinblick auf die Rechtsprechung des BVerfG zum Gewaltenteilungsgrundsatz schon zu Recht gerügt worden.[409] Ein entsprechendes Vorgehen wäre auch bei der vorliegenden Problematik deutlich zirkulär. Bei der Frage des Gesellschaftsverständnisses würde eine Prämisse zugrundegelegt, die entscheidend auf dem Grundrechtsverständnis beruht, um anschließend mit der Auffassung über das Verhältnis von Staat und Gesellschaft die für richtig gehaltene Grundrechtstheorie abzustützen.

---

[404] Vgl. aus neuerer Zeit die Beiträge von *Lipphardt*, EuGRZ 1986, 149 ff. einerseits (eher monistisch), und *Karpen*, JA 1986, 299 ff. andererseits (deutlich dualistisch).

[405] Zur Wechselbezüglichkeit von Staats- und Grundrechtsverständnis siehe *Häberle*, Wesensgehaltsgarantie, S. 363 ff.; *Böckenförde*, NJW 1974, 1529 und 1537; vgl. auch *Kempen*, Formenwahlfreiheit, S. 33. Den Vorwurf, unzulässigerweise vom Staats- auf das Grundrechtsverständnis zu schließen, hat für die Weimarer Zeit auch schon *Friedrich Klein* gegen *Carl Schmitt* erhoben, siehe *F. Klein*, Institutionelle Garantien, S. 38.

[406] Deutlich etwa bei *Hesse*, DÖV 1975, 441 ff.

[407] Siehe *Janssen*, Zugriffsrecht, S. 30 und S. 172, jeweils für das Demokratieprinzip. Siehe auch *Kunig*, Rechtsstaatsprinzip, für „das Rechtsstaatsprinzip", durchgehend.

[408] Hierauf ist im Zusammenhang mit der Diskussion um die Reform der Mitbestimmung zu Recht hingewiesen worden. Siehe *Schwerdtfeger*, Paritätische Mitbestimmung, S. 52, *dens.*, Unternehmerische Mitbestimmung, S. 151 f.; *Badura / Rittner / Rüthers*, S. 186. Allerdings verfallen *Badura / Rittner / Rüthers* letztlich doch dem Fehler, den sie vorgeben, vermeiden zu wollen. So zu Recht *Schwerdtfeger*, Paritätische Mitbestimmung, S. 52 ff.

[409] Siehe vor allem *Hesse*, Verfassungsrecht, Rdnr. 480; weiterhin *B. Klein*, BayVBl. 1992, 301.

Lehnt man dementsprechend ein Durchdenken der Verfassung von angenommenen vorgelagerten allgemeinen Prinzipien her ab, läßt sich ein Funktionsschutz des Privatrechts aus der reinen Unterscheidung von Staat und Gesellschaft aber nicht leisten. Die Grenzziehung zwischen beiden Bereichen vollzieht vor allem der Gesetzgeber. Er unterliegt dabei weniger allgemeinen Schranken, sondern vielmehr speziellen Bindungen im jeweiligen von der Verfassung normierten Bereich, d. h. vor allem durch die Grundrechte. Gleiches gilt, will man der zur grundsätzlichen Unterscheidung eine Richtungskonkretisierung durch das Subsidiaritätsprinzip hinzufügen.[410] Dieses Prinzip mag für die richtige Auslegung der Grundrechte lenkende Funktion haben, es hat jedoch keinen vollnormativen Charakter.[411] Der Versuch, das Privatrecht durch eine Unterscheidung von Staat und Gesellschaft funktionell abzusichern, wäre zudem ein Rückfall in einen alten Irrtum, nämlich den von der Eigenständigkeit des Privatrechts gegenüber politischen, verfassungspolitischen und letztlich auch verfassungsrechtlichen Problemen. Spätestens die Zeit von 1933 bis 1945 hat gezeigt, daß eine solche Auffassung eine Selbsttäuschung wäre.[412] Es kann deshalb sinnvoll nur die Frage gestellt werden, inwieweit die Verfassung die Autonomie *bestimmter* Bereiche und damit eine Trennung zwischen Staat und Gesellschaft verlangt oder zumindest ermöglicht. Es geht dann aber eben nicht um die Unabhängigkeit des Privatrechts von der Verfassung, sondern vielmehr um die Umsetzung verfassungsrechtlicher Vorgaben oder die Konkretisierung eines dem einfachen Gesetzgeber von der Verfassung gegebenen Spielraums.

Eine wirkungsvolle institutionelle Absicherung des Privatrechts läßt sich deshalb aus der Unterscheidung und allgemeinen Zuordnung von Staat und Gesellschaft nicht herleiten. Das Privatrecht mag man als das typische rechtliche Gestaltungsmittel im Bereich der „Gesellschaft“ ansehen. Aus dem Begriff „Gesellschaft“ kann aber nicht mehr herausgeholt werden, als man vorher in ihn hineinlegt. „Gesellschaft“ ist kein den Staat begrenzender negativer Kompetenztitel, somit nur eine summarische Umschreibung dessen, was vor allem im Rahmen der rechtlichen Qualifizierung von Rechtssubjekten nicht Staat ist. Die Grenzen von Staat und Gesellschaft liegen also nicht ein für allemal fest. Sie sind unter Beachtung vor allem der Grundrechte und des institutionellen Gesetzesvorbehaltes in beide Richtungen verschiebbar. In dem jeweiligen verfassungsrechtlichen Toleranzbereich obliegen deshalb – selbst wenn man die feste Zuordnung als richtig anerkennt – auch die Regelungsbereiche des Privatrechts der Disposition des Gesetzgebers. Bei den hier entscheidenden konkreten verfassungsrechtlichen Vorgaben müssen deshalb auch die konkreten institutionellen Absicherungen des Privatrechts verortet werden.

---

[410] So vor allem *H. H. Rupp*, HbStR I, Rdnr. 52.

[411] Ähnlich auch *Isensee*, Subsidiaritätsprinzip, S. 313.

[412] So zutreffend *Raiser*, GG und Privatrechtsordnung, B 8; vgl. auch *dens.*, Die Zukunft des Privatrechts, S. 216 f. und S. 230.

# C. Hoheitliche Privatrechtsgestaltung im verfassungsrechtlichen Garantiebereich der Vertragsfreiheit

## *I. Einfachgesetzliche Ausgangspunkte*

### *1. Die Vertragsfreiheit als privatrechtliches Institut*

Vertragsfreiheit umfaßt die beiden Grundaspekte Abschlußfreiheit und Gestaltungsfreiheit.[1] Gelegentlich wird auch noch die Auflösungsfreiheit genannt.[2] Das Recht zur konsensualen Vertragsauflösung oder zur Vertragsauflösung aufgrund einer vorher geschlossenen Vereinbarung beruht jedoch auf der Inhaltsfreiheit.

Vertragsfreiheit ist nicht nur,[3] aber vor allem eine privatrechtliche Erscheinung. Die Möglichkeiten, die die §§ 54 ff. VwVfG eröffnen, sind für den beteiligten Hoheitsträger die Fortsetzung des Verwaltungsermessens im Bereich des öffentlich-rechtlichen Vertrages. „Freiheit" der öffentlichen Verwaltung ist vor allem Rechtsfolgen- und Gestaltungsermessen aufgrund und im Rahmen gesetzlicher Ermächtigungen bzw. Aufgabenzuweisungen.[4] Nach wie vor gibt es im öffentlichen Recht kein durchgängiges, dem privatrechtlichen Grundsatz der Vertragsfreiheit entsprechendes Prinzip.[5] Am grundsätzlich privatrechtlichen Charakter der Vertragsfreiheit ändert sich auch dann nichts, wenn man die Position eines möglichen privaten Vertragspartners im öffentlichen Vertragsrecht mit in die Betrachtungen einbezieht. Wenn auch die Behauptung, öffent-

---

1 MüKo-*Kramer*, vor § 145 Rdnr 9; AK-BGB-*Hart*, vor § 145 Rdnr. 6; *Nipperdey*, Kontrahierungszwang, S. 3ff.

2 Etwa von *Bettermann*, Grundfragen, S. 2, für Dauerschuldverhältnisse.

3 Siehe *Göldner*, JZ 1976, 358; *Schwabe*, Drittwirkung, S. 79 ff. Vgl. auch *Maurer*, DVBl. 1989, 800: Der Vertrag sei nicht nur zivilrechtliches Rechtsinstitut, sondern eine Kategorie des Rechts überhaupt.

4 *Maurer*, DVBl. 1989, 805; *Thiele*, Zustimmungen, S. 8. Daß dies bei der Beteiligung von Hoheitsträgern an privatrechtlichen Vertragsverhältnissen nicht anders ist, ändert hieran nichts. Denn im Privatrecht ist die Beteiligung des Hoheitsträgers möglich. Im öffentlichen Vertragsrecht ist sie der Regelfall.

5 Vgl. auch *Kormann*, S. 47.

lich-rechtliche Verträge kennzeichneten sich dadurch, daß dem Bürger Verpflichtungen auferlegt werden, die im Gesetz nicht vorgesehen seien,[6] überzeichnet ist, ist doch der Gestaltungsspielraum bei öffentlich-rechtlichen Verträgen im Vergleich zum privaten Vertragsrecht beschränkt.[7] Der Vertragsgegenstand ist durch öffentlich-rechtliche Gesetzgebung in der Regel in wesentlichen Punkten präformiert. Der private Vertragspartner wirkt an der Erfüllung einer öffentlichen Aufgabe durch die vertragsschließende Behörde mit. Eine hier nicht zu leistende Analyse neuerer Gesetzgebung dürfte dies bestätigen: Die Einführung eines öffentlich-rechtlichen statt eines privatrechtlichen Vertragssystems dient meist dem Zwecke der Verringerung, nicht der Verwirklichung der Vertragsfreiheit. So soll im Sozialversicherungsrecht die Einführung als öffentlich-rechtlicher statt privatrechtlicher Verträge meist zur Kostendämpfung beitragen. Es handelt sich um einen Regulationsvorgang gegenüber dem ansonsten geltenden privaten Vertragsrecht mit Preisvereinbarungsfreiheit.[8] Verfassungsrechtliche Garantien zum Schutz der Vertragsfreiheit sichern deshalb vor allem ein zentrales privatrechtliches Institut auf höchster Normebene ab.

### 2. *Typologie vertragsgestaltender Hoheitsakte*

#### *a) Gestaltung durch materielles Gesetz*

Die Hauptfunktion des formellen Gesetzes im Hinblick auf die Vertragsfreiheit ist deren Ausgestaltung, weniger die Gestaltung einzelner vertraglicher Rechte und Pflichten. Ein Beispiel für die Umgestaltung der Privatrechtslage durch nichtformelles Gesetz sind Verordnungen etwa nach dem Preisgesetz von 1948.[9] Zu Fällen der Vertragsvernichtung durch Herbeiführung von Unmöglichkeit kommt es durch Verordnungen nach dem AWG[10] oder durch gemeindliche Satzungen über die Anordnung eines Anschluß- und Benutzungszwangs.[11]

---

[6] So *Püttner,* DVBl. 1982, 125. Zu den Bindungen hinsichtlich der inhaltlichen Gestaltungsfreiheit siehe *Erichsen,* in: Erichsen / Martens, § 27 III Rdnr. 9 ff., S. 373 ff.

[7] *Maurer,* DVBl. 1989, 805. Vgl. allerdings *Schlink,* Korporatismus, S. 9, wo festgestellt wird, daß – bei § 112 Abs. 5 SGB V – durchaus ein Bereich privaten Beliebens verbleibe.

[8] Vgl. *Schulin,* JZ 1986, 476.

[9] Siehe zum Eingriff in laufende Verträge *Klußmann,* S. 21 m. w. N.

[10] Dies ist vor allem aus der Perspektive der Eigentumsgarantie problematisch, siehe ausführlich unten E I 3 c, S. 232 ff.

[11] Auch dies wird im Rahmen des Kapitels „Privatrechtsgestaltung im Bereich der Eigentumsfreiheit" besprochen, siehe unten Teil E, S. 223 ff.

### *b) Gestaltung aufgrund von Gesetzen*

#### *aa) Präventive und repressive Verbote*

Das allgemeine Verwaltungsrecht unterscheidet bei vom Gesetz vorgeschriebenen behördlichen Genehmigungen zwischen repressiven Verboten mit Dispensmöglichkeit und präventiven Verboten mit Erlaubnisvorbehalt.[12] Im ersten Fall besteht bei Erfüllung der gesetzlichen Voraussetzungen ein Anspruch auf Erlaubniserteilung, im zweiten ein behördliches Erteilungsermessen.[13] Auch bei vertragsgestaltenden Verwaltungsakten (im weitesten Sinne, also unter Einschluß der Genehmigungserfordernisse für einseitige Rechtsgeschäfte, die auf Verträge einwirken), gibt es solche, die Ausnahmen von einem grundsätzlich unerwünschten Rechtsgeschäft betreffen, also von einem repressiven Verbot ihren Ausgang nehmen (z. B. Ministererlaubnis für Sonderkartelle nach § 8 GWB, Ausnahmen vom Kündigungsschutz für schwangere Frauen nach § 9 Abs. 3 MuSchG, Ausnahmen von der Entlassungssperre nach § 18 Abs. 1 KSchG), deren Gewährung im Ermessen der Behörden steht, und andere, die im wesentlichen eine behördliche Kontrollmöglichkeit eröffnen sollten (z. B. Genehmigungen nach § 5 Abs. 2 und 3 oder § 6 GWB) und zu einer „gebundenen" Verwaltungsentscheidung führen.[14]

Der genannten Terminologie aus dem allgemeinen Verwaltungsrecht braucht für die weitere Systematisierung privatrechtsgestaltenden Staatshandelns im Bereich der Vertragsfreiheit jedoch keine besondere Bedeutung beigemessen werden. Sie ist zum einen terminologisch wenig passend.[15] Fälle, in denen der Abschluß eines privatrechtlichen Vertrages bis zur Erteilung einer Genehmigung „verboten" ist, die Wiedergewährung privater Vertragsfreiheit also nur bei vorheriger Genehmigung eintritt, gibt es kaum.[16] Gesetzlich angeordnete Genehmigungserfordernisse führen in der Regel nicht dazu, daß der Abschluß eines Vertrages „verboten" ist,[17] sondern zu seiner schwebenden Unwirksamkeit.[18] Ein Fall wie § 31 AWG, wonach ausdrücklich Unwirksamkeit für ein Rechtsgeschäft ohne behördliche Genehmigung angeordnet wird, die Wirksamkeit trotzdem ab dem Moment der Vornahme mit Erteilung der

---

[12] Vgl. etwa *Greiffenhagen,* S. 49 ff.; *E. R. Huber,* Wirtschaftsverwaltungsrecht, 2. Aufl., S. 334; *Maurer,* Allgemeines Verwaltungsrecht, § 9 Rdnr. 51 ff, S. 190 ff.; *Mußgnug,* Dispens, S. 87 ff.; *Ossenbühl,* DÖV 1968, 623 f.; *Schwabe,* JuS 1973, 133.

[13] *Kremer,* S. 81; *Mußgnug,* Dispens, S. 84 ff.

[14] *Greiffenhagen,* S. 109 ff. Zum Problem der Freiheit und Bindung der Verwaltung bei der Ermessensentscheidung siehe ausführlich unten G VI, S. 335 ff.

[15] So auch *Greiffenhagen,* S. 50; *Meyer zum Wischen,* S. 43 f.; *Rittner,* Wirtschaftsrecht, S. 278 Rdnr. 5 für § 1 GWB; anders wohl von *Bogdandy,* VerwArchiv 83 (1992), 56.

[16] Siehe *Greiffenhagen,* S. 42 m. Fn. 39, wo einige ältere Erscheinungen in der deutschen Rechtsordnung mit entsprechender Aussage nachgewiesen werden.

[17] *Meyer zum Wischen,* S. 43.

[18] So zutreffend *Greiffenhagen,* S. 50. Ausführlich zur Figur der schwebenden Unwirksamkeit unten F II 2 a, S. 287 ff.

Genehmigung eintritt, ist nicht Ausdruck eines allgemeinen Grundsatzes, sondern ein schwer einzuordnender Sonderfall. In der Wissenschaft besteht selbst im Hinblick auf diese Vorschrift die Tendenz, die von § 31 AWG angeordnete „Unwirksamkeit" als „schwebende Unwirksamkeit" zu verstehen.[19] Im Normalfall „greift" ein Verbot nicht sofort, sondern erst bei bestandskräftiger Genehmigungsversagung.[20] Von einem „Verbot" läßt sich höchstens in solchen Fällen sprechen, in denen bei einseitigen Rechtsgeschäften vor Vornahme die behördliche Genehmigung vorliegen muß, mit der Folge, daß ansonsten das Geschäft unheilbar nichtig ist.[21]

Die Unterscheidung von repressiven und präventiven Verboten ist zudem nicht trennscharf. Der Gesetzgeber hat nicht nur eine verfassungsrechtlich vorgeschriebene Wahl zwischen präventiven und repressiven Verboten mit den jeweils genannten Folgen für Bindung oder Freiheit der Verwaltung. Er kann auch Mischtatbestände vorsehen.[22] Das folgt letztlich daraus, daß es keine verfassungsrechtlich vorgegebene Grenze zwischen Erwünschtem und Unerwünschtem gibt. Der Gesetzgeber darf und muß bewerten. Hierdurch können Zwischenstufen und Übergangsbereiche entstehen. Ein striktes Schema dergestalt, daß ein Ermessen der Behörden im Hinblick auf grundrechtlich geschützte Tätigkeiten unzulässig ist, gibt es nicht.[23] Ein Ermessen der Behörden ist auch dann zulässig, wenn die Vertragspartner im Hinblick auf den Abschluß der Geschäfte Grundrechtsschutz genießen.[24] Eine entgegenstehende Rechtsprechung des BVerfG ist nicht nachweisbar. Im Beschluß zum Preisgesetz[25] verlangt das BVerfG zwar – analog zu Art. 80 Abs. 1 S. 2 GG – für die Ermächtigung zur Vornahme belastender Verwaltungsakte eine hinreichend bestimmte gesetzliche Ermächtigung. Ein grundsätzlicher Ausschluß von Ermessen war damit aber nicht verbunden.[26] Erforderlich ist nur eine Einhaltung des allgemeinen Bestimmtheitsgrundsatzes. Weiterhin wird zur Stützung der These des Ausschlusses von Ermessen gegenüber grundrechtlich geschützten Tätigkeiten immer wieder auf die Entscheidung zum Samm-

---

[19] Siehe *von Bogdandy*, VerwArchiv 83 (1992), 82.

[20] Anders Soergel-*Hefermehl*, § 134 Rdnr. 42, wo davon ausgegangen wird, die Genehmigung stelle einen Dispens von einem Verbot dar. Diese Auffassung erklärt aber nicht hinreichend, weshalb sich vor Entscheidung über die Genehmigung und nach ihrer Versagung unterschiedliche Rechtsfolgen ergeben.

[21] Ausführlicher dazu unten F I 2, S. 276 ff.

[22] Siehe etwa die differenzierte Regelung des § 16 SchwbG. Vgl. auch *Schwabe*, JuS 1973, 134: Es gäbe auch bei repressiven Verboten u. U. einen Anspruch auf Erlaubniserteilung. Vgl. auch *Ossenbühl*, DÖV 1968, 624.

[23] Ebenso *Schenke*, WiVerw 1988, 174 f. Anders MüKo-*Reuter*, vor § 80 Rdnr. 6. Vgl. auch *Ossenbühl*, DÖV 1968, 623, der zutreffend auf den Zusammenhang dieser Frage mit dem Grundrechtsverständnis hinweist.

[24] Anders BVerwGE 40, 347 (352); zustimmend zum BVerwG *Leisner*, DÖV 1973, 274.

[25] BVerfG, B. v. 12.11.1958, E 8, 274 ff.

[26] So auch die Klarstellung in der Kalkar-Entscheidung des BVerfG, B. v. 8.8.1978, E 49, 89 (145): Entscheidend sei, daß der Gesetzgeber die der staatlichen Eingriffsmöglichkeit offenliegende Rechtssphäre selbst abgrenzt.

lungsgesetz[27] verwiesen.[28] Diesem Urteil läßt sich jedoch ebenfalls kein allgemeines Verdikt hinsichtlich von Ermessensentscheidungen gegenüber grundrechtlich geschützten Tätigkeiten entnehmen.[29] Grund für die Verfassungswidrigkeit des Sammlungsgesetzes war, daß eine Tätigkeit per Gesetz grundsätzlich für unerwünscht erklärt wurde, ohne daß das öffentliche Interesse dies erforderte.[30] Im Gegensatz dazu geht es bei den Genehmigungserfordernissen in der Regel nur um die Kontrolle bestimmter, besonders problematischer Geschäfte.

### *bb) Genehmigungserfordernisse*

Privatrechtsgestaltendes Handeln der Verwaltung ist vor allem Handeln der Verwaltung durch privatrechtsgestaltenden Verwaltungsakt. Nicht zuletzt wegen ihrer besonderen Häufigkeit an erster Stelle zu nennen sind Genehmigungserfordernisse.[31] Sie kennzeichnen sich dadurch, daß eine vertragliche Vereinbarung oder die Einwirkung auf einen geschlossenen Vertrag, etwa eine Kündigung oder ein sonstiger, privatrechtlicher Gestaltungsakt, von der Zustimmung einer Behörde abhängt. Es gibt also Genehmigungserfordernisse für einseitige und für zweiseitige Rechtsgeschäfte. Genehmigungserfordernisse für Verträge finden sich im Kommunalrecht (etwa Art. 72 Abs. 1, Abs. 2, 91 Abs.2 S. 1 BayGO), im Stiftungsrecht (etwa Art. 31 BayStiftG), im Kartellrecht (§§ 4, 5 Abs. 2, 7 Abs. 1 GWB, sog. Erlaubniskartelle), im Grundstücksverkehrsrecht (§ 2 GrstVG, § 2 GrstVVO, § 52 BauGB) oder im Außenwirtschaftsrecht (vgl. § 3 AWG).[32] Die wichtigsten Fälle der Genehmigungsbedürftigkeit einseitiger Rechtsgeschäfte sind die Zustimmungserfordernisse für Kündigungen im Arbeitsrecht (etwa §§ 15 ff. SchwbG, 9 Abs. 3 MuSchG, 18 Abs. 1 S. 1 KSchG). Zustimmungserfordernisse finden sich aber auch in anderen Bereichen.[33]

---

[27] BVerfG, Urt. v. 5.8.1966, E 20, 150 ff.

[28] Etwa von *Frowein*, Grundrecht auf Stiftung, S. 17 m. Fn. 12; MüKo-*Reuter*, vor § 80 Rdnr. 6 m. Fn. 24.

[29] Auch *Bullinger*, Verwaltungsermessen, S. 142, spricht insoweit von einem „Mißverständnis". In diesem Sinne ist wohl auch die auf die Entscheidung zum Sammlungsgesetz Bezug nehmende Passage der Kalkar-Entscheidung zu verstehen, siehe BVerfG, B. v. 8.8.1978, E 49, 89 (145).

[30] BVerfGE 20, 150 (157).

[31] Siehe dazu allgemein *Meyer zum Wischen*, S. 8 ff.; *Thiele*, Zustimmungen, S. 54 f. Es handelt sich deshalb um Genehmigungserfordernisse und nicht um Genehmigungspflichten, weil die entsprechenden Normen eine Pflicht zur Antragstellung durchweg nicht kennen. Siehe für das Kartellrecht *Greiffenhagen*, S. 75.

[32] Der Versuch einer erschöpfenden Aufzählung muß an dieser Stelle unterbleiben. Insoweit ist auf das allerdings nicht mehr ganz aktuelle Rechtsquellenverzeichnis von *L. Schmidt*, S. 381 ff., zu verweisen.

[33] Vgl. etwa § 8 a Abs. 4 WoBindG. Die Vorschrift spricht zwar etwas untechnisch von der Genehmigung der Erhöhung. Beim Erhöhungsverlangen handelt es sich aber um einen privatrechtlichen Gestaltungsakt, der seine Grundlage im privaten Mietvertrag haben muß, siehe § 8 a Abs. 3 S. 2 2. H. S. WoBindG. Teilweise sind auch Schenkungen und Schenkungsversprechen nur mit Genehmigung rechtswirksam, siehe § 14 Abs. 1 und 5 HeimG und dazu BVerwG, Urt. v. 18.11.1987, DVBl. 1988, 446 ff..

Einen Sonderfall privatrechtsgestaltender Hoheitsakte im Bereich der Vertragsfreiheit bilden § 31 Abs. 3 BayStiftG und § 13 Abs. 1 S. 3 BWStiftG.[34] Danach können für den Abschluß bestimmter genehmigungsbedürftiger Rechtsgeschäfte von Stiftungen allgemeine Genehmigungen erteilt werden. Sie ergehen also antizipiert und nicht im Hinblick auf bestimmte Rechtsgeschäfte, heben damit die Genehmigungspflicht für bestimmte Geschäfte einer bestimmten Stiftung auf.[35]

### *cc) Beeinträchtigung der Abschlußfreiheit*

Während die Initiative zur Eingehung einer vertraglichen Verbindlichkeit im Fall der Genehmigungserfordernisse für zweiseitige Rechtsgeschäfte und der Inhaltsänderung ursprünglich im privaten Belieben lag, gibt es auch den Fall, daß per Verwaltungsakt eine Pflicht zum Vertragsschluß begründet wird. Ein solcher administrativ auferlegter Kontrahierungszwang ist allerdings im deutschen Recht eine mittlerweile nur noch seltene Erscheinung.[36] Abschlußpflichten im Verhältnis unter Privaten beruhen in der Regel unmittelbar auf formellen, privatrechtlichen Gesetzen. Auch § 37 a Abs. 2 GWB erlaubt nicht die Anordnung einer positiven Belieferungspflicht, sondern als Konsequenz des Übermaßverbotes nur die Untersagung von etwa nach § 26 Abs. 2 GWB verbotenen Verhaltensweisen.[37] Abschlußpflichten zugunsten der öffentlichen Hand gibt es ebenfalls kaum.[38] Der Gesetzgeber reagiert auf eine mögliche Nichtbereitschaft des Privaten zum Vertragsschluß damit, daß sich die öffentliche Hand den Gegenstand, den sie freihändig nicht erwerben kann, im Wege der Enteignung oder eines Vorkaufsrechtes verschaffen darf. Diese Regelungstechnik hat sich vom administrativ auferlegten Kontrahierungszwang dogmatisch emanzipiert[39] und in der Gesetzespraxis weitgehend verdrängt. Sie ist vor allem ein Thema der Eigentumsgarantie.[40]

---

[34] Weitere Ausführungen im Zusammenhang mit der Vertragsfreiheit von Stiftungen werden im Abschnitt D besprochen. Siehe schon den Hinweis oben A IV 4 c, S. 18 f. und die Ausführungen unten D III 4, S. 221 ff.

[35] Im Stiftungsrecht lassen sich im übrigen noch weitere Besonderheiten finden, etwa die Bestätigung der Rechtmäßigkeit, die § 13 Abs. 1 S. 2 BWStiftG vorsieht.

[36] Eine Übersicht über die Rechtsgrundlagen von Kontrahierungspflichten (allgemein, also nicht nur administrativ aufzuerlegender) bei *W. Kilian,* AcP 180 (1980), 53 f. Der Fall eines behördlich angeordneten Kontrahierungszwanges findet sich etwa in § 8 GetreideG (i. d. F. v. 3.8.1977, BGBl. I, 1521).

[37] BGH, B. v. 3.4.1975, WuW/E BGH 1345 (1345 f.).

[38] Ein Fall findet sich in § 14 i. V. m. § 2 Abs. 1 Nr. 10 BLG (so zu Recht *L. Schmidt,* S. 217). Zur früheren Rechtslage, insbesondere zum Kriegs- und Kriegslastenwirtschaftsrecht, siehe *Nipperdey,* Kontrahierungszwang, S. 67 ff.; vgl. auch *Loeber,* S. 117.

[39] Ursprünglich wurde die Enteignung als „Zwangskauf" verstanden, siehe etwa *Nipperdey,* Kontrahierungszwang, S. 25.

[40] Siehe ausführlicher unten E I 3 b, S. 228 ff. und E II 2 f, S. 265 ff.

### *dd) Der „korrigierte" Vertrag*

In seinen wirtschaftlichen Wirkungen mit dem Kontrahierungszwang verwandt, jedoch rechtskonstruktiv von ihm zu unterscheiden ist der korrigierte Vertrag.[41] Der Unterschied zwischen beiden Erscheinungen liegt darin, daß beim Kontrahierungszwang lediglich die Pflicht auferlegt wird, einen Vertrag abzuschließen.[42] Beim „korrigierten Vertrag" knüpft der Staat hingegen an eine bestehende Vertragsbeziehung an. Er nimmt eine Änderung vor, die ansonsten nur die Parteien selbst nach § 305 BGB vornehmen könnten.[43]

Diese Variante privatrechtsgestaltenden Staatshandelns ist wegen der starken Beeinträchtigung der Privatautonomie eher selten. Anzutreffen ist sie bei bestimmten Arten von Dauerschuldverhältnissen. Ein Beispiel ist etwa die Änderung des Geschäftsplans eines Versicherungsunternehmens für bestehende oder noch nicht abgewickelte Versicherungsverträge (§ 81 a S. 2 VAG),[44] ein anderes die Verlängerung von Miet- oder Pachtverhältnissen nach § 186 BauGB,[45] oder die Verlängerung einer Entlassungssperre nach § 18 Abs. 2 KSchG.

Bei normalen Geschäftsplanänderungen im Versicherungsbereich nach §§ 13, 8 VAG bleiben die bestehenden Verträge hingegen von der Genehmigung unberührt.[46] Das gilt richtigerweise auch für den Bereich des PflVersG. Zwar verlangt § 4 Abs. 1 PflVersG, daß der Versicherungsvertrag den von der Aufsichtsbehörde genehmigten allgemeinen Versicherungsbedingungen entsprechen muß. Dies begründet aber nur eine Pflicht des Kfz-Halters, nicht jedoch die Anordnung privatrechtsgestaltender Wirkung der Genehmigung einer Geschäftsplanänderung.[47] Auch die Verbindlicherklärung nach § 4 Abs. 1 S. 5 PflVersG hat keine privatrechtsgestaltende Wirkung. Sie bezieht sich nicht auf bereits abgeschlossene Verträge.[48]

---

41 *Nipperdey,* Kontrahierungszwang, S. 156. Der Begriff „korrigierter Vertrag" stammt wohl von *Nipperdey,* aaO, S. 154.

42 Siehe die nach wie vor maßgebliche Definition von *Nipperdey,* Kontrahierungszwang, S. 7: „Kontrahierungszwang ist der aufgrund einer Norm der Rechtsordnung einem Rechtssubjekt ohne seine Willensbildung im Interesse eines Begünstigten auferlegte Verpflichtung, mit diesem einen Vertrag bestimmten oder von unparteiischer Stelle zu bestimmenden Inhalts abzuschließen."

43 *Nipperdey,* Kontrahierungszwang, S. 155.

44 Zur unmittelbar privatrechtsgestaltenden Wirkung siehe *Prölss,* § 81 a Rdnr. 10; *Vassel,* S. 35.

45 Vgl. dazu etwa *Bielenberg,* in: Ernst / Zinkahn / Bielenberg, Vorb. §§ 182 – 186, Rdnr. 18 (Stand: August 1988).

46 *Vassel,* S. 26.

47 So überzeugend *Vassel,* S. 28 f.

48 *Vassel,* S. 47 f.

#### *ee) Vertragsvernichtung*

Ein vergleichsweise häufiges Mittel privatrechtsgestaltender Verwaltung ist die Vernichtung von privatrechtlichen Vereinbarungen.[49] Paradigmatische Bedeutung haben heute[50] die entsprechenden Befugnisse im Kartellrecht (§§ 12 Abs. 3 Nr. 3, 17, 18 GWB). Das Instrument des vertragsvernichtenden Verwaltungsaktes kommt aber auch in anderen Gebieten, etwa im Planungsrecht, vor.[51] Die Vertragsvernichtung ist oft ein für eine freiheitliche Wirtschaftsordnung besonders adäquates Mittel, vor allem im Vergleich zu Genehmigungserfordernissen. Der Staat beläßt den Privatrechtssubjekten ihre prinzipielle Abschluß- und Gestaltungsfreiheit und greift nur punktuell und soweit erforderlich ein.

Die Vertragsvernichtung ist gelegentlich aber auch „ultima ratio", also letztes Mittel des Staates, wenn andere Mittel zur Überwindung privatrechtlicher Vereinbarungen nicht mehr zur Verfügung stehen. So ist etwa die Unwirksamkeitserklärung nach § 12 Abs. 3 Nr. 3 GWB angesichts des Verhältnismäßigkeitsgrundsatzes erst dann möglich, wenn Maßnahmen nach § 12 Abs. 3 Nr. 1 und / oder Nr. 2 keinen Erfolg gebracht haben oder versprechen.[52] Für den Sonderfall, daß ein Hoheitsträger anstelle hoheitlicher Vertragsvernichtung auch die Möglichkeit hat, im Wege der zivilrechtlichen Gestaltungserklärung ein Vertragsverhältnis zu beenden, besteht aber keine Subsidiarität der öffentlich-rechtlichen gegenüber der zivilrechtlichen Auflösungsmöglichkeit.[53] Das ergibt sich in der Regel schon daraus, daß dieses Zusammentreffen meist zufällig ist und das Zivilrecht zudem oft keine der Wirksamkeit der öffentlich-rechtlichen Befugnis vergleichbare Auflösungsmöglichkeit bietet.[54]

## *II. Verfassungsrechtliches Problemspektrum*

### *1. Der allgemeine verfassungsrechtliche Schutz der Vertragsfreiheit*

Unter verfassungsrechtlichem Blickwinkel zeigen sich für privatrechtsgestaltende Hoheitsakte im Bereich der Vertragsfreiheit einige gemeinsame Grundprobleme. Das erste ist ganz grundsätzlicher Art und betrifft das Bestehen allgemeiner verfassungsrechtlicher Grenzen. Privatrechtsgestaltende Staatsakte

---

[49] Dies wird auch mit Begriff „kassierter Vertrag" umschrieben *(Nipperdey,* Kontrahierungszwang, S. 155 m. Fußn. 1).

[50] Zur früheren Rechtslage, etwa den Befugnissen der Demobilmachungsausschüsse zur Auflösung von Verträgen, siehe etwa *Nipperdey,* Kontrahierungszwang, S. 155 m. Fußn. 1.

[51] Siehe etwa §§ 71 i. V. m. 70 Abs. 2 FlurbG; §§ 182 – 184 BauGB.

[52] So auch *Immenga,* in: Immenga / Mestmäcker, § 12 Rdnr. 60.

[53] So für §§ 182 – 185 BauGB auch *Pieroth / Kotulla,* DVBl. 1992, 585 ff.

[54] *Pieroth / Kotulla,* DVBl. 1992, 587 ff.

greifen – wie gesehen – in die im Privatrecht gewährleistete Vertragsfreiheit ein, und zwar sowohl in die Abschluß- als auch in die Gestaltungsfreiheit. Die Herausarbeitung verfassungsrechtlicher Maßstäbe für die Aufrechterhaltung, Änderung oder Einführung privatrechtsgestaltender Genehmigungserfordernisse setzt die Klärung des verfassungsrechtlichen Standorts der Vertragsfreiheit voraus. Deutlich wird dies an der Anwendbarkeit des Übermaßverbotes, das nach einem Teil der Literatur beispielsweise für die Beantwortung der Frage herangezogen werden soll, inwieweit ein Vorrang des Gestaltungsmittels des vertragsauflösenden Verwaltungsaktes vor dem des öffentlich-rechtlichen Genehmigungserfordernisses anzunehmen sei.[55] Will man das Übermaßverbot als „verfassungsrechtliche Grundregel" bei Eingriffen in die allgemeine Vertragsfreiheit oder in bestehende Verträge zur Anwendung bringen,[56] bedarf es hierfür eines verfassungsrechtlichen „Bodens". Denn das Übermaßverbot wird heute im wesentlichen grundrechtlich abgeleitet.[57] Es gilt keineswegs bei jeder staatlichen Tätigkeit in jedem Zusammenhang.[58]

### 2. *Verfassung und Privatrecht*

Auch die Wahl des Mediums des privatrechtsbeeinflussenden Eingriffs durch den Gesetzgeber ist unter Umständen verfassungsrechtlich mitbestimmt. Der Zugriff des Gesetzgebers auf die Vertragsfreiheit kann durch Ausgestaltung mittels (in der Regel) privatrechtlichen Gesetzes erfolgen, oder durch gesetzliche Ermächtigungen zur Privatrechtsgestaltung. Ausgestaltung und Gestaltung sind nicht unbeschränkt, aber in gewissem Rahmen austauschbar. Der Gesetzgeber kann Verträge etwa unter Verwendung von Generalklauseln für nichtig erklären, oder er kann Verwaltungsbehörden dazu ermächtigen, die Nichtigkeit per Verwaltungsakt herzustellen (Beispiel: § 15 GWB auf der einen und § 18 GWB auf der anderen Seite). Es stellt sich damit die Frage, ob das

---

[55] Siehe *L. Schmidt,* S. 286 ff., 288: Der Gesetzgeber würde mit dem Übergang von Genehmigungserfordernissen zur gegebenenfalls anzuordnenden Vertragsnichtigkeit den Grundsatz des geringfügigsten Eingriffs in die Privatautonomie besser befolgen.

[56] So etwa *Klußmann,* S. 127.

[57] *Alexy,* Theorie der Grundrechte, S. 100 ff. Für die Entbehrlichkeit einer grundrechtlichen Absicherung im vorliegenden Zusammenhang hingegen *Klußmann,* S. 127: „Wenn auch die Vertragsfreiheit als solche und der einzelne Vertrag im Grundgesetz allgemein weder durch Art. 2, noch durch Art. 14 GG unmittelbar geschützt sind, so erfahren sie doch einen Rückhalt und Schutz durch eine verfassungsrechtliche Grundregel, wie sie das Gebot der Verhältnismäßigkeit darstellt." Siehe auch *Stern,* Festschrift für Lerche, S. 175: Das Übermaßverbot als allgemeiner Rechtssatz.

[58] Die Notwendigkeit einer grundrechtlichen Absicherung der Vertragsfreiheit ergibt sich erst recht, wenn man als Schranken-Schranke für den Gesetzgeber vor allem Art. 19 Abs. 2 GG heranziehen will, wie dies das BVerwG in einer frühen Entscheidung getan hat (Urt. v. 18.2.1955, NJW 1955, 962 / 963). Vergleiche auch die Mahnung von *Ossenbühl,* Festschrift für Lerche, S. 157, daß „Übermaß" beim Übermaßverbot zu einer „Knochenerweichung der Rechtsordnung" führe und die konkrete Grundrechtsprüfung nicht zur allgemeinen Verhältnismäßigkeitsprüfung verschwimmen dürfe.

Grundgesetz Präferenzen zugunsten der einen oder anderen Form enthält und welchen Bindungen der Gesetzgeber unterliegt, wenn er sich für die eine oder andere Lösung entscheidet. Dabei entspricht es immer noch einer oft anzutreffenden Überzeugung, der Privatrechtsgesetzgeber sei grundrechtlich freier gestellt, als der Gesetzgeber öffentlich-rechtlicher Gesetze.[59] Nach der im vorhergehenden Hauptabschnitt entwickelten Abgrenzung von öffentlichem und privatem Recht kann hingegen die öffentlich-rechtliche oder privatrechtliche Qualifikation des Eingriffs keine verfassungsrechtlichen Folgewirkungen entfalten. Die am Beispiel von § 15 und § 18 GWB deutlich werdende Austauschbarkeit spricht für dieses Ergebnis. Zu untersuchen bleibt, ob es sich angesichts der konkreten verfassungsrechtlichen Garantie der Vertragsfreiheit ebenfalls bestätigt oder ob sich ein grundsätzlicher Maßstabsunterschied für die Beurteilung zu Privatrechtsgestaltung ermächtigender und privatrechtsausgestaltender Gesetze nachweisen läßt.

Art und Umfang privatrechtsgestaltender Wirkungen des öffentlichen Rechts sind ebenfalls durch den verfassungsrechtlichen Schutz der Vertragsfreiheit determiniert. Es gibt eine Reihe privatrechtlicher Grundsätze, für die sich die Frage stellt, ob das öffentliche Recht von ihnen abweichen kann und ob es insoweit einer Rücksichtnahmepflicht oder einem Rechtfertigungszwang unterliegt (z. B. beim Grundsatz der Bedingungsfeindlichkeit einseitiger, empfangsbedürftiger Willenserklärungen[60]). Eine mögliche Bindung des Gesetzgebers öffentlich-rechtlicher Normen an ein solches Prinzip kann sich nur aus dem Verfassungsrecht ergeben, im Kontext der Vertragsfreiheit also aus der Absicherung dieser in den Grundrechten des Grundgesetzes.

### 3. *Prozessuale Folgewirkungen*

Die im einzelnen nachzuweisende grundrechtliche Verortung der Vertragsfreiheit hat u. U. auch prozessuale Folgewirkungen. Das betrifft zunächst die Frage der Anfechtbarkeit privatrechtsgestaltender Verfügungen vor den Verwaltungs- bzw. – vor allem im Bereich des Kartellrechts – ordentlichen Gerichten (§§ 62 ff. GWB). So ist nach allgemeinen Grundsätzen – ohne daß es auf Fragen des Drittschutzes ankäme – anfechtungsbefugt, wer Adressat einer behördlichen Maßnahme ist.[61] Hierbei handelt es sich um eine Folge des Zusammenspiels von einfachem Recht mit der Garantie der allgemeinen Handlungsfreiheit nach Art. 2 Abs. 1 GG. Dadurch, daß das einfache Recht jemanden zum notwendigen Adressaten eines Verwaltungsaktes macht, kommt es zu einem

[59] So etwa die Auffassung von *Dürig*, in: Maunz / Dürig, Art. 2 Abs. 1 Rdnr. 59 und 60: Für privatrechtliche Beschränkungen sieht *Dürig* (Rdnr. 59) keine Pflicht zur verfassungsrechtlichen Rechtfertigung. Instrumente des modernen staatlichen Interventionismus mittels öffentlich-rechtlicher Vorschriften wie Kontrahierungszwang oder Preisfestlegungen werden hingegen streng am Übermaßverbot gemessen (aaO, Rdnr. 60 ff.).

[60] Vgl. MüKo-*Schwab*, § 1831 Rdnr. 1 ff.; *Steiner*, DVBl. 1981, 352 und ausführlich unten F I 1, S. 274 ff.

[61] Vgl. BVerwG, Urt. v. 25.6.1992, NJW 1992, 3312 (3313); *Manssen*, NZV 1992, 466.

finalen Grundrechtseingriff, wodurch Art. 2 Abs. 1 GG seine formelle Schutzwirkung entfaltet.[62]

Häufig zieht aber das einfache Recht den Kreis der Adressaten in nicht unproblematischer Weise eng. So ist etwa der Gebundene einer Ausschließlichkeitsbindung als kartellrechtlicher Nichtstörer[63] nach § 18 GWB nicht Adressat einer Aufhebungsentscheidung der Kartellbehörde.[64] Das folgt nach einfachem Recht zwingend aus § 51 Abs. 2 Nr. 3 GWB, der nur für die Fälle des § 19 GWB, also des kartellbehördlichen Eingriffs in die Weitergeltung bzw. Nichtweitergeltung nicht von der Aufhebung betroffener Vereinbarungen eine Beteiligung der (ursprünglich gebundenen) Vertragspartner vorsieht. Daraus ergibt sich, daß sich das Verfahren nach §18 GWB nicht gegen die Gebundenen richtet, weil es sonst stets zu einer Beteiligung nach § 51 Abs. 2 Nr. 2 GWB käme.[65] Eine Anfechtungsbefugnis des Gebundenen aus einfachgesetzlicher Adressatenschaft gibt es daher nicht. Sie könnte sich nur aus dem Verfassungsrecht, also einer grundrechtlich vermittelten rechtlichen Beschwer herleiten.[66] Auch eine Reihe weiterer Hoheitsakte mit privatrechtlichen Folgewirkungen bzw. teilweise auch privatrechtsgestaltendem Charakter unterliegen nach einfachem Recht keiner Anfechtungsbefugnis durch bestimmte Betroffene, da diese nicht Adressaten der Maßnahme sind. Nicht anfechtungsberechtigt ist etwa der Mieter gegen die (privatrechtsgestaltende) Zustimmung der Bewilligungsstelle zu einer Mieterhöhung nach § 8 a WoBindG,[67] der Versicherungsnehmer gegen (nicht privatrechtsgestaltende) Tarifgenehmigungen nach § 8 PflVersG[68] und §§ 8, 13 VAG,[69] oder die Benutzer gegen (privatrechtsgestaltende) verkehrsrechtliche Genehmigungen nach § 43 LuftVZO[70] oder § 39 PBefG.[71] Kritik an dieser Rechtsprechung wird vor allem unter dem Blickwinkel des Art. 19 Abs. 4 GG geübt.[72] Ihrer Berechtigung ist ohne eine Klärung des verfassungsrechtlichen Schutzes der Vertragsfreiheit nicht zu beurteilen.

---

62 *Manssen,* NZV 1992, 466 ff.

63 *K. Schmidt,* in: Immenga / Mestmäcker, § 51 Rdnr. 28.

64 KG, B. v. 28.11.1979, WuW/E OLG 2247 (2256); BKartA, B. v. 22.5.1968, WuW/E BKartA 1199 (1212); *Emmerich,* in: Immenga / Mestmäcker, § 18 Rdnr. 232; *Liebs,* Vertriebsverträge, S. 88; *K. Schmidt,* in: Immenga / Mestmäcker, § 51 Rdnr. 28 jeweils m. w. N.

65 So zutreffend *Kremer,* S. 90.

66 Zwar wird der Gebundene vielfach kein Interesse an einer Anfechtung haben. Das muß aber keineswegs so sein. Es ist durchaus denkbar, daß er sich Vorteile aus einem Bestehenbleiben der eingegangenen Verpflichtung verspricht.

67 BVerwG, Urt. v. 15.11.1985, DÖV 1986, 438 (439).

68 BVerwG, Urt. v. 25.11.1986, NJW 1987, 1837 (1838); verfassungsrechtlich unbedenklich nach BVerfG, B. v. 6.7.1989, NJW 1990, 2249 (2249).

69 BVerwG, Urt. v. 16.7.1968, VersR 1969, 25 (26) = E 30, 135 ff.

70 BVerwG, Urt. v. 8.7.1977, DÖV 1978, 619 ff.

71 BVerwG, B. v. 5.10.1979, DÖV 1980, 416. Der BGH bejaht hingegen die Anfechtungsbefugnis des Krankenhausbenutzers gegen die verwaltungsaktsmäßige Festsetzung von Pflegesätzen, siehe BGH, Urt. v. 19.12.1978, Z 73, 114 (119). Ebenso OVG Lüneburg, Urt. v. 22.9.1977, NJW 1978, 1211 (1211), für den besonderen Fall, daß die Festsetzung von Pflegesätzen in ein bestehendes Vertragsverhältnis eingreift.

72 Vor allem von *Kopp,* DÖV 1980, 504 ff.

Einiges spricht schließlich dafür, daß das Maß der bundesverfassungsgerichtlichen Kontrolldichte von der Nähe einer einfachgesetzlichen Norm zu einer grundrechtlichen Garantie abhängt.[73] Art und Umfang der verfassungsrechtlichen Absicherung der Vertragsfreiheit sind dann die entscheidende Vorgabe für die verfassungsgerichtliche Überprüfung der Anwendung einfachen Rechts bei privatrechtsgestaltender Tätigkeit im Wege der Verfassungsbeschwerde.

## *III. Der verfassungsrechtliche Schutz der Vertragsfreiheit*

### *1. Grundzüge der Rechtsprechung des BVerfG zum verfassungsrechtlichen Schutz der Vertragsfreiheit*

#### *a) Art. 2 Abs. 1 GG als Sitz der Garantie der Vertragsfreiheit*

Das BVerfG verortet die Vertragsfreiheit grundrechtlich in Art. 2 Abs. 1 GG.[74] Diese Garantie wird genannt neben der „Freiheit im wirtschaftlichen Verkehr"[75] und der „Privatautonomie".[76] Die „Freiheit im wirtschaftlichen Verkehr" hat nach dem bisherigen Stand der Verfassungsinterpretation keinen fest umrissenen Bedeutungsgehalt.[77] Zu ihr gehören viele Elemente, von der Freiheit der Dispositon über die eigenen Mittel und die Werbefreiheit[78] bis zur Ver-

---

[73] Grundlegend *Schumann,* Verfassungs- und Menschenrechtsbeschwerde, S. 239: Die Verkennung eines verfassungsbestimmten Begriffs führe eine Interpretationsverfassungsbeschwerde zum Erfolg. Ausführliche Konzeption der Kontrollbefugnisse des BVerfG vor diesem Hintergrund bei *Michael Bender,* Die Befugnis des Bundesverfassungsgerichts zur Prüfung gerichtlicher Entscheidungen, 1991.

[74] BVerfG, B. v. 16.5.1961, E 12, 341 (347); B. v. 4.5.1982, E 73, 329 (339); B. v. 19.10.1983, E 65, 196 (210); B. v. 14.5.1985, E 70, 1 (25); B. v. 4.6.1985, E 70, 115 (123); B. v. 23.4.1986, E 73, 261 (270); ebenso BVerwG, Urt. v. 18.2.1955, NJW 1955, 962 (963); Urt. v. 9.8.1983, NVwZ 1984, 514 (515); BayVGH, Urt. v. 11.8.1989, BayVBl. 1990, 277 (277); *Bettermann,* Grundfragen, S. 5; *Bullinger,* DÖV 1957, 769; *E. R. Huber,* Wirtschaftsverwaltungsrecht, 2. Auflage, S. 661, *ders.,* DÖV 1956, 138; *Nipperdey,* AT, S. 78, *ders.,* in: Bettermann / Nipperdey, Grundrechte IV/2, S. 887; *Papier,* in: Maunz / Dürig, Art. 14, Rdnr. 33. Zustimmend zum BVerfG etwa AK-BGB-*Hart,* vor § 145 Rdnr. 4; Soergel-*Wolf,* vor § 145 Rdnr. 42; *Schmidt-Salzer,* NJW 1970, 8 (10); *Laufke,* Festschrift für Lehmann, S. 162. Ablehnend etwa *Flume,* AT II, S. 17, *ders.,* Festschrift 100 Jahre DJT, S. 136; *Raiser,* GG und Privatrechtsordnung, B 16 f., *ders.,* JZ 1958, 4; *Stuck,* DuR 1988, 39 ff.

[75] BVerfG, B. v. 16.5.1961, E 12, 341 (347); B. v. 8.6.1977, E 45, 142 (160): „wirtschaftliche Betätigungsfreiheit"; B. v. 19.10.1983, E 65, 196 (210); B. v. 4.6.1985, E 70, 115 (123); B. v. 23.4.1986, E 73, 261 (270); ähnlich auch Urt. v. 1.3.1979, E 50, 290 (366): „Handlungsfreiheit auf wirtschaftlichem Gebiet".

[76] BVerfG, B. v. 23.4.1986, E 73, 261 (272); B. v. 19.5.1992, E 86, 122 (130).

[77] Vgl. auch schon Art. 151 Abs. 2 S. 2 WRV: „In diesen Grenzen ist die wirtschaftliche Freiheit des einzelnen zu sichern." Zum Begriff der „Freiheit im wirtschaftlichen Verkehr" siehe auch *Schwerdtfeger,* Paritätische Mitbestimmung, S. 63.

[78] Vgl. *Arndt,* Wirtschaftsverwaltungsrecht, S. 762 Rdnr. 109.

trags- und Wettbewerbsfreiheit.[79] Es handelt sich deshalb eher um die deskriptive Umschreibung eines Teils des Garantiebereichs des Art. 2 Abs. 1 GG als einen Ausdruck mit normativer Substanz.[80] Nur wenig präzise Konturen hat bisher auch der der Freiheit im wirtschaftlichen Verkehr nahestehende „angemessene Spielraum zur Entfaltung von Unternehmerinitiative" erlangt, der nach Auffassung des BVerfG unantastbar geschützt sein soll.[81] Ein solcher Schutz läuft auf eine Kernbereichsgarantie hinaus, die – um Verletzungen festzustellen –[82] eine Gesamtbetrachtung verlangt. Hingegen beschreiben „Vertragsfreiheit" und „Privatautonomie" einigermaßen präzise, weil zentrale Begriffe des geltenden Privatrechts.

Angesichts der kaum noch überblickbaren Kontroversen um das richtige Grundrechtsverständnis, die richtige Grundrechtstheorie und -dogmatik[83] sind die vom BVerfG aus der Verortung der Vertragsfreiheit in Art. 2 Abs. 1 GG gezogenen Folgerungen – sieht man zunächst einmal vom Sonderproblem der Drittwirkung ab – angenehm schlicht. Beschränkungen der prinzipiell garantierten Vertragsfreiheit, z. B. im Wege gesetzlicher Vorgaben für die Entgeltfestsetzung[84] oder der Statuierung von richterlichen Genehmigungsvorbehalten[85] sind rechtfertigungsbedürftige Eingriffe in das Grundrecht aus Art. 2 Abs. 1 GG und deshalb vor allem am Übermaßverbot zu messen.[86] Ähnlich wie beim Taubenfüttern[87] und beim Reiten im Wald[88] gibt Art. 2 Abs. 1 GG in dieser Sicht das Recht, in jeder Form mit jedem und mit jeglichem Inhalt einen Vertrag zu schließen oder nicht zu schließen. Staatliche Beschränkungen dieses Rechts sind nicht per se unzulässig, aber eben rechtfertigungsbedürftig.

---

[79] Siehe auch *Badura,* ZfA 1974, 372. Gelegentlich wird die Vertragsfreiheit als Element der Freiheit im wirtschaftlichen Verkehr verstanden, siehe *Rinck / Schwark,* § 6 III 2, S. 48 Rdnr. 148.

[80] Anders *Badura / Rittner / Rüthers,* S. 232 f., für die der Freiheit im wirtschaftlichen Verkehr verwandten „Unternehmensfreiheit".

[81] BVerfGE 50, 290 (366). Das BVerfG stellt insoweit durchaus noch auf Art. 2 Abs. 1 GG ab. Es ist deshalb alles andere als zweifelsfrei, ob dies unter Zugrundelegung der Rechtsprechung des BVerfG wirklich nicht mehr zeitgemäß ist, wie *Schwerdtfeger,* Paritätische Mitbestimmung, S. 64 m. Fußn. 143, meint. *Schwerdtfeger* will stattdessen das Spezialgrundrecht des Art. 12 Abs. 1 GG anwenden.

[82] Die Beantwortung der Frage, ob ein Eingriff vorliegt, kann man sich in der Regel sparen. Die Tatbestandsgrenzen sind noch unklarer als die des Kernbereichs, der gesetzliche Gestaltungsspielraum ist hingegen weit.

[83] Vgl. *Ossenbühl,* NJW 1976, 2100, der von einer fast schon überzüchteten Grundrechtstheorie und Grundrechtsdogmatik im Schrifttum spricht.

[84] Siehe etwa BVerfG, B. v. 4.12.1979, E 53, 1 ff.; B. v. 20.10.1981, E 58, 283 ff.; B. v. 14.5.1985, E 70, 1 (25).

[85] Etwa BVerfG, B. v. 4.5.1982, E 60, 329 ff., bezüglich des Genehmigungserfordernisses des § 1587 o Abs. 2 S. 3 BGB für Vereinbarungen über den Versorgungsausgleich im Zusammenhang mit der Scheidung.

[86] Siehe etwa BVerfG, B. v. 4.5.1982, E 60, 329 (339).

[87] BVerfG, B. v. 23.5.1980, E 54, 143 (146).

[88] BVerfG, B. v. 6.6.1989, E 80, 137 (152 f.) mit abl. Sondervotum von *Grimm,* E 80, 164 ff.

### *b) Terminologisches*

Die Ausdrücke „Privatautonomie" und „Vertragsfreiheit" werden häufig synonym gebraucht,[89] bedeuten aber genau genommen unterschiedliches: Privatautonomie ist das allgemeine Prinzip der Selbstgestaltung der Rechtsverhältnisse durch den einzelnen nach seinem Willen.[90] Vertragsfreiheit ist hingegen nur ein Teil dessen, nämlich das Prinzip der Selbstgestaltung der Rechtsverhältnisse zu anderen Rechtssubjekten, die durch Vertrag zustande kommen.[91]

Im Kontext von Art. 2 Abs. 1 GG ist die mit der häufigen Gleichsetzung von Privatautonomie und Vertragsfreiheit eintretende Ungenauigkeit gleichwohl hinnehmbar. Zum einen ist der Vertrag – trotz an dieser Stelle nicht zu vertiefender notwendiger Einschränkungen in einer modernen Arbeitnehmergesellschaft –[92] eines der, wenn nicht das beherrschende Ordnungselement der Privatautonomie. Andere in der Regel ihr zugerechnete Institute wie Vereins- oder Tarifautonomie[93] sind zum einen spezielleren grundrechtlichen Garantien (Art. 9 Abs. 1 und 3 GG) zuzuordnen, zum anderen von vergleichsweise geringerer Bedeutung.[94] Davon zu sprechen, Art. 2 Abs. 1 GG schütze nach Auffassung des BVerfG „die Vertragsfreiheit", ist vielmehr aus verfassungsrechtlicher Sicht nicht ungenau weil zu eng, sondern immer noch zu weit, denn das BVerfG macht ausdrücklich einen Vorbehalt zugunsten spezieller Grundrechtsbestimmungen,[95] was vor allem für Art. 12 Abs. 1 GG relevant ist.[96] Wenn deshalb vom Schutz der Vertragsfreiheit durch Art. 2 Abs. 1 GG gesprochen wird, so steht dies unter dem stets mitgedachten Vorbehalt des Vorrangs von Spezialgrundrechten.[97]

Noch eine weitere terminologische Klarstellung ist nötig. Im Zivilrecht wird zwischen der Vertragsfreiheit im engeren und im weiteren Sinne unterschieden.[98] Vertragsfreiheit im engeren Sinne meint die schuldrechtliche Vertragsfreiheit und dabei insbesondere die in weiterem Umfang als im Sachen-, Fami-

---

[89] Siehe *Flume,* AT II, S. 12; *H. Huber,* Vertragsfreiheit, S. 12; *Geißler,* JuS 1991, 618.

[90] *Flume,* AT II, S. 1, *ders.,* Festschrift 100 Jahre DJT, S. 136; *Raiser,* JZ 1958, 1; *Richardi,* Betriebsverfassung und Privatautonomie, S. 9.

[91] *Raiser,* JZ 1958, 1; *Merz,* Privatautonomie, S. 3; *Roscher,* Vertragsfreiheit, S. 54; *Stoll,* Art. 152, S. 175.

[92] Siehe dazu *Richardi,* Betriebsverfassung und Privatautonomie, S. 9 ff.

[93] Siehe *Schick,* EvStL, Sp. 159.

[94] Siehe *Zöllner,* RdA 1989, 144.

[95] BVerfG, B. v. 16.5.1961, E 12, 341 (347); B. v. 4.6.1985, E 70, 115 (123).

[96] Zur Verwendung des Art. 12 Abs. 1 GG bei Eingriffen in die Vertragsfreiheit siehe BVerfG, B. v. 4.12.1979, E 53, 1 (15); B. v. 20.10.1981, E 58, 283 (290). Weitere Nachweise zur vorrangigen Prüfung von speziellen Grundrechten gegenüber der allgemeinen Garantie der Vertragsfreiheit in Art. 2 Abs. 1 GG bei *Niebler,* Festschrift 125 Jahre Bayerisches Notariat, S. 142 ff.

[97] Energisch für eine Beachtung dieses Vorrangs tritt vor allem *Scholz,* AöR 100 (1975), S. 127 ff. ein. Vgl. weiterhin *Kloepfer,* Grundrechte, S. 44 f.; *Papier,* in: Maunz / Dürig, Art. 14, Rdnr. 215.

[98] Siehe *Flume,* AT II, S. 12.

lien- und Erbrecht vorhandene inhaltliche Gestaltungsfreiheit.[99] Im Grundsatz gibt es die Möglichkeit, Verträge zu schließen, aber auch in den genannten anderen Gebieten außerhalb des Schuldrechts.[100] Wenn das BVerfG vom Schutz der Vertragsfreiheit spricht, meint es den Begriff im weiteren Sinne.[101]

### 2. Schutz der Vertragsfreiheit und Subsidiarität des Art. 2 Abs. 1 GG

#### a) Art. 2 Abs. 1 GG im Verhältnis zu den Spezialgrundrechten

Der Vorrang der Spezialgrundrechte gegenüber dem Auffangtatbestand des Art. 2 Abs. 1 GG wird von der Rechtsprechung in Übereinstimmung mit grundrechtssystematischen Überlegungen der Wissenschaft[102] formal anerkannt.[103] Eine gewisse Sonderrolle nimmt lediglich Art. 9 Abs. 1 GG ein. Die Vertragsfreiheit eines Vereins findet ihre verfassungsrechtliche Grundlage nicht dort, sondern in dem jeweils zuständigen Spezialgrundrecht.[104] Art. 9 Abs. 1 GG gibt keine Sonderrechte für die Betätigung eines Vereins nach außen.[105] Es kann unter grundrechtlichen Aspekten keinen Unterschied machen, ob das Genehmigungserfordernis etwa für einen Grundstückskaufvertrag zwei Privatpersonen oder zwei Gesellschaften betrifft.

Bei der sachlichen Umsetzung des Vorrangs der Spezialgrundrechte gegenüber Art. 2 Abs. 1 GG verfährt die Rechtsprechung des BVerfG trotzdem ausgesprochen inkonsequent.[106] Das betrifft vor allem das Verhältnis von Art. 2 Abs. 1 GG zur Berufs- (Art. 12 Abs. 1 GG) und Eigentumsfreiheit (Art. 14 GG). So bringt das BVerfG Art. 2 Abs. 1 GG zur Anwendung, wo bei strikter Umsetzung des Vorranggedankens Art 12 Abs. 1 GG einschlägig gewesen wäre.[107] Manchmal werden auch Art. 2 Abs. 1 und Art. 12 Abs. 1 GG nebeneinander

---

99 *Flume,* AT II, S. 12.

100 *Flume,* AT II, S. 14.

101 Siehe BVerfG, B. v. 4.5.1982, E 60, 329 (339): Vertragsfreiheit bezüglich einer Vereinbarung über den Versorgungsausgleich anläßlich einer Ehescheidung.

102 Siehe *Scholz,* AöR 100 (1975), 128 m. w. N.; *Degenhart,* JuS 1990, 165; *Lerche / Degenhart,* S. 13; *Schmidt-Preuß,* Zentralfragen, S. 131. Vgl. auch MünchArbR-*Richardi,* § 9 Rdnr. 5: Das Arbeitsrecht sei am Grundrecht der Berufsfreiheit (Art. 12 Abs. 1 GG) auszurichten, das die Privatautonomie als Strukturprinzip für die rechtliche Ordnung der Arbeitswelt verfassungsrechtlich gewährleiste. Siehe weiterhin MünchArbR-*Buchner,* § 36 Rdnr. 10.

103 BVerfG, B. v. 16.5.1961, E 12, 341 (347); B. v. 4.6.1985, E 70, 115 (123); Urt. v. 9.8.1983, NVwZ 1984, 514 (515) m. w. N.

104 *Selmer,* Unternehmensentflechtung, S. 24; *Scholz,* Konzentrationskontrolle, S. 41.

105 *Füßlein,* S. 443; *Scholz,* in: Maunz / Dürig, Art. 9 Abs. I, Rdnr. 40; *Murswiek,* JuS 1992, 117. Siehe auch unten D I 4 b, S. 203 ff.

106 Siehe die Feststellung von *Söllner,* RdA 1989, 147: Das BVerfG bekenne sich in seinen Entscheidungen gern in abstracto zum Vorrang der speziellen Grundrechte vor Art. 2 Abs. 1 GG, nehme dann aber in concreto doch des öfteren Art. 2 Abs. 1 GG zum Prüfungsmaßstab, wo auch an ein spezielleres Grundrecht zu denken wäre.

107 Siehe als Beispiel BVerfG, B. v. 19.10.1983, E 65, 196 (209 f.) und dazu *Söllner,* RdA 1989, 147.

angeführt,[108] obwohl dies bei Spezialität des Art. 12 Abs. 1 GG eigentlich überflüssig ist.[109] Durchaus im Rahmen des vom BVerfG abgesteckten höchstrichterlichen Inkonsequenzbereichs hält sich deshalb auch der BayVGH, der, obwohl nach heute ganz überwiegender Auffassung privatrechtliche obligatorische Rechtspositionen in den Schutzbereich des Art. 14 GG fallen sollen,[110] hoheitliche Eingriffe in Verträge zum Erwerb von Grundeigentum etwa durch Ausübung gesetzlicher Vorkaufsrechte der öffentlichen Hand ohne nähere Diskussion thematisch dem Art. 2 Abs. 1 GG zuordnet.[111]

Es handelt sich jedoch nicht insgesamt um Ungereimtheiten. Für die Einschlägigkeit des Art. 2 Abs. 1 GG auch in Fällen, wo „eigentlich" an ein Spezialgrundrecht zu denken wäre, lassen sich Gründe finden. Zunächst ist die Anwendung des Art. 2 Abs. 1 GG neben oder statt Art. 12 Abs. 1 oder 14 GG keine Fehlerquelle.[112] So wird aus abstrakter Betrachtung der Grundrechtsschranken oft der Schluß gezogen, Art. 2 Abs. 1, 12 Abs. 1 und 14 Abs. 1 GG beließen der öffentlichen Hand in etwa den gleichen Dispositionsspielraum.[113] Maßgeblicher Prüfungsmaßstab sei in allen Fällen das Übermaßverbot. Man wird hierüber hinaus sogar feststellen können, daß die Vorstellung, die Spezialgrundrechte seien gegenüber Art. 2 Abs. 1 GG „stärker", durchaus zweifelhaft ist. So betont das BVerfG vor allem im Bereich des Art. 12 Abs. 1 GG in besonderem Maße die gesetzgeberische Gestaltungsfreiheit.[114] Das sog. Kongruenzargument spricht aber für eine *Angleichung* der Maßstäbe für gesetzgeberische Eingriffe im Rahmen der Prüfung der Verhältnismäßigkeit im engeren Sinne. Vielfach kann sich im Rahmen einer Vertragsbeziehung nur ein Partner auf ein spezielles Grundrecht wie Art 12 Abs. 1 GG berufen, der andere (etwa ein privater Kunde) hingegen „nur" auf Art. 2 Abs. 1 GG. Im Falle staatlicher Eingriffe in das Vertragsgefüge jedoch von einem unterschiedlich starken materialen Grundrechtsschutz auszugehen, dürfte oft nicht angebracht sein.

Art. 2 Abs. 1 GG ist zudem mehr als nur ein Auffanggrundrecht, mehr als eine Subjektivierung des formellen Rechtsstaatsgedankens. Im Rahmen dieser Gewährleistung werden, sei es mit oder ohne Verbindung zu Art. 1 Abs. 1 GG, besondere Gewährleistungsstandards sichtbar gemacht, vor allem das allge-

[108] Siehe als Beispiel BVerfG, Urt. v. 1.3.1979, E 50, 290 (361 f.). Weitere Nachweise bei *Scholz,* in: Maunz / Dürig, Art. 12 Rdnr. 114 m. w. N. (Stand: September 1981).

[109] So konsequent *Scholz,* in: Maunz / Dürig, Art. 12 Rdnr. 114.

[110] Siehe im Zusammenhang mit der Rechtsprechung des BayVGH *Numberger,* BayVBl. 1991, 278; *Engelhardt,* BayVBl. 1991, 279. Ausführlich zu dieser Frage die weiteren Ausführungen im Text.

[111] BayVGH, Urt. v. 11.8.1989, BayVBl. 1990, 277 (277).

[112] Vgl. auch *Scholz,* Entflechtung, S. 94, der zwar einerseits energisch für den Vorrang der Spezialgrundrechte plädiert, andererseits aber keine „prinzipiellen Unterschiede" zur Gegenauffassung zu erkennen vermag.

[113] *Degenhart,* JuS 1990, 165; *Pernthaler,* Mitbestimmung, S. 93.

[114] Vgl. etwa BVerfG, B. v. 20.12.1990, DVBl. 1991, 205 (205). Hierauf weist zutreffend *Söllner,* RdA 1989, 148, hin.

meine Persönlichkeitsrecht. Solche „unbenannten Freiheitsrechte"[115] lassen sich gleichberechtigt neben die Spezialgewährleistungen von Art. 12 Abs. 1 oder Art. 14 GG stellen.[116] Eine ähnliche spezifische Vertypung des grundrechtlichen Schutzes der Vertragsfreiheit im Rahmen des Art. 2 Abs. 1 GG erfolgt durch die Rechtsprechung des BVerfG. Auf diese Weise werden zivilrechtliche Vorgaben verfassungsrechtlich sinnvoll umgesetzt. Denn im Rahmen des BGB ist die Vertragsfreiheit ein allgemeiner Ordnungstatbestand, der im Allgemeinen Teil allgemein ausgeformt, im Allgemeinen Schuldrecht bezüglich seiner allgemeinen Sekundärwirkungen und erst anschließend im Besonderen Schuldrecht hinsichtlich der Besonderheiten einzelner Vertragstypen geregelt ist. Diese Systematik würde eine grundrechtliche Betrachtung nicht sinnvoll verfassungsrechtlich erfassen und umsetzen, die die freiheitsermöglichende Funktion der allgemeinen Vertragsfreiheit nicht auch allgemein absichert und statt dessen unterscheiden würde zwischen einer Vertragsfreiheit zum Erwerb von Vermögensgegenständen, einer Vertragsfreiheit im Rahmen der Berufsausübung, einer Vertragsfreiheit zur Verwirklichung der Wissenschaftsfreiheit etc. Damit würden gemeinsame Probleme auf unterschiedliche Grundrechtsnormen verlagert und durch unterschiedliche Schranken die vielfach gebotene gleiche Behandlung gefährdet. Eine gewisse Orientierung der Verfassungsinterpretation an der zivilrechtlichen Systematik ist aber aufgrund des Anciennitätsprinzips in gewissem Maße erlaubt. Denn soweit das Grundgesetz privatrechtliche Institute in seinen Garantiebereich mit aufnimmt, rezipiert es vorhandene zivilrechtliche Strukturen. Im übrigen ist es nicht richtig, zu meinen, alles, was für die Berufsausübung wichtig sei, fiele nur oder auch in den Schutzbereich von Art. 12 Abs. 1 GG. Berufliche Tätigkeiten werden in entscheidender Weise auch von anderen Grundrechten geschützt und ermöglicht, etwa von Art. 9, 10 oder 14 GG.

#### *b) Vertragsfreiheit als Bestandteil des Art. 14 GG*

##### *aa) Problemstellung*

Eine Betrachtungsweise, wonach die in Art. 2 Abs. 1 GG garantierte Vertragsfreiheit neben weitere grundrechtliche Garantien tritt, läßt sich jedoch nur dann aufrechterhalten, wenn die Vertragsfreiheit nicht insgesamt und vollständig in einem anderen Grundrecht thematisch erfaßt wäre. Hierbei ist vor allem an Art. 14 GG zu denken.

Die These, die Eigentumsgarantie enthalte auch die Vertragsfreiheit, ist zwar bisher eher selten aufgestellt worden.[117] Sie ergibt sich aber bei konsequenter

---

[115] Ausführlich zu Terminologie und dogmatischer Herleitung unten C III 7, S. 183 ff.

[116] Siehe dazu ausführlicher unten C III 7, S. 183 ff.

[117] Etwa von *Bettermann*, Grundfragen, S. 5: Die Vertragsfreiheit zum Abschluß von Verträgen über (subjektive) Vermögensrechte folge aus der Eigentumsgarantie des Art. 14 GG; *W. Weber*, Eigentum und Enteignung, S. 358: In der Eigentumsgarantie sei auch das Prinzip

Weiterentwicklung zweier Gedanken: Zunächst ist es heute ganz herrschende Meinung, daß unter den Schutz der Eigentumsgarantie auch vermögenswerte obligatorische Rechtspositionen fallen;[118] zum zweiten wird die Idee vertreten, Art. 14 GG gewähre nicht nur Bestands-, sondern auch Entstehensschutz.[119] Verbindet man beides, käme man dazu, daß bereits Art. 14 GG alles das schützt, was erforderlich ist, um vermögenswerte obligatorische Rechte zu erwerben. Dann wäre aber das gesamte bürgerliche Vertragsrecht als Normgeflecht der Eigentumsgarantie zuzuordnen.

### *bb) Die Einbeziehung obligatorischer Rechtspositionen in den Schutzbereich des Art. 14 GG*

Die erste der beiden genannten Annahmen, daß nämlich Art. 14 GG im Grundsatz auch obligatorische Rechtspositionen schützt, wird kaum mehr bestritten.[120] Maßgeblich zurückzuführen ist diese Erstreckung der verfassungsrechtlichen Eigentumsgarantie auf einen Beitrag von Martin Wolff aus dem Jahre 1923.[121] Dort findet sich die Feststellung, man sei sich zu Recht darüber einig, daß nicht nur das Eigentum im Sinne des bürgerlichen Rechts, sondern jedes private Vermögensrecht von der Garantie des Art. 153 Abs. 1 S. 1 WRV gewährleistet werde. Diese Aussage war kühn. Aus den literarischen Äußerungen der damaligen Zeit läßt sich Einigkeit in dieser Hinsicht nicht ableiten.[122] Die These von Martin Wolff war allerdings auch nicht so revolutionär oder umstürzend, wie dies vielfach angenommen wird.[123] Es gab schon vorher Tendenzen zu einem Verständnis verfassungsrechtlichen Eigentums im Sinne einer umfassenden Garantie privater Vermögensrechte.[124] Jedenfalls war die nicht näher begründete oder zumindest belegte Feststellung von Martin Wolff aber folgenschwer.[125] Das Reichsgericht vertrat in ständiger Rechtspre-

der Vertragsfreiheit beschlossen. Vgl. weiterhin *Dürig,* ZgesStW 1953, 344: Art. 14 GG enthalte die wesentlichen Elemente des privaten Vermögensrechts; ebenso *E. R. Huber,* AöR 23 (1933), 45 f. Ausdrücklich ablehnend hingegen *Chlosta,* S. 83.

[118] Vgl. etwa *Breuer,* Bodennutzung, S. 14, m. w. N.; *W. Weber,* Eigentum und Enteignung. S. 339 mit Hinweisen vor allem auf die Rechtsprechung des Reichsgerichts, weiterhin *ders.* aaO, S. 352; *Ossenbühl,* Staatshaftungsrecht, S. 127 m. w. N.

[119] So *Kloepfer,* Grundrechte, S. 30 ff.

[120] Siehe *Klußmann,* S. 43; *Papier,* in: Maunz / Dürig, Art. 14, Rdnr. 190; *Pieroth,* Rückwirkung, S. 342; *W. Weber,* Eigentum, S. 352.

[121] Festgabe für Kahl, 1923.

[122] Ausführlich zur Diskussion der damaligen Zeit um die Einbeziehung obligatorischer Rechtspositionen aus heutiger Sicht *Wendt,* Eigentum, 17 ff.; weiterhin *Andersen,* S. 4; *Meyer-Abich,* S. 17; Nachweise auch bei *Breuer,* Bodennutzung, S. 14. Zu Recht spricht *Dürig,* ZgesStW 109 (1953), 332, von einer nicht so sehr juristischen als vielmehr eminent politischen Tat.

[123] Siehe etwa *Meyer-Abich,* Schutzzweck, S. 16.

[124] Ausführlicher *Wendt,* Eigentum, S. 23 ff.

[125] Vgl. die Feststellung von *Klußmann,* S. 46: Entscheidender Anstoß zur Erweiterung des Eigentumsbegriffs. Siehe auch *Kimminich,* Der Staat 14 (1975), 398.

chung in der Folgezeit die gleiche Ansicht,[126] maßgebliche Literaturstimmen folgten der Auffassung von Martin Wolff.[127] Anders als Martin Wolff lieferte das Reichsgericht für diese Auffassung auch eine – allerdings mehr rechtspolitische als rechtsdogmatische –[128] Begründung. Es sei kein Grund erkennbar, warum der verfassungsmäßige Schutz nicht auch für solche Rechte gewährt werden solle, die nach ihrem wirtschaftlichen Wert wie nach der Art des Eingriffs ebensosehr des Schutzes bedürftig sein könnten.[129] Die grundgesetzliche Eigentumsgarantie steht in der Tradition dieser Entwicklung.[130] Zwar ist an der Vorstellung einer Kontinuität von Art. 153 WRV zu Art. 14 GG vor allem von Böhmer erhebliche Kritik geübt worden.[131] Sie betrifft aber einen anderen Punkt, nämlich das Verhältnis von Gesetzgebung und Enteignung,[132] nicht aber die Frage des Umfangs des Schutzbereiches. Auch das BVerfG erkennt obligatorischen Rechtspositionen den Schutz des Art. 14 GG zu.[133]

#### *cc) Entstehens- und Erwerbsschutz durch Art. 14 GG*

Umfaßt der Begriff des „Eigentums“ auch obligatorische Rechtspositionen, hängt die nahezu umfassende Verortung des bürgerlichen Vertragsrechts und damit auch der Vertragsfreiheit in Art. 14 GG davon ab, inwieweit tatsächlich Art. 14 GG die in seinen Schutzbereich fallenden Positionen nicht nur in ihrem Bestand, sondern auch in ihrem Entstehen schützt. Das wissenschaftlich intensivste Plädoyer für ein grundsätzliches Verständnis von Grundrechten auch

---

[126] RG, Urt. v. 13.12.1924, Z 109, 310 (319): Die Enteignung nach Art. 153 Abs. 2 WRV sei nicht auf subjektive Privatrechte bestimmter Art beschränkt, sondern umfasse alle subjektiven Privatrechte einschließlich der Forderungsrechte. Weiterhin Urt. v. 4.11.1925, Z 111, 320 (328); Urt. v. 21.5.1928, Z 121, 166 (168) m. w. N.; B. v. 3.12.1929, Z 128, 165 (171), Urt. v. 10.1.1933, Z 139, 177 (182). Vor dem Beitrag von *Martin Wolff* hatte das RG allerdings auch in einem Urteil vom 18.11.1921, Z 103, 200 ff., eine obligatorische Rechtsposition in den Schutzbereich der Eigentumsgarantie mit einbezogen.

[127] Nachweise bei *Klußmann,* S. 46 ff., auch mit Hinweisen auf abweichende Ansichten.

[128] Zu Recht kritisch *Klußmann,* S. 47.

[129] RGZ 109, 310 (319). Damit taucht bereits an dieser Stelle eine Argumentation auf, die später auch der Einbeziehung subjektiv-öffentlicher Rechte in den Schutzbereich des Art. 14 GG eine Rolle spielen sollte, nämlich ein Schluß von der Schutzbedürftigkeit auf den tatsächlich gewährten Schutz. Siehe dazu ausführlich unten E II 1 c, S. 242 ff.

[130] Allgemein *Leisner,* Sozialbindung des Eigentums, S. 16; *W. Weber,* Eigentum und Enteignung, S. 346. Speziell zur Erstreckung auf Forderungsrechte *Chlosta,* S. 18; *Klußmann,* S. 50 f.; *Ramsauer,* Faktische Beeinträchtigungen, S. 132; *Sass,* Entschädigungserfordernis, S. 194; *Wendt,* Eigentum, S. 31 f. Siehe auch *W. Weber,* Eigentum und Enteignung, S. 346: „Hätte der Schöpfer des Grundgesetzes die in der Weimarer Republik herrschend gewordene Handhabung der Eigentumsgarantie und der Enteignungsklausel mißbilligen wollen, so hätte er davon durch eine redaktionelle Neuschöpfung abrücken müssen.“

[131] *Böhmer,* Der Staat 24 (1985), 165; vgl. auch *Schoch,* Jura 1989, 113 f.

[132] Siehe *Böhmer,* ebenda, S. 178.

[133] Siehe vor allem BVerfG, Urt. v. 8.7.1976, E 42, 263 (294); weiterhin B. v. 8.6.1977, E 45, 142 (179); B. v. 9.1.1991, E 83, 201 (208) m. w. N.; K.B. v. 24.2.1992, NJW 1992, 2143 (2144).

als Sicherung des Entstehens grundrechtlich geschützter Positionen und vor allem der Eigentumsfreiheit als Garantie auch des Erwerbs von Eigentumsgegenständen stammt von Kloepfer.[134] Maßgebliches Argument für diese Auffassung ist der Gedanke der grundrechtlichen Sinneinheit; Entstehens- und Bestandsschutz seien unlösbar miteinander verknüpft; der Schutz bestehender grundrechtlicher Positionen setze notwendig die Freiheit des Entstehens, des Erwerbens eben dieser Positionen voraus.[135]

Man kann sich jedoch des Eindrucks nicht erwehren, daß diese Erwägungen von Kloepfer im Hinblick auf den Schutz von Forderungsrechten nicht „durchgedacht“ sind. Kloepfer geht – wenn auch eher stillschweigend – maßgeblich vom Eigentumsbegriff des BGB aus. Deutlich wird dies daran, daß er das Entstehen und den Erwerb von Eigentumsgegenständen gleichsetzt, zumindest zwischen beiden Erscheinungen nicht differenziert.[136] Das „paßt“ vor allem für das Sacheigentum. Dieses wird vielfach Fällen von einem anderen erworben und entsteht damit (zivilrechtlich) in der Hand des Erwerbers neu. Bei Forderungsrechten ist dies keineswegs auch nur im Regelfall so. Zwar kann man auch schon existierende Forderungen erwerben, sie können aber auch erst durch Vereinbarung, d. h. vor allem durch Vertragsschluß entstehen. Beinhaltet also Art. 14 GG auch die Entstehenssicherung und zwar auch bei Forderungen, wäre das Problem der Vertragsfreiheit nahezu vollständig in Art. 14 GG zu verankern. Trotzdem scheint dies nicht die Auffassung von Kloepfer zu sein, denn er plädiert nicht für die Einordnung der Vertragsfreiheit in ein Grundrecht, sondern für eine Auffächerung gemäß dem jeweils einschlägigen Spezialgrundrecht.[137]

Die Auffassung, daß die Erwerbsfreiheit, also das Recht, bereits bestehende Positionen in das eigene Vermögen zu überführen, von Art. 14 GG geschützt sei, ist zweifelhaft. Sie disharmoniert mit den Grundlinien zur Abgrenzung von Art. 14 GG mit anderen Grundrechten und fügt sich auch ansonsten in die Dogmatik der Eigentumsgarantie nicht ein. Art. 14 GG vermittelt – in Abgrenzung zu Art. 12 Abs. 1 GG – nach überwiegender Auffassung Bestands-, nicht Erwerbsschutz.[138] Trotz aller notwendigen Distanz gegenüber einer zu pau-

[134] Grundrechte als Entstehenssicherung und Bestandsschutz, 1973. Zu weiteren Stimmen siehe *Wittig*, NJW 1967, 2185. Das BVerfG hingegen hat die Frage in bezug auf Art. 14 GG bisher offengelassen, siehe B. v. 21.12.1966, E 21, 72 (76).

[135] *Kloepfer*, Grundrechte, S. 30; zustimmend *Kimminich*, Eigentum, Rdnr. 88, *ders.*, BK, Art. 14 Rdnr. 104; zustimmend wohl auch *Pieroth*, Rückwirkung, S. 298; mit etwas anderer Begründung, jedoch im Ergebnis gleichlautend *Alexy*, Theorie der Grundrechte, S. 443; anders hingegen wohl *Scholz*, Entflechtung, S. 108 f., für den Erwerb von Anteilsrechten an Kapitalgesellschaften; ablehnend auch *Soell*, Die Verwaltung 6 (1973), 504.

[136] Siehe *Kloepfer*, Grundrechte, S. 35 f., wo stets von „Entstehens- bzw. Erwerbsschutz“ gesprochen wird.

[137] *Kloepfer*, Grundrechte, S. 45. Er zitiert zwar auf S. 44 Anm. 166 die Auffassung von *W. Weber*, Eigentum und Enteignung, S. 358, macht sie sich jedoch ausdrücklich nicht zu eigen.

[138] BVerfG, B. v. 16.3.1971, E 30, 292 (335): „Art. 14 Abs. 1 GG schützt das Erworbene, das Ergebnis der Betätigung, Art. 12 Abs. 1 GG dagegen den Erwerb, die Betätigung selbst.“

schalen Anwendung dieser Formel[139] besteht doch Einigkeit darüber, daß Grundlage der Eigentumsgewährleistung die Garantie von *Vermögensobjekten* in der Hand bestimmter Rechtssubjekte ist. Das Verfahren zum Eigentumserwerb hat aber selbst keinen Vermögenswert. Die Entstehung von Vermögenspositionen setzt vielmehr ein Verfahren voraus. Positionen, deren Entstehung die Rechtsordnung nicht vorsieht, haben deshalb keinen Eigentumsschutz.[140] Die Annahme eines aus Art. 14 GG folgenden „Rechts auf ein Verfahren zum Eigentumserwerb"[141] löst deshalb nicht nur in diesem Bereich Abstimmungsprobleme aus.[142] Ob sich die wohl kaum zu vermeidenden Friktionen in der Grundrechtsdogmatik, die durch eine solche subjektivrechtliche Absicherung des Verfahrens entständen, mit entsprechenden Vorteilen rechtfertigen lassen, ist zweifelhaft. Denn was man sich unter einem Recht auf ein Verfahren zum Eigentumserwerb vorstellen soll, ist höchstens auf den ersten Blick eindeutig. Bei genauerer Untersuchung lassen sich keine exakten Konturen dieses Rechts finden. Letztlich wird sich kaum mehr garantieren lassen als ein Kernbestand an Normen, also das, was die dem Art. 14 Abs. 1 GG von der überwiegenden Meinung entnommene Institutsgarantie verlangt.[143] Viel ist daher mit einer subjektivrechtlichen Verankerung für die Erweiterung des Grundrechtsschutzes nicht zu gewinnen.

Selbst wenn man einer Ausweitung des Art. 14 GG über den Bereich der Bestandssicherung zuneigt, wird man zwischen Erwerbs- und Entstehenssicherung von Eigentumsrechten unterscheiden müssen. Für die Entstehenssicherung ist besondere Vorsicht gegenüber einer Verortung in Art. 14 Abs. 1 GG nötig. Ansonsten würde Art. 14 GG ein „Übergrundrecht", angesichts dessen es fraglich erscheinen müßte, ob man nicht andere Garantien aus dem GG herausstreichen könnte, etwa die Berufsfreiheit. Denn berufliche Tätigkeiten zielen ebenfalls darauf, vermögenswerte Ansprüche zur Entstehung zu bringen. Schützte Art. 14 GG in umfassender Weise auch die Entstehenssicherung, wäre auch jede berufliche Tätigkeit von Art. 14 GG garantiert. Gleiche Überlegungen ließen sich für andere Grundrechte anstellen. Bei nahezu jeder denkbaren Betätigung ließe sich ein Bezug zur Entstehung von Forderungspositionen herstellen, fast jede Tätigkeit wäre daher zumindest auch von Art. 14 GG umfaßt. Um ein solches Ergebnis zu vermeiden, wird man deshalb davon auszugehen haben, daß Art. 14 GG nicht die Entstehung im Sinne der originären Schaffung

[139] Siehe *Scholz,* in: Maunz / Dürig, Art. 12 Rdnr. 138 ff.

[140] BVerfG, K.B. v. 24.2.1992, NJW 1992, 2143 (2144).

[141] Vgl. *Alexy,* Theorie der Grundrechte, S. 443.

[142] Zu bedenken ist auch, daß das Entschädigungsrecht als Teil des Staatshaftungsrechts lange Zeit aus Art. 14 GG heraus entwickelt wurde und deshalb Schutzbereichsmodifizierungen indirekt auf mittlerweile auf einfachgesetzlicher Grundlage angesiedelte Ansprüche zurückwirken (z. B. den enteignenden oder den enteignungsgleichen Eingriff). Zu diesem Zusammenhang zwischen einfachem Entschädigungsrecht und Staatsrecht siehe etwa *Boujong,* Festschrift für Nirk, S. 62 ff.

[143] Ausführlich unten C III 5, S. 159 ff.

von Vermögenswerten schützt. Dann ist aber die Vertragsfreiheit auch nicht umfassend in Art. 14 GG verankert. Es bleibt auch bei Beachtung des Vorrangs der Spezialgrundrechte bei der grundsätzlich möglichen Einordnung in Art. 2 Abs. 1 GG.

### *3. Die Vertragsfreiheit im Dilemma der „Grundrechtstheorien"*

#### *a) Die Vertragsfreiheit als staatliche Leistung*

##### *aa) Staatlicher oder vorstaatlicher Charakter der Vertragsfreiheit*

Das BVerfG folgt, was gesetzliche Einschränkungen der Vertragsfreiheit betrifft, dem klassischen, eingriffsabwehrrechtlichen Verständnis der Grundrechte. Gerade die Frage nach der richtigen Grundrechtstheorie ist aber wie kaum ein anderes Problem im Bereich der Staats- und Verwaltungsrechtswissenschaften umstritten.[144] Die vom BVerfG angenommene verfassungsrechtliche Garantie der Vertragsfreiheit ist hiervon in besonderem Maße betroffen; denn eine Einordnung der Vertragsfreiheit in die abwehrrechtliche Dimension der Grundrechte ist alles andere als zweifelsfrei.[145] Statt des abwehrrechtlichen könnte das Gericht – zumindest auf den ersten Blick – genausogut das leistungsrechtliche[146] oder institutionelle[147] Grundrechtsverständnis zugrunde legen. Konstituierendes Merkmal einer sinnvollen Vertragsfreiheit ist jedenfalls der korrespondierende Grundsatz „pacta sunt servanda". Dies garantiert aber gerade der Staat mit den von ihm finanzierten und zur Verfügung gestellten Rechtsverfolgungsorganen.[148] Die Einräumung von Kompetenzen zur Schaf-

---

[144] Siehe nur *Bethge,* Grundrechtskollisionen, S. 217 ff.; *Brugger,* JZ 1987, 633 ff.; *Soell,* ZfA 12 (1987), 514 ff.; *Stern,* HbStR V, S. 58 ff. und die weiteren Nachweise im Text.

[145] Deutlich *Raiser,* JZ 1958, 4: Auf die für das heutige Vertragsrecht charakteristischen Erscheinungen passe das liberale Denkschema vom Eindringen des Staates mit seinen Zwangsmitteln in den seinen Bürgern zu freier Gestaltung vorbehaltenen Raum schlechterdings nicht. Ähnlich *ders.,* GG und Privatrechtsordnung, B 18 f.

[146] So *Alexy,* Theorie der Grundrechte, S. 435 ff. *Alexy* versteht privatrechtliche Kompetenzen als „Verfahren zur Rechtserzeugung" (ebenda, S. 441) und ordnet diese dem status positivus zu. Weiterhin *Stuck,* DuR 1988, 42; *Hillgruber,* AcP 191 (1991), 74: Verurteilung des Beklagten auf Antrag des Klägers als Erfüllung der staatlichen Schutzpflicht zur Feststellung und Durchsetzung vertraglich begründeter Ansprüche. Ebenso *Söllner,* RdA 1989, 146.

[147] So etwa *Häberle,* Wesensgehaltsgarantie, S. 116: Die Vertragstypen des Zivilrechts als Verwirklichung der Grundrechte.

[148] So auch *Biedenkopf,* Vertragliche Wettbewerbsbeschränkungen, S. 149; *Erichsen,* HbStR I, S. 1210, Rdnr. 57. Weiterhin *Flume,* AT II, S. 1 und *ders.,* Festschrift 100 Jahre DJT, S. 137: Die Privatautonomie erfordere begrifflich die Rechtsordnung als Korrelat; *Höfling,* Vertragsfreiheit, S. 22: Vertragsfreiheit als normativ konstituierte Freiheit; [zustimmend *Taupitz,* AcP 192 (1992), 343]; *Berg,* Die Verwaltung 21 (1988), 323; *Klußmann,* S. 89; *Rittner,* Ausschließlichkeitsbindungen, S. 59 und S. 64; *Söllner,* RdA 1989, 146.

fung von privaten Rechtsakten[149] erscheint so als Vergrößerung des Handlungs- und damit Freiheitsraums.[150]

Selbst wenn man die grundsätzliche Position des BVerfG akzeptiert, daß Beschränkungen der Vertragsfreiheit Eingriffe in das Grundrecht aus Art. 2 Abs. 1 GG sind, verbleiben immer noch eine Reihe von Schwierigkeiten für die grundrechtstheoretische Einordnung. Aus dem Bereich der privatrechtsgestaltenden Hoheitsakte zeigen dies insbesondere die Zustimmungserfordernisse zu Kündigungen im Arbeitsrecht. So läßt sich bezweifeln, ob die Nichterteilung der Zustimmung zu einer Kündigung ein „Eingriff" sein kann, wenn das Kündigungsrecht nicht von den Parteien vereinbart worden ist. Zwar ist ein Aspekt der Vertragsfreiheit auch der, das Recht zu haben, einen Vertrag nicht zu schließen oder sich von einer eingegangenen vertraglichen Verpflichtung wieder zu lösen.[151] Letzteres kann jedoch im Grundsatz nur genauso konsensual erfolgen, wie die Verpflichtung eingegangen worden ist.[152] Auch bei Annahme einer Art originären, jedenfalls aber ein taugliches Eingriffsobjekt darstellenden Vertragsfreiheit ist damit ein in der Rechtsordnung vorgesehenes Kündigungsrecht zumindest für die Kündigungsberechtigten eine staatliche Leistung, die Nichtzustimmung zu einer Kündigung gegenüber demjenigen, der kündigen will, daher eher die Nichtgewährung einer Leistung als ein Eingriff.

Der Charakter der Vertragsfreiheit als ein staatlich zur Verfügung gestelltes Institut läßt sich auch nicht mit dem sog. Wüstenbeispiel[153] bestreiten.[154] Selbstverständlich ist es denkbar, daß es fernab von jeder Zivilisation, jeder Rechtsordnung und jeder Chance zur staatlich unterstützten Rechtsdurchsetzung zu Tauschhandlungen kommt, die im tatsächlichen dem Vorgang eines Tauschvertrages entsprechen. Ein „Vertrag" im hier interessierenden Sinne liegt

---

[149] *Raiser,* GG und Privatrechtsordnung, B 19, spricht – was auf dasselbe hinausläuft – von der den Rechtsgenossen im Ordnungsrahmen des Privatrechts eingeräumten Zuständigkeiten.

[150] Siehe *Alexy,* Theorie der Grundrechte, S. 222; vgl. auch *Klußmann,* S. 98: Die Vertragsfreiheit sei nicht wie die Handlungsfreiheit ein apriorisches Freiheitsrecht. Allgemein auch *Bethge,* NJW 1991, 2395; *Griller,* ZfV 1983, 5: Rechtserhebliches privates Handeln sei immer staatsabgeleitet; *Leisner,* Grundrechte und Privatrecht, S. 328; *W. Wertenbruch,* Gedächtnisschrift für R. Schmidt, S. 89 f.

[151] Vgl. auch *L. Schmidt,* S. 143.

[152] Anders *L. Schmidt,* S. 143, der Rücktritts- und Kündigungsrechte unmittelbar der Vertragsfreiheit zuordnen will.

[153] Dieses Beispiel stammt von *Husserl,* Rechtskraft und Rechtsgeltung, S. 39: Zwei Menschen (A und B), die sich vorher nie gesehen haben, unterschiedlichen Rassen angehören und sich deshalb sprachlich nicht verständigen können, begegnen einander in der Wüste. A hat gedörrtes Fleisch bei sich, ihn dürstet. B trägt einen Beutel Wassermelonen, er hat Hunger. Die Gewinnchancen eines Kampfes erscheinen ungewiß. A und B schließen deshalb durch Zeichen einen Tauschvertrag, den sie sofort bar vollziehen.

[154] Vgl. aber *Stern,* VerwArchiv 49 (1958), 122; *Husserl,* Rechtskraft und Rechtsgeltung, S. 39; *Ehrlich,* S. 3: Der Vertrag werde nicht durch das Recht geschaffen, sondern sei älter als das Recht und reiche weiter als das Recht.

deshalb noch nicht vor.[155] „Vertrag" ist letztlich nur das, was mit Blickrichtung auf zumindest irgendeine Rechtsordnung geschlossen wird, mit dem Ziel, von dieser als verbindlich anerkannt zu werden.[156] Vertragsschlüssen liegt zwar ein tatsächliches Verhalten (Verständigen in Schrift, Wort oder durch Zeichen) zugrunde. Verträge zielen auch meist auf die Durchführung weiterer tatsächlicher Vorgänge (z. B. Tausch Melone gegen Fleisch) ab. Ersteres ist jedoch nur der Anknüpfungspunkt für die Annahme eines Vertrages. Auch die tatsächliche Durchführung ist nicht dessen Substanz, was unschwer daran zu erkennen ist, daß ein Vertrag unstreitig auch dann vorliegt, wenn er noch nicht vollzogen worden ist. Die Rechtsordnung ist unabdingbare Entstehungsvoraussetzung eines Vertrages.[157] Der Vertrag ist vollständig rechtlicher und deshalb von der Rechtsordnung abhängiger und vor allem von ihr gewährter Natur.

### *bb) Vertragsfreiheit als Grundrechtseingriff?*

Die Frage nach der grundsätzlichen Bindung des Zivilgesetzgebers ist bislang in vergleichsweise bescheidenem Umfang aus der klassischen Perspektive des Bürger-Staat-Verhältnisses diskutiert worden. Sehr viel mehr im Vordergrund des wissenschaftlichen Interesses steht und stand die Frage des Einflusses der Grundrechte auf das Bürger-Bürger-Verhältnis, diskutiert unter dem

---

[155] Anders *Ehrlich,* S. 4: Was das staatliche Recht dem Vertrag verleihe, sei nicht die Verbindlichkeit an sich, sondern die Anerkennung dieser Verbindlichkeit.

[156] Ebenso explizit *Greiffenhagen,* S. 20; vgl. auch *Bürckner,* S. 1 f.: Jede privatrechtliche Beziehung verdanke im modernen Verfassungs- und Rechtsstaat ihre Geltungskraft allein der staatlichen Rechtsordnung; *J. P. Müller,* Persönlichkeitsschutz, S. 176; sehr deutlich auch *Kormann,* S. 36 und *Taupitz,* Standesordnungen, S. 600; weiterhin *Thiele,* Zustimmungen, S. 12: Geltungsgrund für rechtsgeschäftlich gesetzte Regelungen sei die in der Rechtsordnung verkörperte Privatautonomie. Vgl. auch MünchArbR-*Richardi,* § 10 Rdnr. 17: Die Ausübung von Privatautonomie schafft Rechtsbindungen. Allerdings wurde und wird im Kartellrecht die Auffassung vertreten, ein „Vertrag" im Sinne von § 1 GWB werde auch durch einen tatsächlichen Bindungswillen begründet (ausführlich *Immenga,* in: Immenga / Mestmäcker, § 1 Rdnr. 109 ff.; weiterhin FK-*Scherf,* § 6 Rdnr. 32 [Stand: August 1982]; GK-*Müller=Henneberg,* § 1 Rdnr. 24 [Stand: 1980]; *Westrick / Loewenheim,* § 1 Rdnr. 30 ff. [Stand: Februar 1979]). Ohne daß an dieser Stelle eine ausführliche Auseinandersetzung möglich ist, erscheint sie nicht überzeugend. Sie ist durch die Befürchtung zu verstehen, bei Festhalten an der Notwendigkeit eines rechtlichen Bindungswillens würden unerträgliche Sanktionslücken im System des GWB entstehen (deutlich *Immenga,* in: Immenga / Mestmäcker, § 1 Rdnr. 115 m. w. N.). Eine solche Befürchtung ist aber angesichts der §§ 25 Abs. 1, 37 a Abs. 2, 38 Abs. 1 Nr. 4 GWB nicht begründet *(Emmerich,* Kartellrecht, S. 49; *Rittner,* Wirtschaftsrecht, § 15 II Rdnr 17; vgl. auch GK-*Müller=Henneberg,* § 1 Rdnr. 27: Der Streit habe durch § 25 Abs. 1 GWB an Bedeutung verloren.). Wollen die Parteien keine rechtliche Bindung, liegt deshalb auch im Sinne des GWB kein „Vertrag" vor (ebenso *Beuthien,* Festschrift für Hartmann, S. 59: „Die Wirksamkeit eines Rechtsgeschäfts setzt voraus, daß es irgendwelche rechtlichen Wirkungen hat. Deshalb gibt es keine Wirksamkeit eines Rechtsgeschäfts ohne rechtsgeschäftliche Bindung in Gestalt von gegenwärtigen oder künftigen Rechtsfolgen."; *Greiffenhagen,* S. 21 f.).

[157] *Klußmann,* S. 89.

Stichwort „Drittwirkung der Grundrechte“. Im Zusammenhang hiermit ist maßgeblich von Schwabe mit besonderem Nachdruck eine Position vertreten worden, die geeignet sein könnte, die hier vertretene Auffassung, wonach Vertragsfreiheit im Grundsatz eine (staatliche) Leistung darstellt, in Frage zu stellen. Zwar betont auch Schwabe zunächst die konstitutive staatliche Rolle im Hinblick auf die Entstehung von „Vertragsfreiheit“.[158] Schwabe beläßt es aber nicht bei der Annahme einer vom Staat den Bürgern eingeräumten Kompetenz, sondern will umfassend dem Staat jede durch privatautonome Vereinbarung bewirkte Freiheitsbeschränkung als Grundrechtseingriff zurechnen.[159]

Mit dieser Auffassung steht Schwabe allerdings schon im Rahmen der Drittwirkungsdiskussion weitgehend allein.[160] Betrachtet man die These Schwabes aus der hier interessierenden Staat-Bürger-Sicht, so verliert sie jeden Rest an möglicherweise noch vorhandener Überzeugungskraft. Ist eine vom Schuldner eingegangene privatrechtliche Verpflichtung ein dem Staat zuzurechnender Grundrechtseingriff, ist die privatrechtliche Norm, die zu einem solchen Eingriff ermächtigt, ebenfalls an der abwehrrechtlichen Seite der Grundrechte zu messen.[161] Grundrechtlich am freiesten stände also derjenige, der sich überhaupt nicht rechtsgeschäftlich verpflichten kann. Ein Maximum an grundrechtlicher Freiheit wäre dadurch zu erreichen, daß alle Möglichkeiten aufgehoben werden, sich in der Ausübung seiner Grundrechte in irgendeiner Weise rechtsgeschäftlich zu binden. Ein reichlich absurdes Ergebnis! Mit dem BVerfG kann man sich deshalb von der Erkenntnis leiten lassen, daß eine rechtsgeschäftliche Bindung nicht nur Einschränkung,[162] sondern auch Ausübung von Freiheit ist,[163] und zwar auch für den, der sich bindet (und das sind

---

[158] *Schwabe,* Drittwirkung, S. 18 ff.

[159] *Schwabe,* Drittwirkung, S. 69 ff., *ders.,* NJW 1973, 230, *ders.,* JZ 1990, 477 ff.

[160] Ablehnend etwa *Dürig,* in: Maunz / Dürig, Art. 3 Abs. 1 Rdnr 506; *Canaris,* AcP 184 (1984), 218; *Eckhold-Schmidt,* S. 78 f.; *Wallerath,* Bedarfsdeckung, S. 310. Siehe auch die Kritik von *Isensee,* HbStR V, S. 207 ff.

[161] Siehe *Schwabe,* DVBl. 1990, 478: Folge man seiner Konzeption nicht, müsse sich der Beweis anschließen, daß sekundäre staatliche Fundierung grundrechtlicher Beschwernisse nicht der normalen Abwehrfunktion der Grundrechte unterliegt.

[162] Dazu *Bydlinski,* Festschrift für Wilburg, S. 58; *Fechner,* Freiheit und Zwang, S. 83; *Hermes,* NJW 1990, 1766.

[163] So vor allem BVerfG, B. v. 7.2.1990, E 81, 242 (254) zur Verfassungswidrigkeit von § 90 Abs. 2 S. 2 HGB: Eine rechtsgeschäftliche Selbstbindung führe zwar zu Beschränkung beruflicher Mobilität, sei aber zugleich Ausübung individueller Freiheit. Zustimmend dazu *Hillgruber,* AcP 191 (1991), 73; *Wiedemann,* JZ 1990, 697. Dieser Gedanke liegt auch den neueren Entscheidungen des BGH zum Bürgschaftsrecht zugrunde. Siehe Urt. v. 19.1.1989, NJW 1989, 830 (831): Auch das Eingehen einer einseitigen Verpflichtung sei die Ausübung von Freiheit der Vertragsgestaltung als Teil der Privatautonomie [ebenso Urt. v. 28.2.1989, NJW 1989, 1276 (1277)]. Dieser Gedanke taucht ebenfalls wieder auf im B. des BVerfG vom 5.2.1991, NJW 1991, 2623 (2625) im Hinblick auf die Vereinsautonomie: Diese könne auch in der Weise ausgeübt werden, daß das Selbstverwaltungsrecht des Vereins satzungsmäßig beschränkt werde. Grundsätzlich anders vor allem *Eckhold-Schmidt,* S. 56.

regelmäßig beide Parteien). Zwar ist die Unverfügbarkeit höchster Werte, vor allem der Menschenwürde,[164] zweifellos ein unverzichtbarer Bestandteil des Freiheitsschutzes.[165] Dies muß aber auf die wirklich höchsten Werte beschränkt werden. Keineswegs ist es so, daß die Unverfügbarkeit jeder grundrechtlich geschützten Betätigung Bedingung für den Schutz der Freiheit ist. Vielmehr ist man von jeder Freiheitsoptimierung bei völliger Unverfügbarkeit und völliger Verfügbarkeit gleich weit entfernt. Verfügbarkeit läßt sich deshalb nicht als staatlich zurechenbarer Grundrechtseingriff verstehen.

Der Charakter der Vertragsfreiheit als staatliche Leistung wird jedoch auch von einer anderen, neueren Entwicklung zur Drittwirkungsdiskussion, die im Schutzpflichtgedanken die mögliche Lösung des Drittwirkungsproblems sieht,[166] möglicherweise unbewußt in Frage gestellt. Privatrechtliche Normen sollen dann verfassungswidrig sein, wenn sie das verfassungsrechtliche Schutzminimum unterschreiten, also gegen das „Untermaßverbot" verstoßen.[167] Zumindest für den vertraglichen Bereich überzeugt diese Auffassung jedoch nicht.[168] Sie vernachlässigt den gewährenden Charakter der Zurverfügungstellung von Vertragsfreiheit. Versucht man – mit guten Gründen – einen rechtlichen Rahmen für mögliche privatautonome Gestaltungen zu finden, „schützt" dies die Vertragsfreiheit allenfalls mittelbar. Primär geht es darum, daß der Staat bestimmte Vereinbarungen von Privaten untereinander nicht als rechtsverbindlich anerkennt. Zieht man also die Grenzen der Privatautonomie, sei es im Wege der Gesetzgebung, der Privatrechtsinterpretation oder der hoheitlichen Privatrechtsgestaltung enger als bisher, ist das zunächst und vor allem eine Beschränkung von Vertragsfreiheit, nicht ihr Schutz.[169]

Insofern muß man also zwei verschiedene Begriffe von Vertragsfreiheit auseinanderhalten.[170] Überlegungen zum allgemeinen Schutz des Privatrechts durch das Verfassungsrecht gegenüber privatrechtsgestaltender Tätigkeit knüpfen an die oft sowohl zu gering beachtete als auch in ihrer freiheitsermöglichenden Funktion zu gering bewertete *Vertragsfreiheit im formellen Sinne* an.[171] Das folgt aus dem dieser Arbeit zugrundeliegenden und von der überwiegen-

---

[164] Siehe dazu *Leisner,* Grundrechte und Privatrecht, S. 149.

[165] Dazu *Ramm,* JZ 1991, 5.

[166] Vertreten wird dieser Ansatz vor allem von *Canaris,* AcP 184 (1984), 229 ff., *dems.,* Anm. AP Nr. 65 zu Art. 12 GG; *Hermes,* NJW 1990, 1765 ff.; *Hillgruber,* AcP 191 (1991), 75 ff.; *E. Klein,* NJW 1986, 1640. Siehe weiterhin *F. Kirchhof,* Private Rechtsetzung, S. 522 ff.; *Kremer,* S. 56; *Nowak,* EuGRZ 1984, 139; allgemein, also nicht speziell für das Vertragsrecht auch *Robbers,* Sicherheit, S. 201 ff.; *Hermes,* Grundrecht auf Schutz, S. 99 ff.

[167] *Canaris,* AcP 184 (1984), 228; *Hermes,* NJW 1990, 1768; vgl. auch *Miebach,* S. 91 ff.

[168] Zur Notwendigkeit einer Unterscheidung von nichtvertraglichem und vertraglichem Bereich im Rahmen der Drittwirkungsdiskussion siehe vor allem *Leisner,* Grundrechte und Privatrecht, S. 320. Zutreffend kritisch hinsichtlich der Anwendung des Schutzpflichtgedankens bei Vertragsbeziehungen *Isensee,* HbStR V, S. 215 Rdnr. 131.

[169] Zutreffend *Isensee,* HbStR V, S. 215 Rdnr. 131: Es gehe nicht um staatliche Schutzpflichten, sondern um Schutzvorkehrungen des Sozialstaats.

[170] Vgl. auch *Kramer,* „Krise", S. 20 ff., *dens.,* MüKo, vor § 145 Rdnr 2 ff.

[171] Siehe MüKo-*Kramer,* § 145 Rdnr. 2; anders *Ekk. Stein,* Wirtschaftsaufsicht, S. 65.

den Meinung geteilten Grundrechtsverständnis, welches von einer Entgegensätzlichkeit von grundrechtlich garantierter formeller Freiheit und aus Art. 20 Abs. 1, 28 Abs. 1 GG legitimierten Sozialgestaltungsabsichten ausgeht.[172] Beim Schutz der formellen Vertragsfreiheit kann der Staat allerdings nicht stehen bleiben. Die formelle Vertragsfreiheit begründet Freiheit für die Beteiligten zum Vorteil und zum Nachteil.[173] Der Staat muß deshalb dafür Sorge tragen, daß das zur Verfügung gestellte Verfahren auch von möglichst vielen Grundrechtsträgern effektiv zum beiderseitigen Vorteil genutzt werden kann. Dem faktischen „Machtgefälle" zwischen den einzelnen Subjekten ist entgegenzuwirken, sei es durch eine staatliche, d. h. richterliche oder administrative „Vertretbarkeitskontrolle" im Einzelfall oder durch zwingende Gesetzgebung.[174] Für die damit beschriebene Zielsetzung kann man den Begriff „materielle Vertragsfreiheit" verwenden.[175] Die „formelle" Vertragsfreiheit wird damit aber nicht geschützt, sondern nur der schwächere Vertragspartner vor ihren Folgen. Verfassungsrechtliche Legitimationsgrundlage für die Herstellung „materieller Vertragsfreiheit" ist nicht ein oder die Grundrechte, sondern der Sozialstaatsauftrag.[176] Macht man die materielle Vertragsfreiheit zum Schutzgut des Grundrechts, verkürzt sich der Freiheitsgehalt des Art. 2 Abs. 1 GG und des daraus abgeleiteten Rechts auf Vertragsfreiheit. Auf diese Weise erklärt man eine häufig anzutreffende tatsächliche Lage zum vom Grundrecht vorausgesetzten Regelfall. Man blendet die Konstellationen aus dem Schutz des Grundrechts aus, in denen das Bemühen um materielle Vertragsrichtigkeit sich zu Lasten des „Geschützten" auswirkt. So „schützt" etwa die Bestimmung des § 18 GWB und die daraus resultierende kartellbehördliche Eingriffsbefugnis die materielle Vertragsfreiheit des Gebundenen. Dies wirkt sich für ihn aber vielfach durchaus nachteilig aus, denn oft ziehen aus einer solchen Vereinbarung beide Parteien ihren Vorteil.[177]

Damit ist es aber insgesamt nicht glücklich, im Zusammenhang mit dem Problem der Drittwirkung vom „Schutz der Vertragsfreiheit" zu sprechen.[178] Hinzu kommt ein weiterer Aspekt. Es geht, auch wenn man die materielle Ver-

---

172 Siehe *H. H. Klein,* Grundrechte, S. 62 f. und oben A II, S. 4 ff.

173 Vgl. statt vieler Soergel-*Wolf,* vor § 145 Rdnr. 3.

174 *Biedenkopf,* Vertragliche Wettbewerbsbeschränkung, S. 109; MüKo-*Kramer,* vor § 145 Rdnr. 3; *Nipperdey,* in: Bettermann / Nipperdey, Grundrechte IV/2, S. 753.

175 So etwa *Kramer,* „Krise", S. 20.

176 Anders kann und muß man diese Frage wohl beantworten, wenn man vom institutionellen Grundrechtsverständnis im Sinne von *Häberle* ausgeht. Dies liegt der vorliegenden Untersuchung aber nicht zugrunde und kann auch nicht diskutiert werden.

177 Siehe *Liebs,* Vertriebsverträge, S. 90.

178 Anders allerdings MünchArbR-*Richardi,* § 10 Rdnr. 15, *ders.,* Festschrift für Schwarz, S. 799 f. Zuzustimmen ist allerdings durchaus der Auffassung von *Richardi,* MünchArbR, aaO und Festschrift für Schwarz, S. 788, daß gesetzliche Vorschriften, die sozialem und wirtschaftlichem Ungleichgewicht entgegenwirken, für die Privatautonomie keine „systemfremden Grenzziehungen" sind. Aber es handelt sich um von außen vorgenommene *Begrenzungen,* gerade auch aus grundrechtlicher Sicht.

tragsfreiheit mit in die Betrachtung einbezieht, um die richtige Ausgestaltung von Zivilrechtsverhältnissen.[179] Das ist ein zusammenhängender Prozeß des Gewährens und Einschränkens. Das Zusammenspiel von Leistungs- und Gegenleistungspflicht führt zu einem hochkomplizierten Beziehungsgeflecht, für das der Schutzpflichtgedanke erheblich zu simpel ist. Er „paßt" für von der Rechtsordnung vorausgesetzte Rechtsgüter, nicht für vom Gesetzgeber geschaffene Rechtskomplexe und -gefüge.

Die Rolle, die die Grundrechte in Vertragsbeziehungen Privater spielen,[180] sind deshalb nach wie vor richtig mit dem Begriff „Wert"[181] umschrieben. Die Grundrechte enthalten Wertvorstellungen, deren Ausstrahlungswirkungen beim Erlaß und der Auslegung von Zivilrecht zu beachten sind.[182] Man schützt auf diese Weise nicht die Vertragsfreiheit, sondern die vom Verfassungsinterpreten mit der Verfassung abgestützten Vorstellungen über das, was einer von der Rechtsordnung abgesicherten Vereinbarung noch zugänglich ist. Dieser Ansatz ist zwar verhältnismäßig unpräzise, regeltechnisch schwer faßbar und in der einzelnen Entscheidung auch nicht immer nachvollziehbar.[183] Er ist trotzdem sehr viel überzeugender als ein reines Eingriffsdenken im Sinne von Schwabe und auch dem moderneren Schutzdenken überlegen. Denn geschützt wird mit dem Rückgriff auf grundrechtliche Garantien bei der Drittwirkungsdiskussion nicht die Vertragsfreiheit, sondern vor der Vertragsfreiheit.[184]

Die Ablehnung des Schutzpflichtgedankens beschränkt sich im übrigen nicht auf den Grundtatbestand des „Verfahrens" Vertragsfreiheit. Sie betrifft genauso die einseitigen Einwirkungsmöglichkeiten auf Rechtsverhältnisse, z. B. Kündigungsrechte. Unabhängig davon, ob die Einräumung eines Kündigungsrechts auf vertraglicher Vereinbarung oder auf einem Gesetz beruht, geht es bei der Anerkennung von Kündigungen für den Kündigungsberechtigten um eine staatliche Leistung. Ein gesetzliches Kündigungsrecht ist die vom Staat gewährte Ausstiegsmöglichkeit aus einer vertraglichen Vereinbarung. Die Anerkennung vertraglicher Kündigungsrechte ist die rechtliche Anerkennung eines Produktes aus der Vertragsfreiheit. Macht der Gesetzgeber die Wirksamkeit einer Kündigung von einer staatlichen Genehmigung abhängig, ist dies eine partielle Einschränkung des im Grundtatbestand Gewährten, die „Rücknahme" einer Leistung.

---

[179] Vgl. nur MünchArbR-*Richardi,* § 10 Rdnr. 13.

[180] Für den nichtvertraglichen Bereich spricht hingegen Einiges für die Richtigkeit des Schutzpflichtgedankens.

[181] Gegebenenfalls in der Weiterentwicklung dieses Gedankens in Richtung auf eine Prinzipientheorie, siehe *Alexy,* Theorie der Grundrechte, durchgehend.

[182] Grundlegend *Dürig,* Festschrift für Nawiasky, S. 176 ff., *ders.,* DÖV 1958, 195. Siehe aus der neuerer Rechtsprechung des BVerfG etwa K.B. v. 15.10.1991, NJW 1992, 493 (494). Vgl. auch MünchArbR-*Richardi,* § 10 Rdnr. 1 ff., *dens.* Festschrift für Schwarz, S. 785 ff.

[183] Kritik etwa bei *Hermes,* NJW 1990, 1765 und sehr ausführlich bei *Goerlich,* Wertordnung und Grundgesetz, siehe etwa S. 57.

[184] Ähnlich *Isensee,* HbStR V, S. 215 Rdnr. 131.

### *b) Grundrechtstheorie und Grundrechtsdogmatik*

Der Schutz der Vertragsfreiheit durch das Grundrecht des Art. 2 Abs. 1 GG auf der Grundlage der Rechtsprechung des BVerfG[185] beruht auf einer Effektivierung des Charakters der Grundrechte als Eingriffsabwehrrechte.[186] Das impliziert den Vorteil der regeltechnischen Klarheit. Beschränkungen der Vertragsfreiheit sind vor allem vor dem Übermaßverbot rechtfertigungsbedürftige Eingriffe. Ist ein Eingriff rechtswidrig, hat er zu unterbleiben. Folgte man hingegen einem leistungsrechtlichen Verständnis, wäre der Schutz der Vertragsfreiheit in sehr viel geringerem Maße gewährleistet. Für die Erfüllung von Leistungspflichten verbleibt dem Gesetzgeber ein erheblicher Erfüllungsspielraum. Einschränkungen der Vertragsfreiheit wären nur dann verfassungswidrig, wenn der Gesetzgeber das (auf welche Weise auch immer zu bestimmende) garantierte Minimum unterschreiten würde.

Ob man jedoch die Grundrechte als Eingriffsabwehrrechte verstehen soll, ist nach wie vor Gegenstand der rechtswissenschaftlichen Erörterung. Es gibt insofern im Bereich der „Grundrechtstheorien" inhaltlich erheblich voneinander abweichende Auffassungen.[187] Dies hat – passend zur gelegentlich schon konstatierten Grundrechtstheoriemüdigkeit[188] – zu dem Versuch geführt, in einer Arbeit über die Reichweite der Grundrechte als Eingriffsabwehrrechte zumindest einen gewissen Trennstrich zwischen „Grundrechtstheorie" und „Grundrechtsdogmatik" zu ziehen und einer Stellungnahme zur „richtigen" Grundrechtstheorie dadurch zu entgehen, daß man etwa das institutionelle Grundrechtsverständnis im konkreten Fall für irrelevant erklärt.[189]

Jede Diskussion über die Zulässigkeit eines solchen Vorgehens setzt eine Übereinkunft über die Bedeutung der Begriffe „Theorie" und „Dogmatik" voraus. Dabei wird „Dogmatik" im speziellen Fall der Rechtsdogmatik allgemein bestimmt als Summe aller Sätze oder Aussagen, die im Sozialsystem Rechtswissenschaft über geltendes Recht geäußert werden.[190] Insofern haben aber alle bekannten „Grundrechtstheorien" dogmatischen Charakter. Sie sind bemüht um Konsistenz und Widerspruchsfreiheit[191] und enthalten Aussagen über gel-

---

[185] Siehe oben C III 1 a, S. 130 m. w. N.

[186] Es ist deshalb nicht ausreichend, sich den Schutz der Vertragsfreiheit lediglich als Bestandteil des objektivrechtlichen Gehalts der Grundrechte vorzustellen (so aber MünchArbR-*Richardi*, § 10 Rdnr. 17).

[187] Zusammenstellung der wichtigsten Grundrechtstheorien bei *Böckenförde*, NJW 1974, 1530 ff.; Zusammenstellung und Systematisierungskonzepte bei *Höfling*, Offene Grundrechtsinterpretation, S. 50 ff.; *Stern*, HbStR V, S. 58 ff. Sehr ausführliche Darstellung und Diskussion der wesentlichen Theorieansätze bei *Steinbeiß-Winkelmann*, Grundrechtliche Freiheit und staatliche Freiheitsordnung, 1986.

[188] Siehe *Brugger*, JZ 1987, 633 und 635.

[189] Siehe *Lübbe-Wolff*, Grundrechte als Eingriffsabwehrrechte, S. 20 f. und S. 64 f. Zustimmend zu einer solchen Möglichkeit der Trennung *Schwabe*, Der Staat 30 (1991), 283.

[190] *R. Dreier*, Theoriebildung, S. 77.

[191] *R. Dreier*, Theoriebildung, S. 77 f.

tendes Recht, nämlich die Grundrechte des Grundgesetzes, ihren allgemeinen Charakter, ihre normative Zielrichtung und inhaltliche Reichweite.[192] Daß sie dabei möglicherweise gelegentlich unzulässige Verallgemeinerungen enthalten und eben nicht für alle Grundrechte in gleichem Maße überzeugen, spielt keine Rolle. Der Charakter von „Dogmatik" ist ihnen nicht nur dann zuzusprechen, wenn sie „richtig" sind, sondern schon dann, wenn sie den Anspruch erheben, richtig zu sein.[193] Zudem gibt es selbstverständlich auch Theorien, die nur für Teilgebiete, also auch etwa nur für bestimmte Grundrechte dogmatische Aussagen treffen.[194] Nicht gegen die Dogmatikeigenschaft bestimmter Auffassungen spricht es auch, wenn die „Theorie"[195] keine unmittelbar fallrelevanten Aussagen macht. Theorien können ganz unterschiedliche Abstraktionsebenen aufweisen. Sie werden nicht erst dann zu „Dogmatik", wenn sie eine technische Fallbearbeitungsregel aufstellen.[196] Es wäre kurzschlüssig zu glauben, für die Anwendung geltenden Rechts reiche eine Kenntnis solcher Regeln aus. Gerade allgemeine Theorien ohne konkrete Anwendungsaussage erleichtern die Rechtsanwendung und ermöglichen das möglichst weitgehende Zurückdrängen eines nur axiomatischen Vorverständnisses. Sie tragen damit bei zur Erfüllung des praktischen Auftrags der Rechtsdogmatik, nämlich Kriterien für die Handhabung des jeder Rechtsnorm anhaftenden Bewertungsspielraums zu geben.[197] Allerdings – und hierauf zu achten mag der Versuch der zumindest partiellen Verdrängung der Grundrechtstheorie aus der Grundrechtsdogmatik mahnen – haben viele Theorien im Hinblick auf die Umsetzbarkeit in der konkreten Normanwendung erhebliche Defizite.[198] Gelegentlich gewinnt man auch den Eindruck, eine gewisse Abstraktionsebene werde deshalb gewählt, um eine Diskussion in der konkreten Anwendung zu meiden. Dies ist dann aber ein Defizit der jeweiligen Theorie, keine Berechtigung für einen Trennstich zwischen Theorie und Dogmatik.

---

[192] So *Böckenförde,* NJW 1974, 1529.

[193] Ähnlich *Häberle,* Wesensgehaltsgarantie, S. 350.

[194] *Häberle,* Wesensgehaltsgarantie, S. 353 ff.

[195] Es muß durchaus nicht alles Theorie sein, was sich Theorie nennt oder genannt wird. Das entsprechende Etikett wird häufig vorschnell zugeteilt.

[196] Dies ist aber offensichtlich die Auffassung von *Lübbe-Wolff,* siehe diese S. 21. Zu Recht kritisch insoweit *Pieroth,* AöR 115 (1990), S. 518. Eine ähnliche Tendenz wie bei *Lübbe-Wolff* findet sich auch bei *Morlok,* Verfassungstheorie, S. 40 ff. Es erscheint aber kurzschlüssig, die von *Morlok* zu Recht geforderte Handlichkeit und Brauchbarkeit (siehe *Morlok,* S. 43) zum Begriffsmerkmal von Dogmatik zu machen. Es handelt sich vielmehr um ein Ziel, dem dogmatische Aussagen gerecht werden sollten, die aber nicht ihr Definitionsmerkmal sind.

[197] Siehe *Wieacker,* Festschrift für Gadamer, Band II, S. 316; speziell für die Grundrechtsdogmatik siehe *Bethge,* Grundrechtskollisionen, S. 34.

[198] Dies gilt vor allem für *Häberle,* Wesensgehaltsgarantie; siehe dazu *Lerche,* DÖV 1965, 212: „Theorie des großen Ineinander".

### *c) Das Problem der „richtigen" Grundrechtstheorie*

Wenn Grundrechtstheorien Beiträge zur Grundrechtsdogmatik sind, dann ist damit trotzdem nicht die Konsequenz verbunden, daß am Anfang einer Diskussion über ein spezielles Problem, nämlich die Einordnung der Vertragsfreiheit, ein Bekenntnis zu einer bestimmten Grundrechtstheorie stehen muß.[199] Dies folgt daraus, daß alle wesentlichen Grundrechtstheorien in ihrem Kernbereich eine gewisse Überzeugungskraft haben, keine aber ausschließlich und umfassende Geltung für alle Grundrechte beanspruchen kann.[200] Dies ist zwar nach wie vor nicht durchgehend anerkannt, wird aber zumindest der Rechtsprechung des BVerfG gerecht. Diese kombiniert je nach Bedarf verschiedene Grundrechtslehren[201] und hat damit im Ergebnis eine überwiegend positive Resonanz bei wissenschaftlichen Beobachtern gefunden.[202] Eine Festlegung durch das BVerfG auf eine bestimmte Grundrechtstheorie entspräche nicht dem notwendigerweise auch offenen und dynamischen Charakter des Grundgesetzes. Das Verfassungsgericht würde es sich selbst unnötig erschweren, auf neue Fragestellungen auch zeitgerechte Antworten zu finden. Das mit einer Festlegung erreichbare Maß an Rechtssicherheit wäre damit zu teuer erkauft.[203]

Statt einer Festlegung auf eine Grundrechtstheorie verbleiben für eine wissenschaftliche Untersuchung mit Grundrechtsrelevanz zwei andere Möglichkeiten. Die erste ist insbesondere von Alexy vorgezeichnet und verfolgt worden. Sie besteht darin, aus den verschiedenen theoretischen Ansätzen ein Modell zu formen, also zu einer „integrativen Theorie" zu kommen, die möglichst viele Wahrheiten der Einzel- oder „Ein-Punkt-Theorien"[204] aufnimmt.[205] Ein solches Verfahren sieht sich aber verschiedenen Bedenken ausgesetzt. Die eine Gefahr wird von Alexy gesehen, aber nicht überzeugend gebannt: Sie besteht darin, daß letztlich nur verschiedene Gesichtspunkte miteinander verbunden und so in einem Sowohl-als-auch-Brei vermischt werden.[206] Das läßt sich alleine durch die von Alexy angebotene System-, Struktur- oder Modellbil-

[199] Vgl. *Schwabe,* Grundrechtsdogmatik, S. 5; auch *M. Bender,* Prüfung gerichtlicher Entscheidungen, S. 338.

[200] So auch *M. Bender,* Prüfung gerichtlicher Entscheidungen, S. 338; *Alexy,* Theorie der Grundrechte, S. 30. Allerdings ist die derzeit wohl anerkannteste allgemeine Theorie der Grundrechte die Prinzipientheorie von *Alexy.*

[201] Nachweise vor allem bei *Böckenförde,* NJW 1974, 1530 ff. und 1536. Siehe weiterhin etwa *W. Schmidt,* Jura 1983, 172: „Eklektische Haltung des BVerfG"; *Ossenbühl,* NJW 1976, 2100 ff.

[202] Siehe *Alexy,* Theorie der Grundrechte, S. 30; *Häberle,* Wesensgehaltsgarantie, S. 350 und S. 360. Die Weigerung, sich auf eine Grundrechtstheorie festzulegen, ist im übrigen nicht nur beim BVerfG, sondern auch bei anderen deutschen Verfassungsgerichten festzustellen (so zu Recht *Häberle,* ebenda, S. 358). Kritisch zu einem solchen Vorgehen allerdings *Böckenförde,* NJW 1974, 1537.

[203] So auch *Häberle,* Wesensgehaltsgarantie, S. 361.

[204] Zu diesem Begriff siehe *Alexy,* Theorie der Grundrechte, S. 30.

[205] *Alexy,* Theorie der Grundrechte, S. 28 ff.

[206] *Alexy,* Theorie der Grundrechte, S. 28.

dung nicht vermeiden.[207] Systematisierung, Strukturierung und Modellbildung vermeiden zwar den „Brei“, nicht aber das „Sowohl-als-auch“. So führt der Versuch, möglichst viele Wahrheiten miteinander zu verbinden, zu einem tendenziell grenzenlosen Harmoniebedürfnis. Statt zu klaren Aussagen und klaren Abgrenzungen kommt man zu Umdeutungen im Sinne eines modellgerechten Verständnisses.[208] Das Gericht, das man zubereitet, tendiert zur Geschmacksarmut, weil die miteinander unvereinbaren Bestandteile der Zutaten, die dort aber den Geschmack ausmachen, vorher „weggeschnitten“ werden.

Der zweite Einwand läßt sich in folgendem Bild ausdrücken: Es besteht die Gefahr, daß das konstruierte Modell mehr und mehr sowohl fahr-, schwimm- als auch flugunfähig wird, weil sich der Konstrukteur für kein durchgängiges Prinzip entscheiden konnte. Je mehr irgendwie richtige Ansätze in einem integrativen Modell verarbeitet werden, je schwerfälliger wird die Konstruktion.[209] Jede Neuerung macht alles nur noch komplizierter, die Innovationsfähigkeit wird mit jedem erfolgreichen Integrationsversuch immer geringer. Antworten auf neue Fragen sind selten möglich, neue Problemstellungen mehr und mehr unerwünscht, weil Bewegungsmöglichkeiten weitgehend abgeschnitten wurden, um dem Harmoniebedürfnis für das, was schon gesehen und judiziert wurde, gerecht zu werden.[210]

Allerdings erscheint die von Alexy geleistete Modellbildung als geeignete wissenschaftliche Methode im Umgang mit Grundrechten, wenn es darum gehen soll, bereits vor allem vom BVerfG gefundene grundrechtliche Sollensurteile möglichst rational und intersubjektiv vermittelbar zu begründen.[211] Dies setzt aber voraus, daß man die von der Rechtsprechung gefundenen Ergebnisse als richtig zugrunde legt. Dies mag bei Aufarbeitung der Rechtsprechung des BVerfG und letztlich einer Beschränkung auf einige, modellerklärungsgerechte Entscheidungen möglich sein. Im Überschneidungsbereich von öffentlichem und privatem Recht spricht hingegen wenig für die Vermutung, daß es fruchtbar wäre, eine „Theorie des Verhältnisses Grundrechte – Privatrecht“ aufzustellen. So ist die Theorie Alexy's fixiert auf die Rechtsprechung des BVerfG.[212] Hingegen verlangen im vorliegenden Zusammenhang die Judikate verschiedener Obergerichte mit ihren oft ganz unterschiedlichen Ergebnissen Gehör. Die dort festgefahrenen Gegensätze lassen kaum eine salomo-

---

[207] So aber *Alexy*, Theorie der Grundrechte, S. 28.

[208] Vgl. *Häberle*, Der Staat 26 (1987), 140: Der „kombiniert-theoretische“ Ansatz *Alexy's* gleiche oft mehr der „pragmatischen Integration von Theorieelementen“.

[209] Vgl. auch die Ausführungen von *Stern*, HbStR V, S. 60 Rdnr. 25.

[210] In eine ähnliche Richtung geht die pointierte Kritik von *Häberle* an *Alexy*, in: Der Staat 26 (1987), 139: Die Grundrechtstheorie müsse – anders als *Alexy* dies tue – immer wieder auf „Gegenkurs“ zum BVerfG gehen, um nicht zum epigonalen (Post-)Glossator des Gerichts zu werden.

[211] Siehe *Alexy*, Theorie der Grundrechte, S. 32; im Grundsatz zustimmend zum integrativen Ansatz von *Alexy* auch *Bleckmann*, NJW 1986, 1598 (1598).

[212] Vgl. auch die Kritik von *Häberle*, Der Staat 26 (1987), 139.

nische Auflösung erwarten. Es muß vielmehr ein Maßstab gefunden werden, zwischen richtigen und falschen Entscheidungen zu unterscheiden. Dann muß aber gerade bei den Grundrechten als häufig wichtigster Obersatz das Moment der Eindeutigkeit Vorrang vor Harmoniebestrebungen haben.

Nicht nur, aber auch gegen die Idee einer integrativen Theorie spricht schließlich folgender Einwand: Grundrechte eignen sich überhaupt nur beschränkt für eine Modellbildung.[213] Sie sind Reaktionen auf ganz unterschiedliche historische Situationen und oft nur hieraus verständlich.[214] Sie sind in ganz verschiedenem Maße denkbar als vorstaatlich, als Institutionen, als Werte etc.[215] Sie sind unterschiedlich gefährdet und unterschiedlich dogmatisch ausdifferenziert. Auch der Verfassungstext zeigt Differenzierung, keine Verallgemeinerung, etwa bei der Formulierung von Grundrechtsschranken oder in der Vorschrift des Art. 18 GG, die wichtige aber eben nicht alle Grundrechte erfaßt.[216] Nicht einmal bei den vom Verfassungsgesetzgeber selbst als allgemeine Regeln vorgegebenen Art. 19 Abs. 1 und Abs. 2 GG ist es auch nur annähernd geglückt, sie auf wirklich alle Grundrechte anzuwenden. Art. 19 Abs. 1 S. 2 GG ist von Ausnahmen geradezu durchlöchert.[217] Art. 19 Abs. 2 GG fristet ebenfalls ein verfassungsrechtliches Schattendasein, trotz immer wieder betonter Signalbedeutung.[218] Dieses Schattendasein mag man damit begründen, der zu konstatierende „Leerlauf" bzw. die „Entaktualisierung" beruhe auf der Dichte von Literatur und Judikatur gerade zu den Einzelgrundrechten.[219] Möglicherweise verwechselt man damit aber auch Ursache und Wirkung. So kann genausogut die Vermutung aufgestellt werden, daß angesichts der Unmöglichkeit, eine allgemeine Definition der Wesensgehaltsgarantie aufzustellen, die Theorien zu den speziellen Grundrechten in besonderem Maße nötig sind. Als Beleg hierfür seien zwei Feststellungen angeführt: Häberle liefert in seiner mittlerweile 460 Seiten starken Untersuchung, die immerhin den Haupttitel „Die Wesensgehaltsgarantie des Art. 19 Abs. 2 des Grundgesetzes" trägt, eine bemerkenswerte Reihe von Sowohl-als-auch-Argumenten zu diesem

---

213 Ähnlich *Forsthoff,* Festschrift für Carl Schmitt, S. 40: Jedes Grundrecht stehe mit eigener Logik für sich. Siehe auch *Schwabe,* Grundrechtsdogmatik, S. 7; *Andersen,* S. 62; *M. Bender,* Prüfung gerichtlicher Entscheidungen, S. 338.

214 Vgl. *C. Schmitt,* Verfassungslehre, S. 180; *E. R. Huber,* AöR 23 (1933), 1 ff.

215 Vgl. die Feststellung von *Jarass,* AöR 110 (1985), 372, wonach das BVerfG bei bestimmten Grundrechten eher als bei anderen dazu neige, objektivrechtliche Wertentscheidungen als Argument einzusetzen.

216 Siehe *Schmitt Glaeser,* Mißbrauch, S. 117.

217 Übersicht etwa bei *Jarass,* in: Jarass / Pieroth, Art. 19 Rdnr. 5; *Lerche,* HbStR V, S. 799 f. Zutreffend ist die Feststellung von *Selk,* JuS 1992, 817: Dem BVerfG und der überwiegenden Literatur sei es im Laufe der Jahrzehnte gelungen, den Normgehalt des Art. 19 Abs. 1 S. 2 GG auf ein Minimum zu reduzieren.

218 Vgl. *Lerche,* HbStR V, S. 795 Rdnr. 32: Art. 19 Abs. 2 GG habe Signalbedeutung für das Grundrechtssystem.

219 So *Häberle,* Wesensgehaltsgarantie, S. 367.

und zu anderen Problemen der Grundrechtsdogmatik,[220] aber keine umsetzbaren Prüfungsgesichtspunkte.[221] Zum zweiten gibt es auch ansonsten in Literatur und Rechtsprechung durchaus einen Trend vom Speziellen zum Allgemeinen, auch zur Ablösung spezieller Dogmatiken durch allgemeine Lehren, aber eben nur, soweit sich diese als tragfähig erweisen. Ein Beispiel hierfür ist etwa die Karriere des Übermaßverbotes im Rahmen des Art. 28 Abs. 2 GG und die weitgehende Verdrängung der Bedeutung der dort angenommenen institutionellen Garantie.[222]

Jedes Grundrechtsmodell oder auch jede mit allgemeinen Anspruch auftretende Grundrechtstheorie steht deshalb vor der Gefahr der Verabsolutierung von Teilwahrheiten, von Erkenntnissen also, die zwar für einzelne Grundrechte richtig sind, bei anderen schon mehr passend gemacht werden müssen und dritte Grundrechte schließlich ganz ignorieren. In der vorliegenden Arbeit soll deshalb der zweite mögliche Weg beschritten werden, nämlich der, sich möglichst eng auf die Dogmatik des jeweils einschlägigen Grundrechts zu konzentrieren. Dabei sind die von den allgemeinen Lehren entwickelten Argumente die wesentlichen Hilfestellungen. Trotzdem scheint es lohnenswert, sich einmal auf die Suche nach möglichst konkreten Antworten auf möglicherweise auch spezielle Fragen zu beschränken, die dann bei allgemeineren Fragestellungen wiederum behilflich sein können. Dies ist auch, aber nicht nur ein Versuch, die richtige „Mischung" zwischen verschiedenen Grundrechtstheorien zu suchen.[223] Zumindest ist immer zu beachten, daß in das Cuvée möglicherweise auch ganz genuine Elemente des speziellen Grundrechts aufzunehmen sind, die über das hinausgehen, was zur Umsetzung der allgemeinen Lehre im speziellen Grundrecht ohnehin enthalten sein muß.

### *4. Freiheit und Bindung des Gesetzgebers bei der Regelung der Vertragsfreiheit*

#### *a) Problemstellung*

Die „Vertragsfreiheit" ist sowenig wie andere Freiheitsrechte eine „Erfindung" des Grundgesetzes. Sie liegt als Institut, das sich in einer langen privatrechtsgeschichtlichen Entwicklung herausgebildet hat, für das deutsche Recht vor allem dem seit dem 1.1.1900 geltenden Bürgerlichen Gesetzbuch zugrunde. Dort findet sie die Regelung ihres substantiellen Inhalts, aber auch

---

[220] Siehe die Besprechung zur 1. Auflage von *Lerche,* DÖV 1965, 212; weiterhin *F. C. Schroeder,* ROW 1965, 46: Zu kühne dialektische Harmonisierung konträrer Begriffe.

[221] Siehe *Willke,* Grundrechtstheorie, S. 113.

[222] Ausführlicher *Manssen,* Örtliche Bauvorschriften, S. 122 ff., *ders.,* Die Verwaltung 24 (1991), 33 ff. (zur sog. Rastede-Entscheidung des BVerfG).

[223] Die richtige Mischungsbildung ist nach Ansicht *Häberle's,* Wesensgehaltsgarantie, S. 355, die Aufgabe „spezieller" Grundrechtsdogmatik.

ihrer wesentlichen Schranken. Verfassungsrechtliche Aussagen zum Thema „Vertragsfreiheit" beruhen deshalb auf einem Rezeptionsvorgang.[224] Sie stehen damit vor dem Problem, daß das, was von der Verfassung vor dem Gesetzgeber geschützt werden soll, in seinen Inhalten und Grenzen vom einfachen Gesetzgeber bestimmt worden ist und auch in Zukunft bestimmt und weiterentwikkelt werden muß. Das verfassungsrechtliche Schutzgut ist allerdings nur in seiner rechtlichen Genese ein Produkt und Bestandteil des einfachen Rechts. Durch die Aufnahme in die Verfassung wird es hierin auch formell inkorporiert. Hieraus folgt die Notwendigkeit einer zumindest partiell eigenen verfassungsrechtlichen Begriffsbestimmung, um eine Maßgabe für den einfachen Gesetzgeber zu erhalten. Die Verfassung gibt so einen zwingenden Rahmen für den einfachen Gesetzgeber vor, innerhalb dessen diesem Gestaltungsspielraum zusteht.

Die Rechtsprechung des BVerfG steht dogmatisch angesichts der Schwierigkeit einer grundrechtstheoretischen Einordnung auf unsicheren Füßen. Sie insoweit zu fundieren, ist das Ziel der folgenden Ausführungen. Denn zum einen führt die Auffassung des Verfassungsgerichts zu interessengerechten Ergebnissen. Sie vermittelt einen subjektiv verfassungsrechtlichen Anspruch auf Unterlassung von nicht geeigneten, erforderlichen oder verhältnismäßigen Beschränkungen der vor allem im Privatrecht geregelten Vertragsfreiheit, ermöglicht aber durch die Respektierung gesetzgeberischer Gestaltungsspielräume gleichzeitig die nötige Flexibilität für notwendige Änderungen. Einschränkungen der Vertragsfreiheit sind rechtfertigungsbedürftig, aber eben auch rechtfertigungsfähig. Zum anderen überprüft die Rechtsprechung des BVerfG positives staatliches Handeln mit den Regeln des klassischen Eingriffsschemas. Obwohl es bei Einschränkungen der Vertragsfreiheit bei „natürlicher Betrachtung" eigentlich um die Kürzung einer staatlichen Leistung geht,[225] gelten trotzdem die dogmatisch klaren und lösungstechnisch handhabbaren Eingriffsregeln. Es gibt ein definitives verfassungsmäßiges Gegenteil, nämlich die Unterlassung der „Kürzung".[226] Nicht angewiesen ist man auf die eher diffusen Grundsätze bei Verletzung staatlicher Leistungs- oder Schutzpflichten.

### *b) Die Theorie der weitgehenden Bindungsfreiheit des Gesetzgebers*

Für die Lösung der Frage, wie weit die Freiheit des einfachen Gesetzgebers im Hinblick auf die Regelung der Vertragsfreiheit geht und wo die verfassungsrechtlichen Bindungen beginnen, gibt es eine Reihe teils altbekannter, teils neuerer Lösungsansätze. Eine Auffassung ist besonders prägnant von Hans Huber formuliert worden: Danach soll im Grundsatz unterschieden werden zwischen solchen Akten des Gesetzgebers, die die Freiheit für die Aufnahme in

224 Vgl. *Majewski*, S. 47.
225 Vgl. *Söllner*, RdA 1989, 146; ausführlich auch oben C III 3, S. 140 ff.
226 Siehe auch *Lübbe-Wolff*, Grundrechte als Eingriffsabwehrrechte, S. 40.

den Grundrechtsschutz „abstecken" und solchen, die in den so vermessenen Freiheitsraum eingreifen und damit vor allem am Übermaßverbot zu messen sind.[227] Eine solche Entscheidung läßt sich aber nur anhand eines Kriteriums treffen, das gesetzliche Regelungen entweder dem einen oder dem anderen Bereich zuordnet. Ein solches Kriterium liefert Huber nicht.[228] Statt dessen soll die Einordnung (wenn auch eher unausgesprochen) vollständig zugunsten einer Schutzbereichsbestimmung erfolgen: Jede Regelung der Vertragsfreiheit sei dem Bereich des „Ausmessens der Vertragsfreiheit durch das Privatrecht" zuzuordnen; es sei die dem bürgerlichen Recht innewohnende Berufung, auch den Umfang der verfassungsrechtlich garantierten Vertragsfreiheit zu bestimmen.[229] In eine ähnliche Richtung wird argumentiert, wenn mit Hilfe des Gedankens der „Ausgestaltung der Grundrechte" eine Suspendierung des Privatrechts vom Eingriffs- und Schrankensystem des GG erreicht werden soll.[230] Die Vertragsfreiheit bedürfe, um als Handlungsform im Rechtsverkehr fungieren zu können, gesetzlicher Ordnung; die Freiheit könne insoweit in die Rechtsordnung nur im Wege der Ausgestaltung eintreten; das Gesetz, das die Grundrechtsausübung ermögliche und sichere, könne deshalb nicht als Eingriff in Freiheit und Eigentum verstanden werden.[231] Noch klarer formuliert diesen Zusammenhang Flume: Weil die Vertragsfreiheit nur nach Maßgabe der Rechtsordnung bestehen könne, ergäben sich aus der verfassungsmäßigen Gewährleistung der Vertragsfreiheit keine konkreten Folgerungen für den Inhalt der Privatrechtsordnung.[232] So sei der Gesetzgeber durchaus berechtigt, den Bereich privatautonomer Gestaltung einzuengen.[233]

Solche Ansätze entsprechen der alten Idee der Selbständigkeit des Zivilrechts gegenüber dem öffentlichen Recht inclusive des Verfassungsrechts.[234]

---

[227] Siehe *H. Huber,* Vertragsfreiheit, S. 20. So auch *Höfling,* Vertragsfreiheit, S. 36: Die Unterscheidung zwischen einschränkender und nicht-einschränkender, d. h. lediglich ausgestaltender Zivilrechtssetzung sei grundrechtsdogmatisch unabweisbar.

[228] Im übrigen auch *Höfling* (Vertragsfreiheit, S. 36 ff.) nicht, der jedoch im Gegensatz zu *Hans Huber* Einschränkungen der Vertragsfreiheit als Grundrechtsschranken ansehen will (siehe *diesen,* S. 38 ff.).

[229] So *H. Huber,* Vertragsfreiheit, S. 20, sub b). In der Sache ebenso *Schmidt-Salzer,* NJW 1970, 14: Bei den sog. Schranken der Vertragsfreiheit handele es sich nicht um die nachträgliche Begrenzung eines vorgegebenen Freiheitsraumes, sondern um eine von vornherein eingeschränkte Zulassung. Ähnlich auch *Dürig,* in: Maunz / Dürig, Art. 2 Abs. 1 GG, Rdnr. 59: Zu den die Vertragsfreiheit beschränkenden Gemeinwohlerfordernissen gehöre das traditionelle Ordnungsgefüge des Zivilrechts.

[230] Siehe *Badura,* Festschrift für Rittner, S. 3.

[231] *Badura,* Festschrift für Rittner, S. 3.

[232] *Flume,* AT II, S. 18, *ders.,* Festschrift 100 Jahre DJT, S. 138; zustimmend *Richardi,* Kollektivgewalt, S. 50 f.

[233] *Flume,* AT II, S. 19, *ders.* 100 Jahre DJT, S. 137 f. Gemeint sind insoweit Einschränkungen ohne weitere verfassungsrechtliche Bindungen.

[234] So spricht *Hans Huber,* Vertragsfreiheit, S. 20, von der „Selbständigkeit des Zivilrechtsgesetzgebers". Siehe weiterhin *Dürig,* Festschrift für Nawiasky, S. 164: Eigenständig-

Aus dem Grundgesetz läßt sich eine solche Selbständigkeit jedoch weder herleiten, noch läßt sie sich vor ihm rechtfertigen. Das bürgerliche Recht gehört nach Art. 74 Nr. 1 GG wie eine Anzahl anderer Bereiche zum Gegenstand der konkurrierenden Gesetzgebung. Keinen Hinweis gibt es dafür, daß der Bund bei Berufung auf diese Kompetenz in irgendeiner Weise grundrechtlich freier steht, als wenn er sich auf irgendeine andere Kompetenz beruft. Das ergibt sich schon daraus, daß es dem Gesetzgeber häufig möglich ist, Regelungen aufgrund verschiedener Kompetenzbestimmungen, gegebenenfalls auch im Wege der „Zusammenschau" zu erlassen. Warum aber je nach kompetenzrechtlicher Begründung unterschiedliche materielle Anforderungen gelten sollen, ist nicht ersichtlich. Man muß also bei aller unbestrittenen Notwendigkeit einer „Ausgestaltung" der Vertragsfreiheit daran festhalten, daß es neben den „ausgestaltenden" auch grundrechtseinschränkende Gesetze gibt.[235] Dann ist ein Kriterium anzugeben, wie diese Entscheidung zu treffen ist.[236] Ansonsten muß man auf die Unterscheidung verzichten, dann aber erklären, warum das Eingriffs- und Schrankendenken nicht bei allen Grundrechten zu verabschieden ist, bei denen Grundrechtsausübung von einfachen Gesetzen abhängig ist.

Die dargestellte Variante des Ausgestaltungsgedankens und die daraus gezogenen Folgerungen gewinnen auch nicht dadurch an Überzeugungskraft, daß man im Bereitstellen des für die Grundrechtsverwirklichung notwendigen Organisationsrechts die Erzeugung von materiellem Verfassungsrecht erblickt.[237] Was im Grunde „Aufgabe des Verfassunggebers" ist,[238] bestimmt dieser selbst. Regelungen, die er nicht in die Verfassung aufgenommen hat und die sich ihr auch nicht im Wege der Interpretation entnehmen lassen, sind nicht Verfassungsrecht, sondern einfaches Recht.[239] Der Begriff des „materiellen Verfassungsrechts" ist auch insoweit nichtssagend, irreführend und entbehrlich. Daß die Konstituierung des Prinzips Vertragsfreiheit innerhalb der vom Gesetz gezogenen Grenzen – wie in Art. 152 Abs. 1 WRV – hätte in die Verfassung aufgenommen werden können und möglicherweise eigentlich dort hinein gehören würde (nach welchem Kriterium man dies auch immer entscheiden will),

---

keit und Eigengesetzlichkeit des Zivilrechts gegenüber dem verfassungsrechtlichen Grundrechtssystem. Zu Recht skeptisch *Göldner,* Verfassungsprinzip und Privatrechtsnorm, S. 180. Zur geschichtlichen Entwicklung siehe *Dilcher / Horn,* S. 61.

[235] So *Badura,* Festschrift für Rittner, S. 3 f., S. 10, S. 15. Zutreffend die Feststellung von *Taupitz,* AcP 192 (1992), 344, wonach das Zentralproblem aller Ausgestaltungskonzeptionen in der Differenzierung zwischen einschränkenden und nicht einschränkenden Normen liegt.

[236] *Badura,* Festschrift für Rittner, S. 3, liefert ein solches Kriterium nicht und spricht stattdessen davon, daß es keinen „scharfen Übergang" gäbe.

[237] So die Auffassung von *Lerche,* Arbeitskampf, S. 38.

[238] Siehe *Lerche,* Arbeitskampf, S. 38.

[239] Vgl. auch *Lerche,* Arbeitskampf, aaO, der wohl davon ausgeht, das materielle Verfassungsrecht stehe unterhalb des formellen, also normhierarchisch auf einer Stufe mit dem einfachen Gesetzesrecht.

führt deshalb ebenfalls nicht zur Dispension gesetzgeberischer Maßnahmen von den Eingriffs- und Schrankenregeln.

Allerdings wurde im Zusammenhang mit der Drittwirkungsdiskussion die Auffassung vertreten, der Privatrechtsgesetzgeber[240] sei nicht oder zumindest nicht in vollem Umfang grundrechtsgebunden.[241] Besonders plastisch kommt dies in der Formulierung von Dürig zum Ausdruck, es sei „ein Unding, ein Polizeigesetz oder etwa das HGB nur deshalb in denselben Kasten der Begrifflichkeit und der Problemsicht zu zwängen, weil beide auf staatlicher Normsetzung beruhen".[242] Was die Bindung des Privatrechtsgesetzgebers an die Grundrechte betrifft, ist das von Dürig beschriebene „Unding" längst rechtsdogmatische Realität.[243] Sie ist in der Wissenschaft weitgehend einhellig anerkannt.[244] Das BVerfG hat zwar in seiner Lüth-Entscheidung[245] Vorstellungen über eine Sonderstellung des Privatrechts Vorschub geleistet durch den Satz, der Rechtsgehalt der Grundrechte als objektiver Normen entfalte sich im Privatrecht durch das Medium der dieses Rechtsgebiet unmittelbar beherrschenden Vorschriften.[246] Hierüber ist das Gericht jedoch mittlerweile selbst hinweggegangen. Es überprüft in ständiger Rechtsprechung Privatrechtsnormen an den Grundrechten.[247] Unter Zugrundelegung der bundesverfassungsrechtlichen Rechtsprechung endgültig überholt ist die Idee eines nicht unmittelbar grundrechtsgebundenen Zivilrechtsgebers mit dem Beschluß des BVerfG zur Verfassungswidrigkeit des § 90 Abs. 2 S. 2 HGB.[248]

---

[240] Entsprechendes gilt für die Privatrechtsrechtsprechung, denen inhaltliche Bindungen denen des Privatrechtsgesetzgebers entsprechen müssen, da sie in einigen Bereichen an dessen Stelle treten muß [vgl. BVerfG, B. v. 26.6.1991, NJW 1991, 2549 (2549) zum Arbeitskampfrecht].

[241] Siehe *Miebach,* S. 14 ff. mit Nachweisen.

[242] *Dürig,* in: Maunz / Dürig, Art. 3 Rdnr. 506, weiterhin *ders.,* Festschrift für Nawiasky, Art. 3 Rdnr. 506.

[243] Ausdrücklich ablehnend gegenüber der Auffassung von *Dürig* vor allem *Schwabe,* JR 1975, 15.

[244] Siehe *Canaris,* AcP 184 (1984), 209; *Griller,* ZfV 1983, 8 ff.; *Leipold,* JZ 1990, 702 f.; *Novak,* EuGRZ 1984, 134 ff.; *Rüfner,* Gedächtnisschrift für Martens, S. 219; *Schwabe,* AöR 100 (1975), 446.

[245] BVerfG, Urt. v. 15.1.1958, E 7, 198 ff.

[246] BVerfGE 7, 198 (205). Hierauf hat zutreffend *Canaris,* AcP 184 (1984), 209, hingewiesen.

[247] Siehe etwa die Mitbestimmungsentscheidung, Urt. v. 1.3.1979, E 50, 290 ff.; weiterhin die Entscheidungen zum Familienrecht, etwa B. v. 8.3.1988, E 78, 38 ff.; Urt. v. 31.1.1989, E 79, 256 ff.; zum Maklerrecht B. v. 26.4.1988, E 78, 128 ff.; zum Mietrecht, etwa B. v. 23.4.1974, E 37, 132 ff.; B. v. 12.3.1980, E 53, 352 ff.; B. v. 8.11.1988, E 79, 80 ff.; Urt. v. 14.2.1989, E 79, 283 ff.; Urt. v. 14.2.1989, E 79, 292 ff.; zum Arbeitsrecht B. v. 30.5.1990, NJW 1990, 2246 ff. Vgl. weiterhin die Rechtsprechung des BGH, Urt. v. 6.12.1989, JZ 1990, 697 ff., zur Bindung des Zivilrechts an das verfassungsrechtliche Übermaßverbot. Siehe auch *Echterhölter,* BB 1973, 394 m. Nachweisen auf ältere Judikate.

[248] BVerfG, B. v. 7.2.1990, E 81, 242 ff.; dazu *Canaris,* AP Nr. 65 zu Art. 12 GG, I, m. w. N.; *Hillgruber,* AcP 181 (1991), 72; *Vieweg,* Normsetzung, S. 161.

Auch die in dieser Untersuchung entwickelte Konzeption zur Abgrenzung von öffentlichem und privatem Recht spricht gegen jede Andersartigkeit der Grundrechtsbindung zwischen öffentlichem und privatem Recht. Ist diese Unterscheidung nichts anderes als eine in der weitgehenden Dispositon des Gesetzgebers stehende Einordnungsentscheidung des Gesetzgebers, die dieser im Hinblick auf die Anknüpfung in verschiedenen Normen trifft, kann aus einer solchen Entscheidung des Normgebers für die Grundrechtsbindung nichts folgen.[249]

### *c) Die Idee einer Garantie der Vertragsfreiheit als allgemeine Grundentscheidung der Verfassung*

Ein weiterer früher Versuch der verfassungskräftigen Absicherung der Vertragsfreiheit läßt sich auf Dürig zurückführen.[250] Für Dürig obliegt dem Staat die grundsätzliche Pflicht, Verträge Privater untereinander als rechtmäßig anzuerkennen.[251] Hinsichtlich der verfassungsrechtlichen Überprüfung von Beschränkungen der Vertragsfreiheit neigt Dürig zunächst der Auffassung zu, daß es für gleichberechtigte Private untereinander von vornherein nur eine Vertragsfreiheit „nach Maßgabe " objektiver privatrechtlicher Spielregeln gebe (gemeint sind Geschäftsfähigkeit, Formvorschriften, Publizitätserfordernisse, Typenfestlegung etc.), die das technische Funktionieren des gegenseitigen Freiheitsgebrauchs der Privatrechtssubjekte untereinander festlege. Dürig tendiert damit zur bereits diskutierten Auffassung einer weitgehenden verfassungsrechtlichen Bindungslosigkeit des Privatrechtsgesetzgebers, folgt also der Linie, die die umfassende Relevanz der Bindung des Privatrechtsgesetzgebers für das Thema hoheitlicher Privatrechtsgestaltung begründet. Denn bezüglich von Maßnahmen des modernen staatlichen Interventionismus wie Kontrahierungszwang, Preisfestlegungen, Genehmigungspflichten etc. bringt Dürig umfassend das Übermaßverbot als Schranke für staatliche Eingriffe zur Anwendung.[252]

Quasi hilfsweise hält Dürig aber auch eine Rechtfertigungsmöglichkeit für privatrechtliche Beschränkungen der Vertragsfreiheit bereit. Dem Staat obliege infolge einer durch Art. 1 Abs. 1 GG und Art. 19 Abs. 2 GG positivrechtlich unbezweifelbar gemachten „Ausgangsvermutung zugunsten des Individuums" die Pflicht zur Rechtfertigung seiner Maßnahmen.[253] Die Schwäche dieser Auffassung ergibt sich aus der Frage, was man sich unter einer „Ausgangsvermutung zugunsten des Individuums" vorstellen soll. Zwar ist der Einzelne kraft seines Personseins Ausgangs- und Zielpunkt allen staatlichen Wirkens. Was

[249] So für den österreichischen Rechtskreis auch *Griller,* ZfV 1983, 8.
[250] Siehe *Dürig,* in: Maunz / Dürig, Art. 2 Abs. 1, Rdnr. 60 ff.
[251] *Dürig,* Festschrift für Nawiasky, S. 159.
[252] *Dürig,* in: Maunz / Dürig, Art. 2 Abs. 1 Rdnr. 60, Rdnr. 62 ff.
[253] *Dürig,* ebenda.

jedoch dabei „zugunsten" und was „zu Lasten" des Individuums geht, ist gerade die Frage. Keinesfalls wird man die Behauptung als richtig bezeichnen wollen, eine möglichst weitgehende Annäherung an die Zustände des Manchester-Liberalismus sei auch ein Maximum „zugunsten des Individuums". Was dabei herauskäme wäre nur ein Maximum an Profit für einzelne und ein Minimum an realer Freiheit für viele. Dann wirken sich aber „Beschränkungen" der Vertragsfreiheit gerade „zugunsten" vieler Individuen aus. Die von Dürig aufgestellte Vermutung hat keine eindeutigen Konsequenzen.

Auch andere Ansätze zur Begründung des Schutzes der Vertragsfreiheit durch das Grundgesetz vermeiden eine nähere Auseinandersetzung mit der „Innenarchitektur" von Art. 2 Abs. 1 GG bzw. verneinen deren Relevanz für diesen Bereich. Sie sind aber gerade deshalb aus verfassungsdogmatischer Sicht zu wenig substantiell. Das gilt für allem für die Annahme einer allgemeinen Entscheidung des Grundgesetzes für eine Privatrechtsordnung und Vertragsfreiheit[254] oder von einem vom Grundgesetz gewollten Vorrang einer privatautonomen Gestaltung gegenüber öffentlich-rechtlichen Regelungen (sog. Vorrang des Privatrechts).[255] So wird auf eine echte grundrechtliche Ableitung des Schutzes der Vertragsfreiheit verzichtet.[256] Die Begründungslast zur Belegung der These der Existenz einer entsprechenden politischen Grundentscheidung der Verfassung[257] ist jedoch schwerer als beim Versuch einer grundrechtlichen Verortung. Zum zweiten läßt sich ein solcher Nachweis ohne Belege in speziellen Verfassungsbestimmungen auch kaum führen. Schließlich bliebe auf diese Weise der genaue Umfang der Entscheidung der Verfassung für eine Privatrechtsordnung sehr im Diffusen. Damit besteht die Gefahr, daß die Annahme der Garantie der Privatrechtsordnung durch das Grundgesetz mit Folgerungen verbunden wird, die aufgrund ihrer Reichweite schon vom eigentlichen Thema verselbständigt sind und in ihrer Konkretheit in krassem Gegensatz zur verfassungsdogmatischen Substanzlosigkeit der Ableitung der Ausgangsthese stehen. Dies gilt insbesondere für den angeblichen „Vorrang des Privatrechts". So wird etwa aus der (nicht näher begründeten) Annahme, das Grundgesetz garantiere eine privatautonome Ordnung, die Frage des Vorrangs privatrechtlicher

---

[254] So die Darlegungen von *Flume,* AT II, S. 18: Grundentscheidung unserer Verfassung für eine Privatrechtsordnung, *ders.,* aaO, S. 19, *ders.,* Festschrift 100 Jahre DJT, S. 139 f.: Das Grundgesetz habe mit Recht anders als Art. 152 WRV die Vertragsfreiheit nicht in den Grundrechtskatalog aufgenommen; sie sei gleichwohl weder stärker noch schwächer gewährleistet; eine besondere Statuierung der Vertragsfreiheit würde in Wirklichkeit nichts besagen. *Raiser,* GG und Privatrechtsordnung, B 19; *Vollmer,* DB 1979, 2213.

[255] So etwa *Dreher,* Festschrift für Rittner, S. 115, im Anschluß an *Rittner,* etwa in der Festschrift für Müller-Freienfels, S. 515: Vorrang der privatautonomen Gestaltung; vgl. weiterhin *dens.,* ZHR 1988, 326.

[256] Sehr deutlich *Raiser,* GG und Privatrechtsordnung, B 19: Die Privatrechtsordnung als Ganzes und als ein in langer geschichtlicher Entwicklung gewachsenes Gefüge von Rechtsinstituten und Rechtsnormen sei von der Verfassung anerkannt, ohne daß sie aus einzelnen Grundrechten abgeleitet werden brauche.

[257] Siehe *Raiser,* GG und Privatrechtsordnung, B 19.

Fondslösungen gegenüber öffentlich-rechtlicher Wirtschaftsaufsicht etwa im Bereich des Versicherungswesens gestellt.[258] Damit tut man aber einen zweiten oder sogar dritten Schritt, ohne den ersten ausreichend abzusichern. Denn zunächst einmal muß es darum gehen, inwieweit das Grundgesetz überhaupt privatautonome Ordnungen garantiert. Eine entsprechende Garantie kann anzunehmen sein, ohne daß damit eine Aussage über das Verhältnis von privatrechtlicher wirtschaftlicher Selbstregulierung und öffentlicher Wirtschaftsaufsicht verbunden ist. Eine solche Problemstellung wäre ohnehin einzubetten in das Gesamtproblem der Subsidiarität staatlicher gegenüber nichtstaatlicher Tätigkeit, für das sich dem Grundgesetz insgesamt die eine Lösung im Sinne einer unbedingten Subsidiarität nicht entnehmen läßt.[259]

Genausowenig bietet der angebliche Vorrang des Privatrechts einen ausreichenden Beleg für die These, daß die Verfassung die öffentliche Hand im Bereich des Beschaffungswesens auf den Weg des Privatrechts verweise.[260] Auch in der Rechtsprechung des GmS-OGB gibt es keinen Hinweis für einen derartigen Bedeutungsschutz zugunsten des Privatrechts.[261] So hat sich der GmS nicht für eine von der Verfassung vorgesehene Beschränkung des Staates auf privatrechtliche Beschaffungsverträge ausgesprochen, sondern lediglich die (nach der überwiegend vertretenen Auffassung von der Privatrechtsfähigkeit des Staates selbstverständliche) Feststellung getroffen, daß die Verwaltung dort auf privatrechtliche Mittel angewiesen ist, wo ihr hoheitliche Mittel nicht zur Verfügung stehen.[262] Von Verfassungs wegen gibt es unter dem Gesichtspunkt des Übermaßverbotes höchstens einen Vorrang konsensualer Maßnahmen gegenüber hoheitlichen Zwangsmitteln im Bereich des öffentlichen Beschaffungswesens.[263] Dies ist jedoch nicht zwingend eine verfassungsrechtliche Präferenz zugunsten des Privatrechts,[264] sondern zunächst nur eine solche zugunsten der Handlungsform Vertrag, die auch das öffentliche Recht kennt.

### 5. *Die Einordnung der Vertragsfreiheit als Institutsgarantie*

#### *a) Der Begriff „Institutsgarantie“*

Vertragsfreiheit ist Freiheit durch Normbestände. Eine vor allem am Beispiel der Eigentumsfreiheit, aber auch des Berufsbeamtentums und der kommunalen Selbstverwaltungsgarantie erprobte dogmatische Konstruktion zum

---

[258] Siehe *Dreher,* Festschrift für Rittner, S. 115 ff.; zur Deregulierungsdebatte allgemein siehe *Ehlers,* Wirtschaftsaufsicht, Rdnr. 458 m. w. N.

[259] Vgl. *Isensee,* Subsidiaritätsprinzip, durchgehend.

[260] So aber der Tendenz nach *Rittner,* ZHR 1988, 325.

[261] In diese Richtung könnte man aber die insoweit nicht ganz klaren Ausführungen von *Rittner,* ZHR 1988, 325 f., verstehen.

[262] GmS-OGB, B. v. 10.4.1986, BGHZ 97, 312 (316).

[263] Siehe auch *F. Baur,* AcP 176 (1976), 109; *P. Kirchhof,* DVBl. 1982, 933.

[264] So aber *Rittner,* ZHR 1988, 326.

Schutz eines Kernbereichs des einfachen Rechts gegenüber dem einfachen Gesetzgeber ist die Annahme einer Einrichtungsgarantie.[265] Die Einordnung der Vertragsfreiheit als Einrichtungsgarantie ist daher ein naheliegender, wenn auch bisher nur vereinzelt ausgesprochener Gedanke.[266]

Die allgemeine Lehre von den Einrichtungsgarantien stammt aus der Weimarer Zeit.[267] Sie verfolgte zwei wesentliche Zielrichtungen.[268] Zum einen ging es um eine Beschränkung von Verfassungsänderungen.[269] Ihr zweites und hier vor allem interessierendes Anliegen war jedoch eine Bindung des einfachen Gesetzgebers an die Grundrechte und damit deren Schutz vor „Leerlauf"[270]. Die mit diesem Begriff beschriebene ursprünglich angenommene juristische Wirkungslosigkeit der Grundrechte der Weimarer Reichsverfassung beruhte auf preußischer Verfassungstradition, nach der es eine Unmöglichkeit sein sollte, daß es Ansprüche des Individuums gegenüber dem Staat als Gesetzgeber gäbe, sei es auf Vornahme, Unterlassung oder Zurücknahme eines legislativen Akts.[271] Insofern wurde mit der Lehre der Einrichtungsgarantien eine verfassungsdogmatische Weiterentwicklung in Richtung auf eine grundsätzliche Verfassungsbindung auch des formellen Gesetzgebers versucht.[272] Ohne eine die weitere Verfassungsentwicklung knebelnde und sinnvolle Weiterentwicklungen hinderliche starre Bindung, also eine vollständige status-quo-Garantie

---

[265] Der Begriff „Einrichtungsgarantie" stammt von *F. Klein,* siehe vor allem von *Mangoldt / Klein,* Vorb. A VI 3 a, S. 83.

[266] Für die Einordnung der Vertragsfreiheit als Institutsgarantie treten vor allem *Höfling,* Vertragsfreiheit, S. 25 ff., S. 29 ff. und Soergel-*Wolf,* vor § 145 Rdnr. 43 ein. Zustimmung zur Auffassung von *Höfling* bei *Taupitz,* AcP 192 (1992), 343. Siehe weiterhin *Lübbe-Wolff,* Grundrechte als Eingriffsabwehrrechte, S. 81. Vgl. auch *Bleckmann,* DÖV 1983, 131, der eine „institutionelle Garantie der Grundzüge des bürgerlichen Rechts" durch Art. 74 Nr. 1 GG annehmen will. Hierin dürfte eine entsprechende Garantie der Vertragsfreiheit mit umfaßt sein.

[267] Einer der ersten Ansätze findet sich 1923 bei *M. Wolff,* Festgabe für Kahl, S. 4. Die Lehre wurde dann vor allem von *C. Schmitt* weiter ausgebaut, siehe etwa *diesen,* Verfassungslehre, S. 170 ff., *dens.,* Freiheitsrechte und institutionelle Garantien, S. 143 ff. Die ausführlichste Untersuchung ist dann die von *F. Klein,* Institutionelle Garantien und Rechtsinstitutsgarantien (1934), erstellt worden. Zur „Chronologie" der Einrichtungsgarantien ausführlich *Abel,* S. 17 ff. m. w. N.

[268] Vgl. *Abel,* S. 17 f.; *Boehmer,* Erbrecht, S. 402 ff.

[269] Siehe *Loewenstein,* Verfassungsänderung, S. 288 f.; *C. Schmitt,* Verfassungslehre, S. 177; *Boehmer,* Art. 154, S. 257 ff. Ablehnend hingegen insoweit *F. Klein,* Institutionelle Garantien, vor allem S. 248 ff. Beide Zielrichtungen sind aber zu beachten, wenn man über die Berechtigung der Lehre von den Einrichtungsgarantien für das Grundgesetz diskutieren will. Gelegentlich besteht allerdings die Tendenz, einen der beiden Aspekte zu vernachlässigen, so etwa bei *Schmidt-Jortzig,* Einrichtungsgarantien, S. 60, für den Verfassungsänderungsschutzgedanken.

[270] Zum Begriff des „Leerlaufs der Grundrechte" siehe *Thoma,* Festgabe PrOVG, S. 195. Siehe weiterhin *C. Schmitt,* Freiheitsrechte und institutionelle Garantien, S. 141 ff.; *F. Klein,* Institutionelle Garantien, S. 128 ff.; *Boehmer,* Art. 154, S. 253 ff.

[271] Siehe *Anschütz,* Verfassungsurkunde, S. 96. Zur Rezeption durch die WRV siehe *Grabitz,* Freiheit und Verfassungsrecht, S. 14 f.

[272] Deutlich *C. Schmitt,* Verfassungslehre, S. 170.

anzunehmen,[273] sollte ein dem formell verfassungsrechtlichen Charakter der Grundrechtsnorm ebenfalls nicht adäquates Leerlaufen[274] im Wege eines Kompromisses zwischen beiden Extremen erreicht werden. Die Kompromißlösung bestand in der Annahme einer Einrichtungsgarantie[275] als Ausdruck des positiven Bestehenbleibenmüssen des Kernbereichs bestimmter Normenkomplexe.[276] Daraus folgte ein Schutz gegen ein vollständiges Abschaffen des Instituts[277], weiterhin eine Wesensgehaltsgarantie[278], jedoch keine Blockade für Weiterentwicklungen und Ausformungen en detail.[279] Auch bei der Absicherung privatrechtlicher Normenzusammenhänge kann die konkrete Privatrechtstechnik von Verfassungs wegen irrelevant sein.[280] Nur das, was das „Wesen" des Instituts ausmachte, sollte aufgrund einer angenommenen verbindlichen verfassungsrechtlichen Richtlinie auch für die Zukunft bestehen bleiben müssen.[281]

Einigkeit darüber, welche Bestimmungen eine Einrichtungsgarantie verkörpern, bestand weder für die WRV, noch besteht sie für das Grundgesetz.[282] Aber

---

273 Zur Inadäquanz einer solchen Annahme siehe *Schmidt-Jortzig*, Einrichtungsgarantien, S. 37.

274 So auch *Menzel*, AöR 28 (1937), 33 ff.; *M. Wolff*, Festgabe für Kahl, S. 5 f.; *Stoll*, Art. 152, S. 184 f.

275 *Menzel*, AöR 28 (1937), 33 ff.; der Sache nach auch *Boehmer*, Art. 154, S. 254; *Stoll*, Art. 152, S. 185.

276 Siehe *C. Schmitt*, Freiheitsrechte und institutionelle Garantien, S. 164. Diese Bestandsschutzgarantie läßt sich deshalb als „positive" beschreiben, weil ein gewisser Normenbestandsschutz von *C. Schmitt* auch bei den klassischen Freiheitsrechten angenommen wurde, jedoch in einem anderen Sinn, nämlich als Garantie von nicht über das traditionell typische und übliche Maß hinausgehenden Eingriffen (siehe *diesen*, ebenda, S. 166 und *dens.*, Grundrechte und Grundpflichten, S. 209 f.). Wieder aufgenommen und ausgebaut wurde dieser Gedanke später von *Lerche*, Übermaß, S. 240 ff. Siehe dazu unten C III 6 a, S. 170 ff.

277 Vgl. *C. Schmitt*, Freiheitsrechte und institutionelle Garantien, S. 146; *Anschütz*, Verfassung des Deutschen Reichs, S. 520; *Boehmer*, Art. 154, S. 254: Es gehe darum, daß die Rechtsinstitute der Vertragsfreiheit, des Privateigentums und des Privaterbrechts als unentbehrliche Teilstücke der von der Reichsverfassung grundsätzlich anerkannten und aufrechterhaltenen bürgerlichen Rechtsordnung auch in Zukunft bestehen bleiben müsse.

278 Siehe *E. R. Huber*, AöR 23 (1933), 38 und 45; *Anschütz*, Verfassung des Deutschen Reichs, S. 520; *Wendt*, Eigentum, S. 188.

279 Siehe auch *Laufke*, Festschrift für Lehmann, S. 177; *Anschütz*, Verfassung des Deutschen Reichs, S. 520; vgl. auch *Wendt*, Eigentum, S. 189. Für das (in dieser Untersuchung nicht berücksichtigte) Familienrecht vgl. *Henrich*, Festschrift für Lerche, S. 249.

280 Siehe den bekannten Satz von *M. Wolff*, Festgabe für Kahl, S. 6: „Der Privatrechtstechnik steht die Reichs- (wie jede) Verfassung gleichgültig gegenüber."

281 Klassisch die Formulierung von *M. Wolff*, Festgabe für Kahl, S. 6: An körperlichen Sachgütern müsse ein Privatrecht möglich bleiben, das den Namen Eigentum verdiene.

282 Für die WRV sehr weitgehend *Loewenstein*, Verfassungsänderung, S. 289 f. Sehr viel enger hingegen *Dennewitz*, S. 39 f.; *C. Schmitt*, Verfassungslehre, S. 171 ff. Für das Grundgesetz siehe etwa von *Mangoldt / Klein*, Vorb. A VI 3 c und d, S. 84 ff. Siehe weiterhin die ausführliche Wiedergabe des Diskussionsstandes bei *Abel*, S. 27 ff.; vgl. auch *Hufen*, Freiheit der Kunst, S. 390 ff.

auch die engste – und hier für die weitere Untersuchung zugrundegelegte – Definition würde die Einordnung der Vertragsfreiheit in die Reihe der Institutsgarantien erlauben: Einrichtungsgarantien sind danach solche Vorschriften, die bei Inkrafttreten der Verfassung bestehende gesetzliche Normierungen in die Verfassung zur besonderen Absicherung übernehmen.[283]

Einrichtungsgarantien unterscheidet man herkömmlicherweise nach institutionellen Garantien, die öffentlich-rechtlichen Einrichtungen verfassungsrechtlichen Existenzschutz geben, und Institutsgarantien, die privatrechtliche Einrichtungen betreffen.[284] Diese Einteilung ist allerdings nicht zwingend. Man könnte auch danach unterscheiden, ob es sich um grundrechtliche oder nicht grundrechtliche Einrichtungsgarantien handelt.[285] Sie ist aber deshalb hilfreich,[286] weil es im vorliegenden Zusammenhang nur um Privatrecht, also um Institutsgarantien geht. Vor allem ist einer vollkommenen Aufgabe der Unterscheidung[287] zu widersprechen, weil viele Aussagen zur Berechtigung oder Nichtberechtigung dieser Lehre nur die eine oder die andere Art der Einrichtungsgarantien betreffen.[288] Die Unterscheidung führt deshalb zu größerer Präzision in der Argumentation. Sie beizubehalten widerspricht auch keineswegs dem ideengeschichtlichen Sinn der Lehre.[289] Ein „Übergreifen" des Ver-

---

[283] Für eine Beschränkung des Begriffs der Einrichtungsgarantie auf „rechtliche Formationen" wohl auch *Soell,* ZfA 12 (1981), 514. Vgl. auch *Menzel,* AöR 28 (1937), 44. Ähnlich auch die Definition von *C. Schmitt,* Grundrechte und Grundpflichten, S. 215: Verfassungsrechtliche Gewährleistungen von Rechtsinstituten im Sinne von typischen, traditionell feststehenden Normenkomplexen und Rechtsbeziehungen. Vgl. auch *Dennewitz,* S. 41, der allerdings die Vertragsfreiheit nicht zu den institutionellen Garantien zählen will, weil sie zum „politisch-organisatorischen Bestand der Verfassung" (gemeint war die WRV) gehöre (aaO, S. 45). Die Auffassung von *Dennewitz* fand jedoch keinen Anklang, siehe *Abel,* S. 24. Eine ähnliche Grundannahme wie die hier zugrundegelegte findet sich auch bei *Schmidt-Jortzig,* Einrichtungsgarantien, S. 28, die dann allerdings in eine wenig griffige Formel mündet. Siehe *diesen,* S. 31 f.: Einrichtungsgarantien seien die erkennbar gesteigerten, verfassungsrechtlichen Fixierungen von bestimmten, rechtlich wie tatsächlich determinierten Faktoren grundlegend und eigengewichtig ordnender Funktion für das verfaßte Gemeinwesen.

[284] So *C. Schmitt,* Freiheitsrechte und institutionelle Garantien, S. 148, *ders.,* Grundrechte und Grundpflichten, S. 213 ff.; *von Mangoldt / Klein,* Vorb. A VI 3 a, S. 83; *Quaritsch,* EvStL, Sp. 1353 f.; *Kimminich,* Eigentum, Rdnr. 92; *Scheuner,* Recht – Staat – Wirtschaft, S. 93; *Abel,* S. 40.

[285] So *Dürig,* in Maunz / Dürig, Art. 1 Abs. 3 Rdnr. 97; dem folgend *Höfling,* Vertragsfreiheit, S. 25. Vgl. auch *F. Klein,* Institutionelle Garantien, S. 96 ff., wo vorgeschlagen wird, deshalb noch einen dritten Begriff, den der „Institutionengarantie", verstanden als Einrichtungsgarantie im staatsorganisatorischen Bereich, einzuführen (ebenda, S. 106). Dieser Vorschlag hat sich jedoch nicht durchgesetzt.

[286] Vgl. *Rüthers,* „Institutionelles Rechtsdenken", S. 38: Angesichts der allgemeinen terminologischen Verwirrung sei die Begriffsbildung eine Frage zweckmäßiger Vereinbarung.

[287] Gegen eine terminologische Differenzierung *Lübbe-Wolff,* Grundrechte als Eingriffsabwehrrechte, S. 80 m. Anm. 21 und S. 127 m. Anm. 169.

[288] Etwa die Frage, ob Art. 1 Abs. 3 und Art. 19 Abs. 2 GG die Annahme einer Institutsgarantie erübrigen. Siehe dazu die Ausführungen weiter im Text.

[289] Anders *Leisner,* Grundrechte und Privatrecht, S. 93 m. Anm. 110.

fassungsrechts in das Privatrecht ist eine Konsequenz der Normenhierarchie. Daraus folgt keine rechtstechnische Gleichstellung von privatem und öffentlichem Recht.[290] Die richtige rechtstechnische Einordnung dieses Übergreifens ist erst nach der Feststellung der Privatrechtsrelevanz einer Verfassungsbestimmung vorzunehmen; hierfür bieten sich durchaus andere Lösungsmöglichkeiten als diejenige, die für das Verhältnis von Verfassungs- und Verwaltungsrecht entwickelt worden sind.[291]

Allerdings wird die Möglichkeit der Annahme einer Institutsgarantie der Vertragsfreiheit von einer Seite bestritten: Die Vertragsfreiheit sei weder Institut noch Institution, sondern Abstraktionsbegriff, also ein äußerst allgemeiner Grundsatz, so daß ein Verständnis als Institutsgarantie ausscheide.[292] „Allgemeinheit" oder „Abstraktheit" spricht aber nicht gegen das Vorliegen einer Institutsgarantie.[293] Auch die These, „die Vertragsfreiheit" sei ein allgemeinerer Grundsatz als „das Eigentum",[294] überzeugt nicht. Beides benötigt eine Konkretisierung durch das positive Recht, um handhabbar zu werden. Weder Eigentum noch Vertragsfreiheit sind auch nur theoretisch als rein vorstaatlich denkbar.[295] Das angeblich berechtigte Vertrauen in die Weisheit des Zivilrechtsgesetzgebers bei der Ausgestaltung der Vertragsfreiheit, im Gegensatz zum notwendigen Mißtrauen angesichts besonderer Gefährdung des Eigentums,[296] ist kein rechtsdogmatisches Argument, das gegen die Einordnung der Vertragsfreiheit als Institutsgarantie spräche, sondern allenfalls ein verfassungspolitisches. Selbst als solches ist es nicht überzeugend. Die Vertragsfreiheit war zu keinem Zeitpunkt weniger oder mehr gefährdet als die grundsätzliche Entscheidung zugunsten eines Privateigentums. Dies beweist schon ein Blick auf sozialistisch-planwirtschaftliche Rechtsordnungen, die weder Privateigentum noch Vertragsfreiheit in substantiellem Maße garantiert haben.[297] Schließlich wurde die in Art. 152 Abs. 1 WRV enthaltene Garantie weitgehend einhellig als Institutsgarantie angesehen.[298] Bedenken wegen denkgesetzlicher Unmöglichkeit bestanden keine. Gleiches gilt für die heute in den Landesverfassungen enthaltenen Nachfolgevorschriften.[299]

---

[290] So aber *Leisner,* Grundrechte und Privatrecht, S. 93: „gewisse rechtstechnische Gleichstellung".

[291] Ablehnend gegenüber *Leisner* auch *Abel,* S. 37.

[292] So *H. Huber,* Vertragsfreiheit, S. 31; ähnlich auch *Flume,* AT II, S. 19 m. Anm. 24.

[293] Siehe *E. R. Huber,* AöR 23 (1933), 37: Das Institut sei eine abstrakte Form von allgemeiner Prägung, in die die konkreten Rechtsbeziehungen einzuordnen sind.

[294] So *H. Huber,* Vertragsfreiheit, S. 31.

[295] Zur Vertragsfreiheit siehe oben C III 3 a, S. 140 ff.; zur Eigentumsfreiheit siehe unten E II 1, S. 236 f.

[296] So *H. Huber,* Vertragsfreiheit, S. 31.

[297] Vgl. etwa *Schmidt-Salzer,* NJW 1970, 9 m. Fn. 9; *Boehmer,* Art. 154, S. 257; *Geißler,* JuS 1991, 619.

[298] Siehe *E. R. Huber,* AöR 23 (1933), 40 f.; *Thoma,* Juristische Bedeutung, S. 22 und S. 31. Allerdings fehlt die ausdrückliche Einordnung der Vertragsfreiheit als Institutsgarantie bei *Stoll,* Art. 152, obwohl *Stoll* der Sache nach dieser Lehre folgt.

[299] Etwa Art. 151 Abs. 2 S. 1 BV.

### *b) Institutsgarantien und Grundgesetz*

Nicht unbestritten ist jedoch, ob die Lehre von den Einrichtungsgarantien für das Grundgesetz überhaupt noch eine Existenzberechtigung hat.[300] Nachdem der Todestag dieser Lehre für den Bereich des deutschen Staatsrechts schon einmal präzise aber voreilig auf den 30.1.1934 festgelegt worden war,[301] finden sich heute Stimmen, die davon ausgehen, die Lehre habe sich für das Grundgesetz erübrigt.[302]

Zuzugeben ist den für den Geltungsbereich des Grundgesetzes geäußerten Auffassungen, daß sich das verfassungstextliche als auch das allgemeine verfassungsdogmatische Umfeld im Grundrechtsbereich im Vergleich zur Weimarer Reichsverfassung erheblich gewandelt hat. Vieles von dem, was in der Weimarer Zeit an juristischer Geltungskraft der Grundrechte nur in Ansätzen vorhanden oder – auch durch die Begründung der Lehre von den Einrichtungsgarantien – noch zu entwickeln war,[303] ist heute vom Grundgesetz positivrechtlich normiert. So schreibt Art. 1 Abs. 3 GG eine umfassende Bindung des Gesetzgebers an die Grundrechte vor, während in der Weimarer Zeit ein großer Teil der Anstrengungen der Grundrechtsdogmatik und in diesem Rahmen auch die Entwicklung der Lehre von den Einrichtungsgarantien ein Kampf gegen die These von ihrem „Leerlauf" gegenüber dem Gesetzgeber war. Art. 19 Abs. 2 GG verbietet heute Eingriffe in den Wesensgehalt der Grundrechte und trifft damit eine Aussage, die auch mit der Annahme einer Einrichtungsgarantie verbunden ist. Art. 79 Abs. 3 GG ersetzt schließlich die in der Weimarer Zeit auch bei den Instituts- und institutionellen Garantien ansetzenden Versuche, die Grundrechte zumindest partiell verfassungsänderungsfest zu machen.[304]

---

[300] Grundsätzlich bejahend *Badura,* Festschrift für Maunz, S. 8 ff.; von *Mangoldt / Klein,* Vorb. A VI 3 b), S. 84; auch *Scheuner,* Recht – Staat – Wirtschaft, S. 93; *Sasse,* AöR 85 (1960), 440. *Abel,* S. 13, stellte 1963 sogar fest: „Wohl ist keine Stimme mehr vernehmbar, die die Richtigkeit dieser Lehre insgesamt verneinen möchte."

[301] In dem Beitrag von *Menzel,* AöR 28 (1937), 56. Grund hierfür war das Gesetz über den Neuaufbau des Reiches eben jenen Datums (RGBl. I, S. 75), das die Reichsregierung ermächtigte, neues Verfassungsrecht zu schaffen und damit auch institutionell garantierte Einrichtungen abzuschaffen. Differenzierter allerdings *ders.,* ebenda, 58: „Zur Zeit" könne vom Bestehen institutioneller Garantien keine Rede sein.

[302] Siehe insbesondere *Alexy,* Theorie der Grundrechte, S. 444: „Institutsgarantien erweisen sich damit als dogmatisch überflüssige Konstruktionen." Vgl. auch *Willke,* Grundrechtstheorie, S. 124: Die Lehre von den Institutsgarantien sollte zu den rechtshistorischen Akten gelegt werden. Weiterhin *Dürig,* in: Maunz / Dürig, Art. 1 Abs. 3 Rdnr. 98; zweifelnd zur weiteren Berechtigung der Lehre auch von *Münch,* BK, Art. 8 GG, Rdnr. 12.

[303] Wesentliche Beiträge zur Stärkung der juristischen Relevanz der im Zweiten Hauptteil der WRV enthaltenen Bestimmungen stammen etwa von *Thoma,* Juristische Bedeutung, S. 1 ff; *Lehmann,* Art. 151 Abs. 1, vor allem S. 127 ff.; *Stoll,* Art. 152, S. 182 ff.

[304] Bei *Dürig,* Maunz / Dürig, Art. 1 Abs. 3, Rdnr. 98, findet sich entsprechend die Feststellung, es sei möglich, gegen die Lehre von den Einrichtungsgarantien insgesamt Stellung zu nehmen, weil ihr ursprüngliches verfassungsrechtliches Anliegen positivrechtlich von Art. 19 Abs. 2 und Art. 79 Abs. 3 GG erfüllt werde.

Weitere verfassungsdogmatische Fortentwicklungen kommen hinzu. So ist der Institutionsgedanke zu einer eigenen Grundrechtstheorie ausgebaut und damit für alle Grundrechte verallgemeinert worden.[305] Das Übermaßverbot ist unter dem Grundgesetz ein auch den Gesetzgeber bindendes Prinzip. Schließlich kennzeichnet die Rechtsentwicklung in der Bundesrepublik eine beständige Tendenz zur Subjektivierung.[306] Entsprechend dem der Verfassung vor allem in Art. 1 Abs. 1 GG zugrundeliegenden Menschenbild sei der Mensch auch rechtstechnisch Subjekt.[307] Ursprünglich vor allem objektivrechtliche Einrichtungen, zu denen auch die von einer Einrichtungsgarantie umfaßten Institute gehörten, würden mehr und mehr als subjektive Rechte verstanden.[308] Damit habe die vor allem von Carl Schmitt vorgenommene Entgegensetzung von Grundrecht und Institutsgarantie[309] für das Grundgesetz keine Gültigkeit mehr.[310] Bei Carl Schmitt war eine Verbindung von Institutsgarantie und subjektiven Rechten möglich, aber nicht zwingend.[311] Im Grundgesetz hingegen sei sie es. Die Aufnahme etwa der Eigentumsgarantie in den Grundrechtskatalog verlange eine subjektivierte Sichtweise im Sinne eines Anspruchs auf einen bestimmten Normenbestand.[312]

Keiner der genannten Gründe ist aber geeignet, die Lehre von den Institutsgarantien für das Grundgesetz vollständig zu erledigen. Überholt ist wegen positivrechtlicher Regelung in Art. 79 Abs. 3 GG allerdings die Funktion des Schutzes gegen Verfassungsänderungen.[313] Für das Anliegen der Beschränkung des einfachen Gesetzgebers gilt das hingegen nicht. Zwar war die Grundrechtsdogmatik der Weimarer Zeit im Vergleich zum heutigen Stand weitgehend unvollkommen und steckte in wichtigen Punkten noch in den Anfängen. Gefährdungen der Verfassung wurden primär von der Exekutive befürchtet, ein Schutz der Verfassung sollte deshalb durch und nicht gegen die Gesetzgebung geleistet werden.[314] Gefährdungen durch den Gesetzgeber galt es erst zu erken-

---

[305] Siehe vor allem *Häberle,* Wesensgehaltsgarantie, durchgehend.

[306] Vgl. *Alexy,* Der Staat 29 (1990), 61, der eine „Subjektivierungsthese" aufstellt. Für die Subjektivierung der Institutsgarantie auch *Schapp,* Das subjektive Recht, S. 185 ff.; weiterhin *Schmitt Glaeser,* Mißbrauch, S. 82.

[307] Vgl. *Häberle,* HbStR I, S. 842 Rdnr. 52: Der Verfassungsstaat verwirkliche Menschenwürde, indem er die Bürger zum Subjekt ihres Handelns mache.

[308] *Alexy,* Theorie der Grundrechte, S. 443, im Hinblick auf die Eigentumsgarantie. Siehe auch schon oben C III 2 b cc, S. 137 ff., zur Diskussion über die Funktion der Grundrechte als Erwerbs- und Entstehenssicherung. Allgemein zum Prozeß der Subjektivierung auch auf der Ebene des einfachen Rechts *Schenke,* WiVerw 1988, 149 ff.

[309] *C. Schmitt,* Verfassungslehre, S. 170 f.; zustimmend *Dennewitz,* S. 41.

[310] Ablehnend schon für die WRV *Stier-Somlo,* Art. 109, S. 170 f. m. Anm. 24.

[311] Siehe *C. Schmitt,* Verfassungslehre, S. 170.

[312] *Alexy,* Theorie der Grundrechte, S. 443 f.

[313] Insofern zutreffend *Dürig,* in: Maunz / Dürig, Art. 1 Abs. 3, Rdnr. 98.

[314] Siehe vor allem *Thoma,* Festgabe PrOVG, S. 183; weiterhin *C. Schmitt,* Das Reichsgericht als Hüter der Verfassung, S. 66; *W. Schmidt,* AöR 91 (1966), 55: Der formelle Rechtsstaat kannte keinen Grundrechtsschutz gegenüber dem Parlament. Anders *Stolleis,* Schutz der Vermögensrechte, S. 112, der die dogmatischen Entwicklungen in der Weimarer Zeit schon insgesamt als „antiparlamentarisch" qualifiziert.

nen und entsprechende Schutzmechanismen zu entwickeln.[315] Ein wesentlicher Zug unterscheidet die damalige Diskussion aber wohltuend von einem großen Teil der allerdings insoweit wegen Art. 1 Abs. 3 GG gereiften Grundrechtsdogmatik unter dem Grundgesetz, nämlich ihr Bemühen um Differenzierung.[316] So entwickelten Literatur und Rechtsprechung im Laufe der Zeit aus den einzelnen Garantien der Art. 109 ff. WRV im Wege der Unterteilung, Gruppenbildung und Systematisierung[317] ein System von Schranken gegenüber den Gesetzgebern, stets im Bemühen, dem einzelnen Grundrecht gerecht zu werden.[318] Dies gilt gerade für die Grundrechte, die dann durch die Lehre von den Einrichtungsgarantien „umbaut" wurden,[319] und ihr Verhältnis zum einfachen Gesetzgeber. Hingegen zeigt sich in der aktuellen Diskussion um Grundrechtstheorie und Grundrechtsdogmatik – wie schon ausgeführt –[320] eine überzogene Tendenz zur Generalisierung. So soll etwa die Eigentumsgarantie (entsprechendes wird man für die Vertragsfreiheit annehmen können) subjektiviert und technisch wie andere Grundrechte auch zu behandeln sein.

Vertrags- und Eigentumsfreiheit sind und bleiben jedoch – ob sie subjektiviert sind oder nicht – rechtsordnungsabhängig.[321] Ein gewisser rechtlicher Effektuierungsbereich mag auch bei anderen Grundrechten zu konstatieren sein. Freiheit ist im sozialen Verfassungsstaat mehr und mehr Freiheit zum und durch den Staat.[322] Bei den genannten Instituten ist die Abhängigkeit aber eine vollständige.[323] Daraus resultiert das bereits beschriebene spezifische Dilemma, daß derjenige, gegen den das Grundrecht schützen soll, gleichzeitig derjenige ist, ohne den eine Grundrechtsausübung nicht möglich ist. Gerade

---

[315] Vgl. *C. Schmitt*, Das Reichsgericht als Hüter der Verfassung, S. 67 ff.

[316] Zur Alternative zwischen einer Einordnung der Grundrechte als bloße Richtlinien oder aktuell geltenden Rechtsnormen siehe *Thoma*, Juristische Bedeutung, S. 5: „Man müsse eben jeden einzelnen Satz oder Halbsatz auf die Goldwaage der juristischen Exegese legen und dann sehen, was er bedeutet. So muß man in der Tat verfahren!" Dies spricht im übrigen keinesfalls dagegen, auch allgemeine Lehren zu entwickeln, siehe *Thoma*, ebenda, S. 5 ff., 9 ff.

[317] Vgl. *E. R. Huber*, AöR 23 (1933), 11 ff.

[318] Siehe wiederum vor allem *Thoma*, Juristische Bedeutung, S. 15 ff.; *E. R. Huber*, AöR 23 (1933), 15 ff.

[319] Ausdruck im Anschluß an *Dürig*, in: Maunz / Dürig, Art. 1 Abs. 3, Rdnr. 98.

[320] Siehe oben C III 3 b, S. 147 ff.

[321] Vgl. *C. Schmitt*, Verfasssungslehre, S. 170 f.; *E. R. Huber*, AöR 23 (1933), 37. Schon der Begriff „institutionelle Garantie" soll auf einen „engen Zusammenhang mit dem Staat und seiner Verfassung" hinweisen, so zumindest *Dennewitz*, S. 37.

[322] Vgl. *Häberle*, Wesensgehaltsgarantie, S. 18 und durchgehend.

[323] Plastisch *E. R. Huber*, AöR 23 (1933), 41: „Es gibt keine natürliche Freiheit zum Vertragsschluß, sondern es gibt ein vom Staat geordnetes und geschütztes Institut des freien Vertrages." Siehe auch *Abel*, S. 71: „Das Institut ist Teil der Rechtsordnung und nichts als das." Weiterhin *Stoll*, Art. 152, S. 181: „Die Vertragsfreiheit gilt nur, soweit das positive Recht sie gewährt." *Höfling*, Vertragsfreiheit, S. 21; *Richardi*, Kollektivgewalt, S. 51; *Schmidt-Salzer*, NJW 1970, 14.

auch hierauf versucht die Lehre von den Institutsgarantien in einer modernen Prägung eine Antwort zu geben. Die vollständige Subjektivierung von bisherigen Institutsgarantien allein bringt hingegen dieses Problem einer Lösung keinen Deut näher.[324] Die Annahme, es bestände ein subjektives Recht auf die Geltung privatrechtlicher Normen, die notwendig sind, damit das, was das Grundrecht garantiert, möglich ist,[325] löst gerade nicht die Frage, was es denn ist, das das Grundrecht konkret garantiert. Art. 14 GG die (reichlich simple) Aussage zuzuordnen, dieser garantiere die „Kompetenz, Eigentum zu erwerben",[326] läßt eben ungelöst, an welchen Gegenständen, in welchem Umfang, unter welchen Bedingungen und mit welchen Rechten und Pflichten diese Kompetenz bestehen soll, also genau die Probleme, auf die – wenn auch in häufig eher objektivierter Sichtweise – die Lehre von den Institutsgarantien als „Umbau" des subjektiven Rechts[327] mit der Idee der Wesensgehaltsgarantie und den darauf aufbauenden dogmatischen Weiterentwicklungen Antworten zu geben versucht. Aus dem gleichen Grunde führt auch Art. 1 Abs. 3 GG nicht zur Überflüssigkeit der Lehre von den Einrichtungsgarantien,[328] denn auch er sagt nichts zum Inhalt der Bindung des Gesetzgebers hinsichtlich der konkreten grundrechtlichen Garantie.[329]

Auch Art. 19 Abs. 2 GG ist nicht in der Lage, die Lehre von den Institutsgarantien – also nur einen Teil der allgemeinen Lehre von den Einrichtungsgarantien – zu ersetzen.[330] Art. 19 Abs. 2 GG charakterisiert bisher eine bemerkenswert geringe juristische Effektivität.[331] Es handelt sich um eine allgemeine Schranke für gesetzgeberische Eingriffe, die für eine differenzierte Behandlung von Einrichtungsgarantien wohl zu allgemein ist. Erst die Lehre von den Institutsgarantien erklärt, wie Art. 19 Abs. 2 GG im speziellen Fall der Anwendung auf ein Grundrecht, welches eine Institutsgarantie enthält, anzuwenden ist.[332]

---

[324] Zu weiteren Bedenken, vor allem gegen die Idee einer Entstehungssicherung, siehe schon oben C III 2 b cc, S. 137 ff.

[325] So *Alexy,* Theorie der Grundrechte, S. 444; dem im Grundsatz folgend *Höfling,* Vertragsfreiheit, S. 28.

[326] So *Alexy,* Theorie der Grundrechte, S. 443.

[327] So zutreffend *Dürig,* in: Maunz / Dürig, Art. 1 Abs. 3, Rdnr. 98.

[328] Anders wohl *Alexy,* Theorie der Grundrechte, S. 442.

[329] So im Grundsatz auch *Steinbeiß-Winkelmann,* S. 95: Im tatbestandlichen Vorfeld des verfassungsrechtlichen Bekenntnisses zur Geltungskraft der Grundrechte seien Anknüpfungspunkte und Einsatzmöglichkeiten für die Lehre von den Einrichtungsgarantien vorstellbar.

[330] So im Grundsatz auch *Schmidt-Jortzig,* Einrichtungsgarantien, S. 60.

[331] Siehe etwa *Bettermann,* Hypertrophie der Grundrechte, S. 50; *Lerche,* HbStR V, S. 795 Rdnr. 32; *Nierhaus,* AöR 116 (1990), 107 f.

[332] Ähnliche Begründungen bei *Abel,* S. 39; *Lerche,* Übermaß, S. 248 f.; *Sasse,* AöR 85 (1960), 440; *Wendt,* Eigentum, S. 279. Etwas anders *Schmidt-Jortzig,* Einrichtungsgarantien, S. 61: Die wissenschaftliche Legitimation wandele sich vom Agens der Dogmenerzeugung zur Dogmenerklärung.

Gegen die Beibehaltung oder zumindest den weiteren Ausbau der Lehre von den Einrichtungsgarantien lassen sich eher andere Gründe vorbringen, als sie in der bisherigen Diskussion meistens anzutreffen sind. Auffällig ist etwa ihre geringe rechtspraktische Brauchbarkeit und effektive Schutzbedeutung, die vor allem im Rahmen der institutionellen Garantie des Art. 28 Abs. 2 GG besonders deutlich ist.[333] Beides ist insgesamt darauf zurückzuführen, daß die Lehre letztlich auf ein striktes Alles-oder-Nichts-Prinzip hinausläuft. Entweder berührt eine Maßnahme den Kernbereich des von der Verfassung rezipierten Normbestandes, dann ist sie immer – ohne Rücksicht auf die vorgebrachten Gründe – unzulässig, oder sie berührt den Kernbereich nicht, dann ist sie unter dem Gesichtspunkt der Einrichtungsgarantie immer zulässig.[334] Für eine fruchtbare Entwicklung vor allem durch die Rechtsprechung ist das erheblich zu undifferenziert. Vor allem die Verfassungsrechtsprechung weicht – aus ihrer Sicht vollkommen verständlich – davor zurück, nach einem solch starren Schema vorzugehen, das eine angemessene Berücksichtigung der im Einzelfall vorgebrachten Gründe nicht ermöglicht. Zudem gehen Einrichtungsgarantien unter dem Grundgesetz regelmäßig einher mit relativen subjektiven Rechtsstellungs- im Sinne von Bestandsgarantien, etwa bei Art. 14 GG[335] oder Art. 28 Abs. 2 S. 1 GG. In diesen Fällen kann man aber die These aufstellen, daß sich bei Verzicht auf die Annahme einer Einrichtungsgarantie am vermittelten Schutzstandard wenig ändern würde. Einrichtungsgarantien verlangen den „Umbau" des Grund- oder grundrechtsähnlichen Rechts durch entsprechende, die verfassungsrechtliche Garantie effektuierende Normenkomplexe. Solche Komplexe existieren im geltenden deutschen Recht aber in großem und die Forderungen der Einrichtungsgarantien übererfüllendem Umfang. Die Hauptfunktion solcher Garantien besteht also in einem Schutz vor Abschaffung solcher Bereiche. Der Aspekt, daß sie möglicherweise auch ihre Schaffung fördern könnten, ist eher theoretischer Natur. Die Abschaffung etwa des bürgerlichrechtlichen Eigentums ist aber nicht denkbar ohne massive Eingriffe in die Rechtsstellungsgarantie, die schon mit dem Übermaßverbot kaum vereinbar wären.[336] Wird trotzdem eine „fehlende Abwehrkraft" der Rechtsstellungsgarantie konstatiert,[337] so beruht dies auf einer rein modellhaften und letztlich völlig fiktiven Betrachtungsweise. Der 23. Mai 1949 war zwar in gewissem

[333] Vgl. etwa die Kritik von *Schmidt-Jortzig*, Einrichtungsgarantien, S. 40, an der Rechtsprechung des BVerwG zu Art. 28 Abs. 2 GG. Siehe auch *Stern*, HbStR V, S. 77 Rdnr. 54.

[334] So deutlich *Abel*, S. 64 für institutionelle und S. 72 für Institutsgarantien; *Schmidt-Jortzig*, Einrichtungsgarantien, S. 36. Vgl. auch *Stoll*, Art. 152, S. 182 ff., der sich klar gegen die Ansicht ausspricht, Art. 152 WRV sei insgesamt leerlaufend, auf S. 185 ein solches Leerlaufen aber annimmt, wenn es um die Inhaltsbegrenzung der Vertragsfreiheit, also nicht die völlige Abschaffung geht.

[335] Zur Frage, ob Art. 14 GG eine Institutsgarantie im herkömmlichen Sinne zu entnehmen ist, siehe unten E II 1, S. 236 ff.

[336] Diesen Aspekt übersieht etwa *Engel*, Planungssicherheit, S. 91, der Eingriffe der Verwaltung im Hinblick auf einzelne Vermögensobjekte an der Institutsgarantie messen will.

[337] Etwa von *Wendt*, Eigentum, S. 183.

Maße die verfassungsrechtliche Stunde Null. Das, was Art. 14 GG oder Art. 28 Abs. 2 S. 2 GG schützen, war jedoch nicht vom Gesetzgeber anschließend erst zu schaffen, sondern längst in weitem Umfang vorhanden.

Trotz aller genannten Gegengründe behält jedoch die Lehre von den Einrichtungsgarantien eine gewisse verfassungs- und grundrechtstheoretische Relevanz. Sie macht vor allem das Dilemma der Rezeption einfachen, bestehenden Rechts durch eine neue Verfassung deutlich, vor allem die Frage der zeitgemäßen Fortentwicklung neben der gebotenen Erhaltung typusprägender Merkmale. Lösungstechnisch mag sie von anderen Grundsätzen (etwa dem Übermaßverbot) in vielen Punkten ersetzt werden. Einige in der Vergangenheit aus ihr gezogenen Folgerungen mögen ebenfalls nicht überzeugend gewesen sein.[338] Als grundsätzlicher Verständnisbeitrag ist ihre Bewahrung und Weiterentwicklung gleichwohl nötig.

### *c) Folgerungen für die Einordnung der Vertragsfreiheit als Institutsgarantie*

Einrichtungsgarantien können auch unter dem Grundgesetz existieren. Die Einordnung der Vertragsfreiheit als Institutsgarantie ist denkbar. Es läßt sich jedoch einiges dagegen anführen, daß eine Institutsgarantie „Vertragsfreiheit" vom Grundgesetz tatsächlich gewollt ist. Ein erstes Argument ist der schlichte Textvergleich mit Art. 152 Abs. 1 WRV.[339] Es spricht einiges dafür, das „Schweigen der Verfassung"[340] insoweit ernst zu nehmen. Eine verfassungskräftige Festlegung des einfachen Gesetzgebers auf vorkonstitutionelle Normbestände ist durchaus eine Annahme mit entsprechender Begründungslast, die ohne deutlichen verfassungstextlichen Befund kaum geleistet werden kann. Weiterhin spricht gegen eine Deutung der Vertragsfreiheit als institutionelle Garantie auch die schon erwähnte geringe effektive Schutzqualität, die damit verbunden wäre. Gerade wenn man zu einem möglichst effektiven Schutz der volkswirtschaftlich so bedeutsamen Vertragsfreiheit kommen will, sollte primär nach anderen Möglichkeiten der verfassungsrechtlichen Absicherung geforscht werden. So ist die Grenzziehung zwischen zulässiger zeitgemäßer Fortschreibung eines Instituts oder einer Institution und unzulässiger inhaltlicher Deformierung, zwischen den unantastbaren Essentialia und den gesetzgeberischen Maß-

---

[338] Dies gilt etwa für den bei der Diskussion um Gehaltskürzungen in der Weimarer Zeit aufgeworfenen Gedanken, eine Einrichtungsgarantie betone den Wert der Einrichtung an sich und rechtfertige deshalb ein gewisses Zurücktreten der Bestandsschutzfunktion. Siehe etwa *E. R. Huber*, AöR 23 (1933), 54, *dens.*, AöR 23 (1933), 377; *Dennewitz*, S. 50: „... Das Institutionelle ist gegenüber dem Subjektiven wieder stark in den Vordergrund getreten und ist das Wesentlichere geworden, ... ". Zu Recht kritisch gegenüber solchen Tendenzen *Dürig*, in: Maunz / Dürig, Art. 1 Abs. 3 Rdnr. 98.

[339] Anders *Höfling*, Vertragsfreiheit, S. 6. Zugegebenermaßen reicht der Wortlautvergleich allein als Argument kaum aus. Es handelt sich aber zumindest um ein Indiz.

[340] Vgl. *Raiser*, JZ 1958, 4.

nahmen zugänglichen Akzidentialia[341] schon bei den ausdrücklich anerkannten Garantien bisher noch nicht in einer Weise geleistet, die Zweifelsfälle auf ein vertretbares Maß beschränken würde. Jeder inflationären Tendenz bei der Annahme solcher Garantien sollte man aus beiden Gründen entgegentreten.

Schließlich – und dies ist der letztlich entscheidende Punkt – läßt sich die Rechtsprechung des BVerfG mit der Annahme einer Institutsgarantie dogmatisch nicht fundieren, der bisher erreichte Schutz der Vertragsfreiheit wird auf diese Weise nicht annähernd vollständig abgesichert. Denn das BVerfG verfolgt gerade nicht das den Einrichtungsgarantien bei konsequenter Betrachtung anhaftende Alles-oder-Nichts-Prinzip, sondern geht davon aus, daß Eingriffe der öffentlichen Gewalt zwar rechtfertigungsbedürftig, aber durchaus rechtfertigungsfähig sind. Die Annahme eines solchen zusätzlichen Garantiebereichs neben der Wesensgehaltsgarantie läßt sich der Lehre von den Einrichtungsgarantien zwar anheften,[342] sich aber aus ihr nicht ableiten. Auch weiterentwikkeln läßt sich die Theorie insoweit nicht. Die Annahme von Zwischen- oder Übergangsstufen im Bereich des nicht mehr absolut und noch nicht Nichtgeschützten, also einer relativen Garantie, ist der Institutsgarantie wesensfremd.[343] Eine Institutsgarantie richtet sich weiterhin allein an den Gesetzgeber. Wäre die Vertragsfreiheit „nur" eine Institutsgarantie, gäbe es keinen verfassungsrechtlichen Ansatzpunkt für die Überprüfung vertragsfreiheitsbeschränkender Einzelmaßnahmen. Eine verfassungsrechtliche Anfechtung wäre nur unter dem Aspekt des Verstoßes gegen das Willkürverbot (Art. 3 Abs. 1 GG) denkbar. Die Annahme einer Institutsgarantie wäre also eine mit vielen Zweifeln behaftete und wenig wirkkräftige Antwort auf die Frage nach dem verfassungsrechtlichen Schutz der Vertragsfreiheit.

### 6. *Verfassungsrechtlicher Schutz der Vertragsfreiheit als Normbestandsschutz*

#### *a) Allgemeines*

Eine Erklärung und Absicherung für die Rechtsprechung des BVerfG zum Schutz der Vertragsfreiheit könnte die Theorie der Aufnahme einfachgesetzlicher Rechtspositionen in den formellen Schutzbereich eines Grundrechts bieten, wie sie als allgemeine Lehre vor allem von Lübbe-Wolff vertreten wird.[344] Die Idee eines grundrechtlichen Normenbestandsschutzes ist allerdings auch schon früher entwickelt worden, und zwar von Carl Schmitt als Garantie von nicht über das traditionell typische und übliche Maß hinausgehenden Ein-

[341] Vgl. vor allem *Stern,* etwa HbStR V, S. 77 Rdnr. 54; weiterhin *Schmidt-Jortzig,* Einrichtungsgarantien, S. 38.

[342] Geschehen etwa bei *Lerche,* Übermaß, S. 247; zutreffend kritisch *Abel,* S. 62 ff.

[343] Im Ergebnis auch *Abel,* S. 64.

[344] Siehe *Lübbe-Wolff,* Grundrechte als Eingriffsabwehrrechte, vor allem S. 125 ff.

griffsermächtigungen,[345] später dann von Lerche im Rahmen der Interpretation des Art. 19 Abs. 2 GG im Sinne der Sicherung des Kernstücks der unterverfassungsgesetzlichen Normenkomplexe, die den einzelnen freiheitlichen Grundrechten zugrundeliegen.[346] Dieser Grundgedanke wird der Sache nach von Lübbe-Wolff weitergeführt und ausgebaut. Die eingriffsdogmatischen Begrenzungen gesetzgeberischer Tätigkeiten gelten danach auch bei Änderungen von einfachem Recht, das dem Schutzbereich eines Grundrechts zuzuordnen ist.[347] Die Frage, wann eine solche Zuordnung anzunehmen ist, wird folgendermaßen beantwortet: Erforderlich aber auch genügend sei eine allgemeine, verfassungsrechtliche Gesetzgebungspflicht, etwa von der Art grundrechtlicher Schutzpflichten.[348]

Mit dieser Konzeption ließe sich die bundesverfassungsrechtliche Rechtsprechung zum Schutz der Vertragsfreiheit weitergehend erklären als mit der Annahme einer Institutsgarantie. Vor allem leistet die Theorie des grundrechtlichen Normbestandsschutzes die Einordnung normativ konstituierter Freiheit in die eingriffsabwehrende Funktion der Grundrechte. Wird die im BGB niedergelegte Vertragsfreiheit beschränkt, sei es unmittelbar durch Gesetzgebung oder mittelbar durch Ermächtigungen zu privatrechtsgestaltendem Handeln, muß sich dies am Übermaßverbot messen lassen. Denn das entsprechende einfache Recht, also die §§ 145 ff. BGB, sind als zentrale Instrumente individueller Selbstbestimmung jedenfalls dem Schutzbereich des Art. 2 Abs. 1 GG zuzuordnen, möglicherweise aber auch anderen Grundrechten. Der privatrechtliche Charakter der Vertragsfreiheit spricht nicht gegen die Fruchtbarmachung der Lehre des grundrechtlichen Normbestandsschutzes. Das Privatrecht ist in gleichem Maße Erfüllungsobjekt einer weit verstandenen staatlichen Gesetzgebungspflicht, sei es zur Grundrechtseffektivierung oder zur Gewährung von Schutz gegen Dritte.

Gegen die Lehre vom Normbestandsschutz ist allerdings eine Reihe grundsätzlicher, kritischer Einwände erhoben worden. So wird vorgebracht, es sei ein sehr weittragender Schritt, einfachen Gesetzen „Verfassungsrang" zu verleihen.[349] Des weiteren wird die Frage gestellt, ob nicht der Unterschied von Ver-

---

[345] Siehe *C. Schmitt,* Freiheitsrechte und institutionelle Garantien, 166, *dens.,* Grundrechte und Grundpflichten, S. 209 f.

[346] *Lerche,* Übermaß, S. 240.

[347] *Lübbe-Wolff,* Grundrechte als Eingriffsabwehrrechte, S. 150: „Grundrechtlicher Normbestandsschutz bedeutet Zuordnung einer durch einfaches Recht konstituierten Rechtsposition zum negatorischen Schutzbereich des jeweils einschlägigen Grundrechts mit der Folge, daß restriktive Normänderungen als Eingriffe in den Schutzbereich des Grundrechts zu qualifizieren sind."

[348] *Lübbe-Wolff,* Grundrechte als Eingriffsabwehrrechte, S. 149. Mit einem ähnlichen Grundansatz arbeitet *M. Bender,* Prüfung gerichtlicher Entscheidungen, vor allem S. 336 ff., der das BVerfG für die Kontrolle der Anwendung solchen einfachen Rechts für zuständig hält, das grundrechtlicher Freiheit diene.

[349] So *Pieroth,* AöR 115 (1990), 519.

fassung und einfachem Gesetz eingeebnet werde und eine Erstarrung der Rechtsordnung zu befürchten sei.[350] Diese Bedenken haben einen berechtigten Kern. Sie widerlegen aber insgesamt die Lehre vom verfassungsrechtlichen Schutz einfachen Gesetzesrechts nicht. So ist zu beachten, daß die Theorie von der Unterscheidung zwischen Grundrecht und Grundrechtsschranke oder – anders ausgedrückt – von formellem und effektivem Garantiebereich ausgeht.[351] Dies entspricht der mittlerweile wohl überwiegenden Meinung[352] und führt auf jeden Fall bei den Grundrechten, die unter einem Gesetzesvorbehalt stehen, dazu, daß die Änderung oder Aufhebung von einfachem Gesetzesrecht zwar rechtfertigungsbedürftig, aber weder rechtlich noch faktisch schwierig oder unmöglich wird. Die Gefahr einer Erstarrung der Rechtsordnung oder eines angesichts zu großer Argumentationslast untätig verharrenden Gesetzgebers[353] besteht daher insoweit kaum. Einfaches Gesetzesrecht erhält *keinen Verfassungsrang*, sondern nur *verfassungsrechtlichen Schutz*. Die Normenhierarchie mit der Abstufung von Verfassungsrecht und einfachem Recht bleibt unberührt. Daß insoweit übertriebene Befürchtungen nicht angebracht sind, zeigt sich auch darin, daß Lübbe-Wolff eine Erscheinung generalisiert, die bei einzelnen Grundrechten oder grundrechtsähnlichen bzw. -gleichen Rechten schon seit längerem gängige Verfassungspraxis ist. So bindet z. B. Art. 14 GG den Gesetzgeber – nach herkömmlicher Auffassung allerdings über die neben der Institutsgarantie anzunehmende Bestandsgarantie – bei der Änderung von einfachem Recht, soweit dieses „Eigentum" im verfassungsrechtlichen Sinne begründet hat. Vergleichbares gilt auch für den Bereich der Selbstverwaltungsgarantie des Art. 28 Abs. 2 S. 1 GG. Auch dort besteht neben dem aus der Annahme einer institutionellen Garantie folgenden unantastbaren Kernbereich die Bindung des Gesetzgebers an das Übermaßverbot, wenn etwa den Gemeinden in Befugnisnormen enthaltene Zuständigkeiten entzogen werden sollen.[354] Die Aufhebung des einfachen, befugniseinräumenden Gesetzes wird dann Ausgangspunkt für formelle Abwehrversuche gegen eine geplante Zuständigkeitsverlagerung. Deshalb spricht für die Norm des Art. 2 Abs. 1 GG ebenfalls nichts gegen die Theorie von der Aufnahme einfachen Gesetzesrechts in ihren Schutzbereich.

---

[350] Siehe *Robbers,* DÖV 1989, 688. Kritisch gegenüber der Lehre von *Lübbe-Wolff* auch *P.-M. Huber,* Konkurrenzschutz, S. 186, jedoch mit nur sehr allgemeiner Begründung.

[351] Dies wird auch als „Außentheorie" bezeichnet (siehe *Alexy,* Theorie der Grundrechte, S. 249 f.), im Gegensatz zur „Innentheorie", nach dem es nur das Grundrecht mit dem durch das einfache Gesetz bestimmten Inhalt gibt. Im Sinne der Innentheorie vor allem *Häberle,* Wesensgehaltsgarantie, S. 51 ff., S. 179 ff.: Die Grundrechte seien nur innerhalb der ihnen immanenten Grenzen gewährleistet.

[352] Vgl. etwa *Höfling,* Offene Grundrechtsinterpretation, S. 172 ff.

[353] Weiterer Einwand von *Robbers,* DÖV 1989, 688.

[354] Vgl. *Manssen,* Örtliche Bauvorschriften, S. 123 m. w. N.

Allerdings hat Lübbe-Wolff die Lehre vom grundrechtlichen Normbestandsschutz als allgemeine Grundrechtstheorie formuliert.[355] Da sie sich gleichzeitig um möglichst konkrete Prüfungskriterien bemüht, setzt sie sich einer Gefahr aus, der letztlich fast alle derartigen allgemeinen Grundrechtslehren unterliegen. So stehen bei Lübbe-Wolff die Grundrechte argumentativ und wohl auch vorstellungsmäßig im Vordergrund, die unter einem Gesetzesvorbehalt stehen. Da die Lehre aber allgemein formuliert wird, gilt sie damit auch für Grundrechte, denen kein ausdrücklicher Gesetzesvorbehalt beigefügt ist. In diesem Bereich überzeugt sie aber kaum. Jede Norm im Schutzbereich etwa der Kunst-, Wissenschafts-, oder Glaubensfreiheit wäre nur dann mit negativem Ergebnis für den Grundrechtsträger abänderbar, wenn dies durch kollidierendes Verfassungsrecht gerechtfertigt wäre. Dann drohte in der Tat Erstarrung, vor allem aber bestände die Gefahr, daß der Gesetzgeber nicht bereit ist, die sonst so oft gewünschten und angemahnten einfachgesetzlichen Ausgestaltungsbestimmungen zu erlassen.

### *b) Normbestandsschutz und institutionelles Grundrechtsverständnis*

Mit der Feststellung, daß die Theorie der Aufnahme einfachen Gesetzesrechts in den formellen Garantiebereich von Grundrechten die in der Verfassungsrechtsprechung angedeutete Linie zum Schutz der Vertragsfreiheit fundieren kann und ihr aus der Sicht des Art. 2 Abs. 1 GG keine entscheidenden Bedenken entgegenstehen, ist sie aber positiv noch nicht hinreichend begründet.[356] Es gibt jedoch gewichtige Argumente, die sie rechtfertigen können. Die Richtigkeit der von Lübbe-Wolff aufgearbeiteten bundesverfassungsrechtlichen Rechtsprechung beruht zunächst auf der besonders von der institutionellen Grundrechtstheorie vorgetragenen, im Grundsatz nicht bestreitbaren und auch kaum mehr bestrittenen Erkenntnis, daß Freiheit im modernen Staat nicht mehr (nur) Freiheit vom, sondern mehr und mehr Freiheit durch den Staat ist.[357] Akzeptiert man diesen Grundgedanken der institutionellen Grund-

---

[355] Sie würde selbst diese Bezeichnung allerdings wohl nicht gelten lassen, weil sie versucht, eine Unterscheidung von Grundrechtstheorie und Grundrechtsdogmatik zu treffen, siehe *diese,* Grundrechte als Eingriffsabwehrrechte, S. 64. Das überzeugt allerdings nicht, siehe oben C III 3 b, S. 147 ff.

[356] Zu Recht kritisch gegenüber ähnlichen Ausführungen von *Lübbe-Wolff* insoweit *Pieroth,* AöR 115 (1990), 519: Verwendet würden eher defensive Argumente. Vgl. auch *Schwabe,* Der Staat 30 (1991), 284: Es fehle eine zwingende Beweisführung.

[357] Siehe vor allem *Böckenförde,* Freiheit und Recht, S. 43 und *Häberle,* Wesensgehaltsgarantie, etwa S. 98: Die individuelle Freiheit bedarf objektiver Ordnungen, in denen sie sich bewähren und entfalten kann; ferner *Rupp,* AöR 101 (1976), S. 164: Die Sicherung und Bewahrung menschlicher Freiheit werde immer mehr zu einem Organisationsproblem; weiterhin *ders.,* ebenda, S. 172 ff.; *M. Bender,* Prüfung gerichtlicher Entscheidungen, S. 4 f.; *Denninger,* HbStR V, S. 192 ff.; *Erichsen,* HbStR VI, § 152 Rdnr. 6; *Friesenhahn,* 50. DJT, G 17; *Grabitz,* DVBl. 1973, 681: Das Verfassungsprinzip der Freiheit verlange die Gewährleistung eines bestimmten Maßes sozialer Entfaltungschancen. Weiterhin *ders.,* ebenda, S. 682: Nicht nur die Abwesenheit gesetzlicher Regelungen ermögliche Handlungschancen,

rechtstheorie, dann bekommt die Idee des Schutzes einfachen Rechts durch die Grundrechte eine innere Berechtigung: Ist der Grundrechtsträger zur Freiheitsbetätigung vielfach auf staatliche Normierungen angewiesen, dann ist die Aufhebung oder Änderung einer solchen freiheitslenkenden oder -ermöglichenden Norm von ihrer Wirkung her gleichermaßen eine Beschränkung wie die Verkürzung auch vorstaatlich denkbarer Freiheitsräume.

Daß Lübbe-Wolff diesem Gedanken wenig Beachtung schenkt,[358] obwohl er eine wesentliche Stütze für das von ihr vorgetragene Konzept liefern würde, dürfte mit der Skepsis gegen die diesen Gedanken vor allem vertiefende Arbeit Häberle's[359] zusammenhängen. So verneint Lübbe-Wolff jegliche Bedeutung der institutionellen Grundrechtssicht für die Struktur der Eingriffsdogmatik, da das institutionelle Verständnis sich nicht gegen die dogmatische Funktion der Eingriffsdogmatik, sondern gegen deren „Konnotationen" (wohl im Sinne von „Assoziationen") richte.[360] Abgesehen davon, daß der diesen Ausführungen zugrundeliegende Dogmatikbegriff zu eng ist,[361] begeht damit Lübbe-Wolff letztlich den Fehler, den sie Häberle vorwerfen will. Sie hält sich nämlich mit den „Konnotationen" der Lehre Häberle's auf, also vor allem der Ablehnung von Begriffen wie „Eingriff" oder „Grundrechtsbeschränkung", ohne die inhaltlichen und in erheblichem Maße dogmatisch relevanten Aussagen zu beachten und zu verarbeiten.[362]

### *c) Normbestandsschutz und Vertrauensschutz*

#### *aa) Normbestand und Veranlassung von Vertrauensinvestitionen*

Auf den Gedanken der Freiheitheitsverwirklichung durch staatliche Normsetzung läßt sich mit einem zweiten Argument aufbauen, das den Gedanken

sondern ebenso ihr Vorhandensein; *Hesse,* Der Rechtsstaat im Verfassungssystem, S. 575; *Krebs,* Vorbehalt des Gesetzes, S. 58, S. 74 ff.; *Nierhaus,* AöR 116 (1991), 80 f.; *Scholz,* AöR 100 (1975), 110: Grundrechtliche Freiheit hieße zu wesentlichem Anteil unterverfassungsrechtlich konstituierte und gesicherte Freiheit; *Scholz / Langer,* S. 34. Allerdings darf man den Aspekt der Freiheitsgewährleistung durch den Gesetzgeber nicht – wie dies bei *Häberle,* Wesensgehaltsgarantie, geschieht – verabsolutieren. Ansonsten hängt die Bindung des Gesetzgebers an die Grundrechte „in der Luft". Siehe die insoweit zutreffende Kritik von *W. Schmidt,* AöR 91 (1966), 61. Vgl. neuerdings auch die Überlegungen von *Isensee,* HbStR V, S. 356 ff., zu den „Grundrechtsvoraussetzungen".

358 *Lübbe-Wolff* erkennt ihn allerdings im Grundsatz durchaus an, siehe *diese,* Grundrechte als Eingriffsabwehrrechte, S. 45 m. Fußn. 111.

359 *Häberle,* Wesensgehaltsgarantie.

360 Vgl. *Lübbe-Wolff,* Grundrechte als Eingriffsabwehrrechte, S. 65: Die Konzeption *Häberle's* betreffe die Struktur der Eingriffsdogmatik überhaupt (!) nicht. Zustimmend zu diesen Ausführungen *Schwabe,* Der Staat 30 (1991), 283.

361 Siehe dazu schon oben C III 3 b, S. 147 ff.

362 Zu alibihaft etwa *Lübbe-Wolff,* Grundrechte als Eingriffsabwehrrechte, S. 64: Zwar solle die dogmatische Relevanz der Auffassungen *Häberle's* nicht bestritten werden; diese Relevanz könne aber keine unmittelbare sein. Für ein „Zusammensehen" von institutioneller und klassischer Eingriffs- und Schrankenlehre auch *W. Schmidt,* AöR 91 (1966), 62.

des formellen Normbestandsschutzes weiter absichert. Ein Rechtfertigungszwang für die Änderung oder Aufhebung grundrechtsrelevanter Normen ist gerade deshalb angebracht, weil durch das Angewiesensein auf den Staat freiheitsermöglichendes und freiheitsverwirklichendes Recht ein erhebliches Maß an Vertrauensinvestition hervorruft.[363] Die Aktivierung des Grundsatzes des Vertrauensschutzes[364] für die formelle Garantie eines grundrechtsverwirklichenden Normbestandes ist die konsequente Folgerung aus der These, daß das Verfassungsprinzip der Freiheit auch eine institutionelle Dimension hat.[365] Grundrechtsträger verlassen sich bei der Organisation ihrer persönlichen Freiheit auf die vom Staat gesetzten Bedingungen.[366]

Darüber hinaus zielen staatliche Gestaltungen oft gerade auf eine gewünschte Verhaltenslenkung bzw. Verhaltensbeeinflussung.[367] Die Grundrechtsträger sollen sich auf den vom Staat gesetzten Rahmen verlassen.[368] Der Staat veranlaßt final die Entstehung von Kontinuitätsvertrauen.[369] Der Einzelne gerät gerade deshalb in ein Abhängigkeitsverhältnis vom Staat.[370] Dem Gesetzgeber einen Rechtfertigungszwang bei Eingriffen in solche Normstrukturen aufzuerlegen, durch deren Erlaß Dispositionen veranlaßt und durch deren Änderung oder Aufhebung Vertrauen enttäuscht wird, ist einleuchtend. Der Schutz von Freiheit verlangt den Schutz von Dispositionen,[371] unabhängig davon, ob diese Pflicht als Ausfluß eines allgemeinen Rechtsgedankens angesehen wird,[372] oder aus Verfassungsrechtssätzen abgeleitet wird, etwa dem

---

[363] Vgl. ansatzweise auch schon *Pernthaler,* Qualifizierte Mitbestimmung, S. 30: Besonders strenge Anforderungen an die Änderung „eingelebter" Institutionen.

[364] Zum Grundsatzcharakter siehe *Götz,* Festgabe BVerfG II, S. 422.

[365] Vgl. *Grabitz,* DVBl. 1973, 681.

[366] Siehe BVerfG, B. v. 7.7.1964, E 18, 135 (144): Das Vertrauen, das der Staatsbürger dem ordnungsgemäß gesetzten Recht entgegenbringen dürfe, ermögliche es ihm, auf längere Zeit zu planen und zu disponieren. Siehe weiterhin *Hahn,* Vertrauensschutz, S. 30; *Weber-Dürler,* Vertrauensschutz, S. 23 ff.

[367] *Burmeister,* Vertrauensschutz, S. 12 f.; *Grabitz,* Freiheit und Verfassungsrecht, S. 33; *Kisker,* VVDStRL 32 (1973), S. 164 f.; *Muckel,* Vertrauensschutz, S. 84 f.

[368] Vgl. *Burmeister,* Vertrauensschutz, S. 12: Es würden immer mehr „Gestaltungstechniken" zur Erzielung von im staatlichen Interesse liegenden Dispositionen des Einzelnen hervortreten.

[369] Zu diesem Begriff *Leisner,* Festschrift für Berber, S. 280. Entgegen *Krause,* Eigentum, S. 34, wird man durchaus davon ausgehen können, daß die Schaffung eines Kontinuitätsvertrauens ein Unterfall des Vertrauensschutzes ist. Hingegen soll nach *Krause,* aaO, die finale Vertrauensbegründung durch eine Art „rechtsgeschäftlichen Bindungswillen" etwas anderes sein als Bindung unter dem Gesichtspunkt des Vertrauensschutzes, weil sie eine entsprechende Kompetenz voraussetze. Auch ein allgemeiner Vertrauenstatbestand kann jedoch nur vom zuständigen Gesetzgeber gesetzt werden.

[370] *Weber-Dürler,* S. 25.

[371] Vgl. *Grabitz,* DVBl. 1973, 678: Vertrauensschutz als Dispositionsschutz; ebenso *Ossenbühl,* Festschrift für Zeidler, Band I, S. 642; weiterhin *Kisker,* VVDStRL 32 (1973), S. 151 ff.

[372] So wohl *Burmeister,* Vertrauensschutz, S. 7.; *Muckel,* Vertrauensschutz, S. 14 f.; vgl. weiterhin *Püttner,* VVDStRL 32 (1973), S. 200 ff. und S. 206: eigenständiger Rechtsgedanke. Weiterhin *Leisner,* Festschrift für Berber, S. 294, der den Vertrauensschutz im wesentlichen

Rechtsstaatsprinzip,[373] dem Sozialstaatsprinzip[374] oder den Grundrechten selbst.[375]

### *bb) Normbestandsschutz- und Vertrauensschutzprinzip als formelle Garantien*

An dieser Stelle sei noch einmal betont, daß es beim Vertrauensschutzprinzip genau wie bei der Lehre vom grundrechtlichen Normenbestandsschutz nur um eine formelle Garantie geht. Allzu leicht gerät auch der Grundsatz des Vertrauensschutzes in den Verdacht, es käme durch seine Anerkennung zu einem unumkehrbaren Verfestigungs- und später Erstarrungsprozeß in der Rechtsordnung.[376] Genau um eine absolute Bestandsgarantie geht es jedoch nicht. Die Anerkennung von Vertrauens- und Normenbestandsschutz führt zum Rechtfertigungszwang bei Änderungen, nicht aber zur Unmöglichkeit einer Rechtfertigung. Es läßt sich nicht einmal behaupten, daß Vertrauensschutz stets zu einem „Verfestigungsprozeß" führe. „Leistungen" des Staates (im weitesten Sinne) können durchaus schon ursprünglich nur auf kurze Zeit konzipiert sein und auch nur in dieser Zeit Vertrauen begründen, des weiteren auch im Laufe der Zeit in Vergessenheit geraten und kaum mehr in Anspruch genommen werden.

---

auf die drei allgemeinen Grundsätze Rechtssicherheit, Verbot des venire contra factum proprium und Allgemeinheit des Gesetzes zurückführen will. Siehe auch *Ossenbühl,* DÖV 1972, 27: Rechtssicherheit und Treu und Glauben seien die beiden Pfeiler, die den Vertrauensschutzgedanken tragen würden. Ablehnend gegenüber der Idee, den Vertrauensschutz etwa aus „Treu und Glauben" abzuleiten, *Kimminich,* JZ 1962, 521 ff. m. w. N.

[373] So *Götz,* Festgabe BVerfG II, S. 422; *Grabitz,* DVBl. 1973, 676.; *Muckel,* Vertrauensschutz, S. 60 ff.; *Seewald,* DÖV 1976, 228. Ablehnend hingegen *Püttner,* VVDStRL 32 (1973), S. 204: Die Herleitung des Vertrauensschutzes aus dem Rechtsstaatsprinzip sei günstigstenfalls schmückendes Dekor und schlechtestenfalls eine Vertuschung der wirklichen Entscheidungsgrundlagen.

[374] So *Götz,* Festgabe BVerfG II, S. 422.

[375] So *Götz,* Festgabe BVerfG II, S. 422; *Grabitz,* DVBl. 1973, 676; *Kisker,* VVDStRL 32 (1973), S. 161 und S. 182; *W. Schmidt,* JuS 1973, 532 ff. Zu weiteren Lokalisierungsvorschlägen bezüglich des Vertrauensschutzgedankens siehe die Nachweise bei *Burmeister,* Vertrauensschutz, S. 17 ff.; *Muckel,* Vertrauensschutz, S. 29 ff.; *Püttner,* VVDStRL 32 (1973), S. 202; *Weber-Dürler,* S. 36 ff. Es ist im übrigen nicht überzeugend, wenn *Burmeister,* ebenda S. 17, von einem Zustand der „totalen Verwirrung" bei der Standortbestimmung des Vertrauensschutzes spricht. Zumindest wäre klarzustellen, wer genau „verwirrt" ist. Gegen die Vertreter der einen oder anderen wissenschaftlichen Auffassung zu der genannten Frage läßt sich dieser Vorwurf nicht generell erheben. Die vorgeschlagenen Lösungen sind diskutierbar. Daß es zu einer so grundlegenden Frage wie der verfassungsrechtlichen Ableitung des Vertrauensschutzprinzips aber eine große Zahl unterschiedlicher Auffassungen und damit insgesamt eine gewisse Unsicherheit gibt, ist aber wohl kaum verwunderlich und der Bedeutung der Frage angemessen. Kritisch zum Stand der Dogmatik des Vertrauensschutzes allerdings auch *Püttner,* VVDStRL 32 (1973), S. 201 und *Kisker,* VVDStRL 32 (1973), S. 151.

[376] So tendenziell etwa *Burmeister,* Vertrauensschutz, S. 11: Sozialstaatliche Gewährleistungen verfestigten sich im Laufe der Zeit zu verfassungsgeschützten und damit prinzipiell unentziehbaren Rechtspositionen.

Es ist weiterhin nicht richtig, davon zu sprechen, daß es bei der Anerkennung des Vertrauensschutzprinzips darum gehe, daß Vertrauenstatbestände zu Schutzobjekten der Verfassung aufgewertet würden, was nur auf der Grundlage eines flexiblen Verfassungsverständnisses denkbar sei, das auch den stillen Verfassungswandel anerkenne.[377] Vertrauensschutz ist ein aus der Verfassung abgeleiteter Rechtsgrundsatz.[378] Er stammt aus ihr ab und wandelt sie nicht. Es fällt anscheinend schwer, sich Normen als Sachverhalte von Normen vorzustellen.[379] Es ist jedoch eine unzulässige Gleichsetzung, davon auszugehen, daß dann, wenn Normen als Schutzobjekte der Verfassung anerkannt werden, diese Normen damit Bestandteile der Verfassung würden, wodurch diese „gewandelt" würden. Niemand käme auf die Idee, nach der Geburt eines Kindes davon zu sprechen, deshalb, weil Art. 2 Abs. 2 S. 2 GG von nun an dessen persönliche Freiheit schütze, käme es zu einem „stillen Verfassungswandel", weil nun etwas garantiert werde, was vorher nicht garantiert gewesen sei, nämlich die Freiheit des neugeborenen Kindes. Genausowenig liegt ein Verfassungswandel vor, wenn das Grundgesetz das Vertrauen auf die weitere Existenz von vom Gesetzgeber geschaffenen Normen formell garantiert. Diese Normen werden zwar Schutzobjekt der Verfassung, nicht aber deren Bestandteil.

#### *cc) Die Vertrauensschutzrechtsprechung des BVerfG*

Der Gedanke der formellen verfassungsrechtlichen Absicherung von Normenkomplexen, die zu Vertrauensinvestitionen geführt haben, findet sich gerade auch in der Rechtsprechung des BVerfG. Der Vertrauensschutzgedanke wird vom BVerfG trotz aller Kritik an der Substanzlosigkeit einer solchen Ableitung[380] formelhaft und standhaft auf das Rechtsstaatsprinzip zurückgeführt.[381] Auf den ersten Blick scheint das BVerfG berechtigtes Vertrauen aller-

[377] So aber *Burmeister,* Vertrauensschutz, S. 20.

[378] Daß nach *Püttner,* VVDStRL 32 (1973), S. 206, das Vertrauensschutzprinzip als solches kein Verfassungsprinzip ist, spricht nicht gegen die Richtigkeit dieser Aussage im vorliegenden Fall, denn der Vertrauensschutz bezüglich der Vertragsfreiheit wird in den Grundrechten verortet (siehe weiter unten im Text), so daß das Vertrauensschutzprinzip ein Verfassungsprinzip zum Tragen bringt und damit auch nach Auffassung *Püttners,* ebenda, am Verfassungsrang Anteil hat.

[379] Ein ähnliches Phänomen zeigt sich bei der Diskussion um sog. dynamische Verweisungen. Siehe dazu *Manssen,* Örtliche Bauvorschriften, vor allem S. 253 ff., *dens.,* VBlBW 1991, 24 f., *dens.,* BauR 1991, 697 ff.

[380] Siehe *Püttner,* VVDStRL 32 (1973), S. 203: Das Rechtsstaatsprinzip sei eine Zauberkiste, aus der findige Köpfe schon alle möglichen Rechtsprinzipien und Ansprüche hervorgezaubert hätten. Kritisch gegenüber dieser Ableitung auch *Kopp,* BayVBl. 1980, 38 ff.; zustimmend zu dieser Rechtsprechung hingegen *Muckel,* Vertrauensschutz, S. 60 ff. m. w. N.

[381] Vgl. etwa BVerfG, B. 20.10.1971, 111 (123); aus jüngerer Zeit siehe etwa B. v. 4.6.1985, E 70, 101 (114); B. v. 10.12.1985, B. v. 13.5.1986, E 72, 175 (196); E 71, 255 (272); B. v. 8.4.1987, E 75, 78 (105); B. v. 5.5.1987, E 75, 246 (279); B. v. 15.7.1987, E 76, 220 (244); B. v. 30.9.1987, E 76, 256 (347); B. v. 8.6.1988, E 78, 249 (284); B. v. 6.6.1989, E 80, 137 (153). Ausführliche Nachweise des weiteren bei *Pieroth,* Rückwirkung, S. 50 ff. und bezüglich der älteren Rechtsprechung bei *Kimminich,* JZ 1962, 521 und 524.

dings nur im Fall der Rückwirkung von Gesetzen anzuerkennen und damit einer Auffassung zuzustimmen, daß bei Änderung von Gesetzen für die Zukunft der Gesetzgeber nur dem rein objektiven verfassungsrechtlichen Postulat einer Kontinuitätsverpflichtung unterliegt, nicht aber durch subjektive Rechte eingeschränkt ist:[382] Niemand dürfe darauf vertrauen, daß eine günstige gesetzliche Regelung in aller Zukunft bestehen bleibe; Schranken für die Regelungsbefugnis des Gesetzgebers ergäben sich aber dann, wenn eine Neuregelung auf gegenwärtige, noch nicht abgeschlossene Rechtsbeziehungen einwirke;[383] der nach dem Rechtsstaatsgrundsatz gebotene Vertrauensschutz müsse gewahrt bleiben, sofern eine bestehende Befugnis *nachträglich* beseitigt werde.[384]

Diese Äußerungen wird man allerdings dahin deuten müssen, daß zwar ein regelmäßiger, jedoch kein unbedingter Zusammenhang zwischen der Anerkennung berechtigten Vertrauens und dem Tatbestand der zumindest unechten Rückwirkung gegeben ist.[385] Hierfür sprechen mehrere Erwägungen. Zum einen hat das BVerfG selbst vor allem in einer Entscheidung vom 23.3.1971[386] ausgesprochen, daß das Vertrauen auf den Bestand einer geschaffenen Rechtslage keinen geringeren Schutz genießt als den, der bei unechter Rückwirkung von Gesetzen bestehe.[387] Weiterhin ist der Tatbestand der „unechten Rückwirkung"[388] undeutlich und schwer präzisierbar.[389] Dies gilt sowohl für die Frage,

---

[382] So vor allem *Maurer,* HbStR III, Rdnr. 55 f., S. 243 f.

[383] So BVerfG, B. v. 10.12.1985, E 71, 255 (272 f.).

[384] BVerfG, B. v. 6.6.1989, E 80, 137 (153) [Hervorhebung von *G. M.].* Auch in der Literatur besteht die Tendenz, von der Angemessenheit der Gewährung von Vertrauensschutz auf das Vorliegen eines Rückwirkungstatbestandes zu schließen, statt, wie es eigentlich angebracht ist, bei Feststellung einer Rückwirkung die entsprechenden Folgerungen für den notwendigen Vertrauensschutz zu ziehen. Siehe als Beispiel etwa *Papier,* VSSR 1973, 50.

[385] Anders *Maurer,* HbStR III, Rdnr. 55, S. 244.

[386] E 30, 392 (404).

[387] Ähnlich auch schon BVerfG, B. v. 7.7.1964, E 18, 135 (144), wo das BVerfG Vertrauensschutz auch bei in der Entwicklung befindlichen Tatbeständen anerkennt.

[388] Nach ständiger Rechtsprechung entfaltet eine Norm dann unechte Rückwirkung, wenn sie zwar nicht auf vergangene, aber auch nicht nur auf zukünftige, sondern auf gegenwärtige, noch nicht abgeschlossene Sachverhalte und Rechtsbeziehungen für die Zukunft einwirkt und damit zugleich die betroffene Rechtsposition nachträglich im ganzen entwertet. Vgl. etwa BVerfG, B. v. 23.3.1971, E 30, 392 (402).

[389] Einen deutlichen Beleg hierfür liefern die Entscheidungen, in denen das BVerfG selbst versucht, zu einer anderen Einteilung zu kommen, etwa B. v. 22.3.1983, E 63, 343 (353 ff.); B. v. 17.5.1983, E 64, 158 (174) und vor allem B. v. 14.4.1986, E 72, 200 (242), wo zwischen „Rückbewirkung von Rechtsfolgen" und „tatbestandlicher Rückanknüpfung" differenziert wird. Zur Kritik an dieser Linie in der Rechtsprechung des BVerfG siehe *Hahn,* Rückwirkung, S. 7 ff.; *Muckel,* Vertrauensschutz, S. 72 ff.; weiterhin *Aschke,* Übergangsregelungen, S. 291 f.; *Iliopoulos-Strangas,* S. 71 ff. Zustimmend hingegen *Pieroth,* JZ 1984, 973.

ob ein „Sachverhalt“[390] oder „Rechtsbeziehungen“[391] abgeschlossen sind oder nicht,[392] ob also „echte“ oder „unechte“ Rückwirkung vorliegt, gleichermaßen aber auch für das Problem, ab welchem Moment überhaupt der Beginn eines „Sachverhalts“ oder einer „Rechtsbeziehung“ anzunehmen ist, was für die Antwort auf die Frage nach dem Vorliegen von Rückwirkung oder lediglich von Gegenwarts- und Zukunftswirkung voraussetzt.[393] Zu Recht ist deshalb festgestellt worden, „unechte Rückwirkung“ sei gar kein Fall von Rückwirkung, sondern eine Zusammenfassung und bildhafte Bezeichnung von Problemen, welche sich aus dem Anspruch jedes Gesetzes ergeben, sofort zu gelten, welches jedoch wegen der Wirkung auf ausgeübte Freiheiten den Wirkungen eines rückwirkenden Gesetzes ähnlich sei oder nahe komme.[394] Des weiteren stellt das Gericht bei der Rechtsprechung zur unechten Rückwirkung neben dem Eingriff in gegenwärtige, noch nicht abgeschlossene Sachverhalte oder Rechtsbeziehungen stets darauf ab, ob Rechtspositionen dadurch entwertet werden.[395] Dies erscheint angesichts der Undeutlichkeit der Rückwirkungsrechtsprechung der eigentlich entscheidende Gedanke für die Gewährung von Vertrauensschutz zu sein.[396] Ein „Entwertungsvorgang“ ist für einen Grundrechtsträger stets dann ein solcher, wenn er auf die weitere Existenz erworbener Rechtspositionen vertraut hat. Ob diese rückwirkend oder nur für die Zukunft[397] „wertlos“ werden, ist insoweit ein subsidiärer Gesichtspunkt.

Vertrauensschutzprobleme werden also zwar von der Rechtsprechung des BVerfG und dem begleitenden Schrifttum meist im Zusammenhang mit Rückwirkungsfragen diskutiert. Trotzdem kann man feststellen, daß die „Verläßlichkeit der Rechtsordnung“ in der Rechtsprechung des BVerfG durchaus zu einem

---

[390] Vgl. BVerfG, B. v. 13.5.1986, E 72, 141 (154).

[391] Vgl. BVerfG, B. v. 15.5.1985, E 70, 69 (84). Oft verwendet das BVerfG auch beide Begriffe nebeneinander, etwa im B. v. 23.3.1971, E 30, 392 (402); B. v. 5.5.1987, E 75, 246 (279).

[392] Vgl. hierzu *Götz,* Festgabe BVerfG II, 428 f.; *Leisner,* Festschrift für Berber, S. 285 f.; *Pieroth,* Rückwirkung, S. 79 ff.

[393] Vgl. etwa *Muckel,* Vertrauensschutz, S. 76: Eine Abgrenzung von unechter Rückwirkung und Nichtrückwirkung sei abstrakt nicht möglich.

[394] So *Götz,* Festgabe BVerfG II, S. 424 f.; noch deutlicher *ders.,* ebenda, S. 435: Die Bezeichnung „unechte Rückwirkung“ könne insoweit nur in die Irre führen, und ebenda, S. 436: Die in BVerfGE 30, 392 (403) vorgenommene Anstrengung zur Abgrenzung von unechter Rückwirkung und sonstigen Vertrauen erzeugenden Tatbeständen stellten einen „merkwürdigen Begriffsbildungsversuch“ dar. Kritisch auch *Kisker,* VVDStRL 32 (1973), 178: Man sollte den Begriff „unechte Rückwirkung“ aufgeben und sich klar auf den Boden der Frage „status quo ./. Anpassungsinteresse“ stellen. Siehe weiterhin *Seewald,* DÖV 1976, 230.

[395] Siehe etwa BVerfG, B. v. 15.5.1985, E 70, 69 (84); B. v. 13.5.1986, E 72, 141 (154); B. v. 13.5.1986, E 72, 175 (196).

[396] Ähnlich *Grabitz,* DVBl. 1973, 678: Für die Lösung der Rückwirkungsproblematik komme es entscheidend darauf an, ob und inwieweit im Vertrauen auf eine bestehende Rechtslage getroffene Dispositionen verfassungsrechtlichen Schutz genießen würden. Weiterhin *Kisker,* VVDStRL 32 (1973), S. 178; *Leisner,* Festschrift für Berber, S. 290.

[397] Einmal abgesehen davon, wie und ob dies zu unterscheiden ist.

eigenen, von der Rückwirkungsproblematik unabhängigen verfassungsrechtlichen Ziel mit subjektivrechtlicher Komponente geworden ist.[398] So erkennt das BVerfG an, daß die Verläßlichkeit der Rechtsordnung Voraussetzung für Freiheit ist,[399] und übernimmt damit der Sache nach den zentralen Gedanken eines auch institutionellen Grundverständnisses, wonach Vertrauensschutz Freiheitsschutz ist.[400] Es spricht von „ins Werk gesetzten Grundrechten“,[401] und stimmt so überein mit der Idee, daß die individuelle Absicherung von Freiheit Dispositionsschutz voraussetzt.[402] Es greift deshalb zu kurz, wenn man die Kontinuitätsverpflichtung nur als ein verfassungspolitisches Postulat verstehen will.[403] Vor allem gibt die zutreffende Feststellung, der Bürger könne nicht darauf vertrauen, daß die derzeit gegebenen Gesetze unverändert bestehen bleiben,[404] eine solche Beschränkung nicht her. Der Bürger kann und soll sich darauf verlassen, daß der Staat von ihm veranlaßte Vertrauensinvestitionen angemessen in Erwägung zieht. Die grundsätzliche Befugnis des Staates zur Änderung von Gesetzen wird dadurch nicht berührt.

Die Lehre von der grundrechtlichen Absicherung einfachen Rechts überzeugt – wie ausgeführt – nicht bei jedem Grundrecht, wohl aber bei denjenigen, die zumindest grundsätzlich dem Zugriff des Gesetzgebers offen stehen, also vor allem Art. 2 Abs. 1, Art. 12 Abs. 1 und Art. 14 Abs. 1 GG. Man muß diese „Grundrechtstheorie“ deshalb spezifizieren, um ansonsten berechtigte Einwände abzuschneiden. Ganz ähnlicher Umgang ist mit dem Grundsatz des Vertrauensschutzes geboten, was ebenfalls für eine strukturelle Parallelität und damit für die Möglichkeit spricht, die Lehre vom Normbestandsschutz durch den Vertrauensschutzgedanken abzusichern. Nach vom BVerfG wesentlich mitgeprägter und ganz überwiegender Auffassung ist „Vertrauensschutz“ kein die Grundrechte unterminierendes[405] noch ein sie überwölbendes „Überprinzip“. Er ist vielmehr in den einzelnen Grundrechten zu verorten.[406]

[398] Siehe etwa BVerfG, B. v. 22.3.1983, E 63, 343 (357); B. v. 10.12.1985, E 71, 255 (272); B. v. 15.5.1985, E 70, 69 (84).

[399] BVerfG, B. v. 22.3.1983, E 63, 343 (357); B. v. 30.9.1987, E 76, 256 (347).

[400] Vgl. den Titel des Beitrags von *Grabitz*, DVBl. 1973, 675 ff.: „Vertrauensschutz als Freiheitsschutz“.

[401] BVerfG, B. v. 30.9.1987, E 76, 256 (347); B. v. 8.6.1988, E 78, 249 (284). Zu diesem Begriff siehe auch *Leisner*, Festschrift für Berber, S. 279.

[402] Siehe etwa B. v. 13.5.1986, E 72, 141 (154); B. v. 13.5.1986, E 72, 175 (196) und dann besonders deutlich im B. v. 30.9.1987, E 76, 256 (350): Der Bürger dürfe dem ordnungsgemäß gesetzten Recht Vertrauen entgegenbringen; er müsse in der Lage sein, auf längere Zeit zu planen und zu disponieren.

[403] So aber *Maurer*, HbStR III, Rdnr. 56, S. 244.

[404] Siehe *Maurer*, HbStR III, Rdnr. 55, S. 243.

[405] Formulierung in Anlehnung an *Götz*, Festgabe BVerfG II, S. 422.

[406] Ausführlich *Maurer*, HbStR III, Rdnr. 44 ff., S. 236 ff. Anders *Burmeister*, Vertrauensschutz, S. 22, der meint, der aus dem Vertrauensschutzprinzip resultierende individuelle Sachanspruch sei thematisch neben den Grundrechten bzw. außerhalb der Grundrechte anzusiedeln. Warum dies so sein soll, bleibt jedoch bei *Burmeister* letztlich offen, zumindest belegen die von *Burmeister* angestellten Überlegungen diese These nicht, denn es geht – anders als *Burmeister* meint – nicht darum, die in Verfassung und Gesetzen festgelegten

Dementsprechend siedelt das BVerfG Vertrauensschutzüberlegungen primär im speziellen Grundrecht oder grundrechtsgleichen Recht an.[407] So habe der Grundsatz des Vertrauensschutzes im Beamtenrecht „seine eigene Ausprägung" erfahren.[408] Er ist daher im Rahmen der möglichen Verletzung hergebrachter Grundsätze zu prüfen, nicht nebenher, nicht zusätzlich und nicht darüber hinaus.[409] Das gleiche gilt für Art. 12 Abs. 1 GG[410] und vor allem für Art. 14 Abs. 1 GG. Das Eigentumsgrundrecht ist nach Auffassung des BVerfG eine eigene Ausprägung und verfassungsrechtliche Ordnung des Vertrauensschutzes für vermögenswerte Güter.[411] Übertragen auf die Vertragsfreiheit bedeutet dieser Ansatz, daß Maßnahmen der öffentlichen Gewalt, die mit berechtigtem Vertrauen auf fortbestehende vertragliche Gestaltungsmöglichkeiten kollidieren, im Rahmen des Art. 2 Abs. 1 GG verfassungsrechtlich zu überprüfen sind. Da im Rahmen des Art. 2 Abs. 1 GG die einzige wesentliche Schranken-Schranke für gesetzgeberische Eingriffe das Übermaßverbot ist,[412] sind Vertrauensschutzerwägungen Abwägungsposten bei der Prüfung der Verhältnismäßigkeit im engeren Sinne.[413] Der Vertrauensschutzgedanke sichert die Lehre vom grundrechtlichen Normenbestandsschutz damit nicht nur argumentativ ab, es füllt sie bei der konkreten Handhabung auch inhaltlich aus.

#### *dd) Weitere Argumente für und gegen den Zusammenhang von Vertrauensschutz und Normbestandsschutz*

Den Vertrauensschutzgedanken will aber Lübbe-Wolff als Argument für die Aufnahme einfachen Gesetzesrechts in den Schutzbereich von Grundrechten nicht gelten lassen: Den Vertrauenssschutzinteressen könne nicht nur durch den Schutz des Bestandes der fraglichen Norm, sondern auch durch den Ersatz des negativen Interesses Rechnung getragen werden; der Bestand der Norm als solcher sei somit nicht geschützt. Des weiteren erfasse der allgemeine grund-

---

Handlungsbindungen eines staatlichen Funktionsträgers *zusätzlichen* Handlungsschranken zu unterwerfen, sondern darum, aus der Verfassung selbst Handlungsschranken abzuleiten.

407 Ausführlicher hierzu *Götz,* Festgabe BVerfG II, S. 436 ff.; *Pieroth,* JZ 1984, 974 ff. m. w. N. auf die Rechtsprechung des BVerfG.

408 BVerfG, B. v. 7.11.1979, E 52, 303 (345); B. v. 10.4.1984, E 67, 1 (14); B. v. 10.12.1985, E 71, 255 (272).

409 Inhaltlich sind die Überlegungen allerdings weitgehend identisch, vgl. BVerfG, B. v. 10.4.1984, E 67, 1 (14 f.).

410 Siehe dazu BVerfG, B. v. 10.5.1988, E 78, 179 (193).

411 BVerfG, B. v. 8.6.1977, E 45, 142 (168); B. v. 1.7.1981, E 58, 81 (120 f.); B. v. 4.6.1985, E 70, 101 (114); B. v. 9.10.1985, E 71, 1 (12); B. v. 8.4.1987, E 75, 78 (105), jeweils m. w. N.; zustimmend zu dieser Rechtsprechung *Grüttner,* S. 29 f. m. w. N.

412 Siehe *Jarass,* in: Jarass / Pieroth, Art. 2 Rdnr. 18.

413 So der Sache nach auch BVerfG, B. v. 13.5.1986, E 72, 175 (198). Vgl. auch *Salzwedel,* Die Verwaltung 5 (1972), 16: Die Rückwirkungsrechtsprechung sei eine Orientierungshilfe für die Anwendung des Verhältnismäßigkeitsprinzips.

rechtliche Bestandsschutz die jeweilige Norm ganz unabhängig von einem etwa gehegten subjektiven Vertrauen auf ihren Fortbestand allein deshalb, weil sie inhaltlich ein objektives Gebot der Verfassung erfülle.[414]

Diese Ausführungen können aus mehreren Gründen nicht überzeugen: Die Annahme einer möglichen Kompensationspflicht bei nicht erfüllten Vertrauenserwartungen ist zunächst gerade eine Folge der Grundrechtsrelevanz einer gesetzlichen Regelung. Weil eine gesetzliche Regelung in spezifischer Beziehung zu einem grundrechtlich geschützten Freiheitsbereich steht, ist ein investiertes Vertrauen in besonderem Maß schutzbedürftig und damit entschädigungswürdig. Das Argument, dem Vertrauensschutz könnte auch durch Geldkompensation oder entsprechende Übergangsregelungen statt durch Bestandsschutz entsprochen werden, umschreibt ebenfalls keinen Unterschied zur Lehre vom allgemeinen Bestandsschutz einfachen Rechts. Denn eine Aufnahme in den Schutzbereich eines Grundrechts bedeutet ja gerade keine effektive, sondern nur eine formelle Garantie und damit die Verpflichtung an den Gesetzgeber, die Änderung oder Aufhebung der Norm vor dem Übermaßverbot zu rechtfertigen.[415] Da Lübbe-Wolff gerade auf diesen Gesichtspunkt immer wieder abhebt und damit konsequent von der „Außentheorie" ausgeht, ist ihre Argumentation an dieser Stelle deshalb absolut systemwidrig.

Es leuchtet weiterhin nicht ein, warum die Grundrechte den Bestand einer Norm schützen sollen, für deren Weitergeltung sich der Aspekt des Vertrauensschutzes nicht in Anspruch nehmen läßt. Vertraut niemand auf eine Norm, weil sie niemanden interessiert und von niemandem in Anspruch genommen wird, trägt sie zur Freiheitsverwirklichung nicht bei, ihre Aufnahme in den Schutzbereich ist nicht angebracht. Schließlich wird das die Rückwirkungsrechtsprechung des BVerfG bestimmende Vertrauensschutzprinzip vom Gericht so interpretiert, daß die alte Rechtslage generell geeignet sein müsse, aus dem Vertrauen auf ihr Fortbestehen heraus Entscheidungen und Dispositonen herbeizuführen und zu beeinflussen.[416] Es wird also typisierend auf das Bestehen vertrauenserzeugenden Rechts und damit mehr auf die objektive Existenz als auf die konkrete Vertrauensinvestition abgestellt. Die Diskrepanz zwischen dem Vertrauensschutzprinzip und der Lehre vom Normbestandsschutz ist daher sehr viel geringer, als sie von Lübbe-Wolff vorausgesetzt wird. Mit letzteren Ausführungen soll nicht gesagt sein, daß die Theorie von der Aufnahme von einfachgesetzlichen Normen in den formellen Schutzbereich eines Grundrechts – allerdings beschränkt auf solche Grundrechte, die wie Art. 2 Abs. 1 GG gesetzgeberischem Zugriff zugänglich sind – nicht so formuliert werden kann, wie es von Lübbe-Wolff getan wird. Man muß allerdings eine auch Inter-

---

[414] *Lübbe-Wolff*, Grundrechte als Eingriffsabwehrrechte, S. 127.

[415] Vgl. auch *Pieroth*, Rückwirkung, S. 152: Die gesetzliche Pflicht zu Übergangsregelungen setzt einen dadurch zu vermeidenden Verstoß gegen Verfassungsrecht voraus.

[416] BVerfG, B. v. 23.3.1971, E 30, 367 (389); zustimmend *Seewald*, DÖV 1976, 229 m. w. N.

essengesichtspunkte berücksichtigende Begründung liefern. Und das leistet in wesentlichem Umfang der Gedanke des Vertrauensschutzes.

Schließlich gibt der Aspekt des Vertrauensschutzes der Konzeption des Normbestandsschutzes noch eine weitere Hilfestellung. Für den wichtigen Bereich der Konstituierung von „Verfahrensrechten" wird die Auffassung vertreten, insoweit handele es sich nicht um eine Frage des status negativus (und damit letztlich auch der Eingriffsdogmatik), sondern des status positivus, also der Funktion der Grundrechte als Leistungsrechte.[417] Entscheidender Gesichtspunkt hierfür soll ein Zufälligkeitsargument sein: Es könne für die grundrechtliche Einordnung nicht darauf ankommen, ob die Handlungen, die zur einfachrechtlichen Existenz der verfahrensmäßigen Position führen, bereits vollzogen wurden oder nicht; dem hypothetischen Recht auf Vollzug komme gegenüber dem Recht auf Nichtbeseitigung der Primat zu.[418] Berücksichtigt man Vertrauensschutzgesichtspunkte, zeigt sich, daß dies zu theoretisch gedacht ist. Gerade bei den von Alexy angenommenen „Rechten auf Schaffung von Verfahrensrecht" (wie die Eigentums- oder Vertragsfreiheit) bleiben dem Gesetzgeber in aller Regel mehrere Möglichkeiten zur Erfüllung des „Leistungsgebotes". Schon insofern ist es ein Unterschied, ob es um die Nichterfüllung eines noch nicht letztlich konkretisierten Auftrags oder die Beseitigung von Normen geht, auf die man sich wegen ihrer Existenz bereits einstellen konnte. Und selbst wenn man hiervon absieht: Es ist allemal ein Unterschied, ob ein Anspruch nicht erfüllt oder etwas bereits Geleistetes wieder weggenommen werden soll. Für die Einordnung grundrechtsausfüllenden einfachen Rechts in den status negativus spricht schließlich die Vergleichbarkeit der möglichen subjektiven Belastung. Es kann in gleichem Maße eine Verkürzung von Freiheit darstellen, wenn aufgrund bisher bestehender Gesetzeslage eröffnete Handlungsmöglichkeiten verkürzt werden, wie wenn Eingriffe in eine als „natürlich" denkbare oder gedachte Handlungsfreiheit vorgenommen werden, für die keine gesetzlichen Regelungen bestehen.[419]

### *7. Die Vertragsfreiheit als unbenanntes Freiheitsrecht*

#### *a) Verbleibende Schutzdefizite*

Anhand der Theorie vom grundrechtlichen Normbestandsschutz läßt sich die Garantie der allgemeinen Vertragsfreiheit im Rahmen des Art. 2 Abs. 1 GG durch die Rechtsprechung des BVerfG in einigen wichtigen Teilen theoretisch erklären. Übereinstimmend mit dem Verfassungsgericht kann die Feststellung getroffen werden, daß Einschränkungen der Freiheit beim Vertragsschluß, die im Wege der nachkonstitutionellen Gesetzgebung erfolgen, Eingriffe in Art. 2

---

417 So vor allem *Alexy,* Theorie der Grundrechte, S. 435 f.
418 So *Alexy,* Theorie der Grundrechte, S. 436.
419 So auch *Grabitz,* DVBl. 1973, 682.

Abs. 1 GG sind. Es handelt sich also nicht in dem Sinne um die Rücknahme einer staatlichen „Leistung", daß sie nur insoweit unzulässig wäre, als damit gegen ein unbedingtes Verfassungsgebot verstoßen würde, sondern um einen nach den klassischen Regeln rechtfertigungsbedürftigen Eingriff. Ähnliches gilt für die in ihrer grundrechtstheoretischen Einordnung schwierigen Zustimmungserfordernisse zu Kündigungen von Vertragsverhältnissen. Die gesetzliche Einführung zusätzlicher Genehmigungserfordernisse ist gegenüber dem Kündigungsberechtigten ein Grundrechtseingriff. Er genießt formellen Bestandsschutz dahingehend, daß das bisherige Maß an Kündigungserschwernissen nicht erweitert wird. Auch die verfassungsrechtliche Überprüfung der Anwendung einfachen Rechts ist unter Berufung auf diese Lehre denkbar. Steht der Bestand einer Norm unter dem Schutzbereich eines Grundrechts, ist der damit ausgestaltete Freiheitsbereich auch hinsichtlich seiner konkreten Dimensionierung gegenüber Einzeleingriffen verfassungsrechtlich fundiert. Diese Ergebnisse folgen aus der Lehre vom grundrechtlichen Normbestandsschutz unabhängig von weiteren Ableitungsmöglichkeiten für einen verfassungsrechtlichen Schutz der Vertragsfreiheit. Die Theorie vom grundrechtlichen Normbestandsschutz widerlegt in ihrer Anwendung auf die Vertragsfreiheit des weiteren einen allgemeinen Einwand gegen ihre Verankerung in Art. 2 Abs. 1 GG. Er lautet dahingehend, daß man sich durch die These von der vollen Absicherung der Vertragsfreiheit deklamatorisch für Alles, faktisch wegen des weiten Schrankenvorbehaltes aber für Nichts entscheide.[420] Die mit der Theorie vom Normbestandsschutz verbundene Anwendung des Übermaßverbotes läßt sehr wohl breiten Raum für eine auch effektive Absicherung dieses Freiheitsbereiches.

Eine Schwäche der Lehre vom Normbestandsschutz liegt aber in der Beschränkung auf den Normbestand. Nicht erklären läßt es sich, warum auch die Vertragsfreiheit einschränkende Normen am Übermaßverbot geprüft werden sollen, die vorkonstitutionell sind. War eine Freiheit unter dem Grundgesetz nicht konstituiert, fällt sie nach der Lehre vom Normbestandsschutz auch nicht in den Schutzbereich des Art. 2 Abs. 1 GG. Der Schutz der Vertragsfreiheit bleibt dadurch formal. War eine Beschränkung bei Inkrafttreten des Grundgesetzes schon vorhanden, ist sie zulässig, auch wenn keine überwiegenden Gründe mehr für ihre Beibehaltung sprechen, denn insoweit war noch keine Freiheit konstituiert.[421] Dies spricht zwar nicht gegen die grundsätzliche Richtigkeit der Lehre. Es verbleibt jedoch ein gewisses Schutz- bzw. Begründungsdefizit, dessen Ausgleich weitere Überlegungen erfordert.

---

[420] So *Kloepfer,* Grundrechte, S. 44.

[421] Freiheitsermöglichendes vorkonstitutionelles Recht hingegen wird man in den Schutzbereich einbeziehen müssen, wenn es seit Erlaß des Grundgesetzes grundrechtseffektuierend wirkt.

### *b) Vertragsfreiheit und Prinzipientheorie der Grundrechte*

Einen Versuch, die Vertragsfreiheit weitergehend abzusichern, als dies mit der Lehre vom Normbestandsschutz möglich ist, hat Höfling unternommen.[422] Den Ausgangspunkt hierfür bildet die sog. Prinzipientheorie der Grundrechte. Sie wird in für das deutsche Verfassungsrecht maßgeblicher Weise vor allem von Alexy vertreten,[423] und besagt im wesentlichen, daß Grundrechte als Prinzipien zu verstehen sind. Prinzipien wiederum seien „Optimierungsgebote", d. h. solche Normen, die gebieten, daß etwas in einem im Hinblick auf die tatsächlichen und rechtlichen Möglichkeiten möglichst hohem Maße realisiert wird.[424] Diesen insgesamt in der Literatur überwiegend positiv aufgenommenen Gedanken[425] wendet Höfling auf die Vertragsfreiheit an. Für die als grundrechtliche Institutsgarantien qualifizierten Verfassungsnormen, die wegen ihres „Zusammenspiels" mit einfachgesetzlichen Kompetenznormen auf die legislatorische Umsetzung begriffsnotwendig angewiesen seien, dränge sich der Prinzipiencharakter auf.[426] Erwiese sich dieser Gedanke als richtig, wäre ein umfassender Schutz der Vertragsfreiheit erreicht. Vor allem wäre die Lücke geschlossen, die die Lehre vom grundrechtlichen Normbestandsschutz bei vorkonstitutionellen Beschränkungen hinterläßt. Es unterliegt auch keinen grundsätzlichen Bedenken, einem Recht Prinzipiencharakter zuzuerkennen, wenn dieses Recht substantiell erst durch staatliche Normsetzung begründet wird. Es ist durchaus denkbar, daß die Verfassung vom Gesetzgeber Optimierung durch Leistung verlangt.

Die von Höfling vorgebrachte Konzeption leidet jedoch an einer anderen Ungereimtheit.[427] So versteht Höfling die Vertragsfreiheit zunächst als Institutsgarantie,[428] und im Anschluß daran als grundrechtliches „Prinzip".[429] Zwischen beiden Annahmen besteht jedoch keine argumentative Verbindung.[430] Dies fällt vor allem daran auf, daß für Alexy als dem maßgeblichen Wegbereiter des Prinzipiengedankens für die Grundrechtstheorie Institutsgarantien „dogmatisch überflüssige Konstruktionen" sind.[431] Nun mag es methodisch mög-

---

[422] *Höfling,* Vertragsfreiheit, Eine grundrechtsdogmatische Studie, 1991. *Höfling* geht allerdings auf die Lehre vom grundrechtlichen Normbestandsschutz nicht weiterführend ein.

[423] *Alexy,* Theorie der Grundrechte, 1985, *ders.,* Der Staat 29 (1990), 54 ff.

[424] *Alexy,* Theorie der Grundrechte, S. 101, *ders.,* Der Staat 29 (1990), 54.

[425] Siehe etwa *Böckenförde,* Der Staat 29 (1990), 21.

[426] *Höfling,* Vertragsfreiheit, S. 37.

[427] Weitere in vielen Punkten berechtigte Kritik zur Untersuchung von *Höfling* vor allem bei *Taupitz,* AcP 192 (1992), 341 ff.

[428] *Höfling,* Vertragsfreiheit, S. 25.

[429] *Höfling,* Vertragsfreiheit, S. 36 ff.

[430] Eine gewisse Skepsis gegenüber den Ausführungen von *Höfling* drückt auch *Sachs,* AöR 117 (1992), 152, aus.

[431] *Alexy,* Theorie der Grundrechte, S. 444. Dazu, daß diese Auffassung letztlich nicht überzeugt, siehe oben C III 5 b, S. 164 ff.

lich sein, aus der Alexy'schen „Theorie der Grundrechte" den Grundgedanken zu übernehmen und einer Schlußfolgerung zu einem speziellen Punkt nicht zu folgen.[432] Die Annahmen, die Vertragsfreiheit sei eine Institutsgarantie und auch ein Prinzip sind jedoch – insofern ist die Ansicht von Alexy in sich konsequent – miteinander unvereinbar. Grundanliegen einer Institutsgarantie ist die verfassungskräftige Rezeption der charakteristischen Prinzipien einer privatrechtlichen Einrichtung.[433] Es geht also um Identitätswahrung in den Grundsätzen bei gleichzeitiger Möglichkeit der zeitgemäßen Fortschreibung im Detail.[434] Eine Institutsgarantie ist ein Organisations-,[435] kein Optimierungsauftrag.[436] Zu den „typischen Zügen",[437] die eine Institutsgarantie perpetuieren will, gehören auch die üblichen Einschränkungen des eigentlichen Prinzips.

Im übrigen ist Höfling der Nachweis, daß es sich beim Schutz der Vertragsfreiheit durch Art. 2 Abs. 1 GG um eine Institutsgarantie handeln soll, auch nicht geglückt. Es findet sich nur eine Berufung auf die Rechtsprechung des BVerfG,[438] die zum einen den Begriff der Institutsgarantie in diesem Zusammenhang gar nicht verwendet, zum zweiten kaum dogmatische Begründungsansätze enthält und deshalb als Beleg keinesfalls ausreicht. Zwar geht Höfling zutreffend davon aus, daß das dogmatische Zentralproblem einer Einrichtungsgarantie das Verhältnis von Verfassungsrecht und Gesetzgeber und dabei vor allem das der Gestaltungsfreiheit des einfachen Gesetzgebers ist.[439] Dies ergibt sich aber eben gerade daraus, daß Institutsgarantien nur die Wahrung der Substanz verlangen und somit nur eine ungefähre, keine eindeutige Richtung für die Ausgestaltung durch den einfachen Gesetzgeber vorgeben.[440] Geht man hingegen davon aus, daß ein Maximum an Vertragsfreiheit zu gewährleisten ist, soweit nicht entsprechende Gegengründe vorliegen, handelt es sich um mehr als eine Einrichtungsgarantie.

---

[432] Bei *Höfling*, Vertragsfreiheit, fehlt allerdings jegliche Stellungnahme zur Auffassung von *Alexy* zu den Institutsgarantien.

[433] Siehe oben C III 5 a, S. 159 ff.; weiterhin *Steinbeiß-Winkelmann*, S. 119; *Lerche*, „Innere Pressefreiheit", S. 37.

[434] Siehe *Lerche*, „Innere Pressefreiheit", S. 41; *Pernthaler*, Qualifizierte Mitbestimmung, S. 24 f.; *Wendt*, Eigentum S. 187 ff.

[435] Zum Begriff Organisationsauftrag in diesem Zusammenhang siehe *Schmidt-Salzer*, NJW 1970, 11.

[436] Vgl. auch *Steinbeiß-Winkelmann*, S. 108 f., wonach die Einrichtungsgarantien grundsätzlich nicht jene spezifischen Rechtfertigungslasten produzieren, denen der Staat im Geltungsbereich liberalen Freiheitsschutzes begegnet.

[437] Siehe *Lerche*, „Innere Pressefreiheit", S. 37.

[438] Siehe *Höfling*, Vertragsfreiheit, S. 10.

[439] *Höfling*, Vertragsfreiheit, S. 32.

[440] Siehe etwa *Pernthaler*, Qualifizierte Mitbestimmung, S. 24 f.; *Laufke*, Festschrift für Lehmann, S. 177; allgemein für das institutionelle Grundrechtsverständnis *Muckel*, Vertrauensschutz, S. 39.

### c) Verfassungsdogmatische Fortentwicklung der Vertragsfreiheit zum unbenannten Freiheitsrecht

#### aa) Die Funktion unbenannter Freiheitsrechte

Zu einem Verfassungsprinzip Vertragsfreiheit gelangt man nur dann, wenn es ein entsprechendes „Grundrecht" mit einer solchen Wertentscheidung gibt. Ein solches müßte das beschränkbare, aber als formelle Garantie zunächst unbeschränkte Recht enthalten, mit einem beliebigen Partner eine rechtsgeschäftliche Vereinbarung in thematischer Universalität und prozeduraler Beliebigkeit zu treffen.[441] Da das Grundgesetz anders als einige Länderverfassungen[442] keine ausdrückliche Garantie der Vertragsfreiheit enthält, bleibt nur die Annahme eines „unbenannten Freiheitsrechts". Die Existenz unbenannter Freiheitsrechte im System des Grundgesetzes ist spätestens seit der Eppler-Entscheidung des BVerfG[443] anerkannt. Dort spricht das BVerfG vom allgemeinen Persönlichkeitsrecht als unbenanntem Freiheitsrecht.[444] Terminologisch sei an dieser Stelle bemerkt, daß es unzutreffend ist, wenn davon gesprochen wird, Art. 2 Abs. 1 GG selbst sei ein unbenanntes Grundrecht.[445] Unbenannt sind vielmehr die Positionen, die aus Art. 2 Abs. 1 GG als Rechte mit eigenem materiellen Gehalt abgeleitet werden. Art. 2 Abs. 1 GG hingegen ist Bestandteil des Verfassungstextes und damit ein benanntes Grundrecht. Genauso wenig überzeugend ist es, wenn etwa im Hinblick auf das allgemeine Persönlichkeitsrecht oder ähnliche, im Art. 2 Abs. 1 GG verortete Rechte von „Nominatfreiheiten" gesprochen wird.[446] Entscheidend für grundrechtliche Systematisierungen ist der Text des Grundgesetzes. Dieses kennt aber das „allgemeine Persönlichkeitsrecht" ausdrücklich nicht. Deshalb handelt es sich nicht um eine „Nominatfreiheit", sondern um eine „Innominatfreiheit".

Die systematische Bedeutung unbenannter Freiheitsrechte ist bisher eher wenig erforscht worden,[447] der Stand der Diskussion daher oft unbefriedigend. Dies gilt insbesondere dort, wo vom BVerfG unter die allgemeine Handlungsfreiheit subsumierte Tätigkeiten wie die Ausreise aus dem Bundesgebiet,[448] das Taubenfüttern[449] oder andere Lebensäußerungen, mit denen das BVerfG befaßt

---

[441] So *Taupitz,* AcP 192 (1992), 344, der insoweit von einer „absoluten Freiheit" spricht. Dieser Ausdruck ist jedoch mißverständlich, denn die garantierte Freiheit wäre durchaus relativ, da beschränkbar.

[442] Etwa Art. 151 Abs. 2 S. 1 BV; Art. 52 Abs. 2 Verf. Rh. Pf.; Art. 44 Verf. Saarl.

[443] BVerfG, B. v. 3.6.1980, E 54, 148 ff.

[444] BVerfG, aaO, E 54, 148 (153).

[445] So aber *Pernthaler,* Mitbestimmung, S. 98; *Rennert,* NJW 1989, 3262.

[446] So aber *Dirnberger,* Recht auf Naturgenuß, S. 270 ff.

[447] Ausführlich und weiterführend allerdings *Dirnberger,* Recht auf Naturgenuß, S. 270 ff.

[448] BVerfG, Urt. v. 16.1.1957, E 6, 32 ff.

[449] BVerfG, B. v. 23.5.1980, E 54, 143 ff.

war, zu unbenannten Freiheitsrechten erhoben werden.[450] Daß das BVerfG solche Tätigkeiten dem Schutz des Art. 2 Abs. 1 GG unterstellt, ist die konsequente und schlichte Folge aus der Interpretation dieses Grundrechts im Sinne einer allgemeinen Handlungs- und damit Eingriffsfreiheit.[451] Es besteht jedoch nicht der geringste Anlaß, deshalb, weil sich das BVerfG (aus grundrechtsdogmatischer Sicht zufälligerweise) mit der Ausreise aus dem Bundesgebiet oder dem Taubenfüttern befaßt hat, befassen wollte oder befassen mußte, ausgerechnet die Ausreise und das Taubenfüttern als unbenanntes Freiheitsrecht zu bezeichnen. Denn für die Existenz eines solchen Rechts kann allein das Vorliegen einer Entscheidung des BVerfG nicht entscheidend sein. Kommt es aber auf ein Judikat aus Karlsruhe nicht an, gäbe es bei einem solchen Verständnis eine unendliche Anzahl von unbenannten Freiheitsrechten, das unbenannte Freiheitsrecht würde so als rechtsdogmatischer Begriff jeden Sinn verlieren.[452] Taubenfüttern oder Ausreisen aus dem Bundesgebiet ist somit zunächst kein Innominatfreiheitsrecht, sondern schlicht eine unter den Schutz der allgemeinen Handlungsfreiheit fallende Tätigkeit oder Tätigkeitsabsicht.[453]

Alexy hat vorgeschlagen, der sich durch die weiten Auffassungen der Literatur anbahnenden Sinnentleerung durch zwei Einschränkungen zu begegnen. Zum einen soll ein unbenanntes Freiheitsrecht nur bei relativ generellen Handlungsbeschreibungen anzunehmen sein.[454] Des weiteren sollen Handlungen, die durch Normen verboten sind, deren Verfassungsmäßigkeit unzweifelhaft feststehe, vom Kreis dieser Rechte ausgenommen werden. Mit beiden Einschränkungen ist aber nicht viel gewonnen. Auch „relativ generelle" nicht verbotene Handlungen gibt es unendlich viele.

Gelegentlich wird in der Literatur zur besseren Systematisierung weiterhin vorgeschlagen, zwischen handlungs- und zustandsbezogenen Rechten zu unterscheiden.[455] Zu den zustandsbezogenen Rechten soll vor allem das allge-

---

[450] So etwa *Erichsen,* HbStR VI, § 152, Rdnr. 24; *Schmitt Glaeser,* HbStR VI, § 129 Rdnr. 25, beide allerdings ohne ausdrückliche Nennung des Taubenfütterns; weiterhin *Alexy,* Theorie der Grundrechte, S. 330 ff.; *Scholz,* AöR 100 (1975), 127; *W. Schmidt,* AöR 91 (1966), 77.

[451] Zu dieser Konsequenz aus der Rechtsprechung des BVerfG siehe *W. Schmidt,* AöR 91 (1966), 49.

[452] So auch *Alexy,* Theorie der Grundrechte, S. 332.

[453] Die hier vertretene Auffassung wird letztlich auch durch die Bemerkung von *Dirnberger,* Recht auf Naturgenuß, S. 276, gestützt, daß die Herausarbeitung der materiellen Position „Ausreisefreiheit" in der Elfes-Entscheidung (BVerfGE 6, 32 ff.) als Spezialfall des Art. 2 Abs. 1 GG und unbenanntes Freiheitsrecht „kaum merklich" sei. „Kaum merklich" ist dies deshalb, weil die Anerkennung des Rechts auf Ausreise als besondere materielle Position in dieser Entscheidung überhaupt nicht stattgefunden hat.

[454] *Alexy,* Theorie der Grundrechte, S. 332: Es gäbe also nur ein unbenanntes Freiheitsrecht auf Ausreise, nicht hingegen etwa ein unbenanntes Freiheitsrecht auf Ausreise in einem ungewöhnlichen Anzug.

[455] So vor allem *Alexy,* Theorie der Grundrechte, S. 332 f. Vgl. auch *Merten,* VerwArchiv 73 (1982), 102, der im Bereich der Grundrechte allgemein zwischen Abwehrrechten und Handlungsrechten unterscheiden will.

meine Persönlichkeitsrecht zählen, zu den handlungsbezogenen etwa das Recht auf Ausreise.[456] Diese Unterscheidung erscheint zunächst eingängig, erweist sich bei näherem Hinsehen aber als zweifelhaft. So ist etwa die Vertragsfreiheit auf der einen Seite eine handlungsbezogene Rechtsposition; es geht aber auch um Zustände, nämlich um normativ konstituierte Positionen.[457] Andererseits ist das Recht auf eine Intim- oder Privatsphäre sicherlich zunächst zustandsbezogen,[458] aber auch handlungsermöglichend. Als Beleg mag eine Entscheidung des BVerfG zur Verfassungsmäßigkeit des § 1587 o Abs. 2 S. 3 BGB dienen.[459] Dort bezeichnet das BVerfG das Selbstbestimmungsrecht der Ehegatten über ihre finanziellen Bedingungen untereinander als vom Schutz der engeren persönlichen Lebenssphäre umfaßt.[460] „Sphären" schützen also nicht nur Zustände, sondern durchaus auch Handlungen.[461] Gleiches gilt im übrigen für benannte Grundrechte. Zwar ist Gegenstand etwa des Fernmeldegeheimnisses vor allem das nicht überwachte Telefon, insofern handelt es sich um ein zustandsschützendes Recht.[462] Primäres Ziel des Art. 10 Abs. 1 GG ist aber gerade die dadurch ungestört mögliche Kommunikation, also eine Tätigkeit.[463]

### *bb) Voraussetzungen für die Annahme eines unbenannten Freiheitsrechts*

Zur Annahme eines unbenannten Freiheitsrechts im Rahmen des Art. 2 Abs. 1 GG muß jedenfalls mehr vorliegen, als nur eine Entscheidung des BVerfG, die lediglich aussagt, daß die fragliche Tätigkeit in den Schutzbereich der allgemeinen Handlungsfreiheit fällt. Art. 2 Abs. 1 GG ist als allgemeines Freiheitsrecht im Sinne der Rechtsprechung des BVerfG zunächst vor allem ein Recht auf Eingriffsfreiheit,[464] eine Versubjektivierung des formellen Rechtsstaatsgedankens. Die Entwicklung unbenannter Freiheitsrechte dient deshalb im wesentlichen der stärkeren Materialisierung dieses Auffangtatbestandes[465]

---

[456] *Alexy,* ebenda.

[457] Siehe die Überlegungen zum Normbestandsschutz oben C III 6, S. 170 ff.

[458] Vgl. *Alexy,* Theorie der Grundrechte, S. 333.

[459] Beschluß vom 4.5.1982, E 60, 329 ff.

[460] BVerfG, aaO, E 60, 329 (339).

[461] Die Ablehnung einer Unterscheidung von handlungs- und zustandsbezogenen Rechten vermeidet auch die schon von *Scholz,* AöR 100 (1975), 91, abgelehnte gespaltene Sicht des Art. 2 Abs. 1 GG im Sinne einer rein formalen Eingriffsfreiheit und einem materialen Wertkonzept. Beide Trennungen entsprechen sich zwar nicht ganz, leicht entsteht aber der Eindruck, handlungsbezogene Positionen vermittelten Eingriffsfreiheit und zustandsbezogene materiellen Grundrechtsschutz.

[462] So auch *Merten,* VerwArchiv 73 (1982), 103.

[463] Siehe auch BVerfG, B. v. 25.3.1992, NJW 1992, 1875 (1875), wo – noch anders – zwischen dem Schutz des Kommunikationsinhalts und dem Schutz des Kommunikationsvorgangs unterschieden wird.

[464] So zutreffend *W. Schmidt,* AöR 91 (1966), 49.

[465] Siehe auch *Dirnberger,* Recht auf Naturgenuß, S. 272; von *Mangoldt / Klein / Starck,* Art. 2 Rdnr. 11.

und damit der Verstärkung der vom Grundgesetz geforderten materiellen Rechtsstaatsidee.[466] Art. 2 Abs. 1 GG erhält durch die Vertypung bestimmter Gefährdungen und Eingriffssituationen unterschiedliche Gewährleistungsstandards.[467] Im Falle einer verfassungsgerichtlichen Überprüfung kommt es neben einer nur „formellen Eingriffsprüfung" auch zu einer „materiellen Grundrechtsprüfung".[468] Ein besonders signifikantes Beispiel hierfür ist das allgemeine Persönlichkeitsrecht. Es dient nach Auffassung des BVerfG der Absicherung der persönlichen Lebenssphäre und der Gewährleistung ihrer Grundbedingungen, die durch die traditionellen, konkreten Freiheitsgarantien nicht abschließend erfaßt werden können.[469] Rechtsdogmatisch folgt dabei das allgemeine Persönlichkeitsrecht gegenüber dem allgemeinen Auffangtatbestand des Art. 2 Abs. 1 GG eigenen Regeln. Dies zeigt sich vor allem in einer Konkretisierung der Eingriffsschwellen und Eingriffsgrenzen. Ausdruck hierfür ist etwa der Versuch der Entwicklung einer Sphärentheorie.[470] Der Sphärengedanke taucht allerdings in der Rechtsprechung des BVerfG schon sehr viel früher auf als das allgemeine Persönlichkeitsrecht.[471] Er ist der Sache nach aber eine Konsequenz aus der Anerkennung besonderer Rechte auf Schutz vor staatlichen Eingriffen in bestimmten Bereichen bei typisierter Abwägung mit möglicherweise eingriffslegitimierenden öffentlichen Interessen.[472] Aus dem allgemeinen Persönlichkeitsrecht sind dann weitere Einzelgarantien abgeleitet worden. Eine im allgemeinen als geglückt angesehene rechtsdogmatische Fortentwicklung stellt die Anerkennung eines Rechts auf informationelle Selbstbestimmung dar.[473] Die Zuerkennung der Befugnis des Einzelnen, grundsätzlich selbst darüber zu entscheiden, wann und innerhalb welcher Grenzen persön-

---

[466] Vgl. *W. Schmidt,* AöR 91 (1966), 56.

[467] Vgl. auch *Scholz,* AöR 100 (1975), 102; von *Mangoldt / Klein / Starck,* Art. 2 Abs. 1 Rdnr. 12.

[468] Vgl. *W. Schmidt,* AöR 91 (1966), 66.

[469] BVerfG, B. v. 3.6.1980, E 54, 148 (153).

[470] Hierzu und zur Entwicklung der Rechtsprechung siehe *Geis,* JZ 1991, 112 ff.; *Rohlf,* Privatsphäre, S. 22 ff., S. 70 ff.; zur Sphären- und anderen, konkurrierenden Theorien siehe *Schmitt Glaeser,* HbStR VI, § 129 Rdnr. 14.

[471] Den Sphärengedanken verfolgte das BVerfG schon im Elfes-Urteil vom 16.1.1957, E 6, 32 (41): „Hieraus ergibt sich, daß dem einzelnen Bürger eine Sphäre privater Lebensgestaltung verfassungskräftig vorbehalten ist, also ein letzter unantastbarer Bereich menschlicher Freiheit besteht..."; vgl. dazu vor allem *Scholz,* AöR 100 (1975), 90. Das allgemeine Persönlichkeitsrecht erkennt das BVerfG hingegen erstmals in der „Eppler"-Entscheidung, B. v. 3.6.1980, E 54, 148 (153) an. Weitere Nachweise zur Rechtsprechung bei *Rohlf,* Privatsphäre, S. 70 ff.

[472] Deutlich wird dies etwa in der Entscheidung des BVerfG, B. v. 14.9.1989, E 80, 367 (373). Vgl. auch von *Mangoldt / Klein / Starck,* Art. 2 Abs. 1 Rdnr. 11: Die Garantie der Privatsphäre sei aufgegangen in dem aus Art. 2 Abs. 1, Art. 1 GG hergeleiteten allgemeinen Persönlichkeitsrecht.

[473] BVerfG, Urt. v. 15.12.1983, E 65, 1 ff.

liche Lebenssachverhalte offenbart werden,[474] ist eine bedeutsame Rechtskonkretisierung, die sich aus der allgemeinen Handlungsfreiheit alleine so einfach nicht ableiten läßt. Gleiches gilt für die vom BVerfG aufgestellten Eingriffsgrenzen.[475]

Akzeptiert man das allgemeine Persönlichkeitsrecht als Paradigma eines unbenannten Freiheitsrechts, so lassen sich allgemeine Bedingungen aufstellen, die vorliegen müssen, um von einem unbenannten Freiheitsrecht ausgehen zu können.[476] Die Anerkennung eines unbenannten Freiheitsrechts führt zu einer grundsätzlichen Gleichstellung von etwas, was in der Verfassung nicht genannt ist, vor allem mit den genannten Grundrechten im Grundrechtskatalog. Art. 2 Abs. 1 GG hat insoweit nicht mehr nur eine Auffangfunktion, also supplementären Charakter zu den Spezialgrundrechten. Der Vorschrift werden vielmehr verselbständigte, konsistente Rechtspositionen[477] entnommen, die im Grundsatz gleichrangig neben die anderen, benannten Grundrechte treten.[478] Daraus folgt zum einen eine stärkere Beschränkung der Staatszweckeverfolgung, unter Umständen aber auch – vor allem im Wege der Entwicklung „praktischer Konkordanz“ – eine Einschränkung von anderen Grundrechten.

Den durch das unbenannte Freiheitsrecht geschützten Handlungs- oder Zustandspositionen muß deshalb *(erste Voraussetzung)* eine den anderen Grundrechten vergleichbare Wertigkeit zukommen.[479] So hat etwa das Taubenfüttern keinen den anderen Grundrechten vergleichbaren Rang. Zwar mag es Menschen geben, für die das Füttern von Tauben eine größere Bedeutung hat als die Vornahme religiöser Handlungen. Der grundrechtliche Wert bestimmter Handlungen muß von einer Verfassung jedoch typisiert werden, er kann nicht von individueller Wertschätzung und damit Beliebigkeit abhängen. Dies ergibt sich schon daraus, daß Grundrechte in einer ihrer primären Funktionen Schranken für den Erlaß allgemeiner Gesetze (Art. 19 Abs. 1 S. 1 GG) sind. Eine private Konkretisierungskompetenz hat somit nur innerhalb von durch die Verfassung vorgegebenen Schutzhüllen die öffentliche Gewalt bindenden Charakter. Wenn etwas zur unantastbaren Intimsphäre gehört, ergibt sich daraus das staatliche Eingriffsverbot, es obliegt somit dem Einzelnen zu entscheiden, wie er sich innerhalb seiner Schutzsphären betätigt, nicht aber ist es seiner Entscheidung überlassen, was in welche Sphäre gehört. Damit soll im übrigen nicht Überlegungen das Wort geredet werden, generell nur solche Betä-

---

474 BVerfG, aaO, E 65, 1 (42).

475 BVerfG, aaO, E 65, 1 (47 ff.).

476 Siehe zu den Voraussetzungen der Anerkennung eines unbenannten Freiheitsrechts auch *Dirnberger*, Recht auf Naturgenuß, S. 278 ff., der jedoch das Problem etwas einseitig aus dem Schutzpflichtgedanken heraus betrachtet.

477 Vgl. *Scholz*, AöR 100 (1975), 289.

478 So auch von *Mangoldt / Klein / Starck*, Art. 2 Abs. 1 Rdnr. 12; *W. Schmidt*, AöR 91 (1966), 82.

479 Ähnlich *Dirnberger*, Recht auf Naturgenuß, S. 279.

tigungen in den Schutz der allgemeinen Handlungsfreiheit aufzunehmen, die eine vergleichbare Relevanz für die Persönlichkeitsentwicklung haben wie die übrigen, benannten Grundrechte.[480] Letztlich soll es jedem Grundrechtsträger selbst überlassen bleiben, zu entscheiden, wie er seine Persönlichkeit entwikkeln will. Beliebige Regulierbarkeit ist auch bei persönlicher Referenz für das Taubenfüttern oder das Reiten im Wald nicht zu rechtfertigen.[481] Eine wertende Entscheidung ist erst dann nötig und auch berechtigt, wenn es darum geht, der Tätigkeit nicht nur den allgemeinen, sondern einen besonderen Schutz über die Annahme eines unbenannten Freiheitsrechts zukommen zu lassen.

Das, was von einem unbenannten Freiheitsrecht geschützt wird, muß *(zweite Voraussetzung)* in einer besonderen Gefährdungslage stehen.[482] Die benannten Grundrechte des Grundrechtsteils des Grundgesetzes sind ebenfalls Reaktionen auf bestimmte, besondere Gefährdungssituationen. Auch aus diesem Grunde ist das Taubenfüttern kein unbenanntes Freiheitsrecht. Entsprechende Tierliebe läßt sich außerhalb entsprechend festgesetzter Verbotszonen in genügendem Maße praktizieren.

Die Begrenzung staatlicher Eingriffsbefugnisse muß sich schließlich *(dritte Voraussetzung)* dogmatisch spezifizieren lassen. Allgemeine Abwägungsgesichtspunkte lassen sich auch im Rahmen der Prüfung eines Eingriffs in die allgemeine Handlungsfreiheit anstellen. Hingegen ist von einem eigenständigen unbenannten Freiheitsrecht nur dann auszugehen, wenn die Prüfung vor allem des Übermaßverbotes durch eigene Regeln strukturiert, spezifiziert und gegebenenfalls modifiziert werden kann.[483]

### *cc) Die Einordnung der Vertragsfreiheit als unbenanntes Freiheitsrecht*

Es bleibt die Frage zu beantworten, ob die Vertragsfreiheit unter den genannten Bedingungen als unbenanntes Freiheitsrecht eingestuft werden kann. Kein entscheidendes Argument gegen eine solche Einordnung ist – anders als bei

---

[480] So aber *Grimm* in seinem Sondervotum zur Entscheidung des BVerfG, B. v. 6.6.1989, E 80, 137 ff, in E 80, 164 ff (165). *Grimm* greift insoweit bereits früher von anderen Autoren vertretene ähnliche Ansätze wieder auf (siehe *Krebs,* Vorbehalt des Gesetzes, S. 36 m. w. N.). Zu Recht gegenüber den Vorstellungen von *Grimm* ablehnend *Zuck,* Festschrift für Sendler, S. 158.

[481] So aber die Konsequenz aus den Ausführungen von *Grimm,* ebenda, S. 170. Wie hier hingegen *Schmitt Glaeser,* HbStR VI, § 129 Rdnr. 22: Sich grundsätzlich so zu verhalten, wie man wolle, sei der Wert einer freiheitlichen Staatsordnung schlechthin.

[482] So überzeugend *Dirnberger,* Recht auf Naturgenuß, S. 279.

[483] Nicht als eigene Voraussetzung für die Anerkennung eines unbenannten Freiheitsrechts wird für die vorliegende Untersuchung anerkannt, daß die Erforderlichkeit grundrechtlichen Schutzes bei der Statuierung der Nominatfreiheiten nicht bekannt gewesen ist oder sein konnte (so aber *Dirnberger,* Recht auf Naturgenuß, S. 278). Zum einen ist mit dem Erfordernis „sein konnte" nicht recht viel anzufangen. Zum zweiten haben solche historischen Interpretationsbemühungen – zumindest nach dem methodischen Geschmack des Verfassers – meist etwas spekulativen Charakter.

den Institutsgarantien —[484] das „Schweigen der Verfassung".[485] Die Anerkennung eines unbenannten Rechts im Rahmen des Grundrechtskataloges des Grundgesetzes ist stets – im Gegensatz zur Annahme einer Institutsgarantie –[486] eine Verfassungsfortentwicklung und damit etwas, was über den primären verfassungstextlichen Befund hinausweist. Bezüglich der rangmäßigen Vergleichbarkeit von Vertragsfreiheit und sonstigen Grundrechten leitet die Vertragsfreiheit ihren besonderen „Wert" vor allem aus der Nähe zum verfassungsrechtlichen Konstitutionsprinzip[487] des Art. 1 Abs. 1 GG ab. So ist die Bedeutung der Vertragsfreiheit für eine dem Menschenbild des Grundgesetzes entsprechende freie Persönlichkeitsentfaltung bereits anderweitig entsprechend gewürdigt worden.[488] Ein möglichst hohes Maß an persönlicher Selbstbestimmung und damit auch Selbstbestimmung im Rechtsleben läßt sich nach heutigem Verständnis kaum anders als durch Privatautonomie und insbesondere Vertragsfreiheit verwirklichen.[489] Die Ableitung einer Verpflichtung zur Zulassung eines intersubjektiven Rechtsverkehrs aufgrund der Entscheidung des Grundgesetzes für individuelle Selbstbestimmung[490] ist die konsequente, wenn auch ohne die Annahme eines unbenannten Freiheitsrechts im allgemeinen bleibende Folgerung.[491]

Ein Einwand ist in diesem Zusammenhang allerdings zu widerlegen. Er lautet dahingehend, daß es lediglich auf einem durch die rechtliche Tradition hervorgerufenen Unvermögen beruhe, sich rechtliche Gestaltungen vorzustellen, die ebenfalls ein vergleichbares Maß an persönlicher oder wirtschaftlicher Unabhängigkeit garantieren wie die Vertragsfreiheit im heutigen Recht; eine

[484] Siehe dazu oben C III 5 c, S. 169 ff.

[485] So der Sache nach aber *Raiser,* JZ 1958, 4: Da das Grundgesetz zur Vertragsfreiheit schweige, enthalte es sich einer Einwirkung auf ihren Bestand und überlasse es weithin der Gesetzgebung und Rechtsprechung, sie zu erhalten, zu beschränken oder auszudehnen.

[486] Siehe oben C III 5 c, S. 169 ff.

[487] Siehe BVerfG, Urt. v. 21.6.1977, E 45, 187 (227); B. v. 24.4.1986, E 72, 105 (115). Weitere Hinweise zu den Formeln in der Rechtsprechung des BVerfG bei *Häberle,* HbStR I, § 20 Rdnr. 7.

[488] Vgl. *Canaris,* Festschrift für Lerche, S. 873 ff.; *Richardi,* Kollektivgewalt, S. 48; *Schmidt-Leithoff,* Festschrift für Rittner, S. 604 f.; *Geißler,* JuS 1991, 619: Privatautonomie / Vertragsfreiheit eröffneten ein Menschenbild, das der Singularität der personalen Geschöpflichkeit am ehesten nahekommt.

[489] Vgl. etwa *Biedenkopf,* Vertragliche Wettbewerbsbeschränkungen, S. 149: Ohne Privatautonomie, ohne die Begründung privater Rechtsbeziehungen könne es eine freie Entfaltung des Menschen nicht geben; *Rittner,* Ausschließlichkeitsbindungen, S. 61: Aus der grundrechtlich gesicherten Stellung der Persönlichkeit ergebe sich die bindende Forderung an die Privatrechtsordnung, den Einzelnen den Abschluß von Rechtsgeschäften zu ermöglichen; *Hesse,* Verfassungsrecht und Privatrecht, S. 35; *Raiser,* JZ 1958, 5; *Zöllner,* JuS 1988, 336. Abwegig hingegen *Stuck,* DuR 1988, 42, der meint, Vertragsfreiheit und die entsprechende staatliche Durchsetzung der Ansprüche sei eine Leistung des Staates an die „Geschäftswelt", genau wie der Staat armen Bürgern Wohngeld leiste.

[490] So etwa *Schmidt-Salzer,* NJW 1970, 9 und 10.

[491] Vgl. auch schon oben C III 4, S. 152 ff., die Stellungnahme zu den Auffassungen von *Flume* und *Raiser.*

Erhebung der Vertragsfreiheit in den Verfassungsrang scheide daher aus.[492] In die gleiche Richtung geht ein Argument von Richardi: Der individuelle Vertrag sei nur ein Gestaltungsmittel des positiven Rechts, um rechtliche Regelungen nach dem Grundsatz individueller Selbstbestimmung zu ermöglichen; die Vertragsfreiheit sei nicht um ihrer selbst willen verfassungsrechtlich gewährleistet, sondern nur in ihrer Eignung als Ordnungselement für Rechtsgestaltungen nach dem Grundsatz der Selbstbestimmung; soweit ein anderes Gestaltungsmittel dieser Funktion besser genüge als der individuelle Vertrag, könne das positive Recht ihm ohne weiteres den Vorrang einräumen.[493] Solche Bedenken ließen sich jedoch gegen andere grundrechtliche Garantien des Grundgesetzes sinngemäß oder ähnlich erheben und sprechen deshalb nicht entscheidend gegen die Annahme eines unbenannten Grundrechts auf Vertragsfreiheit. So ist es theoretisch genauso denkbar, sich zumindest teilweise andere Rechte als Grundlage zur Erreichung der Ziele des Art. 1 Abs. 2 GG vorzustellen, als diejenigen, die das Grundgesetz als Grundrechte enthält. Die in den Art. 1 bis 19 GG aufgeführten Grundrechte haben sich aber insofern als besonders geeignet, notwendig und wichtig erwiesen und deshalb eine spezielle, nämlich verfassungsrechtliche Absicherung erhalten. Genau dasselbe Vorgehen ist im Wege der Verfassungsweiterentwicklung bei der Vertragsfreiheit berechtigt. Die theoretisch denkbare Existenz von Alternativen spricht damit nicht gegen die wertmäßige Vergleichbarkeit von Vertragsfreiheit mit den benannten Grundrechten.

Auch die zweite und dritte Bedingung sind für die Vertragsfreiheit erfüllt. Gefährdungen der (formellen) Vertragsfreiheit gibt es in vielfältiger Weise. Sie haben durchaus ein Ausmaß, das eine grundrechtliche Sicherung erfordert. Die Anerkennung des Rechts auf Vertragsfreiheit hat vor allem durch die Rechtsprechung des BVerfG eigene dogmatische Regeln, die sich durch den Leistungscharakter der Vertragsfreiheit nicht ohne weiteres aus dem Verständnis des Art. 2 Abs. 1 GG als Garantie der allgemeinen Handlungsfreiheit ergeben. Obwohl eine Einordnung in den status negativus auf den ersten Blick nicht eindeutig ist, erfolgt insofern eine Gleichstellung. Es wird somit etwas wie ein natürlicher Freiheitsraum geschützt, was letztlich staatlich konstituiert ist. Damit ist die Annahme eines unbenannten Freiheitsrechts „Vertragsfreiheit“ keine interpretatorische Neuschöpfung, sondern letztlich die Anerkennung und dogmatische Fundierung eines zumindest in Grundrissen real existenten verfassungsgerichtlichen Schutzstandards. Im Ergebnis läßt sich die Vertragsfreiheit als unbenanntes Freiheitsrecht im Rahmen des Art. 2 Abs. 1 GG einstufen.[494]

---

492 *Roscher,* Vertragsfreiheit, S. 56.
493 *Richardi,* Kollektivgewalt, S. 51.
494 Teilweise ähnlich *Dirnberger,* Recht auf Naturgenuß, S. 287.

### *d) Die Bedeutung der objektiven Dimension der Grundrechte für die Vertragsfreiheit*

Es ist weder notwendig noch angebracht, zur verfassungskräftigen Absicherung der Vertragsfreiheit von vornherein auf die sog. objektive Dimension der Grundrechte zurückzugreifen. Daß Grundrechte nicht nur subjektive Rechte sind, sondern auch eine objektive Dimension haben, ist – maßgeblich beginnend mit der Lüth-Entscheidung –[495] zwar ständige Rechtsprechung des BVerfG. Der objektivrechtliche Gehalt der Grundrechte ist seitdem – flankiert durch eine Reihe weitere Entscheidungen – zu einem der großen Rätsel der Grundrechtsdogmatik geworden.[496] Die Grundrechte als objektive Normen,[497] Wertentscheidungen,[498] objektive Wertordnung,[499] objektive Prinzipien[500] sind schon zur Lösung einer Reihe von grundsätzlichen verfassungsrechtlichen Fragen herangezogen worden. So ist der objektivrechtlichen Dimension auch die Pflicht zur organisatorischen Absicherung und Ausgestaltung der Grundrechte entnommen worden.[501]

Dieser objektivrechtliche Ansatz, etwa im Sinne von Bereitstellung der Vertragsfreiheit zur Organisation persönlicher Freiheit im wirtschaftlichen Bereich, muß jedoch stets einem Grundrecht zugeordnet werden können. Dies könnte – ohne den Aspekt der Vertragsfreiheit als unbenanntes Freiheitsrecht – in diesem ganz allgemeinen Sinne nur das Grundrechts des Art. 2 Abs. 1 GG sein. Die allgemeine Handlungsfreiheit ist aber aufgrund ihrer Weite nicht geeignet, als Wertentscheidung die zwingende Verpflichtung des Staates zu einer entsprechenden Organisations- oder Verfahrensregelung zu begründen. Hierzu bedarf es des Grundrechts auf Vertragsfreiheit als Innominatrecht. Hat man aber ein solches Grundrecht – wie hier geschehen – anerkannt, ist die Aktivierung der objektivrechtlichen Dimension der Grundrechte überflüssig. Denn das Grundrecht auf Vertragsfreiheit begründet den eingriffsdogmatisch einem „normalen" Grundrecht gleichgestellten Anspruch auf möglichst umfassende Anerkennung individueller Vereinbarungen, also des Abschlusses von Verträgen mit jedem beliebigen Partner, jedem beliebigen Inhalt und in jeder

---

[495] BVerfG, Urt. v. 15.1.1958, E 7, 198 (205).

[496] Vgl. vor allem *Alexy,* Der Staat 29 (1990), 51: Der Begriff der objektiven Dimension der Grundrechte sei alles andere als klar; *Böckenförde,* Der Staat 29 (1990), 1: Zentrales und noch nicht gelöstes Problem. Ausführliche Auseinandersetzung mit der Rechtsprechung des BVerfG bei *Jarass,* AöR 110 (1985), 363 ff.

[497] BVerfG, Urt. v. 18.7.1972, E 33, 303 (330); Urt. v. 25.2.1975, E 39, 1 (41); Urt. v. 1.3.1979, E 50, 290 (337).

[498] BVerfG, B. v. 20.10.1987, E 77, 170 (214).

[499] BVerfG, Urt. v. 29.5.1973, E 35, 79 (114).

[500] BVerfG, Urt. v. 1.3.1979, E 50, 290 (337); zur terminologischen Vielfalt vgl. auch *Alexy,* Der Staat 29 (1990), 51.

[501] BVerfG, Urt. v. 29.05.1973, E 35, 79 (114 f.); *J. P. Müller,* Der Staat 29 (1990), 38; vgl. auch *Merten,* VerwArchiv 73 (1982), 110; *Schmitt Glaeser,* WissR 7 (1974), 130.

Form, sowie das Recht auf ungestörte Durchführung des Vertrages.[502] Es ist inhaltlich damit schon die Organisationsaussage, eine solche braucht nicht mehr aus eine objektiven Dimension abgeleitet werden.

Die objektivrechtliche Dimension des Grundrechts Vertragsfreiheit spielt erst dann eine Rolle, wenn es um die Effektuierung dieses Rechts auf der Sekundärebene, also vor allem die Regelungen über Leistungsstörungen, Gewährleistungsfragen etc. sowie die gerichtliche Durchsetzung geht. Die „Ausgestaltung" des Zivil und Zivilprozeßrechts muß sich insoweit an der grundsätzlichen Anerkennung der Vertragsfreiheit durch Art. 2 Abs. 1 GG orientieren. Für vom Gesetzgeber erlassene Regelungen gilt der Gedanke des grundrechtlichen Normbestandsschutzes, sie sind formeller Bestandteil des Schutzbereichs des Grundrechts auf Vertragsfreiheit.

## *IV. Zwischenfazit: Verfassungsrechtliche Kriterien für die Beurteilung privatrechtsgestaltenden Staatshandelns im Bereich der Vertragsfreiheit*

Die Überlegungen zur Unterscheidung von öffentlichem und privatem Recht hatten ergeben, daß öffentliches und privates Recht nicht durch die Annahme wesensmäßiger Unterschiede voneinander geschieden werden können, daß es sich vielmehr um eine rechtstechnische Unterscheidung handelt, die nicht allgemein, sondern nur im Wege der Interpretation der entsprechenden Normen im Hinblick auf eine an den Dualismus anknüpfende Norm erfolgen kann.

Die gefundenen Ergebnisse zur Vertragsfreiheit bestätigen dieses Ergebnis. Das Recht, Verträge mit selbstbestimmtem Inhalt und selbstgewählten Partnern zu schließen, ist zwar ein im Privatrecht ausgeformtes Institut. Damit ist der verfassungsrechtliche Schutz zugunsten der Vertragsfreiheit auch ein solcher zugunsten des Privatrechts. Die Vertragsfreiheit ist jedoch von der Verfassung in den Rang eines unbenannten Grundrechts erhoben. Sie ist auf diese Weise von ihrer privatrechtlichen Wurzel verselbständigt worden. Der verfassungsrechtliche Schutz der Vertragsfreiheit ist deshalb nicht von ihrer privatrechtlichen Ausformung abhängig.

Weitere Konsequenzen ergeben sich aus der Annahme eines unbenannten Grundrechts vor allem für die Rechtfertigungsfähigkeit vertragsfreiheitsbeschränkender hoheitlicher Akte. Es kommt für die Wahl der richtigen verfassungsrechtlichen Maßstäbe nicht darauf an, ob es sich um einen Eingriff auf privatrechtlicher oder auf öffentlich-rechtlicher Grundlage handelt. Privatrechtliche Begrenzungen der Vertragsfreiheit sind nicht auch Grenzziehungen des verfassungsrechtlichen Schutzbereiches.

---

[502] Vgl. *Klußmann*, S. 94.

Es ist deshalb in keiner Weise angebracht, hoheitlicher Privatrechtsgestaltung im Vertragsbereich in irgendeiner Weise regelwidrigen Charakter beizumessen. Für die Konstituierung notwendiger Beschränkungen ist das öffentliche Recht in gleichem Maße „zuständig" wie das Privatrecht. Es gibt mit anderen Worten keinen von der Verfassung gewollten Vorrang des so oder anders qualifizierten Staatsakts im Hinblick auf die Einschränkung der Vertragsfreiheit. Ob der Gesetzgeber die „richtige" Wahl getroffen hat, entscheidet sich unter dem Blickwinkel des Art. 2 Abs. 1 GG nur daraufhin, ob das Maß der Einschränkung der Vertragsfreiheit unter Berücksichtigung der die Einschränkung gebietenden Gründe erforderlich war. Die Wahl zwischen der Regulierung der Vertragsfreiheit durch öffentlich-rechtliche oder privatrechtliche Gesetze wird also von Art. 2 Abs. 1 GG unmittelbar nicht mitbestimmt. Für die verfassungsrechtliche Beurteilung irrelevant ist neben der öffentlich-rechtlichen oder privatrechtlichen Qualifikation auch der Charakter einer Norm als vor- oder nachkonstitutionell. Beide Arten von Gesetzen sind in gleicher Weise vor der Garantie des Art. 2 Abs. 1 GG (Vertragsfreiheit) rechtfertigungsbedürftig.

# D. Hoheitliche Privatrechtsgestaltung im verfassungsrechtlichen Garantiebereich der Vereinigungs- und Stiftungsfreiheit

## *I. Einfachgesetzliche Ausgangspunkte*

### *1. Die Vereinigungsfreiheit als privatrechtliches Institut*

Neben der Vertragsfreiheit ist die Freiheit zur Bildung von Vereinigungen eine zweite wesentliche Säule der Privatautonomie. Dieses Recht ist auf verfassungsrechtlicher Ebene in Art. 9 Abs. 1 GG verankert, der nach überwiegender Auffassung eine Garantie zum Zusammenschluß auf privatrechtlicher Grundlage enthält.[1] Die einfachrechtliche Umsetzung erfolgt im wesentlichen durch die Vereinsregelungen des BGB (§§ 21 ff.), sowie die gesellschaftsrechtlichen Bestimmungen in HGB, AktG, GmbHG und GenG. Den Bezug zum Thema hoheitlicher Privatrechtsgestaltung macht schon Vereinsrecht des BGB deutlich. Es enthält Bestimmungen, die unter dem Blickwinkel von § 40 VwGO als öffentlich-rechtlich zu qualifizieren sind und zu privatrechtsgestaltendem Handeln ermächtigen (Beispiel: § 43 BGB).

Um die Problemdarstellung terminologisch nicht zu verunklaren, wird im folgenden der Begriff „Vereinigungsfreiheit" verwendet, wenn die allgemeine Garantie des Art. 9 Abs. 1 GG und das entsprechende einfache Recht angesprochen sind.[2] „Vereinsfreiheit" meint hingegen nur die Garantie des Art. 9 Abs. 1 GG im Rahmen der einfachgesetzlichen Begriffsbestimmung des Vereinsrechts, also von §§ 21 ff BGB.[3] Bezüglich des Rechts zur Gründung von Gesellschaften verbleibt der Begriff der „Gesellschaftsfreiheit".

---

[1] BVerfG, B. v. 15.06.1989, E 80, 244 (252) m. w. N.; *Jarass*, in: Jarass / Pieroth, Art. 9 Rdnr. 3. Siehe auch *Scholz*, in: Maunz / Dürig, Art. 9 Rdnr. 18: Art. 9 GG begreife das Vereinigungswesen als gesellschaftlich-privatrechtlichen Ordnungstatbestand.

[2] Anders etwa *Füßlein*, Grundrechte II, S. 425 ff., der „Vereinsfreiheit" als Oberbegriff verwendet.

[3] Ebenso *Albrecht*, S. 4; *Scholz*, in: Maunz / Dürig, Art. 9 Rdnr. 1.

### 2. Stiftungsfreiheit als privatrechtliches Institut

Das Stiftungsrecht des BGB (§§ 80 ff., 89 BGB) und der Länder unterscheidet zwischen Stiftungen des privaten und des öffentlichen Rechts.[4] Die Entstehungsakte, also Stiftungsgeschäft und Genehmigung, ergehen bei Stiftungen des öffentlichen Rechts auf öffentlich-rechtlicher Grundlage.[5] Öffentlich-rechtliche Stiftungen gehören organisatorisch zur Staatssphäre;[6] es handelt sich um öffentliche Einrichtungen.[7] Sie sind eingegliedert in das staatliche Verwaltungssystem.[8] Zu privatrechtsgestaltendem Handeln kommt es bei ihnen im Hinblick auf die Genehmigungspflichten für bestimmte privatrechtliche Rechtsgeschäfte.[9]

Der Entstehung von Stiftungen des bürgerlichen Rechts liegt hingegen ein privatrechtliches Stiftungsgeschäft zugrunde.[10] Erst die erforderliche Genehmigung ist öffentlich-rechtlicher Natur und gleichzeitig privatrechtsgestaltend.[11] Die Genehmigung ist also staatlicher Aufsichtsakt zu einem zivilrechtlichen Grundtatbestand. Anders als im Vereinsrecht gilt bei Stiftungen das Konzessions-, nicht das System der Normativbedingungen.[12]

---

4 Vgl. etwa §§ 5 ff. und 17 ff. BWStiftG; Art. 3 und 4 BayStiftG; § 1 HessStiftG. Zu dieser Unterscheidung siehe vor allem BVerfG, B. v. 6.11.1962, E 15, 46 (63 ff.). Vgl. auch *Ebersbach,* Die Stiftung des öffentlichen Rechts, S. 37, wo besonders die Schwierigkeiten einer allgemeinen Abgrenzung angesprochen werden; *Flume,* AT I/2, § 4 V 1, S. 131 f.

5 Vgl. Art. 4 Abs. 1 S. 1 BayStiftG: *entsprechende* Anwendung der §§ 80 bis 84 des BGB; vgl. auch *Andrick,* S. 42.

6 BVerfG, B. v. 6.11.1962, E 15, 46 (66).

7 So Art. 1 Abs. 2 BayStiftG. Siehe auch *M. Schulte,* Staat und Stiftung, S. 11 f.; Staudinger-*Coing,* Vorbem zu §§ 80 – 88 Rdnr. 6.

8 BVerfG, B. v. 6.11.1962, E 15, 46 (66); *Andrick,* S. 41; *Achilles,* S. 66. Dies ist nicht quasi naturrechtlich vorgegeben, sondern Ergebnis der Auslegung des geltenden Rechts (*Ebersbach,* Die Stiftung des öffentlichen Rechts, S. 40).

9 Siehe etwa Art. 31 BayStiftG.

10 *H.-J. Becker,* HRG, Sp. 1847 f.; *Ebersbach,* Handbuch, S. 23; Staudinger-*Coing,* Vorbem zu §§ 80 – 88 Rdnr. 6.

11 Staudinger-*Coing,* § 80 Rdnr. 1. Zur Entstehungsgeschichte siehe *Andrick,* S. 30. Soergel-*Neuhoff,* § 80 Rdnr. 11, sprechen von einem „privatrechtsfeststellenden" Verwaltungsakt. Dies ist jedoch terminologisch verunglückt, denn die Genehmigung hat nicht nur feststellende, sondern konstitutive Wirkung (so auch Staudinger-*Coing,* § 80 Rdnr. 17).

12 *Frowein,* Grundrecht auf Stiftung, S. 17. Vgl. auch *Ballerstedt,* 44. DJT, Band I/5, S. 42, der zu Recht darauf hinweist, daß der Unterschied zwischen beiden Systemen nach Einführung eines umfassenden Verwaltungsrechtsschutzes an Schärfe verloren hat.

### 3. *Typologie verbandsgestaltender Hoheitsakte*

#### *a) Privatrechtsgestaltende Beschränkungen der Gründungsfreiheit*

Der von Art. 9 Abs. 1 GG geschützte Freiheitsbereich ist im Vergleich mit anderen Grundrechten eher geringen staatlichen Beschränkungen und Eingriffen ausgesetzt.[13] So ist in der Regel die Gründung von Vereinen und Gesellschaften nicht von einem privatrechtsgestaltenden Verwaltungsakt im hier interessierenden Sinne abhängig. Zu einer staatlichen Mitwirkung kommt es in der Regel nur durch das Erfordernis der Registereintragung, wenn die Vereinigung eigene Rechtsfähigkeit erlangen will.[14] Das System der gesetzlichen Normativbedingungen ist aber für einige Bereiche durchbrochen.[15] Zunächst gibt es nach § 22 BGB den Fall der Verleihung der Rechtsfähigkeit durch eine Verwaltungsbehörde. Dieses Verfahren ist aber zum einen praktisch wenig bedeutsam, da die überwiegende Meinung und Rechtsprechung Subsidiarität gegenüber anderen Formen zur Erlangung der Rechtsfähigkeit annimmt,[16] und zwar als Rechtsprinzip, nicht lediglich als Ermessensgesichtspunkt.[17] Eher von Bedeutung ist die Erlangung der Rechtsfähigkeit eines Versicherungsvereins auf Gegenseitigkeit durch (gebundene) Erlaubnis zur Geschäftsaufnahme (§§ 15, 8 VAG). In der Regel setzen hingegen erforderliche besondere Erlaubnisse zur Geschäftsaufnahme die zivilrechtliche Rechtsfähigkeit voraus.[18] Eine erhebliche Rolle spielt hingegen privatrechtsgestaltende Tätigkeit des Staates im Stiftungsrecht (§ 80 BGB). Hier gibt es ohne staatliche Genehmigung keine Entstehung der Stiftung als eigenständige, rechtsfähige Person.[19]

---

[13] Siehe *Murswiek,* JuS 1992, 117.

[14] Vgl. etwa § 36 AktG, § 7 Abs. 1 GmbHG.

[15] Siehe auch *K. Schmidt,* AcP 182 (1982), 6, mit Kritik am üblichen Einteilungssystem. *K. Schmidt,* aaO, weist zu Recht darauf hin, daß im Gewand des Konzessionssystems durchaus Normativbedingungen vorkommen können.

[16] BVerwG, Urt. v. 24.4.1979, E 40, 26 (31 f.) [zustimmende Anmerkung von *K. Schmidt,* NJW 1979, 2239]; BGH, Urt. v. 29.9.1982, Z 85, 84 (89): Der Erwerb der Rechtsfähigkeit durch einen wirtschaftlichen Verein nach § 22 BGB komme nur ausnahmsweise in Betracht, wenn es für diesen wegen der besonderen Umstände des Einzelfalles unzumutbar sei, sich in einer der für rechtsfähige wirtschaftliche Zusammenschlüsse bundesgesetzlich bereitstehenden Rechtsformen wie beispielsweise der Aktiengesellschaft oder GmbH zu organisieren und auf diese Weise Rechtsfähigkeit zu erlangen. Vgl. weiterhin Soergel-*Hadding,* §§ 21, 22 Rdnr. 51. Schon vorher für eine möglichst restriktive Handhabung des § 22 BGB *K. Schmidt,* DB 1974, 256.

[17] *K. Schmidt,* NJW 1979, 2240, *ders.,* AcP 182 (1982), 38 ff. Bis zur Entscheidung des BVerwG vom 24.4.1979 (E 40, 26 ff.) war das in § 22 BGB angelegte Subsidiaritätsprinzip nicht in vergleichbarer Weise anerkannt (siehe *K. Schmidt,* NJW 1979, 2239, *dens.,* BB 1974, 254). Für ein weiteres Verständnis des § 22 BGB traten etwa *Herget / Kohler,* AG 1969, 73, ein. Trotzdem blieb auch zu dieser Zeit die Bedeutung des wirtschaftlichen Vereins rein zahlenmäßig gering (siehe *Herget / Kohler,* AG 1969, 72; *Göbel,* DB 1964, 137; Auflistung von bestehenden wirtschaftlichen Vereinen bei *Hornung,* S. 128 ff.).

[18] Ausführlich *K. Schmidt,* AcP 182 (1982), 38 ff.

[19] Zur rechtlichen Erscheinung der nichtrechtsfähigen Stiftung siehe *Andrick,* S. 44 f.; MüKo-*Reuter,* vor § 80 Rdnr. 34 ff.

Im folgenden erörterungsbedürftig ist die verfassungsrechtliche Einordnung der Kartellverbote und der hierauf aufbauenden Befugnisnormen zu privatrechtsgestaltendem Handeln nach §§ 1 ff. GWB. Auf der einen Seite können Kartelle Vereinigungen im Sinne des Art. 9 Abs. 1 GG sein.[20] Sie sind dies, soweit sie die konstituierenden Merkmale des Vereinigungsbegriffs nach Art. 9 Abs. 1 GG erfüllen. Andererseits ist dies kein vom GWB vorausgesetzter Regelfall.[21] Daher wirken die §§ 1 ff. GWB in bestimmten Fällen als Gründungskontrolle. Gleiches gilt für die Zusammenschlußkontrolle nach §§ 23 ff. GWB. Die Bildung eines von diesen Bestimmungen erfaßten Zusammenschlusses ist unter Umständen die Bildung einer Vereinigung nach Art. 9 Abs. 1 GG.[22] Andererseits kommt es hierauf genau wie bei §§ 1 ff. GWB nicht entscheidend an. § 23 Abs. 2 GWB definiert auch solche Vorgänge als Zusammenschluß im Sinne des GWB, die nicht unter den Schutzbereich des Art. 9 Abs. 1 GG fallen.[23] Genannt seien der Vermögenserwerb nach § 23 Abs. 2 Nr. 1 GWB, der Gewinnabführungsvertrag nach § 23 Abs. 2 Nr. 3 b GWB, der Verpachtungs- und Überlassungsvertrag nach § 23 Abs. 2 Nr. 3 c GWB oder die Herbeiführung von Personenidentität in Leitungsorganen nach § 23 Abs. 2 Nr. 4 GWB. Diese Vorgänge finden ihren grundrechtlichen Schutz in der allgemeinen Vertrags- (Art. 2 Abs. 1 GG) und der Berufsfreiheit (Art. 12 Abs. 1 GG), nicht aber in Art. 9 Abs. 1 GG.[24]

### *b) Auflösung von Vereinigungen oder Stiftungen*

Das BGB enthält in § 43 BGB eine Bestimmung über die Entziehung der Rechtsfähigkeit von Vereinen. Es handelt sich zweifellos um eine Ermächtigung zu privatrechtsgestaltendem Handeln,[25] die jedoch keine große praktische Bedeutung hat, weil sie das übrigbleibende Restgebilde als nichtrechtsfähigen Verein weiterbestehen läßt.[26] Man kann deshalb zu Recht die Frage stellen, ob nicht ein Vorgehen nach § 43 BGB in den meisten Fällen mangels Geeignetheit verfassungswidrig ist.[27] Ähnlich geringe Bedeutung hat § 62

---

[20] Vgl. *Rittner*, Wirtschaftsrecht, § 15 Rdnr. 21 ff.; *Scholz*, Konzentrationskontrolle, S. 41. Siehe auch BKartA, B. v. 24.1.1984, WuW/E BKartA 2117 (2118), zum Verhältnis von §§ 1 ff. und §§ 23 ff. GWB.

[21] Siehe auch BGH, B. v. 1.10.1985, Z 96, 69 (79): Für die Anwendbarkeit von § 1 GWB komme es alleine auf Auswirkungen für Wettbewerbs- und Marktverhältnisse an.

[22] Siehe auch *Möschel*, Entflechtungen, S. 143 ff.

[23] *Scholz*, Entflechtung, S. 107, *ders.*, Konzentrationskontrolle, S. 41; *Mestmäcker*, in: Immenga / Mestmäcker, § 23 Rdnr. 134: Es gehe darum, alle wettbewerbserheblichen Zusammenschlußformen zu erfassen.

[24] *Scholz*, Entflechtung, S. 107. Zur weitgehenden Nichtanwendbarkeit von Art. 9 Abs. 1 GG auf Betätigungsrechte von Vereinigungen siehe unten D I 4 b, S. 203 ff.

[25] Soergel-*Hadding*, § 43 Rdnr. 2.

[26] Siehe *K. Schmidt*, NJW 1993, 1226, der deshalb davon ausgeht, § 43 Abs. 1 und Abs. 2 BGB seien rechtspolitisch verfehlt.

[27] So MüKo-*Reuter*, § 44 Rdnr. 1.

GmbHG.[28] Die eigentliche Auflösungsbefugnis für wirtschaftliche wie nichtwirtschaftliche Vereine enthält deshalb § 3 VereinsG.[29] Auch im Rahmen der Zusammenschlußkontrolle nach §§ 23 ff. GWB kann es zur Auflösung bereits entstandener Vereinigungen kommen (siehe § 24 Abs. 2 S. 5 GWB). Das ist jedoch aus gleichen Gründen wie die Zusammenschlußkontrolle kein zwingend vereinigungsspezifischer Vorgang.[30] Für den Bereich der Stiftungsaufsicht besteht eine Aufhebungsbefugnis der Stiftungsbehörde nach § 87 Abs. 1 BGB.

#### c) Einwirkungen auf die Organisationsform

Eine für das Verbandswesen typische Erscheinung privatrechtsgestaltenden Handelns ist der Eingriff in die Organautonomie. Grundnorm ist § 29 BGB. Im Stiftungsrecht gibt es die Möglichkeit einer Zweckänderung nach § 87 Abs. 1 BGB und – nach den jeweiligen landesrechtlichen Grundlagen – eines Eingriffs in die personelle Zusammensetzung der Stiftungsleitung[31] oder der Bestellung eines besonderen Vertreters für bestimmte Fälle.[32] Vergleichbares ist auch aus dem Kartellrecht bekannt. So führt die Bestellung eines Treuhänders nach § 24 Abs. 7 Nr. 4 GWB zu einem Ruhen der privatrechtlichen Befugnisse auf Seiten des Betroffenen.[33]

### 4. Verfassungsrechtliches Problemspektrum

#### a) Vereinigungsfreiheit zwischen staatlicher Leistung und natürlicher Freiheitsgewährleistung

Die verfassungsrechtlichen Probleme im Zusammenhang mit privatrechtsgestaltendem Handeln zerfallen in zwei Bereiche.[34] Zunächst geht es – ähnlich wie bei der Vertragsfreiheit – um die grundrechtliche Begründung des Schutzes der Vereinigungsfreiheit durch Art. 9 Abs. 1 GG. Auch die Vereinigungsfreiheit

---

[28] *Ulmer,* in: Hachenburg, § 62 Rdnr. 2: Die praktische Bedeutung der Vorschrift sei „äußerst gering"; *Rasner,* in: Rowedder, § 62 Rdnr. 1.

[29] Zur Anwendbarkeit auch auf GmbHs ausführlich *Ulmer,* in: Hachenburg, § 62 Rdnr. 7.

[30] Privatrechtsgestaltend ist vor allem eine Maßnahme nach § 24 Abs. 7 Nr. 3 GWB, vgl. *Möschel,* Auflösung, S. 35 ff; *Mestmäcker,* in: Immenga / Mestmäcker, § 24 Rdnr. 2866; GK-*Harms,* § 24 Rdnr. 1412 (Stand: 1990) .

[31] Siehe etwa § 12 BWStiftG, Art. 24 BayStiftG, §§ 15, 16 HessStiftG, §§ 14, 15 NdsStiftG, § 22, 23 NWStiftG.

[32] Art. 25 S. 2 BayStiftG.

[33] *Möschel,* Auflösung, S. 43. Vergleichbare Befugnisse finden sich § 81 Abs. 2 a VAG und §§ 45, 46 a KWG.

[34] Die Erörterung der verfassungsrechtlichen Problematik kann sich im folgenden auf Fragen der positiven Vereinigungsfreiheit beschränken. Probleme der negativen Vereinigungsfreiheit spielen soweit ersichtlich für den Bereich der Privatrechtsgestaltung keine Rolle.

ist in weitem Umfang eine staatliche Leistung. Erst eine Einordnung in die Eingriffs-/Leistungsproblematik eröffnet die Möglichkeit zur Beantwortung der sich auch in diesem Zusammenhang stellenden Fragen über die grundrechtliche Beurteilung der zu privatrechtsgestaltendem Handeln ermächtigenden Normen. Ohne Klarheit darüber, inwieweit in Bezug auf die Regeln der Körperschaftsbildung und Erlangung der Rechtsfähigkeit[35] die grundrechtsdogmatischen Eingriffs- oder Leistungsregeln gelten, lassen sich keine Maßstäbe für die Verfassungsmäßigkeit entsprechender privatrechtsgestaltender Befugnisse gewinnen. Aufzeigen läßt sich dies an der Vorschrift des § 22 BGB. Sie ist – wie schon erwähnt – praktisch zwar wenig relevant, rechtsdogmatisch jedoch trotzdem reizvoll. Ist die Gewährung von Rechtsfähigkeit eine staatliche Leistung, gibt es keine verfassungsrechtlichen Bedenken gegen das von der h. M. angenommene Ermessen der Behörden. Handelt es sich hingegen um einen Vorgang im Eingriffsbereich,[36] kommt man zur verfassungsrechtlichen Unbedenklichkeit nur dann, wenn man – wie es in der vorliegenden Arbeit geschieht – Ermessen im Schutzbereich von Grundrechten nicht auf Ausnahmeerteilungen von repressiven Verboten beschränkt.[37]

### *b) Nicht vereinigungsspezifische Eingriffsmöglichkeiten*

Einen zweiten Problembereich bilden die konkreten Dimensionen des verfassungsrechtlichen Schutzes im Hinblick auf die kartellrechtlichen Einflußmöglichkeiten. Inwieweit das Kartellrecht vor Art. 9 Abs. 1 GG rechtfertigungsbedürftig ist, beantwortet sich nach dem sachlichen Umfang der Garantie des Art. 9 Abs. 1 GG. Konkret lautet das Problem dahingehend, ob an Art. 9 Abs. 1 GG auch solche privatrechtsgestaltenden Maßnahmen zu messen sind, die nicht notwendigerweise verbandsgestaltend wirken.

Es setzt sich mehr und mehr die Auffassung durch, daß die Betätigung einer Vereinigung nach außen nicht unter dem Schutz des Art. 9 Abs. 1 GG steht, sondern dem Grundrecht zuzuordnen ist, das für das jeweilige Verhalten sachlich zuständig ist.[38] Betätigungsrechte einer Vereinigung folgen nicht aus Art.

---

35 Zur Unterscheidung beider Aspekte siehe *H. Westermann*, Festschrift für Michaelis, S. 346.

36 So etwa *Herget / Kohler*, AG 1969, 73 f.

37 Siehe dazu schon oben C I 2 b aa, S. 121 ff. Für einen Anspruch auf Verleihung der Rechtsfähigkeit bei Erfüllung bestimmter Voraussetzungen (vor allem im Hinblick auf die Gläubigersicherung) *Herget / Kohler*, AG 1969, 74; *Hornung*, S. 67. Verfassungsrechtliche Bedenken gegen ein Ermessen der Verleihungsbehörden artikuliert auch *Göbel*, DB 1964, 138: Ein Ermessen der Behörden würde das Grundrecht aus Art. 9 Abs. 1 GG in seinem Wesensgehalt antasten (siehe auch *dens.*, aaO, S. 139: Anspruch auf Verleihung).

38 BVerfG, B. v. 14.5.1985, E 70, 1 (25): „Wird eine Vereinigung wie jedermann im Rechtsverkehr tätig, so ist für den Grundrechtsschutz nicht Art. 9 Abs. 1 GG maßgebend; die Vereinigung und ihre Tätigkeit bedürfen insoweit nicht als solche des Grundrechtsschutzes. Dieser richtet sich vielmehr nach den materiellen (Individual-)Grundrechten." BVerwG, Urt. v. 12.2.1991, E 88, 9 (12) m. w. N.: Art. 9 Abs. 1 GG gebe Vereinigungen

9 Abs. 1 GG, sondern aus dem entsprechenden Sachgrundrecht i. V. m. Art. 19 Abs. 3 GG.[39] Etwas anderes gilt nur insoweit, als es um vereinigungsspezifische Tätigkeiten geht, etwa die Mitgliederwerbung.[40] Art. 9 Abs. 1 GG ist also primär ein Organisations-, kein Betätigungsgrundrecht. Selbst wenn man das Sonderproblem vereinigungsspezifischer Betätigungen und ihre Abgrenzung zu sonstigen Aktivitäten außer acht läßt, wird die grundrechtliche Problematik von Gründungskontrolle oder Zwangsauflösung mit dieser Feststellung jedoch nicht gelöst. Zwar ist der Gedanke richtig, daß das Grundrecht der Vereinigungsfreiheit denjenigen Wirtschaftssubjekten, die in konzentrationsrechtlich organisierter Form auftreten, nicht mehr Rechte zur Akkumulierung wettbewerbsbeschränkender oder -gefährdender Wirtschaftsmacht vermitteln kann, als dies für das einzelne Wirtschaftssubjekt nach Art. 12 und Art. 14 GG der Fall wäre.[41] Dies deutet indes die richtige Lösung nur an, ohne sie dogmatisch abschließend zu begründen.[42] Denn die Konzentrationskontrolle beschränkt durchaus auch Befugnisse, die grundrechtlich gerade unter dem Schutz des Art. 9 Abs. 1 GG stehen, etwa der Zusammenschluß durch Konzernbildung nach § 23 Abs. 2 Nr. 3 a GWB. Dieser Tatbestand läßt sich nicht ausschließlich in ein anderes Grundrecht abdrängen oder dessen Schranken unterstellen. Es handelt sich vielmehr um ein genuines Problem des Vereinigungsrechts.

### *c) Stiftungsrechtliche Fragen*

Bestimmender Faktor für das richtige Verständnis des Stiftungsrechts ist das Verhältnis von Stiftungsautonomie und Staatskontrolle.[43] Es ist von verfassungsrechtlicher Seite in entscheidender Weise mitbestimmt. Problematisch sind aus dieser Sicht zunächst die Genehmigungserfordernisse bei der Errichtung privatrechtlicher Stiftungen. Die landesrechtlichen Stiftungsgesetze

---

für ihre Tätigkeit nicht mehr Rechte, als sie Einzelpersonen zustehen. Weiterhin *Murswiek*, JuS 1992, 117; *Scholz*, Entflechtung, S. 190 f., *ders.*, Konzentrationskontrolle, S. 329 ff.; *Selmer*, Unternehmensentflechtung, S. 24; *Steiner*, Staatliche Gefahrenvorsorge, S. 51 ff.

[39] Vgl. auch *Scholz*, in: Maunz / Dürig, Art. 9 Rdnr. 25, *Scholz / Langer*, S. 37. Diese Auffassungen sind aber insoweit zu weitgehend, als sie Verbandsgrundrechte überhaupt nur aus Art. 19 Abs. 3 GG ableiten wollen. Zumindest die Bestandsgarantie wird man als subjektives Verbandsrecht aber Art. 9 Abs. 1 GG entnehmen müssen. Vgl. auch *Ottmann*, S. 151 ff.

[40] Siehe BVerfG, B. v. 9.19.1991, NJW 1992, 549 (549): Die Möglichkeit zu einer wirkungsvollen Mitgliederwerbung sei von Art. 9 Abs. 1 GG umfaßt. Siehe auch BVerfG, K.B. v. 14.8.1992, BayVBl. 1992, 80 (81), wo zusätzlich die genuin vereinigungsrechtlichen Beziehungen den Schranken unterworfen werden, „die zum Schutz anderer Rechtsgüter von der Sache her geboten sind."

[41] *Scholz*, Entflechtung, S. 191, *ders.*, Konzentrationskontrolle, S. 43.

[42] Anders mag dies dann sein, wenn man der Teilverfassungslehre von *Scholz* folgen will und beide Gedanken in Verbindung setzt (siehe *diesen*, Koalitionsfreiheit, S. 356 ff., wonach Art. 9 Abs. 1 GG als „Kommunikationsgrundrecht" zu verstehen sein soll).

[43] *Mestmäcker*, 44. DJT, G 10.

gehen vielfach von einer Ermessensentscheidung der zuständigen Stiftungsbehörden im Hinblick auf die Erteilung der Genehmigung aus.[44] Dies wird für verfassungswidrig gehalten, und zwar wegen eines aus den Grundrechten abgeleiteten Rechts auf Stiftungserrichtung.[45] Als Grundrechtsausübung lasse sich die Errichtung einer Stiftung nicht vom Ermessen einer Behörde, sondern nur von sachlichen Voraussetzungen abhängig machen.[46]

Die Diskussion um den Ermessensspielraum der Stiftungsaufsichtsbehörden bei der Gründung setzt sich fort bei den Bestimmungen über die Genehmigungsbedürftigkeit bestimmter Rechtsgeschäfte.[47] Nach dem Recht zumindest einiger Bundesländer besteht auch hierfür ein Ermessen.[48] Die Verfassungsmäßigkeit eines solchen Ermessens wird wie bei der Gründungskontrolle bestritten,[49] vor allem unter Berufung auf die Grundrechtsträgerschaft von Stiftungen.[50]

---

44 Deutlich etwa Art. 3 Abs. 1 BayStiftG. Auch § 5 BWStiftG dürfte eine Ermessensnorm sein, denn § 5 S. 2 BWStiftG, wonach die Genehmigung nur erteilt werden darf, wenn die dauerhafte und nachhaltige Erfüllung des Stiftungszwecks gesichert erscheint, spricht gegen einen Anspruch auf Genehmigungserteilung. Gleiches gilt für § 3 Abs. 2 HessStiftG und § 4 Abs. 2 NdsStiftG. Eindeutig ein Ermessen der Stiftungsbehörden sieht auch § 4 Abs. 1 und 2 NWStiftG vor. Siehe weiterhin *Weimar / Geitzhaus / Delp,* BB 1986, 2002 (2004).

45 Siehe etwa *M. Schulte,* Staat und Stiftung, S. 44. Vgl. auch *Andrick,* S. 99, der nur normativ aufgezählte Versagungsgründe für die Verweigerung einer Genehmigung zulassen will. Ebenso *Frowein,* Grundrecht auf Stiftung, S. 17 f.; ähnlich *Flume,* AT I/2, § 4 V 2, S. 137. Für einen Anspruch auf Genehmigungserteilung auch MüKo-*Reuter,* vor § 80 Rdnr. 4. Nicht ganz deutlich Soergel-*Neuhoff,* vor § 80 Rdnr. 12.

46 So MüKo-*Reuter,* vor § 80 Rdnr. 6.

47 Siehe etwa Art. 31 BayStiftG; teilweise sind auch Anzeigepflichten vorgesehen, siehe § 13 Abs. 1 BWStiftG, § 21 II, III NWStiftG.

48 Ausdrücklich § 8 Abs. 1 S. 2 HambAGBGB. Weiterhin ist etwa Art. 31 BayStiftG eine Ermessensbestimmung, weil die Versagungsgründe nicht genannt sind, sondern nur die Genehmigungstatbestände. Hieran ändert auch Art. 21 Abs. 1 S. 2 BayStiftG nichts, da die Bestimmung keine ausdrückliche Beschränkung auf reine Rechtsaufsicht vorsieht. Daß es sich insoweit nach der Konzeption der Landesgesetzgeber weithin um Ermessensbestimmungen handelt, wird anerkannt von *Ebersbach,* Handbuch, S. 61 f; *Leisner,* DÖV 1973, 274; *Ballerstedt,* 44. DJT, Band I/5, S. 40. Vgl. auch die weiteren Nachweise auf das Landesrecht bei *Flume,* AT I/2, § 4 V, S. 136; a. A. vor allem *Achilles,* S. 79; wohl hieran anschließend *M. Schulte,* Staat und Stiftung, S. 81 m. Fn. 26: Mit Ausnahme von Hamburg handele es sich durchgehend um Rechtsaufsicht. Eindeutig um Rechtsaufsicht handelt es sich nach § 8 Abs. 1 S. 2 BWStiftG, § 7 Abs. 2 BlnStiftG und § 17 Abs. 1 NWStiftG.

49 Vgl. *M. Schulte,* Staat und Stiftung, S. 103. Gegen ein Ermessen der Stiftungsbehörden auch *Andrick,* S. 97; *Liermann,* in: Deutsches Stiftungswesen 1966 – 1976, S. 24; MüKo-*Reuter,* vor § 80 Rdnr. 28; *Seifart,* in: Deutsches Stiftungswesen 1966 – 1976, S. 308; Soergel-*Neuhoff,* vor § 80 Rdnr. 82 und vor allem BVerwG, Urt. v. 22.2.1972, E 40, 347 (352): Die Stiftungsaufsicht dürfte nicht ihr Ermessen an die Stelle des Ermessens der Stiftungsorgane setzen.

50 Siehe vor allem *Achilles,* S. 80.

## II. Der verfassungsrechtliche Schutz der Vereinigungsfreiheit

### 1. Die Vereinigungsfreiheit als Institutsgarantie

Die Vereinigungsfreiheit bedarf in erheblichem Maße der einfachgesetzlichen Umsetzung.[51] Auch für sie stellt sich – wie bei der Vertragsfreiheit – die Frage nach dem Vorliegen einer Institutsgarantie. Meist wird ihr dieses Prädikat durch schlichte Auslassung in der scheinbar obligaten Aufzählung von Institutsgarantien unter dem Grundgesetz abgesprochen.[52] Gegenstimmen sind meist zaghaft, oft älteren Datums und regelmäßig knapp oder gar nicht erläutert.[53] An dieser Stelle sei im übrigen noch einmal angemerkt, daß es nicht gegen das Vorliegen einer Institutsgarantie spricht, wenn man Anpassungen des Normbestandes an neue gesellschaftliche und politische Entwicklungen für zulässig hält.[54] Eine völlige status-quo-Garantie war mit der Schöpfung der Figur der Einrichtungsgarantien gerade nicht verbunden.[55]

Über die genaue Begriffsbestimmung der Institutsgarantie bestand schon in der Weimarer Zeit keine Einigkeit.[56] Für das Grundgesetz ist dies ähnlich. Vor allem verliert der Begriff durch die Propagierung eines „institutionellen Grundrechtsverständnisses" bei allen Unterschieden zwischen der ursprünglichen Lehre Carl Schmitts und etwa der Grundrechtstheorie Häberle's[57] durch die

---

[51] *Scholz,* Paritätische Mitbestimmung, S. 126.

[52] Siehe etwa *Dickert,* Forschungsfreiheit, S. 142. Ausführlicher im wesentlichen nur *Scholz,* in: Maunz / Dürig, Art. 9, Rdnr. 26 (im Ergebnis ebenfalls ablehnend); ablehnend auch *Stern,* HbStR V, S. 77 Rdnr. 53. Etwas unklar sind in diesem Zusammenhang allerdings die Ausführungen von *Scholz,* Der Staat 13 (1974), 102, wo der These *Pernthalers,* Qualifizierte Mitbestimmung, S. 24, zugestimmt wird, Art. 9 Abs. 1 GG enthalte eine Institutsgarantie. Ausdrücklich gegen die Annahme einer Institutsgarantie *Heckelmann,* AcP 179 (1979), 44.

[53] Für die Annahme einer Institutsgarantie etwa *R. G. Becker,* S. 49 ff.; *F. Kirchhof,* Private Rechtsetzung, S. 515 f.; siehe weiterhin *Füßlein,* Grundrechte II, S. 429 f.; *von Mangoldt / Klein,* Art. 9 Anm. III 2.; *von Münch,* BK, Art. 9, S. 14, Rdnr. 18; Soergel-*Neuhoff,* vor § 80 Rdnr. 9. *Pernthaler,* Qualifizierte Mitbestimmung, S. 24 mit Fußn. 8, bezeichnet die Annahme einer Institutsgarantie gar als „einhellige Lehre". Anders aber *ders.,* Mitbestimmung, S. 89 m. Fußn. 419, nach Erlaß des Mitbestimmungsurteils des BVerfG: Art. 9 Abs. 1 enthalte keine „konkrete" institutionelle Garantie. Es fehlt allerdings eine Erklärung, was der Unterschied zwischen einer „konkreten" und einer „nichtkonkreten"(?), „unkonkreten"(?), „allgemeinen"(?), „abstrakten" (?) institutionellen Garantie sein soll. Für eine institutionelle Deutung des Art. 9 Abs. 1 GG auch *Ottmann,* S. 175 ff. Siehe auch *T. Kunze,* S. 36: Die Annahme, Art. 9 Abs. 1 GG enthalte eine Institutsgarantie, sei herrschende Meinung.

[54] In diesem Sinne könnte man aber die Ausführungen von *Kübler / Schmidt / Simitis,* S. 73, verstehen.

[55] Siehe ausführlicher oben C III 5, S. 184 ff. Die gegenteilige Auffassung ist aber wohl unausrottbar. Siehe etwa *Heckelmann,* AcP 176 (1976), 44: Mit der Annahme einer Institutsgarantie wäre dem einfachen Gesetzgeber jegliche Bewegungsfreiheit genommen, das Vereins- und Gesellschaftsrecht veränderten Bedürfnissen anpassen zu können.

[56] Siehe oben C III 5, S. 159 ff.

[57] Zum Verhältnis von *Häberle* und *Carl Schmitt* siehe *Häberle,* Wesensgehaltsgarantie, S. 92 ff.; *Stern,* Staatsrecht III/1, § 68 I 6 b), S. 772 ff.

gleiche Sprachwurzel an Konturen. Auch wird der Begriff der institutionellen Garantie heute weit über den Bereich der anerkannten Instituts- und institutionellen Garantien hinaus ausgedehnt, etwa wenn von einer institutionellen Garantie des Sozialstaates[58] oder der Sozialversicherung[59] gesprochen wird.[60] Je mehr Erscheinungen man Instituts- oder institutionellen Charakter zugesteht, je weniger dogmatische Aussagekraft hat aber dieser Begriff. Mangels einer Verwendung des Ausdrucks in der Verfassung sollte deshalb eine möglichst enge Begriffsbestimmung mit klaren dogmatischen Konsequenzen gewählt werden.[61] Die dogmatische Funktion der Idee der Einrichtungsgarantie liegt in der erkenntnismäßigen Verarbeitung des Problems, daß es von der Verfassung geschützte Freiheitspositionen gibt, die von der Existenz einfachen Rechts abhängen.[62] Da letztlich (fast) jede Freiheitsbetätigung im vom Grundgesetz konstituierten Sozial- und Gesetzgebungsstaat einfachgesetzlich umhegt ist, ist das Prädikat einer Institutsgarantie – um dem Begriff eine gewisse Eindeutigkeit zu belassen – nur solchen Grundrechtsgarantien zukommen zu lassen, bei denen diese Abhängigkeit eine *notwendige und vollständige* ist.[63]

Solches läßt sich für die Vereinigungsfreiheit jedoch nicht annehmen.[64] Nach ihrer historischen Wurzel ist die Vereinigungsfreiheit zunächst dem status negativus zuzuordnen.[65] Es handelt sich von der Grundidee her primär um einen Schutz vor staatlicher Gängelung. Die Aufforderung an den Gesetzgeber zur Freiheitsverwirklichung durch Normsetzung kommt hinzu, ist jedoch erst ein zweiter, wenn auch gleichermaßen wichtiger Aspekt. Art. 9 Abs. 1 GG entfaltet seine Schutzwirkungen auch ohne Rücksicht darauf, ob ein entsprechen-

---

58 Vgl. *E. R. Huber*, Rechtsstaat und Sozialstaat, S. 266.

59 *W. Bogs*, 43. DJT, G 14; *Gitter*, NZA 1984, 141; *Heinze*, 55. DJT, E 61 f. Vgl. auch Art. 161 WRV. Gegen die Annahme einer institutionellen Absicherung der Sozialversicherung BVerfG, B. v. 9.4.1975, E 39, 302 (314 f.).

60 Es gibt noch weitere Beispiele für eine relativ weite Inanspruchnahme des Begriffs der Instituts- oder institutionellen Garantie. Siehe etwa *E. R. Huber*, DÖV 1956, 101, der von einer „institutionellen Garantie der freiheitlich-sozialstaatlichen Marktverfassung" spricht.

61 Siehe auch schon oben C III 5 a, S. 159.

62 Ausführlich oben C III 5 b, S. 164 ff.

63 Damit soll nicht gesagt sein, daß nicht auch die Sozialversicherung institutionell von der Verfassung abgesichert ist. Dies ist durchaus die Konsequenz der Anerkennung der Eigentumsqualität subjektiv-öffentlicher Rechte (so zu Recht *Heinze*, 55. DJT, E 63). Nur den terminus technicus „institutionelle Garantie" sollte man insoweit nicht verwenden.

64 Anders *R. G. Becker*, S. 53. Etwas zu allgemein auch *Badura*, Festschrift für Rittner, S. 14. Die von *Badura* festgestellte Abhängigkeit der Grundrechtsausübung von organisatorischer Ausgestaltung durch den Gesetzgeber ist zumindest keine generelle. Gleiches gilt für die Feststellung von *T. Kunze*, S. 49, wonach ein Tätigwerden des Gesetzgebers Voraussetzung für die Realisierung der Vereinigungsfreiheit sei.

65 So auch *Scholz*, in: Maunz / Dürig, Art. 9 Rdnr. 10 und 32, *ders.*, Koalitionsfreiheit, S. 30: Die Freiheit zur Vereinigung gehöre zur „natürlichen" Freiheit, jedem rechtlich erlaubten Zweck nach Belieben nachzugehen. Zur ideengeschichtlichen Entwicklung siehe *F. Müller*, Korporation und Assoziation, etwa S. 220 ff.

der Normenkomplex des Vereins- oder Gesellschaftsrecht vorhanden ist.[66] Die entsprechenden geltenden Bestimmungen des einfachen Rechts sind zwar grundrechtsverwirklichend. Auch bei theoretischer völliger Untätigkeit des Gesetzgeber bzw. bei ersatzloser Aufhebung der vorhandenen Bestimmungen wäre das Grundrecht jedoch nicht völlig leerlaufend, sondern in seinem Kernbestand als reines Recht des status negativus weiterhin funktionsfähig.

### *2. Grundrechtsausgestaltung und Grundrechtseinschränkung*

#### *a) Die Position des BVerfG*

##### *aa) Der Kreis der Grundrechtsträger*

Die Auffassung des BVerfG zum verfassungsrechtlichen Schutz der Vertragsfreiheit ist argumentativ kaum abgesichert, aber im Ergebnis eindeutig. Beschränkungen der Vertragsfreiheit sind danach vor dem Übermaßverbot zu rechtfertigende Eingriffe jedenfalls in das Grundrecht aus Art. 2 Abs. 1 GG. Die Position zur inhaltlich verwandten Vereinigungsfreiheit wird vergleichsweise lang erörtert, ist in ihren konkreten Konsequenzen jedoch undeutlich.

Maßgebend ist nach wie vor die Position, die das Gericht im Mitbestimmungsurteil[67] eingenommen hat. Dort ist schon hinsichtlich der Grundrechtsträgerschaft keine eindeutige Abgrenzung zu erkennen. Das BVerfG läßt die für den Bereich verbandsgestaltender Verwaltungsakte wichtige Frage offen, ob Schutzgut und Inhalt des Art. 9 Abs. 1 GG eine Anwendung auch auf „größere Kapitalgesellschaften“ zulassen.[68] Wegen des fehlenden assoziativ-personalen Gruppenbezugs solcher „Gesellschaften“ sucht das BVerfG grundrechtliche Grenzen für gesetzgeberische Eingriffe in unternehmerische Organisationszusammenhänge nicht bei Art. 9 Abs. 1 GG,[69] sondern vor allem bei Art. 14 Abs. 1 GG.[70] Für einen zentralen Problembereich kartellrechtlicher Privatrechtsgestaltung findet sich deshalb im Mitbestimmungsurteil kaum ein Lösungsansatz, nämlich für die Frage der Vereinbarkeit von Maßnahmen der Zusammenschluß- oder Gründungskontrolle mit Art. 9 Abs. 1 GG. Bei den beteiligten Subjekten handelt es sich in der Regel um „größere Kapitalgesellschaften“.

Die angedeutete Beschränkung der Relevanz des Art. 9 Abs. 1 GG auf Gesellschaften mit erkennbarem „personalen Element“[71] ist nicht zu Unrecht kriti-

---

[66] So auch *Scholz,* in: Maunz / Dürig, Art. 9 Rdnr. 26; ihm folgend *Heckelmann,* AcP 179 (1979), 45.

[67] Urt. v. 1.3.1979, E 50, 290 (354). Zu dieser Entscheidung siehe ausführlich *Pernthaler,* Ist Mitbestimmung verfassungsrechtlich meßbar?, Eine Analyse der Entscheidung des BVerfG über das Mitbestimmungsgesetz, Berlin 1980. Zur Vereinigungsfreiheit siehe *dens.,* vor allem S. 87 ff. Weiterhin *Badura,* Paritätische Mitbestimmung und Verfassung, 1985.

[68] BVerfGE 50, 290 (355).

[69] Vgl. *Scholz,* Entflechtung, S. 105.

[70] BVerfGE 50, 290 (356 f.).

[71] BVerfGE 50, 290 (355).

siert worden.[72] Würde man dem Gericht folgen, ergäben sich erhebliche Abgrenzungsprobleme. Die Frage, ab welcher Größe Art. 9 Abs. 1 GG Unternehmen keinen Grundrechtsschutz mehr gewährt, ließe sich kaum exakt beantworten. Art. 9 Abs. 1 GG unterscheidet wohl auch gar nicht grundsätzlich zwischen Gesellschaften größerer und kleinerer Art.[73] Die richtige Antwort auf den mit steigender Größe geringer werdenden personalen Bezug und die stärker werdende soziale Bedeutung läßt sich deshalb nicht im Wege eines qualitativen Sprungs, sondern nur durch eine quantitative Abschichtung erreichen, also dadurch, daß die Eingriffe um so eher als zulässig angesehen werden, je geringer der Bezug zur persönlichen Freiheitssphäre einzelner natürlicher Personen wird.

### *bb) Vorgaben für die gesetzliche Umsetzung der Vereinigungsfreiheit*

Das BVerfG betont im Hinblick auf gesetzgeberische Bindungen des Gesetzgebers bei Art. 9 Abs. 1 GG zunächst die Befugnis der Mitglieder und der Vereinigungen zur Selbstbestimmung über die eigene Organisation, das Verfahren der Willensbildung und die Führung der Geschäfte.[74] Es macht aber eine Einschränkung, die es vermeidet, ähnlich wie der Vertragsfreiheit sämtliche gesetzgeberische Einschränkungen dem Anwendungsbereich der Regeln über Grundrechtseingriffe zu unterstellen. Die Vereinigungsfreiheit sei in mehr oder weniger großem Umfang auf Regelungen angewiesen, welche die freien Zusammenschlüsse und ihr Leben in die allgemeine Rechtsordnung einfügen, die Sicherheit des Rechtsverkehrs gewährleisten, Rechte der Mitglieder sichern und den schutzbedürftigen Belangen Dritter oder auch öffentlichen Interessen Rechnung tragen; demgemäß sei mit der verfassungsrechtlichen Garantie die Notwendigkeit gesetzlicher Ausgestaltung verbunden;[75] diese Notwendigkeit gehöre von vornherein zum Inhalt des Art. 9 Abs. 1 GG.[76] Damit gerät man bei der verfassungsrechtlichen Überprüfung gesetzgeberischer Tätigkeit im Schutzbereich des Art. 9 Abs. 1 GG in das gleiche Dilemma wie bei der Vertragsfreiheit. Die verfassungsrechtliche Garantie soll den Gesetzgeber binden, ist aber gleichzeitig – bei der Vertragsfreiheit völlig, bei der Vereinigungsfreiheit in nicht unerheblichem Umfang – auf dessen Tätigkeit angewiesen.

---

72 Siehe *Ottmann,* S. 85 ff.; *Scholz,* Entflechtung, S. 106, S. 151.

73 So auch *Scholz,* Entflechtung, S. 151.

74 BVerfGE 50, 290 (354).

75 BVerfGE 50, 290 (354). Ähnlich auch BVerwG, Urt. v. 24.4.1979, E 40, 26 (34): Das Grundrecht der Vereinigungsfreiheit stehe nicht jenseits oder außerhalb der gesetzlichen Ordnung, sondern müsse in der gesetzlichen Ordnung selbst gewahrt bleiben und verwirklicht werden.

76 BVerfGE 50, 290 (354). Es ist somit durchaus unrichtig, wenn bei *Lübbe-Wolff,* Grundrechte als Eingriffsabwehrrechte, S. 60, die Auffassung vertreten wird, die Unterscheidung von Eingriffen in ein Grundrecht und der Ausgestaltung habe nur für die Zitierpflicht (Art. 19 Abs. 1 S. 2 GG) Bedeutung.

Das BVerfG versucht dem Gesetzgeber deshalb in zweierlei Richtung gewisse Orientierungspunkte vorzugeben. Auf der einen Seite bestände keine Bindung an die überkommenen Rechtsformen und Normenkomplexe.[77] Das ist zweifellos zutreffend.[78] Eine solche absolute, d. h. starre Bindung gibt es an keiner Stelle der Verfassung, sie ist auch – entgegen einem gelegentlich erweckten Eindruck[79] – soweit ersichtlich von niemandem behauptet worden.[80] Wesentlicher ist deshalb die zweite Aussage des BVerfG in diesem Zusammenhang. Der Gesetzgeber soll bei der Ausgestaltung des Grundrechts aus Art. 9 Abs. 1 GG nicht nach freiem Belieben verfahren können. Er muß sich vielmehr „an dem Schutzgut des Art. 9 Abs. 1 GG orientieren“.[81] Freie Assoziation sei – unter Berücksichtigung möglicherweise kollidierender Belange – zu ermöglichen und zu erhalten; hierfür sei vom Gesetzgeber die entsprechende Vielfalt von Normen zur Verfügung zu stellen.[82]

Das BVerfG hält es – soviel dürfte aus diesen und den weiteren Ausführungen des Gerichts hervorgehen – nicht für seine Aufgabe, dem Gesetzgeber konkrete Vorgaben für die rechtliche Ausgestaltung der Vereinigungsfreiheit zu machen.[83] Zweierlei wird jedoch deutlich: Zum einen wendet sich das Gericht gegen die im Vorfeld der Mitbestimmungsentscheidung geäußerte Ansicht, das geltende Vereins- und Gesellschaftsrecht sei „gesetzliche Grenze der Vereinigungsfreiheit“.[84] Dies wäre eine weniger kunstvoll begründete, aber sachlich analoge Variation der Auffassung von Hans Huber zum verfassungsrechtlichen Schutz der Vertragsfreiheit.[85] Der Gesetzgeber, der benötigt wird, um die Freiheit wirksam werden zu lassen, würde von einer inhaltlichen Bindung an das Grundrecht freigestellt. Mögen sich hierfür im Bereich der Vertragsfreiheit als reinem Produkt der Rechtsordnung noch Gründe finden lassen, ist seine Übertragung auf die Vereinigungsfreiheit jedoch unhaltbar. Ansonsten liefe die

---

[77] BVerfGE 50, 290 (355).

[78] Vgl. *Pernthaler*, Mitbestimmung, S. 89; *Scholz*, in: Maunz / Dürig, Art. 9 Rdnr. 26.

[79] Etwa von *Kübler / Schmidt / Simitis*, S. 73.

[80] Entgegen *Kübler / Schmidt / Simitis*, ebenda, jedenfalls nicht im Gutachten von *Badura / Rittner / Rüthers*, und zwar auch nicht der Sache nach. Etwas unklar sind allerdings die Ausführungen von *Pernthaler*. Dieser behauptete zunächst (Qualifizierte Mitbestimmung, S. 24 m. Fußn. 8), Art. 9 Abs. 1 GG enthielte nach einhelliger Lehre eine Institutsgarantie, um dann nach Erlaß des Mitbestimmungsurteils eben dieser zunächst zitierten einhelligen Lehre vorzuwerfen, sie beachteten nicht genügend, daß es sich nicht um eine *konkrete* institutionelle Garantie handele (Mitbestimmung, S. 9 m. Fußn. 419). Die Unterscheidung zwischen konkreter und nicht konkreter (oder wie auch immer, siehe oben Fn. 53) institutioneller Garantie gibt es jedoch wohl nur bei *Pernthaler*. Ansonsten beinhaltet die Annahme einer Institutsgarantie immer die Möglichkeit eines gesetzgeberischen Gestaltungs- und Typisierungsspielraums.

[81] BVerfGE 50, 290 (355).

[82] BVerfGE 50, 290 (355).

[83] Siehe BVerfGE 50, 290 (355): „Was darüber hinaus ausgestaltender gesetzlicher Regelung zugänglich und bedürftig ist, läßt sich nicht abschließend und generell festlegen.“

[84] So aber *Kübler / Schmidt / Simitis*, S. 73.

[85] Siehe *H. Huber*, Vertragsfreiheit; dazu oben C III 4 b, S. 153 ff.

Garantie des Art. 9 Abs. 1 GG im Bereich der rechtlich konstituierten Freiheit weitgehend leer. Zum zweiten tendiert das BVerfG im Ansatz zu einer Rechtfertigungspflicht des Gesetzgebers im Hinblick auf solche Regelungen, die sich beschränkend auf die Ausübung der grundrechtlichen Garantie des Art. 9 Abs. 1 GG auswirken. Das Gericht spricht vom „Prinzip der freien Assoziation und Selbstbestimmung", das es zu wahren gelte;[86] an diesem Schutzgut habe sich der Gesetzgeber zu orientieren.[87] Es verlangt der Sache nach legitimierende Gründe für eine Einschränkung der freien Assoziation, seien es solche der Notwendigkeit eines geordneten „Vereinslebens"[88] oder der Sicherheit des Rechtsverkehrs.[89] Dies läuft auf eine Anwendung des Übermaßverbotes hinaus.[90] Das Prinzip der freien Vereinigungsbildung ist nur insoweit einschränkbar, als dies zum Schutz anderer Belange geeignet, erforderlich und verhältnismäßig ist.[91] Daß dies vom BVerfG nicht ausdrücklich so gesagt worden ist, dürfte seinen Grund in Art. 9 Abs. 2 GG haben. So entspricht es verbreiteter Vorstellung, alle „Eingriffe" seien an Art. 9 Abs. 2 GG zu messen. Hiermit soll durch die wenig konkrete prüfungstechnische Festlegung, das wenig deutliche Zusammensehen von Ausgestaltung und Eingriff, wohl nicht ausdrücklich gebrochen werden. Gerade deshalb ist aber die Auffassung zu prüfen, ob es nicht denkbar ist, den Gesetzgeber im Rahmen des Art. 9 Abs. 1 GG nur an das Übermaßverbot und nicht an Art. 9 Abs. 2 GG zu binden, soweit es nicht um Eingriffe in den reinen status negativus geht, sondern auch der rechtlich präformierte Bereich betroffen ist.[92]

### *b) Natürliche und rechtlich konstituierte Freiheit*

#### *aa) Rechtsgeprägte und sachgeprägte Grundrechte*

Die Ausführungen des BVerfG zur Vereinigungsfreiheit im Mitbestimmungsurteil[93] beruhen auf der Unterscheidung von Grundrechtsausgestaltung bzw. Grundrechtsprägung auf der einen und Grundrechtseingriff auf der anderen Seite. Gesetzgeberische Tätigkeit ist nicht nur, aber auch „Grundrechtsausgestaltung",[94] „Grundrechtsprägung"[95] oder Erfüllung eines gesetzge-

---

[86] BVerfGE 50, 290 (355); siehe auch B. v. 9.10.1991, NJW 1992, 549 (549).

[87] BVerfGE 50, 290 (355); NJW 1992, 549 (549).

[88] BVerfGE 50, 290 (355).

[89] BVerfGE 50, 290 (354); NJW 1992, 549 (549).

[90] Sehr deutlich in diese Richtung BVerfG, B. v. 9.10.1991, NJW 1992, 549 f.

[91] BVerfG, aaO, NJW 1992, 549 (549).

[92] Ein Ansatz in diese Richtung findet sich allerdings bei *T. Kunze,* S. 68, der das Übermaßverbot analog anwenden will: Der Gesetzgeber brauche die Voraussetzungen der individuellen Freiheit dann nicht weitergehend zu verwirklichen, wenn dem bestimmte legitime öffentliche Interessen entgegenstehen, was am Übermaßverbot zu überprüfen sei.

[93] BVerfGE 50, 290 (314 ff.).

[94] *Lerche,* Übermaß, S. 107 ff.; *E. R. Huber,* Wirtschaftliche Mitbestimmung, S. 70; *H. P. Ipsen,* DVBl. 1956, 360, *ders.,* Apothekenerrichtung, S. 42; *Scheuner,* DÖV 1956, 69.

[95] *Lerche,* Übermaß, S. 107 ff., *ders.* HbStR V, S. 745 Rdnr. 10 und S. 762 ff. Rdnr. 38 ff.

berischen „Organisationsauftrags".[96] Diesen unterschiedlichen Begriffen liegt letztlich die gleiche Idee zugrunde. Bildlich gesprochen „schneiden" die Gesetze in diesen Fällen nicht in den Grundrechtsbereich hinein, sondern sie „bauen ihn auf",[97] sie sind Ausübung der Ermächtigung an den gestaltenden Gesetzgeber, zu regeln, was das Freiheitsrecht inhaltlich überhaupt hergibt.[98] Hieraus wird im allgemeinen der Schluß gezogen, solche Vorschriften seien deshalb beim Ersterlaß weder am Schrankensystem noch am Übermaßverbot zu messen. Es käme zu einer Freiheitserweiterung, keiner Freiheitsverkürzung. Letztere trete erst dann ein, wenn der ursprünglich freiheitserweiternde Akt ganz oder teilweise zurückgenommen würde.[99]

Zur Differenzierung, ob es sich bei einer gesetzgeberischen Maßnahme um einen „Eingriff" oder um „Ausgestaltung" handelt, wird gelegentlich empfohlen, zwischen „sachgeprägten" bzw. „sacherzeugten" Grundrechten auf der einen und „rechtsgeschöpften" bzw. „rechtserzeugten" Grundrechten auf der anderen Seite zu unterscheiden.[100] Dies wird damit begründet, daß bei sachgeprägten Grundrechten gesetzgeberische Tätigkeit – abgesehen von den Fällen der Grundrechtsverdeutlichung[101] – als grundrechtseingreifend zu verstehen sei, während im Bereich der rechtserzeugten Grundrechte der Gesetzgeber den Rechtsstoff schaffe, aus dem die Grundrechte seien.[102]

Eine solche abstrakte Kategorisierung ist jedoch nur sehr pauschal möglich und vielfach zu ungenau. Zweifellos sind Gewissens- und Kunstfreiheit weitgehend sachgeprägt,[103] das Grundrecht auf Eigentum hingegen rechtserzeugt.[104] Beim hier vor allem interessierenden Grundrecht der Vereinigungsfreiheit kommt man jedoch in besondere Schwierigkeiten, denn sie läßt sich in beide Kategorien einordnen. In ihrem dem status negativus angehörenden Kern ist sie auf Unabhängigkeit und Unbeeinflußtheit vom Staat gerichtet und daher sachgeprägt, durch das Zurverfügungstellen von Rechtsformen zur weiteren Grundrechtsverwirklichung durch BGB, HGB etc. aber auch rechtserzeugt. Dieser nicht nur bei Art. 9 Abs. 1 GG anzutreffende Befund nötigt bei abstrakter Grundrechtskategorisierung zu der Annahme, es gäbe Grundrechte, die

---

[96] Zu letzterem Begriff siehe *Lerche,* Arbeitskampf, S. 41.

[97] Formulierungen von *Lerche,* Übermaß, S. 107.

[98] *H. P. Ipsen,* DVBl. 1956, 360, *ders.,* Apothekenerrichtung, S. 42; weiterhin *Scholz,* Wirtschaftsaufsicht, S. 134 f.

[99] Dieser Gedanke läßt sich auch dann akzeptieren, wenn man von der grundsätzlichen Antinomie zwischen Grundrechten und Sozialstaatsprinzip ausgeht. Denn die Möglichkeit der Freiheitserweiterung oder -schaffung durch Gesetzgebung soll damit nicht bestritten werden.

[100] So *Nierhaus,* AöR 116 (1991), 83 ff.; vgl. auch *Höfling,* Offene Grundrechtsinterpretation, S. 93 ff.; *Majewski,* S. 86 ff.

[101] Siehe dazu *Lerche,* Übermaß, S. 99.

[102] Formulierung nach *Nierhaus,* AöR 116 (1991), 90.

[103] Siehe *Nierhaus,* AöR 116 (1991), 84 ff.; *Höfling,* Offene Grundrechtsinterpretation, S. 96, S. 128 ff.; *Majewski,* S. 96 ff.

[104] *Nierhaus,* AöR 116 (1991), 96 ff.

sowohl sachgeprägt als auch rechtserzeugt sind.[105] Letztlich wird man dann aber dazu kommen, daß sich die meisten Grundrechte nicht rein dem einen oder anderen Bereich zuordnen lassen. Aufzeigen läßt sich dies leicht an einem der Paradebeispiele für ein angeblich rein sachgeprägtes Grundrecht, nämlich der Kunstfreiheit.[106] Grundrechtliche Freiheit ist auch im Bereich dieses Grundrechts in wesentlicher Weise vom Staat ermöglicht, allein durch die diversen Formen der staatlichen Kunstförderung.[107]

### *bb) Eingreifende und ausgestaltende Gesetzgebungsakte in der Sicht der Normbestandsschutzlehre*

Selbst bei zunächst eindeutig scheinenden Fällen der Grundrechtsqualifikation ist im Ergebnis nur eine sowohl-als-auch-Einordnung im Hinblick auf die Alternative Rechts- oder Sachgeprägtheit möglich. Es ist deshalb darauf zu verzichten, abstrakt am jeweiligen Grundrecht gesetzgeberische Tätigkeit dem schutzbereichsprägenden oder dem eingreifenden Bereich zuzuordnen. Es kommt vielmehr auf den *konkreten Gesetzgebungsakt* an. Wird in eine ohne staatliche Mitwirkung mögliche Tätigkeit eingegriffen, gilt zweifelsfrei das Schrankensystem des jeweiligen Grundrechts. Das Grundrecht wirkt im Sinne eines klassischen Abwehrrechts. Bei „Ausgestaltungsgesetzgebung" gibt es hingegen einen im Grundsatz weiteren Gestaltungsspielraum des Gesetzgebers. Es greift jedoch zu kurz, hierauf aufbauend im wesentlichen nur in den Kategorien „Eingriff" und „Ausgestaltung" zu denken. Dies hat bereits die Diskussion um die Idee des Normbestandsschutzgedankens indirekt ergeben. Bei der Ausgestaltung gibt es zwei Varianten gesetzgeberischer Tätigkeit. Zum einen kann es um den „Aufbau" rechtlich zu konstituierender Freiheit gehen. Ein solcher „Aufbau" kann mit einem „Abbau" an anderer Stelle oder für andere Personen (im Fall von Interessenskollisionen) einhergehen. Es ist deshalb nötig zu unterscheiden, und zwar aus subjektiviert-grundrechtlicher Sicht zwischen erweiternder und beschränkender Ausgestaltung. Im Fall der beschränkenden Ausgestaltung ist die Anwendung der allgemeinen Grundrechtsschranke Übermaßverbot angebracht. Dessen „Einblendung" verlangt der Normbestandsschutzgedanke. Die „Ausblendung" der speziellen Grundrechtsschranken beruht hingegen darauf, daß es ganz unangemessen wäre, die eingriffsabwehrende Funktion der Grundrechte bei der Grundrechtsausgestaltung in gleichem Maße zu aktivieren, als wenn es zu einer Verkürzung des natürlichen Freiheitsbereiches käme. Die freiheitsmindernde Wirkung mag zwar vielfach vergleichbar sein. Der Gestaltungsspielraum, den der Gesetzgeber beim Ersterlaß

---

[105] Vgl. *Nierhaus,* AöR 116 (1991), 84.

[106] Zur Einordnung der Kunstfreiheit als sachgeprägtes Grundrecht siehe *Nierhaus,* AöR 116 (1991), 86. Vgl. vor allem auch *Hufen,* Freiheit der Kunst, S. 394: Kunst als solche dürfe nicht zur Institution gemacht werden.

[107] *Steiner,* VVDStRL 42 (1984), S. 7 ff, *ders.,* HbStR III, S. 1235 ff.

bezüglich des Ob und Wie der Freiheitsermöglichung hatte, reduziert sich aber nicht mit dem Erlaß einer denkbaren gesetzlichen Regelung schlagartig auf Null, auch nicht beschränkt auf diese Maßnahme. Andernfalls käme man tatsächlich in vielen Fällen zu der bereits erwähnten Gefahr einer Verweigerungshaltung des Gesetzgebers oder einer Erstarrung der Rechtsordnung.[108] Die Beschränkungen der gesetzgeberischen Gestaltungsfreiheit, die wegen der Erzeugung von Dispositionsvertrauen angebracht sind, rechtfertigen die Anwendung des Übermaßverbotes, jedoch nicht mehr. Nur bei rein „aufbauender" Ausgestaltung wäre der Gesetzgeber nicht an das Übermaßverbot gebunden. Begrenzungen ergäben sich aus der objektiven Wertentscheidung des Grundrechts und sonstigen Verfassungsbestimmungen.[109]

Ausgrenzung der speziellen Grundrechtsschranken verbunden mit der Anwendbarkeit des Übermaßverbot ist – wie bereits angedeutet – ein Ergebnis der Anwendung der modifizierten Lehre vom grundrechtlichen Normbestandsschutz. Sie besagt kurzgefaßt,[110] daß vom einfachen Gesetzgeber in Erfüllung eines (weit gefaßten) Verfassungsauftrags geschaffenes Recht in den Schutzbereich des jeweiligen Grundrechts fällt.[111] Dem grundsätzlichen Anliegen der Lehre ist auch für den Bereich des Art. 9 Abs. 1 GG zuzustimmen. Vor allem spricht der Vertrauensgedanke dagegen, es in das freie Belieben des Gesetzgebers zu stellen, bestimmte Organisationstypen, auf die sich der Rechtsverkehr maßgeblich eingerichtet hat, beliebig zu ändern oder abzuschaffen.[112] Der Gestaltungsspielraum ist also bei betätigtem Gestaltungsauftrag geringer als vorher.[113] Man kann nicht so tun, als agiere der grundrechtsausgestaltende Gesetzgeber stets als völliger Neuschöpfer, der seine Grenzen nur bei der vom Grundrecht gezogenen Pflicht zur Erhaltung eines unabdingbaren Minimalstandards findet. Die verfassungsrechtliche Garantie des Art. 9 Abs. 1 GG beruht – ähnlich der Vertragsfreiheit – auch auf einem Rezeptionsvorgang und steht damit in einem aktuellen Wirklichkeits- und vor allem Vertrauenszusammenhang.

Auch auf die Schwäche dieser Lehre ist aber bereits hingewiesen worden. Sie überzeugt zwar bei den unter einfachem Gesetzesvorbehalt stehenden Grundrechten aus Art. 2 Abs. 1, Art. 12 Abs. 1 und Art. 14 Abs. 1 GG, nicht jedoch bei denen, die unter keinem oder nur einem eingeschränkten Gesetzesvorbe-

---

108 Siehe zu der Kritik an der Konzeption von *Lübbe-Wolff*, Grundrechte als Eingriffsabwehrrechte, oben C III 6, S. 170 ff.

109 Dieser Gedanke wird im folgenden noch erweitert, und zwar im Hinblick auf die Geltung des Übermaßverbotes auch in diesen Fällen.

110 Ausführlichere Diskussion oben C III 6, S. 170 ff.

111 *Lübbe-Wolff*, Grundrechte als Eingriffsabwehrrechte, S. 150.

112 Ausführlich zum Zusammenhang von Normbestands- und Vertrauensschutz oben C III 6 c, S. 174 ff.

113 Dieser Aspekt kommt bei *Scholz*, Paritätische Mitbestimmung, S. 126, zu kurz, der die ursprüngliche Gestaltungsfreiheit mit der nach Betätigung gleichsetzt.

halt stehen.[114] Auch bei Art. 9 Abs. 1 GG führte die Anwendung dieser Theorie in der vor allem von Lübbe-Wolff formulierten Fassung zu erheblichen Komplikationen. Ohne weiteres wird man davon ausgehen können, daß der Erlaß der Regeln des BGB über das Vereinsrecht, des HGB, des GmbH- und des Aktiengesetzes den Verfassungsauftrag des Art. 9 Abs. 1 GG erfüllen.[115] Sie stellen Rechtstypen zur Grundrechtsverwirklichung zur Verfügung. Als Konsequenz würde sich hieraus ergeben, daß irgendwelche für die Grundrechtsausübenden beschränkende Regelungen vor dem Schrankensystem des Art. 9 Abs. 2 GG zu rechtfertigen wären. Auf Art. 9 Abs. 2 GG lassen sich solche „Eingriffe" aber schon von den tatbestandlichen Voraussetzungen her nicht stützen. Es bliebe die Berufung auf „kollidierendes Verfassungsrecht"[116], was in den meisten Fällen Änderungen aber nicht erlauben würde. Damit führte die Lehre vom grundrechtlichen Normbestandsschutz zu einer fast vollständigen status-quo-Garantie des bestehenden Vereins- und Gesellschaftsrechts.[117] Die Diskussion um den verfassungsrechtlichen Schutz der Vereinigungsfreiheit zeigt deshalb, daß die grundsätzlich richtige Lehre vom Normbestandsschutz folgendermaßen zu verstehen ist: Grundrechtsverwirklichende Normen sind dem Schutzbereich des Grundrechts zuzuordnen. Schranke für gesetzgeberische Eingriffe ist jedoch allein das Übermaßverbot.[118]

### *cc) Die notwendige Erweiterung des Normbestandsschutzgedankens*

Sowohl der Ausgestaltungsgedanke etwa in der Version des BVerfG im Mitbestimmungsurteil als auch die erweiterte Fassung unter Einbeziehung des Normbestandsschutzgedankens geben jedoch keine befriedigende Antwort

---

[114] Siehe oben C III 6, S. 170 ff.

[115] Siehe *Pernthaler,* Qualifizierte Mitbestimmung, S. 26: Gesellschaftsrechtliche Regelungen als unmittelbare Ausführungsgesetze zu Art. 9 Abs. 1 GG.

[116] Vgl. *Jarass,* in: Jarass / Pieroth, Art. 9 Rdnr. 16.

[117] Heute dürfte unstreitig sein, daß die Schrankentrias des Art. 2 Abs. 1 GG sich nicht auf die Spezialgrundrechte übertragen läßt. Auch gegen die von *Scholz,* Koalitionsfreiheit, S. 335 ff., und *Lerche,* Arbeitskampf, S. 33 ff., befürwortete Anwendung des Art. 5 Abs. 2 GG sprechen erhebliche systematische Bedenken, denn Art. 5 Abs. 2 GG steht im Art. 5 und Art. 9 hat in Art. 9 Abs. 2 GG einen eigenen Gesetzesvorbehalt. Die angeführte Begründung, Art. 9 Abs. 1 GG sei ein „Kommunikationsgrundrecht", trägt die generelle Anwendung des Art. 5 Abs. 2 GG nicht, denn es geht nicht nur um Organisation zur Kommunikation im Sinne von Art. 5 Abs. 1 GG, sondern um die Organisation überhaupt. Das Zusammenlesen von Art. 5 Abs. 2 und Art. 9 Abs. 1 GG scheint im übrigen sehr mit der bei *Scholz* anzutreffenden Vorliebe für die Entwicklung sog. Teilverfassungen zusammenzuhängen. Gegen solche Konzepte zu Recht kritisch *Wahl,* Der Staat 20 (1981), 509 ff.

[118] Siehe auch die Überlegungen von *Schnorr von Carolsfeld,* ZgesGenW 17 (1967), 21 m. Anm. 2, zur Pflichtmitgliedschaft in Prüfungsverbänden und dazu *Steiner,* Öffentliche Verwaltung durch Private, S. 149 m. Anm. 645. Auch die §§ 53 ff. GenG sind nach der hier entwickelten Konzeption am Übermaßverbot zu prüfen. Sie entgeht dieser grundrechtlichen Rechtfertigungspflicht nicht dadurch, daß man von einer „Entstehungsvoraussetzung" ausgeht (so im Ergebnis auch *Steiner,* aaO; anders *Schnorr von Carolsfeld,* ebenfalls aaO).

auf die Bindungen des Gesetzgebers beim Neuerlaß von grundrechtsverwirklichenden Vorschriften und damit auch über die Maßstäbe für die Verfassungsmäßigkeit von bestehendem vorkonstitutionellem Recht. Eine Geltung des Übermaßverbotes ist jedoch auch hierauf zu erstrecken. Das Art. 9 Abs. 1 GG zugrundeliegende und vom BVerfG anerkannte Bild grundsätzlich freier Assoziation verträgt nicht die grundlose Vorenthaltung von Gestaltungsmöglichkeiten. Beschränkungen bedürften der Legitimation durch öffentliche Interessen. Ansonsten würde man Art. 9 Abs. 1 GG auf den Umfang einer Institutsgarantie beschränken und die freiheitliche Zielsetzung der Norm nicht ausschöpfen. Dieser wird man nur gerecht, wenn man – möglicherweise anders als bei sonstigen Grundrechten – Art. 9 Abs. 1 GG nicht nur eine allgemeine Förderpflicht, sondern eine grundsätzliche Optimierungspflicht entnimmt.[119] Dem Gesetzgeber obliegt es also, Vereinigungen zu selbstgewählten Zwecken und mit selbstgewählter Organisationsform die im Vergleich mit natürlichen Personen gleichberechtigte Teilnahme am Rechtsverkehr zu ermöglichen. Art. 9 Abs. 1 GG ist deshalb in gleichem Maße ein Gleichheits- wie ein Freiheits-, weniger ein Ausübungs-, sondern vor allem ein Organisationsrecht.[120] Art. 9 Abs. 1 GG schafft die Voraussetzungen für die Ausübung grundrechtlicher Freiheit im Verbund. Die Vereinigungsfreiheit legitimiert die besondere Dynamik einer Grundrechtsausübung durch mehrere in körperschaftlich oder körperschaftsähnlich organisierter Form.

Die nur beschränkte Erfüllung dieser Gleichstellungs- und Ausgestaltungspflicht ist zwar bei abstrakter Betrachtung zunächst die Vorenthaltung einer Leistung. Sie untersteht gleichwohl beschränkt den Eingriffsregeln, nämlich der Rechtfertigungspflicht vor dem Übermaßverbot.[121] Die nur beschränkte Eingriffsgleichheit der Nichtleistung ist das notwendige Zugeständnis an den Gesetzgeber. Jener wird von Art. 9 Abs. 1 GG in die Pflicht genommen. Damit muß ein Gestaltungsspielraum korrespondieren, der größer ist als der Rahmen, den Art. 9 Abs. 2 GG und das möglicherweise kollidierende Verfassungsrecht ziehen. Sowohl für den Bereich der rechtlich konstituierten als auch zu konstituierenden Freiheit ist also nicht die Anwendung des Schrankensystems des Art. 9 Abs. 2 GG, wohl aber die Anwendung des Übermaßverbotes angemessen.[122]

---

[119] Anders ausdrücklich *K. Schmidt*, DB 1974, 257: Art. 9 Abs. 1 GG enthalte kein generelles Grundrecht auf Erlangung der Rechtsfähigkeit durch einen frei gegründeten Verband.

[120] Vgl. schon oben D I 4 b, S. 203 f.

[121] Die Rechtfertigung von Beschränkungen wird dem Gesetzgeber aber im allgemeinen dadurch erleichtert, daß einer Vereinigung für die Erlangung von Rechtsfähigkeit mehrere Wege zur Verfügung stehen. Siehe zu diesem Aspekt *K. Schmidt*, DB 1974, 257.

[122] Der Entscheidung des BVerfG, K.B. v. 14.8.1992, BayVBl. 1992, 80 f., über die Zulässigkeit der Beschränkung der Mitgliederwerbung durch Art. 1 Abs. 1 Nr. 2 BaySammlG ist deshalb im Ergebnis zuzustimmen. Es gelten nicht nur die Schranken des Art. 9 Abs. 2 GG, weil es um einen Eingriff in eine rechtlich konstituierte Freiheit geht.

### 3. Folgen für die verfassungsrechtliche Beurteilung einfachrechtlicher privatrechtsgestaltender Normen

Aus den bisherigen Erörterungen ergibt sich die Notwendigkeit einer differenzierten Sicht des Schrankensystems des Art. 9 Abs. 1 GG. Soweit es um gesetzliche Eingriffe in das „natürliche" Recht zum Zusammenschluß geht, ist verfassungsrechtliche Schrankenschranke Art. 9 Abs. 2 GG. Privatrechtsgestaltende Tätigkeit des Staates betrifft aber in der Regel nicht diesen, sondern den Bereich der rechtlich konstituierten bzw. präformierten Freiheit. Soweit es hier zu gesetzgeberischen Beschränkungen und Änderungen von vereins- oder gesellschaftsrechtlichen Normen kommt, ist allein das Übermaßverbot Prüfungsmaßstab. Ebenfalls am Übermaßverbot zu messen sind alle bestehenden Vorschriften, die sich beschränkend auf die Bildung von Vereinigungen auswirken. Hierzu zählen etwa neben Form- und Haftungsvorschriften auch die genannten Normen, die zu privatrechtsgestaltendem Handeln ermächtigen.

Diese Sichtweise liefert eine einheitliche Grundlage für die Beurteilung verbandsgestaltender staatlicher Maßnahmen. Wird eine GmbH durch privatrechtsgestaltenden Verwaltungsakt nach § 62 GmbHG aufgelöst, kommt es verfassungsrechtlich nicht darauf an, ob es sich um eine Ein-Personen-GmbH handelt oder nicht. Ein Eingriff in die „natürliche" Vereinigungsfreiheit liegt nicht vor.[123] Es wird nur die vom GmbHG grundsätzlich konstituierte Freiheit im Einzelfall entzogen. Ein solcher Vorgang ist zwar grundrechtlich relevant, sei es unter dem Blickwinkel des Art. 9 Abs. 1 GG (bei einer Mehrpersonen-GmbH) oder des Art. 12 Abs. 1 GG (bei einer Einpersonen-GmbH). Beide Grundrechte divergieren aber insoweit nicht hinsichtlich ihrer Schranken.

In ähnlicher Weise brauchen sich die kartellrechtlichen Bestimmungen der §§ 1 ff. GWB oder §§ 23 ff. GWB nicht an Art. 9 Abs. 2 GG messen oder auf kollidierendes Verfassungsrecht stützen lassen. Auch insoweit reicht die Vereinbarkeit mit dem Übermaßverbot. Diese Vorgänge betreffen ebenfalls nur die rechtlich konstituierte Freiheit. Ob sich ein gesetzliches Verbot oder eine Verfügung auf die Vereinigungsfreiheit auswirkt, ist auch hier nicht von entscheidender Bedeutung.

## III. Der verfassungsrechtliche Schutz der Stiftungsgründungsfreiheit

### 1. Stiftungsfreiheit als Institutsgarantie

Stiftungsfreiheit ist rechtlich konstituierte Freiheit. Es gibt kein von staatlicher Rechtsetzung freies, „natürliches" Stiftungsrecht. Trotzdem läßt sich auch

---

[123] Eine Vereinigung mehrerer bliebe als nichtrechtsfähiger Verein bestehen.

die Stiftungsfreiheit nicht als Institutsgarantie verstehen.[124] Eine Institutsgarantie kann nur dann angenommen werden, wenn ein eindeutiger verfassungsrechtlicher Rezeptionsvorgang vorliegt.[125] Dies setzt eine verfassungstextliche Erfassung des Stiftungsrechts im Grundrechtsbereich voraus. Eine solche liegt jedoch nicht vor. Es fehlt daher an dem notwendigen, positivrechtlichen Anknüpfungspunkt.

### 2. *Grundrecht auf Stiftungsgründung*

Eine weitere Möglichkeit zur verfassungsrechtlichen Absicherung der Stiftungsgründungsfreiheit bestände in der Annahme eines „Grundrechts auf Stiftung".[126] Dieses ließe sich entweder dem allgemeinen Freiheitsrecht des Art. 2 Abs. 1 GG oder den entsprechenden Spezialgrundrechten zuordnen.

Ausgangspunkt der Überlegungen hat wiederum zu sein, daß „Stiftungsfreiheit" – ähnlich wie „Vertragsfreiheit" – zunächst auf einer staatlichen Leistung beruht. Insofern läßt sich erwägen, das einfachgesetzliche Stiftungsrecht als Erfüllung einer aus den Grundrechten, vor allem aus Art. 4, Art. 5 Abs. 1 und Abs. 3, Art. 6 und Art. 7 Abs. 4 GG folgenden Leistungspflicht zu verstehen.[127] Für die Erfüllung grundrechtlicher Leistungspflichten verbleibt dem Gesetzgeber jedoch ein nicht unerheblicher Erfüllungsspielraum. Verfassungswidrig ist erst die Unterschreitung des absoluten, grundrechtlich garantierten Mindeststandards. Es läßt sich jedoch kaum sagen, daß das einfachgesetzliche Stiftungsrecht zur Verwirklichung der Glaubens-, Wissenschafts-, Presse-, Kunst- oder Privatschulfreiheit unabdingbar erforderlich wäre.[128] Es gibt genügend andere Rechtsformen, mit denen sich vergleichbare rechtliche Effekte wie mit einer Stiftung erzielen lassen.[129]

Aus ähnlichen Gründen scheidet auch die Annahme eines unbenannten Grundrechts „Stiftungsfreiheit" im Sinne eines Rechts auf Schaffung einer juristischen Person aus. Das Recht zur Stiftungsgründung ist in keiner Weise ähnlich essentiell für die autonome Persönlichkeitsentwicklung wie die Vertragsfreiheit. Auch die Voraussetzungen für die Anerkennung einer entspre-

[124] Anders Soergel-*Neuhoff,* vor § 80 Rdnr. 9: „Institutionsgarantie".

[125] Vgl. die Darstellungen zur Einordnung der Vertragsfreiheit als Institutsgarantie oben C III 5 c, S. 169 ff.

[126] So der Titel der Untersuchung von *Frowein* (1976); vgl. auch MüKo-*Reuter,* vor § 80 Rdnr. 27.

[127] Zu den relevanten Grundrechten siehe *Frowein,* Grundrecht auf Stiftung, S. 12 ff.

[128] So auch *M. Schulte,* Staat und Stiftung, S. 39. Anders *Frowein,* Grundrecht auf Stiftung, S. 12 ff., jedoch ohne ausreichende Reflektion über Gestaltungsalternativen. Deshalb zu Recht kritische Bemerkungen gegenüber den Ausführungen von *Frowein* bei *Ebersbach,* AöR 104 (1979), 158.

[129] Vgl. *M. Schulte,* Staat und Stiftung. S. 39; *Ebersbach,* AöR 104 (1979), 159. Zu nennen sind: Gründung einer GmbH, eines Vereins, Errichtung einer nichtrechtsfähigen Stiftung, Zuwendungen unter Auflagen (§§ 525, 1940, 2194 BGB). Siehe *Ebersbach,* aaO, und *Ballerstedt,* 44. DJT, I/5, S. 15 ff.

chenden verfassungsgewohnheitsrechtlichen Überzeugung liegen nicht vor. So läßt sich eine entsprechende opinio iuris nicht feststellen, auch wenn de lege ferenda die Einführung einer gebundenen Entscheidung befürwortet wird.[130] Skepsis gegenüber eines Rechts zur zeitlich unbeschränkten Willensherrschaft über spätere Generationen, einer Vermögensbindung an die „Tote Hand",[131] bleibt bestehen.[132] Zugespitzt läßt sie sich folgendermaßen formulieren: Art. 2 Abs. 1 GG gewährt das Recht auf freie Entfaltung, nicht auf freie Verewigung der Persönlichkeit.[133] Schließlich gibt es auch keine Entscheidung des BVerfG, die das Stiftungsgründungsrecht als Grundrecht oder grundrechtsgleiches Recht anerkennt.[134]

Nicht überzeugend ist es schließlich, das Stiftungsrecht im Schutzbereich der Eigentums- und Erbrechtsgarantie des Art. 14 GG anzusiedeln.[135] Zwar schützt die Eigentumsgarantie die grundsätzliche Verfügungsbefugnis über durch Art. 14 GG geschützte Eigentumsgegenstände. Dieses würde jedoch mit einer Abschaffung des Stiftungsrechts in keiner Weise berührt. Denn bei der Errichtung einer Stiftung geht es nicht primär um die Verfügungsmöglichkeit, die sowohl unter Lebenden als auch von Todes wegen auf vielfältige andere Weise verwirklicht werden kann, sondern um eine mit erheblichem rechtlichen Aufwand abgesicherte zweckbestimmte Vermögensverwendung nach Vermögensentäußerung. Dies liegt deshalb thematisch außerhalb des Art. 14 GG.[136] Im übrigen wäre ein „Grundrecht auf Stiftung" ein Recht auf die Existenz bestimmter Normenkomplexe. Siedelt man dieses Recht im Art. 14 GG an, handelte es sich um einen Bestandteil der Institutsgarantie. Diese schützt aber lediglich einen Kernbestand an Normen, ohne daß sich dies im Hinblick auf bestimmte Normen absolut fixieren ließe.[137] Entscheidend ist insoweit eine Gesamtbetrachtung. Selbst wenn man also das Stiftungsrecht Art. 14 GG zuordnen wollte, wäre der Gesetzgeber nicht an einer Abschaffung gehindert. Es verblieben genügend andere Möglichkeiten, über Eigentum zu verfügen oder die Vermögensverhältnisse nach dem Tod gemäß vorher geäußertem eigenem Entschluß zu regeln.

---

[130] Vgl. *Arbeitsgemeinschaft Stiftungsrecht,* Anlage 3 zum Sitzungsbericht des 44. DJT, Teil G, unter Nr. 2, *dies.,* in: Deutsches Stiftungswesen 1966 – 1976, S. 387; *Gather,* 44. DJT, G 49; Abstimmung 44. DJT, G 94, zweite Frage.

[131] So etwa *Salzwedel,* 44. DJT, Band I/5, S. 67.

[132] Vgl. die nach wie vor gültigen Ausführungen von *Ballerstedt,* 44. DJT, Band I/5, S. 41, zur Idee der Einführung völliger Stiftungsfreiheit, sowie von *Salzwedel,* 44. DJT, Band I/5, S. 67: Niemand habe einen grundrechtlichen „Anspruch" darauf, seine Individualität auch noch künftigen Generationen aufzuzwingen.

[133] Ähnlich *Salzwedel,* 44. DJT, Band I/5, S. 67; anders MüKo-*Reuter,* vor § 80 Rdnr. 3.

[134] Im Beschluß vom 11.10.1977, E 46, 73 (83) wird lediglich einer existierenden Stiftung Grundrechtsträgerschaft zuerkannt.

[135] So aber *M. Schulte,* Staat und Stiftung, S. 41 ff. Vgl. auch *Frowein,* Grundrecht auf Stiftung, S. 16; *Soegel-Neuhoff,* vor § 80 Rdnr. 6: Die Testierfreiheit umfasse u. a. das Recht zur Errichtung von Stiftungen. Ablehnend hingegen *Salzwedel,* 44. DJT, Band I/5, S. 68.

[136] So auch *Salzwedel,* 44. DJT, Band I/5, S. 68.

[137] Ausführlich oben C III 5, S. 159 ff.

### 3. Stiftungsgründungsrecht und Normbestandsschutz

Das in der Bundesrepublik geltende Stiftungsrecht hat grundrechtsfördernden Charakter.[138] Seine Existenz steht deshalb unter der allgemeinen Garantie des grundrechtlichen Normbestandsschutzes.[139] Gesetzgeberische Einschränkungen des Normbestandes sind vor dem Übermaßverbot rechtfertigungsbedürftig. Verwaltungsmäßige Einschränkungen in Vollzug des einfachen Rechts sind gegebenenfalls auch mit der Verfassungsbeschwerde kontrollierbar.[140] Hierbei hat es jedoch grundrechtlich sein Bewenden. Mehr als das, was das einfache Recht bietet, ist nicht Gegenstand einer formellen Bestandsgarantie. Gibt es also nach einfachem Recht nur einen Anspruch auf ermessensfehlerfreie Entscheidung über die Erteilung der Genehmigung zur Errichtung einer Stiftung,[141] läßt sich diese einfachgesetzliche Ausgangslage nicht unter Rückgriff auf die Grundrechte in eine gebundene Entscheidung uminterpretieren. Behördliches Ermessen für die Genehmigungserteilung ist verfassungsmäßig. Das gilt für die Ideal- wie für die wirtschaftlichen Stiftungen.[142]

Bestätigt wird dies dadurch, daß eine Reihe von Stiftungsgesetzen nicht die Voraussetzungen für eine von der Gegenmeinung notgedrungen befürwortete verfassungskonforme Auslegung erfüllen. Dann wären sehr viel detailliertere Bestimmungen über die Stiftungsverfassung erforderlich, zum einen zur Garantie des Stiftungszwecks, zum anderen aus Verkehrsschutzinteressen. Daß man mit weitgehend einheitlichen Bestimmungen über die Stiftungsverfassung der Vielfalt der Stiftungszwecke und Unterschiedlichkeit der vermögensmäßigen Stiftungsausstattung gerecht wird, ist aber kaum wahrscheinlich.[143] Der Verwirklichung des Stifterwillens dient eine weniger präzise gesetzliche Determinierung sehr viel eher,[144] die Abhängigkeit vom Verwaltungsermessen ist ein kleinerer Nachteil. Das Stiftungsermessen ist weitgehend verrechtlicht. Zum Ausdruck gebracht wird dies oft mit der Formel, das Ermessen sei pflichtgemäß auszuüben, bzw. es handele sich um gebundenes Ermessen.[145] Das ist zwar wegen der von Art. 20 Abs. 3 GG ausgesprochenen Gesetzesbindung der Verwaltung auf der einen Seite eine Banalität. Selbstverständlich ist die Verwaltung bei der Ermessensausübung gebunden, eben soweit sich gesetzgeberische Bindungen ermitteln lassen.[146] Trotzdem bringen solche Feststellungen aber

---

[138] Thematisch einschlägig sind vor allem: Art. 4, 5 Abs. 1, Abs. 3, Art. 6, Art. 7 Abs. 4 GG, siehe *Frowein*, Grundrecht auf Stiftung, S. 12 ff.

[139] Ausführlich oben C III 6, S. 170 ff. Auf die genaue grundrechtliche Verortung kommt es nicht an, da nach den bisherigen Überlegungen allein das Übermaßverbot Schrankenschranke ist.

[140] Vgl. dazu schon oben C III 7 a, S. 183 f.

[141] Nachweise siehe oben D I 2, S. 199.

[142] Für eine Differenzierung hingegen MüKo-*Reuter*, vor § 80 Rdnr. 4.

[143] So auch *Flume*, AT I/2, § 4 V 2, S. 135; vgl. auch *Mestmäcker*, 44. DJT, G 16.

[144] *Flume*, AT I/2, § 4 V 2, S. 135.

[145] *Flume*, AT I/2, § 4 V 2, S. 136; *Strickrodt*, 44. DJT, S. 34.

[146] Vgl. nur BVerwG, Urt. v. 18.8.1960, E 11, 95 (97) und dazu *Bachof*, DVBl. 1961, 129.

auch zum Ausdruck, daß sich für die Betätigung des Ermessens den Stiftungsgesetzen eine Reihe von Gesichtspunkten entnehmen lassen, die die Ablehnung einer Genehmigung geboten sein lassen.[147] Gleichwohl lassen sich die Gesichtspunkte für eine Genehmigungsversagung nicht abschließend aufzählen.[148] Ansonsten wären die Ermessensnormen fehl am Platz und die Genehmigungserteilung von den Gesetzgebern als gebundene Entscheidung zu konzipieren gewesen.[149]

### 4. *Stiftungsbetätigungsrechte*

Es ist denkbar, daß einer einmal entstandenen Stiftung Grundrechtsschutz für ihre Betätigung zukommt, obwohl es keinen verfassungsrechtlichen Anspruch auf Errichtung gibt.[150] So bejaht die überwiegende Meinung unter Rückgriff auf Art. 19 Abs. 3 GG einen solchen Betätigungsschutz.[151] Für die Frage nach der Verfassungsmäßigkeit eines Ermessens der staatlichen Stiftungsaufsichtsbehörden im Hinblick auf die Genehmigung bestimmter Geschäfte der Stiftung ist dies jedoch nicht entscheidend. Auch gegenüber grundrechtlich geschützten Tätigkeiten gibt es Ermessen.[152] Die entsprechenden Genehmigungserfordernisse betreffen zudem durchgehend Vorgänge, die aus der Sicht des Gesetzgebers die dauerhafte Erfüllung des Stiftungszwecks bzw. die Existenz der Stiftung (abstrakt) gefährden können, oder bei denen Interessenkollisionen zwischen Stiftung und Mitgliedern von Stiftungsorganen zu erwarten sind.[153] Insofern übernimmt der Staat eine Fürsorgestellung, der die Stiftung angesichts des fehlenden personalen Substrats bedarf. Daß dies zu einer gewissen Relativierung des Grundrechtsschutzes führt, ist unvermeidlich. Der Kreis der genehmigungspflichtigen Rechtsgeschäfte ist von den Stiftungsgesetzen eng gezogen. Daß die Stiftungsbehörden umfassend ihr

---

[147] Vgl. *Flume,* AT I/2, § 4 V, S. 137. Genannt werden dort: Widerspruch des Stiftungszwecks zu bestehenden Gesetzen, zum Gemeinwohl oder den guten Sitten bzw. die Prognose, daß die Verwirklichung des Stiftungszweckes nicht nachhaltig gesichert erscheint. Des weiteren gelten natürlich die allgemeinen Grundsätze der Ermessenslehre, d. h. vor allem, daß die Entscheidung nicht willkürlich bzw. gleichheitswidrig ergehen darf. Vgl. Staudinger-*Coing,* § 80 Rdnr. 23.

[148] Anders wohl *Flume,* AT I/2, § 4 V, S. 137.

[149] Ausführlich zum Problem der gesetzlichen Determinierung bei Ermessensbestimmungen siehe unten G VI, S. 335 ff.

[150] Zur Unterscheidung beider Aspekte siehe *Ebersbach,* AöR 104 (1979), 158.

[151] BVerfG, B. v. 11. 10.1977, E 46, 73 (83); dort wird die Möglichkeit einer Grundrechtsträgerschaft von Stiftungen in apodiktischer Kürze bejaht. Im Ergebnis ebenso BVerwG, Urt. v. 22.9.1972, E 40, 347 (348); *Achilles,* S. 80 f.; *Andrick,* S. 95; *Frowein,* Grundrecht auf Stiftung, S. 20 f.; *Liermann,* in: Deutsches Stiftungswesen 1966—1976, S. 22 f.; *von Mutius,* VerwArchiv 65 (1974), 87 ff.; *Seifart,* in: Deutsches Stiftungswesen 1966 — 1976, S. 306; Staudinger-*Coing,* Vorbem zu §§ 80 — 88, Rdnr. 24.

[152] Ausführlich schon oben C I 2 b aa, S. 121.

[153] Vgl. zu letzterem etwa Art. 31 Abs. 1 Nr. 7 BayStiftG.

eigenes Ermessen an die Stelle des Ermessens der Stiftungsbehörden setzen, ist schon nach einfachem Recht gar nicht möglich. Es ist deshalb auch unnötig, die Stiftungsaufsicht vergleichbar § 114 VwGO auf eine Rechtmäßigkeitskontrolle im Hinblick auf die Ermessensausübung durch die Stiftungsorgane zu beschränken.[154] Die Stiftungsbehörden können eigenes Ermessen ausüben, jedoch nur in einigen, ausdrücklich im Gesetz genannten Fällen. Würde man das in den Ermessensbestimmungen zum Ausdruck kommende fürsorgliche Element staatlicher Aufsichtstätigkeit aus grundrechtlichen Gründen eliminieren müssen, wären die rechtlichen Rahmenbedingungen auch für die Betätigung der Stiftungen sehr viel restriktiver zu fassen. So gibt es im derzeitigen Stiftungsrecht trotz einer Reihe von Genehmigungserfordernissen keine ausreichenden gläubigerschützenden Kapitalsicherungsvorschriften.[155] Eine reine Rechtskontrolle wäre also mit dem derzeitigen Normbestand gar nicht möglich.[156] Ob eine stärkere Normierung angesichts des fehlenden personalen Substrats von Stiftungen wirklich einen hinreichenden Schutz des Rechtsverkehrs bewirken könnte, ist zudem ebenfalls zweifelhaft.

---

[154] So aber die Idee von *Achilles,* S. 85.

[155] *K. Schmidt,* DB 1987, 261 f.

[156] Deshalb käme auch eine verfassungskonforme Interpretation nicht in Betracht (so aber *Achilles,* S. 86).

# E. Privatrechtsgestaltung im verfassungsrechtlichen Garantiebereich der Eigentumsfreiheit

## *I. Einfachgesetzliche Ausgangspunkte*

### *1. Eigentum als privatrechtliches Institut*

Wie die Vertrags- und Vereinigungsfreiheit unterliegt das Eigentum nach einfachem Recht vor allem dem Regime des Privatrechts. Zwar gibt es mannigfaltige öffentlich-rechtliche Eigentumsbeschränkungen. Der Grundtatbestand, also die Zuweisung bestimmter Rechte an Sachen und sonstigen Vermögensgegenständen an bestimmte Rechtssubjekte, ist jedoch hauptsächlich privatrechtlich geregelt. Auch Eigentum der öffentlichen Hand ist meist privatrechtliches Eigentum.[1] Im deutschen Rechtskreis dominiert die Skepsis gegen die vor allem von Otto Mayer im Anschluß an das französische Vorbild propagierte Figur des öffentlichen Eigentums.[2] Bis auf wenige Ausnahmen[3] gibt es in der deutschen Rechtsordnung deshalb kein öffentliches Sacheigentum, sondern lediglich öffentliche Sachen, bei denen der öffentliche, öffentlich-rechtlich begründete und abgesicherte Nutzungszweck die privaten Eigentümerbefugnisse zwar modifiziert, aber nicht allgemein verdrängt.[4] Allerdings erfährt die Eigenschaft des Privatrechts als maßgeblicher Bestimmungsfaktor des grundrechtlichen Schutzgegenstandes stärker als bei der Vertrags- und Vereinigungsfreiheit dadurch eine Einschränkung, daß auch öffentlich-rechtlich begründete Rechtspositionen unter Umständen unter den Eigentumsschutz des Art. 14 Abs. 1 GG fallen.[5] Der hoheitliche Zugriff auf Eigentum durch Einzelakt, Verordnung oder Satzung betrifft gleichwohl vor allem privatrechtliches Eigentum.

---

1 Vgl. *Bartlsperger,* Verkehrssicherungspflicht, S. 18, der auch auf die Zusammenhänge mit der sog. Fiskustheorie hinweist; *Manssen,* JuS 1992, 745.

2 Siehe *O. Mayer,* Verwaltungsrecht II, S. 71 ff.

3 Dies sind die öffentlichen Wege und Deichgrundstücke in Hamburg (§ 4 Abs. 1 HambWegeG, § 4 a HambWassG) und das Bett von Gewässern der 1. und 2. Ordnung in Baden-Württemberg (§ 4 BWWassG). Siehe etwa *Axer,* NWVBl. 1992, 12; *Papier,* Recht der öffentlichen Sachen, S. 5.

4 Vgl. *Steiner,* Straßen- und Wegerecht, Rdnr. 20 ff. Zur Kritik an dieser Konzeption siehe vor allem *Bartlsperger,* Verkehrssicherungspflicht, S. 204 ff., dens., BK Art. 90, Rdnr. 39.

5 Ausführlich unten E II 1 c, S. 242 ff.

## 2. Typologie privatrechtsgestaltender Hoheitsakte im Bereich der Eigentumsfreiheit

### a) Privatrechtsgestaltung im Bereich des Sacheigentums

Der Eigentumsbegriff des Grundgesetzes umfaßt mehr als nur das Sacheigentum. Geschützt werden auch sonstige vermögenswerte private Rechte.[6] Für den Bereich der Privatrechtsgestaltung stehen jedoch Fragen des Zugriffs auf das Sacheigentum und dabei auf das Grundeigentum im Vordergrund, und zwar sowohl in rechtstatsächlicher Hinsicht, als auch bezüglich des wissenschaftlichen Interesses. Das ist von der Verfassung in gewissem Maße vorgegeben. Das Grundgesetz enthält in Art. 14 Abs. 3 GG den vergleichsweise ausführlich formulierten Rahmen für die Zulässigkeit eines klassischen privatrechtsgestaltenden Vorgangs, der Enteignung, dessen praktische Relevanz sich weitgehend auf das Grundeigentum beschränkt. Der privatrechtsgestaltende Charakter einer Enteignung ergibt sich unschwer daraus, daß der Enteignungsverpflichtete sein privates Eigentum ganz oder teilweise verliert und die öffentliche Hand neuer privatrechtlicher Eigentümer wird.[7]

Andere verwaltungsrechtliche Institute sind der Enteignung verwandt, werden aber verfassungssystematisch nicht Art. 14 Abs. 3 GG, sondern Art. 14 Abs. 1 GG zugeordnet, etwa die Umlegung (privatrechtsgestaltend nach § 72 Abs. 1 S. 1 BauGB),[8] die allgemeine Flurbereinigung (§§ 61 S. 2, 79 FlurbG) oder die vorzeitige Besitzeinweisung (§ 116 BauGB, § 18 f FStrG, § 38 LBG).[9] Die Unternehmensflurbereinigung (§§ 87 ff. FlurbG) ist hingegen schon nach einfachem Recht nur dann zulässig, wenn auch die Voraussetzungen für eine Enteignung (Art. 14 Abs. 3 GG) vorliegen (§ 87 Abs. 1 FlurbG).[10]

Eine weitere, ebenfalls Art. 14 Abs. 1 GG zugeordnete Variante des hoheitlich-privatrechtsgestaltenden Zugriffs auf das Sacheigentum besteht darin, die grundsätzliche Eigentümerstellung unangetastet zu lassen, jedoch einzelne aus dem Eigentum fließende dingliche Ansprüche abzuerkennen oder zu ändern. Dies geschieht vor allem bei Genehmigung von Anlagen mit in der Regel nach-

---

[6] Zur Erstreckung des Eigentumsschutzes auf Forderungsrechte siehe schon oben C III 2 b bb, S. 136 f.

[7] Die genauere Eingrenzung des Enteignungsbegriffs folgt unten E II 3, S. 267 ff.

[8] Für die Einordnung der städtebaulichen Umlegung in den Bereich der Inhalts- und Schrankenbestimmung *Bryde,* JuS 1993, 284. Das BVerwG hat hingegen im Urt. v. 22.3.1990, E 85, 96 (99), die Frage offengelassen. Weitere Nachweise zu Schrifttum bei *Bryde,* aaO.

[9] Die vorzeitige Besitzeinweisung führt zum Übergang des Besitzes schon vor tatsächlicher Besitzergreifung (BGH, Urt. v. 13.10.1983, Z 88, 337 / 340; *Aust / Jacobs,* S. 33). Die Stellung des Eingewiesenen ist daher der des Erben vergleichbar *(Aust / Jacobs,* S. 33). Der Eingewiesene kann seinen Besitz mit zivilrechtlichen Mitteln durchsetzen. Gleichzeitig bleibt eine verwaltungsvollstreckungsrechtliche Durchsetzung des Einweisungsbeschlusses möglich *(Aust / Jacobs,* S. 33).

[10] BVerfG, Urt. v. 24.3.1987, E 74, 264 (279 ff.).

teiligen Umweltauswirkungen, bei denen zur Sicherung des Bestandsinteresses des Betreibers möglicherweise nach §§ 903 ff. BGB oder anderen privatrechtlichen Vorschriften bestehende dingliche Abwehransprüche des Grundstücksnachbarn präkludiert werden (vor allem in § 14 BImSchG). Ebenfalls in den Problembereich des Art. 14 Abs. 1 GG gehört die Teilungsgenehmigung.[11]

### *b) Privatrechtsgestaltung im Bereich von Forderungsrechten*

Im Rahmen privatrechtsgestaltender hoheitlicher Tätigkeit im Bereich von Forderungsrechten lassen sich ebenfalls verschiedene Grundtatbestände unterscheiden. Die bereits im Zusammenhang mit dem Sacheigentum genannten Präklusionsvorschriften bewirken teilweise auch die Aberkennung obligatorischer Rechtspositionen. § 14 S. 1 BImSchG enthält zwar einen Vorbehalt zugunsten privatrechtlicher, auf besonderen Titeln beruhender Ansprüche.[12] Eine vergleichbare Einschränkung fehlt aber bei § 21 Abs. 3 WaStrG. Weiterhin erfaßt § 14 S. 1 BImSchG auch die obligatorischen nachbarrechtlichen Ansprüche, die etwa aus § 823 Abs. 1 oder § 823 Abs. 2 BGB (etwa in Verbindung mit drittschützenden öffentlich-rechtlichen Vorschriften) abgeleitet werden. Des weiteren gibt es die Variante der hoheitlichen Änderung der Rechtszuständigkeit, vergleichbar der Enteignung beim Sacheigentum. Ein Beispielsfall ist die Überleitung von Unterhaltsansprüchen im Sozialrecht nach §§ 90, 91 BSHG. Mit der Bekanntgabe der Überleitungsanzeige tritt der Sozialhilfeträger in die privatrechtliche Gläubigerstellung des Hilfeempfängers ein.

Bereits ein Grenzfall im Bereich privatrechtsgestaltenden Handelns sind die Fälle der faktischen Forderungsvereitelung.[13] Anzutreffen sind sie etwa im Außenwirtschaftsrecht (§§ 5, 7 AWG). Mit der Untersagung der Durchführung abgeschlossener Verträge durch Rechtsverordnung (§ 2 Abs. 1 AWG) oder durch Verwaltungsakt (siehe § 2 Abs. 2 AWG)[14] verlieren beide Vertragsparteien ihren Anspruch auf die Gegenleistung.[15] Einen vergleichbaren Effekt hat die Anordnung eines kommunalen Anschluß- und Benutzungszwanges auf die Verträge der Anschlußverpflichteten mit privaten Unternehmern.[16] Auch hierbei wer-

---

[11] Zum privatrechtsgestaltenden Charakter siehe schon oben A V 4 b, S. 33 f.

[12] Hierzu zählen alle diejenigen Ansprüche, die sich nicht aus dem allgemeinen Nachbarrecht oder Besitzschutzrecht, sondern aus einem speziellen privatrechtlichen Verhältnis des Anlagenbetreibers zu einem Nachbarn ergeben, etwa aus Vertrag oder dinglichen Rechten wie Eigentum (etwa am Betreibergrundstück, nicht am Nachbargrundstück), Nießbrauch oder Dienstbarkeit (so zutreffend *G. Wagner*, Öffentlich-rechtliche Genehmigung, S. 103 m. w. N.; weiterhin auch *Ule*, BB 1979, 1009).

[13] Zum privatrechtsgestaltenden Charakter siehe oben A V 3 d dd, S. 30 f.

[14] I. d. F. von Art. 1 des 7. Gesetzes zur Änderung des AWG, BGBl. I v. 28.2.1992, S. 372.

[15] Soweit deutsches Recht anwendbar ist, gelten die §§ 275, 323 BGB (siehe *Häde*, BayVBl. 1991, 489; *Klußmann*, S. 34 f.). Ob möglicherweise im Fall von § 2 Abs. 2 AWG (Beschränkung durch Verwaltungsakt, die nach Ablauf von sechs Monaten außer Kraft tritt, wenn sie nicht durch eine Rechtsverordnung übernommen wird) nur ein vorläufiges Leistungsverweigerungsrecht angezeigt ist, ist ein Problem der Zivilrechtsdogmatik.

[16] Siehe *Klußmann*, S. 30 f. und S. 71 ff.

den die bisher abgeschlossenen obligatorischen Liefer- oder Entsorgungsverträge obsolet.

Einen Sonderfall bilden schließlich die staatlichen Vorkaufsrechte. Sie gibt es in einer Reihe von Gesetzen. Zu nennen ist vor allem das städtebauliche Vorkaufsrecht nach §§ 24 ff. BauGB, weiterhin aber auch diejenigen nach den Naturschutz- und Denkmalschutzgesetzen der Länder.[17] Die Einordnung in die Kategorien Privatrechtsgestaltung im Bereich des Sacheigentums oder im Bereich von Forderungsrechten kann auf den ersten Blick nicht völlig eindeutig erfolgen. Jedenfalls bezüglich des Käufers liegt zumindest ein faktischer Eingriff in ein Forderungsrecht vor. Ihm wird seine obligatorische Rechtsposition, der schuldrechtliche Anspruch auf Übertragung des Eigentums, vereitelt. Bezüglich des Verkäufers ist zweifellos auch die aus dem Sacheigentum fließende Befugnis auf freie Übertragung des Grundstücks betroffen. Entwertet wird aber auch dessen schuldrechtlicher Anspruch gegen den Käufer. Der Verkäufer erhält zwar im Ergebnis den Kaufpreis von der öffentlichen Hand. Aber die Person des Erwerbers kann für den Verkäufer durchaus eine auch vermögenswerte Bedeutung haben.

### *c) Privatrechtsgestaltung im Bereich der Anteilsrechte*

Unter dem Schutz des Art. 14 GG steht auch das Mitgliedschaftsrecht an Kapitalgesellschaften.[18] Folgt man der Auffassung von der Erstreckung des Schutzbereichs der Eigentumsgarantie auf den Erwerbsschutz[19], wäre auch die Befugnis zum Erwerb vom Anteilsrechten durch Art. 14 GG geschützt.[20] Zu privatrechtsgestaltenden Maßnahmen käme es dann bei der Zusammenschlußkontrolle nach § 24 GWB. So erfüllt der Erwerber von Anteilen den Zusammenschlußtatbestand unter den Voraussetzungen des § 23 Abs. 2 Nr. 2 GWB. Eine Untersagungsverfügung des Kartellamtes nach § 24 Abs. 2 S. 1 GWB hat nach § 24 Abs. 2 S. 4 2. HS GWB privatrechtsgestaltende Wirkung.[21]

---

[17] Vgl. Art. 34 BayNatSchG; Art. 19 Abs. 2 BayDSchG.

[18] BVerfG, Urt. v. 1.3.1979, E 50, 290 (341).

[19] Siehe *Kloepfer*, Grundrechte, S. 30. Die Frage wurde vom BVerfG bisher offengelassen, siehe B. v. 21.11.1966, E 21, 72 (76). Ausführlich zu dieser Frage die Darstellungen oben C III 2 b cc, S. 137 ff.

[20] Gegen eine solche Auffassung ausdrücklich *Scholz*, Entflechtung, S. 108 f., der in der Möglichkeit des Erwerbs von Anteilsrechten keine vermögensrechtlich substantielle Position erkennt. Siehe auch *dens.*, Konzentrationskontrolle, S. 53 f.; vgl. auch die ablehnende Stellungnahme in dieser Arbeit, oben C III 2 b cc, S. 137 ff.

[21] Besondere verfassungsrechtliche Probleme entstehen insoweit keine. Nach allgemeiner Meinung handelt es sich – soweit man die Eigentumsgarantie überhaupt für einschlägig hält – um zulässige Inhalts- und Schrankenbestimmungen (vgl. *Möschel*, Entflechtungen, S. 135 ff.).

### 3. Verfassungsrechtliches Problemspektrum

#### a) Die Theorie der „gesetzlich bedingten, ursprünglichen Bestandsschwäche des Eigentums"

Mit der Eigentumsgarantie des Grundgesetzes sind eine Fülle von rechtsdogmatischen Problemen verbunden. Sie nehmen ihren Ausgangspunkt jedoch fast durchgehend in ein und derselben Frage, die auch für den Bereich der Privatrechtsgestaltung durch Hoheitsakt eine besondere Rolle spielt, nämlich der nach *dem Verhältnis von Grundrechtsgarantie und einfachem Gesetzgeber.* Das Eigentumsgrundrecht ist auf der einen Seite unzweifelhaft auf den einfachen Gesetzgeber angewiesen, um in der Rechtsordnung effektiv zu werden. Auf der anderen Seite ist es gerade Aufgabe der verfassungsrechtlichen Garantie des Art. 14 GG, dem Gesetzgeber Vorgaben und Schranken aufzuerlegen (Art. 1 Abs. 3 GG).

Im Zusammenhang mit dem damit angesprochenen Dilemma wird häufig eine ausgesprochen problematische Argumentationsfigur verwendet, die sich als „Theorie der gesetzlich bedingten, urspünglichen Bestandsschwäche des Eigentums"[22] oder der „wesensmäßigen Rechts- und Bestandsschwäche des Eigentums"[23] bezeichnen läßt. Mit ihr werden in ganz unterschiedlichen Zusammenhängen Eingriffe in Eigentumspositionen deshalb für grundrechtlich irrelevant erklärt, weil bezüglich des Eingriffsobjekts überhaupt keine Eigentumsposition bestanden haben soll.[24] Die Grundlinie in der Argumentation ist dabei stets die gleiche und sehr viel einfacher aufzuzeigen als bei sonstigen „Innenlösungen" für grundrechtliche Schutzbereichsbegrenzungen. Weil der Gesetzgeber den Inhalt des Eigentums bestimmt, wird ein bestimmter Eingriff durch die Exekutive deshalb nicht am Grundrecht aus Art. 14 GG gemessen, da der Gesetzgeber von vornherein eine entsprechende „Pflichtigkeit" vorgesehen habe.

Diese Argumentationsfigur hat eine gewisse Berechtigung zur Zurückweisung der Vorstellung, Art. 14 GG schütze auch die Entstehung von Forderun-

---

22 So der Ausdruck von *Wendt,* Eigentum, S. 153 ff.

23 So *Klußmann,* S. 89 ff.

24 Bezüglich gesetzgeberischer Eingriffe in laufende Verträge vertreten vom BVerwG, Urt. v. 18.8.1960, E 11, 95 (96); weiterhin von *Klußmann,* S. 89 ff.; zur Begründung der grundsätzlichen Zulässigkeit kartellrechtlicher Entflechtungsgesetzgebung von *Scholz,* Entflechtung, S. 169; indirekt auch bei *von Bogdandy,* VerwArchiv 83 (1992), 87, der Bestandsschutzfragen „in erster Linie" auf einfachgesetzlicher Ebene diskutieren will. Siehe auch *W. Weber,* Eigentum und Enteignung, S. 347 f.: Das Eigentum gäbe von vornherein nicht mehr her, als ihm die im Recht ausgeformte Sozialordnung an Inhalt und Möglichkeiten zuerkenne. Weitere Nachweise bei *Wendt,* Eigentum, S. 153; *Lutz,* Eigentumsschutz, S. 117 ff. Gewisse Vorläufer für diese Lehre gab es schon in der Weimarer Zeit. So spricht etwa *Jellinek,* Verwaltungsrecht, S. 413, von einer Schwäche des Eigentums gegenüber dem Gesetzgeber, und zwar im Hinblick darauf, daß nicht alle Eingriffe als Enteignung „empfunden" würden.

gen.[25] Forderungen, denen die Rechtsordnung zwingende Gültigkeits- oder Durchsetzungshindernisse entgegenstellt, entstehen nicht als vermögenswerte Rechte.[26] Sie taucht aber auch im Bereich hoheitlicher Eingriffe in private Forderungsrechte auf, die zweifelsfrei von Art. 14 GG geschützt werden. Eine Forderung als reines Rechtsprodukt erscheint für eine solche Argumentation in besonderem Maße geeignet bzw. anfällig. So wird gegen die Einordnung der Ausübung eines Vorkaufsrechts als Enteignung in Fortführung der bereits beschriebenen allgemeinen Argumentationslinie eingewendet, daß eine vermögenswerte Rechtsposition (vor allem des Käufers) nur innerhalb der durch das gesamte Normensystem ausgeformten Rechtsordnung entstehe; das vermeintlich durch staatlichen Eingriff eingeschränkte Eigentumsrecht sei schon durch eine Inhalts- und Schrankenbestimmung i. S. v. Art. 14 Abs. 1 S. 2 GG konkretisiert und ausgestaltet worden, der Übereignungsanspruch deshalb von vornherein mit einer „Vormerkung" zugunsten des Vorkaufsberechtigten belastet; da es bereits an einem Eigentumssubstrat fehle, könne auch keine „Enteignung" vorliegen.[27]

Auf eine ähnlich lautende Argumentation wie bei der angeblichen Bestandsschwäche des Forderungsrechts des Käufers bei Vorkaufsrechten trifft man bei der eigentumsrechtlichen Problematik eines kommunalen Anschluß- und Benutzungszwanges bezüglich der mit privaten Unternehmern abgeschlossenen Verträge. Die zum Satzungserlaß ermächtigenden Vorschriften der Gemeindeordnungen[28] erfüllen die Voraussetzungen des Art. 14 Abs. 3 GG nicht nur im Hinblick auf diesen Eingriff regelmäßig nicht. Sie enthalten keine Entschädigungsregelung für die Entwertung geschlossener Verträge. Nach Auffassung des BGH und des BVerwG liegt aber deshalb keine „Enteignung" vor, weil dem gesamten Sachgebiet eine „Pflichtigkeit" dahingehend anhänge, daß das Eigentum nur solange unbeschränkt genutzt werden dürfe, bis die Gemeinde dieses Sachgebiet in eigener Verantwortung übernehme.[29] Anders ausgedrückt: Rechts- und Bestandsschwäche sei Wesen des laufenden Vertrages und damit nicht vom Schutzbereich des Art. 14 GG erfaßt.[30]

### *b) Vorkaufsrechte zwischen Inhalts- und Schrankenbestimmung und Enteignung*

Läßt sich die Theorie der ursprünglichen gesetzlichen Bestandsschwäche des Eigentums widerlegen und ist deshalb die Entwertung der Position des Käufers nicht deshalb kein Eigentumseingriff, weil dessen Position von vornherein ent-

---

25 Siehe ausführlich oben C III 2 b cc, S. 137 ff.

26 BVerfG, K.B. v. 24.2.1992, NJW 1992, 2143 (2144).

27 So *Engelhardt*, BayVBl. 1991, 279.

28 Etwa Art. 24 BayGO.

29 BGH, Urt. v. 30.9.1963, Z 40, 355 (365); BVerwG, Urt. v. 27.5.1981, NJW 1982, 63 (64). Siehe dazu auch die einschränkende Interpretation von *Steiner*, Staatliche Gefahrenvorsorge, S. 50.

30 So *Klußmann*, S. 101, siehe auch *dens.*, 106 ff.

sprechend belastet war, stellt sich des weiteren die Frage des Prüfungsmaßstabes innerhalb von Art. 14 GG. Nicht nur das Verhältnis von Grundrechtsgarantie und einfachem Gesetzgeber ist ein dogmatisches Grundproblem zur Erfassung privatrechtsgestaltender Tätigkeit des Staates im Bereich des Eigentums, sondern auch die Abgrenzung von Inhalts- und Schrankenbestimmung auf der einen und Enteignung auf der anderen Seite. Nach heute feststehender Auffassung in Rechtsprechung und Literatur unterfallen dem Schutzbereich des Art. 14 GG auch bestehende, obligatorische Rechtspositionen.[31] Damit kommt es bei staatlichen Eingriffen in bestehende Vertragsverhältnisse zu einem Konkurrenzverhältnis von Art. 2 Abs. 1 GG (unbenanntes Grundrecht der Vertragsfreiheit) und Art. 14 GG. Dieses Konkurrenzverhältnis führt dann zu keinen Schrankenproblemen, wenn im Rahmen der Eigentumsgarantie Art. 14 Abs. 1 GG Prüfungsmaßstab ist. Dann ist bei beiden Grundrechten die wesentliche Schranke das Übermaßverbot.

Ob jedoch Art. 14 Abs. 1 GG Prüfungsmaßstab ist, ist vor allem bei den Vorkaufsrechten der öffentlichen Hand nicht sicher. Die Ausübung eines Vorkaufsrechts könnte begrifflich als Enteignung sowohl gegenüber Käufer als auch Verkäufer verstanden werden, vor allem, wenn man vom zivilrechtlichen Vorgang abstrahiert. Es kommt dann nicht darauf an, welchem Enteignungsbegriff man zuneigt.[32] Die Ausübung eines Vorkaufsrechts ließe sich u. U. als Güterbeschaffungsvorgang verstehen.[33] Der Staat nutzt das Vorliegen eines Kaufvertrages zwischen Privaten, um den entsprechenden Gegenstand selbst zur Erfüllung bestimmter öffentlicher Aufgaben zu erwerben. Erst recht könnte eine Enteignung vorliegen, wenn man den vom BVerfG vertretenen weiten Enteignungsbegriff bevorzugt.[34] Entscheidendes Merkmal der Enteignung ist danach der Entzug des Eigentums und der dadurch bewirkte Rechts- und Vermögensverlust.[35] Zumindest für die Person des Käufers ist ein solcher Befund ohne weiteres zu stellen. Der Käufer bekommt nicht das Grundstück, vielmehr wird die Erfüllung des Vertrages dem Verkäufer subjektiv unmöglich und der Käufer erhält nur entsprechende Sekundäransprüche.[36] Aber auch bezüglich des Verkäufers läßt sich ein Rechtsverlust annehmen. Er verliert seine Rechte aus dem Vertrag, den er autonom geschlossen hat, und er bekommt einen neuen Vertragspartner.

---

[31] Vgl. nur BVerfG, Urt. v. 8.7.1976, E 42, 263 (294); B. v. 9.1.1991, E 83, 201 (208). Weitere Nachweise oben C III 2 b bb, S. 136 f.

[32] Zum engen und weiten Enteignungsverständnis siehe unten E II 3, S. 301 ff.

[33] Weitere Präzisierungen zum engeren Enteignungsbegriff, vertreten etwa von *Osterloh*, DVBl. 1991, 911, *Schwerdtfeger*, Paritätische Mitbestimmung, S. 66 und in der vorliegenden Arbeit unten E II 3, S. 267 ff.

[34] Siehe BVerfG, B. v. 9.1.1991, NJW 1991, 1807 (1808); vgl. dazu auch *Jarass*, in: Jarass / Pieroth, Art. 14 Rdnr. 27.

[35] BVerfG, B. v. 9.1.1991, NJW 1991, 1807 (1808).

[36] Vergleichbar die Argumentation des BVerfGE 83, 201 (210): Unabhängig davon, ob ein Kauf günstig sei oder nicht, sei das Interesse am Erwerb des Gegenstandes eine vermögenswerte Rechtsposition.

Bejaht man den Enteignungscharakter vor allem im Hinblick auf die Person des Käufers,[37] ergeben sich Bedenken bezüglich der Verfassungsmäßigkeit der hierzu ermächtigenden Vorschriften. Zunächst wäre die Ausübung eines Vorkaufsrechts – würde man vom Vorliegen einer „Enteignung" i. S. v. Art. 14 Abs. 3 GG ausgehen – nur „zum Wohl der Allgemeinheit" zulässig. Hingegen verlangen § 24 Abs. 3 S. 1 BauGB und die entsprechenden Vorschriften des Natur- und Denkmalschutzrechts nur, daß das Wohl der Allgemeinheit die Ausübung „rechtfertigt". Damit werden im allgemeinen geringere Anforderungen verbunden als mit der Art. 14 Abs. 3 GG entnommenen Voraussetzung des „Erforderns".[38] Ein „Rechtfertigen" der Enteignung durch das Wohl der Allgemeinheit soll bereits dann gegeben sein, wenn im Hinblick auf eine bestimmte Aufgabe überwiegende Vorteile für die Öffentlichkeit angestrebt werden.[39] Hingegen gelte für die Enteignung im Sinne von Art. 14 Abs. 3 GG ein strenges Ultima-ratio-Prinzip.[40] Daß insofern auch nach Auffassung der jeweiligen Gesetzgeber ein Unterschied besteht, zeigen zum einen die unterschiedlichen Anforderungen im „Vorfeld" der Ausübung der jeweiligen Rechte,[41] zum zweiten werden für nach Auffassung der Gesetze „echte" Enteignungen enger formulierte Voraussetzungen aufgestellt.[42]

Diese Unterschiede sollte man allerdings auch nicht überbewerten. Der Begriff „Wohl der Allgemeinheit" nach Art. 14 Abs. 3 GG ist abstrakt kaum zu definieren.[43] So beschränken sich wesentliche Stellungnahmen in der Literatur auf rein negativ ausgrenzende Umschreibungen.[44] Das eingestandene subjektive Unvermögen der Verfassungsinterpreten zur Findung einer abschließenden und brauchbaren Positivdefinition führt zur Notwendigkeit einer anhand formellgesetzlicher Vorgaben im Hinblick auf Enteignungszweck und Enteignungsvoraussetzungen von der Exekutive durchzuführenden Abwägungs-

---

[37] So etwa *Numberger,* BayVBl. 1991, 279; zum BBauG 1960 auch *Meister,* DVBl. 1967, 266. Anderer Ansicht ist hingegen die ganz überwiegende Meinung, siehe BGH, Urt. v. 5.5.1988, NJW 1989, 37 (38); vgl. auch schon RG, Urt. v. 17.10.1923, Z 107, 261 ff.; weiterhin: *Dyong,* in: Ernst / Zinkahn / Bielenberg, § 24 BauGB, Rdnr. 37, Stand: September 1987; *Ebert,* NJW 1956, 1622; *Engelhardt,* BayVBl. 1991, 279 f.; *Krautzberger,* in: Battis / Krautzberger / Löhr, Vorb. §§ 24 – 28, Rdnr. 5.

[38] Vgl. BVerwG, B. v. 15.2.1990, BauR 1991, 191 (192); OVG Lüneburg, Urt. v. 28.2.1980, BauR 1981, 262 (263); *Finkelnburg,* Öffentliches Baurecht, Band I, S. 181; *Numberger,* BayVBl. 1991, 278; *Krautzberger,* in: Battis / Krautzberger / Löhr, § 24 Rdnr. 17.

[39] So *Krautzberger,* in: Battis / Krautzberger / Löhr, § 24 Rdnr. 17.

[40] Deutlich *Battis,* in: Battis / Krautzberger / Löhr, § 87 Rdnr. 1 ff.

[41] Beispielsweise muß sich die Behörde nach § 87 Abs. 2 BauGB vor einer Enteignung um den freihändigen Erwerb des Grundstücks bemühen. Bei der Ausübung eines Vorkaufsrechts braucht hingegen die Gemeinde nicht vorher versuchen, daß Grundstück im Einvernehmen mit Käufer und Verkäufer zu erhalten.

[42] Siehe etwa Art. 35 Nr. 2 BayNatSchG.

[43] Siehe ausführlich *Schmidbauer,* Enteignung, S. 91 ff.

[44] Vgl. etwa *Papier,* in: Maunz / Dürig, Art. 14 Rdnr. 498: Fiskalische Interessen und „Bereicherungswünsche" der öffentlichen Hand genügten dem Gemeinwohlbezug nicht. Weiterhin ausführlich *Schmidbauer,* Enteignung, S. 91 ff.

entscheidung.[45] Da letztlich alle betroffenen Belange in diese Abwägung einzubeziehen sind, ist die Unterscheidung von „rechtfertigen“ und „erfordern“ im Ergebnis gradueller Natur.[46] Im ersten Fall genügt ein einfaches, im zweiten bedarf es eines deutlichen Überwiegens öffentlicher Interessen. Somit erscheint eine verfassungskonforme Auslegung der genannten Gesetze durchaus denkbar, falls sich die Ausübung eines Vorkaufsrechts tatsächlich als Enteignung erwiese. Hinweise auf „Enteignungszweck“ und „Enteignungsvoraussetzungen“ ließen sich ihnen jedenfalls entnehmen.

Zweites Problemfeld ist die Frage der Entschädigung. Eine solche gewährt § 28 Abs. 6 BauGB nur in heute kaum relevanten Ausnahmefällen. Die anderen Gesetze verzichten hierauf im Regelfall völlig.[47] Auch dies ist jedoch nicht so gravierend, daß man für den Fall der Qualifizierung der Ausübung eines Vorkaufsrechts als Enteignung zur Verfassungswidrigkeit der Vorkaufsbestimmungen käme. Die Möglichkeit einer Entschädigung (sieht man einmal von der teilweise vorgesehenen Möglichkeit der Herabsetzung des Kaufpreises ab[48]) wird im wesentlichen nur für den Käufer relevant.[49] Dieser wird jedoch bei Vollziehung des Vorkaufsrechts von der Kaufpreiszahlung frei. Raum für Entschädigung bleibt also nur dann, wenn er unter Verkehrswert gekauft hat. Art. 14 Abs. 3 GG verlangt aber nicht unbedingt eine Verkehrswertentschädigung.[50] Daher wäre eine gesetzgeberische Entscheidung, trotz formellen Vorliegens eines Enteignungstatbestandes auf eine Entschädigung mangels relevanten Vermögensnachteils zu verzichten, verfassungsrechtlich nicht von vornherein zu verwerfen.[51]

Im Ergebnis kann also der Auffassung, wonach die Bestimmungen über staatliche Vorkaufsrechte verfassungswidrig sind, wenn man die Ausübung

[45] *Schmidbauer,* Enteignung, S. 147 ff. Siehe auch *Dolde,* Festschrift für Sendler, S. 234 ff. Deutlich in diese Richtung auch BVerwG, Urt. v. 9.3.1990, E 85, 44 (46): „Deshalb kann die Frage, ob die einzelne Anlage dem Wohl der Allgemeinheit dient und ob dafür notfalls auch eine Enteignung nach Art. 14 Abs. 3 S. 1 GG zulässig ist, nur anhand der konkreten Umstände des Falles, insbesondere aufgrund einer Abwägung der von dem Vorhaben betroffenen öffentlichen und privaten Belange beantwortet werden.“

[46] So ausdrücklich auch OVG Lüneburg, Urt. v. 28.2.1980, BauR 1981, 262 (263).

[47] Art. 20 BayDSchG wäre als salvatorische Entschädigungsklausel im Bereich des Art. 14 Abs. 3 GG verfassungsrechtlich nicht haltbar. So zutreffend BVerwG, Urt. v. 15.2.1990, E 84, 361 (365): Der Gesetzgeber müsse selbst entscheiden, ob ein Eingriff enteignende Qualität im Sinne von Art. 14 Abs. 3 S. 1 GG besitze.

[48] Siehe etwa § 28 Abs. 3 BauGB.

[49] Der Verkäufer erhält von der öffentlichen Hand den Preis, den er sonst vom Käufer erhalten hätte. Zu bedenken ist aber, daß die Person des Käufers für den Verkäufer durchaus Vermögenswert haben kann. Wenn etwa im Fall einer Grundstücksteilung der Verkäufer die eine Hälfte verkauft und die andere selbst nutzt, hat er häufig durchaus ein finanzielles Interesse daran, sich seinen künftigen Nachbarn sorgfältig auszusuchen, wobei insoweit die öffentliche Hand nicht immer die beste Wahl ist.

[50] Vgl. *Papier,* in: Maunz / Dürig, Art. 14 Rdnr. 513.

[51] In der Literatur wird im übrigen zu Recht darauf hingewiesen, daß es Fälle gibt, in denen der Vorteil, den eine Enteignung bietet, so groß sein kann, daß deshalb eine Entschädigung möglicherweise entfallen kann *(Funk,* BayVBl. 1993, 280).

eines solchen Rechts als Enteignung ansieht,[52] nicht gefolgt werden. Trotzdem bleibt die Frage der richtigen Einordnung aus allgemeinen systematischen Gründen zu lösen.

### *c) Embargomaßnahmen nach dem AWG zwischen Inhalts- und Schrankenbestimmung und Enteignung*

Eine weitere Möglichkeit staatlicher Eingriffe in Forderungsrechte eröffnen – wie erwähnt – §§ 5 und 7 AWG.[53] Solche Maßnahmen bezwecken die Verhinderung der Durchführung des Austauschsgeschäfts, zielen insoweit direkter auf den schuldrechtlichen Vertrag, als dies bei Vorkaufsrechten der Fall ist. Kommt es zu einer Beschränkung von abgeschlossenen, noch nicht durchgeführten Verträgen, verlieren beide Vertragspartner ihren Anspruch auf die vereinbarte Gegenleistung.[54] Die Auffassung, die für das Vorliegen einer Enteignung einen Güterbeschaffungsvorgang fordert, bekommt keine Schwierigkeiten, in einer solchen Forderungsvereitelung eine Inhalts- und Schrankenbestimmung zu sehen. Betrachtet man in Übereinstimmung hiermit diesen Vorgang unter dem Blickwinkel des Art. 14 Abs. 1 GG,[55] ist ein Embargo – soweit überwiegende öffentliche Interessen vorliegen – rechtmäßig.[56]

Ist hingegen Art. 14 Abs. 3 GG Prüfungsmaßstab (ein hoheitlicher Rechtsentzug zur Erfüllung bestimmter öffentlicher Zwecke liegt vor[57]), stellt sich zunächst die Frage, ob das AWG dem Erfordernis genügt, wonach Enteignungen nur „zum Wohl der Allgemeinheit" zulässig sind. Jedenfalls haben weder § 5 noch § 7 AWG textlich Verbindung zu Art. 14 Abs. 3 S. 1 GG. Inhaltlich kommen sie dem Gebot der gesetzlichen Konkretisierung von Gemeinwohlbelangen für die Zulässigkeit von Enteignungen[58] jedoch näher als manche Vorschrift mit wortlautmäßig engerer Anlehnung an die Voraussetzungen des Art.

---

52 So vor allem *Numberger,* BayVBl. 1991, 279.

53 Vgl. etwa den Fall des Irak-/Kuwait-Embargos, 10. VO zur Änderung der AWVO v. 9.8.1990, BAnz. Nr. 149 v. 11.8.1990, S. 4065 f. Mit dieser Änderung der AWV war allerdings im wesentlichen eine „Gewährleistung der Straf- und Bußgeldbewehrung entsprechender Verbote der Europäischen Gemeinschaften" bezweckt, siehe § 69 a S. 1 AWV. Aufgrund der nicht völlig geklärten EG-Befugnisse für Embargomaßnahmen wird der VO jedoch durchaus eigenständiger Verbotscharakter beigemessen (etwa von *Häde,* BayVBl. 1991, 487). Ausführlich zum Irak-/Kuwait-Embargo *Mestmäcker / Engel,* Das Embargo gegen Irak und Kuwait (1991), S. 9 ff.

54 Nach – allerdings in der Regel nicht anwendbarem – deutschen Recht gemäß §§ 275, 323 BGB *(Häde,* BayVBl. 1991, 489; *Klußmann,* S. 34 f.).

55 So ausdrücklich *von Bogdandy,* VerwArchiv 83 (1992), 88, allerdings ohne nähere Erläuterung.

56 Zur Vereinbarkeit von Ausfuhrbeschränkungen mit Art. 12 Abs. 1 GG siehe BVerwG, Urt. v. 17.10.1991, NJW 1992, 2648 (2650).

57 Zu den Definitionsproblemen für den Enteignungsbegriff auf der Grundlage dieser Auffassung siehe unten E II 3, S. 267 ff.

58 Siehe BVerfG, Urt. v. 24.3.1987, E 74, 264 (285): Art. 14 Abs. 3 GG verlange einen qualifizierten Enteignungszweck, der seine konkrete Ausformung in gesetzlichen Vorschriften oder auf deren Grundlage gefunden haben muß.

14 Abs. 3 GG. Vor allem § 7 AWG nennt die öffentlichen Belange, die Eingriffe rechtfertigen, verhältnismäßig präzise.[59]

Bezüglich der Entschädigung würde das Gleiche gelten wie bei den Vorkaufsrechten. Die Vertragspartner verlieren den Anspruch auf die Gegenleistung und erleiden damit möglicherweise eine Gewinneinbuße. Art. 14 Abs. 3 S. 3 GG verlangt jedoch – wie schon ausgeführt – nicht starr eine Verkehrswertentschädigung.[60]

Eine solche Auffassung, die Forderungsvereitelungen als gegebenenfalls auch mit Art. 14 Abs. 3 GG vereinbar ansieht, setzt sich notwendigerweise dem Vorwurf aus, sie gleiche trotz deutlich unterschiedlichen Verfassungswortlauts die Rechtmäßigkeitsmaßstäbe für Inhalts- und Schrankenbestimmungen auf der einen und Enteignungen auf der anderen Seite weitgehend an. Der Trennstrich, den das BVerfG vor allem in der Naßauskiesungsentscheidung[61] vor Art. 14 Abs. 3 GG gezogen hat, war jedoch nie so deutlich, wie er es nach der Intention des Beschlusses hätte sein sollen.[62] Zudem ist die Einordnung von Boykottmaßnahmen nach nationalem Verfassungsrecht mittlerweile eine untergeordnete Frage. Im Kern handelt es sich um ein europarechtliches Problem. Die EG nimmt die Kompetenz zur Entscheidung über Embargomaßnahmen nach Art. 113 EWGV seit 1982 in Anspruch.[63] Auch wenn man neben der EG-Kompetenz den Mitgliedsstaaten eine Parallelbefugnis nach Art. 224 EWGV zugesteht,[64] sind doch aus der Natur der Sache die EG-Maßnahmen maßstabsetzend. Das BVerfG lehnt jedoch – wie der EuGH –[65] eine Überprüfung abgeleiteten Gemeinschaftsrechts am Maßstab der Grundrechte des Grundgesetzes ab.[66] Prüfungsmaßstab für die Rechtmäßigkeit der EG-Maßnahmen sind vielmehr die Grundrechte, wie sie aus den Verfassungen der Mitgliedsstaaten und der EuMRK hervorgehen.[67] Aus Art. 222 EWGV ergibt sich für das Eigentums-

---

[59] § 7 i. V. m. § 2 AWG ist deshalb mit Art. 80 Abs. 1 S. 2 GG vereinbar, siehe BVerwG, Urt. v. 17.10.1991, NJW 1992, 2648 (2650).

[60] Siehe oben E I 3 b, S. 228 ff.

[61] BVerfG, B. v. 15.7.1981, E 58, 300 ff.

[62] Ausführlicher vor allem zum Problem des Enteignungsbegriffs unten E II 3, S. 267 ff. Zu einfach machen es sich in diesem Zusammenhang *Mestmäcker / Engel*, S. 80 f., die meinen, zwischen Enteignungen und Inhalts- und Schrankenbestimmungen bestehe kein prinzipieller, sondern nur ein gradueller Unterschied. Die besonderen Rechtmäßigkeitskautelen des Art. 14 Abs. 3 GG verlangen im Grundsatz nach einer begrifflich klaren Trennung.

[63] Nachweise bei *Häde*, BayVBl. 1991, 486; *Oppermann*, Europarecht, Rdnr. 1772; *Stenger*, S. 14 ff. Siehe etwa das Irak- / Kuwait-Embargo, VO-EWG Nr. 2340/90 v. 8.8.1990, ABl. Nr. L 213/1. Ablehnend im Hinblick auf eine Kompetenz der EG vor allem *Bruha*, DVBl. 1982, 674 ff.; *Stenger*, S. 66; ausführlich auch *Mestmäcker / Engel*, S. 25 ff. (im Ergebnis ohne Annahme eines Kompetenzverstoßes für das Irak-/Kuwait-Embargo).

[64] So *Häde*, BayVBl. 1991, 486.

[65] Urt. v. 13.12.1979, Slg. 1979, 3727 (3744) Rdz. 14.

[66] Sog. Solange-II-Beschluß v. 22.10.1986, E 73, 339 (387).

[67] Vgl. BVerfGE 73, 339 (378); EuGH, Slg. 1987, 3727 (3745) Rdz. 15; *Oppermann*, Europarecht, Rdnr. 413.

recht nichts Abweichendes. Die Vorschrift läßt die Eigentumsordnung in den Mitgliedsstaaten nur im Hinblick auf das Maß von Privatisierung und Sozialisierung unberührt.[68] Begrenzungen für europarechtliche Boykottmaßnahmen sind also aus dem europäischen Recht zu gewinnen, aus allgemeinen Rechtsgrundsätzen als Teil des Gemeinschaftsrechts.[69] Die Frage, ob allerdings durch Boykottmaßnahmen überhaupt eigentumsgeschützte Gegenstände betroffen werden, ist nach dem derzeitigen Stand der Diskussion um den Grundrechtsschutz des Eigentums im europäischen Gemeinschaftsrecht kaum mit Sicherheit zu beantworten, jedoch von der Tendenz her zu bejahen.[70] Aber auch wenn man davon ausgeht, daß eine Vertragsbeziehung[71] oder einzelne Forderungsrechte Eigentumsqualität haben, man insoweit also den Stand des deutschen Grundrechtsschutzes im Kern als auf EG-Ebene garantiert ansieht,[72] ist damit noch nichts über die Relevanz der deutschen Unterscheidung von Inhalts- und Schrankenbestimmung auf der einen und Enteignung auf der anderen Seite ausgesagt. Denn im Rahmen der EuMRK besteht zunächst nur eine allgemeine Verpflichtung auf Achtung des Eigentums, sowie die Garantie des Entzugs von Eigentum nur auf gesetzlicher Grundlage unter den Bedingungen der allgemeinen Grundsätze des Völkerrechts und sofern das öffentliche Interesse es verlangt.[73] Erst in Art. 1 Abs. 2 Zusatzprotokoll zur EuMRK wird im Rahmen einer Art Schrankenklausel die Möglichkeit von Nutzungsbeschränkungen für das Eigentum erwähnt.[74] Für das europäische Recht ist also die Unterscheidung von „Entziehung" und „Nutzungsbeschränkung" richtungsweisend,[75] ohne daß ihr ähnliche Bedeutung wie der von Art. 14 Abs. 1 und Abs. 2 auf der einen und Art. 14 Abs. 3 GG auf der anderen Seite zukäme. Denn sie ist per se fraglich. Ab einem bestimmten Grad an Nutzungsbeschränkung schlägt diese in eine Substanz- und Bestandsbeeinträchtigung um.[76] Es dürfte sich somit die Erkenntnis durchsetzen, daß das allgemeine Verhältnismäßigkeitsprinzip entscheidet, ob dem Betroffenen eine Maßnahme nur gegen Entschädigung zuzumuten ist.[77] Im europäischen Gemeinschaftsrecht kommt es damit angesichts des nicht kodifizierten Grundrechtskatalogs nicht zu einer Begriffsdiskussion

---

68 Ausführlich *Thiel*, JuS 1991, 274 ff.

69 Siehe auch *Mestmäcker / Engel*, S. 29 f.

70 Vgl. *Mestmäcker / Engel*, S. 32 ff. und S. 56.

71 So *Engel*, AöR 118 (1993), 184 f.; *Mestmäcker / Engel*, S. 40.

72 So ausdrücklich *Pabsch*, AgrarR 1992, 281.

73 Siehe Art. 1 Abs. 1 S. 1 und 2 des Zusatzprotokolls zur EuMRK v. 20.3.1952, Bek. v. 13.4.1957, BGBl. II, 226. Vgl. auch Art. 9 der Erklärung der Grundrechte und Grundfreiheiten des Europäischen Parlaments vom 12.4.1989, ABl. Nr. C 120/51. Übersicht zu den Regelungen in den Verfassungen der Mitgliedstaaten bei *Pabsch*, AgrarR 1992, 278 ff.

74 Dies fehlt in der Erklärung des Europäischen Parlaments, aaO.

75 EuGH, Urt. v. 13.12.1979, Slg. 1979, 3727 (3746) – Hauer; *Mestmäcker / Engel*, S. 41. Eine Übersicht über den Eigentumsschutz in den Verfassungen der Mitgliedsstaaten findet sich bei *Rengeling*, S. 30 ff.

76 Vgl. *Pernice*, Grundrechtsgehalte, S. 183: Jede Beschränkung der Ausübung eines Rechts betreffe und regele Inhalt und Grenzen, in denen es bestehe.

77 *Mestmäcker / Engel*, S. 42.

wie nach deutschem Verfassungsrecht, sondern zu einer Abwägung der öffentlichen und privaten Interessen. Von hier aus gibt es aber kaum Bedenken gegen die Zulässigkeit der hier in Rede stehenden Boykottmaßnahmen. Die Unterscheidung von „Sozialbindung" und „Enteignung" ist also vor allem eine Besonderheit des deutschen Verfassungsrechts, die zu akzeptieren, aber im Sinne der Mitbeeinflussung des europäischen Grundrechtsstandards und der dazu gebotenen Vermeidung von sachlich nicht gebotenen Sonderwegen auch nicht überzubetonen ist. Die Flexibilität des Maßstabs auf europäischer Ebene spricht gegen eine überhöhte Alles-oder-Nichts-Entscheidung nach deutschem Verfassungsrecht und damit für die hier vertretene Lösung einer Maßstabsangleichung in besonderen Fällen trotz grundsätzlicher Beibehaltung und Durchführung der vom positiven Verfassungsrecht vorgegebenen Unterscheidung.

### *d) Die Einordnung von Präklusionsvorschriften in die Tatbestände des Art. 14 GG*

Eine Zugrundelegung eines weiten, nämlich materiellen Enteignungsbegriffs führt zu einer Reihe von weiteren Zweifelsfragen im Hinblick auf privatrechtsgestaltendes Staatshandeln. Sie machen auch vor den Präklusionsvorschriften nicht halt. Betrachtet man sie unter dem Blickwinkel des Art. 14 Abs. 1 GG, ist ihre Verfassungsmäßigkeit zu bejahen. Die Anerkennung der Bestandsschutzinteressen von privaten und öffentlich-rechtlichen Anlagenbetreibern als unter Umständen vorrangig vor den Interessen der Eigentümer von Nachbargrundstücken hält sich im Rahmen der von Art. 14 Abs. 1 S. 2 und Abs. 2 GG dem Gesetzgeber gewährten Gestaltungsfreiheit. Die hiergegen vorgebrachten Zweifel[78] sind im Ergebnis nicht überzeugend. Zu einem Verstoß gegen Art. 19 Abs. 4 GG führen Präklusionsnormen in angemessener Anwendung so wenig wie vergleichbare Beschleunigungsvorschriften in anderen Gesetzen (etwa den Prozeßordnungen) auch.[79] Unter dem Aspekt des Übermaßverbotes ergeben sich ebenfalls keine durchgreifenden Bedenken. Auch der Ausschluß einiger möglicherweise bestehender Abwehrrechte ist geeignet, das Verfahren zu beschleunigen und die Bestandssicherheit der Anlage zu erhöhen.[80] Die grundsätzliche Notwendigkeit der Befreiung bestimmter Investoren von privatrechtlichen Nachbaransprüchen hat im übrigen auch der Prozeß der deutschen Einigung deutlich werden lassen.[81] Ein alleiniges Abstellen auf die Rechtsentziehung legt jedoch eine Geltung von Enteignungsgrundsätzen

---

[78] Siehe vor allem *Papier*, NJW 1980, 318 ff.

[79] *Blümel*, BB 1963, 882 ff.

[80] Im Ergebnis wie hier *H. Schulte*, Eigentum und öffentliches Interesse, S. 149: Ein öffentliches Interesse sei als Gesetzeszweck zu erkennen.

[81] Vgl. die Möglichkeit der Freistellung von Altlasten für das Beitrittsgebiet nach Art. 12 HemnisbeseitigungsG (BGBl. I, 766) und die dazu ergangenen Hinweise, abgedruckt bei *Michel*, BauR 1992, 176 ff.

nahe. Die Anforderungen des Art. 14 Abs. 3 GG erfüllen Präklusionsnormen aber nicht. Der Schadensersatz nach § 14 S. 2 BImSchG hat eine andere Funktion, als eine nach Art. 14 Abs. 3 GG zu leistende Entschädigung.[82] Er greift zudem nur unter bestimmten Voraussetzungen ein.[83]

## *II. Verfassungsrechtliche Grundfragen der Eigentumsgarantie*

### *1. Art. 14 GG als Institutsgarantie*

#### *a) Institutsgarantie und Privatrechtsgestaltung*

Vertragsfreiheit und Versammlungsfreiheit lassen sich nach den bisherigen Erörterungen in Übereinstimmung mit der ganz überwiegenden Meinung nicht als Institutsgarantie verstehen. Die Vertragsfreiheit hat sich vielmehr als ein unbenanntes Grundrecht im Rahmen des Art. 2 Abs. 1 GG herausgestellt.[84] Bei der Vereinigungsfreiheit fehlte es schon an der für eine Einrichtungsgarantie notwendigen vollkommenen Abhängigkeit der grundrechtlichen Freiheit von staatlicher Rechtsetzung.[85] Hinsichtlich der Eigentumsgarantie des Art. 14 GG ist hingegen das Vorliegen einer Institutsgarantie weitgehend unstreitig.[86]

---

[82] Im Ergebnis dürfte der Unterschied aber häufig gering sein. Siehe *Soell,* in: Cramer / Lamarque / Soell / du Pontavice, S. 85.

[83] Vgl. auch schon *H. Schulte,* Eigentum und öffentliches Interesse, S. 32; vgl. auch *dens.,* aaO, S. 148 ff., wo dargelegt wird, daß ein Enteignungstatbestand nicht gegeben sei, da ein konkretes öffentliches Interesse für den Eintritt der Präklusion nicht erforderlich sei. Es stellt sich jedoch die Frage, ob *H. Schulte* in seiner Konzeption des Abstellens auf konkrete oder nur allgemeine öffentliche Interessen nicht die für richtig gehaltene Rechtsfolge zum entscheidenden Kriterium für die Einordnung in den Enteignungstatbestand macht. Ähnlich die Kritik von *Sass,* Entschädigungserfordernis, S. 62: „logischer Kreisverkehr". Es gibt im übrigen weitere „Entziehungstatbestände", bei denen schon vom gesetzlichen Regelungszweck jede Entschädigung ausscheidet, etwa die Bewirkung des Übergangs von Unterhaltsansprüchen nach §§ 90, 91 BSHG. Bei einem reinen Entziehungsansatz muß man aber auch in diesen Fällen von einer Enteignung ausgehen.

[84] Siehe dazu oben C III 7, S. 183 ff.

[85] Siehe oben D II 1, S. 206 ff.

[86] Siehe BVerfG, Urt. v. 18.12.1968, E 24, 367 (389); B. v. 19.6.1969, E 26, 215 (222); B. v. 15.7.1981, E 58, 300 (339) m. w. N. Vgl. aus dem Schrifttum *Badura,* Festschrift für Maunz, S. 8, *dens.,* in: Benda / Maihofer / Vogel, S. 664; *Böhmer,* Grundrechtsschutz des Eigentums, S. 67; *Breuer,* Bodennutzung, S. 12; *Dürig,* ZgesStW 1953, 331 ff.; *Ehlers,* VVDStRL 51 (1991), 216; *H. P. Ipsen,* VVDStRL 10 (1952), 80; *Jarass,* in: Jarass / Pieroth, Art. 14 Rdnr. 3; *Kimminich,* Eigentum, Art. 14 Rdnr. 92, *dens.,* BK, Art. 14 Rdnr. 119; *Leisner,* HbStR VI, S. 1029 Rdnr. 12; *Nipperdey,* in: Bettermann / Nipperdey, Grundrechte IV/2, S. 753; *Papier,* in: Maunz / Dürig, Art. 14 Rdnr. 11, *dens.,* VVDStRL 35 (1973), 82; *Pieroth,* Rückwirkung, S. 293 ff.; *Rüfner,* Differenziertheit, S. 175; *Schnapp,* Das subjektive Recht, S. 181 ff.; *Schwerdtfeger,* Unternehmerische Mitbestimmung, S. 239, *dens.,* Paritätische Mitbestimmung, S. 65; *Soell,* NuR 1984, 186, *dens.,* DVBl. 1983, 242; Staudinger-*Seiler,* Vorbem zu §§ 903 ff., Rdnr. 22; *Erwin Stein,* Festschrift für Gebhard Müller, S. 519; *Wahl,* NVwZ 1984, 404; *W. Weber,* Eigentum S. 355; *Wendt,* Eigentum, S. 183 ff. Ablehnend im wesentlichen nur *Ridder,*

Vor allem erfüllt das Eigentum die Bedingung der vollständigen Gesetzesbedingtheit.[87] „Natürliches Eigentum“ gibt es nicht,[88] sondern nur durch Gesetz oder aufgrund eines Gesetzes eingeräumte Rechtspositionen, die unter die Eigentumsgarantie des Art. 14 GG fallen.[89] Daß der Substanz dessen, was als „Eigentum“ von der Rechtsordnung anerkannt wird, oft eine „schöpferische Leistung“ eines „Urhebers“ zugrundeliegt,[90] ist kein Gegenargument. Die „Eigentumsfähigkeit“ eines Gutes[91] ist zwingend auf die Ausgestaltung der Rechtsordnung angewiesen. Dies ist mit dem Satz, das Eigentum sei vollständig rechtsordnungsabhängig, gemeint.

Die Institutsgarantie ist nach der herkömmlichen Konzeption zur Dogmatik des Art. 14 GG der entscheidende Bindungsmaßstab gegenüber dem Gesetzgeber im Hinblick auf die Zurverfügungstellung von Eigentumspositionen. Ließe sich die Auffassung, Art. 14 GG enthielte eine Institutsgarantie, nicht bestätigen, ergäben sich Auswirkungen auf das Grundverständnis von hoheitlicher Privatrechtsgestaltung. Eine Institutsgarantie impliziert einen in einem Kernbestand unabdingbaren Publifizierungsschutz. Dies würde auch der Einführung von Befugnisnormen zum Erlaß privatrechtsgestaltender Hoheitsakte Grenzen setzen. Aber auch außerhalb des von der Institutsgarantie verlangten Kernbestandes an Privatrechtsnormen ergäben sich Rückwirkungen auf die verfassungsrechtliche Beurteilung von gesetzlichen Ermächtigungen zur Privatrechtsgestaltung, jedenfalls dann, wenn man dem absolut geschützten Kernbereich einen relativ geschützten Bereich vorheftet.[92] Der von der Institutsgarantie bewirkte grundsätzliche Normbestands- und damit auch Wirkungsschutz zugunsten des Privatrechts verlangte besondere Rechtfertigungspflichten bei hoheitlichen Eingriffen in privatrechtliche Rechtspositionen. Die Rechtfertigungspflichten des Gesetzgebers wären – im Vergleich mit Eingriffen in subjektiv-öffentliche Rechte – verschärft. Enthielte hingegen Art. 14 Abs. 1 GG keine Institutsgarantie, gäbe es von daher auch keinen Schutz gegen möglicherweise ausufernde Publifizierung des privaten Eigentums, auch mittels Befugnissen an die Verwaltung zur Privatrechtsgestaltung.[93]

---

Grundrechtsschutz des Eigentums, S. 49 ff., allerdings aus anderen, eher ideologischen Gründen, nicht wegen der hier zu behandelnden Einbeziehung öffentlich-rechtlicher Rechtspositionen; kritisch auch *von Brünneck*, Eigentumsgarantie, S. 315 ff.

[87] Siehe *Schoch*, Jura 1989, 116.

[88] *Steinberg*, NJW 1984, 459.

[89] So zutreffend *Ehlers*, VVDStRL 51 (1991), 214. Weiterhin *Breuer*, Bodennutzung, S. 172: Es gelte der Satz, daß Eigentum nur vorhanden sei, wenn und soweit der Staat es anerkannt und geschaffen hat.

[90] So *Berg*, VVDStRL 51 (1991), 66 f.

[91] Vgl. *Berg*, VVDStRL 51 (1991), 67.

[92] Siehe die ablehnende Stellungnahme zu dieser Erweiterung der Funktion von Institutsgarantie oben C III 5 c, S. 169 ff.

[93] In eine ähnliche Richtung gehen Überlegungen von *Soell*, NuR 1984, 186 und DVBl. 1983, 242. *Soell* geht zwar vom Vorliegen einer Institutsgarantie aus, führt dann aber weiter aus: „Die verfassungsrechtliche Gewährleistung des Rechtsinstituts will . . . die Nutzungs- und Verfügungsmöglichkeiten all jener Rechtspositionen schützen, die die Verfassung dem

### *b) Die Einbeziehung öffentlich-rechtlicher Rechtspositionen in den Schutzbereich des Art. 14 GG als Infragestellung der These von der Institutsgarantie*

Obwohl die Annahme einer Institutsgarantie der ganz herrschenden Meinung entspricht, ist diese Auffassung gleichwohl überprüfungsbedürftig. Nach den bisherigen Ergebnissen der Arbeit ist die Unterscheidung von öffentlichem und privatem Recht eine solche eher rechtstechnischer Art. Hingegen verweist die Figur einer Institutsgarantie erneut auf eine Sonderstellung des Privatrechts im Rahmen einer verfassungsrechtlichen Garantie.

Bei näherer Untersuchung muß die weitgehende Unangefochtenheit der Annahme einer Institutsgarantie überraschen. Nach aus der Weimarer Zeit stammender und auch für das Grundgesetz sinnvoller Terminologie bedeutet eine Institutsgarantie die verfassungskräftige Absicherung von vom Verfassunggeber vorgefundener privatrechtlicher Rechtseinrichtungen.[94] Gemäß mittlerweile ständiger Rechtsprechung des BVerfG und heute auch von der übrigen Rechtsprechung[95] und wichtigen Teilen der Literatur[96] mitgetragener Auffassung schützt Art. 14 GG unter gewissen Voraussetzungen jedoch auch den Bestand öffentlich-rechtlicher vermögenswerter Rechtspositionen.[97] Zwar orientierte sich das BVerfG im Hinblick auf den Eigentumsbegriff anfangs stark am bürgerlichen Recht und zögerte deshalb, einen solchen Schutz anzuerken-

---

einzelnen als Eigentum zuordnet, gleichgültig, ob sie auf privatem oder öffentlichem Recht oder auf beiden Ordnungsgrundlagen beruhen." Stimmt man diesen Ausführungen zu (die weiteren Überlegungen werden zeigen, daß sie zutreffend sind), muß man sich jedoch die Frage stellen, ob Art. 14 GG dann wirklich eine Institutsgarantie im klassischen Sinne enthält.

[94] So *C. Schmitt*, Freiheitsrechte und institutionelle Garantien, S. 148, *ders.*, Grundrechte und Grundpflichten, S. 213 ff.; *Abel*, S. 40. Ausführlicher oben C III 5 a, S. 159 ff.

[95] Von der Rechtsprechung des RG war die Eigentumsqualität öffentlich-rechtlicher Forderungen noch verneint worden, siehe Urt. v. 10.1.1933, Z 139, 177 (182). Der BGH hat jedoch schon sehr früh den Schutz öffentlich-rechtlicher Positionen durch Art. 14 GG anerkannt, siehe BGH (GSZ), B. v. 10.6.1952, E 6, 270 (278). Gleiches gilt für das BSG, siehe Urt. v. 19.3.1957, E 5, 40 (43). Vgl. weiterhin BGH, Urt. v. 12.7.1984, E 92, 94 (104 f.).

[96] Schon vor dem entscheidenden Schwenk in der Rechtsprechung des BVerfG vertraten diese Auffassung etwa *Berg*, Bestandsschutz, S. 74 ff.; *Bogs*, 43. DJT, G 55; *W. Weber*, Eigentum und Enteignung, S. 354. Zustimmend zum BVerfG dann etwa *Badura*, Festschrift 25 Jahre BSG, Band II, S. 686, *ders.*, in: Benda / Maihofer / Vogel, S. 668 f.; *Breuer*, Bodennutzung, S. 170 ff.; *von Brünneck*, Eigentumsgarantie, S. 392; *Dürig*, Festschrift für Apelt, S. 24 ff.; *Ehlers*, VVDStRL 51 (1991), 215; *Heinze*, 55. DJT, E 62; *H. P. Ipsen*, JZ 1953, 664; *Kimminich*, Eigentum, Rdnr. 68 ff.; *Leisner*, HbStR VI, S. 1071 Rdnr. 122; *Pieroth*, Rückwirkung, S. 310 ff.; *Timm*, S. 27; *Wannagat*, Festschrift für Peters, S. 179 f.; *Wendt*, Eigentum, S. 107 ff., 148. Skeptisch etwa *Stolleis*, 55. DJT, N 40, *ders.*, Schutz der Vermögenspositionen, S. 120; *Grimm*, Eigentumsschutz sozialpolitischer Positionen, S. 226 ff.; ablehnend etwa *Andersen*, S. 199; *Nicolaysen*, Festschrift für Schack, S. 113, allerdings mit gewissen Nuancen, siehe aaO S. 119; *Papier*, VSSR 1973, 38 ff., *ders.*, Eigentumsgarantie im Wandel, S. 10 ff.

[97] Lesenswerte Darstellung der Entwicklung bis 1992 bei *Kimminich*, BK, Art. 14 Rdnr. 65 ff.

nen.[98] Nach einem vielbeachteten Sondervotum der Richterin Rupp-von Brünneck[99] bekannte sich das BVerfG vor allem seit der Entscheidung zum Versorgungsausgleich bei Ehescheidungen[100] und seitdem ständig[101] zum grundsätzlich möglichen Schutz auch öffentlich-rechtlicher Rechtspositionen. Garantiert aber Art. 14 GG als „Rechtsinstitut" nicht das Privateigentum, sondern das „Eigentum Privater",[102] handelt es sich nicht um eine Institutsgarantie im eigentlichen Sinne.[103]

Maßgeblicher Grund für die Einbeziehung öffentlich-rechtlicher Rechtspositionen in den Schutzbereich des Art. 14 GG soll der Zweck der Eigentumsgarantie sein.[104] Sie verfolgt nach Auffassung des BVerfG allgemein das Ziel, den Grundrechtsträgern einen Freiheitsraum im vermögenswerten Bereich zu sichern und ihm damit die eigenverantwortliche Gestaltung seines Lebens zu

---

98 Siehe Urt. v. 30.10.1952, E 1, 264 (278); Urt. v. 1.7.1953, JZ 1953, 662 f.; B. v. 4.5.1960, E 11, 64 (70): Art. 14 GG schütze das Eigentum so, wie es das bürgerliche Recht und die gesellschaftlichen Anschauungen geformt hätten; weiterhin B. v. 10.11.1964, E 18, 196 (203); B. v. 7.2.1968, E 23, 85 (96); B. v. 20.10.1971, E 32, 111 (128).

99 Siehe BVerfGE 32, 129 ff. zur Entscheidung vom 20.10.1971, E 32, 111 (128). Zu diesem Votum vgl. *Andersen,* S. 13 ff.; *Heinze,* 55. DJT, E 48; *Ossenbühl,* Festschrift für Zeidler, Band 1, S. 634; *H. Schneider,* Verfassungsrechtlicher Schutz, S. 25; *Gitter,* NZA 1984, 138: maßgeblicher Anstoß in Richtung auf eine Anerkennung des Eigentumsschutzes für sozialrechtliche Positionen. Ausdrücklich an das Sondervotum anknüpfend auch BVerfG, Urt. v. 16.7.1985, E 69, 272 (303).

100 BVerfG, Urt. v. 28.2.1980, E 53, 257 (290). Dieses Urteil gilt als Meilenstein für die Anerkennung der Eigentumsqualität subjektiv-öffentlich-rechtlicher Positionen. Auch vorher hatte das BVerfG aber schon die Eigentumsqualität teilweise oder tendenziell anerkannt, siehe etwa B. v. 7.5.1963, E 16, 94 (111); B. v. 9.6.1975, E 40, 65 (83) m. w. N.; Urt. v. 8.6.1977, E 45, 142 (170) m. w. N.

101 BVerfG, B. v. 1.7.1981, E 58, 81 (108); Urt. v. 16.7.1985, E 69, 272 (298); B. v. 12.2.1986, E 72, 9 (18 f.); B. v. 13.5.1986, E 72, 175 (193); B. v. 8.4.1987, E 75, 78 (96 f.); B. v. 16.11.1992, NJW 1993, 1057 (1057). Ausführliche Darstellung der Entwicklung dieser Rechtsprechung bei *Andersen,* 2. 6 ff.; *Grüttner,* S. 665 ff.; *Katzenstein,* Festschrift für Zeidler, S. 650 ff.; *Stober,* Verfassungsrechtlicher Eigentumsschutz, S. 24 ff.; *Wendt,* Eigentum, S. 114 ff.

102 So BVerfG, B. v. 14.4.1987, E 75, 192 (196 ff.); *Breuer,* Bodennutzung, S. 22.

103 Zweifel in dieser Hinsicht deutet auch *Papier,* Eigentumsgarantie im Wandel, S. 21, an: Es könne nicht mehr von einer, es müsse vielmehr von mehreren Rechtsinstitutsgarantien im Anwendungsbereich des Art. 14 GG ausgegangen werden; ebenso *ders.,* in: Maunz / Dürig, Art. 14, Rdnr. 40.

104 Der zunächst in der Entscheidung des BGH (GSZ), B. v. 10.6.1952, E 6, 270 (276), angeklungene und dann von *Dürig,* Festschrift für Apelt, S. 24 ff., entwickelte Ansatz, die Eigentumsqualität subjektiv-öffentlicher Rechte aus der Menschenwürdegarantie des Art. 1 Abs. 1 GG herzuleiten, hat zu Recht keinen Anklang gefunden. Denn Art. 1 Abs. 1 GG würde nicht nur – wie es *Dürig* vorschwebte (aaO, S. 25) – den öffentlich-rechtliche Positionen entziehenden Gesetzgeber einer Rechtfertigungspflicht unterwerfen, sondern – entgegen der Intention von *Dürig* (aaO, S. 53 ff.) – sie für unentziehbar erklären. Kritisch gegenüber *Dürig* auch *Berg,* Bestandsschutz, S. 49.

ermöglichen.[105] In der heutigen Gesellschaft[106] erlange die Mehrzahl der Bürger ihre wirtschaftliche Existenzsicherung weniger durch privates Sachvermögen als durch Arbeitsertrag und die daran anknüpfende solidarisch getragene Daseinsvorsorge;[107] vor allem Anrechte des Einzelnen auf Leistungen der Rentenversicherung seien an die Stelle privater Vorsorge und Sicherung getreten; insoweit solche öffentlich-rechtlichen Ansprüche die Merkmale verfassungsrechtlich geschützten Eigentums trügen,[108] seien sie von Art. 14 GG geschützt.[109]

Die an einer solchen funktionellen Betrachtungsweise geübte Kritik[110] ist nicht berechtigt.[111] Zutreffend ist zwar, daß Freiheit sich selbst Aufgabe ist und keine Funktionen erfüllt.[112] Art. 14 GG enthält aber – im Rahmen dessen, was herkömmlicherweise als Institutsgarantie gedeutet wird – einen Gestaltungsauftrag an den Gesetzgeber. Die Norm hat deshalb zunächst einen ganz anderen Gehalt als ein „normales“ Abwehrrecht. Sie verpflichtet den Staat zur Organisation der Freiheit und knüpft hieran eine verfassungsrechtliche Absicherung der Betroffenen. Mit welchen Mitteln aber diesem Gestaltungsauftrag nachzukommen ist, läßt sich ohne Blick auf die soziale Wirklichkeit nicht entscheiden.[113] Wird deshalb die Freiheit im vermögenswerten Bereich in wesentlichen Teilen durch subjektiv-öffentliche Rechte sichergestellt, ist deren Einbeziehung in den Schutzbereich von Art. 14 GG konsequent.[114] Der Schluß von der gleichen Schutzwürdigkeit auf den gleichen Schutz[115] ist bei Art. 14 GG vom System der Norm mit vorgegeben.

---

[105] Ständige Formel des BVerfG, siehe B. v. 9.6.1975, E 40, 65 (84); Urt. v. 1.3.1979, E 50, 290 (339); Urt. v. 28.2.1980, E 53, 257 (290). Vgl. auch *Wendt*, Eigentum, S. 11: Garantie der materiellen Grundlagen privater Autonomie.

[106] Auch in früheren Gesellschaftsordnungen kam im übrigen der Eigentumsgarantie im Hinblick auf das Sacheigentum nicht eine solch überragende Bedeutung zur ökonomischen Existenzsicherung zu, wie dies gelegentlich angenommen wird. Vgl. *Stolleis*, Schutz der Vermögensrechte, S. 106.

[107] Dieser Befund wird in der Literatur ganz einhellig geteilt. Siehe schon *Dürig*, Festschrift für Apelt, S. 17; weiterhin auch *Kübler*, Differenziertheit, S. 214: Fortschreitender Funktionsverlust der klassischen Institutionen privatrechtlicher Daseinssicherung; *Badura*, Festschrift 25 Jahre BSG, Band II, S. 674; *Sendler*, DÖV 1974, 75; *Erwin Stein*, Festschrift für Gebhard Müller, S. 505; *Wannagat*, Festschrift für Peters, S. 172.

[108] Dies sind heute im wesentlichen drei, nämlich privatnützige Zuordnung, nicht unerhebliche Eigenleistung und Existenzsicherung. Siehe unten im Text.

[109] So BVerfGE 53, 257 (290); Urt. v. 16.7.1985, E 69, 272 (303 f.). Kritisch zu dieser Begründung *H. Schneider*, Verfassungsrechtlicher Schutz, S. 25.

[110] Siehe *Lecheler*, NJW 1979, 2275; *Leisner*, HbStR VI, S. 1040 Rdnr. 41.

[111] Zustimmend zur funktionellen Betrachtungsweise im Rahmen des Art. 14 GG auch *Badura*, in: Benda / Maihofer / Vogel, S. 654; *Wendt*, Eigentum, S. 77 ff., sowie ausführlich *Meyer-Abich*, Der Schutzzweck der Eigentumsgarantie, 1980, durchgehend.

[112] So *Leisner*, HbStR VI, S. 1040 Rdnr. 41.

[113] Vergleichbare Überlegungen bei *Wendt*, Eigentum, S. 78.

[114] Für diese Einbeziehung spricht also nicht nur die erwünschte Folge (so aber *H. Schneider*, Verfassungsrechtlicher Schutz, S. 25).

[115] Vgl. *Lecheler*, NJW 1979, 2275.

Die hervorragende Bedeutung vor allem sozialversicherungsrechtlicher Ansprüche für die vermögensrechtliche Absicherung breiter Bevölkerungskreise im Falle fehlenden Arbeitseinkommens, sei es aufgrund von Arbeitslosigkeit, Unfall oder Alter, ist nicht zu bestreiten. Sie übertrifft für weite Bevölkerungskreise zweifellos die des Eigentums auf privatrechtlicher Grundlage.[116] Zwar gibt es eine Reihe weiterer „Zwecke", die die Garantie des Art. 14 GG beinhaltet.[117] Eigentumsgarantie bedeutet nicht nur Existenzsicherung durch Freiheit im vermögenswerten Bereich. Von wirtschaftsverfassungsrechtlicher Bedeutung ist etwa die ökonomische Anreiz- und Risikoverteilungsfunktion der Eigentumsgarantie.[118] Auch wenn man solche Aspekte in die Betrachtung mit einbezieht, ist jedoch die Absicherung auch öffentlich-rechtlicher Rechtspositionen alles andere als eine Marginal-, sondern unter Zugrundelegung der heutigen Rechtsprechung eine zentrale Aussage des Art. 14 GG, die sich auf ein sehr beachtenswertes Grundanliegen stützen kann.

Die Einbeziehung öffentlich-rechtlicher Ansprüche in den Schutzbereich führt dann aber zur Infragestellung der Annahme, Art. 14 GG enthalte eine Institutsgarantie.[119] Eine solche Garantie läßt sich letztlich in herkömmlicher, klassischer Gestalt nur dann annehmen, wenn die Normen zum Erwerb von Eigentum auf privatrechtlicher Grundlage notwendiger und nicht nur fakultativer „Umbau" des Grundrechts aus Art. 14 GG sind. Wenn es also denkbar ist, daß die von Art. 14 GG angestrebte Schutzwirkung vollständig von öffentlich-rechtlichen Ansprüchen erfüllt werden kann, ist die Annahme einer Institutsgarantie hinfällig. Sie ist zumindest zu relativieren, wenn sich die Aufnahme öffentlich-rechtlicher Ansprüche in den Schutzbereich als richtig erweist und die Vorstellung zutreffend ist, daß es gewisse Kompensationsmöglichkeiten gibt, d. h. daß es denkbar ist, daß die Funktion privatrechtlichen Eigentums in gewissem Maße übernommen wird von öffentlich-rechtlichem. Dann wäre die Vorstellung einer Institutsgarantie im herkömmlichen Sinne problem- und erkenntnisverkürzend. Art. 14 GG enthielte zwar einen Auftrag zur Sicherstellung der Freiheit im vermögenswerten Bereich, der jedoch nur partiell und mangels dogmatisch ausgereifter öffentlich-rechtlicher Alternativen mit Mit-

---

[116] So auch *F.-X. Kaufmann,* Schutz der Vermögensrechte, S. 139.

[117] Vgl. auch *Andersen,* S. 128 ff.; *Papier,* VVDStRL 35 (1977), 81 ff.

[118] Siehe etwa *Streissler,* Schutz der Vermögensrechte, S. 162; *Andersen,* S. 156. Dieser Aspekt ist vom BVerfG bisher allerdings nur wenig aufgearbeitet worden, so zu Recht *Wendt,* Eigentum, S. 3. Die Kritik von *Meyer-Abich,* Schutzzweck, S. 28, an der Idee des Leistungsanreizes durch Eigentum, basierend auf dem Gedanken, auch die Anreize sozialistischer Planwirtschaften könnten ökonomischen Fortschritt und wirtschaftliche Existenz gewährleisten, ist schon durch die historische Entwicklung, vor allem den Umbruch im Osten, widerlegt. Selbst wenn man meint, es gäbe auch andere mögliche Leistungsanreize, spricht nichts gegen die Annahme, daß eine auch bürgerlich-rechtsstaatliche Verfassung wie das Grundgesetz diese Funktion vor allem der Eigentumsgarantie zuweist.

[119] Siehe auch *Lecheler,* NJW 1979, 2275: Die Garantie des Rechtsinstituts Eigentum sei im Grunde bereits zerstört.

teln des Privatrechts zu erfüllen wäre.[120] Eine Modifizierung der Annahme, Art. 14 GG enthalte eine Institutsgarantie im klassischen Sinne, wäre ein weiterer Beleg für die bereits mehrfach aufgestellte These, daß der Streit um die Unterscheidung von öffentlichem und privatem Recht, also das gesamte Rechtssatzqualifizierungsproblem, aus verfassungsrechtlicher Sicht in weiten Teilen irrelevant und schon gar nicht von der Verfassung vorgegeben ist.[121]

### *c) Die Einbeziehung öffentlich-rechtlicher Vermögenspositionen in den Schutzbereich des Art. 14 GG*

#### *aa) Allgemeines*

Bei der Diskussion über die Richtigkeit der Rechtsprechung des BVerfG über die Einbeziehung subjektiv-öffentlich-rechtlicher Rechtspositionen sollte man sich zunächst von den auch in diesem Zusammenhang vorgebrachten Versteinerungsbefürchtungen lösen. Diskutiert man über den Umfang des Schutzbereichs von Grundrechten, wird immer wieder die Sorge vorgetragen, damit käme es zu einer unzulässigen Bindung des einfachen Gesetzgebers.[122] Diese Befürchtung wird zu Unrecht gegen die Theorie vom grundrechtlichen Normbestandsschutz angeführt.[123] Sie hat auch im Hinblick auf die Einbeziehung öffentlich-rechtlicher Positionen in den Schutzbereich des Art. 14 GG keine Überzeugungskraft.[124] Gerade die Eigentumsgarantie steht unter einem weiten Gesetzesvorbehalt. Dieser hat bisher stets den für neue Entwicklungen erforderlichen Spielraum eröffnet.[125] Soweit ersichtlich wird nirgends die Auffassung vertreten, daß dann, wenn ein verfassungsrechtlich geschützter öffentlich-rechtlicher Anspruch vorliege, dieser in seiner sich aus einer bestimmten Berechnungsmethode (in der Regel beruhend auf einer entsprechenden politischen Entscheidung) einmal ergebenden Höhe unabänderlich bestandsge-

---

[120] Vgl. auch *Rüfner*, Differenziertheit, S. 175, der die Auffassung vertritt, das sozialversicherungsrechtlich gewährleistete Eigentum könne so bedeutsam werden, daß seine Abschaffung als gegen die Institutsgarantie des Art. 14 Abs. 1 GG verstoßend empfunden werden könne. Das wirft aber erst recht die Frage auf, ob man noch vom Vorliegen einer Institutsgarantie im herkömmlichen Sinne ausgehen kann.

[121] Vgl. auch die Feststellung im Sondervotum *Rupp-von Brünneck*, BVerfGE 32, 129 (142): Die Rechtsprechung, wonach Art. 14 GG nur privatrechtliche Positionen schütze, gehe von einer strengen Trennung der Bereiche des privaten und öffentlichen Rechts aus, die durch die Rechtsentwicklung überholt sei.

[122] Vgl. *Stolleis*, Schutz der Vermögenspositionen, S. 116. Siehe auch BVerfG, Urt. v. 1.7.1953, JZ 1953, 662 (663), wo aus einer Einbeziehung in den Schutzbereich von Art. 14 GG gefolgert wird, daß eine Enteignung vorliegt, wenn die Ansprüche wieder gekürzt werden.

[123] Siehe oben C III 6 a, S. 170 ff.

[124] So auch *Wendt*, Eigentum, S. 111; *Kimminich*, Eigentum, Rdnr. 74.

[125] Siehe *Rüfner*, Differenziertheit, S. 177 ff.

schützt sei.[126] Der Streit um die Einbeziehung solcher Positionen in den Art. 14 GG dreht sich letztlich nur darum, ob man die Grenzen des legislativen Zugriffsrechts aus diesem Grundrecht oder aus allgemeinen rechtsstaatlichen Erwägungen ableitet.[127] Eine Einbeziehung von öffentlich-rechtlichen Rechtspositionen in die verfassungsrechtliche Eigentumsgarantie gefährdet deshalb in keiner Weise die Parlamentssouveränität, noch die der Demokratie innewohnende Chance zum politischen Wechsel, noch die in einem Sozialstaat notwendige dynamische Anpassung an sich ändernde Verhältnisse.[128] Sie verhindert auch nicht, daß eine neue Mehrheit neue politische Prioritäten setzt.[129] Sie führt im wesentlichen nur zur Anwendung des Übermaßverbotes, einem Rechtfertigungszwang bei Änderungen, verbunden mit der Pflicht, die eintretenden Konsequenzen angemessen zu berücksichtigen. Sie gibt zudem den Betroffenen die Chance, sich beim BVerfG im Wege der Verfassungsbeschwerde gegen Einschränkungen zu wehren. Der damit entstehende, verfassungsgerichtlich überprüfbare Rechtfertigungszwang ist die konsequente Folge daraus, daß eine neue Mehrheit eben auf dem aufbauen muß, was die alte Mehrheit hinterlassen hat. Verfassungsrechtliche „Geschütze" wie eine angebliche Gefährdung des Demokratie- oder Sozialstaatsprinzips in diesem Zusammenhang in die Diskussion einzubringen, kontrastiert hingegen mit der Notwendigkeit einer differenzierten Argumentation.

### *bb) Die Idee einer analogen Anwendung des Art. 14 GG*

Gegen die Einbeziehung öffentlich-rechtlicher Positionen in den Schutzbereich des Art. 14 GG wurde und wird eine Reihe von weiteren Einwänden erhoben. Da eine dauerhafte und grundsätzliche, also nicht auf Einzelfragen beschränkte Entkoppelung von Rechtsprechung und Teilen der Wissenschaft aus Gründen der gegenseitigen Kontrolle und Befruchtung nicht wünschenswert ist, verdient ein Vorschlag von Krause Beachtung, der sich insoweit um eine Kompromißlinie bemüht und welcher, soweit er sich als tragfähig erwiese, auch eine „Rettung" für die klassische Annahme darstellen würde, Art. 14 GG enthielte eine Institutsgarantie. Er besagt, daß die Eigentumsgarantie auf öffentlich-rechtliche Berechtigungen von Vermögenswert nicht unmittelbar, sondern nur analog anzuwenden sei.[130]

---

[126] Dies hat auch das BVerfG in seinem Urteil vom 28.02.1980, E 53, 257 (293), deutlich ausgesprochen: Es sei dem Gesetzgeber grundsätzlich nicht verwehrt, Leistungen zu kürzen, den Umfang von Ansprüchen oder Anwartschaften zu vermindern oder diese umzugestalten.

[127] Für die Ableitung von gesetzgeberischen Bindungen aus dem Rechtsstaatsprinzip etwa *Papier,* VSSR 1973, 48 ff.; *Nicolaysen,* Festschrift für Schack, S. 119 ff.

[128] So aber *Krause,* Eigentum, S. 38.

[129] So aber *Krause,* Eigentum, S. 38.

[130] *Krause,* Eigentum, S. 47 ff.

Ein eher schwaches Argument für eine nur analoge Anwendung von Art. 14 Abs. 1 GG sind die konkreten Formulierungen in der Rechtsprechung des BVerfG.[131] Zwar spricht das BVerfG soweit ersichtlich an keiner Stelle davon, daß eine öffentlich-rechtliche Rechtsposition Eigentum im Sinne von Art. 14 GG „ist",[132] es prüft vielmehr, ob öffentlich-rechtliche Positionen den Schutz der Eigentumsgarantie „genießen".[133] Daß es sich dabei aber um eine über den Normtext hinausgehende und damit analoge Anwendung handeln soll, kommt an keiner Stelle zum Ausdruck und wäre grundrechtsdogmatisch singulär. Für die Gebotenheit einer Analogie spricht auch nicht, daß der Unterschied zwischen einer extensiven Auslegung und einer Analogie gering sei.[134] Der Text der Verfassung läßt im Gegenteil in den meisten Fällen deshalb keinen Raum für eine Analogie, weil er formulierungsmäßig offen ist und auch sein muß. Art. 14 GG beschränkt sich vom Wortlaut her nicht auf privatrechtliches Eigentum. Gerade dadurch ist eine Einbeziehung öffentlich-rechtlicher Positionen in den Schutz des Grundrechts aufgrund von Verfassungsinterpretation möglich. Schließlich sind auch die notwendigen Differenzierungen im Hinblick auf Art und Umfang des Schutzes öffentlich-rechtlicher Vermögenspositionen[135] im Wege der Interpretation erreichbar. Warum hierfür die Analogie der richtigere Weg sein soll,[136] ist nicht erkennbar.[137]

### *cc) Bedenken aus Art. 14 Abs. 3 GG*

Eine erste, ausführlicher zu behandelnde Argumentation gegen eine Erstrekkung von Art. 14 GG auf öffentlich-rechtliche Positionen geht vom Schutzzweck des Art. 14 GG aus. Sie nimmt dabei zunächst Art. 14 Abs. 3 GG in den Blick. Die Eigentumsgarantie sichere die Zuordnung eines Eigentumsgegenstandes zum Eigentümer gegen staatlichen Entzug; es sei aber kaum eine öffentlich-rechtliche Rechtsposition denkbar, für die ein solcher Schutz der konkreten Zuordnung in Betracht käme; etwa Rentenansprüche seien kein tauglicher Gegenstand einer Enteignung im „klassischen" Sinn.[138]

Diese Argumentation ist allerhöchstens vordergründig plausibel. Zugegebenermaßen beschränkt sich der tatsächliche Anwendungsbereich des Art. 14 Abs. 3 GG im wesentlichen auf Sachen, die der Staat zu öffentlichen Zwecken benötigt. Das ist vor allem privatrechtliches Grundeigentum. Jedenfalls spielt die Möglichkeit einer Enteignung sozialversicherungsrechtlicher Ansprüche

---

[131] Anders hingegen *Krause*, Eigentum, S. 47.
[132] Insoweit zutreffend *Krause*, Eigentum, S. 47.
[133] Vgl. BVerfG, B. v. 1.7.1981, E 58, 81 (109) m. Nachw.
[134] So aber *Krause*, Eigentum, S. 49.
[135] Vgl. dazu *Krause*, Eigentum, S. 49.
[136] So *Krause*, Eigentum, S. 49.
[137] Ablehnend gegenüber der Idee einer Analogie auch *Rüfner*, Differenziertheit, S. 169.
[138] So *Krause*, Eigentum, S. 21 f.; auch *Andersen*, S. 195.

keine Rolle.[139] Wenn sie nicht mehr erfüllt werden können, werden sie gekürzt, nicht teilenteignet. Auch die Problematik der Übertragung von Rentenanwartschaften im Fall der Ehescheidung wird vom BVerfG nicht als „Enteignung zugunsten Dritter", sondern als Problem der Sozialbindung angesehen.[140] Nimmt man aber den effektiven Anwendungsbereich des Art. 14 Abs. 3 GG als Kriterium für die Definition des Schutzbereiches nach Art. 14 Abs. 1 GG, müßte man auch dazu kommen, daß bewegliche Sachen im Sinne des BGB oder auch privatrechtliche Forderungen nicht unter dem Schutz des Eigentumsgrundrechts stehen. Auch bei ihnen spielt die Möglichkeit einer Enteignung keine besondere Rolle. Es ist jedoch vollkommen unstreitig, daß jedes private Sacheigentum von der Kravattennadel bis zum Immobilienbesitz verfassungsrechtlich geschützt ist,[141] auch wenn Art. 14 Abs. 3 GG nicht bei jeder Art von Gegenstand einen potentiellen Anwendungsraum hat. Des weiteren ist der verfassungsrechtliche Eigentumsschutz auch für Gegenstände anerkannt, die nicht eigentumsfähig im Sinne des bürgerlichen Rechts sind, bei denen aber ebenfalls keine Enteignung in Betracht kommt. Genannt sei der eingerichtete und ausgeübte Gewerbebetrieb, dem grundsätzlich die Eigentumsqualität zuerkannt wird. Relevant unter dem Gesichtspunkt des Art. 14 Abs. 3 GG ist nur die Enteignung einzelner Bestandteile, nicht hingegen die des ganzen Betriebes. Daß faktisch die Möglichkeit einer Enteignung nach Art. 14 Abs. 3 GG keine Rolle spielt, ist also keine Besonderheit öffentlich-rechtlicher Rechtspositionen und deshalb kein Argument gegen ihre Eigentumsqualität.

### *dd) Bedenken aus Art. 14 Abs. 2 GG*

Ein weiteres Argument gegen die Einbeziehung öffentlich-rechtlicher Rechtspositionen soll sich aus Art. 14 Abs. 2 GG ergeben.[142] Diese Vorschrift begründe Bindungen, die dem Eigentümer bei der Ausübung seines Eigentumsrechts vor allem durch normative Konkretisierungen[143] auferlegt werden könnten; Gegenstand der Sozialbindung sei der Gebrauch des Eigentums, d. h. seine Verwendung und die Geltendmachung von Ausschlußrechten; eine sozialgebundene Ausübung von Rentenansprüchen und -anwartschaften sei aber nicht vorstellbar.[144]

Daß auch diese Argumentation nicht schlüssig ist, ergibt sich der Sache nach schon aus dem oben Gesagten. Nicht jedes Eigentum ist konkret sozialgebun-

---

[139] So auch *Rüfner,* Differenziertheit, S. 177.

[140] BVerfG, Urt. v. 28.2.1980, E 53, 257 (293).

[141] Siehe *Leisner,* HbStR VI, S. 1042 Rdnr. 48.

[142] Siehe *Krause,* Eigentum, S. 22; *Papier,* Differenziertheit, S. 196; *Andersen,* S. 195.

[143] Zur kompetenzrechtlichen Dimension des Art. 14 Abs. 2 GG siehe vor allem *Kimminich,* Eigentum, Rdnr. 107 ff., einerseits (Art. 14 Abs. 2 GG als unmittelbare Begründung konkreter Eigentumspflichten) und andererseits *Wendt,* Eigentum, S. 294 ff. (Art. 14 Abs. 2 GG als Richtschnur für den Gesetzgeber).

[144] *Krause,* Eigentum, S. 22.

den.[145] Den Satz aus dem Mitbestimmungsurteil, daß die Befugnis des Gesetzgebers zur Inhalts- und Schrankenbestimmung umso weiter gehe, je mehr das Eigentumsobjekt in einem sozialen Bezug und in einer sozialen Funktion stehe,[146] muß folgendermaßen weitergedacht werden: Voraussetzung für jede Eigentumsbindung ist ein sozialer Bezug oder eine soziale Funktion des Eigentumsgegenstandes. Ohne eine solche Funktion oder einen solchen Bezug ist jede Eigentumsbindung unzulässig.[147] Zu bestimmen, wann der soziale Bezug, in dem letztlich jeder Gegenstand steht, groß genug ist, um eine Eigentumsbindung zu rechtfertigen, ist allerdings Sache des Gesetzgebers.[148] Trotzdem gibt es eine Reihe von Gegenständen, bei denen Beschränkungen des beliebigen Gebrauchs durch den Eigentümer vernünftigerweise nicht in Betracht kommen.[149] Dann läßt sich aber aus der Irrelevanz des Art. 14 Abs. 2 GG ebenfalls nicht auf den Schutzbereich des Art. 14 Abs. 1 GG zurückschließen.

#### *ee) Fehlende staatliche „Neutralität" als Gegenargument*

Häufig wird das private Sacheigentum als Paradigma eines Eigentumsgegenstandes auch im Sinne der Verfassung angenommen. Die Auffassung, Art. 14 Abs. 1 GG enthalte eine Institutsgarantie, bringt dies zum Ausdruck. Daraus wird dann eine wesensmäßige Verschiedenheit einer öffentlich-rechtlichen Rechtsposition gegenüber dem vorausgesetzten verfassungsrechtlichen Leitbild konstatiert. Die Bedenken konzentrieren sich dabei auf die Rolle des Staates gegenüber dem geschützten Eigentumsgegenstand. Die Gewährleistung von Privateigentum bedeute für den Staat die Pflicht zur Zurückhaltung gegenüber einer vorgefundenen privaten Ordnung;[150] der Staat schütze zwar das Privateigentum, er forme und festige es, konstituiere es jedoch nicht.[151] Der Staat sei vielmehr als Nichtverpflichtungsadressat des privaten Eigentums bei dessen Ausformung eine neutrale Instanz.[152] Hingegen habe der Gesetzgeber bei den subjektiv öffentlichen Rechten eine grundlegend abweichende Stellung; aus ihnen sei er unmittelbar verpflichtet; subjektiv öffentlich-rechtliche Rechtspositionen seien nicht ohne die öffentliche Gewalt denkbar, sie seien vom Gesetzgeber gestaltet, der Staat könne ihnen gegenüber keine neutrale Rolle einnehmen, sondern sei stets Partei.[153]

---

[145] Darauf hat insbesondere *Böhmer,* Der Staat 24 (1985), S. 157 m. Fußn. 1 hingewiesen. Anders insoweit *Kimminich,* Eigentum, Rdnr. 107: „Jedes Eigentum verpflichtet."

[146] BVerfG, Urt. v. 1.3.1979, E 50, 290 (340).

[147] *Manssen,* Örtliche Bauvorschriften, S. 177; vgl. auch *Böhmer,* Beilage I/1984 in AgrarR 4/1984, S. 17.

[148] Vgl. *Manssen,* Örtliche Bauvorschriften, S. 178.

[149] Vgl. *Manssen,* Örtliche Bauvorschriften, S. 178.

[150] Siehe dazu auch *Rüfner,* Differenziertheit, S. 175.

[151] So *Krause,* Eigentum, S. 31.

[152] *Krause,* Eigentum, S. 31; *Papier,* VSSR 1973, 38; siehe auch *Nicolaysen,* Festschrift Schack, S. 111.

[153] *Rüfner,* Differenziertheit, S. 175; siehe auch schon BVerfG, Urt. v. 1.7.1953, JZ 1953, 662 (662).

Gewisse strukturelle dogmatische Unterschiede zwischen vor allem sozialversicherungsrechtlichen Positionen als Hauptfall einer – zumindest nach Auffassung des BVerfG – geschützten öffentlich-rechtlichen Position und privatrechtlichen Eigentumspositionen lassen sich nicht leugnen. Ein entsprechendes Gewicht, um entscheidend gegen die Einbeziehung öffentlich-rechtlicher Positionen zu sprechen, haben sie jedoch nicht. Die Auffassung der Neutralität des Staates gegenüber dem privaten Eigentum beruht auf dem auch schon bei der Vertragsfreiheit angetroffenen Gedanken der Autonomie des Privatrechts.[154] Dieses liege der Verfassung und auch dem Staat voraus, es sei in den wesentlichen Teilen überstaatlich und überzeitlich.[155] Hierüber zu streiten, ist jedoch relativ müßig.[156] Jedenfalls läßt sich feststellen, daß dies nicht die Auffassung des Grundgesetzes als normhierarchisch auch dem Privatrecht übergeordnete Ordnung ist.[157] Vor allem läßt sich die Rolle des Staates gegenüber dem privaten Eigentum nicht im wesentlichen auf eine Beschützerrolle beschränken.[158] Ohne Rechtsordnung existiert kein Eigentum.[159] Dies ergibt sich schon daraus, daß es keinen feststehenden Eigentumsbegriff gibt, daß vielmehr jeweils die nationale Rechtsordnung die Vorstellung über den Eigentumsinhalt vorprägt, bevor man überhaupt beginnt, über den genauen Inhalt der Garantie zu diskutieren.[160] Die Anerkennung von Eigentum knüpft zwar an tatsächliche Verhältnisse an, Eigentum – zumindest im Sinne von Art. 14 GG – ist jedoch letztlich ein reiner Rechtsbegriff, eine Schöpfung der Rechtsordnung.[161] Die Eigentumsgarantie schützt nur die rechtliche, nicht die allein faktische Herrschaft.[162] Die vom Staat gesetzte oder rezipierte Ordnung ist deshalb auch für das Eigentum von konstitutiver Bedeutung.[163] Damit ist aber der

---

[154] Siehe dazu ausführlicher oben C III 4, S. 152 ff.

[155] Vgl. dazu auch die Stellungnahme von *W. Weber*, Eigentum S. 356.

[156] Ähnlich auch *W. Weber*, Eigentum, S. 356.

[157] Deutlich in diesem Sinne auch *Wahl*, NVwZ 1984, 406: Das Privatrecht sei einfaches Recht, so wie dies auch alle Materien des Verwaltungsrechts sind. Siehe auch *D. Schmidt*, S. 230.

[158] So aber *Krause*, Eigentum, S. 31.

[159] Siehe auch BVerfG, B. v. 15.7.1981, E 58, 300 (330): Das Eigentum als Zuordnung eines Rechtsgutes an einen Rechtsträger bedarf, um im Rechtsleben praktikabel zu sein, notwendigerweise der rechtlichen Ausformung. Weiterhin *Ossenbühl*, Festschrift für Zeidler, Band 1, S. 637: Eigentum als „rechtserzeugtes" und rechtlich verfaßtes Rechtsinstitut; *Ridder*, Grundrechtsschutz des Eigentums, S. 54; *Stödter*, Entschädigung, S. 160.

[160] Vgl. *Erwin Stein*, Festschrift für Gebhard Müller, S. 503.

[161] Siehe auch schon oben E II 1 a, S. 236 f. Weiterhin *Schwerdtfeger*, Eigentumsgarantie, S. 13, *ders.*, NVwZ 1982, 8, *ders.*, Paritätische Mitbestimmung, S. 67. Vgl. auch *Wahl*, NVwZ 1984, 405. Die Bedenken von *Leisner*, HbStR VI, S. 1046 Rdnr. 58 f., überzeugen nicht. Daß das Eigentum eine Schöpfung der Rechtsordnung ist, besagt – wie *Leisner* selbst betont – nicht, daß der Gesetzgeber sich selbst gegenüber bestimmt, was verfassungsrechtlich als Eigentum geschützt ist.

[162] *Wendt*, Eigentum, S. 34 m. w. N.

[163] *Schwerdtfeger*, Paritätische Mitbestimmung, S. 67. Allerdings kann das Mischungsverhältnis von tatsächlichen und rechtlichen Elementen durchaus unterschiedlich sein, siehe *Leisner*, HbStR VI, S. 1048 f. Rdnr. 67 ff.

Staat bei der Schaffung von Privateigentum – wenn überhaupt – nur teilweise in einer „neutralen" Stellung. Diese Neutralität beschränkt sich auf die Ausgestaltung des Eigentums unter Privaten. Der Staat ist hingegen Partei, soweit es um den Umfang der Gewährleistung gegenüber der öffentlichen Gewalt geht.[164] Da vermögenswerte Rechte, die ein Privater gegen einen anderen hat, den Schutz gegen die öffentliche Gewalt implizieren, ist „Neutralität" höchstens für die Horizontal-, nicht für die Vertikalebene anzunehmen. Da beide Ebenen jedoch miteinander zusammenhängen, ist auch die horizontale Teilneutralität deutlich relativiert zu sehen.

#### *ff) Besonderes staatliches Ausgestaltungsermessen als Gegenargument*

Einen weiteren für die Qualifikation als Eigentum im Sinne von Art. 14 GG wesentlichen Unterschied zwischen privatrechtlichem und öffentlich-rechtlichem Eigentum könnte man darin erblicken, daß der Gesetzgeber im Hinblick auf die Ausgestaltung öffentlich-rechtlicher Ansprüche einen erheblichen Gestaltungsspielraum hat.[165] Er scheint daher über ein gewisses Selbstbindungsermessen zu verfügen,[166] da er etwa dadurch, daß er den Fürsorgecharakter der Leistung betont und / oder den staatlichen Behörden ein Ermessen für die Leistungsgewährung einräumt, den Eigentumsschutz ausschließt. Hingegen seien die privatrechtlichen Eigentumspositionen schon durch die privatrechtliche Entwicklung weitgehend vorgegeben, der Staat werde zur Anerkennung bei Vorliegen der aus der Verfassung abzuleitenden Voraussetzungen verpflichtet.

Bei näherem Hinsehen erwiese sich aber auch eine solche Betrachtung als oberflächlich. Die Entscheidung der Frage, ob eine öffentlich-rechtliche Position dem Eigentumsschutz des Art. 14 GG untersteht, wird schon deshalb nicht dem Belieben oder auch nur Ermessen des parlamentarischen Gesetzgebers unterstellt, weil regelmäßig keine Qualifikationsentscheidung getroffen wird. Vielmehr gibt es hierfür eine Kriterientafel,[167] bei der danach gefragt wird, ob

1. eine vermögenswerte Rechtsposition privatnützig zugeordnet ist,[168]
2. eine nicht unerhebliche Eigenleistung erbracht worden ist, die Position also „erdient" ist,[169]

---

[164] Auch im reinen Verhältnis unter Privaten ist die Neutralität im übrigen nur eine scheinbare. Denn durch die konkrete Ausgestaltung der Rechtsbeziehungen der Privaten untereinander erfüllt der Staat die Qualifikationsmerkmale des Art. 14 GG oder er erfüllt sie nicht, führt somit gegebenenfalls seine eigene Bindung herbei. Siehe ausführlicher unten E II 2 d, S. 259 ff.

[165] Siehe *Nicolaysen,* Festschrift für Schack, S. 114.

[166] Vgl. auch *Krause,* Eigentum, S. 32.

[167] Siehe zum Folgenden vor allem BVerfG, Urt. v. 16.7.1985, E 69, 272 (300 ff.) und B. v. 12.2.1986, E 72, 9 (19); *Ossenbühl,* Festschrift für Zeidler, Band 1, S. 628; *Katzenstein,* Festschrift für Zeidler, Band 1, S. 657.

[168] BVerfG, Urt. v. 28.2.1980, E 53, 257 (290 f.); E 69, 272 (300); E 72, 9 (19).

[169] BVerfG, B. v. 1.7.1981, E 58, 81 (112); E 69, 272 (301); E 72, 9 (19); B. v. 13.5.1986, E 72, 175 (195). Siehe zu diesem Merkmal auch *Ossenbühl,* Festschrift für Zeidler, Band 1, S. 631; *Rüfner,* Differenziertheit, S. 170 ff.

3. die sozialrechtliche Position der Existenzsicherung des Betroffenen zu dienen bestimmt ist.[170]

Gegen die Berechtigung des Merkmals (2) ist eingewendet worden, daß privatrechtliches Eigentum nicht zwingend auf eigener Leistung beruhe.[171] Überzeugend ist diese Kritik nicht. Für die Frage der Aufnahme öffentlich-rechtlicher Positionen in den Schutzbereich des Art. 14 GG können und müssen andere Kriterien entwickelt werden, als für privatrechtliche.[172] Gerade im Bereich staatlicher Geldleistungen besteht Anlaß, solche Positionen auszuschließen, die rein auf staatlicher Zuweisung beruhen, also kein leistungsmäßiges Substrat des Berechtigten beinhalten.[173] Hingegen braucht bei einer vom Privatrecht eingeräumten Vermögensposition die Verfassung sich nicht primär für die Herkunft des erworbenen Wertes zu interessieren, da sie nicht aus dem Vermögen des Staates stammt oder zu finanzieren ist.[174] Fordert man also eine nicht unerhebliche Eigenleistung, ist hier kaum Spielraum für ein gesetzgeberisches Einordnungsermessen zu erkennen. Die Annahme einer von Art. 14 GG geschützten Rechtsposition knüpft vielmehr an eine vorgegebene Sachstruktur an. Liegt eine Eigenleistung vor, steht die Position unter Eigentumsschutz, fehlt sie, bestehen unter dem Aspekt des Art. 14 GG keine Schranken für ihre Wiederabschaffung.

Wenig gesetzgeberisches Selbstbindungsermessen eröffnet auch das Merkmal (3). Inwieweit Leistungen vor allem der Sozialversicherungen für die Empfänger existentielle Bedeutung haben, richtet sich nach den Verhältnissen der „großen Mehrzahl der Staatsbürger"[175] und damit ebenfalls nach einem eher objektiven Kriterium, weniger nach dem Selbstbindungswillen.

Was übrigbleibt für eine gewisse Selbstbindungsfreiheit ist das Merkmal (1), die Zuordnung einer vermögenswerten Rechtsposition als privatnützig. Liegen jedoch die Merkmale (2) und (3) vor, leistet also eine Vielzahl von Staatsbürgern Zahlungen zur eigenen Existenzsicherung, bleibt für die Betonung eines Fürsorgeelements kein Raum mehr.[176] Vielmehr ist schon aus systemimmanenten Gründen bei Erfüllung der jeweiligen Voraussetzungen (höchstens hier läßt sich ein gewisser Gestaltungsspielraum entdecken) eine Verdichtung zu einem Anspruch oder einer Anwartschaft vorzusehen. Gesetzgeberischer Selbstbindungsspielraum besteht insoweit allenfalls in Randbereichen. Insgesamt läßt sich deshalb die Feststellung treffen, daß die angebliche Freiheit zur

[170] BVerfGE 69, 272 (303); E 72, 9, (20). Ablehnend zur Berechtigung dieses Merkmals *Papier*, Differenziertheit, S. 197.

[171] Siehe etwa *Papier*, VSSR 1973, 44.

[172] So auch *Ossenbühl*, Festschrift für Zeidler, Band 1, S. 632; *Wendt*, Eigentum, S. 113, 121 ff.

[173] Siehe auch *Zacher*, Sozialpolitik und Verfassung, S. 939; *Wendt*, Eigentum, S. 111.

[174] Vgl. auch *Wendt*, Eigentum, S. 123: Im Privatrecht verkörperten sich individuell, ohne Zutun des Staates erworbene Werte.

[175] *Ossenbühl*, Festschrift für Zeidler, Band 1, S. 634.

[176] Vgl. auch *Bogs*, 43. DJT, G 23.

Selbstbindung keinen entscheidenden Unterschied zwischen öffentlich-rechtlichen und privatrechtlichen Eigentumspositionen ergibt.

### *gg) Bedenken aus der Funktion von Art. 14 GG als Abwehrrecht*

Ein weiterer Einwand gegen die Einbeziehung öffentlich-rechtlicher Rechtspositionen weist zurück auf das Problem der Grundrechtstheorien. Eine solche Einbeziehung – so ein häufig erhobener Einwand – bedeute den Umschlag von Art. 14 GG von einem Abwehr- in ein Teilhaberecht.[177] Der Staat könne sich nicht auf bloße Passivität beschränken, er müsse das Notwendige tun, um die Erfüllung der Ansprüche zu verwirklichen; damit entstehe – wie bei sonstigen, aus den Grundrechten abgeleiteten Leistungsansprüchen auch – die Aufgabe der Einpassung der Ansprüche in das politische Prioritätensystem, was von der Verfassung nicht in vollem Umfang vorweg entschieden werden dürfe.[178]

Wäre die Anerkennung öffentlich-rechtlicher Ansprüche als Eigentum im Sinne von Art. 14 GG gleichzusetzen mit einem Umschlag von Art. 14 GG in ein Teilhaberecht, ergäbe sich ein gewichtiges Argument gegen eine solche Anerkennung. Denn gegen die allgemeine Ableitung von Leistungs- oder Teilhabeansprüchen aus einzelnen, mehreren oder allen Grundrechten spricht eine Reihe von Einwänden. Speziell im Hinblick auf die Eigentumsgarantie sind Leistungsansprüche gänzlich unvollziehbar.[179] Hierzu führt eine Einbeziehung öffentlich-rechtlicher Rechtspositionen aber nicht.[180] Die zentrale Aussage der Deutung von Grundrechten als Leistungs- oder Teilhabeansprüche wird durch eine solche Anerkennung nicht getroffen. Aus Art. 14 GG wird gerade nicht die Pflicht abgeleitet, Ansprüche im Wege der Gesetzgebung zu begründen. Es geht lediglich um die Reaktion der Verfassung auf Ansprüche, die der Gesetzgeber geschaffen, zu deren Entstehung der Staatsbürger beigetragen hat und auf deren Existenz er sich verläßt. Es liegt deshalb die klassische Eingriffsproblematik vor. Es gibt ein definitives verfassungsmäßiges Gegenteil[181] bei einer grundrechtsverletzenden Aufhebung einfachen, anspruchsbegründenden Gesetzesrechts, nämlich die Unterlassung einer solchen Aufhebung.

---

[177] *Papier,* Differenziertheit, S. 193, *ders.,* Eigentumsgarantie im Wandel, S. 12, *ders.,* in: Maunz / Dürig, Art. 14 Rdnr. 41; *Grimm,* Eigentumsschutz sozialpolitischer Positionen, S. 233; auch *Badura,* Festschrift 25 Jahre BSG, S. 687.

[178] So *Krause,* Eigentum, S. 41.

[179] So zu Recht *Leisner,* HbStR VI, S. 1026 Rdnr. 5. Dem Einwand des Umschlagens in ein Leistungsrecht kann im übrigen nicht entgegengehalten werden, schon die herkömmliche Schutzrichtung des Art. 14 GG als Abwehrrecht begründe Leistungsrechte, wie die Garantie einer Enteignungsentschädigung bei hoheitlichen Eingriffen zeige (so aber *Pieroth,* Rückwirkung, S. 316). Der zu widerlegende Einwand betrifft die Primär-, nicht die Sekundärebene.

[180] Ebenso *Leisner,* HbStR VI, S. 1026 Rdnr. 5.

[181] Vgl. dazu *Lübbe-Wolff,* Grundrechte als Eingriffsabwehrrechte, S. 40.

Die Interpretation von Grundrechten im Sinne von Leistungsrechten steht von vornherein unter dem Vorbehalt dessen, was der Einzelne vernünftigerweise von der Gesellschaft verlangen kann.[182] Dieser Gedanke ist auf öffentlich-rechtliche Ansprüche, bei denen ein Eigentumsschutz nach Art. 14 GG in Betracht kommt, jedoch höchstens teilweise zu übertragen.[183] Die nicht unerhebliche Eigenleistung als Voraussetzung für den grundsätzlichen Eigentumsschutz begründet den insoweit maßgeblichen Unterschied. Vor allem Rentenansprüche und -anwartschaften[184] leiten sich nicht aus allgemeinen grundrechtlichen Erwägungen ab, sondern sind jedenfalls teilsweise eine Gegenleistung für etwas, was dem Einzelnen in Form von Sozialversicherungsbeiträgen zwangsweise genommen worden ist. Im Bereich der sog. Leistungsquote ist es somit eine grobe Verdrehung, davon zu sprechen, die Anerkennung der Eigentumsqualität öffentlich-rechtlicher Ansprüche führe zu einem Umschlag von einem Abwehr- in ein Teilhaberecht. Daß die späteren Renten auch nicht teilweise aus den zunächst gezahlten Beiträgen, sondern entweder aus den Beiträgen nachfolgender Arbeitnehmer oder Steuergeldern finanziert werden müssen, beruht darauf, daß die vom Beitragszahler kassierten Beträge nicht angelegt, sondern im Wege der Umverteilung stattdessen aktuelle Versicherungsfälle finanziert werden.[185] Gerade dieser Gesichtspunkt spricht aber nicht gegen, sondern für die Notwendigkeit eines gerade von Art. 14 GG ausgehenden Schutzmechanismus. Sehr viel mehr als das Rechtsstaatsprinzip ist die Eigentumsgarantie des Grundgesetzes ein Appell an den Gesetzgeber, einen Kollektivbetrug zulasten einer ganzen Generation zu unterlassen und die gegebenen Versorgungsversprechen auch einzuhalten,[186] was zudem im Wege der Verfassungsbeschwerde kontrollierbar ist. „Eigentum ist mehr als Rechtsstaatlichkeit".[187] Raum für den notwendigen Vorbehalt des Finanzierbaren läßt Art. 14 GG in genügendem Maße.

---

182 Vgl. *Krause,* Eigentum, S. 41.

183 Anders *Krause,* Eigentum, S. 41.

184 Die Diskussion um den Schutz öffentlich-rechtlicher Rechtspositionen durch Art. 14 GG betrifft im wesentlichen die Rentenversicherung (siehe *Rüfner,* Differenziertheit, S. 177) und teilweise die Arbeitslosenversicherung (siehe *Ossenbühl,* Festschrift für Zeidler, Band 1, S. 657 ff.; *Katzenstein,* Festschrift für Zeidler, Band 1, S. 635 f.).

185 Vgl. *Krause,* Eigentum, S. 42.

186 So auch BVerfG, Urt. v. 28.2.1980, E 53, 257 (294); *Wannagat,* Festschrift für Peters, S. 181. Anders *Rüfner,* Differenziertheit, S. 179, wonach die Eigentumsgarantie nicht substantiell mehr bieten soll als das Rechtsstaatsprinzip. Interessanterweise leitet auch *Papier,* VSSR 1973, 52, obwohl er einen Schutz öffentlich-rechtlicher Positionen durch die Eigentumsgarantie ablehnt, eine Pflicht des Staates auf Fortführung und weitere Teilhabe an der öffentlich-rechtlichen Vorsorgeinstitution aus vorangegangenem Grundrechtseingriff ab. Dies weist deutlich auf das Mehr an Rechtfertigungspflicht bei grundrechtlicher Verankerung des Bestandsschutzes hin.

187 *Leisner,* HbStR VI, S. 1052 Rdnr. 78. Vgl. auch BVerfG, B. v. 1.7.1981, E 58, 81 (121).

### d) Von der Garantie des Privateigentums zur Garantie des Eigentums Privater

Letztlich gibt es wichtige Argumente für eine Einbeziehung gewisser öffentlich-rechtlicher Vermögenspositionen in den Schutzbereich des Art. 14 GG und keine entscheidenden dagegen. Eine unannehmbare Verfestigung oder gar Versteinerung von Ansprüchen zu Lasten späterer Generationen droht nicht. Angesichts der effektiven Bedeutung öffentlich-rechtlicher Ansprüche für die Existenzsicherung breiter Bevölkerungskreise ist deshalb die Behauptung, Art. 14 GG enthalte eine Institutsgarantie, auf der Grundlage der heutigen Eigentumsdogmatik höchstens unter Einschränkungen richtig. Zwar kann Art. 14 GG seine freiheitsermöglichende Wirkung nur mit Hilfe staatlicher Gesetzgebung erfüllen. Insoweit ist der Gedanke einer Einrichtungsgarantie zutreffend. Eine Beschränkung auf privatrechtliche Rechtseinrichtungen ist von Art. 14 GG jedoch nicht ausgesprochen. Es handelt sich vielmehr um eine allgemeine Verpflichtung an den Gesetzgeber, Freiheit im vermögenswerten Bereich zu sichern. Aufgabe des Gesetzgebers im Rahmen des Art. 14 GG ist daher nicht primär die Schaffung von Privateigentum, sondern von Eigentum Privater.[188]

Zur Erfüllung dieser Garantie ist allerdings das Privateigentum ein nach wie vor entscheidender Beitrag. Nicht zu übersehen ist aber auch, daß die ursprüngliche Funktion privaten Eigentums heute in wichtigen Punkten durch öffentlich-rechtliche Ansprüche ergänzt oder, bei nachlassender effektiver Bedeutung, kompensiert wird. Allerdings wäre es voreilig, deshalb den Gedanken der Institutsgarantie ganz zu verabschieden. Die Existenz des privatrechtlichen Eigentums ist mangels öffentlich-rechtlicher Alternativen in wichtigen Bereichen aus derzeitiger Sicht unabdingbar. Der Satz, Art. 14 Abs. 1 S. 1 GG enthalte eine Institutsgarantie, weist deshalb immer noch in die richtige Richtung. Das Privateigentum ist ein besonders geeignetes und derzeit nicht wegdenkbares, keinesfalls aber das einzige Erfüllungsmittel, welches dem Gesetzgeber benötigt, um den Auftrag des Art. 14 Abs. 1 GG zu erfüllen. Der Gedanke der Institutsgarantie hat noch einen gewissen erklärenden Charakter. Absolute Bindungen gegenüber dem Gesetzgeber sind ihr hingegen kaum mehr zu entnehmen. Theoretisch ist es denkbar, daß der Gesetzgeber statt privatrechtlichem umfassend öffentlich-rechtliches Eigentum schafft. Eine absolute Bindung ist im übrigen auch nicht erforderlich. Denn der Bestand existierender Normen wird formell vollständig durch die Rechtsstellungsgarantie, verbun-

---

[188] So ausdrücklich etwa *Breuer,* Bodennutzung, S. 22. Siehe auch *Leisner,* DVBl. 1983, 61. Dies wird im übrigen bestätigt durch die Rechtsprechung des BVerfG zur Grundrechtsträgerschaft von Anstalten und Körperschaften des öffentlichen Rechts, die nach Auffassung des Gerichts auch außerhalb der Erfüllung öffentlicher Aufgaben nicht Träger des Grundrechts aus Art. 14 GG sind. Siehe BVerfG, B. v. 8.7.1982, E 61; 82 (108 f.); B. v. 14.4.1987, E 75, 192 (196 ff.): Art. 14 GG schütze nicht das Privateigentum, sondern das Eigentum Privater.

den mit der allgemeinen Lehre vom Normbestandsschutz, garantiert. Auf den Schutz des absoluten Kernbereichs kommt es nicht an. Maßnahmen, die sich einem solchen nähern würden, würden vorher schon an der Rechtsstellungsgarantie scheitern.

Damit bestätigt die auf diese Weise vorgenommene Relativierung der Idee einer Institutsgarantie erneut die These, daß öffentliches und privates Recht keine grundsätzlich verschiedene verfassungsrechtliche Behandlung verdienen oder erwarten können. Die Sonderstellung, die eine unmodifiziert angenommene Institutsgarantie dem Privatrecht zuweist, läßt sich jedenfalls nicht bestätigen. Es gibt nach Art. 14 GG keinen zeitlich unbegrenzten absoluten Publifizierungsschutz, auch nicht beschränkt auf einen Kernbereich. Für die Erscheinung hoheitlicher Privatrechtsgestaltung ergibt sich daraus, daß allein aus einer Funktionsbeeinträchtigung zulasten des Privatrechts keine besonderen verfassungsrechtlichen Rechtfertigungspflichten entstehen. Nur die Minderung der Eigentumsposition „steuert" das Übermaßverbot, nicht deren privatrechtlicher Charakter. Aber noch ein weiteres Ergebnis gilt es für die weitere Diskussion um verfassungsrechtliche Bindungen des Gesetzgebers im Bereich der Eigentumsgarantie festzuhalten: *Der methodische Ansatz, nämlich zu fragen, ob bestimmte, vom Gesetzgeber geschaffene Positionen in den Schutzbereich des Art. 14 GG fallen, muß bei öffentlich-rechtlichen und privatrechtlichen Positionen der gleiche sein.* Auch privatrechtliche Positionen sind ein Produkt der Rechtsordnung. Auch ihre Unterstellung unter den Schutzbereich des Art. 14 GG ist ein *Qualifikations- und Subsumtionsproblem.* Das ist im folgenden auszuführen.

### *2. Die Unterscheidung von Inhalts- und Schrankenbestimmung und die Bindung des Gesetzgebers an die Eigentumsgarantie*

#### *a) Problemstellung*

Nach Art. 14 Abs. 1 S. 2 GG obliegt die Bestimmung von Inhalt und Schranken des Eigentums dem Gesetzgeber. Ob und inwieweit diese verfassungstextliche Vorgabe wörtlich zu nehmen ist und zwischen Inhalts- und Schrankenbestimmung des Eigentums zu unterscheiden ist, wird in letzter Zeit nur noch selten diskutiert.[189] Die Frage ist gleichwohl nach wie vor strittig.[190] Ihre Beant-

---

[189] *Kimminich,* NuR 1985, 4 m. Fußn. 26, hielt den Streit sogar im Sinne der Unterscheidbarkeitstheorie für entschieden; vgl. allerdings auch seine Neukommentierung des Art. 14 GG im BK, Rdnr. 134 ff.

[190] Gegen eine Unterscheidung etwa *Hügel,* S. 83 m. w. N.; *Leisner,* DVBl. 1983, 64: „Der Gesetzgeber hat nur eine Befugnis, die Bestimmung von Inhalt und Schranken des Eigentums." Vor allem gegen Folgerungen aus dieser Unterscheidung für Fragen der Entschädigungspflicht wendet sich *Sass,* Entschädigungserfordernis, S. 301 ff. Gegen eine Unterscheidungsmöglichkeit anhand eines materiellen Kriteriums auch *Ehlers,* VVDStRL 51 (1991), 225: Inhalts- und Schrankenbestimmungen ließen sich nur zeitlich voneinander trennen. Weiterhin *Breuer,* Bodennutzung, S. 20: In „verbildlichter Abstraktion" ließe sich

wortung ist noch von größerer Relevanz für das zutreffende Verständnis der Eigentumsgarantie als die Bestimmung der Bedeutung des Art. 14 GG als Institutsgarantie. Denn mit ihr ist die eigentliche Kernfrage für das Verhältnis von Gestaltungsfreiheit und Bindung des Gesetzgebers durch die verfassungsrechtliche Garantie des Art. 14 GG auch bezüglich von Ermächtigungen zu hoheitlicher Privatrechtsgestaltung angesprochen. Soweit eine Trennung zwischen beiden Vorgängen angenommen wird, liegt dem gelegentlich ausdrücklich, gelegentlich konkludent die Vorstellung zugrunde, Inhaltsbestimmung des Eigentums erfolge mit Mitteln des Privatrechts und daher vor allem durch § 903 BGB, Schrankenziehung hingegen mit denen des privaten oder öffentlichen Rechts.[191] Verfassungsrechtlicher Maßstab für die Inhaltsbestimmung ist dann die Institutsgarantie des Eigentums, Maßstab für die Schrankenbestimmung das Übermaßverbot. Wäre diese Auffassung zutreffend, würde eine Vorstellung neuen Boden gewinnen, die im Rahmen dieser Untersuchung bereits mehrfach zurückgewiesen wurde, daß nämlich die Qualifizierung eines Rechtssatzes als öffentliches oder privates Recht unmittelbare Konsequenzen für das Maß der verfassungsrechtlichen Bindung des Gesetzgebers nach sich zieht. Eingriffe in Privatrechtsverhältnisse aufgrund öffentlichen Rechts wären in besonderem Maße grundrechtsgebunden, u. U. anders als solche auf privatrechtlicher Grundlage.

---

beides unterscheiden, in der praktischen Normsetzung seien die Typen Inhaltsbestimmung und Schrankensetzung jedoch oft austauschbar.

[191] Deutlich *Chlosta,* S. 32: Die Trennungslinie zwischen Inhalts- und Schrankenbestimmung sei mit der zwischen öffentlich-rechtlichen und privatrechtlichen Normen identisch. Sehr klar auch *Timm,* S. 48: Die Inhaltsbestimmung im Sinne von Art. 14 Abs. 1 S. 2 GG erfolge durch die Bereitstellung und Entwicklung der objektiven Privatrechtsordnung; die Schrankenziehung erfolge mit Hilfe öffentlich-rechtlicher Normen auf der Grundlage einer Güter- und Interessenabwägung. Weiterhin *Lutz,* Eigentumsschutz, S. 166: Die öffentlich-rechtlichen Normen beschränkten das durch § 903 BGB generös zugestandene Eigentum. Vgl. auch *Kutschera,* Bestandsschutz, S. 72 f.; *Leisner,* DVBl. 1992, 1069; *Ramsauer,* Faktische Beeinträchtigungen, S. 143 ff. Vgl. auch *Wendt,* Eigentum und Gesetzgebung, S. 132 ff., weiterhin auch S. 167, wo er zwar anerkennt, daß der Kreis der durch Inhaltsbestimmung umfaßten Befugnisse auch öffentlich-rechtliche Befugnisse umfassen kann. Dies scheint jedoch in der Konzeption von *Wendt* eher ein Annex zum vorher durch Inhaltsbestimmung gewonnenen privatrechtlichen Eigentum zu sein. Die Idee, die Inhaltsbestimmung des Eigentums erfolge mit den Mitteln des Privatrechts, die Schrankenziehung hingegen mit denen des öffentlichen Rechts, liegt im übrigen auch der Entschädigungsrechtsprechung des BGH zugrunde (so zumindest *Soell,* NuR 1984, 186). *Soell,* aaO, wendet sich gleichzeitig (zu Recht) entschieden gegen solche Vorstellungen. Deutlich relativiert wird die Auffassung der Inhaltsbestimmung durch Privatrecht hingegen von *Schapp,* Das subjektive Recht, S. 189: Privatrechtliche Gesetzgebung, die über öffentliche Interessen entscheide, müsse im verfassungsrechtlichen Sinn als öffentlich-rechtliche Gesetzgebung aufgefaßt werden.

### b) Die Rechtsprechung des BVerfG

Die Vorstellung einer Unterscheidung von Inhalts- und Schrankenbestimmung entspricht nicht der Rechtsprechung des BVerfG. Das Gericht hat soweit ersichtlich an keiner Stelle eine Unterscheidung zwischen Inhalts- und Schrankenbestimmung im Hinblick auf damit verbundene unterschiedliche Maßstäbe getroffen.[192] In der Naßauskiesungsentscheidung hat es sogar ausdrücklich die Vorstellung zurückgewiesen, das Privatrecht bestimme den Inhalt und das öffentliche Recht die Schranken des Eigentums.[193]

Dies erledigt die Diskussion jedoch in keiner Weise. Denn gerade der Naßauskiesungsbeschluß weist erhebliche Ungereimtheiten auf.[194] Die Kritik betrifft vor allem das Grundproblem der Eigentumsdogmatik, wie man sich eine Bindung des einfachen Gesetzgebers an die Eigentumsgarantie vorstellen soll, wenn das zu schützende Rechtsgut erst durch den Gesetzgeber zur Entstehung kommt.[195] Die Lösung dieses ohnehin im Art. 14 GG angelegten Rätsels wird durch das BVerfG nicht überzeugend in Angriff genommen, weil nach Auffassung der Naßauskiesungsentscheidung der Gesetzgeber selbst den Inhalt des verfassungsrechtlich geschützten Eigentums bestimmt.[196] Damit

---

[192] Daß der Rechtsprechung des BVerfG die Auffassung zugrundeliegt, Inhalts- und Schrankenbestimmung sei ein einheitlicher Vorgang, zeigen etwa B. v. 12.1.1967, E 21, 73 (79); B. v. 15.1.1969, E 25, 112 (117). Anders z. T. das BVerwG, siehe Urt. v. 18.8.1960, E 11, 95 (96), wo die Auffassung vertreten wird, eine Inhaltsbestimmung könne die Gewährleistung des Eigentums nicht verletzen.

[193] BVerfG, B. v. 15.7.1981, E 58, 300 (336): Den privatrechtlichen Vorschriften komme im Rahmen des Art. 14 GG kein Vorrang vor den öffentlich-rechtlichen Vorschriften zu, die eigentumsrechtliche Regelungen treffen. Siehe auch die Auffassung des Berichterstatters *Böhmer*, Der Staat 24 (1985), 197 f. Weiterhin *F. Baur*, AcP 176 (1976), 103: Austauschbarkeit öffentlich-rechtlicher und privater Gestaltungsmittel (allerdings bezogen vor allem auf vertragliche Gestaltungsmöglichkeiten); *Badura*, AcP 176 (1976), 122 und *ders.*, aaO, 129: Sozialgestaltende Verwirklichung der Gemeininteressen sei nicht notwendig mit dem öffentlichen Recht verbunden. Vgl. auch *Soell*, NuR 1984, 186: Der Gewährleistungsinhalt der Eigentumsgarantie werde durch das private und das öffentliche Recht konkretisiert; ebenso *ders.*, DVBl. 1983, 244.

[194] Vgl. die sehr drastische Kritik von *Baur*, NJW 1982, 1734 ff. Siehe auch *Wendt*, Eigentum, S. 162: Die Eigentumsauffassung des BVerfG habe keine ausreichende begriffliche und dogmatische Klarheit; *Osterloh*, DVBl. 1991, 908: Außer drei Bereichen relativer Klarheit (keine entschädigungsmäßige Nachbesserung von verfassungswidrigen Gesetzen durch Richterspruch, Fortbestand des enteignungsgleichen Eingriffs, Möglichkeit einer ausgleichspflichtigen Inhalts- und Schrankenbestimmung) sei fast alles unklar geblieben oder geworden. Zu einer widerspruchsfreien Konzeption des Art. 14 Abs. 1 GG kann man wohl nur noch dann kommen, wenn man nicht jeden Seufzer des BVerfG auf die dogmatische Goldwaage legt und „unterzubringen" versucht. Viel spricht dafür, daß eine stimmige Linie in der Rechtsprechung deshalb so schwer zu entdecken ist, weil es sie nicht gibt.

[195] Vgl. speziell zur Naßauskiesungsentscheidung *F. Baur*, NJW 1982, 1735; im übrigen *Dürig*, ZgesStW 1953, 331 ff.; *Kutschera*, Bestandsschutz, S. 23; *Ossenbühl*, Festschrift für Zeidler, Band 1, S. 636 f.; *Wendt*, Eigentum, S. 150 f.; *Leisner*, HbStR VI, S. 1044 Rdnr. 54: Zentralproblem der Eigentumsproblematik sei das Verhältnis von Verfassung und Gesetz; ebenso *ders.*, aaO, S. 1075 Rdnr. 134.

[196] Vgl. BVerfG, B. v. 15.7.1981, E 58, 300 (336).

wird zwar die privatrechtsorientierte Schutzgutsbestimmung verworfen, die Bindung des Gesetzgebers aber nicht auf eine neue und tragfähige Grundlage gestellt.[197]

### c) Die Konzeption von Wendt

Eine Trennung von Inhaltsbestimmung und Schrankenziehung ist insbesondere von Wendt vertreten worden.[198] Danach legten Inhaltsnormen die Eigentumsrechte und die mit ihnen verbundenen Befugnisse generell und pflichtneutral fest; Schrankennormen hätten hingegen die aus der Innehabung oder Ausübung von solcherart zuerkanntem Eigentum sich ergebenden Bürger-Bürger- und Bürger-Staat-Konflikte zum Regelungsgegenstand.[199] Maßgebendes Beispiel sind für Wendt die Bestimmungen § 903 und § 905 BGB. § 903 BGB sei Inhaltsnorm, denn es räume bestimmte Herrschafts-, Nutzungs-und Verfügungsrechte über bestimmte Eigentumsgegenstände ein und lege damit den Inhalt der Eigentümerpositionen fest.[200] § 906 BGB sei hingegen Schrankennorm, denn es beschränke die in § 903 BGB bestimmten Befugnisse durch die Statuierung von Duldungspflichten.[201] Unterscheidungskriterium ist somit die Konfliktbezogenheit einer Regelung. Soweit es sich um die Schlichtung von aus der generellen Einräumung von Befugnissen folgenden Interessenskonflikten handele, lägen Schrankennormen vor.[202]

Diese Konzeption hat den Wortlaut des Art. 14 Abs. 1 S. 2 GG auf ihrer Seite.[203] Wenn die Verfassung unterscheidet zwischen Inhalts- und Schrankenbestimmung, liegt es durchaus nahe, davon auszugehen, daß diese Unterscheidung auch in sachlich unterschiedlicher Weise den Gesetzgeber in die Effektuierung des Art. 14 GG einbindet. Anzuerkennen ist weiterhin, daß eine strikte Unterscheidung von Inhalts- und Schrankenbestimmung auch eine denkbare Antwort auf das angedeutete Grundsatzproblem der Dogmatik der Eigentumsgarantie ermöglicht, nämlich dem Verhältnis von Gesetzgeber und Verfassung.[204] Die Bindung des Gesetzgebers vor allem an das Übermaßverbot besteht bei Schrankenbestimmungen, für die Inhaltsbestimmung erhält der

[197] Siehe vor allem die Kritik von *F. Baur,* NJW 1982, 1735 f.

[198] *Wendt,* Eigentum und Gesetzgebung, 1985; für eine Unterscheidung auch *Krüger,* Festschrift für Schack, S. 72; *Kutschera,* Bestandsschutz, S. 72 f.; *Lutz,* Eigentumsschutz, S. 158 ff.; *Timm,* S. 45 ff.; *Chlosta,* S. 31 f.; *Leisner,* HbStR VI, S. 1047 ff. Rdnr. 63 ff. *Leisner* scheint insoweit von dem in den DVBl. 1983, 64 aufgestellten Satz, wonach der Gesetzgeber nur eine Befugnis habe, da Inhaltsbestimmung und Schrankenziehung zusammenfielen, wieder abgerückt zu sein. Ganz deutlich wird das allerdings nicht. Gegen eine Unterscheidung von Inhalts- und Schrankenbestimmung *Lerche,* Übermaß, S. 144 m. Fußn. 140; *Ridder,* Grundrechtsschutz des Eigentums, S. 54; *Soell,* Flächensanierung, S. 983.

[199] *Wendt,* Eigentum, S. 157; ganz ähnlich *Lutz,* Eigentumsgarantie, S. 163.

[200] *Wendt,* Eigentum, S. 151.

[201] *Wendt,* Eigentum, S. 152.

[202] *Lutz,* Eigentumsschutz, S. 163.

[203] *Krüger,* Festschrift für Schack, S. 72; vgl. auch *Wendt,* Eigentum, S. 148.

[204] Siehe *Wendt,* Eigentum, S. 150.

Gesetzgeber hingegen Richtlinien aus der Institutsgarantie des Art. 14 GG. Dies ist zumindest sehr viel überzeugender als die Idee, das gemäß Art. 14 Abs. 1 S. 2 GG entstandene Gesetz an der Institutsgarantie des Art. 14 Abs. 1 S. 1 GG zu messen.[205] Denn die Institutsgarantie sagt nichts anderes, als daß ein Mindestbestand an freiheitsermöglichendem Normenbestand bestehen bleiben muß. Von diesem Gedanken aus kommt man deshalb nicht zur Geltung des Übermaßverbotes für jede eigentumseinschränkende Regelung.

Die strikte Trennung von Inhalts- und Schrankennormen gibt damit eine mögliche Antwort auf die schon erwähnte „Theorie der gesetzlich bedingten ursprünglichen Bestandsschwäche des Eigentums"[206] oder „Eingriffsvorbehaltslehre".[207] Diese Lehre ist nicht überzeugend.[208] Mit ihr käme man zu einer beliebigen Bindungslosigkeit der öffentlichen Gewalt im Bereich von Art. 14 GG.[209] Ein solcher (Irr-)Weg läßt sich mit der Unterscheidung von Inhalts- und Schrankennormen vermeiden. Widerrufsvorbehalte für Anlagengenehmigungen, Vorkaufsrechte, Anschluß- und Benutzungszwang und sonstige Beschränkungen von Eigentümerbefugnissen sind danach Schrankenbestimmungen. Sowohl der Gesetzgeber als auch die Verwaltung ist an Art. 14 GG gebunden. Richtig ist schließlich auch, daß sich die Unterscheidung von Inhalts- und Schrankenbestimmungen am Beispiel des Sacheigentums nachvollziehen läßt.[210]

Gerade an dieser Stelle tauchen aber Bedenken gegen die Konzeption von Wendt auf. Denn was am Beispiel des Sacheigentums modellgerecht zu zeigen ist, braucht deshalb nicht allgemein für den gesamten Bereich des Art. 14 GG zutreffend zu sein. So wird auch bei Wendt nicht deutlich, wie sich etwa bei der auch dort befürworteten Einbeziehung öffentlich-rechtlicher Rechtspositionen in den Schutzbereich des Art. 14 GG[211] diese Unterscheidung nachweisen läßt,[212] die ja – trotz Abgrenzungsschwierigkeiten im Einzelfall – trenn-

---

[205] So *Wahl,* NVwZ 1984, 404; ähnlich *Breuer,* Bodennutzung, S. 33 ff., wonach die Wertentscheidung des Grundgesetzes zugunsten privaten Eigentums eine immanente Beschränkung der gesetzgeberischen Regelungsbefugnis nach Maßgabe der Verhältnismäßigkeit im engeren Sinne begründe. Mit dem Ansatz von *Breuer,* aaO, bekommt man das Problem, daß letztlich der Gesetzgeber das Eigentum schafft, nicht in den Griff, denn niemand wird behaupten, die Wertentscheidung verpflichte den Gesetzgeber, jedes denkbare Eigentum zu schaffen.

[206] So der Ausdruck von *Wendt,* Eigentum, S. 153 ff. Ausführlicher schon oben E I 3 a, S. 227 ff.

[207] So der Ausdruck von *Lutz,* Eigentum, S. 117.

[208] Ablehnend auch *Leisner,* Sozialbindung des Eigentums, S. 45; *Wendt,* Eigentum, S. 156; überzeugende Kritik bei *Lutz,* Eigentumsschutz, S.150.

[209] Siehe *Lutz,* Eigentumsschutz, S. 123, 150.

[210] Allerdings weist *Ehlers,* VVDStRL 51 (1991), 225, zu Recht darauf hin, daß selbst § 903 BGB schon einen tatbestandlichen Vorbehalt zugunsten anderweitiger Gesetze und Rechte Dritter enthält.

[211] Vgl. *Wendt,* Eigentum, S. 148.

[212] Vgl. auch *Ehlers,* VVDStRL 51 (1991), 225.

scharf möglich sein soll.[213] Ein zweiter Einwand kommt hinzu. Bei den Ausführungen von Wendt bleibt unklar, wie denn überprüft werden soll, daß sich der Gesetzgeber an die von Art. 14 Abs. 1 S. 2 GG aufgestellte Regel hält. Es erscheint bei entsprechendem gesetzgeberischem Geschick und angesichts des diesem belassenen Gestaltungsspielraums durchaus möglich, bei der jeder Schrankenziehung notwendig vorausgehenden Inhaltsbestimmung die für erforderlich gehaltenen Begrenzungen der Befugnisse gleich mit zu „verpakken", indem einfach die entsprechende Befugnis nicht zugeteilt wird, statt sie erst zuzuteilen und dann eine Handlungs-, Duldungs- oder Unterlassungspflicht aufzuerlegen. Deutlich wird diese Gefahr gerade daran, daß das BVerfG dem Gesetzgeber in der Naßauskiesungsentscheidung insoweit weitgehend freie Hand gelassen hat.[214] Dies ist sachlich berechtigt, denn für die Gesetzgebungstechnik sind insoweit Art. 14 Abs. 1 und Abs. 2 GG keine Beschränkungen für den Gesetzgeber zu entnehmen. Ein dritter Einwand ergibt sich schließlich daraus, daß nach den von Wendt gelieferten Definitionen für eine Inhalts- und Schrankenbestimmung beide Aufträge ununterscheidbar ineinanderfließen, wenn sie in einer Hand vereinigt werden. Bei von einem Gesetzgeber ausgehenden Normierungen feststellen zu wollen, was Inhaltsbestimmung und was Schrankenziehung ist, was also als eingeschränktes Geben und was als Nehmen nach vorherigem Geben anzusehen ist, führt zu einer letztlich krampfhaften Suche nach Modellgerechtigkeit.[215]

Damit ist aber auch das zunächst überzeugende Wortlautargument nicht zwingend. Wenn Art. 14 Abs. 1 S. 2 GG sagt, daß Inhalts- und Schrankenbestimmung Aufgabe des Gesetzgebers sind, bedeutet das, daß beides zwar theoretisch unterschieden werden kann, nicht aber, daß diese Unterscheidung sich anhand der geschaffenen Normen auch dann nachvollziehen läßt, wenn beide Aufträge – wie es Art. 14 Abs. 1 S. 2 GG vorschreibt – in einer Hand vereinigt sind.[216] Herbert Krüger hat zwar gemeint, den Mut bewundern zu müssen, wie bei einer Nichtunterscheidung von Inhalts- und Schrankenbestimmung ein zweifacher Auftrag des Verfassunggebers an den Gesetzgeber zu einem einfachen verkürzt werde.[217] Für die hier vertretene Auffassung trifft diese Kritik

[213] So *Wendt,* Eigentum, S. 148.

[214] Vgl. auch BVerfG, B. v. 15.7.1981, E 58, 300 (336): „Ergibt sich ..., daß der Eigentümer eine bestimmte Befugnis nicht hat, so gehört diese nicht zu seinem Eigentumsrecht. Wie der Gesetzgeber ihren Ausschluß herbeiführt, ist lediglich eine Frage der Gesetzestechnik. Definiert er die Rechtsstellung zunächst umfassend, um in einer weiteren Vorschrift bestimmte Herrschaftsbefugnisse von ihr auszunehmen, so ist dem Betroffenen von vornherein nur eine in dieser Weise beschränkte Rechtsposition eingeräumt."

[215] Kritisch zur sehr einseitigen Betonung des § 903 BGB auch *Schwabe,* Der Staat 27 (1988), 98.

[216] Ähnlich auch *Breuer,* Bodennutzung, S. 20: Indem das Grundgesetz das Schutzobjekt „Eigentum" auch inhaltlich nicht selbst ausgestalte, vielmehr die komplexe Aufgabe der Eigentumsausformung dem einfachen Gesetzgeber überlassen habe, mache es den Regelungsvorbehalt dem Grunde nach total.

[217] *Krüger,* Festschrift für Schack, S. 72.

aber nicht zu. Es wird nur gesagt, daß bei Vereinigung von Inhalts- und Schrankenbestimmung in einer Hand – und genau das sieht Art. 14 Abs. 1 S. 2 GG vor – die konkrete Erfüllung dieser beiden Aufträge nicht ex post dem einen oder anderen zugeordnet werden kann.[218] Dann kann jedoch von einer solchen Zuordnung auch nicht die Art der verfassungsrechtlichen Bindung abhängen.

### *d) Eigentumsgarantie und einfacher Gesetzgeber*

#### *aa) Keine Bindung aus Art. 14 Abs. 1 S. 2 GG*

Die Frage, wie man den Gesetzgeber binden kann, wenn die Schaffung des Schutzgutes in seinem Ermessen steht, ist anders zu beantworten als mit einer Unterscheidung von Inhalts- und Schrankenbestimmung. Eine Lösung aus dem Dilemma, daß der Gesetzgeber Inhalt- und Schranken des Eigentums bestimmt, gleichzeitig aber nicht selbst über den Umfang der ihm aus der Eigentumsgarantie auferlegten Bindungen soll verfügen können, läßt sich nur dann erreichen, wenn man Art. 14 Abs. 1 S. 2 GG nicht als die zentrale, den Gesetzgeber bindende Vorschrift ansieht. Vielmehr unterstreicht Art. 14 Abs. 1 S. 2 GG vor allem dessen Gestaltungsbefugnis und im Anschluß daran die Bindung von Judikative und Exekutive im Hinblick auf die vom Gesetzgeber vorgenommene Inhaltsbestimmung im weiten, untechnischen Sinn. Die Gesamtheit der verfassungsmäßigen, inhaltsprägenden Gesetze bestimmt den Bestandsschutz des Eigentums.[219] Das betrifft aber zunächst vor allem Exekutive und Judikative.[220] Dies ist die – unter undeutlichen Formulierungen verborgene – eigentliche Aussage des Naßauskiesungsbeschlusses. Die Exekutive kann nach dem Anliegen dieser Entscheidung keine Rechte entziehen, die der Gesetzgeber nicht als Inhalt des Eigentums (im weiten, untechnischen Sinn) vorgesehen hat.[221] Sie hat nicht das Recht, statt vom konkreten Normenbestand von einem der gesetzlichen Ausgestaltung vorgelagerten oder rein privat-

---

[218] Dem daraus folgenden Verständnis der Bindung des Gesetzgebers im Rahmen des Art. 14 Abs. 1 S. 2 GG läßt sich nicht das Etikett anheften, es sei gerichtet auf eine undifferenzierte, nicht näher konturierte Dispositionsbefugnis des Gesetzgebers über die Eigentumsrechte (so aber *Wendt,* Eigentum, S. 145 und *Timm,* S. 43). Differenzierungen und Konturen lassen sich auch auf dieser Grundlage durchaus gewinnen. Siehe auch die weiteren Ausführungen im Text.

[219] So auch BVerfGE 58, 300 (336).

[220] So auch *Schwerdtfeger,* Paritätische Mitbestimmung, S. 67, vgl. auch *dens.,* Unternehmerische Mitbestimmung, S. 225; der Sache nach auch *Kutschera,* Bestandsschutz, S. 23.

[221] Siehe BVerfGE 58, 300 (336 f.): „Nach der objektiv-rechtlichen Regelung des Wasserhaushaltsgesetzes steht dem Grundstückseigentümer ... kein Recht zu, im Rahmen der Grundstücksnutzung auf das Grundwasser einzuwirken. Durch die Anwendung des Gesetzes wird daher ein solches Recht nicht entzogen." Vgl. weiterhin *Kimminich,* NuR 1985, 4: Der Gesetzgeber sei auch ohne die Vorschrift des Art. 14 Abs. 1 S. 2 GG befugt, den Inhalt des Eigentums zu definieren; die Bedeutung der genannten Vorschrift liege vielmehr darin, daß die Befugnis zur Inhaltsbestimmung auf den Gesetzgeber beschränkt worden sei.

rechtlichen Eigentumsbegriff auszugehen. Wenn der Gesetzgeber eine bestimmte Befugnis mit dem Eigentum an einem Grundstück nicht verbindet, ist das Eigentum eben entsprechend „beschränkt".[222] Weil aber eine entsprechende Eigentumsposition einfachrechtlich gar nicht besteht, kann die Vorenthaltung etwa der Nutzung des Grundwassers zur Naßauskiesung auch keine Enteignung im Sinne von Art. 14 Abs. 3 GG sein, eine möglicherweise rechtswidrige Inhalts- und Schrankenbestimmung deshalb auch nicht in eine Enteigung „umschlagen".[223]

### *bb) Bindung des Gesetzgebers aus dem Gedanken des Normbestandsschutzes*

Eine Bindung des Gesetzgebers beim Erlaß von eigentumsprägenden Normen ergibt sich vielmehr zunächst aus dem Gedanken des grundrechtlichen Normbestandsschutzes.[224] Diese Lehre erklärt die Geltung des Übermaßverbotes zumindest dann, wenn neue gesetzgeberische Maßnahmen bisherige eigentumsbefugnisbegründende Normen nachteilig ändern, entspricht also dem herkömmlich mit dem Begriff der Rechtsstellungsgarantie umschriebenen Gehalt des Art. 14 GG. Auch in diesem Zusammenhang gelten aber die schon bekannten Grenzen dieser Lehre. Sie rechtfertigt vor allem nicht die Überprüfung vorkonstitutionell vorhandener Beschränkungen anhand des Übermaßverbotes.[225] Speziell im Kontext des Art. 14 GG kommt ein weiterer Mangel hinzu: Bei der Schaffung „neuen" Eigentums fehlt ihr ebenfalls ein Ansatzpunkt für die Überprüfung von vorgesehenen Beschränkungen.

### *cc) Art. 14 Abs. 1 S. 1 GG als Qualifikationstatbestand*

Eine umfassendere Bindung des Gesetzgebers an das Übermaßverbot muß deshalb anders begründet werden als mit am status quo orientierten Rechtsstellungs- oder Normbestandsschutzlehren. Ansatzpunkt hierfür ist Art. 14 Abs. 1 S. 1 GG. Diese Vorschrift enthält zunächst die allgemein als Institutsgarantie verstandene Verpflichtung des Gesetzgebers, Eigentum Privater zu schaffen, ohne daß sich dies auf bestimmte Gegenstände fixieren ließe. Die Verfassungsinterpretation ist aber über die damit verbundene Minimalgarantie seit langem weit hinausgegangen. Sie hat einen Eigentumsbegriff mit eigenständigem Gehalt entwickelt.[226] Man darf

---

[222] Vgl. BVerfGE 58, 300 (336).

[223] Siehe auch *Böhmer,* Der Staat 24 (1985), 162 ff.

[224] Siehe dazu ausführlicher oben C III 6, S. 170 ff; weiterhin für Art. 14 Abs. 1 GG der Sache nach auch *Schwerdtfeger,* Paritätische Mitbestimmung, S. 68.

[225] Siehe dazu schon ausführlicher oben C III 6, S. 170 ff.

[226] BVerfGE 58, 300 (335): „Der Begriff des von der Verfassung gewährleisteten Eigentums muß aus der Verfassung selbst gewonnen werden. Aus Normen des einfachen Rechts, die im Range unter der Verfassung stehen, kann weder der Begriff des Eigentums im verfassungsrechtlichen Sinn abgeleitet noch kann aus der privatrechtlichen Rechtsstellung der Umfang der Gewährleistung des konkreten Eigentums bestimmt werden." Zur Eigenständigkeit des verfassungsrechtlichen Eigentumsbegriffs auch *Badura,* AöR 1973, 156, *ders.,*

jedoch den Begriff „Eigentumsbegriff" in der Rechtsprechung des BVerfG nicht mißverstehen. Die Verfassung kann nicht bestimmen, an welchen Gegenständen es Eigentum gibt.[227] Insofern ist sie zwingend auf den Gesetzgeber angewiesen. Das Grundgesetz bestimmt aber sehr wohl, ob vom einfachen Recht geschaffene Befugnisse Eigentum im Sinne des Art. 14 GG sind. Dies wurde bei der Diskussion über die Eigentumsqualität öffentlich-rechtlicher Positionen bereits deutlich und gilt für privatrechtliche Positionen in gleichem Maße. Ein Gegenstand fällt u. a. dann in den Schutzbereich des Art. 14 GG, wenn er sich durch grundsätzliche Verfügungsbefugnis und privatnützige Zuordnung kennzeichnet.[228] Andere Kriterien kommen hinzu, etwa bei öffentlich-rechtlichen Rechtspositionen.[229] Soweit entsprechende Merkmale vorliegen, ist Eigentum im Sinne von Art. 14 GG gegeben, jede nachteilige Änderung unterliegt der Rechtfertigungspflicht vor dem Übermaßverbot.[230] Die Frage, ob an einem Gegenstand Eigentum im Sinne der Verfassung besteht, ist also ein *Subsumtions- und Qualifikationsproblem*. Für privatrechtliches Eigentum gilt nichts anderes als bei öffentlich-rechtlichen Rechtspositionen auch.

Es ist also nicht der Gesetzgeber, der über den Umfang seiner eigenen Bindung entscheidet. Wenn von einer umfassenden Definitionskompetenz der Legislative gesprochen wird,[231] kann damit richtigerweise eines nicht gemeint sein, daß nämlich der Gesetzgeber darüber entscheidet, ob und wann er einen Eigentumsgegenstand im Sinne von Art. 14 GG geschaffen hat. Im übrigen erhebt er – soweit ersichtlich – auch an keiner Stelle einen solchen Anspruch. Die schon erwähnte Rechtsordnungsabhängigkeit des Eigentums führt zwar dazu, daß ohne vom Gesetzgeber geschaffenes subjektives Recht auch kein Eigentum im Sinne von Art. 14 GG vorliegt. Die Tätigkeit des einfachen Gesetzgebers ist aber *Tatbestandsmerkmal* für die verfassungsrechtliche Garantie des Art. 14 GG.[232] Daran anschließend bestimmt aber nicht der Gesetzgeber

---

in: Benda / Maihofer / Vogel, S. 659; *Leisner*, HbStR VI, S. 1050 ff. Rdnr. 72 ff., *ders.*, DVBl. 1983, 63; *Ossenbühl*, Festschrift für Zeidler, Band 1, S. 637; *Ramsauer*, Faktische Beeinträchtigungen, S. 130 ff.; *Schwerdtfeger*, NVwZ 1982, 8; vgl. auch *Wahl*, NVwZ 1984, 405.

[227] Anders *Badura*, AöR 98 (1973), 154.

[228] BVerfG, B. v. 8.3.1988, E 78, 58 (71). Vom Erfordernis der grundsätzlichen Verfügungsbefugnis rückt das Gericht aber mehr und mehr ab, siehe B. v. 9.1.1991, E 83, 201 (209). Insgesamt wird man fast sagen können, daß das BVerfG mit der selbst geschaffenen Dogmatik des Art. 14 GG nur wenig überzeugend umgeht.

[229] Siehe schon oben E II 1 c ff, S. 248 ff.

[230] Durchaus bedenkenswert ist deshalb der Vorschlag von *Schwerdtfeger*, statt vom *Begriff* des Eigentums vom Eigentum als *Typus* zu sprechen (*Schwerdtfeger*, Unternehmerische Mitbestimmung, S. 227). Der Unterschied zwischen Begriff und Typus soll darin bestehen, daß der Begriff durch eine geschlossene Zahl von Merkmalen definiert ist, während der Typus dadurch gekennzeichnet wird, daß bestimmte Züge auch fehlen können, bei positivem Vorliegen aber die Typzugehörigkeit begründen. Für ein Verständnis des Eigentums als Typus spricht vor allem, daß es kaum möglich erscheint, die unterschiedlichen, heute als Eigentum im Sinne von Art. 14 GG verstandenen Vermögensrechte unter einheitliche und zwingende Merkmale zusammenzufassen.

[231] So *Lutz*, Eigentumsschutz, S. 139.

[232] Ausführlich *Wendt*, S. 134 ff.

über den Eigentumsschutz, sondern Eigentumsschutz besteht dann, wenn eine Vermögensposition die von der Verfassung vorausgesetzten Merkmale aufweist.[233] Der Gesetzgeber schafft etwas, und die Verfassung bzw. die Verfassungsinterpretation entscheidet darüber, ob dieses Etwas Eigentum im Sinne des Art. 14 GG ist. Erst als Reaktion auf eine Tätigkeit des Gesetzgebers ordnet die Eigentumsgarantie Gegenstände den Inhabern als verfassungsrechtlich geschütztes Eigentum zu.

Gegen ein solches Verständnis von Art. 14 Abs. 1 S. 1 GG als Qualifikationsmaßstab und seine zumindest ansatzweise Belegung mit der Rechtsprechung des BVerfG mag eingewendet werden, daß „Privatnützigkeit" und „grundsätzliche Verfügungsbefugnis" oft als objektivrechtlich-institutionelle Bindungen für den Gesetzgeber verstanden werden.[234] Insofern muß man jedoch beachten, daß die hier vertretene Qualifikationslehre die Annahme einer Institutsgarantie oder einer vergleichbaren Bindung des Gesetzgebers nicht ersetzen soll. Der Gesetzgeber, der der im herkömmlichen Sinne verstandenen Institutsgarantie des Art. 14 GG gerecht werden will, muß eben die Merkmale erfüllen, die vorliegen müssen, damit Eigentum im Sinne von Art. 14 GG vorliegt. Gleichwohl handelt es sich aber auch um Qualifikationsmerkmale. Allerdings macht es das BVerfG seinen Interpreten an dieser Stelle auch nicht ganz leicht. Die Merkmale Privatnützigkeit und Verfügungsbefugnis haben schon nach dem bisher Gesagten eine doppelte Funktion. Zum einen bestimmen sie über die verfassungsrechtliche Qualifikation eines Gegenstandes als Eigentum, zum zweiten sind sie Zielvorgabe für den Gesetzgeber, der aus der „Institutsgarantie" verpflichtet ist, Normen zum Erwerb von Gegenständen, die diese Qualifikationen aufweisen, zur Verfügung zu stellen. Vielfach werden die Merkmale Privatnützigkeit und Verfügungsbefugnis zudem noch in einem weiteren Zusammenhang verwendet, und zwar zur Konkretisierung des Gewährleistungsgehaltes im Hinblick auf die Rechtsstellungsgarantie des Art. 14 GG, etwa, wenn es um Einschränkungen des privaten Sacheigentums geht,[235] also im subjektiv bestandsschützenden Sinne. Dies erklärt sich daraus, daß das private Sacheigentum zur Erfüllung der Institutsgarantie als nicht verzichtbar angesehen wird. Wenn der Gesetzgeber also – etwa für das Grundstückseigentum – Privatnützigkeit, Verfügungsbefugnis oder die „Substanz"[236] nachhaltig beschränken würde, käme das (im Rahmen der herkömmlichen Interpretation)

---

[233] So auch sehr deutlich *Badura*, AöR 98 (1973), 153.

[234] So *Schwerdtfeger*, Eigentumsgarantie, S. 17.

[235] Siehe etwa BVerfG, Urt. v. 1.3.1979, E 50, 290 (339 f.); vgl. auch *Andersen*, S. 54; *Leisner*, Sozialbindung des Eigentums, S. 174; *Schwerdtfeger*, Paritätische Mitbestimmung, S. 69, *dens.*, NVwZ 1982, 8; *Soell*, in: Landmann / Rohmer, Umweltrecht, Band II, § 8 FluglärmG Rdnr. 4; *Wahl*, NVwZ 1984, 404.

[236] Die Substanz des Eigentums wird in diesem Zusammenhang oft als drittes Merkmal genannt. Siehe *Schoch*, Jura 1989, 115 f.; *Schwerdtfeger*, NVwZ 1982, 8; *Soell*, NuR 1984, 186, *dens.*, DVBl. 1983, 242, *dens.* ZfA 12 (1981), 537, *dens.*, Flächensanierung, S. 983. *Schink*, DVBl. 1990, 1381, versteht hingegen die „Substanz" wohl als Oberbegriff für Privatnützigkeit und grundsätzliche Verfügungsbefugnis.

einem Angriff auf die Institutsgarantie gleich. Diese verstärkt dann die rechtsstellungssichernde Funktion des Art. 14 GG. So leistet die Institutsgarantie ihren Beitrag zur Absicherung der subjektiven Rechtsstellung des Eigentümers.[237] Die Verwendung der Begriffe Privatnützigkeit und Verfügungsbefugnis in ganz unterschiedlichen Zusammenhängen ändert aber nichts daran, daß beide Merkmale zunächst und primär Qualifikationskriterien für die Einordnung eines Gegenstandes als Eigentum im Sinne von Art. 14 GG sind.

### *e) Abgrenzungsfragen bei der Qualifikationslehre*

Festzuhalten bleibt, daß die Einordnung einer Rechtsposition in den Schutzbereich des Art. 14 GG sich nicht danach richtet, was der Gesetzgeber für Eigentum halten will und was nicht. Er schafft die subjektiven privaten und öffentlichen Rechte und gibt damit den Tatbestand vor; bei Erfüllung der verfassungsrechtlichen Voraussetzungen folgt daraus die Einordnung als Eigentum im Sinne von Art. 14 GG.[238]

Diese „Qualifikationslehre" ist gegenüber der vor allem von Schwerdtfeger vertretenen „Hülsentheorie" vorzugswürdig. Nach Schwerdtfeger erkennt die Verfassung unmittelbar gewisse Grundaspekte des Eigentums an (Privatnützigkeit, Verfügungsfähigkeit, Substanz); erst innerhalb dieser „Hülse" bestimme der Gesetzgeber konstitutiv das Eigentum.[239] Hiergegen spricht aber, daß schon für die Schaffung der Hülse die Verfassung auf den einfachen Gesetzgeber angewiesen ist.

Einzuräumen ist allerdings, daß mit der hier vertretenen „Qualifikationslehre" nicht alle Schwierigkeiten für die Bestimmung des „Normal"-umfangs der als Eigentum qualifizierten Gegenstände von vornherein beseitigt sind. Wenn gesetzgeberische „Beschränkungen" von Eigentümerbefugnissen am Übermaßverbot geprüft werden sollen, muß angegeben werden, was denn eigentlich zu den mit dem Gegenstand verbundenen Rechten gehört und was von vornherein mit ihm nie verbunden war (Beispiel: Sind die §§211 ff., 223 ff. StGB deshalb am Übermaßverbot zu prüfen, weil sie verbieten, daß jemand mit einem ihm gehörenden Messer auf einen anderen einsticht?). Mit der Frage

---

[237] Vgl. *Leisner,* HbStR VI, S. 1030 Rdnr. 15. Man kann insoweit durchaus die Frage stellen, ob nicht Institutsgarantie und Rechtsstellungsgarantie zwei Seiten derselben Medaille sind, sich die Institutsgarantie also vor allem im Rahmen der Rechtsstellungsgarantie bewährt (vgl. *Schapp,* Das subjektive Recht, S. 192).

[238] Vgl. auch *Schwerdtfeger,* Eigentumsgarantie, S. 13. „Gefahr" droht dem verfassungsrechtlich geschützten Eigentum im Hinblick auf den Aspekt des Ausgeliefertseins gegenüber dem Gesetzgeber somit im wesentlichen nur daher, daß die Schrankenziehungen einen Umfang annehmen, die die Privatnützigkeit und grundsätzliche Verfügungsbefugnis in Frage stellen. Dann kommt es aber zu dem schon oben beschriebenen Schutzmechanismus. Die Institutsgarantie wirkt ein auf die Prüfung der Verhältnismäßigkeit im Rahmen des Übermaßverbotes und verhindert so Inhalts- und Schrankenziehungen, die das Eigentum wesensmäßig in Frage stellen.

[239] Siehe *Schwerdtfeger,* Unternehmerische Mitbestimmung, S. 225, *dens.,* NVwZ 1982, 8.

nach dem „Ob" der Gewährleistung ist die nach dem „Inwieweit" untrennbar verbunden. Eine grundsätzlicher Einwand ergibt sich hieraus jedoch nicht. Ähnliche oder gleiche Probleme stellen sich aber auch bei anderen Grundrechten. Wichtige Antworten für die Frage, wie weit das verfassungsrechtlich geschützte Nutzungsrecht des Eigentümers[240] geht, gibt bei der Eigentumsgarantie vor allem die historische Entwicklung.[241] Der Schutz von normativ konstituierten Befugnissen durch das Grundgesetz beinhaltet einen Rezeptionsvorgang und ist zunächst traditionell orientiert.[242] Das läßt sich für die Qualifikationslehre fruchtbar machen. Befugnisse, die typischerweise zum Eigentum dazugehören, können nur unter Beachtung des Übermaßverbotes beschnitten werden. Im übrigen kann der verfassungsrechtliche Nutzungsrahmen sowohl bei bekannten als auch bei neugeschaffenen Rechten nach den Maßstäben der Funktionsgerechtigkeit und Sachgerechtigkeit ausgemessen werden.[243] Um den freiheitsermöglichenden Gehalt des Art. 14 GG auszuschöpfen, ist deshalb eher ein weites Tatbestands- und Schutzbereichsverständnis zugrunde zu legen. Um einen viel diskutierten Fall aufzugreifen: Das vor allem von zivilrechtlichen Normen „begründete" Eigentum an Grund und Boden beinhaltet im Hinblick auf den grundsätzlichen verfassungsrechtlichen Eigentumsschutz durchaus das Recht, ein Gebäude zu errichten, einen Betrieb zu betreiben etc.[244] Befugnisse hingegen, die nie mit einem Gegenstand verbunden waren, sind auch im Lichte des Art. 14 GG keine rechtfertigungsbedürftigen Schrankenbestimmungen. Bei neuen Eigentumsgegenständen wird der Gesetzgeber (und gegebenenfalls auch der Richter[245]) einen größeren Spielraum für die Definition der Normalbefugnisse haben, als etwa beim Grundeigentum.[246] Eine trennscharfe Abgrenzung des verfassungsrechtlichen Nutzungsrahmens wird vielfach nicht möglich sein. Insgesamt läßt sich die Abgrenzung aber besser leisten, als eine Unterscheidung von Inhalts- und Schrankennormen etwa im Sinne der Lehre von Wendt. Denn nach der Konzeption von Wendt wird mit der entsprechenden Einordnung über die wichtige Frage der Anwendbarkeit des Übermaßverbotes in Alternative zur nur eher undeutlichen Bindung an die Institutsgarantie mitentschieden. Die Qualifikationslehre führt hingegen

[240] Vgl. *Wendt,* Eigentum, S. 138.

[241] Zutreffend in diesem Zusammenhang die Feststellung von *Leisner,* DVBl. 1992, 1068: Hinsichtlich von Aussagen über den Umfang der verfassungsrechtlichen Eigentumsgarantie sei Rechtstradition nichts Negatives; sie weise vielmehr Gegenpositionen eine gewisse Begründungslast zu, auch wissenschaftlich.

[242] Siehe auch *Wendt,* Eigentum, S. 187 ff.

[243] So – wenn auch von einem anderen Ansatzpunkt her – auch *Wendt,* Eigentum, S. 253 f.

[244] Anders die sog. Theorie von der Bebauungsbefugnis, vgl. etwa *Breuer,* Bodennutzung, S. 169. Dagegen zu Recht *Wendt,* Eigentum, S. 138; *Leisner,* DVBl. 1992, 1068 ff.; *Papier,* in: Maunz / Dürig, Art. 14, Rdnr. 63 ff., ausdrücklich auch aus historischen Erwägungen.

[245] *Wendt,* Eigentum, S. 51 ff.

[246] Denkbar ist es im übrigen auch, daß ein Eigentumsgegenstand zusätzlich um gewisse Rechte „angereichert" wird, vor allem bezüglich öffentlich-rechtlicher Befugnisse. Vgl. etwa die Erörterungen des BVerfG, B. v. 8.6.1977, E 45, 142 (170 ff.) und von *Wendt,* Eigentum, S. 166.

dazu, daß sich die Abgrenzungsprobleme auf eine Ebene verschieben, wo die Genauigkeit der Grenzziehung weniger bedeutsam ist. Das Übermaßverbot bietet einen hinreichenden Ausgleich. Gerät die Tatbestandsziehung für geschützte Nutzungen zu weit, sind gleichwohl Einschränkungen unproblematisch möglich.

Ist in Bezug auf einen bestimmten Gegenstand die Qualifikation als Eigentum geboten, sind alle in den im Wege der Verfassungsinterpretation zu bestimmenden Nutzungsrahmen des Eigentümers eingreifende Normen Eingriffe in das Grundrecht aus Art. 14 Abs. 1 S. 1 GG. Um das Grundsatzproblem des Verhältnisses von Eigentum und Gesetzgebung einer Lösung zuzuführen, bedarf es also der Unterscheidung von Inhalts- und Schrankenbestimmung nicht. Man kann durchaus davon ausgehen, daß sich beides untrennbar miteinander vermischt, wenn es in einer Hand vereinigt ist. Dann ist aber aus dieser Unterscheidung auch *keine Existenzgarantie für das Privatrecht* herzuleiten. Vor allem bestätigt sich aber erneut die These, daß verfassungsrechtliche Bindungen nicht danach divergieren, ob ein Akt der Gesetzgebung öffentlich-rechtlicher oder privatrechtlicher Art ist.

### *f) Anwendung der Qualifikationslehre auf staatliche Vorkaufsrechte*

Als „Opfer" der mit der Qualifikationslehre zu widerlegenden Theorie der ursprünglichen Bestandsschwäche des Eigentums hat sich die Position der Beteiligten eines Kaufvertrages erwiesen, in die durch Ausübung eines staatlichen Vorkaufsrechts eingegriffen wird.[247] Der Übertragungsanspruch des Käufers ist dem Grunde nach von Art. 14 Abs. 1 GG geschützt. Ausgangspunkt einer Bestimmung des konkreten Umfangs ihres Eigentumsschutzes anhand der bisher gewonnenen Kriterien ist wegen der umfassenden Rechtsordnungsabhängigkeit des Eigentums zunächst die zivilrechtliche Ausgangslage. Die Ausübung eines Vorkaufsrechts durch den Staat bewirkt die Entstehung eines originären, neuen Schuldverhältnisses zwischen vorkaufsberechtigter öffentlicher Hand und Verkäufer.[248] Es kommt zu keiner Zwangsabtretung des Anspruchs des Käufers gegen den Verkäufer an den Staat.[249] Vielmehr greift der Staat unmittelbar auf die Sache zu. Das entspricht den praktischen Erfordernissen. Auch außerhalb des Bereichs staatlicher Vorkaufsrechte ist selten ein Grund erkennbar, warum der Staat den „Umweg" über die Forderung gehen

[247] Oben E I 3 a, S. 227 ff.

[248] § 505 Abs. 2 BGB. Siehe dazu BGH, Urt. v. 5.5.1988, NJW 1989, 37 (38). Die entsprechende Anwendbarkeit des § 505 Abs. 2 BGB ist durchgehend angeordnet, siehe § 28 Abs. 2 S. 2 BauGB; Art. 34 Abs. 7 S. 2 BayNatSchG; Art. 19 Abs. 2 S. 2 BayDSchG.

[249] Es ist deshalb ausgesprochen ungenau, wenn das OVG Lüneburg, Urt. v. 28.2.1980, BauR 1981, 262 (263), davon spricht, der Grundstückskäufer sei durch die Ausübung eines Vorkaufsrechts möglicherweise deshalb „in seinen Rechten verletzt" (§ 42 Abs. 2 VwGO), da der Kauf nunmehr nicht mit ihm, sondern mit dem Vorkaufsberechtigten zustande komme.

soll, wenn er eigentlich an der Sache interessiert ist.[250] Der Käufer behält auf diese Weise seinen Anspruch gegen den Verkäufer, die Erfüllung wird jedoch mit der Ausübung des Vorkaufsrechts dem Verkäufer unmöglich.

Ein Eigentumseingriff gegenüber dem Käufer könnte zunächst deshalb vorliegen, weil auch der Erfüllungsgegenstand vom Eigentumsschutz der obligatorischen Rechtsposition mit umfaßt ist.[251] Die Einbeziehung obligatorischer Rechtspositionen geht maßgeblich auf die Rechtsprechung des Reichsgerichts zu Art. 153 WRV zurück. Anerkannt wurde dort die Eigentumsqualität im wesentlichen aus Anlaß von umgestaltenden Eingriffen in die Forderungsrechte, nicht bei Beeinträchtigungen des zu fordernden Gegenstandes.[252] Soweit erkennbar wurde nur in zwei Fällen in der veröffentlichten höchstrichterlichen Rechtsprechung hiervon abgewichen. In der ersten, einer Entscheidung des Reichsgerichts, wurde einem Mieter anläßlich eines hoheitlichen Eingriffs in untervermietete Räume grundsätzlich eine Entschädigung zugebilligt.[253] Mit einer ähnlichen Problematik beschäftigte sich auch der BGH in seiner ursprünglichen Grundsatzentscheidung zum enteignungsgleichen Eingriff.[254] Entschädigungspflichtig sei auch die anderweitige Zuweisung einer gemieteten aber noch nicht bezogenen Wohnung an einen Dritten.[255] Beide Judikate sind aber kaum verallgemeinerungsfähig. So waren im Fall des Reichsgerichts die untervermieteten Räume vom Mieter in Besitz genommen. Auch die Entscheidung des BGH betraf ein mietrechtliches Problem. Die Stellung eines Mieters ist aber in vielen Punkten eigentümerähnlich.[256] Daher läßt sich

[250] Vgl. *Krückmann,* Enteignung, S. 7.

[251] So wohl *Numberger,* BayVBl. 1991, 279. Ein Anhaltspunkt für die positive Beantwortung dieser Frage wird darin gesehen, daß das BVerfG im Entzug eines Grundstücks gegen Landabfindung oder Entschädigung (letzterer Fall ist ohnehin selbstverständlich) eine Enteignung sieht. Das beweist aber für den vorliegenden Zusammenhang nichts. Denn etwa bei einer Flurbereinigung werden Vermögenspositionen entzogen, die ganz zweifelsfrei unter dem Schutz des Eigentumsgrundrechts stehen. Es gilt jedoch gerade zu beweisen, daß der obligatorische Anspruch auf eine bestimmte Sache bezüglich Einwirkungen auf diese Sache bereits durch Art. 14 GG geschützt ist.

[252] RG, Urt. v. 17.10.1923, Z 107, 261 (270), beschäftigt sich mit der Frage, ob die Ausübung eines Vorkaufsrechts zu Lasten der Eigentümer eine Enteignung sei und verneint dies; RG, Urt. v. 13.12.1924, Z 109, 310 (319), erkennt zwar die Eigentumsqualität obligatorischer Rechte an, jedoch im Hinblick auf eine gesetzliche Herabsetzung einer Kohlerente. RG, Urt. v. 4.11.1925, Z 111, 320 (325), verneint die Frage, ob die Aufwertungsgesetzgebung zu einer Enteignung geführt hat. RG, Urt. v. 21.5.1928, Z 121, 166 (168), behandelt die Aberkennung eines Anspruchs aus einer Stiftung. RG, B. v. 3.12.1929, Z 128, 165 (171), betrifft die zeitweise Aufhebung des Rechtsschutzes für bestimmte Forderungsrechte. Ausführlich zur Rechtsprechung des RG auch *Klußmann,* S. 58 ff.

[253] RG, Urt. v. 3.7.1925, Z 111, 224 (227): Staatlicher Zugriff auf eine untervermietete Wohnung.

[254] BGH, GSZ, B. v. 10.6.1952, E 6, 270 ff.

[255] BGHZ 6, 270 (291).

[256] Allerdings hat das BVerfG in einem Kammerbeschluß vom 7.6.1991, WuM 1991, 465 (466) noch festgestellt, das Mietrecht des Mieters „als solches" sei nicht durch Art. 14

diese Rechtsprechung auf einen obligatorischen Anspruch auf Übergabe und Übereignung einer Sache kaum übertragen. Auch das BVerfG hat sich bisher nur anläßlich von unmittelbaren Eingriffen in ein Schuldverhältnis zur Eigentumsqualität obligatorischer Positionen bekannt, nicht bei Eingriffen in den geschuldeten Gegenstand.[257] Es würde deshalb zu weit gehen, dem obligatorisch Berechtigten verfassungsrechtlichen Eigentumsschutz auch für den Erfüllungsgegenstand zuzugestehen.

Gleichwohl kann man hierbei nicht stehenbleiben. Wird die Eigentumsqualität eines Gegenstandes anerkannt, wirkt dies gegenüber dem Staat absolut. Nicht nur der unmittelbare Zugriff im Wege der Wegnahme ist rechtfertigungsbedürftig, sondern auch die möglicherweise mittelbare Einwirkung auf den Bestand einer Forderung. Daher ist der Käufer bei Vereitelung seines Anspruchs verfassungsrechtlich geschützt, es handelt sich hinsichtlich der Forderung (nicht hinsichtlich des Erfüllungsgegenstandes) um einen mittelbaren Grundrechtseingriff. Ähnliches gilt für den Verkäufer. Auch sein Anspruch gegen den Käufer wird wegen des staatlichen Zugriffs auf den Erfüllungsgegenstand undurchsetzbar. Dies ist bereits ein eigentumsrechtlich relevanter Vorgang. Der Verkäufer wird zudem durch das Vorkaufsrecht originär verpflichtet, sein Grundstück an eine staatliche Stelle zu veräußern. Das Eigentum am Grundstück steht unter verfassungsrechtlichem Schutz für Sacheigentum. Garantiert ist damit auch die grundsätzliche Verfügungsmöglichkeit über diesen Gegenstand. Verkäufer und Käufer haben somit im Fall der Ausübung eines Vorkaufsrechts verfassungsrechtliche Positionen, in die eingegriffen wird. Vom Gesetz vorgesehene „Pfichtigkeiten" ändern hieran nichts. Ob in den beschriebenen Eingriffen eine Enteignung zu sehen ist, ist im folgenden zu klären.

### *3. Die Abgrenzung der Inhalts- und Schrankenbestimmung von der Enteignung*

Lange Zeit bestand das Problem des Enteignungsbegriffs vor allem in der Abgrenzung zur Inhalts- und Schrankenbestimmung nach Art. 14 Abs. 1 und 2 GG. Zwar hatte Forsthoff im Hinblick auf die frühere, vom BGH dominierte Eigentumsdogmatik darauf hingewiesen, daß zwei Enteignungsbegriffe zu unterscheiden waren, nämlich zum einen der der Enteignung als Güterbeschaffungsvorgang, und zum zweiten der der Enteignung als „rechtstechni-

---

GG geschützt (vgl. auch *Sonnenschein*, NJW 1993, 162). In einer neueren und vielbeachteten Entscheidung ist hingegen auch die Eigentumsqualität des Besitzrechts des Mieters ausdrücklich anerkannt worden. Siehe BVerfG, B. v. 26.5.1993, NJW 1993, 2035 ff.

[257] Siehe vor allem die Contergan-Entscheidung, Urt. v. 8.7.1976, E 42, 263 (294); vgl. auch BVerfG, B. v. 8.6.1977, E 45, 142 (179): Ein Entzug von Forderungen durch die öffentliche Gewalt sei ein Eigentumseingriff.

scher Begriff",[258] der Fall der „Aufopferungsenteignung",[259] der die Funktion habe, Vermögensrechtsschutz in Fällen zu gewähren, in denen die Befugnisse des Eigentümers unzumutbar beschränkt wurden.[260] Die Diskussion um den ersten Begriff wurde jedoch vernachlässigt. Trotz einer Mahnung von Dürig, zum klassischen Enteignungsbegriff zurückzukehren, da dies ein klares Gebot des positiven Verfassungsrechts sei,[261] war „Enteignung" nach ganz überwiegender Auffassung die durch Entschädigung zu kompensierende Überschreitung der zulässigen Inhalts- und Schrankenbestimmung.[262] Der Frage, wie dies zu bestimmen sei, wann also ein entschädigungspflichtiger Tatbestand und damit eine Enteignung anzunehmen sei,[263] galt das wissenschaftliche und praktische Interesse.[264]

Im Naßauskiesungsbeschluß vom 15.7.1981 hat das BVerfG versucht, einen deutlichen Trennstrich zwischen die Inhalts- und Schrankenbestimmung auf der einen und die Enteignung auf der anderen Seite zu ziehen.[265] Damit waren Sonderopfer-, Schwere- und Einzelaktstheorie in diesem Zusammenhang[266] weitgehend aus der Diskussion verbannt. An dieser Stelle mußte sich aber rächen, daß die Diskussion um den Enteignungsbegriff jahrzehntelang in die falsche Richtung gelaufen war. Jedenfalls ließ sich von nun ab die Enteignung nur selbständig, nicht in Abgrenzung zur Inhalts- und Schrankenbestimmung definieren. Denkbar wäre es nun gewesen, unter Enteignung (wieder) einen Güterbeschaffungsvorgang zu verstehen. Ein Güterbeschaffungsvorgang

---

[258] Siehe *Forsthoff*, Verwaltungsrecht, S. 338 f.

[259] *Schmidt-Aßmann*, JuS 1986, 834.

[260] Vgl. *Kimminich*, Eigentum, Rdnr. 121, S. 107; *Osterloh*, DVBl. 1991, 907.

[261] *Dürig*, JZ 1954, 5.

[262] Siehe *Leisner*, Sozialbindung des Eigentums, S. 43: „Sozialbindung ist diejenige Beschränkung des Eigentums durch staatlichen Hoheitsakt, welche nicht als Enteignung zur Entschädigung verpflichtet." Weiterhin *Ossenbühl*, Staatshaftungsrecht, S. 144; *Pietzcker*, JuS 1991, 369.

[263] Besonders deutlich wird diese „Automatik" in den Ausführungen von *H. Schulte*, Eigentum und öffentliches Interesse, S. 49 ff., der sogar die These aufstellt und zu begründen versucht, das Gegensatzpaar „Inhaltsbestimmung – Eingriff" sei überflüssig und verwirrend, es komme vielmehr auf das Gegensatzpaar „entschädigungslos – entschädigungspflichtig" an (siehe *diesen*, aaO, etwa S. 60).

[264] Siehe etwa *Breuer*, Bodennutzung, S. 46 ff.; *H. P. Ipsen*, VVDStRL 10 (1952), S. 91 ff.; *H. Schulte*, Dogmatik, S. 11 ff.; *W. Weber*, Eigentum und Enteignung, S. 371 ff. m. w. N. Die Entwicklung der Diskussion um den sog. materiellen Enteignungsbegriff braucht an dieser Stelle nicht nachgezeichnet zu werden. Siehe aus neuerer Zeit etwa *Sass*, Entschädigungserfordernis, S. 9 ff. Eine prägnante Übersicht zur Entwicklung des Enteignungsbegriffs liefert *Ossenbühl*, JuS 1993, 201.

[265] E 58, 300 (331): „Inhaltsbestimmung, Legalenteignung und Administrativenteignung sind jeweils eigenständige Rechtsinstitute, die das Grundgesetz deutlich voneinander absetzt." Dies entspricht in weiterem Umfang – vor allem im Hinblick auf die Ablehnung materieller Enteignungskriterien – der Auffassung von *Dürig*, JZ 1954, 4 ff. Kritisch etwa *Schwabe*, JZ 1983, 272 ff.

[266] Zur möglichen Weiterverwendung im Rahmen von Art. 14 Abs. 1 S. 2 GG siehe *Sass*, Entschädigungserfordernis, S. 122 ff.

kennzeichnet sich durch zwei Elemente, den Entzug des Eigentums beim Enteigneten und die Entstehung des Eigentumsrechts in der Hand des Enteignungsbegünstigten.[267] Das subjektive Recht besteht nach Art und Umfang fort, nur eben in der Hand eines anderen Rechtsträgers.[268] Ein solches Verständnis von Enteignung war jedoch in der Weimarer Zeit aufgegeben worden[269] und auch nie dasjenige des BVerfG gewesen.[270] Dieses definierte die Enteignung auch lange vor der Naßauskiesungsentscheidung allein durch das Merkmal des Entzugs von Eigentumsrechten,[271] im Gegensatz zur Inhalts- und Schrankenbestimmung als generelle und abstrakte Festlegung von Rechten und Pflichten.[272] Diese Linie ist vom BVerfG weiter fortgeführt worden. Entscheidendes Merkmal der Enteignung sei der Entzug des Eigentums und der dadurch bewirkte Rechts- und Vermögensverlust, nicht die Übertragung des entzogenen Objekts.[273] Für das BVerfG bestand nach dem Naßauskiesungsbeschluß scheinbar kein Anlaß zum Umdenken. Denn eine Korrektur der eigenen dogmatischen Grundposition sollte dieser Beschluß nicht mit sich gebracht haben.[274]

Das Abstellen auf das Merkmal des Rechtsentzugs findet mittlerweile in der Literatur weitgehend Gefolgschaft.[275] Trotzdem ist bisher der Nachweis nicht

---

[267] Die Beschränkung des Enteignungsbegriffs geht deshalb nicht zwingend einher mit einer Rückkehr zum sog. klassischen Enteignungsbegriff. Zu den Merkmalen des klassischen Enteignungsbegriffs siehe *Ossenbühl* JuS 1993, 201.

[268] Warum *Schwabe*, JZ 1983, 272, meint, der Begriff des Güterbeschaffungsvorgangs sei nicht trennscharf, enthält er seinen Lesern letztlich vor. Jedenfalls sind Nutzungsbeschränkungen keine Güterbeschaffungsvorgänge.

[269] *Leisner*, Sozialbindung des Eigentums, S. 24 m. w. N.

[270] So zutreffend *Schwabe*, JZ 1983, 277 f.; weiterhin *Ossenbühl*, JuS 1993, 201. In die Richtung eines Verständnisses des Enteignungsbegriffs im Sinne eines Güterbeschaffungsvorganges tendierte das BVerfG allenfalls in einigen wenigen Judikaten, etwa in der Tollwutentscheidung, B. v. 17.11.1966, E 20, 350 ff. So zutreffend *Sass*, Entschädigungserfordernis, S. 91; dort auch Stellungnahmen zu weiteren, ähnlichen Entscheidungen.

[271] BVerfG, Urt. v. 18.12.1968, E 24, 367 (394); B. v. 12.6.1979, E 52, 1 (27); B. v. 15.7.1981, E 58, 300 (331); ebenso *Dürig*, JZ 1954, 9; zur Rechtsprechung des BVerfG siehe auch *Sass*, Entschädigungserfordernis, S. 91 ff.

[272] BVerfGE 58, 300 (330).

[273] Siehe etwa BVerfG, Urt. v. 24.3.1987, E 74, 264 (280) m. w. N.; E 83, 201 (211). Nachweise auch bei *Soell*, in: Landmann / Rohmer, Umweltrecht, Band II, § 8 FluglärmG Rdnr. 4.

[274] Vgl. die Bemerkung des Berichterstatters im Naßauskiesungsverfahren *Böhmer*, AgrarR 1984, Beilage I, S. 4: Die Judikatur des BVerfG vor der Naßauskiesungsentscheidung sei in Theorie und Praxis nicht ausreichend zur Kenntnis genommen und analysiert worden.

[275] Etwa von *Maurer*, Festschrift für Dürig, S. 303 ff.; *Papier*, in: Maunz / Dürig, Art. 14 Rdnr. 449; auch bei *Leisner*, HbStR VI, § 139 Rdnr. 169, der allerdings zu Recht darauf hinweist, daß auch die Belastung des Eigentums im Sinne dieser Rechtsprechung als Enteignung anzusehen sein wird. Ablehnend hingegen *Osterloh*, DVBl. 1991, 911, die die Enteignungsformel des BVerfG um folgenden Zusatz ergänzen will: „Enteignung ist nur und Inhaltsbestimmung ist nicht, was nach Art und Gewicht der klassischen Grundstücksenteignung entspricht." Kritisch zum BVerfG auch *Pietzcker*, JuS 1991, 370 f.

erbracht, daß diese Konzeption tragfähig ist.[276] So definiert Maurer die Enteignung im Anschluß an das BVerfG folgendermaßen: „Enteignung ist die durch einen gezielten hoheitlichen Rechtsakt erfolgende Entziehung einer vermögenswerten Rechtsposition i. S. des Art. 14 I GG zur Erfüllung bestimmter öffentlicher Aufgaben."[277] Wenig anzufangen ist zunächst mit dem – auch vom BVerfG verwendeten[278] – Merkmal „zur Erfüllung bestimmter öffentlicher Aufgaben". Dies kann man einordnen, wenn man die Enteignung als Güterbeschaffungsvorgang versteht. Insoweit ist die Erfüllung bestimmter Aufgaben jedoch Rechtmäßigkeitsvoraussetzung einer Enteignung, nicht Begriffsmerkmal. Daß sich das ändern soll, wenn man auf den Übertragungsvorgang als Definitionsmerkmal verzichtet, zeigt, daß es erhebliche Abgrenzungsprobleme geben muß.

Bei näherer Überprüfung erweist sich die genannte Enteignungsformel auch nicht als stimmig. Würde durch gezielten hoheitlichen Rechtsakt eine vermögenswerte Rechtsposition im Sinne von Art. 14 GG zur Erfüllung privater Aufgaben entzogen, wäre schon begriffsmäßig Art. 14 Abs. 3 GG nicht Prüfungsgegenstand. Das Problem „Enteignung zugunsten Dritter" wäre also überhaupt kein Thema des Art. 14 Abs. 3 GG![279] Wird weiterhin nicht für bestimmte, sondern für unbestimmte Aufgaben, also quasi auf Vorrat oder zur Deckung von Defiziten im Staatshaushalt Eigentum entzogen, wäre dies ebenfalls nicht an Art. 14 Abs. 3 GG zu messen. Schon diese Beispiele zeigen, daß die oben genannte Definition in unzulässiger Weise Rechtmäßigkeits- und Begriffsmerkmale vermischt.[280]

[276] Zutreffend die Feststellung von *Ehlers*, VVDStRL 51 (1991), 234 f.: „Wann eine Enteignung vorliegt, ist bis heute äußerst unklar geblieben." Sehr drastische Kritik bei *Schwabe*, JZ 1991, 777 ff. Die Feststellung, Art. 14 Abs. 3 GG „liege in Scherben" (siehe *Schwabe*, JZ 1991, 779 m. w. N. auf frühere, eigene Erkenntnisse), hilft jedoch nicht weiter. Was sich nicht hundertprozentig abgrenzen läßt, ist praktikabel abzugrenzen. Praktikabel abgrenzen heißt dann aber: Verzicht auf die Diskussion fiktiver Grenzfälle nach der Art von *Schwabe*.

[277] *Maurer*, Festschrift für Dürig, S. 305. Ganz ähnlich *Schmidt-Aßmann*, JuS 1986, 837: Enteignung sei der zur Erfüllung bestimmter Gemeinwohlaufgaben durch hoheitlichen Rechtsakt vorgenommene Entzug konkreter vermögenswerter Rechtspositionen. Siehe auch *Ehlers*, VVDStRL 51 (1991), 236: Enteignung sei die vollständige oder teilweise Entziehung einer subjektiven Eigentumsposition im Wege einer Durchbrechung der Eigentumsordnung durch einen gezielten öffentlichen Rechtsakt zum Zwecke der Indienstnahme der entzogenen Position für die Erfüllung von Staatsaufgaben.

[278] B. v. 19.6.1985, E 70, 191 (199 f.).

[279] Anders hingegen die ganz herrschende Meinung, siehe nur BVerfG, B. v. 16.12.1986, E 74, 264 (279).

[280] In ähnlicher Weise hatte schon in der Weimarer Zeit *Krückmann*, Enteignung, S. 11 f., versucht, das Wesen der Enteignung in der Schaffung einer „besseren Benutzungsmöglichkeit" der Sache zu sehen (siehe auch aaO, S. 29). Die Berufung auf eine Entscheidung des Reichsgerichts, RGZ 103, 202, mußte *Krückmann* aber auf S. 12 m. Fußn. 1 zurücknehmen. Das Reichsgericht hatte sich daran gehalten, Begriffs- und Rechtmäßigkeitsmerkmale zu trennen.

Des weiteren bereitet es erhebliche Schwierigkeiten, sich Vorgänge als eine Enteignung i. S. des Art. 14 Abs. 3 GG vorzustellen, die nicht in einem Güterbeschaffungsvorgang bestehen. Zumindest das BVerfG liefert insofern von den entschiedenen Fällen her keine Orientierung. Ist die Definition richtig, muß es rechtliche Maßnahmen geben, die allein durch Entziehung des Eigentums bestimmte öffentliche Aufgaben erfüllen, es muß denkbar sein, daß allein durch die Entziehung ein weitergehender öffentlicher Nutzungszweck verfolgt wird,[281] es zu einer „Indienstnahme für Staatsaufgaben"[282] kommt. Die Einziehung nach § 74 StGB soll aber (oder deshalb?) keine Enteignung sein.[283] Auch die Erschießung eines tollwütigen Hundes wird niemand als entschädigungspflichtige Enteignung auffassen wollen.[284] Die Überleitung von Forderungsrechten nach §§ 90, 91 BSHG dient der Befriedigung staatlicher Ansprüche und ist ebenfalls keine Enteignung. Welche Fälle aber dann übrig bleiben, wird nicht recht deutlich.[285]

Schließlich werden von dem reinen Entziehungsansatz in weitem Umfang Ausnahmen gemacht. Schwierigkeiten entstehen mit der Definition des BVerfG vor allem auch dann, wenn im Rahmen einer gesetzlichen Neuregelung „Altrechte" entzogen werden. Ein Rechtsentzug liegt in solchen Fällen vor. Auch das Merkmal der „Finalität", das gelegentlich als eine entscheidende Präzisierung des Enteignungsbegriffs angesehen wird,[286] schließt den Enteignungstatbestand nicht aus. Gleichzeitig liegt aber auch eine Inhalts- und Schrankenbestimmung vor: Es werden abstrakte Festlegungen von Rechten und Pflichten vorgenommen.[287] Während in der Kleingartenentscheidung und

---

281 Vgl. *Schmidt-Aßmann,* JuS 1986, 834.

282 So *Ehlers,* VVDStRL 51 (1991), 239.

283 So zumindest *Maurer,* Festschrift für Dürig, S. 305, der meint, dies diene gerade nicht der Erfüllung einer bestimmten öffentlichen Aufgabe. Ähnlich *W. Weber,* Eigentum und Enteignung, S. 348, mit der Begründung, der Betroffene befinde sich in einem „Unrechtszustand" und habe sein Eigentumsrecht verwirkt. Vgl. auch *Kimminich,* BK Art. 14 Rdnr. 203 ff. Siehe weiterhin BVerfG, K.B. v. 27.7.1992, NJW 1993, 321 (322): Die Einziehung von Elfenbein im Verfahren nach § 27 Abs. 2 Nr. 1 i. V. m. § 22 Abs. 2 Nr. 2 OWiG verstoße nicht gegen Art. 14 GG. Die Einziehung sei in Art. 14 GG zwar nicht ausdrücklich vorbehalten worden, ihre prinzipielle Zulässigkeit jedoch unstreitig, da sie vom Grundgesetz als „offensichtlich vorausgesetzt" zu erachten sei (unter Verweis auf *Papier,* in: Maunz / Dürig, Art. 14 Rdnr. 576).

284 Siehe BVerfG, B. v. 17.11.1966, E 20, 350 (356); *Ehlers,* VVDStRL 51 (1991), 239.

285 Kritisch deshalb *Osterloh,* DVBl. 1991, 912: Der Enteignungstatbestand verliere auf diese Weise seine Funktion als klare, verfassungsrechtliche Entscheidungsanweisung. Die Berechtigung dieser Kritik zeigt sich an den Ausführungen von *Ehlers,* VVDStRL 51 (1991), 238, wonach Entziehungsakte im Rahmen der Sozialbindung nach Art. 14 Abs. 2 GG keine Enteignung darstellen sollen. Damit gibt man aber den nach der Naßauskiesungsentscheidung favorisierten formellen Enteignungsbegriff wieder auf.

286 Vgl. *Schoch,* Jura 1989, 120; *Schmidt-Aßmann,* JuS 1986, 835.

287 Zum Begriff der Inhalts- und Schrankenbestimmung siehe BVerfGE 58, 300 (330). Nicht ganz zu Unrecht spricht *Schmidt-Aßmann,* JuS 1986, 836, in diesem Zusammenhang von der Achillesferse des verfassungsgerichtlichen Formalisierungsversuchs.

im Naßauskiesungsbeschluß noch die Vorstellung anklang, eine Regelung nach Art. 14 Abs. 1 S. 2 GG könne gleichzeitig eine Legalenteignung sein,[288] tendiert das BVerfG in neuerer Zeit zur primären Maßstäblichkeit des Art. 14 Abs. 1 GG.[289] Im Rahmen der Neuordnung eines Rechtsgebietes könnten auch schon entstandene Rechtspositionen entwertet werden; die Wertung des Art. 14 Abs. 3 GG sei jedoch im Rahmen der Prüfung des Übermaßverbotes entsprechend zu berücksichtigen.[290] Trotz eines eindeutigen Entziehungsvorgangs liegt also keine Enteignung vor.[291] Dies ist der Sache nach eine wichtige Korrektur des ursprünglichen Ansatzes, die zwar inkonsequent,[292] aber vernünftig ist. Jedenfalls ist auch nach der Auffassung des BVerfG die zukunftsgerichtete Neuordnung eines Rechtsgebietes und die in diesem Rahmen erfolgte Anpassung von Altrechten keine Enteignung.[293] Dieses Ergebnis ließe sich mit der Auffassung der Enteignung als Güterbeschaffungsvorgang allerdings einfacher entwickeln.

Im Ergebnis ist deshalb ein enger Enteignungsbegriff zu bevorzugen. Es gilt nach wie vor das Gebot, nur solche Vorgänge als Enteignung zu qualifizieren, die eindeutig und abstrakt aufgrund der gesetzlichen Befugnis als solche zu erkennen sind.[294] Die Enteignung im Sinne von Art. 14 Abs. 3 GG kennzeichnet sich durch das Vorliegen eines klassischen Güterbeschaffungsvorgangs.[295] Enteignung im Sinne von Art. 14 Abs. 3 GG ist ein solcher Vorgang, der dem Bild eines klassischen Güterbeschaffungsvorgangs modal und hinsichtlich der

---

[288] BVerfG, B. v. 12.6.1979, E 52, 1 (28), E 58, 300 (332); siehe auch *Osterloh,* NJW 1981, 2538; *Schink,* DVBl.. 1990, 1385; *Schoch,* Jura 1989, 121.

[289] B. v. 9.1.1991, E 83, 201 (212 f.); vgl. auch B. v. 19.6.1985, E 70, 191 (201). Ebenso auch *Schink,* Jura 1990, 1385; *Schoch,* Jura 1989, 121.

[290] BVerfG, aaO, E 83, 201 (212 f.).

[291] *Maurer,* Festschrift für Dürig, S. 308, versucht dieses entscheidende Argument gegen die reine Entziehungstheorie dadurch zu überspielen, daß er das Problem von Übergangsregelungen und Geldentschädigungen in den Vordergrund stellt, die er dem Art. 14 Abs. 1 GG zuordnet, und zwar nach dem zunächst selbst gewählten Motto „Überleitungsprobleme sind keine Enteignungsprobleme" (siehe *Maurer,* aaO, S. 307). Nimmt man jedoch den Enteignungsbegriff von *Maurer* so, wie er zunächst in Anlehnung an das BVerfG formuliert ist, liegen in Fällen des Entzugs von Altrechten Enteignungen vor.

[292] Siehe die Kritik von *Schwabe,* JZ 1991, 778, mit Hinweisen auf weitere Ungereimtheiten. Kritisch auch *Ossenbühl,* JuS 1993, 203. Zustimmend zum BVerfG hingegen *Schink,* DVBl. 1990, 1385 und *Schoch,* Jura 1989, 121: „Konsequente Vollendung des bundesverfassungsgerichtlichen Modells".

[293] Anders *Häde,* BayVBl. 1991, 490, der jedoch den Beschluß vom 9.1.1991, NJW 1991, 1807 ff., nicht berücksichtigt hat.

[294] So maßgeblich *Dürig,* JZ 1954, 8: „Die materiellen Abgrenzungstheorien werden uns die Widerlegung der juristischen Tatsache schuldig bleiben, daß nur ein ganz bestimmter, jederzeit objektiv und abstrakt feststellbarer Vorgang eine Enteignung ist." Vgl. auch *Kimminich,* NuR 1985, 1 f.

[295] Anders *Dürig,* JZ 1954, 9, vor allem wegen der Einbeziehung obligatorischer Rechtspositionen in den Schutzbereich des Art. 14 Abs. 1 GG; ablehnend auch *Schwabe,* JZ 1991, 779 m. Fußn. 13. Wie hier vor allem *Osterloh,* Eigentumsopferentschädigung, S. 267 f., *dies.,* DVBl. 1991, 911; *Zitzelsberger,* GewArch 1990, 157.

Intensität entspricht.[296] Dies dürfte mit einer Beschränkung auf den Entzug von Sachen im Sinne von § 90 BGB einhergehen. Nur dies ist ein hinreichend klares Kriterium. Ein solches ist aber nötig, damit Art. 14 Abs. 3 GG seine besondere Appellfunktion für den Gesetzgeber erfüllen. Denn anders als bei Art. 14 Abs. 1, Abs. 2 GG geht es nicht nur um Interessenabwägung, sondern auch um strikte formelle Vorgaben, die eine restriktive Interpretation des Enteignungsbegriffs fordern und rechtfertigen.[297]

Es besteht kein Anlaß, von der Orientierung am klassischen Güterbeschaffungsvorgang wegen der Einbeziehung von Forderungsrechten in den Schutzbereich des Art. 14 Abs. 1 GG abzugehen.[298] Das Abstellen auf den reinen Rechtsentzug ist bei Forderungsrechten – wie ausgeführt – ebensowenig „griffig" wie beim Sacheigentum. Vorkaufsrechte, Maßnahmen nach dem AWG oder den Gemeindeordnungen, die zur Unmöglichkeit der Erfüllung bei Verträgen führen, sind hinsichtlich des Vertragseingriffs an Art. 14 Abs. 1 und 2 GG, nicht an Art. 14 Abs. 3 GG zu messen. Daß auf diese Weise unzuträgliche Schutzlücken entstehen,[299] ist aufgrund der ungeschmälerten Geltung des Übermaßverbotes nicht zu befürchten.[300]

---

[296] Eine solche „Bildtheorie" ist auch an anderen Stellen der Rechtsordnung anzutreffen. So versteht man unter einem „Gewerbe" im Sinne von § 1 GewO solche Tätigkeiten, deren „Gesamtbild" den allgemeinen Vorstellungen von Gewerbe entspricht (siehe *Sieg / Leifermann / Tettinger,* GewO, § 1 Rdnr. 2 m. w. N.).

[297] Folgt man dem hier vertretenen Enteignungsbegriff, sind die Bestimmungen von §§ 5, 9 HausratVO, die massive Eingriffe in Eigentumsgegenstände eines Ehegatten zugunsten des anderen bis hin zur Übertragung des Eigentums vorsehen, keine Enteignungen. Es handelt sich um Inhalts- und Schrankenbestimmungen (für § 9 Abs. 2 HausratVO a. A. etwa *Voelskow,* in: Johannsen / Henrich, § 9 HausratVO, Rdnr. 2).

[298] Anders *Dürig,* JZ 1954, 9.

[299] Das ist wohl der Kern der Befürchtungen von *Dürig,* JZ 1954, 9.

[300] Nicht beantwortet ist damit die Frage, ob gegenüber dem Verkäufer eine Enteignung vorliegt, weil die öffentliche Hand auf sein Sacheigentum zugreift. Dies wäre nach der „Bildtheorie" zu entscheiden. Im Ergebnis dürfte das Vorliegen eines Enteignungstatbestandes zu verneinen sein. Denn ein klassischer Güterbeschaffungsvorgang ist die Ausübung eines Vorkaufsrechts nicht. Der Unterschied dürfte darin liegen, daß das Vorkaufsrecht nur aus Anlaß eines Verkaufs durch den Verkäufer entsteht. Beim Güterbeschaffungsvorgang erfolgt hingegen der Zeitpunkt des hoheitlichen Zugriffs primär nach dem staatlichen Bedarf. Eine weitere Überlegung kommt hinzu. Das Vorkaufsrecht begründet zunächst nur einen – wenn auch dinglich gesicherten – obligatorischen Anspruch. Auch hierin besteht ein modaler Unterschied zu einem typischen Enteignungsvorgang.

# F. Allgemeine Dogmatik des privatrechtsgestaltenden Verwaltungsaktes

## *I. Der privatrechtsgestaltende Verwaltungsakt im Gefüge öffentlich-rechtlicher Handlungs- und Denkformen*

### *1. Der privatrechtsgestaltende Verwaltungsakt als „Grenzgänger"*

Das Vorliegen eines Verwaltungsaktes ist in spezifischer Weise mit dem allgemeinen Phänomen „Privatrechtsgestaltung durch Hoheitsakt" verbunden. Die Übersichten zu den Arten privatrechtsgestaltender Tätigkeit in den Bereichen Vertrags-,[1] Vereinigungs-[2] und Eigentumsfreiheit[3] haben gezeigt, daß der privatrechtsgestaltende Verwaltungsakt den Prototyp eines privatrechtsgestaltenden Staatsaktes bildet.[4] Otto Mayer hatte zwar in Band I seines Verwaltungsrechtslehrbuchs von 1923 noch den Satz geschrieben, es gäbe keine öffentlich-rechtlichen Rechtsinstitute mit unmittelbarer zivilrechtlicher Wirkung.[5] Darüber ist aber nicht nur die weitere Rechtsentwicklung hinweggegangen.[6] Dieser Satz ist auch im Rahmen des Werkes von Otto Mayer mißverständlich und wird an anderer Stelle relativiert. Er wurde von Otto Mayer aufgestellt im Zusammenhang mit der von ihm maßgeblich vertretenen Auffassung, daß das öffentliche Recht das Recht für das Verhältnis von Staat und Bürger sei und die

---

[1] Siehe oben C I, S. 119 ff. Überlegungen zu privatrechtsgestaltenden Verwaltungsakten im Bereich der Vertragsfreiheit stehen im folgenden im Vordergrund.

[2] Siehe oben D I, S. 198 ff.

[3] Siehe oben E I, S. 223 ff.

[4] Siehe *Ossenbühl,* DVBl. 1990, 965: Die vom Verwaltungsrecht ausgehenden privatrechtsgestaltenden Wirkungen manifestierten sich im Regelfall in privatrechtsgestaltenden Verwaltungsakten. Vgl. weiterhin *K. Schmidt,* Kartellverfahrensrecht, S. 149: Der privatrechtsgestaltende Verwaltungsakt gehöre zu den Grundfiguren des Rechts gegen Wettbewerbsbeschränkungen. Allerdings will *K. Schmidt* den privatrechtsgestaltenden Verwaltungsakt umfassend durch die Rechtsfigur „Rechtsfolgenanordnung kraft Verfahrens" ersetzen, siehe *diesen,* aaO, S. 147 ff. und durchgehend. Ausführlich dazu unten F I 3 a, S. 278 ff.

[5] *O. Mayer,* Verwaltungsrecht I, S. 118.

[6] Siehe *Bürckner,* S. 63. Ablehnend gegenüber dieser Feststellung auch schon *E. R. Huber,* Wirtschaftsverwaltungsrecht (1. Auflage), S. 95; *Kroeber,* S. 12; *Malzer,* S. 12.

Anwendung zivilrechtlicher Institute die Ausnahme bilde.[7] Hierbei wendet sich Otto Mayer energisch gegen die noch in einer Entscheidung von 1973 zum Vorkaufsrecht nach dem BBauG 1960[8] beim BGH anzutreffende Tendenz, krampfhaft an zivilrechtlichen Konstruktionen festzuhalten, wo das öffentliche und speziell das Verwaltungsrecht längst ausreichende Rechtsinstitute zur Verfügung stellt.[9] Insofern schießt aber die Feststellung, es gäbe keine öffentlich-rechtlichen Institute mit unmittelbarer privatrechtlicher Wirkung, über das Ziel hinaus. Einen Hinweis darauf, was mit ihr möglicherweise eigentlich gemeint war, zeigen die Überlegungen Otto Mayers zur Enteignung.[10] Ein öffentlich-rechtliches Rechtsinstitut könne sehr wohl zivilrechtliche Folgen nach sich ziehen, es bleibe jedoch ein öffentlich-rechtliches Rechtsinstitut; der Staat trete auf, als das, was er sei, nämlich als öffentliche Gewalt.[11] Damit hat aber auch Otto Mayer Verwaltungsakten unmittelbare zivilrechtliche Wirkung zuerkannt. Denn an einer vollständigen Unterworfenheit des Staates unter das öffentliche Recht ändert sich in diesem Fall nichts.[12]

Der wesentliche Grund für die herausragende Stellung des Verwaltungsaktes auch im Rahmen privatrechtsgestaltender Tätigkeit des Staates ist, daß aus dem Kanon der öffentlich-rechtlichen Handlungsformen der Verwaltung regelmäßig ein Verwaltungsakt vorliegt, wenn es darum geht, durch einen Akt der öffentlichen Gewalt, der nicht Rechtsnorm im materiellen Sinne ist, in hier definierter und vorausgesetzter Weise Privatrecht und vor allem Privatrechtsverhältnisse zu gestalten. Ein Verwaltungsakt ist eine Maßnahme aufgrund öffentlichen Rechts. Seine „Wirkungen" liegen zwar oft, aber nicht notwendig auf diesem Gebiet. Das markiert einen Unterschied zur öffentlich-rechtlichen Willenserklärung. Eine Willenserklärung „wirkt" nur in dem Rechtsgebiet, dem sie angehört, jedenfalls „gestaltet" sie nicht über dieses Rechtsgebiet hinaus. Realakte sind ohnehin Rechtsnormen zuzuordnen.[13] Verträge gehören entweder dem öffentlichen oder privaten Recht an und nehmen höchstens gelegentlich eine „Mischnatur" ein.[14] Auf der Grundlage der herrschenden Gegen-

---

7 *O. Mayer,* Verwaltungsrecht I, S. 115 ff.

8 BGH, Urt. v. 16.1.1973, BauR 1973, 297 ff. Ausführlicher zur gebotenen öffentlich-rechtlichen Einordnung oben B II 4 b, S. 107 (109 f.).

9 Vgl. die Darstellungen von *O. Mayer* zum Zwangskauf, Verwaltungsrecht II, S. 40 f. Zu Versuchen, privatrechtsgestaltende Verwaltungsakte zivilrechtlich zu deuten, siehe *Meyer zum Wischen,* S. 21.

10 *O. Mayer,* Verwaltungsrecht II, S. 45 f. Zum Modellcharakter der Enteignung für die Lehre vom privatrechtsgestaltenden Verwaltungsakt siehe auch *Bengel,* S. 43.

11 *O. Mayer,* Verwaltungsrecht II, S. 45.

12 Insgesamt wird man die entstandenen Unklarheiten über die Position *Otto Mayers* diesem und nicht seinen Interpreten anlasten müssen. Anders wohl *K. Schmidt,* Kartellverfahrensrecht, S. 150 m. Fußn. 20.

13 Siehe oben B I 1 b aa (3), S. 58 ff.

14 Eine solche Mischnatur läßt sich richtigerweise nur dann anerkennen, wenn ein Vertrag mehrere Rechtsverhältnisse begründet, die jeweils einer eigenen Betrachtung zugänglich sind. So auch *Erichsen,* in: Erichsen / Martens, § 25 II Rdnr. 4 S. 362 m. w. N.

standstheorie zur Abgrenzung von öffentlich-rechtlichem und privatrechtlichem Vertrag führt ein öffentlich-rechtlicher Vertrag zu öffentlich-rechtlichen und ein privatrechtlicher zu privatrechtlichen Rechten und Pflichten. Es gibt daher keinen öffentlich-rechtlichen Vertrag mit privatrechtsgestaltenden Wirkungen.[15] Die Pflichten, die der öffentlich-rechtliche Vertrag begründet, sind öffentlich-rechtlicher Natur. Daß sie unter Umständen mit privatrechtlichen Mitteln zu erfüllen sind, ändert hieran nichts. Allein der Verwaltungsakt ist daher aufgrund seines Regelungshaushaltes in der Lage, unmittelbar aus dem öffentlichen in das private Recht hineinzuwirken.

### *2. Einfachrechtlich vorhandene Rücksichtnahmen des öffentlichen Rechts zugunsten des Privatrechts*

Der Gesetzgeber hat wesentlich dazu beigetragen, das vor allem bei Otto Mayer artikulierte „Unbehagen"[16] an der Figur des privatrechtsgestaltenden Verwaltungsaktes nicht weiter wachsen zu lassen. Er hat zivilrechtliche Grundregeln vielfach auch für das öffentliche Recht akzeptiert, etwa den Satz, daß einseitige empfangsbedürftige Willenserklärungen in der Regel bedingungsfeindlich sind.[17] Soweit bei privatrechtsgestaltendem Verwaltungshandeln einseitige Rechtsgeschäfte den Anknüpfungspunkt bilden (vor allem im besonderen Kündigungsschutzrecht), verlangt der Gesetzgeber in der Regel das Vorliegen der Genehmigung vor Vornahme des einseitigen Rechtsgeschäfts, so daß es insoweit zu keiner schwebenden Unwirksamkeit kommt.[18] Eine vor Erteilung der Genehmigung ausgesprochene Kündigung ist nach § 134 BGB nichtig.[19]

Eine solche Rücksichtnahme ist rechtlich nicht zwingend geboten. Wie bereits mehrfach ausgeführt wurde, gibt es keinen institutionellen Vorrang des Privatrechts gegenüber dem öffentlichen. Beides geht auf staatliche Normsetzung zurück und ist gleichrangig. Das öffentliche Recht ist daher grundsätzlich in der Lage, von privatrechtlichen Grundsätzen für von ihm geregelte Teilbe-

---

[15] Anders *Gern*, VerwArchiv 70 (1979), 235, der allerdings schon dann einen öffentlich-rechtlichen Vertrag annehmen will, wenn eine Vertragspartei als öffentlich-rechtlicher Sonderrechtsträger beteiligt ist *(ders.*, aaO, S. 230). Anders auch *Ekk. Stein*, Wirtschaftsaufsicht, S. 203. Bei *Stein*, aaO, wird aber nicht recht deutlich, worin die privatrechtsgestaltende Kraft eines öffentlich-rechtlichen Vertrages liegen könnte. Ein Festhalten an privatautonom abgegebenen Erklärungen mit öffentlich-rechtlicher Wirkung *(Stein*, aaO) reicht jedenfalls nicht; denn auch dies ist eine öffentlich-rechtliche Wirkung.

[16] *E. R. Huber*, Wirtschaftsverwaltungsrecht (2. Auflage), S. 73.

[17] Vgl. *Bullinger*, DÖV 1961, 946; *Steiner*, DVBl. 1981, 352. Allerdings enthält das BGB insoweit auch Ausnahmen, etwa in § 180 S. 2 und S. 3 sowie § 111 S. 2 BGB *(Janicki*, NJW 1963, 841).

[18] Vgl. etwa § 9 Abs. 3 MuSchG und dazu *Schaub*, Arbeitsrechtshandbuch, § 170 IV, S. 1098; *Siebert*, Festschrift für Hugelmann, Band II, S. 607.

[19] *Siebert*, Festschrift für Hugelmann, Band II, S. 687.

reiche abzuweichen.[20] Es ist deshalb nicht von vornherein verfassungsrechtlich bedenklich, wenn in Einzelfällen von dem zivilrechtlichen Grundsatz der Bedingungsfeindlichkeit einseitiger empfangsbedürftiger Willenserklärungen abgewichen und behördlichen Zustimmungen von der Verwaltung Rückwirkung beigelegt werden kann.[21] Es ist insoweit auch nicht geboten, sich Gedanken darüber zu machen, ob „privatrechtlich eine Rückwirkung des Verwaltungsaktes“[22] möglich ist. Der Verwaltungsakt benötigt nicht die Vermittlung einer direkt oder analog anwendbaren Norm des Privatrechts, etwa des § 184 BGB, um auch rückwirkend auf die Privatrechtslage einzuwirken. Dies vermag er kraft der Regelungswirkung, zu der ihm die formellgesetzliche und mit privatrechtlichen Normen normhierarchisch gleichberechtigte, zu diesen aber speziellere öffentlich-rechtliche Ermächtigungsgrundlage verhilft. Es kommt deshalb auch höchstens für die Interpretation des Gesetzes darauf an, ob eine solche Rückwirkung den Spezifika des Sachbereichs gerecht wird, für die sie angeordnet wird.[23] Die Lösung der Rechtsprobleme einer solchen Rückwirkung ist dann Aufgabe der jeweiligen Privatrechtsdogmatik.

Verfassungsrechtliche Grenzen ergeben sich nur aus den allgemeinen Prinzipien der Rechtssicherheit.[24] Die zivilrechtlichen Grundsätze sind allerdings häufig Erkenntnisse einer jahrhundertelangen Rechtsentwicklung, die deshalb bei der Ausformung privatrechtsgestaltender Befugnisnormen durchaus Beachtung verlangen.[25] Dies geschieht aber mittelbar über einschlägige verfassungsrechtliche Ansatzpunkte.[26] Die trotz vereinzelter Ausnahmen vom Gesetzgeber geübte Rücksichtnahme auf die Grundstrukturen des Privatrechts trägt aber wesentlich zur Akzeptanzsteigerung der Figur des privatrechtsgestaltenden Verwaltungsaktes bei.

---

[20] Teilweise verlangt im übrigen auch nur das öffentliche Recht die vorherige Einholung der Genehmigung. Siehe etwa § 14 Abs. 6 HeimG und dazu BVerwG, Urt. v. 18.12.1987, DVBl. 1988, 446 (448).

[21] Beispiel: § 18 Abs. 1 2. HS KSchG. Weitere – allerdings heute die gesetzliche Entwicklung überholte – Beispiele bei *Siebert,* Festschrift für Hugelmann, Band II, S. 609. Die Möglichkeit einer Rückwirkung erkennt auch das OVG Berlin im Urt. v. 26.10.1959, DÖV 1961, 945 (946) an. Kritisch zu dieser Entscheidung *Bullinger,* DÖV 1961, 946.

[22] *Siebert,* Festschrift für Hugelmann, Band II, S. 609.

[23] So im Grundsatz auch *Bullinger,* DÖV 1961, 947. Als problematisch wird eine Rückwirkung vor allem im Arbeitsrecht angesehen. Siehe *Siebert,* Festschrift für Hugelmann, Band II, S. 611 m. w. N.

[24] *Bullinger,* DÖV 1961, 946.

[25] Vgl. *Bullinger,* DÖV 1961, 946.

[26] Entgegen *Bullinger,* DÖV 1961, 946, ist aus einer „überflüssigen Störung des Normalablaufs privater Rechtsbeziehungen“ allein noch keine Rechts- oder Verfassungswidrigkeit abzuleiten.

### 3. „Rechtsfolgenanordnung durch Verfahren" als Alternative zur Rechtsfigur des „privatrechtsgestaltenden Verwaltungsaktes"

#### a) Die Konzeption von Karsten Schmidt

Das Kartellverwaltungsrecht ist eine Materie des Besonderen Verwaltungsrechts. Daher beanspruchen die Erkenntnisse des Allgemeinen Verwaltungsrechts auch dort Geltung. Für den privatrechtsgestaltenden Verwaltungsakt als ein zentrales Instrument hoheitlicher Wirtschaftsaufsicht nach dem GWB[27] gelten deshalb die allgemein getroffenen Begriffsbestimmungen und die entwickelten verfassungsrechtlichen Garantien gegenüber privatrechtsgestaltendem Staatshandeln. Teilweise wird im Kartellrecht zwar ein anderer Vertragsbegriff zugrundegelegt als im allgemeinen Zivilrecht.[28] Vor allem soll auf das Element des Rechtsfolgewillens verzichtet werden.[29] Zur Entwicklung einer Sonderdogmatik des privatrechtsgestaltenden Verwaltungsaktes im Kartellrecht zwingt dies jedoch nicht. Zum einen gibt es unter den kartellrechtlich relevanten Sachverhalten zweifellos Vereinbarungen mit Rechtsfolgewillen. Die kartellrechtliche Begriffskontroverse hat zudem weitgehend nur akademische Bedeutung.[30] Daß im Kartellrecht nach verbreiteter Auffassung auch Vereinbarungen ohne Rechtsfolgewillen mit in den Vertragsbegriff einbezogen werden sollen, dient einer umfassenden Anwendung des kartellrechtlichen Sanktionensystems.[31] Angesichts des § 25 Abs. 1 GWB muß man jedoch die Berechtigung eines solchen Anliegens bestreiten.[32]

Nicht immer ergeben sich die mit kartellbehördlicher Verwaltungstätigkeit verbundenen Rechtsfolgen jedoch aus dem Tenor von Verwaltungsakten. Bestimmte behördliche Maßnahmen sind deshalb „privatrechtsgestaltend", weil sie als Tatbestandsmerkmale für dann ipso iure eintretende Sanktionen fungieren.[33] Karsten Schmidt hat nicht zuletzt deshalb den Versuch unternom-

---

27 Vgl. nur *Emmerich,* in: Immenga / Mestmäcker, § 18 Rdnr. 230; *Kull,* JZ 1961, 682 f.; *von Köhler,* DB 1970, 1161.

28 Siehe dazu auch schon oben C III 3 a aa, S. 142 m. Fn. 156.

29 Siehe dazu mit Nachweisen *Immenga,* in: Immenga / Mestmäcker, § 1 Rdnr. 109 ff.; weiterhin *von Venrooy,* S. 15 ff.

30 So auch *Rinck / Schwark,* § 10 II 1. Rdnr. 260.

31 Ausführlicher schon oben (Fn. 28).

32 Anders *Immenga,* in: Immenga / Mestmäcker, § 1 Rdnr. 117; wie hier und sehr überzeugend hingegen *Emmerich,* Kartellrecht, S. 49: Die Frage des Vertragsbegriffs habe mit Inkrafttreten von § 25 Abs. 1 GWB i. d. F. der 2. Novelle fast jede praktische Bedeutung verloren. Es spiele nahezu keine Rolle mehr, ob man eine bestimmte Form der Koordinierung unternehmerischen Verhaltens als Vertrag (§ 1 GWB) oder abgestimmtes Verhalten (§ 25 GWB) qualifiziere. Für eine Zugrundelegung des bürgerlich-rechtlichen Vertragsbegriffs auch *Beuthien,* Festschrift für Hartmann, S. 59; *Rinck / Schwark,* § 10 II 1. Rdnr. 261; *Rittner,* Wirtschaftsrecht, § 15 II, Rdnr. 17.

33 Hierauf wurde bereits im Rahmen der Begriffsklärung hingewiesen. Siehe oben A V 3 d dd, S. 30 ff.

men, den privatrechtsgestaltenden Verwaltungsakt als dogmatische Figur zu ersetzen durch die der „Rechtsfolgenanordnung durch Verfahren".[34] Dies ist über das Kartellrecht hinaus von grundsätzlicher Bedeutung. Das Problem der ipso-iure-Wirkungen taucht auch in anderen Zusammenhängen bei privatrechtsgestaltenden Maßnahmen auf.[35] Wenn in der für das Wirtschaftsrecht zentralen Materie des Kartellrechts vom privatrechtsgestaltenden Verwaltungsakt Abschied zu nehmen wäre, spräche vieles dafür, daß für andere Bereiche ähnliches gilt.

Karsten Schmidt nennt verschiedene miteinander zusammenhängende Gründe, warum die Denkfigur „Rechtsfolgenanordnung durch Verfahren" der des privatrechtsgestaltenden Verwaltungsaktes überlegen sein soll.[36] Der gestaltende Verwaltungsakt sei nur ein Fall der Vorschaltung von Verfahrensereignissen vor eine Rechtsfolge im GWB.[37] Es sei jedoch „sonderbar", wenn eine „unüberbrückbare Kluft" zwischen einer Freistellung durch Erlaubnis (§§ 4, 5 Abs. 2, 6 Abs. 2, 7, 8 GWB), durch Nichtwiderspruch (§§ 2 Abs. 3, § 5 Abs. 3, § 5 a Abs. 3, 5 b Abs. 2 GWB) und durch bloße Anmeldung (§§ 5 Abs. 1, 6 Abs. 2 GWB) bestünde.[38] Daher stelle die Denkfigur des privatrechtsgestaltenden Verwaltungsaktes vordergründig auf den Tenor des Verwaltungsaktes ab.[39] Dies werde dem Recht der Wettbewerbsbeschränkungen als eines Rechts der Verbote und Verbotssanktionen nicht gerecht.[40] Mit der Figur des privatrechtsgestaltenden Verwaltungsaktes könne die komplizierte Rechtstechnik des GWB mit seinen unterschiedlichen Verbotssanktionen nicht bewältigt werden.[41] Karsten Schmidt setzt daher der herrschenden Verwaltungsaktslehre folgende Kernthese entgegen: Durch Freistellung verbotener oder durch Untersagung „verbietbarer" Verhaltensweisen würden Verbotstatbestände verbindlich abgegrenzt; es seien dann die privatrechtlichen Rechtsnormen – nicht die Verwaltungsakte – die über die daran anzuknüpfenden Rechtsfolgen entschieden.[42]

[34] *Karsten Schmidt,* Kartellverfahrensrecht – Kartellverwaltungsrecht – Bürgerliches Recht (1977), durchgehend.

[35] Siehe schon die Überlegungen zur Begriffsbildung oben A V 3 d dd, S. 30 ff.; weiterhin auch unten F II 1, S. 284 ff.

[36] *K. Schmidt,* Kartellverfahrensrecht, S. 146 ff.

[37] *K. Schmidt,* Kartellverfahrensrecht, S. 146.

[38] *K. Schmidt,* Kartellverfahrensrecht, S. 146.

[39] *K. Schmidt,* Kartellverfahrensrecht, S. 153.

[40] *K. Schmidt,* Kartellverfahrensrecht, S. 153.

[41] *K. Schmidt,* Kartellverfahrensrecht, S. 153. Siehe auch *dens.,* aaO, S. 117 m. Fußn. 244, wo er den Begriff „Privatrechtsgestaltung durch Kartellbehörden" als „doppelte Fehlakzentuierung" bezeichnet, da man zu Unrecht auf den privatrechtlichen Gegenstand (Vertrag) sehe (statt auf das „privatrechtliche Mittel des GWB"), und zudem die privatrechtliche Konstitutivwirkung isoliere.

[42] *K. Schmidt,* Kartellverfahrensrecht, S. 153. Lediglich für den Ausnahmefall des § 19 Abs. 2 GWB will *K. Schmidt* der Figur des privatrechtsgestaltenden Verwaltungsaktes ihren Platz zugestehen. Siehe *diesen,* Kartellverfahrensrecht, S. 151.

### b) Regelungsgrenzen des privatrechtsgestaltenden Verwaltungsaktes

Eine grundlegende Neuorientierung, also eine Abkehr vom privatrechtsgestaltenden Verwaltungsakt und eine Hinwendung zur Figur der „Rechtsfolgenanordnung durch Verfahren" kann letztlich nur dann in Betracht kommen, wenn die dogmatischen Erklärungsgrenzen des privatrechtsgestaltenden Verwaltungsaktes richtig ausgelotet worden sind. Als Beleg für die mangelnde Leistungsfähigkeit der Figur „privatrechtsgestaltender Verwaltungsakt" dient Karsten Schmidt vor allem die Bestimmung des § 18 GWB. Dort ist zunächst von der Unwirksamkeitserklärung bestehender Vereinbarungen (§ 18 Abs. 1 1. Var. GWB) und dann vom Verbot der Anwendung neuer, gleichartiger Bindungen die Rede (§ 18 Abs. 1 2. Var. GWB). Karsten Schmidt mißfällt nun am Gesetzeswortlaut (!), daß die Frage, ob eine nach Erlaß der Verfügung praktizierte Bindung mit der ursprünglichen identisch oder nur gleichartig ist, darüber entscheidet, ob sie durch privatrechtsgestaltenden Verwaltungsakt (§ 18 Abs. 1 1. Var. GWB) oder durch das Gesetz (§§ 134 BGB i. V. m. § 38 Abs. 1 Nr. 4 i. V. m. § 18 Abs. 1 2. Var. GWB)[43] für unwirksam erklärt wird.[44] „Die Vertragsunwirksamkeit scheint also dogmatisch völlig unterschiedliche Gründe zu haben, je nachdem, ob die ursprüngliche oder die neue Bindung in Frage steht."[45] Hingegen sei mit der Figur „Rechtsfolgenanordnung kraft Verfahrens" ein gemeinsamer Nenner gefunden, es handele sich in beiden Fällen um ein gesetzliches, aber kraft Verfahrens angeordnetes Verbot.[46]

Das Regelungsrepertoire des privatrechtsgestaltenden Verwaltungsaktes ist aber – entgegen der Annahme, die den Ausführungen von Karsten Schmidt zugrundeliegen – nicht darauf beschränkt, nur bereits bestehende Verträge für unwirksam zu erklären. Es ist heute für die Verwaltungsaktsdogmatik nahezu selbstverständlich, daß mittels Verwaltungsaktes auch künftiges Verhalten gesteuert werden kann. Dann ist es aber auch möglich, erst einen künftig zu schließenden Vertrag für nichtig zu erklären. Dies zeigt im positiven Sinne die

[43] So auch GK-*Fikentscher / Straub*, § 18 Rdnr. 333 (Stand: 1987), obwohl dort darauf hingewiesen wird, daß es nach der Gesetzesbegründung um „Unwirksamkeitserklärung" ging; *Emmerich*, in: Immenga / Mestmäcker, § 18 Rdnr. 239.

[44] *K. Schmidt*, Kartellverfahrensrecht, S. 48 und S. 154.

[45] *K. Schmidt*, Kartellverfahrensrecht, S. 48.

[46] *K. Schmidt*, Kartellverfahrensrecht, S. 48 und 154. Der methodische Ansatz von *K. Schmidt* ist insofern durchaus zwiespältig zu nennen. Bei bestimmten Fragen propagiert *K. Schmidt* eine Emanzipation vom Gesetzeswortlaut, etwa bei § 18 Abs. 1 1. und 2. Var. GWB oder der Ermessensfrage (siehe ausführlich unten G VI, S. 335 ff.). Als Grundsatz will er jedoch positivrechtliche Entscheidungen des geltenden Rechts gegen Infragestellungen verteidigen *(dieser,* Kartellverfahrensrecht, S. 87). Letzteres Anliegen wird auch von der vorliegenden Untersuchung geteilt. Angemerkt sei, daß aus Raum-, Kapazitäts- und Kompetenzgründen in der Auseinandersetzung mit *Karsten Schmidt* auf den Versuch der Erstellung einer Gesamtkonzeption des Wettbewerbsrechts verzichtet werden muß. Nur die Überzeugungskraft der Figur der „Rechtsfolgenanordnung durch Verfahren" wird aus öffentlich-rechtlicher Sicht diskutiert.

Möglichkeit der Erteilung einer Vorausgenehmigung, also der Genehmigung eines Vertrages oder sonstigen mehrseitigen Rechtsgeschäfts vor seiner Vornahme.[47] Einseitige empfangsbedürftige Willenserklärungen müssen ohnehin in aller Regel vor ihrer Vornahme genehmigt werden.[48] Auch das BKartA scheint in der wortlautmäßigen Differenz zwischen „für unwirksam erklären" und „verbieten" keinen besonderen sachlichen Unterschied zu erkennen.[49] Voraussetzung für die Nichtigerklärung künftig vereinbarter Bindungen ist jedoch nach allgemeinem Verwaltungsverfahrensrecht, daß der Personenkreis, an den sich die Verfügung richtet, bestimmbar ist (§ 35 S. 2 1. Var. VwVfG). Bestimmt ist der Bindende, der nach § 18 GWB alleiniger Adressat der Verfügung ist.[50] Ein Verbot der Anwendung gleichartiger Bindungen betrifft auf der Sanktionsebene jedoch jegliche, also auch bisher der Behörde noch unbekannte zukünftige Vertragspartner.[51] Damit sind – insoweit ist die Überlegung von Karsten Schmidt zutreffend – die Regelungsmöglichkeiten des Verwaltungsaktes partiell erschöpft. Der Verwaltungsakt ist erforderlich und ausreichend, um das Verbot der Anwendung gleichartiger Bindungen gegenüber dem Bindenden auszusprechen. Auch eine Anordnung, die sich an eine Person richtet, jedoch eine unbestimmte Zahl von Fällen erfaßt, ist ein Verwaltungsakt.[52] Auf der Sanktionsebene umsetzen kann der Verwaltungsakt ein solches Verbot jedoch unmittelbar nicht. Denn dort ist eine unbestimmte Anzahl potentieller Vertragspartner von der Vertragsnichtigkeit unter Umständen betroffen. Der damit veranlaßte potentielle Grundrechtseingriff führt nur dann zu keiner notwendigen Verfahrensbeteiligung und im Hinblick auf Art. 19 Abs. 4 GG zu keiner prinzipalen Kontrollmöglichkeit durch die Verwaltungsgerichte, wenn die Sanktion ipso iure eintritt.[53] Der privatrechtsgestaltende Verwaltungsakt muß deshalb in diesen Fällen auf der Sanktionsebene hinter dem formellen Gesetz zurücktreten. § 18 Abs. 1 2. Var. GWB setzt den privatrechtsgestaltenden Verwaltungsakt zur unmittelbaren Bewirkung der Vertragsnichtigkeit also soweit ein, wie seine Einsatzmöglichkeiten reichen. Dies ist ein Argument für die Ankoppelung des Kartellverfahrensrechts an das Allgemeine Verwaltungsrecht. Der Wortlaut von § 18 Abs. 1 GWB führt nicht in die Irre,[54] sondern bestätigt eine aus dem Allgemeinen Verwaltungsrecht bekannte Grenze der Regelungsmöglichkeiten des Verwaltungsaktes.

47 Siehe *Greiffenhagen*, S. 151 ff.

48 Ausführlich schon oben F I 2, S. 276 ff.

49 So wird im B. v. 15.3.1976, WuW/E BKartA 1413 ff., zunächst davon gesprochen, die Anwendung neuer, gleichartiger Bindungen werde untersagt (S. 1414). Anschließend ist dann davon die Rede, auch die zukünftigen Einzelverträge würden für unwirksam erklärt (S. 1415).

50 BKartA, B. v. 22.5.1968, WuW/E BKartA 1199 (1212); B. v. 15.3.1972, WuW/E BKartA 1413 (1415).

51 Siehe *Emmerich*, in: Immenga / Mestmäcker, § 18 Rdnr. 239; BKartA, B. v. 22.5.1968, WuW/E 1199 (1212).

52 *K.-R. Schwarze*, in: Knack, VwVfG, § 35 Anm. 4.3.1.3.1.

53 Ausführlich dazu noch unten F IV, S. 301 ff.

54 So aber *K. Schmidt*, Kartellverfahrensrecht, S. 49.

### c) Die besondere rechtsstaatliche Funktion des Verwaltungsaktes

Die Konzeption der „Rechtsfolgenanordnung kraft Verfahrens" sieht das Vorliegen eines Verwaltungsaktes an wie jedes andere Tatbestandsmerkmal entsprechender kartellrechtlicher Normen auch. Damit wird die auch und gerade im Bereich der Privatrechtsgestaltung wichtige rechtssichernde Funktion[55] des Verwaltungsaktes unzulässig abgewertet. Der privatrechtsgestaltende Verwaltungsakt benötigt zwar wie jeder andere Verwaltungsakt im Bereich der Eingriffsverwaltung eine gesetzliche Grundlage. Mit seinem Erlaß tritt aber er in den Vordergrund und das Gesetz in den Hintergrund. So können Rechtsfolgen eintreten, die unter den gegebenen Umständen vom Gesetz nicht vorgesehen sind, solange der Verwaltungsakt nicht nichtig ist (§ 43 Abs. 2 und 3 VwVfG). Hieraus folgen unabdingbare Voraussetzungen für seine Wirksamkeit, aber auch die Notwendigkeit besonderer Regeln über seine Bestandskraft bei Rechtswidrigkeit, die auch das GWB für bestimmte Erlaubnisse selbst enthält (§ 11 GWB). Im übrigen setzt sich heute die Meinung mehr und mehr durch, das auch § 48 VwVfG allgemein auf kartellbehördliche Verfügungen anwendbar ist, soweit nicht Sonderregelungen des GWB (wie z. T. § 11 GWB) anderes ergeben.[56]

Karsten Schmidt löst sich mit seiner Idee einer „Rechtsfolgenanordnung durch Verfahren" von diesen Zusammenhängen. Das zeigt etwa sein Vorwurf, die Lehre vom privatrechtsgestaltenden Verwaltungsakt stelle „vordergründig" auf den Tenor des Verwaltungsaktes ab.[57] Der Tenor eines Verwaltungsaktes kann gar nicht genug „im Vordergrund" stehen. Denn aus ihm ergibt sich das, was künftig für das Verhältnis von Kartellbehörde und Adressat verbindlich ist.[58] Der Verwaltungsakt kann sich gegenüber dem Gesetz emanzipieren, ein Verfahren hingegen nur die Tatbestandsvoraussetzungen einer gesetzlichen Norm ausfüllen.

---

[55] *Otto Mayer* hat sie fast poetisch mit den berühmten Worten umschrieben: „Im Gegensatz zur vorausgegangenen Entwicklungsstufe hat unser Rechtsstaat nicht bloß die flutende Masse der Verwaltungstätigkeit eingedämmt durch Gesetz, sondern er läßt auch noch mitten drin fort und fort feste Punkte auftauchen, welchem dem Einzelnen Halt gewähren und ihn darüber sicherstellen, wohin es geht." *(dieser,* Verwaltungsrecht I, S. 93).

[56] Siehe KG, B. v. 18.11.1985, WuW/E OLG 3685 (3687 und 3690); *Immenga,* in: Immenga / Mestmäcker, § 1 Rdnr. 69.

[57] *K. Schmidt,* Kartellverfahrensrecht, S. 152.

[58] Die Bedeutung der Figur des Verwaltungsaktes auch im Kartellverfahrensrecht zeigt mit besonderer Deutlichkeit die ARAL-Entscheidung des KG (B. v. 18.11.1985, WuW/E OLG 3685 ff.). Dort war von entscheidender Bedeutung, ob eine Erklärung des BKartA als Verwaltungsakt aufzufassen war, oder ob es sich lediglich um eine schlichte Wissens- oder Wollenserklärung handelte (KG, aaO, S. 3687). Im ersten Fall war das Kartellamt an die Frist des § 48 Abs. 4 VwVfG gebunden, ansonsten hätte es seine Verwaltungspraxis auch später mit „Rückwirkung" ändern und nunmehr einschreiten können.

Selbstverständlich kann auch das Vorliegen eines Verwaltungsaktes nur Tatbestandsmerkmal für eine ipso iure eintretende Sanktion sein.[59] Es kann also nur auf das Ergehen eines wirksamen Verwaltungsaktes, nicht auf seine Regelungswirkung ankommen. Zwischen diesen verschiedenen Funktionen des Verwaltungsaktes ist aber zu differenzieren, aus ihnen können Divergenzen in den Rechtsfolgen entstehen. Das wird an späterer Stelle im Hinblick auf die allgemeine Problematik der Rücknehmbarkeit privatrechtsgestaltender Verwaltungsakte noch weiter auszuführen sein.[60] Es kann jedoch auch an dieser Stelle schon paradigmatisch am Beispiel des § 3 Abs. 4 GWB gezeigt werden. So hat das KG in einem später vom BGH aufgehobenen Beschluß die Auffassung vertreten, die Nichtigerklärung eines Rabattkartells nach § 3 Abs. 4 GWB sei nur im Rahmen der Frist des § 48 Abs. 4 VwVfG möglich; auch wenn der Gesetzgeber bei Anmeldekartellen auf den Erlaß eines förmlichen Verwaltungsaktes verzichtet habe, sei ein Rabattkartell in seinem Bestand nicht weniger schutzwürdig.[61] Dies entspricht der Idee der „Rechtsfolgenanordnung durch Verfahren“. Ob ein Verwaltungsakt ergeht bzw. fingiert wird oder nicht, ist danach unerheblich; es kommt allein auf die Durchführung des Verfahrens an. Genau der umgekehrte Schluß ist jedoch richtig. Der Gesetzgeber verzichtet bei Anmeldekartellen auf den in besonderem Maße vertrauensbegründend wirkenden (siehe vor allem § 48 Abs. 4 VwVfG) Einsatz des Instrumentes eines Verwaltungsaktes zur Legalisierung des Kartells. Hierauf beruht eine abgeschwächte Schutzwürdigkeit gegenüber Erlaubniskartellen.[62] Es besteht also ein qualitativer Unterschied, ob die Legalisierungswirkung nur aufgrund eines Verfahrens nach Fristablauf eintritt, oder ob sie dergestalt unmittelbar mit dem Erlaß eines begünstigenden Verwaltungsaktes verbunden ist, daß sie in dessen Tenor aufgenommen ist.[63]

---

[59] Der Verwaltungsakt kann trotzdem als privatrechtsgestaltend einzustufen sein, siehe oben A V 3 d dd, S. 30 ff. *Karsten Schmidt* hat hingegen eine sehr verengte Sicht des Begriffs „privatrechtsgestaltender Verwaltungsakt“ und dürfte hierunter nur solche Verwaltungsakte verstehen, deren Tenor Wirksamkeit oder Unwirksamkeit eines Rechtsgeschäfts anordnen und umgekehrt allen Verwaltungsakten, die als privatrechtsgestaltend bezeichnet werden, eine solche Aussage unterstellen. Eine solche Sicht ist deshalb eindeutig problemverzerrend.

[60] Unten F III 1, S. 294 ff.

[61] KG, B. v. 10.7.1979, WuW/E OLG 2172 (2173 f.).

[62] BKartA, B. v. 18.7.1978, WuW/E BKartA 1741 (1746); BGH, B. v. 24.6.1980, Z 77, 366 (371 f.).

[63] Siehe auch BGHZ 77, 366 (372); ebenso *Riechmann,* WuW 1980, 243; auch *Voß,* S. 48 ff., im Hinblick auf die Anwendung des § 48 Abs. 4 VwVfG. Interessanterweise vermag *K. Schmidt,* Kartellverfahrensrecht, S. 163 f., die rechtssichernde Funktion der Erlaubnis insofern zu erkennen, als er ihr gemäß des „verwaltungsrechtlichen Grundsatzes“ grundsätzlich Unwiderruflichkeit zugesteht. Gerade über diese Auffassung war jedoch die Dogmatik des Allgemeinen Verwaltungsrechts auch zum damaligen Zeitpunkt bereits hinweggegangen (siehe ausführlich unten F III 1, S. 294 ff). Dies ist ein weiteres deutliches Zeichen für die Notwendigkeit öffentlich-rechtlicher Durchleuchtung des Kartellverfahrensrechts!

### d) Fazit

Es ist damit ausgeschlossen, die schon für den Bereich des GWB wenig überzeugende Figur der „Rechtsfolgenanordnung durch Verfahren“ insgesamt an die Stelle der Figur des privatrechtsgestaltenden Verwaltungsaktes zu setzen. Man baut mit ihr keine „Brücken über Kluften“,[64] sondern man nivelliert, wo zu differenzieren ist. Allein die Figur des privatrechtsgestaltenden Verwaltungsaktes bewältigt die besonderen Probleme von Bestandskraft und Rechtssicherheit. Nur mit ihr ist eine adäquate Unterscheidung zwischen ipso-iure-Wirkungen und der unter Umständen vom Gesetz emanzipierten Regelungswirkung zu erreichen. Daß sich insofern in der Dogmatik des privatrechtsgestaltenden Verwaltungsaktes z. T. Ungereimtheiten nachweisen lassen, ist zwar richtig.[65] Sie müssen und – wie noch zu zeigen sein wird – können anders bereinigt werden, als mit einer Art Generalangriff auf dieses Institut.

## II. Das Zusammenspiel von öffentlichem und privatem Recht bei hoheitlicher Privatrechtsgestaltung durch Verwaltungsakt

### 1. Grundtypen privatrechtsgestaltender Verwaltungsakte

Die Auseinandersetzung mit der Konzeption einer „Rechtsfolgenanordnung durch Verfahren“ hat ergeben, daß es für die Bestandsschutzinteressen von Privatrechtssubjekten von entscheidender Bedeutung ist, ob der Verwaltungsakt qua Regelungswirkung die Rechtslage gestaltet, oder ob er lediglich Voraussetzung für eine ipso iure eintretende Rechtsfolge ist. Hierauf aufbauend lassen sich privatrechtsgestaltende Verwaltungsakte typisieren.

Der quantitativ bedeutendste Bereich für die gesetzliche Verwendung des privatrechtsgestaltenden Hoheitsaktes ist die Erteilung von Genehmigungen für private Rechtsgeschäfte. Die privatrechtsgestaltenden Verwaltungsakte sind dann notwendige Elemente für eine Änderung der Privatrechtslage. Es läßt sich deshalb von Privatrechtsgestaltung im Rahmen von „Mischtatbeständen“[66] oder von *„privatrechtsmitgestaltenden* Verwaltungsakten“ sprechen. Die Wirksamkeit des privaten Rechtsgeschäftes steht unter der Rechtsbedingung der Erteilung der erforderlichen Genehmigung.[67]

---

[64] Vgl. *K. Schmidt,* Kartellverfahrensrecht, S. 146.

[65] Vgl. *K. Schmidt,* Kartellverfahrensrecht, S. 151.

[66] So *H. Westermann,* Festschrift für Michaelis, S. 340.

[67] *Greiffenhagen,* S. 44 f. Nach *Greiffenhagen,* aaO, ist die Genehmigung eine Wirksamkeitsbedingung, die neben dem privatrechtlichen Tatbestand vorliegen muß und von ihm zu unterscheiden ist (so auch *Meyer zum Wischen,* S. 25 ff.). Auf zivilrechtliche und zivilprozessuale Folgerungen, die hieraus gezogen werden (z. B. Beweislast für das Vorliegen einer Genehmigung, Rechtsfolgen bei Konkurseröffnung zwischen Abschluß des Rechtsge-

In anderen Fällen ist der Verwaltungsakt nicht ein Element für die Änderung der Privatrechtslage, sondern allein privatrechtsgestaltend. Trotzdem handelt es sich nicht um einen „isolierten" Hoheitsakt.[68] Auch ein solcher Verwaltungsakt ist auf ein bestimmtes privates Rechtsgeschäft bezogen. Er führt die von ihm intendierten privatrechtlichen Rechtswirkungen jedoch nicht im Zusammenspiel mit privatrechtlichen Vorgängen herbei. Er ist also nicht privatrechtsmit-, sondern *privatrechtsalleingestaltend*.[69]

Die so eingeleitete Typisierung privatrechtsgestaltender Verwaltungsakte ist nicht in dem Sinn zu verstehen, daß nach dem juristischen Effekt des Ergehens eines Verwaltungsaktes zwischen mit- und alleingestaltenden Verwaltungsakten zu unterscheiden ist. Sonst wäre die Erteilung einer Genehmigung privatrechtsmitgestaltend, die Versagung aber privatrechtsalleingestaltend, denn es fehlte an einer Voraussetzung für die erstrebte Rechtsänderung, wenn die erforderliche Genehmigung bestandskräftig versagt wird. Zu einem juristisch faßbaren Begriff des privatrechtsalleingestaltenden Verwaltungsaktes kommt man nur dann, wenn man auf die von der gesetzlichen Ermächtigung vorgesehene Regelungswirkung abstellt. Privatrechtsalleingestaltend sind solche Verwaltungsakte, die die Rechtsänderung aufgrund ihres Regelungsinhalts, ihres Tenors bewirken. Privatrechtsmitgestaltend sind hingegen diejenigen, deren Regelungswirkung sich hinsichtlich des Gesamtgeschäfts auf die Erfüllung bzw. Nichterfüllung eines Tatbestandselements beschränkt, was zum de iure Eintritt von Rechtsfolgen führt.

Die damit getroffene Unterscheidung ist keineswegs von nur akademischem Interesse. Sie hat vielmehr einen verfassungsrechtlichen Hintergrund. Ermächtigungen zu privatrechtsmitgestaltendem Handeln betreffen nicht das private Rechtsgeschäft insgesamt, sondern nur ein Teilelement. Dies ist in nicht unerheblichem Maße vom Übermaßverbot geboten, denn auf diese Weise beläßt das eingreifende öffentlich-rechtliche Gesetz der privaten Vereinbarung ein größtmögliches Anwendungsfeld im Hinblick auf die Frage, inwieweit die sonstigen Wirksamkeitserfordernisse für die Rechtsänderung gegeben sind.

In der Gruppe der privatrechtsalleingestaltenden Verwaltungsakte läßt sich eine weitere Unterscheidung treffen. Es kann sich entweder um „positive" oder um „negative" Rechtsgestaltung handeln. Nur geringe Bedeutung hat die „positive" Rechtsgestaltung, also die Begründung privatrechtlicher Sonderverhält-

---

schäfts und Erteilung der Genehmigung etc.) kann im Rahmen dieser Untersuchung nicht eingegangen werden. Sie sind von der insoweit zuständigen Privatrechtswissenschaft zu lösen. Siehe auch *Meyer zum Wischen*, aaO.

[68] So aber die Terminologie von *H. Westermann*, Festschrift für Michaelis, S. 340.

[69] Die Terminologie von *H. Westermann*, Festschrift für Michaelis, S. 340, ist jedoch auch nicht ganz eindeutig, denn aaO, S. 343, erweckt er den Eindruck, die Genehmigung nach dem GrstVG sei ein isolierter Hoheitsakt. Das ist aber ganz eindeutig nicht der Fall. Zur Rechtsänderung kommt es bei Grundstücken, die diesem Gesetz unterliegen, bei Vorliegen der privatrechtlichen Voraussetzungen, der Genehmigung und der Eintragung im Grundbuch. Nach der Terminologie von *H. Westermann* handelt es sich also eindeutig um einen „Mischtatbestand".

nisse oder sonstiger Rechte durch Verwaltungsakt.[70] Praktisch und wissenschaftlich im Vordergrund steht hingegen die „negative" Rechtsgestaltung, also hoheitliche Vernichtung privatrechtlicher Vereinbarungen.

Im Schema Privatrechtsmitgestaltung / Privatrechtsalleingestaltung zunächst nicht ganz eindeutig zuzuordnen sind die Widerspruchsverfahren, z. B. bei Widerspruchskartellen nach dem GWB oder den Gruppenfreistellungsverordnungen im Rahmen des Art. 85 Abs. 3 EWGV. In diesem Fällen ist das Rechtsgeschäft zunächst in seiner Wirksamkeit öffentlich-rechtlich reduziert, es durchläuft ein Prüfungsverfahren und wird gegebenenfalls im Wege des Erlasses eines Verwaltungsaktes „gestoppt". Kommt es nicht zu einem Widerspruch innerhalb einer bestimmten Frist, wird das Geschäft vollwirksam. Bis zum Widerspruch und – soweit eine Genehmigungsmöglichkeit verbleibt und angestrebt wird – auch nach dem Widerspruch ist das Geschäft schwebend unwirksam.[71] Das Widerspruchsverfahren entspricht im Hinblick auf die vorläufige zivilrechtliche Rechtslage den Genehmigungspflichten.[72] Auch dort ist das Rechtsgeschäft zunächst schwebend unwirksam, während die Befugnisse zur „negativen" Rechtsgestaltung bei im Grundsatz vollgültigen Geschäften ansetzen.[73] Für den gewaltunterworfenen Bürger besteht nur der verfahrensmäßig vorteilhafte Unterschied, nicht einen positiven Bescheid zu benötigen, sondern auch durch Zeitablauf eine Wirksamkeit des abgeschlossenen Geschäfts zu erreichen, verbunden mit dem Nachteil, nicht in den Genuß des besonderen Vertrauensschutzes eines begünstigenden Verwaltungsaktes zu kommen.[74] Die Einordnung in den Komplex der privatrechtsmitgestaltenden Verwaltungsakte ist schließlich auch deshalb geboten, weil der Widerspruch qua Existenz ipso iure und nicht qua Regelungswirkung zur Nichtigkeit des Rechtsgeschäfts führt.[75] Der Regelungsgehalt des Widerspruchs beschränkt sich auf den Ausspruch des Widerspruchs. Alle weiteren Rechtsfolgen ergeben sich aus sachgemäßer Interpretation der damit aktivierten Verbotsnorm.[76] Der bestandskräftige Widerspruch entspricht deshalb der bestandskräftigen Ge-

---

[70] Auch im Bereich der §§ 1 ff. GWB wird nicht die „Wirksamkeit eines Kartellvertrages angeordnet" (so aber *K. Schmidt,* Kartellverfahrensrecht, S. 151). Es handelt sich um einen privatrechtsmitgestaltenden Vorgang mit beschriebener beschränkter Regelungswirkung.

[71] Siehe für § 2 GWB *Immenga,* in: Immenga / Mestmäcker, § 2 Rdnr. 103.

[72] Dies bestätigt die Ausgestaltung des Widerspruchsverfahrens bei Gruppenfreistellungsverordnungen nach Art. 85 Abs. 3 EWGV. Dort führt ein (endgültiger) Widerspruch nicht zur Nichtigkeit der Vereinbarung, sondern dazu, daß sich das weitere Verfahren nach der KartellVO richtet. Bei Verträgen, die nach der KartellVO behandelt werden, liegt aber bis zur Genehmigung bzw. endgültigen Genehmigungsversagung wie bei anderen Genehmigungstatbeständen auch schwebende Unwirksamkeit vor. Siehe *G. Wiedemann,* Band I, AT, Rdnr. 241.

[73] Vgl. etwa §§ 3 Abs. 4, 18, 24 Abs. 7 Nr. 3 GWB.

[74] BGH, B. v. 24.6.1980, Z 77, 366 (370 ff.).

[75] Ebenso *K. Schmidt,* Kartellverfahrensrecht, S. 165.

[76] Konsequenterweise verbindet das GWB die Anfechtung eines Widerspruchs nicht mit einem Suspensiveffekt, siehe § 63 Abs. 1 GWB.

nehmigungsversagung, es handelt sich um einen privatrechtsmitgestaltenden Verwaltungsakt.[77]

### 2. Elemente der verfassungsrechtlich gebotenen Rücksichtnahmen zugunsten des Privatrechts

#### a) Die Figur der „schwebenden Unwirksamkeit"

Durch die grundrechtliche Garantie der Vertragsfreiheit in Art. 2 Abs. 1 GG ist es geboten, der privatautonomen Gestaltung Vorrang vor öffentlich-rechtlichen Eingriffsregelungen zu geben. Dies folgt aus einer Anwendung des Übermaßverbotes. Eine privatrechtsgestaltende Hoheitstätigkeit ist nur in dem Rahmen zulässig, wie dies die zugrundeliegenden Interessen erfordern. Gleichzeitig macht die Rechtsweggarantie des Art. 19 Abs. 4 GG es erforderlich, privatrechtlichen Vereinbarungen solange keine endgültigen Wirksamkeitshindernisse in den Weg zu legen, wie es Rechtsschutzmöglichkeiten gegen die Verweigerung einer erforderlichen öffentlich-rechtlichen Genehmigung gibt.

Diesem Verfassungsgebot folgt das geltende Recht im erforderlichen Umfang. Deutlich wird dies zum einen an der vor allem vom Privatrecht zu deutenden, jedoch vom öffentlichen Recht mitgeprägten Figur der „schwebenden Unwirksamkeit", mit der vor allem das Rechtsverhältnis zwischen Vertragsbeteiligten[78] bis zur bestandskräftigen Erteilung oder Verweigerung behördlicher Genehmigungen erklärt wird.[79] Die öffentlich-rechtlichen Vorschriften über die Genehmigungsbedürftigkeit bestimmter Rechtsgeschäfte belassen insoweit der Privatvereinbarung (und auch dem Privatrecht) einen denkbar weiten Gestaltungsspielraum, was die Probleme solcher „Schwebezustände" betrifft.[80] Ihre Aussage beschränkt sich auf die sinngemäße Anordnung, Verträgen ihre vollständige Wirksamkeit zu verweigern, bis die Genehmigung vor-

---

[77] Nicht überzeugend deshalb *K. Schmidt*, Kartellverfahrensrecht, S. 164, der diese Rechtstechnik durch die Figur des privatrechtsgestaltenden Verwaltungsaktes für nicht erklärbar hält.

[78] Für einseitige Rechtsgeschäfte spielt diese Figur in der Regel keine Rolle, weil die öffentlich-rechtliche Erlaubnis vor der Vornahme des Rechtsgeschäfts einzuholen ist. Siehe schon oben F I 2, S. 276 ff.

[79] Vgl. *Greiffenhagen*, S. 51 ff.; MüKo-*Emmerich*, § 275 Rdnr. 14 ff.

[80] Auf die im einzelnen sehr schwierigen Rechtsfragen kann an dieser Stelle nicht vertieft eingegangen werden. Das gilt insbesondere auch für den Einfluß, den die Art. 85 ff EWGV auf die zivilrechtliche Rechtslage bis zur Genehmigungserteilung oder ihrer Verweigerung haben. Siehe dazu EuGH, Urt. v. 6.2.1973, Slg. 1973, 77 ff.; *Deringer*, NJW 1973, 965; *Steindorff*, Festschrift für Ophüls, S. 218 ff. *R. Knöpfle*, JZ 1969, 790, bezeichnet die Art. 85 ff. EWG-V wohl nicht zu Unrecht als einen der „'neuralgischsten'" Teile des Rechts der EWG. Vgl. weiterhin *dens.* JZ 1970, 545 ff., *dens*, WuW 1971, 82 ff. Ebenfalls nicht Gegenstand der vorliegenden Untersuchung ist die Frage, ob die endgültige Versagung einer notwendigen Genehmigung zur anfänglichen oder nachträglichen Unmöglichkeit der Leistung führt. Siehe dazu etwa *Clasen*, NJW 1963, 429; MüKo-*Emmerich*, § 275 Rdnr. 16; Staudinger-*Löwisch*, § 275 Rdnr. 19, *dens.*, aaO, § 306 Rdnr. 24.

liegt,[81] soweit sie eingeholt werden soll[82] und zu erwarten ist.[83] Dazu reicht es aus, die Durchführung des Vertrages solange rechtlich nicht zu sanktionieren, einen Mindestbestand an zivilrechtlichen Bindungen jedoch zu akzeptieren.[84] Der damit für die Parteiautonomie abgesteckte Rahmen folgt aus dem öffentlich-rechtlichen Gesetz, nicht aus § 134 BGB und erst recht nicht aus den zivilrechtlichen Unmöglichkeitsregeln.[85] Zum Zustand schwebender Unwirksamkeit kommt es im übrigen nicht nur vor Genehmigungserteilung. Denkbar ist der Eintritt schwebender Unwirksamkeit auch nach Ablauf einer Befristung, mit welcher der privatrechtsgestaltende Verwaltungsakt versehen sein kann.[86] Soweit das Gesetz eine Verlängerung oder Erneuerung der Erlaubnis nicht ausschließt (vgl. § 11 Abs. 2 GWB) und die wirksam geschlossenen[87] zivilrechtlichen Vereinbarungen ein weiteres Festhalten am Vertrag vorsehen, tritt der Zustand schwebender Unwirksamkeit nach Fristende ein.[88]

Richtig erfaßt werden kann die Figur der schwebenden Unwirksamkeit nur dann, wenn man sich Klarheit darüber verschafft, daß die Nichtigkeit bei unanfechtbarer Versagung einer erforderlichen Genehmigung kraft Gesetzes eintritt.[89] Es handelt sich also *nicht* um den juristischen Effekt der Regelungswirkung des die Versagung aussprechenden Verwaltungsaktes.[90] Das ist zumindest

---

81 Siehe RG, Urt. v. 21.2.1929, Z 123, 327 (330); BGH, Urt. v. 3.7.1963, WM 1963, 1034 (1035); Urt. v. 23.10.1980, RIW 1981, 194 (195); weiterhin etwa *Immenga,* in: Immenga / Mestmäcker, § 1 Rdnr. 393; Soergel-*Leptien,* vor § 182 Rdnr. 12; *Palm,* S. 12 f. Zu den zivilrechtlichen Folgen der schwebenden Unwirksamkeit etwa im Hinblick auf Verjährung, Verzug etc. siehe *Greiffenhagen,* S. 76 ff.

82 Siehe BGH, Urt. v. 28.6.1968, NJW 1968, 1928; Urt. v. 8.2.1971, WM 1971, 586 (586) LS 2: „Bei beiderseitigem bewußtem Gesetzesverstoß ist ein Vertrag unheilbar nichtig und kann nicht durch vertragliche allgemeine oder spezielle Genehmigungen wirksam werden." *Immenga,* in: Immenga / Mestmäcker, § 1 Rdnr. 393; *Palm,* S. 13 m. w. N. Eine Ausnahme ist nur insoweit anzuerkennen, als sich dem Gesetz selbst entnehmen läßt, daß auch bei beiderseitiger Vereitelungsabsicht keine Nichtigkeit eintreten soll. Zu einem solchen Fall siehe BGH, Urt. v. 3.7.1963, WM 1963, 1034 (1035).

83 Zu letzterem siehe BGH, Urt. v. 23.10.1980, RIW 1981, 194 (195).

84 Zu den zivilrechtlichen Einzelheiten siehe *Greiffenhagen,* S. 82 ff.

85 Vgl. auch *Greiffenhagen,* S. 129, der die Nichtigkeitsfolge aus der „Rechtsnatur der Kartellgenehmigung als Rechtsbedingung der Wirksamkeit des Kartellvertrages" ableiten will.

86 Vgl. etwa § 11 Abs. 1 GWB, wonach eine Erlaubnis nicht für einen längeren Zeitraum als drei Jahre erteilt werden soll.

87 Vgl. die Einschränkung des § 11 Abs. 2 S. 2 2. HS GWB: Erklärung frühestens drei Monate vor Ablauf der Erlaubnis; eine vorher eingegangene Verpflichtung ist unwirksam, siehe *Immenga,* in: Immenga / Mestmäcker, § 11 Rdnr. 23.

88 *Immenga,* in: Immenga / Mestmäcker, § 11 Rdnr. 17. Anders Greiffenhagen, S. 163: Nichtigkeit des Vertrages nach Fristablauf.

89 Insoweit kommt es nicht darauf an, welche Funktion man § 134 BGB neben den gesetzlichen Verbotstatbeständen zubilligt. Vgl. dazu MüKo-*Mayer-Maly,* § 134 Rdnr. 1; Soergel-*Hefermehl,* § 134 Rdnr. 1 m. w. N.

90 So – wenn auch mit ansonsten völlig abweichender Konzeption – *Münzel,* NJW 1959, 603. Im übrigen überzeugt es auch bei zivilrechtlichen Genehmigungen nicht, von einer Vernichtung des schwebend unwirksamen Rechtsgeschäftes kraft Parteiwillens auszugehen, siehe *Palm,* S. 47 ff.

der konsequente Schluß daraus, daß nach ganz überwiegender Meinung die Nichtigkeit des genehmigungsbedürftigen Geschäftes erst mit endgültiger, d. h. bestandskräftiger Genehmigungsversagung eintritt.[91] Stellt man hingegen auf die Regelungswirkung ab, käme es zur Nichtigkeit bereits mit innerer Wirksamkeit des Verwaltungsaktes.[92] Dann wechselte der zivilrechtliche Zustand des Rechtsgeschäfts zwischen Nichtigkeit und schwebender Unwirksamkeit, je nach Eintritt und Ende des Suspensiveffekts. Das ist nicht nur zivilrechtlich schwer vorstellbar, es ist auch kaum durch die Gründe, die zur Einführung der Genehmigungspflicht geführt haben, zu rechtfertigen. Die Regelungswirkung des Verwaltungsaktes beschränkt sich deshalb auf die Feststellung, daß die Voraussetzungen für die Erteilung der Genehmigung nicht vorliegen. Es würde, folgte man der Gegenauffassung, ein verfassungwidriges Übermaß der Beschränkung der Vertragsfreiheit vorliegen. Denn den öffentlichen Zwecken ist genügt, wenn die Genehmigung nicht erteilt wird. Sie erfordern nicht die hoheitliche Vernichtung des Rechtsgeschäfts kraft Einzelaktes. Denn ein ergehender Verwaltungsakt kann rechtswidrig aber trotzdem wirksam sein und deshalb erheblich über das hinausgehen, was sich aus der Anwendung des gesetzlichen Verbotes ergibt.

### *b) Die beschränkte Regelungswirkung privatrechtsmitgestaltender Verwaltungsakte*

Die Auffassung, daß die zivilrechtliche Nichtigkeit, Vernichtbarkeit oder Unwirksamkeit eines Rechtsgeschäfts von der Genehmigungserteilung unberührt bleibt,[93] ist aus bereits genannten Gründen ebenfalls verfassungsnotwendig. Die Feststellung, mit Erteilung einer Genehmigung werde ein Rechtsgeschäft endgültig wirksam,[94] ist nur unter der Voraussetzung richtig, daß im übrigen keine Geltungsmängel vorliegen.[95] Es läge wiederum ein „Übermaß" vor, würde das öffentliche Recht kraft eines privatrechtsgestaltenden Staatsaktes gleichzeitig an Stelle der Vertragsbeteiligten über die Behebung eines zivilrechtlichen Mangels mit entscheiden.[96]

---

[91] RGRK-*Krüger-Nieland / Zöller,* § 134 Rdnr. 29 m. w. N.; RGRK-*Steffen,* § 182 Rdnr. 14; Soergel-*Hefermehl,* § 134 Rdnr. 45; Soergel-*Leptien,* vor § 182 Rdnr. 15.

[92] So etwa *Janicki,* NJW 1963, 838; *O. Lange,* DVBl. 1957, 251.

[93] Siehe dazu BVerwG, Urt. v. 26.4.1968, E 29, 314 (316); Urt. v. 7.5.1971, Buchholz 406.75 § 1 KSchVO Nr. 8 S. 1; *Greiffenhagen,* S. 105 und S. 140; *Meyer zum Wischen,* S. 73; *Münzel,* NJW 1959, 603; für die Genehmigung einer Stiftung Soergel-*Neuhoff,* § 80 Rdnr. 15. Gleiches gilt für den Bereich des FGG, siehe *Keidel / Kuntze / Winkler,* § 55 Rdnr. 20; MüKo-*Schwab,* § 1828 Rdnr. 29.

[94] So Soergel-*Hefermehl,* § 134 Rdnr. 44.

[95] So auch Soergel-*Hefermehl,* § 134 Rdnr. 46.

[96] Für Zustimmungserfordernisse zu Kündigungen sei insoweit unterschieden worden zwischen „selbständigen" und „unselbständigen" Verwaltungsakten. Während bei selbständigen das Vorhandensein der gesetzlichen Voraussetzungen bindend bezeugt werde, greife ein unselbständiger Verwaltungsakt ins Leere, wenn diese nicht vorlägen (so *W. Jellinek,* Festschrift für Thoma, S. 98 f.). Schließt man sich dieser Unterscheidung an, sind jedenfalls

Ähnliches gilt für den umgekehrten Fall. Versagt eine Behörde unanfechtbar eine nach dem Gesetz nicht erforderliche Genehmigung, führt das nicht dazu, daß damit das privatrechtliche Rechtsgeschäft nichtig wird.[97] Etwas anderes ist höchstens dann denkbar, wenn ein Gesetz ausdrücklich eine Behörde mit einer solchen Feststellung beauftragt. Das ist aber durchgehend nicht der Fall.[98] Mangels einer anderweitigen ausdrücklichen einfachgesetzlichen Anweisung verlangt aber die verfassungsrechtliche Garantie der Vertragsfreiheit, daß sich der Tenor eines die Genehmigung versagenden Verwaltungsaktes auf die Feststellung der Genehmigungsfähigkeit beschränken muß. Die Auslegung eines Tenors wird in der Regel dazu führen, daß nur die Nichtgenehmigungsfähigkeit, nicht jedoch die Genehmigungspflicht festgestellt wird.[99] Lag keine Genehmigungspflicht vor, geht die Versagung „ins Leere".[100] Sollte ausnahmsweise der Verwaltungsakt doch das Vorliegen oder Nichtvorliegen der Genehmigungsbedürftigkeit bindend feststellen wollen, wäre er insoweit nichtig (§44 Abs. 1 VwVfG).

Die Auffassung, Genehmigungserteilung bzw. Genehmigungsversagung besagten aus verfassungsrechtlichen Gründen nichts über die Genehmigungsbedürftigkeit, steht im übrigen nicht im Gegensatz dazu, daß die Erteilung eines Negativattestes (oder auch „Positivattestes"), also eine verbindliche Äußerung der Genehmigungsbehörde über die Genehmigungsbedürftigkeit verfassungsrechtlich wie verwaltungsrechtlich für zulässig gehalten wird.[101] Ein solches Attest setzt einen Antrag voraus. Damit ist ein eindeutiges Interesse an einer verbindlichen Entscheidung kundgetan. Zudem ist ein Negativattest ohnehin ein begünstigender Verwaltungsakt.

---

nach deutschem Verfassungsrecht alle Zustimmungserfordernisse „unselbständige" Verwaltungsakte. Anders hingegen die Terminologie bei *Bullinger,* DÖV 1957, 761: Behördliche Einverständnisse mit tatsächlichen Maßnahmen (Baugenehmigung, Gaststättenerlaubnis) seien „selbständige", Zustimmungen zu Rechtsgeschäften „unselbständige" Genehmigungen. Recht weiterführend ist diese Unterscheidung aber wohl so oder so nicht.

[97] So aber wohl BGH, Urt. v. 24.10.1956, NJW 1956, 1918 (aus dem mitgeteilten Sachverhalt geht dies aber nicht mit letzter Sicherheit hervor; ausführliche Erläuterung aber bei *Bullinger,* DÖV 1957, 76). Anders als der BGH zutreffend *Bullinger,* aaO, S. 762 ff.; *Greiffenhagen,* S. 220; Soergel-*Hefermehl,* § 134 Rdnr. 48; *Hartmann / Atzpodien,* Festschrift für Rittner, S. 155.

[98] Die von *Bullinger,* DÖV 1957, 763, genannten Abhilfeverfahren vor Verwaltungsbehörden als Voraussetzung für die Erhebung einer zivilrechtlichen Klage gehören nicht in diesen Zusammenhang. Es handelt sich dabei nicht um die behördliche Feststellung der Wirksamkeit eines Rechtsverhältnisses, sondern um ein dem Widerspruchsverfahren vergleichbares, verwaltungsinternes Kontrollverfahren.

[99] So auch *Jachmann,* Erschließungsbeiträge, S. 152.

[100] Siehe auch *Bullinger,* DÖV 1957, 767.

[101] Siehe schon oben A V 6 a, S. 43 f., auch zu den insoweit ablehnenden Auffassungen von *Dürig,* in: Maunz / Dürig, Art. 2 Abs. I Rdnr. 65 und hieran anschließend *Greiffenhagen,* S. 156 ff.

### c) Die Beschränkung der ex-nunc-Wirkung privatrechtsmitgestaltender Verwaltungsakte

Auch die Frage, ob eine erteilte Genehmigung im Hinblick auf zweiseitige Rechtsgeschäfte[102] ex-nunc- oder ex-tunc-Wirkung hat, ist in gewisser Weise vom Verfassungsrecht mitbestimmt. Unrichtig ist aber hierbei erneut, wenn man als Ausgangspunkt die Frage stellen würde, inwieweit das öffentliche Recht von § 184 BGB abweichen oder umgekehrt hieran anknüpfen darf. Insofern untersteht das öffentliche Recht keinem Rechtfertigungszwang.[103] Beide Regelungen, also ex-nunc- und ex-tunc-Wirkung, sind daher im Grundsatz denkbar. Nimmt man nur eine ex-nunc-Wirkung an, wird jedoch die Vertragsfreiheit in stärkerem Maße beschnitten,[104] was angesichts der Garantie der Vertragsfreiheit durch Art. 2 Abs. 1 GG rechtfertigungsbedürftig[105] und deshalb gegebenenfalls nicht zu rechtfertigen ist.[106] Da eine solche Beschränkung zur Verwirklichung des mit dem Genehmigungserfordernis verfolgten öffentlichen Zwecks in der Regel nicht erforderlich ist, haben öffentlich-rechtliche Genehmigungen aus diesem Grund ex-tunc-Wirkung.[107]

## 3. Umfang und Grenzen der öffentlich-rechtlich gesteuerten Nichtigkeitssanktion

Mit bestandskräftiger Versagung einer notwendigen privatrechtsgestaltenden Genehmigung wird das gesetzliche Verbot effektiv, es erhält die erforderliche Konkretisierung.[108] Es ist daher mit der öffentlich-rechtlichen Norm über die Anordnung einer Genehmigungspflicht unvereinbar, einen bestandskräftig nicht genehmigten Vertrag im Wege des Perpetuierungsvorbehaltes weiter quasi am juristischen Leben zu halten.[109] Mit endgültiger, d. h. bestandskräftiger Verweigerung der Genehmigung verlangt der Zweck des die Genehmigung anordnenden Gesetzes die Unwirksamkeit der vereinbarten privatrechtlichen Rechte und Pflichten. Die gegenteilige Auffassung[110] unterminiert den Geset-

[102] Zu den einseitigen empfangsbedürftigen Willenserklärungen siehe schon oben F I 2, S. 276 f.

[103] So auch MüKo-*Thiele*, vor § 182 Rdnr. 21.

[104] BGH, Urt. v. 9.10.1958, MDR 1959, 25 (26).

[105] Vgl. auch Soergel-*Hefermehl*, § 134 Rdnr. 46, wonach bei gesetzlicher Indifferenz auf den Parteiwillen abzustellen sei.

[106] Lesenswert insoweit die Entscheidung des RG, Urt. v. 21.2.1929, Z 123, 327 (331). Siehe auch *Greiffenhagen*, S. 140 ff., für die kartellrechtliche Genehmigung.

[107] BGH, Urt. v. 9.10.1958, MDR 1959, 25 (26); *Hartmann / Atzpodien*, Festschrift für Rittner, S. 152; weiterhin RGRK-*Steffen*, § 182 Rdnr. 13. Diese Wertung liegt wohl auch der Auffassung zugrunde, wonach § 184 BGB Ausdruck eines allgemeinen Rechtsgedankens sei. So etwa OLG Hamm, B. v. 26.9.1960, NJW 1961, 560 (560); *Meyer zum Wischen*, S. 79.

[108] Vgl. auch *E. R. Huber*, Wirtschaftsverwaltungsrecht (2. Auflage), S. 71.

[109] So auch *Greiffenhagen*, S. 134; anders *Münzel*, NJW 1959, 603.

[110] Vertreten etwa von *Münzel*, NJW 1959, 601 ff., 603 f.

zeszweck. Denn es besteht die Gefahr, daß der Zustand, der nach Gesetz und dessen Intention verbindlich konkretisierender Verwaltungsentscheidung verhindert werden soll, mit Hilfe des „Nebels von Treu und Glauben"[111] doch eintritt. Zwar ist es in der Regel den Beteiligten nicht verboten, sich an einen nichtigen Vertrag zu halten.[112] Rechtliche Bindungen auch ohne Genehmigung sind jedoch höchstens bis zur bestandskräftigen Entscheidung über deren Erteilung hinnehmbar.[113] Denn nur solange ist eine mögliche Beeinträchtigung des Gesetzeszwecks mit Rücksicht auf das formelle Hauptgrundrecht des Art. 19 Abs. 4 GG akzeptabel.

Mit bestandskräftiger Genehmigungsversagung wird das privatrechtliche Substrat ipso iure vernichtet. Einer später doch erteilten Genehmigung stehen aus allgemein-verwaltungsrechtlicher Sicht[114] zwar keine Hindernisse entgegen. Ein eventuell für notwendig gehaltener neuer Antrag kann gegebenenfalls nachgeholt werden (§ 45 Abs. 1 Nr. 1 VwVfG). Die Genehmigung kann jedoch nur insoweit privatrechtliche Wirkungen entfalten, als ein neues zivilrechtliches Rechtsgeschäft abgeschlossen worden ist oder wird.[115] Das Hauptgeschäft ist deshalb neu abzuschließen, gegebenenfalls nach erteilter Genehmigung.[116]

Gegen diese Auffassung ist von Bullinger zu Unrecht der Vorwurf des unnötigen Formalismus erhoben worden.[117] Nach Bullinger soll die endgültige Nichtigkeit nur dann eintreten, wenn die Versagung der Genehmigung in letzter Instanz bestätigt worden ist oder eine der Parteien zu erkennen gibt, daß sie am Vertrag nicht mehr festhalten will.[118] Es ist jedoch schon nicht ersichtlich, worauf sich die damit getroffene Differenzierung gründet.[119] Die Auffassung wertet zudem die hinter dem jeweiligen Genehmigungserfordernis stehenden öffentlichen Interessen zu gering. Darüber hinaus dürfte sie auch mit dem Zweck der zivilrechtlichen Formvorschriften nicht vereinbar sein. Von Bedeutung ist der Verzicht auf die Neuvornahme eines Geschäftes vor allem dann, wenn dieses formbedürftig war. Die Formbedürftigkeit – vor allem die nach § 313 BGB – verfolgt aber gerade auch den Zweck, den rechtlichen Bindungswillen der Beteiligten klarzustellen.[120] Beschließen die Parteien nach endgültiger Genehmigungsversagung, am Vertrag festhalten zu wollen, dürfte

---

[111] Formulierung nach *Bettermann,* DVBl. 1963, 42: „Nebel des Institutionellen".

[112] Vgl. allerdings auch § 25 Abs. 1 GWB.

[113] Anders *Palm,* S. 64.

[114] Zur Notwendigkeit einer Unterscheidung von öffentlich-rechtlichen Genehmigungsvoraussetzungen und privatrechtlicher Wirkung einer Genehmigung siehe *Palm,* S. 42.

[115] So die ganz überwiegende Meinung, siehe RG, Urt. v. 3.1.1923, Z 106, 142 (146); *Greiffenhagen,* S. 130 ff.; Soergel-*Leptien,* vor § 182 Rdnr. 15 m. w. N.

[116] Soergel-*Leptien,* vor § 182 Rdnr. 15.

[117] *Bullinger,* DÖV 1957, 766.

[118] *Bullinger,* aaO; unklar bleibt, wie *Bullinger* den Fall einordnen will, daß ein oder mehrere Rechtsmittel eingelegt worden sind, ohne sämtliche Instanzen auszuschöpfen.

[119] Zutreffend kritisch *Greiffenhagen,* S. 135.

[120] Siehe nur MüKo-*Kanzleiter,* § 313 Rdnr. 1.

dies ein neuer, formbedürftiger Vorgang sein.[121] Sind sie sich hingegen schon bei Vertragsschluß darüber einig, auch ohne Genehmigung am Vertrag festhalten zu wollen, stellt sich die Frage, ob dies nicht dem Fall gleichzuerachten ist, daß die Parteien von vornherein auf eine Genehmigung verzichten wollen. Dann würde jedoch Nichtigkeit aufgrund öffentlich-rechtlicher Verbotsnorm vorliegen.[122] Ohne daß dies an dieser Stelle ausdiskutiert werden soll, dürfte aus zivilrechtlichen Gründen mit der Auffassung von Bullinger kein für die Vertragsschließenden günstigeres Ergebnis zu erreichen sein.

Das gesetzliche Verdikt der Nichtigkeit nach bestandskräftiger Versagung der Genehmigung trifft alle möglichen Umgehungsgeschäfte. Ein solches kommt auch in dem Vorschlag zum Ausdruck, Verträge mit Perpetuierungsvorbehalt als zwei verschiedene Verträge aufzufassen, und zwar als einen sofort schwebend unwirksamen und einen aufschiebend bedingten, der erst dann schwebend unwirksam wird, nachdem der Erstvertrag durch bestandskräftige Genehmigungsversagung endgültig unwirksam geworden ist.[123] Hiermit ließe sich – man könnte sich für den Fall der zweiten bestandskräftigen Genehmigungsversagung einen dritten, doppelt aufschiebend bedingt schebend unwirksamen Vertrag dazudenken (usf.) – ein mit dem Zweck der Gesetze nicht vereinbarer Unsicherheitszustand perpetuieren. Von der nach Genehmigungsversagung per Gesetz eintretenden Unwirksamkeit werden deshalb alle von den Parteien geschlossenen Vereinbarungen gleichen Inhalts erfaßt. Dies würde auch für die Abmachung gelten, auf die Rechtsfolge der Nichtigkeit einvernehmlich zu verzichten.[124] Die Nichtigkeitsfolge steht nicht zur Disposition der Beteiligten.

Sonstige Fragen unterliegen hingegen weitgehend den Parteivereinbarungen und dem ergänzenden (weitgehend dispositiven) Zivilrecht. So ist es vor allem ein Problem der Vertragsauslegung, was etwa geschieht, wenn neben einem präventiven Verbot mit Erlaubnisvorbehalt noch die Möglichkeit eines Dispenses besteht. Fällt beispielsweise eine Vereinbarung von Unternehmen unter das Verbot des § 1 GWB und läßt sich eine Genehmigung nach den §§ 2 – 7 GWB nicht erreichen, kann die Wirksamkeit des Vertrages immer noch über eine Ministererlaubnis nach § 8 GWB hergestellt werden. Was also passiert, wenn die Genehmigung nach §§ 2 – 7 GWB abgelehnt wird, liegt in einem wesentlichen Punkt außerhalb der Vorschriften des Kartellverwaltungsrechts. Endgültige Unwirksamkeit wird nur dann eintreten, wenn die Einholung einer Erlaubnis nach § 8 GWB außerhalb der Parteivereinbarungen liegt. Denkbar ist aber auch eine weiter bestehende Bindung an die Vereinbarung, also ein Perpetuierungsvorbehalt, soweit sich das im Wege der Auslegung ergibt. Den Vertragsparteien steht weiterhin die Möglichkeit offen, einen durch eine bestandskräf-

---

[121] So auch MüKo-*Kanzleiter*, § 313 Rdnr. 27. Ein solcher Vorgang wäre zumindest eine Ergänzung des ursprünglichen Vertrages.

[122] Siehe die Nachweise oben F II 2 a, S. 287 (288 m. Fn. 82).

[123] Konstruktion von *Greiffenhagen*, S. 132 f.

[124] So der Vorschlag von *Janicki*, NJW 1963, 839.

tige Genehmigungsversagung nach §§ 2 – 7 GWB nichtig gewordenen Vertrag zu bestätigen oder neu abzuschließen und als solchen zur Genehmigung nach § 8 GWB vorzulegen.[125] Jedenfalls ergibt sich aber aus § 8 GWB nichts zu dieser Frage.[126] Das GWB verlangt lediglich dann Nichtigkeit, wenn keine Genehmigung mehr erreichbar ist oder erreicht werden soll.

## *III. Dogmatische Grundregeln für die verwaltungsverfahrensrechtliche Behandlung privatrechtsgestaltender Verwaltungsakte*

### *1. Die Aufhebbarkeit privatrechtsgestaltender Verwaltungsakte*

#### *a) Die Kategorie des privatrechtsgestaltenden Verwaltungsakts im Spiegel der bisherigen Überlegungen*

Dem Begriff „Privatrechtsgestaltender Verwaltungsakt" wird im allgemeinen dogmatischer Charakter zugemessen.[127] Nach wie vor zutreffend ist aber auch die Feststellung, daß die Verwaltungsrechtsdogmatik dieser Figur kein besonderes Interesse entgegenbringt.[128] Dieses Desinteresse ist aber durch die bisherigen Erkenntnisse zum „Regelhaushalt" des privatrechtsgestaltenden Verwaltungsaktes mitverursacht. Dies begann maßgeblich schon mit den bereits erwähnten Ausführungen Otto Mayers.[129] Verstärkte Aufmerksamkeit hätte der privatrechtsgestaltende Verwaltungsakt möglicherweise dann auf sich gezogen, wenn die Existenz hoheitlicher Maßnahmen mit privatrechtlicher Wirkung von Otto Mayer begründungsmäßig überzeugender bestritten worden wäre. Eine Untersuchung Bürckners von 1930 stellte jedoch bereits fest, daß kein Grund ersichtlich sei, den privatrechtsgestaltenden Staatsakt für den Bereich der Verwaltung nicht als Verwaltungsakt zu verstehen,[130] und mahnte lediglich eine ausdrückliche Berücksichtigung seiner Besonderheiten an, wenn allgemeine Verwaltungsaktsregeln auf ihn angewendet werden sollten.[131]

Diese Tendenz setzte sich fort. Die Geschichte der Dogmatik des privatrechtsgestaltenden Verwaltungsaktes ist eine solche der Herausarbeitung seiner Nichtbesonderheiten. In sie fügen sich auch die bisherigen Ergebnisse der vorliegenden Untersuchung ein. Nach den bisherigen Überlegungen besteht kein Grund für eine strenge Scheidung privatrechtsgestaltender und nicht privatrechtsgestaltender Verwaltungsakte. Das machen schon die Schwierigkeiten

---

[125] *Greiffenhagen,* S. 54.
[126] Anders *Greiffenhagen,* S. 55.
[127] Siehe *Steiner,* DVBl. 1970, 36.
[128] So *Steiner,* DVBl. 1981, 349 m. Fußn. 5.
[129] Siehe oben F I 1, S. 274 ff.
[130] *Bürckner,* S. 108 f.
[131] *Bürckner,* S. 111; zustimmend *Meyer zum Wischen,* S. 15.

einer begrifflichen Abgrenzung deutlich.[132] Die eigentliche Privatrechtsgestaltung läßt sich von verwandten Erscheinungen oft nur mit Mühen unterscheiden. Eine strikte Kategorienbildung ist aber auch letztlich gar nicht nötig, denn ein Eingriff des öffentlichen in das private Recht ist aufgrund der Relativität der allgemeinen Grenzziehung weitaus weniger spektakulär, als es auf den ersten Blick den Anschein haben mag. Mit gewissen dogmatischen Konsequenzen verbunden ist höchstens die Hervorhebung solcher Verwaltungsakte, die die Änderung der Privatrechtslage nicht ipso iure bewirken, sondern kraft Regelungswirkung. Dies ist aber nur ein kleiner Bereich aus Spektrum von Verwaltungsakten, die allgemein als „privatrechtsgestaltend" verstanden werden.

### *b) Das Problem der Aufhebbarkeit*

Eine dogmatische Besonderheit privatrechtsgestaltender Verwaltungsakte wurde lange Zeit in der Frage der Aufhebbarkeit gesehen. Vor allem Genehmigungen für private Rechtsgeschäfte, so die lange Zeit herrschende Meinung, seien nicht aufhebbar.[133] Hierbei ging es nach der Terminologie des VwVfG vor allem um die Rücknehmbarkeit.[134] Wichtigster Grund für die Auffassung, Genehmigungen zu privaten Rechtsgeschäften seien nicht aufhebbar, waren Erwägungen des Vertrauensschutzes.[135] Demgemäß wurde von vornherein der Vorbehalt gemacht, daß das private Rechtsgeschäft bereits stattgefunden haben mußte, um Nichtaufhebbarkeit anzunehmen.[136]

---

[132] Siehe oben A V, S. 19 ff.

[133] Siehe etwa RG; Urt. v. 29.10.1921, Z 103, 104 (107); BGH, B. v. 13.5.1982, Z 84, 70 (71 f.): Die Unwiderruflichkeit privatrechtsgestaltender Verwaltungsakte trete ein, wenn sie gestaltend in das den Gegenstand bildende Rechtsgeschäft eingreifen, es also voll wirksam oder endgültig unwirksam werden lassen (der BGH unterscheidet im weiteren nicht klar zwischen Widerruflichkeit und Rücknehmbarkeit); *Greiffenhagen,* S. 238: Es bestände zu Recht Einigkeit darüber, daß jedenfalls die fehlerhaften (und formell rechtskräftigen) behördlichen Genehmigungen privater Rechtsgeschäfte nicht zurückgenommen werden könnten. *Faßbender,* AgrarR 1981, 52: Genehmigungen nach dem GrdstVG seien für die erlassenden Behörden prinzipiell unabänderbar, es sei denn, sie wären erschlichen worden. Weiterhin *K. Schmidt,* Kartellverfahrensrecht, S. 163 f. Für den Sonderfall einer durch falsche Angaben oder sonstwie erschlichenen Genehmigung schon frühzeitig anders *Bullinger,* DÖV 1957, 764; ebenso (unter weiterer Einbeziehung der Fälle von „Dauerverwaltungsakten" und der noch nicht abgeschlossenen Geschäfte) *Ossenbühl,* Rücknahme, S. 128 ff.; ausführlich auch *Meyer zum Wischen,* S. 81 ff. Für privatrechtsalleingestaltende Verwaltungsakte finden sich keine ausdrücklichen Äußerungen zu dieser Problematik.

[134] Fragen der Widerruflichkeit spielten keine besondere Rolle. Die folgenden Erwägungen gelten gleichwohl auch für diesen Bereich. Soweit sich keine grundsätzlichen Erwägungen für einen Ausschluß der Anwendbarkeit des § 48 VwVfG finden lassen, sprechen keine Bedenken dagegen, auch Widerruflichkeit anzunehmen. Für eine Gleichbehandlung beider Fälle ausdrücklich *Meyer zum Wischen,* S. 87.

[135] Vgl. etwa *Ossenbühl,* Rücknahme, S. 128 ff.

[136] RG, Urt. v. 3.1.1923, Z 106, 142 ff.; *Ossenbühl,* Rücknahme, S. 130; siehe im übrigen auch § 55 FGG und dazu *Keidel / Kuntze / Winkler,* § 55 Rdnr. 6.

Die Diskussion über die Rücknehmbarkeit positiv privatrechtsmitgestaltender Verwaltungsakte endete jedoch in der maßgeblich von Steiner vorbereiteten[137] und vom BVerwG akzeptierten Erkenntnis, daß auch privatrechtsgestaltende Verwaltungsakte grundsätzlich nach den allgemeinen Regeln rücknehmbar sind.[138] Grundlage dieser Auffassung ist die Überlegung, daß den Gesichtspunkten der Sicherheit des Privatrechtsverkehrs bei der Ermessensbetätigung über die Rücknahme hinreichend Rechnung getragen werden kann.[139] Die Richtigkeit der Integration privatrechtsgestaltender Verwaltungsakte in die allgemeinen Rücknahmeregeln zeigt sich auch darin, daß die heutige Verwaltungsaktsdogmatik bei Verwaltungsakten, die nicht unter § 48 Abs. 2 VwVfG fallen, Vertrauensschutz nicht nur durch Vermögensausgleich nach § 48 Abs. 3 VwVfG, sondern auch im Rahmen der Ermessensentscheidung nach § 48 Abs. 1 VwVfG gewährt.[140]

Ein Blick auf das Kartellrecht und die neuere Gesetzgebung bestätigt das für das Allgemeine Verwaltungsrecht aus allgemeinen Überlegungen heraus gefundene Ergebnis. Im Hinblick auf den Bestandsschutz besteht kein prinzipieller Unterschied zwischen der Rücknahme und dem Widerruf einer Genehmigung bzw. einer Erlaubnis. Hält man einen Verwaltungsakt für wesensmäßig nicht rücknehmbar, ist auch der Widerruf auszuscheiden. Ist er hingegen widerruflich, gibt es keine wesensbegründeten Bedenken gegen seine Rücknehmbarkeit. § 11 Abs. 4 und 5 GWB sehen den Widerruf bestimmter kartellrechtlicher Verfügungen vor, § 11 Abs. 3 GWB erlaubt sogar die mit strikter Wahrung von Verkehrsschutzinteressen noch weniger vereinbare Beifügung einer Bedingung zu einer kartellrechtlichen Erlaubnis.[141] In ihrer ursprünglichen Fassung ent-

[137] Siehe *Steiner,* DVBl. 1970, 37: Der privatrechtsgestaltende Verwaltungsakt bilde im Verhältnis zur verwaltungsrechtlichen Bestandskraftlehre der Gegenwart weder systematisch noch sachlich eine besondere Gruppierung; *ders.,* aaO, 38: Der privatrechtsgestaltende Verwaltungsakt müsse der Lehre von der Rücknahme rechtswidrig begünstigender Verwaltungsakte wieder zugeführt werden.

[138] BVerwG, Urt. v. 12.8.1977, E 54, 257 (262), im Anschluß an eine eher undeutliche Formulierung im Urt. v. 28.2.1975, E 48, 87 (92). Bei *Steiner,* DVBl. 1970, 37, ausführliche Hinweise auf ältere Literatur und Rechtsprechung. Dem BVerwG hätte es im übrigen gut zu Gesicht gestanden, die geistige Urheberschaft *Steiners* im Hinblick auf die Erkenntnis der Rücknehmbarkeit privatrechtsgestaltender Verwaltungsakte deutlich zu machen, und sie nicht als eigene zu „verkaufen". Der Auffassung von *Steiner* folgend auch *Jachmann,* Erschließungsbeiträge, S. 144 ff; *Voß,* S. 19 ff. Für die Rücknehmbarkeit kartellrechtlicher Verfügungen nach § 48 VwVfG *Immenga,* in: Immenga / Mestmäcker, § 11 Rdnr. 69; *K. Schmidt,* in: Immenga / Mestmäcker, § 51 Rdnr. 9; *Westrick / Loewenheim,* § 3 Rdnr. 38 (Stand: Juni 1980); anders hingegen GK-*Trautmann,* § 11 Rdnr. 7 (Stand: 1984) und *Loewenheim / Belke,* § 11 Rdnr. 21 (Stand: März 1989), jedoch deshalb, weil § 11 GWB für eine abschließende Sonderregelung gegenüber den Bestimmungen des VwVfG gehalten wird (§ 1 Abs. 2 VwVfG). Für die Beibehaltung der alten Lehre (= keine Aufhebbarkeit) hingegen Soergel-*Leptien,* vor § 182 Rdnr. 14.

[139] Vgl. *Steiner,* DVBl. 1970, 37.

[140] Siehe *Klappstein,* in: Knack, VwVfG, § 48 Rdnr 5.6.3.1. m. w. N.

[141] Stimmen, die trotz ausdrücklicher gesetzlicher Anordnung von der Bedingungsfeindlichkeit privatrechtsgestaltender Verwaltungsakte ausgehen, können heute als überwunden gelten. Siehe *Greiffenhagen,* S. 174 f. und ausführlicher unten F III 2, S. 298 ff.

hielt auch § 4 GrstVVO für das Gebiet der ehemaligen DDR[142] eine Befugnisnorm zum „Widerruf" der Grundstücksverkehrsgenehmigung. Die Fassung des § 4 GVO nach dem 2. VermRÄndG[143] erlaubt die Rücknahme und den Widerruf nach den Bestimmungen des Verwaltungsverfahrensgesetzes.[144] § 77 VwVfG sieht für wegen der Präklusionswirkung des § 75 Abs. 2 S. 1 VwVfG privatrechtsgestaltende Planfeststellungsbeschlüsse ebenfalls die Möglichkeit einer Aufhebung vor.[145] § 12 Abs. 4 S. 1 BTO-Elt verlangt zwingend, die Tarifgenehmigung mit einem Widerrufsvorbehalt zu versehen.[146] Zur Vermeidung von Schwebezuständen kann die zuständige Behörde vorläufige Regelungen treffen (§ 12 Abs. 4 S. 2 BTO-Elt).[147] Dies unterstreicht in besonderem Maße, daß ein pauschales Abstellen auf das Argument der Rechtssicherheit zum Beleg der These, privatrechtsgestaltende Akte seien nicht rücknehmbar, nicht widerruflich, bedingungsfeindlich etc., zu undifferenziert ist.

Im Hinblick auf negativ privatrechtsgestaltende Verwaltungsakte wird nach wie vor an der These von der Nichtrücknehmbarkeit festgehalten.[148] Als Begründung wird darauf hingewiesen, mit bestandskräftiger Versagung der erforderlichen behördlichen Genehmigung sei das bis dahin schwebend unwirksame privatrechtliche Rechtsgeschäft unwirksam geworden,[149] weshalb die Versagung nicht mehr zurückgenommen werden könne.[150] Zunächst gilt diese Auffassung von ihren Prämissen her aber nur für solche Versagungsbescheide, die die endgültige Nichtigkeit herbeiführen. Führt eine Versagung oder ein Widerspruch nicht zur Nichtigkeit, sondern zur schwebenden

---

142 I. d. F. der Bek. v. 18.4.1991, BGBl. I, 1000.

143 Vom 14.7.1992, BGBl. I, 1257.

144 Der Grund für diese Änderung lag darin, daß die Vorschrift in ihrer ursprünglichen Fassung oft dahingehend verstanden wurde, sie erlaube generell die Aufhebung von Genehmigungen. Siehe *Schmidt-Räntsch*, VIZ 1992, B 15 m. Fußn. 5.

145 Einige Literaturstimmen bejahen die subsidiäre Geltung auch der §§ 48, 49 VwVfG auf Planfeststellungsbeschlüsse. Dies dürfte aber mit der besonderen Bestandskraft von Planfeststellungsbeschlüssen, die gerade in den §§ 76, 77 VwVfG zum Ausdruck kommen, kaum vereinbar sein. Siehe *Grupp*, DVBl. 1990, 89, mit weiteren Hinweisen auf den Meinungsstand.

146 Im übrigen sind auch Befristungen und Bedingungen nach eindeutiger Gesetzeslage möglich. Das galt im übrigen auch schon für die alte Fassung der BTO-Elt *(Knöchel*, S. 151). Die Bedenken von *Büdenbender*, Rdnr. 369, gegen die Zulässigkeit auflösender Bedingungen sind damit auch mit der Neuregelung nicht erledigt. Nach wie vor dürfte ein Widerrufsvorbehalt als milderes Mittel in der Regel ausreichen und deshalb auch verfassungsrechtlich geboten sein.

147 Zur alten Rechtslage *Evers*, Recht der Energieversorgung, S. 166 f.

148 Siehe Soergel-*Hefermehl*, § 134 Rdnr. 45; *Wendt*, JA 1980, 87: „Zu den belastenden Verwaltungsakten, die wegen ihrer Eigenart nicht rücknehmbar sind, werden auch .... die negativ privatrechtsgestaltenden Verwaltungsakte zu rechnen sein." Auch hier orientiert sich die Diskussion allein an den Genehmigungspflichten. Gemeint sind also Verwaltungsakte, die die Erteilung einer erforderlichen Genehmigung bestandskräftig ablehnen.

149 Siehe dazu Soergel-*Hefermehl*, vor § 182 Rdnr. 15.

150 *Wendt*, JA 1980, 87.

Unwirksamkeit wegen Genehmigungsmöglichkeiten nach anderen Vorschriften, steht einer Aufhebung nichts entgegen.[151] Aber noch eine weitere Einschränkung ist zu machen: Die „negativ privatrechtsgestaltenden Verwaltungsakte" bilden keine einheitliche Kategorie. Dies haben die Überlegungen zu privatrechtsmitgestaltenden und privatrechtsalleingestaltenden Verwaltungsakten ergeben. Während die Rechtswirkung einer Vertragsauflösung auf die Regelungswirkung des Verwaltungsaktes zurückzuführen ist, beruht die endgültige Nichtigkeit bei Genehmigungsversagung auf der Verbotswirkung des Gesetzes.[152] Im ersteren Fall ist es durchaus vorstellbar, einen vertragsvernichtenden Verwaltungsakt aufzuheben und damit das ursprüngliche Rechtsgeschäft wieder aufleben zu lassen.[153] Aber auch im quasi bereinigten Kernbestand dieser Auffassung, also im Hinblick auf die Rücknahme von Versagungsbescheiden, ist zumindest die Begründung für die Nichtrücknehmbarkeit ungenau. Die endgültige Nichtigkeit beruht – wie ausgeführt – nicht auf der Regelungswirkung des Verwaltungsaktes, sondern auf dem Gesetz. Dieses läßt sich in aller Regel nicht so interpretieren, daß mit Aufhebung des Versagungsbescheides oder des Widerspruchs die einmal eingetretene Nichtigkeitsfolge wieder entfällt. Die Aufhebbarkeit des Verwaltungsaktes beseitigt daher nicht die Nichtigkeit. Sie geht „ins Leere". Nur aus diesem Aspekt heraus scheidet die Rücknahme solcher Verwaltungsakte aus.

### *2. Nebenbestimmungen zu privatrechtsgestaltenden Verwaltungsakten*

Für Vertragsgenehmigungen ist insbesondere die Möglichkeit von Bedeutung, im Wege der „Auflage" eine Vertragsänderung zu erreichen.[154] Hierbei geht es darum, den zur Genehmigung vorgelegten Vertrag in einen genehmigungsfähigen Zustand zu überführen, ohne das „Vertragskorsett" zu beein-

---

[151] Im Widerspruchsverfahren für Gruppenfreistellungsverordnungen im EG-Kartellrecht ist eine Rücknahme des Widerspruchs sogar ausdrücklich geregelt. Siehe als Beispiel Art. 4 Abs. 6 – 9 GVO 2349/84 (abgedruckt etwa bei *G. Wiedemann,* Band II, S. 540 ff.). Siehe auch allgemein *G. Wiedemann,* Band I, AT, Rdnr. 243. Seinen Grund findet das darin, daß ein „endgültiger" Widerspruch nicht zur endgültigen Vertragsvernichtung führt, sondern zur schwebenden Unwirksamkeit und Einleitung eines Verfahrens nach der KartellVO (Art. 4 Abs. 9 GVO 2349/84).

[152] Siehe oben F II 2 a, S. 287 (288 f.).

[153] So für die Unwirksamkeitserklärung nach § 3 Abs. 4 GWB *Westrick / Loewenheim,* § 3 Rdnr. 38 (Stand: Juni 1980); anders dann *Loewenheim / Belke,* § 11 Rdnr. 21 (Stand: März 1989). Ob aus zivilrechtlichen Gründen für solche Fälle besondere Lösungsmöglichkeiten für die Bindung aus dem wiederentstandenen Schuldverhältnis anzunehmen sind, ist hier nicht zu diskutieren.

[154] Zur Bedeutung von Auflagen zur Vertragsänderung im Kartellrecht siehe *Holland,* Auflagen der Kartellbehörden zu Rationalisierungskartellen (1977); *Immenga,* in: Immenga / Mestmäcker, § 11 Rdnr. 49 ff.; Einzelheiten der Regelung des § 11 Abs. 3 GWB können an dieser Stelle nicht vertieft werden.

trächtigen. Letzteres ist deshalb wichtig, um nicht mit Genehmigungsversagung möglicherweise bestehende vertragliche Nebenverpflichtungen, etwa zur Herbeiführung der Wirksamkeit des Vertrages[155] oder zu seiner Anpassung[156] ebenfalls zu vernichten.[157]

Solche „Auflagen zur Vertragsänderung" lassen sich nicht als Auflagen normalen Typus verstehen. Auflagen im traditionellen Sinn haben „zwingenden Charakter". Er tritt zwar nur zutage, wenn von der Genehmigung Gebrauch gemacht wird. Vertragsänderungs„auflagen" zielen aber auf die Begründung eines rechtlichen aliud zwischen den Vertragspartnern ab. § 36 Abs. 2 VwVfG reicht als Rechtsgrundlage jedoch nicht aus, um den Beteiligten einen Vertrag quasi zu diktieren, und zwar auch dann nicht, wenn mit der „Auflage" ein zwingendes Versagungshindernis beseitigt werden soll.[158] So läßt sich mit Recht die Frage stellen, ob es nicht einen Verstoß gegen den Grundsatz der Gesetzmäßigkeit der Verwaltung darstellt, einen Vertrag zu genehmigen, dessen Rechtswidrigkeit erst mittels der Erfüllung einer Auflage beseitigt werden muß.[159] Denn mit der Erteilung der Genehmigung endet die schwebende Unwirksamkeit des eigentlich nicht genehmigungsfähigen Vertrages. Die klassischen Wirkungen einer Auflage sind mit einer „Vertragsänderungsauflage" gerade nicht beabsichtigt. Auflagen im herkömmlichen Sinn bei privatrechtsgestaltenden Verwaltungsakten kommen deshalb nur dann in Betracht, wenn es nicht um Privatrechtsgestaltung geht, sondern lediglich ein öffentlich-rechtliches Rechte- und Pflichtenverhältnis zwischen Behörde und Genehmigungsempfängern begründet werden soll.[160]

Aus ähnlichen Erwägungen heraus sind „Vertragsänderungsauflagen" auch keine „modifizierenden Auflagen". Die modifizierende Auflage kennzeichnet sich – soweit man ihr überhaupt eine Existenzberechtigung zugesteht –[161]

---

155 Siehe etwa *Meyer zum Wischen,* S. 57 ff. Vgl. für das Kartellrecht *Greiffenhagen,* S. 172 ff., der sich aaO, S. 177, gegen die Annahme einer solchen Verpflichtung ausspricht.

156 Siehe dazu MüKo-*Roth,* § 242 Rdnr. 164.

157 Auch die Möglichkeiten der Auslegung bieten allerdings unter Umständen einen Ausweg, etwa die Annahme eines Perpetuierungsvorbehaltes, siehe schon oben F II 3, S. 291 ff.

158 *Greiffenhagen,* S. 194 ff. Für den Bereich des Kartellrechts wird aber wohl überwiegend die gegenteilige Auffassung vertreten, siehe *Holland,* S. 16 m. w. N. Zur rechtstatsächlichen Bedeutung solcher Auflagen siehe *Holland,* S. 76 ff.

159 So *Greiffenhagen,* S. 195.

160 Beispiel: Informationspflichten des Genehmigungsempfängers gegenüber der Behörde im Hinblick auf weitere Entwicklungen. Siehe für § 11 GWB *Immenga,* in: Immenga / Mestmäcker, § 11 Rdnr. 46.

161 Bestritten wird die Existenzberechtigung der Figur der modifizierenden Auflage z. B. dadurch, daß der so qualifizierte Vorgang als Antragsablehnung verbunden mit der Vorweggewährung so nicht beantragter Begünstigungen verstanden wird. So etwa *K. Lange,* AöR 102 (1977), 345; *Rumpel,* BayVBl. 1987, 579: „Genehmigungsinhaltsbestimmung", *ders.,* NVwZ 1984, 504. Siehe weiterhin *Ehlers,* VerwArchiv (1976), 382: Die modifizierende Auflage sei eine Potestativbedingung.

dadurch, daß sie Anordnungsqualität hat.[162] Sie unterscheidet sich von der „normalen" Auflage dadurch, daß Gewährung und überlagernde Anordnung unteilbar verbunden sind.[163] Dies ist jedoch für die Frage ihrer Einsatzbarkeit zur Vertragsmodifizierung kein entscheidender Gesichtspunkt. Zu genehmigende Verträge sind deshalb auch modifizierenden Auflagen nicht zugänglich.

Die Auflage zur Vertragsänderung dürfte sich deshalb aus dem Kanon der Nebenbestimmungen am ehesten mit der Figur der Bedingung erklären lassen.[164] Die Genehmigung zu dem vorgelegten Vertrag wird erteilt unter der Bedingung der Anpassung in dem oder den beanstandeten Punkten. Wenn die Änderungen vorgenommen werden, wird die Genehmigung und damit das geänderte Rechtsgeschäft wirksam, sonst nicht. Grundsätzliche Einwände gegen die Zulässigkeit einer solchen Bedingung sind für den Vertragsbereich nicht zu erheben.[165] Nicht alle privatrechtsgestaltenden Verwaltungsakte sind bedingungsfeindlich. Sie sind dies nur, soweit sich dies aus der jeweiligen gesetzlichen Grundlage ergibt.[166] So ist die Teilungsgenehmigung nach §§ 19 ff. BauGB deshalb bedingungsfeindlich, weil eine Bedingung mit der Regelung des § 23 BauGB nicht vereinbar wäre.[167] In anderen Fällen sieht hingegen der Gesetzgeber sogar ausdrücklich die Möglichkeit vor, eine privatrechtsgestaltende Genehmigung mit einer Bedingung zu versehen (so etwa § 51 Abs. 4 S. 1 i. V. m. § 51 Abs. 1 Nr. 1 BauGB im Hinblick auf Vereinbarungen über den Erwerb eines Grundstücks oder Grundstücksteils in einem Umlegungsgebiet).[168]

---

[162] *Weyreuther,* DVBl. 1984, 366, in Ergänzung seiner Ausführungen in den DVBl. 1969, 295 ff. Anders hingegen das Verständnis von *K. Lange,* AöR 102 (1977), 343 f.

[163] So *Weyreuther,* DVBl. 1984, 371. Vgl. auch *K. Lange,* AöR 102 (1977), 340 ff., der zutreffend darauf hinweist, daß modifizierende Auflagen nicht mit Bedingungen gleichgesetzt werden können.

[164] Ausführlich *Greiffenhagen,* S. 172 ff.; z. T. anders *Immenga,* in: Immenga / Mestmäcker, § 11 Rdnr. 51.

[165] *Greiffenhagen,* S. 174 f.; anders etwa *Franßen,* Bedingungsfeindlichkeit, S. 146 f.; *Karl,* S. 64; differenzierend *Elster,* S. 176 f.; Nachweise bei *Hönig,* S. 180 ff.

[166] Ähnlich *Hönig,* S. 183.

[167] So für die Bodenverkehrsgenehmigung nach §§ 19 ff. BBauG 1960 auch BVerwG, Urt. v. 17.5.1966, DÖV 1966, 829 (829). Siehe dazu auch *Weyreuther,* DVBl. 1984, 373.

[168] Das Abstellen auf die gesetzliche Grundlage ist gegenüber dem von *Elster,* S. 177, vorgeschlagenen Weg vorzugswürdig. Nach *Elster,* aaO, soll eine Bedingung in der Genehmigung eines privatrechtlichen Vertrages dann zulässig sein, wenn durch eine gesetzliche Vorschrift oder eine vertragliche Klausel beiden Vertragsparteien die Möglichkeit gegeben ist, sich von der schwebenden Rechtslage durch Rücktritt zu lösen. Damit käme es aber für die Behörden zu einer höchst unsicheren Entscheidungsgrundlage. Eine bestimmte Auslegung des Vertrages im Hinblick auf die Behörde eigentlich nicht interessierende Nebenverpflichtungen wäre Rechtmäßigkeitsvoraussetzung für eine bedingte Genehmigungserteilung.

## IV. Die Anfechtung von Bescheiden über die Genehmigung privater Rechtsgeschäfte

### 1. Anfechtungsrechte bei zweiseitigen Rechtsgeschäften

Für bestimmte Bereiche umstritten sind Klagerechte gegen privatrechtsgestaltende Verwaltungsakte.[169] Soweit das einfache Recht eine Klagebefugnis nicht begründet, wird versucht, eine solche mit Hilfe des Verfassungsrechts abzuleiten.[170] Denn Art. 19 Abs. 4 GG eröffnet in Verbindung mit § 40 Abs. 1 S. 1 VwGO den Weg zu den Verwaltungsgerichten bei einem Rechtseingriff durch die „öffentliche Gewalt". „Recht" im Sinne von Art. 19 Abs. 4 GG ist im hier interessierenden Zusammenhang vor allem das unbenannte Grundrecht „Vertragsfreiheit". Zur „öffentlichen Gewalt" zählt eine nach wie vor herrschende Meinung unter eindeutiger Meinungsführerschaft des BVerfG die Exekutive, nicht hingegen die Legislative.[171] Es ist deshalb – verbleibt man im Rahmen der Rechtsprechung des BVerfG – für die Eröffnung des Verwaltungsrechtswegs allgemein und für die Begründung einer Klagebefugnis nach § 42 Abs. 2 VwGO im besonderen von entscheidender Bedeutung, inwieweit die Rechtsbeeinträchtigung auf einem Exekutivakt „beruht".[172]

Eine Klagebefugnis aufgrund einfachen Rechts ist in den Fällen anerkannt, in denen ein Privatrechtssubjekt einen Vertrag nur abschließen kann, wenn er

[169] Hierzu zählt nicht der Bereich der Präklusionsvorschriften. Dort ist die Klagebefugnis desjenigen, dessen private Nachbarrechte abgeschnitten oder modifiziert werden sollen, verhältnismäßig früh und vergleichsweise großzügig anerkannt worden. Siehe BVerwG, Urt. v. 24.10.1967, E 28, 131 (135): „Denn nach der geltenden Rechtsordnung haben Dritte einen subjektiv öffentlich-rechtlichen Anspruch auf Verwaltungsrechtsschutz gegenüber einem Verwaltungsakt, durch den eine sie schützende öffentlich-rechtliche Norm verletzt worden ist und sie in der Geltendmachung bürgerlich-rechtlicher Befugnisse eingeschränkt werden." Zutreffend die Deutung von *Preu,* Nachbarklagen, S. 89: Die privatrechtsgestaltende Wirkung der Anlagengenehmigung soll die Klagebefugnis begründen. Vgl. auch *Jarass,* DVBl. 1976, 738: Bei Präklusionsvorschriften müsse wegen Art. 19 Abs. 4 GG dem Inhaber des privaten Rechts ein Rechtsschutz zuerkannt werden; BVerwG, Urt. v. 18.12.1987, DVBl. 1988, 446 (447): Nachteilige Wirkungen auf dem Gebiet des Privatrechts begründen die Anfechtungsbefugnis (dies betraf eine Genehmigung nach dem HeimG über die Annahme von Vermögensvorteilen durch einen Heimträger).

[170] Siehe vor allem *Kopp,* DÖV 1980, 504 ff.

[171] Vgl. BVerfG, Urt. v. 25.7.1968, E 23, 33 (49); Urt. v. 18.12.1969, E 24, 367 (401); B. v. 23.4.1969, E 25, 352 (365); Urt. v. 10.5.1977, E 45, 297 (334); *Jarass,* in: Jarass / Pieroth, Art. 19 Rdnr. 24. Auch Gegenstimmen gibt es jedoch in genügender Anzahl, siehe *Schmidt-Aßmann,* in: Maunz / Dürig, Art. 19 Abs. IV, Rdnr. 93; *Schenke,* BK, Art. 19 Abs. 4, Rdnr. 249 ff., jeweils m. w. N.

[172] Das gilt letztlich auch für diejenigen, die eine Erstreckung des Begriffs „öffentliche Gewalt" in Art. 19 Abs. 4 GG auf die Legislative befürworten. Denn in diesem Fall soll der dann von Art. 19 Abs. 4 GG geforderte Rechtsschutz auch durch Inzidentkontrolle oder durch Verfassungsbeschwerde gesichert werden können. Siehe *Schenke,* BK, Art. 19 Abs. 4, Rdnr. 262, 270.

für dieses Geschäft eine hoheitliche Genehmigung erhält, die Genehmigung jedoch nicht erteilt wird. Dann sind diejenigen, die das private Rechtsgeschäft vornehmen wollen, berechtigt, gegen die Verweigerung der Genehmigungserteilung Widerspruch bzw. Klage einzulegen.[173] Die Klagebefugnis würde sich auch direkt aus der Verfassung herleiten lassen. Mit der Genehmigungsversagung kommt es zu einem unmittelbaren Eingriff in das Grundrecht „Vertragsfreiheit", welches das Recht beinhaltet, Verträge mit beliebigem Partner und beliebigem Inhalt über beliebige Gegenstände zu schließen. Der Eingriff in die Vertragsfreiheit ist zwar vom formellen Gesetz bereits vorgezeichnet. Er wird aber unmittelbar gegenüber demjenigen konkret, der die Genehmigung beantragt hat, wenn die Genehmigung verweigert wird.

Klarzustellen ist, daß das Grundrecht der Vertragsfreiheit dem einzelnen Grundrechtsträger nur das Recht gibt, daß *er* Verträge abschließen kann. Sie beinhaltet nicht auch einen Anspruch darauf, daß der Vertragspartner ebenfalls frei von Genehmigungserfordernissen ist oder eine notwendige Genehmigung erhält. Soweit Genehmigungserfordernisse also personal- bzw. organisations- und nicht geschäftsbezogen sind, gibt es keine gerichtlich verfolgbaren Rechtsansprüche von Vertragspartnern auf Überprüfung der Maßnahme.[174]

### 2. *Anfechtungsrechte bei Gestaltungsrechten*

Schwieriger festzustellen ist die Kongruenz von verfassungsrechtlichen Vorgaben und Auslegung des einfachen Rechts im Hinblick auf Genehmigungserfordernisse von Gestaltungsrechten. Gesicherte Auffassung ist zunächst nur, daß der Gestaltungsberechtigte gegen eine Versagung der Genehmigung Rechtsmittel einlegen kann.[175] Ihm schreibt das einfache Recht die Einholung einer Erlaubnis vor, er hat deshalb auch ein subjektives Recht auf Erteilung bzw. fehlerfreien Ermessensgebrauch bei Vorliegen der tatbestandsmäßigen Voraussetzungen.

Diffizil zu beurteilen ist hingegen die Stellung desjenigen, gegenüber dem das Gestaltungsrecht besteht (im folgenden kurz: Vertragspartner). Dieser hat zweifellos ein faktisches Interesse daran, gegebenenfalls gegen die Erteilung der Genehmigung vorzugehen. Ohne Genehmigung ist die Ausübung des

---

[173] Das ist letztlich so selbstverständlich, daß es selten ausdrücklich festgestellt wird. Vgl. aber immerhin *Kopp*, DÖV 1980, 510; *O. Lange*, AcP 152 (1952/53), 250 ff.; *K. Schmidt*, Kartellverfahrensrecht, S. 417.

[174] Der Entscheidung des BayVGH, B. v. 16.12.1980, BayVBl. 1981, 183 ff., ist deshalb zuzustimmen. Schließt jemand mit einer Gemeinde einen Grundstückskaufvertrag, die hierfür eine Genehmigung der Rechtsaufsichtsbehörde benötigt, hat der private Vertragspartner insoweit keine im Verwaltungsrechtsweg durchsetzbaren subjektiven Rechte.

[175] Siehe etwa für das Zustimmungssystem der §§ 12 ff. SchwbG *Schaub*, Arbeitsrechtshandbuch, § 179 V, S. 1361. Weiterhin BVerwG, Urt. v. 21.10.1964, AP Nr. 28 § 14 SchwbeschG; BVerwG, Urt. v. 29.10.1958, AP Nr. 14 § 9 MuSchG.

Gestaltungsrecht absolut und damit auch ihm gegenüber unwirksam. Nicht jedes faktische Interesse vermittelt jedoch eine Rechtsposition und berechtigt zur Erhebung von Rechtsmitteln. Vielmehr gibt die Rechtsprechung unter Anwendung der Schutznormtheorie dem Vertragspartner nur dann ein Anfechtungsrecht, wenn die gesetzliche Genehmigungspflicht auch seinen Interessen dient.[176] Dies wird bei arbeitsrechtlichen Zustimmungserfordernissen überwiegend bejaht,[177] ansonsten meist abgelehnt.[178] Soweit ein Anfechtungsrecht des Vertragspartners nicht anerkannt wird, beschränkt sich die Relevanz des Genehmigungserfordernisses aus der Sicht des Vertragspartners allein auf die Tatsache, ob der Verwaltungsakt ergangen und wirksam ist. Ihm kommen hingegen keine darüber hinausgehenden „Feststellungswirkungen" im Hinblick auf die zivilrechtlichen Voraussetzungen für die Ausübung des Gestaltungsrechtes zu. Die Kompetenz zur Beurteilung dieser Frage liegt bezüglich der Rechtsstellung des Vertragspartners allein in der Kompetenz der ordentlichen Gerichte.[179] Das Vorliegen einer wirksamen Genehmigung ist Tatbestandsvoraussetzung, nicht mehr.

Aus verfassungsrechtlicher Sicht und insbesondere vom Grundrecht der Vertragsfreiheit aus gesehen handelt es sich bei Genehmigungserfordernissen für einseitige Rechtsgeschäfte zunächst um eine zweiseitige Beschränkung der Vertragsfreiheit durch Legislativakt. Die Vereinbarung eines vertraglichen zustimmungsfreien Gestaltungsrechts ist mit der gesetzlichen Anordnung einer Genehmigungspflicht ausgeschlossen.[180] Ein unmittelbarer exekutiver Eingriff in das Grundrecht der formellen Vertragsfreiheit ist jedoch nicht zu erkennen. Er erfolgt rein normativ auf vorgelagerter Ebene. Die Vertragsfreiheit ist nur insoweit betroffen, als die Vereinbarung eines genehmigungsfreien Gestaltungsrechts nicht möglich ist. Die Verweigerung der Genehmigung zur Gestaltung oder die Erteilung der Genehmigung ist demgegenüber ein aliud. Eine verfassungsrechtlich begründete Anfechtungsbefugnis ist deshalb insoweit

---

[176] Vgl. BVerwG, Urt. v. 15.11.1985, DÖV 1986, 438 f., für das Mieterhöhungsverlangen nach § 8 a Abs. 4 WoBindG. Zusammenfassung der Rechtsprechung zu diesem und anderen Fällen bei *Schmidt-Preuß*, Privatinteressen, S. 102 ff. Kritik an der Rechtsprechung des BVerwG zu § 8 a Abs. 4 WoBindG bei *Schmidt-Preuß*, aaO, S. 374 ff., wo für eine Anfechtungsbefugnis des Mieters plädiert wird.

[177] Siehe für die Zustimmung nach § 9 Abs. 3 S. 1 MuSchG *Schaub*, Arbeitsrechtshandbuch, § 170 IV 3, S. 1262; für §§ 12 ff. SchwbG *Schaub*, aaO, § 179 V 2, S. 1361; weiterhin BVerwG, Urt. v. 28.2.1968, AP Nr. 29 § 14 SchwBeschG; Urt. v. 20.2.1960, AP Nr. 21 § 9 MuSchG. Ausführlich *Schmidt-Preuß*, Privatinteressen, S. 382 ff.

[178] So BVerwG, DÖV 1986, 438 f., für § 8 a Abs. 4 WoBindG; *Schaub*, Arbeitsrechtshandbuch, § 142 VIII 3, S. 1125, für § 18 KSchG: Der Kündigungsschutz nach § 18 KSchG komme dem Arbeitnehmer nur mittelbar zugute.

[179] BVerwG, DÖV 1986, 438 (439).

[180] Ebenfalls eine legislative Beschränkung der Vertragsfreiheit beider Vertragsparteien ist die zwingende Anordnung von gesetzlichen Gestaltungsrechten. Die Einräumung dispositiver Gestaltungsrechte ist hingegen kein Grundrechtseingriff und nur als Ausgestaltung der Vertragsfreiheit über deren objektive Dimension zu beurteilen.

nicht herzuleiten. Es gibt ein Grundrecht auf Vertragsfreiheit, kein Grundrecht auf Vertragskündigung oder „Vertragsnichtkündigung“.

### 3. *Die Anfechtung von Tarifgenehmigungen*

Die Genehmigung von Tarifen und Geschäftsplänen ähnelt strukturell derjenigen von Gestaltungsrechten. Adressat einer Genehmigung ist nach einfachem Recht allein der Unternehmer, nicht der Kunde oder Benutzer (im folgenden kurz: Kunde).[181] Deren Anfechtungsbefugnis hängt vom Vorliegen einer Schutznorm ab.[182] Der Schutznormcharakter der Bestimmungen über die Genehmigungspflicht wird jedoch im allgemeinen abgelehnt.[183] Der Kunde wird durch die Genehmigung nicht in das Verwaltungsrechtsverhältnis zwischen Genehmigungsbehörde und Genehmigungsempfänger einbezogen.[184] Allein die Existenz eines wirksamen Verwaltungsaktes ist für den Kunden dann und insofern von Relevanz, wenn ohne wirksame Genehmigung ein entsprechender Vertragsschluß (faktisch oder rechtlich) nicht möglich ist. Die privatrechtlichen Folgen der Erteilung einer Genehmigung im Verhältnis Unternehmer / Kunde richten sich hingegen allein nach den geschlossenen

[181] BVerwG, Urt. v. 25.11.1986, NJW 1987, 1837 (1838); *Mutzbauer,* S. 56. Die Kunden sind aus diesem Grunde auch nicht am Verfahren einer Tarifgenehmigung zu beteiligen. So zu Recht *Mutzbauer,* aaO, in Auseinandersetzung mit der gegenteiligen Auffassung etwa von *Kopp,* DÖV 1980, 504.

[182] Allein hierauf kommt es an. Daß die Rechtsprechung teilweise auf den Aspekt der „Mittelbarkeit“ des Eingriffs in zivilrechtliche Vertragsbeziehungen abstellt, ist nicht weiterführend (so zutreffend *Schmidt-Preuß,* Privatinteressen, S. 102 ff., mit ausführlichen Nachweisen).

[183] Siehe BVerwG, NJW 1987, 1837 ff., für § 8 PflVersG; B. v. 5.10.1979, DÖV 1980, 416, für § 39 PBefG; Urt. v. 8.7.1977, DÖV 1978, 619 ff. für § 43 LuftVZO; Urt. v. 16.7.1968, VersR 1969, 25 f. = E 30, 135 ff., für § 13 VAG (daß in dieser Entscheidung das BVerwG die erhobene Klage für zulässig hält – siehe VersR 1969, 26 -, spricht nicht gegen die Richtigkeit dieses Beleges; denn das BVerwG verneint anschließend die Rechtsverletzung nach § 113 Abs. 1 S. 1 VwGO mangels Vorliegen eines subjektiven Rechts; das Gericht hätte also die Klagebefugnis nach § 42 Abs. 2 VwGO verneinen können bzw. gemäß seiner sonstigen Rechtsprechung verneinen müssen); BGH, Urt. v. 27.10.1972, DVBl. 1974, 558 ff. und Urt. v. 24.11.1977, WM 1978, 1097 ff., jeweils für § 43 LuftVZO. Eine Ausnahme von dieser eigentlich feststehenden Rechtsprechung bildet lediglich das Urteil des BGH v. 19.12.1978 zur Festsetzung von Krankenhauspflegesätzen (Z 73, 114 ff.). Nach Auffassung des BGH handelte es sich nach der damaligen Rechtslage (siehe jetzt § 18 BPflV) um die Festsetzung von Entgelten und nicht nur um eine Genehmigung. Hieraus zieht der BGH dann den (nicht überzeugenden) Schluß, es liege ein Verwaltungsakt mit privatrechtsgestaltender Drittwirkung vor (S. 119). Das kann höchstens dann überzeugen, wenn wie in einer Entscheidung des OVG Lüneburg (Urt. v. 22.8.1977, NJW 1978, 1211) es um die nachträgliche Erhöhung des Pflegesatzes mit der Folge des Eingriffs in bestehende Vertragsverhältnisse geht. Auch für solche Fälle anders (keine Bindung des Patienten) LG Frankfurt/Main, Urt. v. 11.8.1977, NJW 1978, 597 (598).

[184] Rechtsprechung wie Fn. 183.

vertraglichen Vereinbarungen und dem allgemeinen Privatrecht. Eine Geschäftsplan- oder Tarifänderung wird bei laufenden Verträgen nicht deshalb für den Kunden wirksam, weil sie genehmigt worden ist, sondern nur dann, wenn die zivilrechtlichen Voraussetzungen hierfür vorliegen.[185] Insbesondere Tarifwerke sind nach der Rechtsprechung unabhängig hiervon, also auch für „Erstbenutzer", einer Kontrolle durch die Zivilgerichte nach § 315 BGB zugänglich.[186]

Bezüglich der Frage, inwieweit sich aus dem Verfassungsrecht ein Anfechtungsrecht ergibt, ist zwischen Unternehmer und Kunde zu unterscheiden. Den Unternehmer beschränkt das Genehmigungserfordernis in seiner verfassungsrechtlichen Vertragsfreiheit.[187] Er hat daher auch einen verfassungsrechtlichen Anspruch auf Genehmigungserteilung bzw. fehlerfreie Ermessensausübung bei Vorliegen der tatbestandsmäßigen Voraussetzungen. Die Kunden werden in ihrem Grundrecht auf Vertragsfreiheit unmittelbar jedenfalls dann beschränkt, wenn ein wirksamer Vertragsschluß nur auf der Grundlage der genehmigten Vertragsbedingungen rechtlich zulässig ist, etwa bei § 39 Abs. 3 PBefG. Soweit vom genehmigten Tarif abweichende Vereinbarungen möglich bleiben und der Kunde keinen rechtlichen Sanktionen unterliegt (etwa nach §§ 8 ff. PflVersG) wäre höchstens ein mittelbarer Grundrechtseingriff gegeben. Auch ein mittelbarer Grundrechtseingriff kann die Rechtsweggarantie des Art. 19 Abs. 4 S. 1 GG eröffnen.[188] Für die Annahme eines mittelbaren Eingriffs fehlt es aber an der notwendigen Schwere der Beeinträchtigung.[189] Der unmittelbare Eingriff in das Grundrecht der Vertragsfreiheit bei rechtlicher Gebundenheit auch des Kunden an genehmigte Tarife führt aber ebenfalls nicht zu einer Anfechtungsbefugnis. Die Bindung beruht aber auf einem Normativ-, nicht auf einem Exekutivakt.[190] Der Exekutivakt ist lediglich Tatbestandsvor-

---

[185] BVerwG, aaO, NJW 1987, 1837 (1838).

[186] BVerwG, aaO, NJW 1987, 1837 (1839); E 30, 135 (136 f.); BGH, aaO, DVBl. 1974, 558 (561 f.); WM 1978, 1097 (1098); Urt. v. 19.12.1978, Z 73, 114 (116): Die Tarife von Unternehmen, die Leistungen der Daseinsvorsorge anbieten, auf deren Inanspruchnahme der andere Vertragsteil im Bedarfsfall angewiesen ist, seien grundsätzlich einer Billigkeitskontrolle nach § 315 Abs. 3 BGB unterworfen. Zweifeln, inwieweit § 315 BGB überhaupt auf derartige Fallgestaltungen anwendbar ist, soweit es sich nicht um ein vertraglich eingeräumtes Bestimmungsrecht handelt, sind wohl berechtigt, an dieser Stelle nicht zu vertiefen. Zu solchen Bedenken im Hinblick auf die Festlegung von Flughafenbenutzungsgebühren siehe OLG Hamburg, DVBl. 1974, 559; *Bettermann,* Festschrift für Reimers, S. 440. Vgl. auch RGRK-*Ballhaus,* § 315 Rdnr. 22: entsprechende Anwendung der §§ 315, 316 BGB.

[187] In Betracht kommt selbstverständlich auch der Eingriff in andere Grundrechte, etwa Art. 12 Abs. 1 oder Art. 14 GG. Siehe *Mutzbauer,* S. 83.

[188] *Eckhoff,* S. 133; *Gallwas,* Faktische Beeinträchtigungen, S. 140 und S. 149.

[189] Das ergibt sich schon daraus, daß die Genehmigungserfordernisse in der Regel gerade den Interessen der Kunden zu dienen bestimmt sind. Zum Merkmal der Intensität für die Annahme eines Grundrechtseingriffs siehe etwa *Eckhoff,* S. 252 ff..

[190] Nicht überzeugend ist es hingegen, wenn generell eine unmittelbare rechtliche Betroffenheit des Abnehmers verneint wird (so etwa *Mutzbauer,* S. 84). Eine solche besteht durchaus.

aussetzung. Eine Anfechtungsbefugnis nach Art. 19 Abs. 4 GG ist deshalb nicht ableitbar. Verfassungsrechtliche Bedenken gegen die geschilderte Rechtslage bestehen somit keine.[191]

---

[191] A. A. vor allem *Kopp,* DÖV 1980, 507; Umgehungsmöglichkeiten, die sich aus dieser Auffassung für die gesetzgeberische Ausgestaltung möglicherweise ergeben, müssen bei der verfassungsrechtlichen Überprüfung des Gesetzes eingebracht werden. Eine Verfassungsbeschwerde gegen die gesetzliche Grundlage bleibt möglich, denn anders als bei Art. 19 Abs. 4 S. 1 GG besteht keine Beschränkung auf Akte der Exekutive. Ablehnend gegenüber der Auffassung von *Kopp* auch *Schmidt-Preuß,* Privatinteressen S. 109.

# G. Dogmatische Schwerpunktprobleme des privatrechtsgestaltenden Verwaltungsaktes am Beispiel der kartellrechtlichen Genehmigung

## *I. Methodischer Ansatz*

Die bisherigen Darstellungen zu Typologie und Dogmatik privatrechtsgestaltender Verwaltungsakte haben deutlich werden lassen, daß vor allem das GWB eine Fülle von Anwendungsbeispielen vor allem vertragsgestaltender Akte enthält.[1] Aufgrund der weitgehenden disziplinären Eigenständigkeit des Kartellrechts ist bisher vergleichsweise selten und in jüngerer Zeit kaum noch[2] versucht worden, Erkenntnisse aus diesem Rechtsbereich für die allgemeine Verwaltungsaktsdogmatik nutzbar zu machen. Die Fülle an Literatur und die starke Verwobenheit der kartellverwaltungsrechtlichen mit kartellprivatrechtlichen Fragestellungen mögen insofern auch eine gewisse Abschreckungswirkung gehabt haben. So zeigt sich ein Defizit in der dogmatischen Aufarbeitung privatrechtsgestaltender Hoheitstätigkeit für das Allgemeine Verwaltungsrecht. Denn die Diskussion über den privatrechtsgestaltenden Verwaltungsakt dort orientiert sich einseitig an Genehmigungen zu einseitigen oder zweiseitigen Rechtsgeschäften. Dies dürfte seinen Grund darin finden, daß ein bestimmter Typ von privatrechtsgestaltendem Verwaltungsakt, nämlich der alleingestaltende, vertragsvernichtende Verwaltungsakt, in relevanter Form eigentlich nur im Kartellrecht vorkommt, und damit etwas außerhalb der Sichtweise der Verwaltungsrechtswissenschaft liegt. Auch das Widerspruchsverfahren[3] gibt es als privatrechtsgestaltenden Vorgang nur im Kartellrecht.

---

[1] Vgl. auch *Mestmäcker,* AcP 168 (1968), 236; *Soell,* Der Staat 10 (1971), 567: In der Kartellgenehmigung als privatrechtsgestaltender Verwaltungsakt offenbare sich die für das Kartellrecht typische Verzahnung des privaten und des öffentlichen Rechts in besonders akzentuierter Weise.

[2] Die in dieser Hinsicht maßstabsetzende Untersuchung von *Soell,* Das Ermessen der Eingriffsverwaltung, stammt letztlich schon aus den sechziger Jahren. Gleiches gilt für die Untersuchung von *Greiffenhagen,* Die Kartellgenehmigung im Recht des Gesetzes der Wettbewerbsbeschränkungen, der Europäischen Gemeinschaft für Kohle und Stahl und der Europäischen Wirtschaftsgemeinschaft (1966). Siehe dazu auch die Besprechung von *Soell,* Der Staat 10 (1971), 566 ff.

[3] Siehe schon oben F II 1, S. 284 (286 f.).

Noch aus einem anderen Grunde ist die Abkoppelung des Kartellrechts von der Dogmatik vor allem des Allgemeinen Verwaltungsrechts bedauerlich und die Beschäftigung mit Problemen des Kartellverwaltungsrechts auch aus publizistischer Sicht lohnenswert. Bei der von Karsten Schmidt propagierten Ersetzung der Denkfigur des privatrechtsgestaltenden Verwaltungsaktes durch die Figur der Rechtsfolgenanordnung durch Verfahren[4] wurde bereits deutlich, daß auf diese Weise in der kartellrechtlichen Literatur Ansätze vertreten werden, die dem dogmatischen Erkenntnisstand im Öffentlichen Recht nicht gerecht werden und unter diesem Blickwinkel nicht überzeugen. Das ist auch in anderen Bereichen nachweisbar.[5] Daher sind die im Kartellrecht vertretenen Lösungsansätze in für die allgemeine Verwaltungsaktsdogmatik relevanten Bereichen auf den Prüfstand des Allgemeinen Verwaltungsrechts zu stellen. Erreicht werden soll im folgenden also zweierlei. Auf der einen Seite geht es um die mögliche Befruchtung der allgemeinen Lehre des privatrechtsgestaltenden Verwaltungsaktes aus der Sicht des Kartellverwaltungsrechts, zum anderen um eine Überprüfung kartellverwaltungsrechtlicher Erkenntnisse aus der rechtsstaatlichen Sicht des Allgemeinen Verwaltungsrechts.

## *II. Die „Breitenwirkung" privatrechtsgestaltender Verfügungen als Schwerpunktproblem*

### *1. Problemstellung für den kartellrechtlichen privatrechtsgestaltenden Verwaltungsakt*

Inhaltlich kann es im folgenden nicht darum gehen, alle Fragen privatrechtsgestaltenden Handelns im Kartellrecht aufzuarbeiten. Die materiellrechtlichen Voraussetzungen für den Erlaß solcher Verwaltungsakte sind so wenig Gegenstand der Untersuchung wie bei sonstigen Befugnisnormen auch. Einige Fragen beantworten sich zudem bereits aus der erarbeiteten allgemeinen Dogmatik des privatrechtsgestaltenden Verwaltungsaktes (etwa das Problem der Rücknehmbarkeit[6]), andere sind spezifisch kartellrechtlich und deshalb ohne Interesse für die Gewinnung einer allgemeinen dogmatischen Grundlage. Im Vordergrund der Untersuchung steht letztlich ein Problem, an dem sich zwei Kernfragen privatrechtsgestaltenden Handelns in besonders geeignetem Maße diskutieren lassen. Es geht um die sog. „Breitenwirkung" kartellrechtlicher Verfügungen.[7]

---

[4] Ausführlich oben F I 3, S. 278 ff.

[5] Vor allem bei der Ermessensdiskussion um die Bedeutung des § 70 Abs. 5 S. 1 GWB. Ausführlich unten G VI, S. 335 ff.

[6] Siehe oben F III 1, S. 294 ff.

[7] Der Ausdruck „Breitenwirkung" stammt soweit ersichtlich von *Scholz,* Wirtschaftsaufsicht, S. 41; vgl. auch *K. Schmidt,* Kartellverfahrensrecht, S. 62; *Soell,* Festschrift für Wahl, S. 439, *dens.,* Die Verwaltung 6 (1973), 500.

Die privatrechtsgestaltende Wirkung kartellrechtlicher Verwaltungsakte ist zunächst eine solche im Adressatenverhältnis. Adressat ist derjenige, an den der Verwaltungsakt gerichtet wird. Schon die bisherigen Erkenntnisse haben aber deutlich werden lassen, daß u. U. über den Gesetzestext hinaus weiteren Personen eine rechtlich relevante Beschwer zukommt, etwa bei § 18 GWB dem Vertragspartner.[8] Die Anordnung einer Vertragsunwirksamkeit ist nicht auf einen Vertragspartner beschränkbar. Damit zwingt der auch im Kartellverfahren anwendbare § 13 Abs. 2 S. 2 VwVfG[9] dazu, im Fall des § 18 GWB auch den Gebundenen die Stellung eines zumindest potentiellen Verfahrensbeteiligten zuzugestehen.[10] Eine unmittelbare Verfahrenshinzuziehung wie in § 65 Abs. 2 VwGO ist nicht geboten,[11] einem Beiladungsantrag ist jedoch stattzugeben. Die Korrektur der gesetzgeberischen Konzeption des GWB unter Rückgriff auf § 13 Abs. 2 S. 2 VwVfG[12] ist verfassungsnotwendig. Auch gegenüber dem Gebundenen ist die Unwirksamkeitserklärung ein Grundrechtseingriff. Die von Art. 2 Abs. 1 GG garantierte formelle Vertragsfreiheit wird beschränkt, denn hierzu zählt auch das Recht, an einer geschlossenen Vereinbarung festzuhalten, auch wenn sie dem Staat aus generalisierenden fürsorglichen Erwägungen für den Gebundenen nachteilig erscheint.[13]

Die Relevanz kartellverwaltungsrechtlicher Tätigkeit ist jedoch nicht auf das – gegebenenfalls verfassungsrechtlich erweiterte – „Adressaten"-verhältnis, also das Eingreifen in Vertragsgefüge, beschränkt. Staatliches Handeln zum Schutz eines freien Wettbewerbs hat stets Auswirkungen auf Wettbewerber,

---

[8] Siehe oben C II 3, S. 128 ff.

[9] Dazu KG, B. v. 19.12.1979, WuW/E OLG 2193 (2194); FK-*Bracher*, § 51 Rdnr. 58 m. w. N.; *Kremer*, S. 96.

[10] Die vertraglich Gebundenen sind zwar kartellrechtlich nicht „Störer" und deshalb nicht nach § 51 Abs. 2 Nr. 2 GWB Beteiligte am Verwaltungsverfahren (*K. Schmidt*, S. 36 f.). Ihnen muß bei einem Verfahren nach § 18 GWB aber vom Verfahren Kenntnis gegeben werden und sie müssen auf Antrag zum Verfahren hinzugezogen werden (so auch KG, B. v. 28.11.1979, WuW/E OLG, 2247 / 2256). Für eine notwendige Beiladung in diesen Fällen auch *K. Schmidt*, in: Immenga / Mestmäcker, § 51 Rdnr. 46, *ders.* BB 1981, 761; FK-*Bracher*, § 51 Rdnr. 60 (Stand: November 1991); GK-*Junge*, § 51 Rdnr. 51 Rdnr. 51 (Stand: Dezember 1981). Damit ist im übrigen noch nichts darüber ausgesagt, ob den Gebundenen ein Antragsrecht für ein Einschreiten der Kartellbehörden zuzugestehen ist (so die Forderung von *Emmerich*, in: Immenga / Mestmäcker, § 18 Rdnr. 248; *von Venrooy*, S. 179 ff.; anders BGH, B. v. 1.12.1977, WuW/E BGH 1515 ff.). Das Gesetz kann sich insoweit auf eine objektive Schutzverpflichtung beschränken. Verfassungsnotwendig ist die Verfahrensbeteiligung erst, wenn es zu einem Verfahren kommt.

[11] So auch *K. Schmidt*, BB 1981, 760; vgl. auch KG, B. v. 19.12.1979, WuW/E OLG 2193 (2194).

[12] Wie schon ausgeführt (oben C II 3, S. 128 ff.) ergibt sich aus § 51 Abs. 2 Nr. 3 GWB, daß das GWB nicht davon ausgeht, daß sich die Verfügung nach § 18 GWB gegen den Gebundenen richtet (*Kremer*, S. 90). Über die Fälle des § 51 Abs. 2 Nr. 1 – 3 und 5 hinaus kennt das GWB in § 51 Abs. 2 Nr. 4 GWB nur die Beiladung nach dem Ermessen der Kartellbehörde. Allerdings entschärft § 51 Abs. 2 Nr. 3 GWB das aufgeworfene Problem in gewisser Weise (vgl. *K. Schmidt*, Kartellverfahrensrecht, S. 498).

[13] Siehe zu diesem Ansatz oben C II 3, S. 128 ff.

Abnehmer oder Lieferanten.[14] Das Ob und Wie einer Einbindung solcher Dritter in das Verwaltungsverhältnis zwischen Kartellbehörde und Ge- oder Verbotsadressaten ist eines der von der kartellverwaltungsrechtlichen Dogmatik zu bewältigenden Hauptprobleme. Umstritten ist vor allem, inwieweit kartellbehördliche Verfügungen nicht nur faktische Auswirkungen (etwa Verbesserung der Wettbewerbssituation, wenn sich der Adressat gemäß einer kartellbehördlichen Beschränkung verhält), sondern privatrechtsgestaltende Wirkungen haben können, vor allem im Hinblick auf die den genannten Dritten möglicherweise zustehenden Schadensersatzansprüche. Gefragt ist aus dem Bereich des Neben- und Miteinanders von öffentlichem und privatrechtlichem Drittschutz nach der Existenz sog. Dependenzfälle, also der Präjudizierung privatrechtlichen Drittschutzes durch privatrechtsgestaltende Verwaltungsakte.[15] Lehnt man eine Breitenwirkung ab, wäre die privatrechtsgestaltende Wirkung der kartellrechtlichen Verfügungen nur eine relative. Das, was der Verwaltungsakt im Verhältnis der Vertragspartner zueinander erlaubt oder verbietet, kann im Verhältnis zu außerhalb des Vertragsverhältnisses stehenden Dritten gleichwohl verboten oder erlaubt bzw. gültig sein.

Der Vorstellung einer weitgehenden Widerspruchslosigkeit der Rechtsordnung und dem Ziel einer größtmöglichen Rechtssicherheit käme zweifellos die Auffassung entgegen, daß die kartellrechtlichen Verfügungen insgesamt privatrechtsgestaltend sind, also sowohl gegenüber Adressaten wie gegenüber Dritten.[16] Sie führt jedoch zu einer Reihe von Schwierigkeiten. Die erste betrifft die Beteiligung der Dritten im Verwaltungsverfahren. § 51 Abs. 2 GWB faßt den Kreis der Beteiligten im Kartellverwaltungsverfahren eng und knüpft in § 62 Abs. 2 GWB die Anfechtungbeschwerdebefugnis an die Beteiligung hieran. Es bereitet nicht unerhebliche interpretatorische Schwierigkeiten, den betroffenen Dritten angesichts dieser einfachgesetzlichen Ausgangslage eine verfassungsrechtlichen Erfordernissen genügende Beteiligtenstellung einzuräumen.[17] Es stellt sich daher die Aufgabe der Überprüfung entworfener Lösungsvorschläge an anerkannten verwaltungsrechtlichen und verfassungs-

---

[14] Plastisch *Soell*, Festschrift für Wahl, S. 439: „Denn jede wettbewerbsbeeinflussende Maßnahme der Kartellbehörde begünstigt oder belastet uno actu die Adressaten und im umgekehrten Verhältnis dazu die Konkurrenten, weil ihre Wirkung ebenso interdependent ist, wie die wirtschaftlichen Verhältnisse interdependent sind, in die sie eingreift." Siehe auch *dens.*, Die Verwaltung 6 (1973), 501; allgemein auch *K. Schmidt*, Drittschutz, S. 16 f.; *Scholz*, Wirtschaftsaufsicht, S. 31, S. 42 ff.. Für § 18 GWB siehe *Liebs*, Vertriebsverträge, S. 77 f.; *K. Schmidt*, Kartellverfahrensrecht, S. 50: Es sei die Drittwirkung, um derentwillen sich das Gesetz für marktbeherrschende Abreden interessiert. Insofern ist es terminologisch berechtigt, allgemein von „Dritten" und nicht von „Konkurrenten" zu sprechen, denn betroffene Dritte sind durchaus nicht immer Konkurrenten im eigentlichen Sinn, sondern u. U. auch Kunden oder Lieferanten (*E. Koch*, S. 22; *K. Schmidt*, Kartellverfahrensrecht, S. 591).

[15] Vgl. *K. Schmidt*, Kartellverfahrensrecht, S. 603.

[16] *K. Schmidt*, Kartellverfahrensrecht, S. 158.

[17] Siehe dazu im einzelnen unten G V, S. 329 ff.

rechtlichen Grundsätzen. Der zweite Problemaspekt folgt aus dem den Kartellbehörden eingeräumten Ermessen. Auch wenn kartellbehördliche Verfügungen zunächst punktuell ergehen, führte eine angenommene Breitenwirkung doch zur Umgestaltung ganzer *Komplexe privatrechtlicher Rechte und Pflichten.* Insofern greift die Frage nach genügender Bestimmtheit der gesetzlichen Ermächtigung noch nicht weit genug. Es geht schon darum, ob nicht eine solche Breitenwirkung in das Reservat des formellen Gesetzgebers eingreift und zumindest für die Einführung von Ermessen überhaupt kein verfassungsrechtlicher Spielraum bleibt.

### *2. Das Allgemeine Verwaltungsrecht als Grundlage der Erörterung*

Eine Relativität behördlicher Verfügungen, also die Beschränkung der privatrechtsgestaltenden Wirkungen einer kartellrechtlichen Verfügung auf die Vertragsbeteiligten, ist denkbar. Ähnliches oder zumindest Vergleichbares kommt auch in anderen Bereichen vor.[18] Die Erlaubnis, die ein Verwaltungsakt seinem Adressaten erteilt, braucht diesen nicht auch in seinen privatrechtlichen Rechten und Pflichten ins Recht zu setzen.[19] § 13 Abs. 2 S. 2 VwVfG gibt für die verwaltungsverfahrensrechtliche Behandlung eine klare, rechtsstaatlichen Erfordernissen entsprechende Linie vor. Wer durch einen privatrechtsgestaltenden Verwaltungsakt möglicherweise[20] private Rechte aberkannt bekommt, sie entgegen einer gesetzlich vorgesehen Möglichkeit unter Umständen nicht erhält oder wem Pflichten auferlegt werden, ist, soweit dies der Behörde bekannt ist, von dem Verfahren zu unterrichten (§ 13 Abs. 2 S. 2 2. HS VwVfG) und auf seinen Antrag hin beizuladen (§ 13 Abs. 2 S. 2 1. HS VwVfG). Für Besondere Verwaltungsverfahren sieht das VwVfG vor dem möglichen Eintritt einer materiellen Präklusionswirkung nach § 75 Abs. 2 S. 1 VwVfG ein Anhörungsverfahren vor (§ 73 Abs. 4 VwVfG), bei dem auch rechtsgestaltend Betroffene ihren Standpunkt vorbringen können. In ähnlicher Weise geht der Ausschlußwirkung nach § 14 BImSchG eine Öffentlichkeitsbeteiligung nach § 10 BImSchG i. V. m. §§ 8 ff. der 9. BImSchVO voraus. Auch die Begründung subjektiver (und über § 823 Abs. 2 BGB privatrechtlicher) Rechte durch die Bauleitplanung erfolgt nach einer umfassenden Bürgerbeteiligung (§ 3 BauGB).

Verwaltungsprozeßrechtlich vermittelt die mögliche Beeinträchtigung privatrechtlicher Positionen, vor allem von Schadensersatz-, Beseitigungs- oder Unterlassungsansprüchen durch einen Verwaltungsakt die Anfechtungsbefugnis nach § 42 Abs. 2 VwGO bzw. das Recht auf notwendige Beiladung nach

---

[18] Es handelt sich um einen Ausschnitt aus dem großen Thema der relativen Rechtswidrigkeit. Siehe *H. H. Rupp,* Grundfragen, S. 15.

[19] Siehe in diesem Zusammenhang schon die Ausführungen zur beschränkten Feststellungswirkung von Tarifgenehmigungen, oben F IV 3, S. 304 ff.

[20] Zu dieser notwendigen Ergänzung des Wortlauts des § 13 Abs. 2 S. 2 VwVfG siehe *Clausen,* in: Knack, VwVfG, § 13 Rdnr. 4.1.

§ 65 Abs. 2 VwGO.[21] Die Auffassung, nur die drohende Verletzung von öffentlich-rechtlichen Rechtspositionen berechtige zur Anfechtung,[22] ist gegenüber dieser These unschädlich. Auch obligatorische Rechte unterstehen dem Schutz des Art. 14 GG. Zumindest diese Verfassungsbestimmung vermittelt deshalb auch öffentlich-rechtlichen Schutz.[23]

## *III. Ausgangspunkte für die Bestimmung der subjektiven Grenzen privatrechtsgestaltender Verwaltungsakte im GWB*

### *1. Privatrechtsgestaltende Verfügungen nach dem GWB und dem europäischen Kartellrecht*

Schadensersatzansprüche Dritter entstehen nach der Konzeption des GWB auf zweierlei mögliche Weise. Das GWB unterscheidet zwischen Ansprüchen, die sich unmittelbar aus drittschützenden Rechtsnormen ergeben, und solchen aus drittschützenden Verfügungen (§ 35 Abs. 1 GWB). Jedenfalls für solche Normen, denen sich eine drittschützende Intention entnehmen läßt und die vom Gesetzgeber als Verbotsnormen formuliert worden sind, ist ein kartellbehördliches Konkretisierungsverfahren nicht erforderlich. § 37 a Abs. 1 und Abs. 2 GWB geben zwar die Befugnis zur Untersagungsverfügung. In § 37 a Abs. 1 GWB wird aber – wie bereits ausgeführt –[24] an einen bereits nichtigen Vertrag auf der Tatbestandsseite angeknüpft. Sämtliche in § 37 a Abs. 1 GWB genannten Verbote sind daher ipso iure sanktionsbewehrt, die Verhaltensweisen sind „verboten" und nicht nur „verbietbar".[25] Auch im europäischen Kartellrecht sind wettbewerbshindernde Vereinbarungen im Grundsatz ipso iure nichtig (Art. 85 Abs. 2 EWGV).[26]

---

[21] Siehe etwa *K. Schmidt*, Kartellverfahrensrecht, S. 463 und die ausführlichere Darstellung oben F IV, S. 301 ff.

[22] So *Kopp*, VwGO, § 42 Rdnr. 45.

[23] Siehe auch *Kopp*, VwGO, § 42 Rdnr. 45: Die meisten durch das Privatrecht geschützten Interessen seien zugleich durch das öffentliche Recht geschützt, soweit nicht spezielle Grundrechte einschlägig seien, durch Art. 2 Abs. 1 und Art. 14 GG. Ebenso *Jarass*, DVBl. 1976, 737.

[24] Siehe oben A V 4 c, S. 33 f.

[25] Entgegen GK-*Fischötter*, § 37 a Rdnr. 4 (Stand: 1982), läßt sich auch für § 37 a Abs. 1 GWB von „Verboten" sprechen. Daß Rechtsfolge des Abschlusses eines z. B. gegen § 1 GWB verstoßenden Vertrages zunächst „nur" die zivilrechtliche Unwirksamkeit ist, ist – anders als *Fischötter* dies sieht – kein Gegenargument. Es ist nicht konstitutives Merkmal eines Verbotes, daß hieran strafrechtliche Sanktionen gebunden sind.

[26] Art. 1 EWG-KartellVO. Siehe dazu EuGH, Urt. v. 6.2.1973, Slg. 1973, 77 (86); Grabitz-*Koch*, Art. 85 Rdnr. 138; *Steindorff*, Festschrift für Ophüls, S. 213. Daß der Grundsatz der Nichtigkeit gerade in der Rechtsprechung des EuGH (vor allem im Hinblick auf sog. Altkartelle) nicht immer hinreichenden Ausdruck gefunden hat, kann an dieser Stelle nicht vertieft werden. Siehe dazu *R. Knöpfle*, WuW 21 (1971), 82 ff.

Oft hängen jedoch die zivilrechtlichen Folgen von Kartellrechtsverstößen (auch) von verwaltungsbehördlichen Verfügungen ab. Im europäischen Kartellrecht gilt das für alle Maßnahmen nach Art. 85 Abs. 3 EWGV. Da Art. 85 Abs. 1 EWGV im Sinne von § 823 Abs. 2 BGB Schutzgesetzeigenschaft hat,[27] bleibt eine Freistellung nicht ohne Auswirkung auf die privatrechtliche Rechtslage.[28] Eine Einzelfreistellung nach Art. 85 Abs. 3 EWGV und der EWG-KartellVO ist ein privatrechtsgestaltender Verwaltungsakt.[29] Liegt allerdings nicht eine Einzel-, sondern eine Gruppenfreistellung durch eine Gruppenfreistellungsverordnung (GVO) vor, ist zunächst kein privatrechtsgestaltender Vorgang im Sinne dieser Untersuchung gegeben. Denn auf diese Weise wird die Verbotsnorm des Art. 85 Abs. 1 EWGV normativ begrenzt. Es handelt sich also um einen privatrechtsausgestaltenden Rechtssetzungsakt.[30] Zu privatrechtsgestaltenden Verwaltungsakten kommt es in diesem Rahmen jedoch dann, wenn im Rahmen einer GVO ein Widerspruchsverfahren vorgesehen ist.[31] Die Unternehmen kommen in diesen Fällen in den Genuß einer Freistellung, wenn die Vereinbarung angemeldet worden ist und die Kommission innerhalb von sechs

---

27 Für die Regelungen des MUV zunächst ablehnend allerdings BGH, Urt. v. 14.4.1959, Z 30, 74 (87); später aber für eine Schutzgesetzeigenschaft von Normen der europäischen Verträge i. S. v. § 823 Abs. 2 BGB EuGH, Urt. v. 30.1.1974, Slg. 1974, 51 (62): „Da die in den Art. 85 Abs. 1 und 86 enthaltenen Verbote ihrer Natur nach geeignet sind, in den Beziehungen zwischen Einzelnen unmittelbare Wirkungen zu erzeugen, lassen sie unmittelbar in deren Person Rechte entstehen, welche die Gerichte der Mitgliedstaaten zu wahren haben." Ebenso EuGH, Urt. v. 10.7.1980; Slg. 1980, 2481 (2500); ausführlich *J. F. Baur*, EuR 1988, 257 ff.; weiterhin Grabitz-*Koch*, Art. 85 Rdnr. 149; *Pipkorn*, in: von der Groeben / Thiesing / Ehlermann, Art. 85 Abs. 2 Rdnr. 105 f.; *Mestmäcker*, Europäisches Wettbewerbsrecht, S. 574 ff.; G. *Wiedemann*, Band I, AT, Rdnr. 18.

28 Siehe für das Verhältnis der Vertragspartner zueinander EuGH, Urt. v. 6.2.1973, Slg. 1973, 77 (87); für Ansprüche Dritter EuGH, Urt. v. 10.7.1980, EuGH, Slg, 1980, 2481 (2499). Sehr deutlich *Mestmäcker*, Europäisches Wettbewerbsrecht, S. 578: Die Freistellung vom Verbot nach Art. 85 Abs. 3 EWGV führe dazu, daß mit der Tatbestandsmäßigkeit auch die Rechtswidrigkeit der Handlung gegenüber Dritten entfalle. Das dürfte sich im übrigen auch aus Art. 9 Abs. 3 KartellVO ergeben. Siehe weiterhin *von Bary*, S. 41.

29 Grabitz-*Koch*, Art. 85 Rdnr. 154; *Müller-Graf*, EuR 1992, 11. Gleiches wird man für ein unrichtiges Negativattest nach Art. 2 EWG-KartellVO annehmen müssen (zur Problematik des Negativattestes siehe schon oben A V 6 a, S. 56 f.). Aus der EWG-KartellVO ergibt sich kein Hinweis, daß die Erklärung nach Art. 2 EWG-KartellVO geringere Bindungswirkung für die nationalen Behörden und Gerichte haben soll, als eine ausdrückliche Freistellung (anders *Greiffenhagen*, S. 160 f.; *Grabitz-Pernice*, nach Art. 87 Rdnr. 1). Auch vor Erteilung eines Negativattestes besteht die Anhörungspflicht nach Art. 19 Abs. 3 EWG-KartellVO; auch Art. 9 Abs. 3 EWG-KartellVO stellt die Erteilung eines Negativattestes gleichberechtigt neben die Verfahren nach Art. 3 und Art. 6 EWG-KartellVO.

30 Siehe nur Grabitz-*Koch*, Art. 85 Rdnr. 188; *Schröter*, in: von der Groeben / Thiesing / Ehlermann, Art. 85 Abs. 3, Rdnr. 141 ff.; *G. Wiedemann*, Band I, AT, Rdnr. 37. Zur Herausnahme aus der Themenstellung dieser Arbeit siehe oben A III 1, S. 6 ff. Auf die Frage, inwieweit Art. 85 Abs. 1 und Abs. 3 EWGV unter einem Vorbehalt der Durchführungsgesetzgebung stehen (dazu Grabitz-*Pernice*, Art. 87 Rdnr. 3 ff.), braucht an dieser Stelle nicht eingegangen zu werden.

31 Siehe dazu vor allem *G. Wiedemann*, Band I, AT, Rdnr. 195 ff.

Monaten keinen Widerspruch einlegt.[32] Ein Widerspruch der Kommission ist deshalb ein privatrechtsgestaltender Hoheitsakt, weil die Legalisierungswirkung des Fristablaufs gestoppt und nur über eine ausdrückliche Freistellungsentscheidung nach der EWG-KartellVO eine Wirksamkeit der Vereinbarung hergestellt werden kann. Der Widerspruch verlängert also den zivilrechtlichen Zustand der schwebenden Unwirksamkeit der Vereinbarung.

Sehr viel größere Bedeutung als im europäischen Kartellrecht hat das Thema „Privatrechtsgestaltung" aber für den Bereich des GWB. Hier gibt es zunächst sog. Schutzverfügungen (§ 35 Abs. 1, Abs. 2 GWB), z. B. das Verbot der Anwendung neuer gleichartiger Bindungen nach § 18 GWB.[33] Es kommt zu einer gewollten, konstitutiven Änderung privatrechtlicher Rechte und Pflichten. Bei Verstoß gegen die Schutzverfügung entstehen privatrechtliche Schadensersatzansprüche.[34] Der Erlaß von Schutzverfügungen ist jedoch nur ein Teil der privatrechtsgestaltenden Tätigkeit der Kartellbehörden, zudem ein praktisch bedeutungsloser.[35] Der andere besteht in der Einwirkung auf rechtsgeschäftliche Vereinbarungen, etwa die Unwirksamkeitserklärung bestimmter Verträge nach § 18 GWB. Dabei handelt es sich nicht um Schutzverfügungen nach § 35 Abs. 1 S. 1 2. Var. GWB.[36] Der Verwaltungsakt verlangt nicht eine bestimmte Verhaltensweise, sondern führt eine unmittelbare und abschließende Änderung der Privatrechtslage herbei.[37] Gegen eine solche Verfügung läßt sich also im Sinne des § 35 Abs. 1 S. 1 GWB nicht „verstoßen", denn sie wirkt nicht geoder verbietend, sondern rechtsgestaltend.[38]

---

[32] Ausführlich *G. Wiedemann*, Band I, AT, Rdnr. 195. Auf die sehr umstrittene Frage, ob das Widerspruchsverfahren überhaupt mit primärem Gemeinschaftsrecht, vor allem mit Art. 85 Abs. 3 EWGV vereinbar ist, kann an dieser Stelle nicht eingegangen werden. Skeptisch *C. W. Neumann*, RIW 1985, 98.

[33] Schutzverfügungen sind weiterhin die Untersagungsverfügung nach § 22 Abs. 5 GWB (siehe GK-*Benisch*, § 35 Rdnr. 17 – Stand: Mai 1982), Verbotsverfügungen nach § 17 Abs. 1 S. 1 GWB, nach § 27 GWB, § 104 Abs. 2 S. 1 GWB u. a.. Siehe hierzu und zu weiteren Beispielen GK-*Benisch*, § 35 Rdnr. 18; *Emmerich*, in: Immenga / Mestmäcker, § 35 Rdnr. 69.

[34] Siehe *Emmerich*, in: Immenga / Mestmäcker, § 35 Rdnr. 76.

[35] *Emmerich*, in: Immenga / Mestmäcker, § 35 Rdnr. 66; zu den Gründen auch *K. Schmidt*, Kartelldeliktsrecht, S. 61: Es widerspreche unternehmerischer Vernunft, ein Verhalten fortzusetzen, gegen das schon mittels Mißbrauchsverfügung eingeschritten worden sei.

[36] Dies wird nicht immer hinreichend beachtet. Etwas unklar etwa *Emmerich*, in: Immenga / Mestmäcker, § 35 Rdnr. 44 (nicht alle Verfügungen nach § 18 GWB sind Verbote und damit potentielle Schutzverfügungen). Ebenfalls zu weitgehend GK-*Benisch*, § 35 Rdnr. 18 (Stand: Mai 1982), der in der Unwirksamkeitserklärung nach § 3 Abs. 4 i. V. m. Abs. 3 Nr. 3 GWB u. U. eine Schutzverfügung sehen will. Aufgrund seiner Konzeption konsequenterweise anders hingegen *K. Schmidt*, Kartellverfahrensrecht, S. 365, *ders.* in: Immenga / Mestmäcker, § 63 Rdnr. 22 ff.

[37] So zutreffend *Clodius*, S. 45 ff.; *Jörißen*, S. 30; *Liebs*, Vertriebsverträge, S. 25.

[38] *Liebs*, S. 25 f.

## 2. *„Verfahrensdurchgriff" und öffentlich-rechtlich vermittelter Drittschutz*

Im Verhältnis der Vertragspartner zueinander ist ein Vertrag, den die Kartellbehörde durch privatrechtsgestaltenden Verwaltungsakt für unwirksam erklären will, bis zu dem in der Verfügung genannten Zeitpunkt wirksam.[39] Rechtswirksamkeit inter partes bedeutet aber nicht zwingend auch Rechtmäßigkeit des vertraglich vereinbarten Verhaltens bzw. Unterlassens im Hinblick auf Dritte. Beide Fragen lassen sich voneinander trennen. Es gibt deshalb zwei grundsätzliche Lösungsansätze für die Frage nach der Drittrelevanz von im Adressatenverhältnis gestaltender kartellrechtlicher Verfügungen. Diskutiert werden sie vor allem anhand der Bestimmungen des § 18[40] und § 22 GWB[41]. Die eine Auffassung verlangt ein privatrechtsgestaltendes Tätigwerden der Kartellbehörden vor der Anerkennung von Schadensersatzansprüchen.[42] Was noch nicht erlaubt worden ist, darf nicht als erlaubt behandelt werden, was noch nicht verboten worden ist, nicht als verboten.[43] Diese Meinung plädiert also für einen Gleichlauf von behördlicher Tätigkeit und privater Rechtslage und gesteht damit kartellrechtlichen Verfügungen „Breitenwirkung" zu. Für die Mißbrauchsaufsicht (§§ 18, 22 Abs. 4, 27 GWB) und die Widerspruchskartelle (§§ 2, 3, 5 a, 5 b GWB) ist die Anerkennung der zugrundeliegenden Verbietungsnormen als Schutzgesetz im Sinne von § 35 Abs. 1 GWB erst in dem Moment möglich, wenn die wirksame kartellbehördliche Verfügung vorliegt.

---

39 *Biedenkopf,* Vertragliche Wettbewerbsbeschränkung, S. 210; *Emmerich,* in: Immenga / Mestmäcker, § 18 Rdnr. 230.

40 Nach h. M. ist § 18 GWB kein Schutzgesetz, siehe *GK-Fikentscher / Straub,* § 18 Rdnr. 383 (Stand: 1987); *Gleiss / Kracht,* NJW 1959, 952; *Müller-Laube,* Privater Rechtsschutz, S. 49 ff.; *K. Schmidt,* Kartelldeliktsrecht, S. 75 ff., *dens.,* Kartellverfahrensrecht, S. 273 ff. Für die Annahme einer Schutzgesetzeigenschaft *Emmerich,* in: Immenga / Mestmäcker, § 35 Rdnr. 46 m. w. N.; *Jansen,* S. 123 ff. Ausführliche Darstellung des Meinungsstandes auch bei *Liebs,* Vertriebsverträge, S. 32 ff.

41 Zur Diskussion über den drittschützenden Charakter von § 22 GWB siehe ausführlich *Jörißen,* Die Schutzgesetzeigenschaft des § 22 GWB i. S. d. § 35 GWB (1983); weiterhin *Kremer,* S. 52 f. und *Müller-Laube,* Privater Rechtsschutz, S. 49 ff., jeweils m. w. N. Ablehnend hinsichtlich eines drittschützenden Charakters BT-Drs. 8/2136, S. 15 (Begründung zur 4. GWB-Novelle 1980); *Möschel,* in: Immenga / Mestmäcker, § 22 Rdnr. 190; auch de lege ferenda *K. Schmidt,* Kartelldeliktsrecht, S. 69 ff.; de lege lata BGH, Urt. v. 22.10.1973, NJW 1974, 901 (901). Ablehnend zu dieser Entscheidung *Emmerich,* NJW 1974, 903; für einen drittschützenden Charakter *ders.,* ZHR 140 (1976), 116; *Jansen,* S. 131; *Jörißen,* aaO, durchgehend; *Mestmäcker,* AcP 168 (1968), 252; *H.-U. Müller,* S. 76; *Müller-Laube,* Privater Rechtsschutz, S. 66 f.; *Vollmer,* DB 1979, 2217.

42 So vor allem *K. Schmidt,* Kartellverfahrensrecht, S. 248 ff., *ders.,* Gerichtsschutz, S. 70; *Kapp,* S. 201 ff.; *Liebs,* Vertriebsverträge, S. 32 ff.; *von Venrooy,* S. 182 ff. Diese Auffassung liegt auch der Gesetzesbegründung zur 4. GWB-Novelle zugrunde. Siehe BT-Drs. 8/2136, S. 15; vgl. auch *K. Schmidt,* Gerichtsschutz, S. 71 f.; *Lerche / Degenhart,* S. 16 ff.: „Mißbrauchsaufsicht als gestaltende Konkretisierung."

43 *Gleiss / Kracht,* NJW 1959, 973; *K. Schmidt,* Kartellverfahrensrecht, S. 263; GK-*Fikentscher/Straub,* § 18 Rdnr. 384 (Stand: 1987).

Umgekehrt ist bei den Erlaubniskartellen (§§ 4, 5 Abs. 2, 5 Abs. 3, 6 Abs. 2, 7, 8 GWB) das Verhalten auch zivilrechtlich erst dann gegenüber Dritten rechtmäßig, wenn die Erlaubnis erteilt ist.

Die Gegenauffassung – sog. Theorie des Verfahrensdurchgriffs – will gegebenenfalls auch ohne behördliche Verfügung privatrechtliche Ansprüche Dritter wegen Schutzgesetzverletzung anerkennen.[44] In ihr kommt das grundsätzliche Anliegen zum Ausdruck, dem Privatrecht die Unabhängigkeit von staatlicher Aufsichtspraxis zu erhalten.[45] Sie bestreitet, daß kartellrechtliche Verfügungen notwendige Voraussetzungen für Schadensersatzansprüche Dritter sind. Schutznormen zugunsten Dritter könnten, auch wenn sie im Verhältnis Behörde – Adressat erst dann sanktionsbewehrt sind, wenn eine Verfügung erlassen ist (bzw. wenn die Sanktion aufgehoben wird, wenn die Erlaubnis vorliegt), trotzdem unabhängig hiervon zivilrechtliche Ansprüche auslösen.[46] Den Rechtsfolgen, mit denen der Gesetzgeber den Tatbestand einer Norm verbunden habe, könne nicht entnommen werden, ob die Norm nicht außerdem auch Schutzgesetzcharakter besitze.[47]

Der umrissene Meinungsstreit kann an dieser Stelle nicht umfassend, d. h. vor allem nicht unter Berücksichtigung der Besonderheiten einzelner Normen des GWB abgehandelt werden. Es muß der insoweit zuständigen Privatrechtswissenschaft überlassen bleiben, zu entscheiden, für welche Bestimmungen im einzelnen die Eigenschaft als Schutzgesetz im Sinne von § 35 Abs. 1 GWB angenommen werden kann bzw. inwieweit der Kreis der Schutzgesetze zumindest de lege ferenda auszuweiten ist.[48] Es geht an dieser Stelle nur um die vorgelagerte, mit verfassungs- und verwaltungsrechtlichen Überlegungen zu beantwortende Frage, inwieweit die Existenz von privatrechtlichen Schadensersatzansprüchen (paradigmatisch diskutiert an § 35 Abs. 1 GWB) vom Vorliegen bzw. Nichtvorliegen kartellbehördlicher Verfügungen abhängig gemacht werden kann. Soweit in dem einen oder anderen Zusammenhang, vor allem im Hinblick auf die Bestimmungen von § 18 und § 22 GWB, zugunsten der Lehre vom Verfahrensdurchgriff Stellung genommen wird, geht es nur um die Richtigkeit oder Unrichtigkeit der Grundprämisse der Gegenauffassung, nämlich die behauptete Breitenwirkung kartellbehördlicher Erlaubnisse.

---

[44] So *Biedenkopf*, Vertragliche Wettbewerbsbeschränkung, S. 218 ff.; *Clodius*, S. 116 ff.; *Emmerich*, Öffentliche Unternehmen, S. 336 f., *ders.* in: Immenga / Mestmäcker, § 35 Rdnr. 46; *Jansen*, S. 125; *E. Koch*, S. 67 f. und S. 105 ff.; unter dem Vorbehalt einer entsprechenden Einzelanalyse jeder Mißbrauchsbestimmung auch *Müller-Laube*, Privater Rechtsschutz, S. 42.

[45] *Mertens*, AcP 178 (1978), 258.

[46] Ausführlich zum Streitstand bezüglich einzelner Bestimmungen des GWB *K. Schmidt*, Kartellverfahrensrecht, S. 248 ff.

[47] So vor allem *Emmerich*, Öffentliche Unternehmen, S. 336 f.; *Jörißen*, S. 23 ff.; *Mestmäcker*, AcP 168 (1968), 252 ff.; zustimmend *Möschel*, Oligopolmißbrauch, S. 210 f.

[48] Vgl. dazu etwa *Benisch*, Festschrift für Hartmann, S. 37 ff. m. w. N.

Die Problematik des Verfahrensdurchgriffs beschränkt sich im übrigen nicht auf den Bereich des Kartellrechts. Die Diskussion um seine Zulässigkeit wird mit ähnlichen Argumenten auch im Umweltrecht geführt. So findet sich die Auffassung, daß etwa § 5 oder § 22 BImSchG auch dann als Schutzgesetze im Sinne von § 823 Abs. 2 BGB anerkannt werden können, wenn kein Verwaltungsakt zu ihrem Vollzug ergangen ist.[49] Ein Verstoß gegen § 823 Abs. 2 BGB soll sogar dann in Betracht kommen, wenn sich der Betreiber an die Anforderungen eines Genehmigungsbescheides gehalten hat.[50] Eine ausführlichere Diskussion dieser Thesen findet allerdings anders als im Kartellrecht kaum statt. Sie ist auch deshalb entbehrlich, weil sich Verkehrssicherungspflichten, die neben die Anforderungen im Genehmigungsbescheid treten, in § 823 Abs. 1 BGB ansiedeln lassen.[51] Trotzdem zeigt dieses Beispiel, daß sich eine Diskussion über die Zulässigkeit des Verfahrensdurchgriffs in seiner Relevanz nicht auf das Kartellrecht beschränken muß. Sie hat vielmehr allgemeine Bedeutung für die gesamte Rechtsordnung.[52]

### *3. Ausgangspunkte in Rechtsprechung und wissenschaftlicher Diskussion*

Privatrechtsgestaltendes Handeln durch Hoheitsakt ist Verwaltungstätigkeit. Gegen die Einschaltung von Behörden in die Gestaltung der privaten Rechtslage gibt es zum einen an dieser Stelle nicht zu vertiefende allgemeine rechtspolitische Einwände.[53] Die teilweise vehementen Plädoyers für einen Rückzug der Wirtschaftsaufsicht und eine Besinnung auf privatrechtliche Durchsetzungsmittel[54] treffen im Kartellrecht jedoch auch auf einen positiven rechtsdogmatischen Resonanzboden. Die verhältnismäßig kleinen Kartellbehörden sind kaum in der Lage, wirklich umfassend kontrollierend tätig zu werden.[55] Die Behörden müssen Schwerpunkte bilden und vor allem dort eingreifen, wo

---

[49] *Marburger*, 56. DJT, C. 122 f.; MüKo-*Mertens*, § 823 Rdnr. 154 a; vgl. auch *Medicus*, JZ 1986, 783; *F. Baur*, JZ 1974, 660; *Diederichsen*, BB 1986, 1727.

[50] *Marburger*, 56. DJT, C 123.

[51] *Marburger*, 56. DJT, C 123; *Medicus*, JZ 1986, 783.

[52] Auf einen weiteren Fall von „Verfahrensdurchgriff" weist die Entscheidung des BGH, Urt. v. 29.9.1992, NJW 1993, 53 (53) hin: Im Verhältnis zum Schädiger kann ein Mitverschulden des Geschädigten auch dann entfallen, wenn eine Ausnahmegenehmigung im Hinblick auf die Anlegung von Sicherheitsgurten (§ 21 a StVO i. V. m. § 46 Abs. 1 Nr. 5 b StVO) nicht erteilt war, jedoch hätte erteilt werden müssen, falls sie beantragt worden wäre. Eine Abweichung gegenüber den hier diskutierten Fällen ergibt sich allerdings daraus, daß es nicht um einen Primäranspruch, sondern die Konkretisierung einer Obliegenheit nach § 254 Abs. 1 BGB geht (BGH, aaO). Die Erteilung einer Ausnahmegenehmigung ist im übrigen nach den in dieser Untersuchung gewonnen Kriterien nicht privatrechtsgestaltend (da verschuldensbezogen).

[53] Sog. Deregulierungsdebatte. Siehe dazu allgemein *Berg*, Die Verwaltung 21 (1988), 321; *Ehlers*, Wirtschaftsaufsicht, Rdnr. 458 m. w. N.

[54] Vgl. *Emmerich*, in: Immenga / Mestmäcker, § 35 Rdnr. 10 ff.

[55] *Emmerich*, in: Immenga / Mestmäcker, § 35 Rdnr. 11, *ders.*, ZHR 140 (1976), 117; *E. Koch*, S. 68; *Kremer*, S. 72; vgl. auch BGH, B. v. 25.10.1983, DB 1984, 1674 (1675).

dies zum Schutz des Wirtschaftsablaufs besonders erforderlich ist.[56] Will das GWB seine Schutzwirkungen flächendeckend und nicht nur vereinzelt entfalten (nichts anderes kann als Argumentationsgrundlage für die Auslegung einzelner Bestimmungen des GWB dienen), ist dies nur dann möglich, wenn es auf eine Tätigkeit der Kartellbehörden – untechnisch gesprochen – nicht entscheidend ankommt, also letztlich die einzelnen Marktteilnehmer auch selbständig im Wege zivilprozessualer Klage gegen marktbeschränkendes oder diskriminierendes Verhalten vorgehen können. Dieser Gedanke spiegelt sich in der „Taxiflug"-Entscheidung des BGH[57] wieder.[58] Das Gericht hat dort den Standpunkt vertreten, daß dann, wenn sich ein zivilrechtlicher Klageanspruch, der sich auf die Abwehr rechtswidrigen Verhaltens eines Unternehmens richtet, nach seinen Voraussetzungen und seinem Inhalt deckt mit einer auch im Verwaltungsverfahren erreichbaren Maßnahme, in der Regel ein Anspruch auf behördliches Tätigwerden ausgeschlossen ist.[59]

Einen eindeutigen Hinweis zum Thema Verfahrensdurchgriff enthält die Entscheidung gleichwohl nicht. Es wurde nicht ohne kartellbehördliches Verfahren ein zivilrechtlicher Anspruch aus § 22 GWB hergeleitet, sondern ein Anspruch auf Einschreiten durch die Kartellbehörde abgelehnt, weil ein zivilrechtlicher Anspruch mit gleichem Inhalt nach §§ 26 Abs. 2, 35 GWB gegeben war.[60] Die Rechtsprechung des BGH enthält auch ansonsten eher Andeutungen als Antworten zur Frage der Zulässigkeit des Verfahrensdurchgriffs bzw. zur Notwendigkeit eines öffentlich-rechtlich vermittelten Drittschutzes. So hat sich der Kartellsenat im „Bauindustrie"-[61] und im „Fahrlehrer"-Beschluß[62] gegen die Auffassung gestellt, es bestände ein zwingender Gleichlauf von öffentlich-rechtlichem und privatrechtlichem Drittschutz.[63] Auch die Unter-

[56] BGH, DB 1984, 1674 (1675); *E. Koch*, S. 68.

[57] B. v. 14.11.1968, Z 51, 61 ff.

[58] Siehe dazu und zu weiteren Entscheidungen in diesem Zusammenhang *Möschel*, in: Immenga / Mestmäcker, § 22 Rdnr. 189.

[59] BGH, B. v. 14.11.1968, Z 51, 61 (67), betreffend das Verhältnis von §§ 22 und 26 GWB; bestätigt von BGH, B. v. 25.10.1983, DB 1984, 1674 (1675) für § 37 a und § 26 GWB; ebenso OLG Celle, B. v. 21.02.1973, WuW/E OLG 1387 (1391). Zustimmend etwa *Möschel*, in: Immenga / Mestmäcker, § 22 Rdnr. 190. Ablehnend *K. Schmidt*, in: Immenga / Mestmäcker, § 51 Rdnr. 11.

[60] So zutreffend *K. Schmidt*, Kartellverfahrensrecht, S. 623 ff.

[61] B. v. 15.7.1966, Z 46, 168 (188): Die Eintragung von Wettbewerbsregeln hindere einen Betroffenen nicht an der Verfolgung von Schadensersatzansprüchen nach § 35 GWB.

[62] B. v. 14.3.1968, NJW 1968, 1723 ff., ebenfalls im Hinblick auf Wettbewerbsregeln.

[63] So interpretiert auch *K. Schmidt*, Kartellverfahrensrecht, S. 604, die Entscheidungen. Vgl. auch BGH, Urt. v. 4.4.1975, JZ 1976, 28 (29): Ein Unternehmen brauche sich bei der drohenden Gefährdung seiner Interessen am freien Wettbewerb nicht auf das Eingreifen der Kartellbehörde verweisen lassen. Siehe auch jüngst BGH, Urt. v. 6.10.1992, NJW 1993, 396 LS 1: „Behindert ein Energieversorgungsunternehmen mit Gebietsmonopol unbillig die Verwertung von Strom aus einem Wasserkraftwerk, können dem Betreiber des Wasserkraftwerks auf § 26 Abs. 2 GWB gestützte Ansprüche zustehen; § 103 Abs. 5 GWB schließt dies nicht aus."

scheidung zwischen Verbot und Verbotssanktion, auf die die Theorie vom Verfahrensdurchgriff maßgeblich aufbaut, ist von der Rechtsprechung des BGH für § 15 GWB (also in anderem Zusammenhang) fruchtbar gemacht worden.[64]

Anerkannt wird die Theorie vom Verfahrensdurchgriff vom BGH allerdings für die Bestimmung des § 27 GWB; das Gericht bejaht einen Anspruch aus §§ 35, 27 GWB auch ohne vorhergehende kartellrechtliche Verfügung.[65] Zwar ist § 27 GWB durchaus eine Vorschrift mit Sondercharakter, vor allem deshalb, weil sich dort das Problem der Breitenwirkung nicht stellt.[66] Eine allgemeine Tendenz des BGH im Hinblick auf die Anerkennung der Theorie vom Verfahrensdurchgriff läßt sich deshalb der Entscheidung wohl nicht entnehmen. Immerhin verlängert der BGH die Indizienkette gegen die Theorie vom öffentlich-rechtlich vermittelten Drittschutz dadurch, daß er es als „ungewöhnlich" bezeichnet, für die Durchsetzung privatrechtlicher Ansprüche eine Verwaltungsbehörde einzuschalten; er qualifiziert ein solches Verfahren als „unpraktisch".[67]

### 4. *Nichtrelevante Vorfragen und Argumente*

Die wissenschaftliche Diskussion über die Zulässigkeit der Annahme eines Verfahrensdurchgriffs verlief bisher nicht immer genügend differenziert.[68] So ist die Behauptung, die Theorie vom Verfahrensdurchgriff führe ins „kartellrechtliche Chaos",[69] nur dann nachzuvollziehen, wenn man die eigenen, entgegengesetzten kartelldeliktsrechtlichen Grundvorstellungen als allein maßgeblich zugrunde legt. Genauso ist allerdings auch zweifelhaft, ob denen, die sich gegen die Zulässigkeit eines Durchgriffs wenden, eine „Verwechslung von Tatbestand und Rechtsfolge"[70] vorgeworfen werden kann.[71] Beide Lösungen, also Verfahrensdurchgriff und öffentlich-rechtlich vermittelter Drittschutz,

---

64 Siehe BGH, Urt. v. 8.10.1958, Z 28, 209 (212): „Obwohl § 15 GWB dem Wortlaut nach nur die zivilrechtlichen Folgen der Nichtigkeit für die ihm zuwiderlaufenden Verträge festzulegen scheint, kann doch kein Zweifel sein, daß damit ... auch ein 'Verbot' der dem § 15 GWB zuwiderlaufenden Verträge ausgesprochen sein soll."

65 BGH, Urt. v. 25.2.1959, Z 29, 344 (351); vgl. auch Urt. v. 9.12.1969, WuW/E BGH 1061 ff. Zustimmend *Canaris,* Festschrift für Larenz II, S. 68; *Markert,* in: Immenga / Mestmäcker, § 27 Rdnr. 47 ff.; *Jansen,* S. 125; im Ergebnis auch *H.-U. Müller,* S. 91. Ablehnend *Gleiss / Kracht,* NJW 1959, 971 f.; *K. Schmidt,* Kartellverfahrensrecht, S. 280 ff., jeweils m. w. N.

66 *K. Schmidt,* Kartellverfahrensrecht, S. 282.

67 BGH, Urt. v. 25.2.1959, Z 29, 344 (348 f.).

68 So zutreffend *K. Schmidt,* Kartellverfahrensrecht, S. 267: Undifferenzierte Argumentation beider Seiten kennzeichne den Meinungsstreit.

69 So *Rittner,* WuW 1969, 72.

70 So *Emmerich,* Öffentliche Unternehmen, S. 336.

71 Abgewogener als bei *Emmerich* die Ausführungen von *Mestmäcker,* AcP 168 (1968), 243: Die Differenzierung von materiellem Tatbestand und Rechtsfolge sei für die Auslegung des GWB „fruchtbar" zu machen. Siehe weiterhin auch *Jansen,* S. 125; *Jörißen,* S. 38 ff.

sind als Gesetzestechnik vor allem bei der Gewährung von Schadensersatzansprüchen selbstverständlich denkbar. Der Gesetzgeber kann der kartellbehördlichen Verfügung konstitutive Bedeutung nur für das Verhältnis Staat – Verfügungsadressat zubilligen. Genauso kann er sich aber auch – Gründe der Rechtssicherheit und Rechtsklarheit sprechen dafür –[72] für eine einheitliche privatrechtsgestaltende Wirkung gegenüber Adressat und Dritten entscheiden.[73] Überlegungen zu Einheit oder Trennung von Tatbestand und Rechtsfolge helfen insofern nicht weiter. Nicht erforderlich sind im übrigen auch Überlegungen zur allgemeinen Frage, inwieweit Gerichte an Verwaltungsakte gebunden sind. Das richtet sich nach dem einfachen Recht, und um dessen Interpretation geht es.[74]

Das System des GWB, auf der einen Seite bestimmte Verträge für verboten, andere hingegen für verbietbar zu erklären, wird mit der Lehre vom Verfahrensdurchgriff nicht unterlaufen.[75] Diese Unterscheidung behält in verschiedener Hinsicht ihre Relevanz. Sie „gilt" für das Verhältnis von Verbotsbehörde und Verbotsadressaten. Die Vertragsparteien bleiben an einen geschlossenen Vertrag – etwa im Anwendungsbereich des § 18 GWB – bis zu einer Unwirksamkeitserklärung unbeschränkt gebunden.[76] Der Einwand, der Bindende könne vom Gebundenen deshalb eine Dritten gegenüber unerlaubte Handlung verlangen, ist gleichfalls nicht schlüssig.[77] Bei § 18 GWB ist der Gebundene nach einfachem Recht nicht Verfügungsadressat. Verfassungsrechtliche Überlegungen führen zwar zu einer verfassungsrechtlich begründeten Beschwer. Das GWB gibt aber deutlich zu erkennen, daß es durch § 18 GWB jedenfalls keine Ansprüche des Dritten gegen den Gebundenen begründen will. Nur der Bindende kann daher gegen das „Schutzgesetz" § 18 GWB verstoßen und Schadensersatzansprüchen Dritter ausgesetzt werden. Die grundsätzliche Wirksamkeit des Vertrages wird also durch die Theorie vom Verfahrensdurchgriff nicht in Frage gestellt.[78]

Kein zwingendes Argument für die Lehre vom öffentlich-rechtlich vermittelten Kartelldeliktsschutz ist die generalklauselartige Weite vieler GWB-

[72] So zu Recht *K. Schmidt*, AG 1987, 335.

[73] *K. Schmidt* als Hauptvertreter der Lehre vom öffentlich-rechtlich vermittelten Drittschutz hebt im übrigen sogar relativ am Anfang seiner Untersuchung die Notwendigkeit einer Unterscheidung von Verbot und Verbotssanktion hervor. Siehe *diesen*, Kartellverfahrensrecht, S. 10.

[74] Ähnlich *K. Schmidt*, Kartellverfahrensrecht, S. 201: Jedes Verfahrensereignis könne konstitutive Wirkung in dem Umfang haben, in dem eine Rechtsnorm ihm diese Wirkung beigibt.

[75] Ebenso *Jansen*, S. 128.

[76] Es ist allerdings denkbar, daß der Vertrag nach anderen zivilrechtlichen Vorschriften, etwa nach § 138 BGB, ipso iure nichtig ist (siehe *von Venrooy*, S. 73 ff.). Die damit verbundenen Fragen gehören thematisch jedoch nicht zum Bereich der vorliegenden Untersuchung.

[77] Anders *Kapp*, S. 202 m. w. N.

[78] Anders zu Unrecht *Kapp*, S. 202; Liebs, Vertriebsverträge, S. 51.

Bestimmungen.[79] Mißbrauchsbestimmungen wie § 18 und § 22 GWB sind wirtschaftsaufsichtsrechtliche Eingriffsermächtigungen. Sie unterstehen damit den allgemeinen rechtsstaatlichen Bestimmtheitsanforderungen, die aus der Natur einer bestimmten Materie heraus allerdings abgeschwächt sein können. Für sie gelten aber keine geringeren Bestimmtheitsanforderungen als für Vorschriften im Bürger-Bürger-Verhältnis.[80]

Keine Entscheidungshilfe für die richtige Verortung von öffentlich-rechtlich vermitteltem und unmittelbar privatrechtlichem Drittschutz bieten die Grundrechte.[81] Eine wohl herrschende Meinung entnimmt zwar Art. 2 Abs. 1 GG (oder auch Art. 12 Abs. 1 GG) eine Garantie der Wettbewerbs- bzw. Konkurrenzfreiheit.[82] Dieses Recht ist aber – soweit man es überhaupt als Innominatrecht im Rahmen des Art. 2 Abs. 1 GG anerkennt –[83] wie alle Grundrechte primär staatsgerichtet.[84] Im Hinblick auf Dritte folgt hieraus nur eine Schutzverpflichtung,[85] für deren Erfüllung der Staat über einen weiten Gestaltungsspielraum verfügt. Er kann sie auf die eine wie auf die andere Weise erfüllen.[86]

Ebenfalls nicht abhängig gemacht werden kann die Entscheidung für oder gegen die These vom öffentlich-rechtlich vermittelten Drittschutz von der Frage, inwieweit es im Kartellrecht subjektiv-öffentlichen Konkurrentenschutz gibt.[87] Dabei handelt es sich vielmehr um ein Anschlußproblem. Folgt man der Theorie vom öffentlich-rechtlich vermittelten Drittschutz, ist allerdings die weitgehende Anerkennung des subjektivrechtlichen Gehalts von Kartellrechtsnormen die notwendige Folge. Entscheidet man sich für die Lehre vom Verfahrensdurchgriff, ist hingegen über den öffentlich-rechtlichen Konkurrenzschutz noch keine Aussage getroffen. Öffentlich-rechtlicher und privatrechtlicher Drittschutz stehen nebeneinander. Weil die Durchsetzung privater

---

[79] So aber *K. Schmidt,* Kartelldeliktsrecht, S. 64: „Legitime Kartellpolitik mit einem 'Mißbrauchsverbot' setzt ein Konkretisierungsmonopol der Kartellbehörden voraus, das fehlende Rechtsgewißheit ausgleicht."

[80] Höchstens der gegenteilige Schluß ließe sich diskutieren (siehe *Jörißen,* S. 75).

[81] So im Ergebnis auch *Jörißen,* S. 67 f.

[82] BVerwG, Urt. v. 18.4.1985, DVBl. 1985, 857 (857); *Dürig,* in: Maunz / Dürig, Art. 2 Abs. I Rdnr. 48; *E. R. Huber,* DÖV 1056, 136 f.; *E. Koch,* S. 23; *Nipperdey,* in: Bettermann / Nipperdey, Grundrechte IV/2, S. 881; *Scholz,* Entflechtung, S. 93. Eindeutiger als der wenig aussagekräftige Begriff „Wettbewerbs-" bzw. „Konkurrenzfreiheit" ist die Bezeichnung „Freiheit der Teilnahme am Wettbewerb", vgl. BVerwG, Urt. v. 23.3.1982, E 65, 167 (174).

[83] Zu Recht kritisch *Scholz,* Wirtschaftsaufsicht, S. 128 f.: Es handele sich um einen Ausfluß der Garantien der Art. 12 und Art. 14 GG. Siehe auch *dens.,* Konzentrationskontrolle, S. 39 f.; zustimmend zu *Scholz* etwa *Kremer,* S. 43.

[84] Vgl. *Dürig,* in: Maunz / Dürig, Art. 2 Abs. I Rdnr. 49 ff.; *Scholz,* Wirtschaftsaufsicht, S. 129.

[85] Siehe *E. Koch,* S. 43; *Scholz,* Entflechtung, S. 96.

[86] Nicht überzeugend deshalb *Clodius,* S. 98 ff., der mit Hilfe der Sozialstaatsklausel die Bestimmungen des GWB konkretisieren will.

[87] Ausführlich dazu *Scholz,* Wirtschaftsaufsicht und subjektiver Konkurrenzschutz (1971).

Rechte nicht von hoheitlicher Tätigkeit abhängt, ist das kartellrechtliche Tätigwerden nicht zwingend auf Drittschutz zu programmieren.

Nicht weiterführend ist schließlich auch ein Abstellen auf die „privatrechtliche Funktion des Rechts der Wettbewerbsbeschränkungen".[88] Die Unterscheidung von öffentlichem und privatem Recht hat rechtstechnische Bedeutung.[89] Das GWB läßt sich insgesamt weder als privatrechtlich noch als öffentlichrechtlich verstehen.[90] Entscheidend ist immer die Einzelnormanalyse.[91] Das GWB enthält etwa unter dem Blickwinkel von § 13 GVG / § 40 VwGO sowohl öffentlich-rechtliche als auch privatrechtliche Bestimmungen.[92] Da es keinen öffentlich-rechtlichen oder privatrechtlichen Gesamtcharakter gibt, läßt sich insofern für die Frage des Verfahrensdurchgriffs nichts schließen.[93]

## *IV. Notwendigkeit und Entbehrlichkeit kartellrechtlicher Verfügungen zur Gewährung von effektivem Drittschutz*

### *1. Das Erfordernis effektiver zivilprozessualer Rechtsdurchsetzung*

Die Theorie vom Verfahrensdurchgriff beruht maßgeblich auf dem Gedanken, die privaten Belange Dritter seien effektiv dann gewahrt, wenn diese sie im Zivilprozeß auf eigene Initiative und auf eigenes Risiko durchsetzen können. Das GWB widmet bürgerlichrechtlichen Streitigkeiten in kartellrechtlichen Angelegenheiten in §§ 87 – 91 GWB einen eigenen Abschnitt. Es geht von der Vorstellung eines effektiven privatrechtlichen Kartelldeliktsrechts als Ausdruck der Ordnungsidee einer liberalen Marktwirtschaft aus.[94] Erwiese sich, daß der einzelne ohne kartellbehördliche Hilfe wegen fehlender „Waffengleichheit" in der Regel keine Chance hat, auf zivilprozessualem Wege gegen wettbewerbsbeschränkende Praktiken vorzugehen, wäre dies ein wichtiges Argument für die Auffassung vom öffentlich-rechtlich vermittelten Drittschutz. Die konstatierte geringe Bedeutung privater Schadensersatzklagen

---

[88] So aber *Mestmäcker,* AcP 168 (1968), 243.

[89] Ausführlich oben B I 3, S. 98 ff.

[90] So auch *Jörißen,* S. 63; *K. Schmidt,* Kartellverfahrensrecht, S. 91: Die Frage, ob „das GWB" öffentliches Recht sei, sei falsch gestellt. Anders vor allem *Emmerich,* Der unlautere Wettbewerb der öffentlichen Hand, S. 23: „Das Wettbewerbsrecht ist immer Privatrecht."

[91] Vgl. auch *von Venrooy,* S. 73.

[92] Die Bestimmungen der §§ 62 ff. GWB sind konsequenterweise – obwohl unter dem Begriff „Beschwerde" geregelt – eine anderweitige Zuweisung nach § 40 Abs. 1 S. 1 2. HS VwGO. Siehe *Bettermann,* Festschrift für Bötticher, S. 18; *K. Schmidt,* Festschrift für Steindorff, S. 1090.

[93] Wie hier *Jörißen,* S. 64; ebenso für das Verhältnis von Bürgerlichem Recht und Wirtschaftsrecht *von Venrooy,* S. 71 ff.

[94] *Benisch,* Festschrift für Hartmann, S. 37; *Müller-Laube,* Privater Rechtsschutz, S. 10 ff.

nach dem GWB[95] wäre möglicherweise ein Reflex zu geringer öffentlich-rechtlicher Durchsetzung des GWB in der „Breite".

Es ist deshalb von besonderem Interesse, daß gegen eine Verweisung Privater auf „zivilprozessuale Selbsthilfe"[96] im Bereich des Kartellrechts maßgeblich von Soell erhebliche Bedenken geltend gemacht werden.[97] Soell bestreitet eine effektive Chance des Klägers, gegen rechtswidrige Wettbewerbsbeeinträchtigungen vor dem Zivilgericht Erfolg zu haben und plädiert für einen öffentlich-rechtlichen Drittschutz durch Einbeziehung in das kartellverwaltungsrechtliche Verfahren. Das betrifft zwar nicht unmittelbar die Frage des öffentlich-rechtlich vermittelten Deliktsrechtsschutzes, ist aber unter Umständen auch für die Beantwortung dieser Frage fruchtbar zu machen. Kann der private Kläger ohne Vermittlung durch privatrechtsgestaltende Verwaltungsakte keinen effektiven Zivilrechtsschutz erlangen, wird die Theorie des Verfahrensdurchgriffs der Konzeption des GWB nicht gerecht,[98] denn subjektivrechtlicher Drittschutz nach dem GWB ist zu allererst privatrechtlicher Drittschutz.[99]

## 2. *Das Indeterminationsrisiko*

Die fehlende Eignung des Zivilrechts und Zivilprozeßrechts zur Gewährung von Drittschutz im Kartellrecht und damit die Notwendigkeit zur Einschaltung der Kartellbehörden soll zum einen darauf zurückzuführen sein, daß die Schutzgesetzeigenschaft vieler Normen zweifelhaft sei.[100] Hiermit wird der Beobachtung Rechnung getragen, daß der subjektivrechtliche Charakter von

---

[95] Siehe *Benisch,* Festschrift für Hartmann, S. 37; *Müller-Laube,* Privater Rechtsschutz, S. 11.

[96] So *Soell,* Festschrift für Wahl, S. 442.

[97] *Soell,* Festschrift für Wahl, S. 441 ff., *ders.,* Die Verwaltung 6 (1973), 502; ähnlich auch *Scholz,* Wirtschaftsaufsicht, S. 97. Skeptisch gegenüber der Eignung von Zivilrecht und Zivilprozeßrecht auch *T. Schwarz,* WuW 1967, 176. Zu dieser Diskussion siehe auch *Kremer,* S. 74 ff.; *K. Schmidt,* Kartelldeliktsrecht, S. 104 ff., *dens.,* in: Immenga / Mestmäcker, vor § 87 Rdnr. 1.

[98] Die folgende Darstellung beschränkt sich deshalb auf die Diskussion solcher Argumente, die sich mit der grundsätzlichen Eignung des Zivil- und Zivilprozeßrechts zur Gewährung von Drittschutz im Hinblick auf das Zusammenspiel mit privatrechtsgestaltenden Verwaltungsakten beschäftigen. Weniger Gewicht wird hingegen auf solche Erwägungen gelegt, die eher einen Vergleich von öffentlich-rechtlichem und privatrechtlichem Drittschutz im Auge haben. Denn die Theorie vom Verfahrensdurchgriff schließt ja – wie ausgeführt – öffentlich-rechtlichen Drittschutz nicht aus. Im kartellverwaltungsrechtlichen Verfahren stellt sich das Problem der „Waffengleichheit" im übrigen auch. Es ist keineswegs so, daß die Verpflichtung der Kartellbehörden auf das Allgemeinwohl von vornherein „Fairneßfragen" gar nicht erst aufwirft (siehe *K. Schmidt,* Schwerpunkte 1982/83, S. 53 ff.). Nur am Rande behandelt werden im übrigen solche Fragen, die rein zivilprozeßrechtlicher Natur sind und keinen unmittelbaren Bezug zum Thema Privatrechtsgestaltung haben.

[99] *K. Schmidt,* Kartellverfahrensrecht, S. 612.

[100] *Soell,* Festschrift für Wahl, S. 442 f.

Normen des GWB vielfach unter Berufung darauf bestritten wird, das GWB verfolge vor allem den Schutz der objektiven „Institution Wettbewerb".[101] Der BGH hat jedoch schon relativ frühzeitig die Auffassung vertreten, daß die im öffentlichen Interesse erlassenen kartellrechtlichen Vorschriften gegen eine mißbräuchliche Beschränkung des Wettbewerbs in der Regel auch dem privaten Schutz eines beeinträchtigten einzelnen Unternehmens oder einzelnen Unternehmen dienen.[102] So ist denn auch in der Rechtsprechung des BGH deutlich die Tendenz erkennbar, großzügig die Schutzgesetzeigenschaft von Normen des GWB anzuerkennen.[103] Dies entspricht Überlegungen zum Schutzgut des GWB, das mit dem Schlagwort „Schutz des Wettbewerbs" nur unzulänglich umschrieben ist. Vielmehr geht es um den Schutz der faktischen bzw. materiellen Wirtschafts- und Wettbewerbsfreiheit der am Marktgeschehen teilnehmenden Subjekte.[104] Hieraus folgt die vom BGH anerkannte Notwendigkeit einer tendenziell großzügigen Anerkennung des subjektivrechtlichen Charakters von Normen des GWB.

Ein weiterer Einwand gegen die Eignung von Zivilrecht und Zivilprozeßrecht zur Gewährung von Drittschutz lautet dahingehend, daß das GWB in weitem Umfang mit wertausfüllungsbedürftigen Begriffen und Generalklauseln arbeitet,[105] was zu einem erheblichen Prozeßrisiko führe.[106] Das Problem der Normbestimmtheit trifft jedoch die kartellbehördliche Tätigkeit in gleichem Maße.[107] Ein spezieller Einwand gegen die zivilprozessuale Durchsetzung ergibt sich erst in Verbindung mit dem Kostenargument,[108] sowie mit Überlegungen zur häufig zu beobachtenden ungleichen wirtschaftlichen

[101] Ausführliche Nachweise zu dieser Auffassung bei *Scholz,* Wirtschaftsaufsicht, S. 61; aaO, S. 62 auch der zutreffende Hinweis auf den zirkulären Charakter dieser Argumentation. Zu Recht kritisch auch *Mestmäcker,* AcP 168 (1968), 245: Individualschutz und Institutionenschutz seien kein Gegensatz.

[102] BGH, Urt. v. 25.2.1959, Z 29, 344 (350).

[103] Siehe BGH, aaO, Z 29, 344 (351) für § 27 GWB; Urt. v. 22.10.1973, NJW 1974, 901 (901), für den zentralen § 26 Abs. 2 GWB; Urt. v. 4.4.1975, JZ 1976, 28 (28), für § 1 GWB; dazu auch *Steindorff,* JZ 1976, 29. Weiterhin *Emmerich,* in: Immenga / Mestmäcker, § 35 Rdnr. 13: § 35 sei in der denkbar weitesten Weise auszulegen; weiterhin *ders.,* aaO, Rdnr. 14 ff.; *K. Schmidt,* Kartelldeliktsrecht, S. 17 ff.; Übersicht über die Schutznormen im GWB auch bei *Müller / Gießler / Scholz,* § 35 Rdnr. 6 ff. Anders noch *Scholz,* Wirtschaftsaufsicht, S. 61: Die Praxis versuche, die Bestimmung des § 35 GWB (die bei Verletzung von Schutzgesetzen Schadensersatz gewährt) möglichst einzuengen. Zumindest für die Rechtsprechung des BGH ließ sich diese Feststellung aber schon damals nicht mehr treffen. Siehe die schon zitierte Entscheidung BGHZ 29, 344 (351), die *Scholz* in seinen Ausführungen insoweit nicht hinreichend beachtet.

[104] *Scholz,* Wirtschaftsaufsicht, S. 28.

[105] Siehe dazu *Kremer,* S. 63 ff.; *Rittner,* WuW 1969, 70; *K. Schmidt,* Kartelldeliktsrecht, S. 64.

[106] *Soell,* Festschrift für Wahl, S. 442 f. Siehe dazu auch *Rittner,* WuW 1969, 66: Das GWB stände allgemein in dem Ruf, das richtige Maß an Rechtssicherheit bei weitem nicht erreicht zu haben.

[107] *K. Schmidt,* Kartellverfahrensrecht, S. 140 ff.

[108] Siehe *Soell,* Festschrift für Wahl, S. 443.

Potenz, die dazu führe, daß der wirtschaftlich Starke seine wettbewerbsbeschränkenden Praktiken mittels längerem Atem im Prozeß letztlich durchsetze. Hieraus ist sogar kommentiert worden, wirtschaftliche Macht setze sich gegen das Recht meistens durch.[109] Es ist jedoch überzeichnet, quasi von einer effektiven Rechtsverweigerung wegen Kostenrisikos zu Lasten des wirtschaftlich schwächeren Klägers im kartellrechtlichen Zivilprozeß auszugehen.[110] Die sich aus §§ 91 ff. ZPO ergebenden Kostenfolgen sind im Verhältnis zum Streitwert vergleichsweise moderat, selbst wenn man mögliche Gutachtenkosten mitberücksichtigt. Letztlich ist das Kostenrisiko der ökonomisch sinnvolle Preis dafür, daß jeder einen anderen unter staatlicher Mithilfe mit einem Prozeß überziehen kann. Jede zu geringe Kostenlast führt zur Gefahr einer inflationären Inanspruchnahme staatlicher Ressourcen. Der aus rechtsstaatlichen Gründen bestehenden Verpflichtung, für den effektiven Schutz privater Rechte im Zivilprozeß zu sorgen,[111] dürfte das Kartellprozeßrecht durchaus gerecht werden.[112] Nicht übersehen werden darf zudem, daß es weder bei der Diskussion um den Konkurrenzschutz im Kartellrecht noch bei der Frage des Verfahrensdurchgriffs darum geht, die Bekämpfung von Kartellen allein wirtschaftlich unterlegenen Klägern und deren Mut zum Zivilprozeß zu überlassen. Die objektivrechtliche Verpflichtung der Kartellbehörden, gegebenenfalls einzugreifen, bleibt unberührt. Dies relativiert aber das Argument vom Machtgefälle auch ohne subjektives Recht auf Einschreiten.[113]

Auch weitere Probleme zivilprozessualer Rechtsdurchsetzung, etwa die Beweislastfrage oder die Schadensfeststellung, lassen sich durch dogmatische Weiterentwicklung quasi zivilrechtsintern beheben.[114] Sie führen kaum zu einer grundsätzlichen strukturellen Nichteignung des Zivilprozesses für Klagen gegen Wettbewerbsbeschränkungen, zumal die §§ 87 ff. GWB bereits wichtige Modifikationen der allgemeinen zivilprozessualen Regeln enthalten.

---

[109] So *Scholz,* Wirtschaftsaufsicht, S. 97.

[110] Ablehnend gegenüber einer solchen Annahme auch *Kremer,* S. 75; *K. Schmidt,* Kartellverfahrensrecht, S. 612, *ders.,* in: Immenga / Mestmäcker, vor § 87 Rdnr. 1. Für die Eignung des Zivilprozesses zur Verfolgung von Wettbewerbsverstößen unter dem Blickwinkel des Beweisrechts *Ullrich,* Festschrift für Ulmer, S. 521 ff.

[111] BVerfG, B. v. 8.10.1991, NJW 1992, 105 (105); vgl. auch *K. Schmidt,* Kartellverfahrensrecht, S. 610.

[112] Auf eine nähere Diskussion muß an dieser Stelle verzichtet werden. Die vielen veröffentlichten Entscheidungen, in denen die Gerichte vor allem über § 26 Abs. 2 GWB Rechtsschutz gewähren, spricht aber deutlich für die Richtigkeit der hier vertretenen These.

[113] Ebenso *K. Schmidt,* Kartelldeliktsrecht, S. 104. Anders für den Konkurrenzschutz *Scholz,* Wirtschaftsaufsicht, S. 98. Für die These vom Verfahrensdurchgriff aber wie hier wohl *ders.,* aaO, da er sich gegen die Vorstellung wendet, mit zulässigem öffentlich-rechtlichem Konkurrenzschutz werde der Kläger in seinen privatrechtlichen Möglichkeiten beschnitten.

[114] Siehe *K. Schmidt,* Kartelldeliktsrecht, S. 111 ff. m. w. N., *dens.,* Kartellverfahrensrecht, S. 610: Wenn das Zivilprozeßrecht ein Defizit an Rechtsschutzeffektivität aufwiese, müsse der Mangel im Rahmen dieses Verfahrensrechts behoben werden.

Unter dem Gesichtspunkt der Beweisprobleme erwähnenswert ist vor allem die Beteiligungsmöglichkeit des Bundeskartellamtes nach § 90 GWB.[115]

### 3. *„Tatbestandswirkung" kartellbehördlicher Verfügungen und zivilrechtliches Verschulden*

Soell beläßt es in seiner Kritik aber nicht bei Bedenken gegen die strukturelle Eignung des Zivilprozesses zum Konkurrenzschutz im Wettbewerbsrecht. Er bestreitet im Ergebnis die Durchsetzbarkeit eines materiellen Schadensersatzanspruchs für einen wichtigen Teilbereich kartellbehördlicher Tätigkeit, nämlich bei Vorliegen einer (möglicherweise auch rechtswidrigen) kartellbehördlichen Erlaubnis. Dies wird – insofern ist Soell kein Anhänger der Theorie vom öffentlich-rechtlich vermittelten Drittschutz – nicht auf deren privatrechtsgestaltende Wirkung zurückgeführt.[116] Angesetzt wird vielmehr allgemein bei der „Tatbestandswirkung" von kartellbehördlichen Erlaubnissen und speziell bei der Verschuldensfrage. Wenn jemand über eine kartellbehördliche Erlaubnis verfüge, die ein bestimmtes Verhalten erlaube, sei das zivilrechtliche Verschulden ausgeschlossen.[117]

Der Ausschluß des Verschuldens wegen Vorliegens einer behördlichen Genehmigung ist kein privatrechtsgestaltender Vorgang. Die öffentlich-rechtliche Erlaubnis ändert die private Rechtslage nicht, sondern nimmt lediglich Einfluß auf ein Element der zivilrechtlichen Schadenszurechnung. Insofern besteht Übereinstimmung mit den in dieser Untersuchung bereits entwickelten Begriffsbestimmungen.[118] „Einfache" behördliche Genehmigungen, also solche, denen der Gesetzgeber nicht ausdrücklich privatrechtsgestaltende Wirkung beimißt, beeinflussen den zivilrechtlichen Rechtmäßigkeitsmaßstab nicht. Gleichwohl relativiert die Auffassung von Soell die dogmatische Abgrenzungskraft des Ausdrucks „Privatrechtsgestaltung". Verwaltungsakte, die nicht privatrechtsgestaltend im Sinne der Beeinflussung des zivilrechtlichen Rechtmäßigkeits- bzw. Rechtswidrigkeitsmaßstabes sind, sind möglicherweise doch „quasiprivatrechtsgestaltend", führen letztlich wegen vergleichba-

---

[115] Zur Klarstellung: Die Ausführungen von *Soell* sollen durch die vorstehenden Überlegungen nicht generell verworfen werden. Sie sind in vielen Punkten durchaus zutreffend. Entgegengetreten werden soll lediglich dem möglicherweise entstehenden Eindruck, Zivil- und Zivilprozeßrecht seinem zum Schutz Dritter im Kartellrecht allgemein ungeeignet. Gewisse strukturelle Schwächen zivilprozessualer „Selbsthilfe" sind nicht zu bestreiten.

[116] Anders bei *Scholz,* Wirtschaftsaufsicht, S. 100. Um den Umfang der privatrechtsgestaltenden Wirkung geht es im vorliegenden Zusammenhang jedoch gerade, so daß hiermit für die hier diskutierte Frage nicht argumentiert werden kann. Unklar sind letztlich auch die Ausführungen von *Soell,* Festschrift für Wahl, S. 459, wo der Satz zu lesen ist, mit der Erteilung einer wettbewerbsrechtlichen Erlaubnis stehe fest, daß der Begünstigte berechtigt sei, den Wettbewerb zu beschränken und der Konkurrent verpflichtet sei, diese Wettbewerbsbeschränkung zu dulden. Dies wäre gerade privatrechtsgestaltende Breitenwirkung, die *Soell* zunächst abgelehnt hat (siehe *diesen,* aaO, S. 441 ff.).

[117] *Soell,* Festschrift für Wahl, S. 447 ff., S. 451.

[118] Siehe schon oben A V 3 c, S. 24 (25).

rer Wirkungen zu einem vergleichbaren Ergebnis. Es wäre sogar die Frage zu stellen, ob nicht auch der Verschuldensausschluß ein privatrechtsgestaltender Vorgang wäre.

Erläuterungsbedürftig ist in diesem Zusammenhang zunächst der Ansatzpunkt der Argumentation bei der „Tatbestandswirkung". Soell versteht hierunter, daß der Zivilrichter die Existenz der Kartellerlaubnis bei der Bewertung des Verhaltens der Kartellmitglieder nicht ignorieren darf.[119] Eine überzeugende begriffliche Schärfe bekommt der Ausdruck damit allein jedoch noch nicht. Sie ist auch unter Zuhilfenahme spezieller Literatur zur Verwaltungsaktsdogmatik nicht ohne Präferenzentscheidungen im wissenschaftlichen Meinungsstreit zu gewinnen. Der Begriff der „Tatbestandswirkung" wird in der Regel zweispurig definiert. Zum einen sollen andere Behörden und Rechtsträger außerhalb des vom Verwaltungsakt begründeten Verwaltungsrechtsverhältnisses an die Tatsache der Existenz des Verwaltungsaktes gebunden sein.[120] Dieser Aspekt liegt außerhalb des Verwaltungsaktes selbst. Der Verwaltungsakt ist – wie andere Maßnahmen möglicherweise auch – ein juristisch relevanter Sachverhalt. Als solcher ist er Tatbestandselement von Normen, die auf einen solchen Sachverhalt Bezug nehmen.[121] Der Verwaltungsakt hat insoweit eine „passive" Funktion, er ist Anknüpfungsobjekt. Es geht um die Rechtsfolgen, die vom äußeren Vorhandensein des Aktes aufgrund gesetzlicher Anknüpfung ausgehen.[122] Die überwiegende Meinung versteht unter Tatbestandswirkung weiterhin auch die Bindung aller Gewalten an die vom Verwaltungsakt getroffene Regelungswirkung, im Gegensatz zur Feststellungswirkung, der Bindung an die die Regelung tragenden tatsächlichen oder rechtlichen Feststellungen.[123] Einbezogen werden damit auch die vom Inhalt des Aktes ausgehenden Wirkungen.[124] Es stellt sich aber die Frage, ob dieser juristische Effekt von Verwaltungsakten mit dem Begriff der Tatbestandswirkung richtig erfaßt wird. Störend ist zum einen schon, daß auf diese Weise zwei ganz unterschiedliche

---

[119] *Soell,* Festschrift für Wahl, S. 451.

[120] *Erichsen,* in: Erichsen / Martens, § 12 Rdnr. 4, S. 259; *Kopp,* VwVfG, § 35 Rdnr. 26 f.; *Schwarze,* in: Knack, VwVfG, § 35 Rdnr. 6.1.6.; *Selmer,* Privates Umwelthaftungsrecht, S. 8.

[121] Beispiele wurden bereits diskutiert, etwa die Tarifgenehmigungen. Siehe oben F IV 3, S. 304 ff. Vgl. weiterhin *Engel,* Planungssicherheit, S. 15.

[122] *Jesch,* Bindung des Zivilrichters, S. 59.

[123] *Erichsen,* in: Erichsen / Martens, § 12 Rdnr. 4, S. 259; *Kopp,* VwVfG, Vorb. § 35 Rdnr. 32; *Maurer,* Allgemeines Verwaltungsrecht, § 11 Rdnr. 8 f.; *Schwarze,* in: Knack, VwVfG, § 35 Rdnr. 6.1.6. Siehe auch *Greiffenhagen,* S. 211, und die Kritik hieran von *Soell,* Festschrift für Wahl, S. 451 m. Fußn. 79. Die Feststellungswirkung von Verwaltungsakten in diesem engen Sinne hat im übrigen keine besondere Bedeutung, weder praktisch noch dogmatisch. Sie kommt letztlich nur dort in Betracht, wo sie gesetzlich ausdrücklich vorgesehen ist und ist insofern stets verhältnismäßig einfach zu bestimmen (*Jesch,* Bindung des Zivilrichters, S. 68; *Kopp,* VwVfG, Vorb. § 35 Rdnr. 33). Ein anderes Problem besteht darin, daß vielfach in der Regelung Feststellungen enthalten sind (Beispiel: Die Baugenehmigung stellt die Vereinbarkeit eines Vorhabens mit dem öffentlichen Baurecht fest.). Siehe dazu ausführlicher *Engel,* Planungssicherheit, S. 16 f.

[124] *Jesch,* Bindung des Zivilrichters, S. 59.

rechtliche Phänomene unter einem Begriff zusammengefaßt werden.[125] Einmal handelt es sich um kein Bindungsproblem, beim anderen Aspekt hingegen wohl.[126] Vor allem besteht aber kein Anlaß, die Bindungsproblematik mit unter den Begriff der Tatbestandswirkung zu ziehen, wenn nicht mehr ausgesagt werden soll, als mit dem Begriff der „Regelungswirkung" auch. Der Begriff der Tatbestandswirkung ist deshalb zu beschränken: Es geht um die Folgen aus der äußeren Existenz eines Verwaltungsaktes.[127] „Tatbestandswirkung" ist also ein Ausdruck für die im einzelnen differenziert zu betrachtende Maßgeblichkeit von Verwaltungsakten außerhalb der Regelungs- oder Feststellungswirkung.

Soell ist also zuzustimmen, wenn er die Frage des Ausschlusses des Verschuldens mit der nach der Tatbestandswirkung kartellrechtlicher Verfügungen verbindet. Relativiert wird sein Einwand der effektiven Undurchsetzbarkeit von zivilrechtlichen Ansprüchen bei Vorliegen einer kartellrechtlichen Erlaubnis jedoch von vornherein dadurch, daß hiervon die Verbotskartelle nicht erfaßt werden, ebensowenig die Anmelde- und Widerspruchskartelle. Unerheblich ist die Frage des Verschuldens auch für die Möglichkeit der Durchsetzung von Unterlassungsansprüchen. Selbst für den Bereich der Erlaubniskartelle steht die Annahme eines regelmäßigen Schuldausschlusses aber nicht in Einklang mit der zivilrechtlichen Dogmatik. Denn das Risiko eines Rechtsirrtums wird dem Erlaubnisnehmer durch das schlichte Vorliegen eines Verwaltungsaktes nicht abgenommen. Die Anknüpfung der zivilrechtlichen Dogmatik an Verwaltungshandeln ist keine unbedingte.[128] Der Fahrlässigkeitsmaßstab im Zivilrecht ist grundsätzlich objektiviert.[129] Jeder trägt selbst das Risiko der Rechtmäßigkeit seines Handelns. Soweit trotz objektiver Rechtswidrigkeit gleichwohl kein Verschulden angenommen werden kann,[130] kommt es auf die individuellen Umstände an. Allein das Vorliegen einer (möglicherweise offensichtlich rechtlich zweifelhaften) Genehmigung reicht jedenfalls nicht aus, um dem Verschuldensvorwurf in jedem Fall entgegenzutreten.[131] Dies hat gerade die Diskussion im Umwelthaftungsrecht deutlich erwiesen. Öffentlich-rechtliche Pflichten, die Emittenten auferlegt werden, beeinflussen die zivilrechtlichen Haftungsvoraussetzungen dadurch, daß sie zur Annahme einer Verkehrssicherungspflicht führen.[132] Gleichwohl können nebenher weitere privatrechtliche Verkehrssicherungspflichten entstehen, die die Pflichten des Anlagenbetrei-

---

[125] Kritisch deshalb auch *Jesch,* Bindung des Zivilrichters, S. 61 ff.

[126] *Jesch,* Bindung des Zivilrichters, S. 66.

[127] Für eine Beibehaltung der bisherigen Terminologie aber *Peine,* JZ 1990, 208.

[128] Dies ist der Grund dafür, daß insoweit nicht von einem privatrechtsgestaltenden Vorgang ausgegangen wird.

[129] Zum Verschulden bei § 35 GWB vgl. etwa GK-*Benisch,* § 35 Rdnr. 21 (Stand: 1982).

[130] Siehe dazu GK-*Benisch,* § 35 Rdnr. 21 (Stand: 1982).

[131] Siehe etwa *Canaris,* Festschrift für Larenz II, S. 56 m. w. N.; *Gerlach,* Privatrecht und Umweltschutz, S. 109.

[132] Vgl. nur *Gottwald,* Festschrift für H. Lange, S. 467; ausführlich auch schon oben A V 3 d cc, S. 29 f.

bers konkretisieren.[133] Zwar kommt es zunächst zu einer Art Zwischenschaltung der Verkehrssicherungspflicht vor den Rechtswidrigkeits- bzw. Verschuldensvorwurf. Trotzdem ist der zugrundeliegende Gedanke zu verallgemeinern. Behördliche Erlaubnisse haben auch für den zivilrechtlichen Verschuldensmaßstab nur indizielle Bedeutung.[134] Es ist deshalb keinesfalls so, daß schon das Vorliegen einer Genehmigung einem möglichen Schadensersatzanspruch eines betroffenen Dritten jegliche Erfolgschancen nimmt. Dies wäre nur bei einem wirklich privatrechtsgestaltenden Vorgang der Fall. Kartellrechtlicher Drittschutz kann also auf zivilrechtlichem und zivilprozessualem Wege auch unter Berücksichtigung des Verschuldenserfordernisses erfolgen, soweit man kartellrechtlichen Genehmigungen keine privatrechtsgestaltende Breitenwirkung beimißt.[135]

## *V. Verfahrensbeteiligung bei privatrechtlicher Breitenwirkung*

### *1. Verfassungsrechtliche Vorgaben für die Beteiligung am Kartellverfahren*

Grundproblem der Diskussion um den Verfahrensdurchgriff ist die Reichweite der privatrechtsgestaltenden Wirkung kartellbehördlicher Verfügungen. Bejaht man die Auffassung vom öffentlich-rechtlich vermittelten Drittschutz, beschränkt sich die privatrechtsgestaltende Wirkung nicht auf das Adressatenverhältnis; Rechte Dritter werden durch Erlaß oder Nichterlaß einer behördlichen Verfügung konstitutiv umgestaltet.

Hinweise auf die vom GWB verfolgte Konzeption lassen sich aus den Regelungen über die Einbindung Dritter in das kartellbehördliche und kartellgerichtliche Verfahren gewinnen. Ausgangspunkt hat dabei die Überlegung zu sein, daß eine privatrechtsgestaltende Drittwirkung aus verfassungsrechtlichen Gründen nur dann denkbar ist, wenn und soweit Dritte sich in das Verfahren als Beteiligte einschalten können.[136] Die Bindung Dritter ist eine Legitimationsfrage.[137] § 13 Abs. 2 S. 2 VwVfG ist die verfassungsnotwendige Bestimmung, die

---

133 Siehe die viel diskutierte Kupolofen-Entscheidung des BGH, Urt. v. 18.9.1984, Z 92, 143 (151); weiterhin *Diederichsen*, 56. DJT, L 77, *ders.*, BB 1986, 1724 ff.

134 So auch *U. Hübner*, NJW 1989, 450; MüKo-*Hanau*, § 276 Rdnr. 94.

135 Dies ist nur eine Teilkritik an der Konzeption von *Soell*. Dem grundsätzlichen Anliegen, nämlich die Rechtsstellung des Dritten durch unmittelbaren öffentlich-rechtlichen Verfahrens- und Drittschutz zu verbessern, ist uneingeschränkt zuzustimmen, ohne daß damit zur Frage Stellung genommen werden soll, inwieweit das GWB sich im Sinne eines umfassenden öffentlich-rechtlichen Drittschutzes interpretieren läßt.

136 *K. Schmidt*, Kartellverfahrensrecht, S. 448 f.; *Soell*, Festschrift für Wahl, S. 448. Grundlage hierfür sind letztlich die Grundrechte selbst, die nach einer verfahrensrechtlichen Absicherung verlangen, vgl. *Hufen*, Fehler im Verwaltungsverfahren, Rdnr. 161. Siehe auch schon oben G II 2, S. 311 f., die Überlegungen zu § 13 Abs. 2 S. 2 VwVfG.

137 *K. Schmidt*, Kartellverfahrensrecht, S. 207.

gegebenenfalls auch im Kartellverwaltungsverfahren angewendet wird.[138] Werden im Verwaltungsverfahren subjektive Drittrechte aus §35 GWB beseitigt (so vor allem im Erlaubnisverfahren), oder werden sie, möglicherweise entgegen der objektiven Rechtslage, wegen Nichteingriffs nicht begründet, kommt es also zu einem privatrechtsgestaltenden Vorgang, muß der betroffene Dritte die Möglichkeit der Beteiligung am Kartellverwaltungsverfahren und am möglicherweise anschließenden Gerichtsverfahren haben.[139] Hierüber besteht im Ergebnis Einigkeit.[140] Allerdings wird der Schluß, Art. 19 Abs. 4 GG schütze auch gegen die Beseitigung privatrechtlicher Rechte durch Hoheitsakt, ähnlich wie bei § 42 Abs. 2 VwGO[141] eher selten gezogen,[142] teilweise sogar ausdrücklich bestritten.[143] Meistens gehen Überlegungen zum Schutz von Rechten allein von der Figur des subjektiv-öffentlichen Rechts aus.[144] Die Grundrechte schützen entstandene privatrechtliche Ansprüche jedoch zumindest über Art. 14 Abs. 1 GG.[145] Selbst die Chance, daß in Zukunft Schadensersatzansprüche entstehen, wird man als grundrechtlich abgesichert ansehen müssen. Dies folgt aus der in dieser Untersuchung akzeptierten Lehre des Normbestandsschutzes.[146] Die private Rechtsordnung mit ihren latenten Unterlassungs- und Schadensersatzansprüchen gegen mögliche Wettbewerbsbeschränkungen wirkt freiheitseffektuierend. Solche Ansprüche sind auch dann, wenn sie noch nicht konkret entstanden sind, sondern nur potentiell bereitstehen, wichtige Bedingungen wirtschaftlicher Betätigung. Das entsprechende Privatrecht ist deshalb dem Schutzbereich der entsprechenden Freiheitsgrundrechte, vor allem auch dem Art. 12 Abs. 1 GG, zuzuordnen. Dies eröffnet den Anwendungsbereich des Art. 19 Abs. 4 GG.

---

[138] KG, B. v. 19.12.1979, WuW/E OLG 2193 (2194); FK-*Bracher,* § 51 Rdnr. 58 m. w. N.; *Kremer,* S. 96.

[139] So konsequent KG, B. v. 19.12.1979, WuW/E OLG 1980, 2193 (2194); *K. Schmidt,* Kartellverfahrensrecht, S. 509, *ders.* Gerichtsschutz, S. 50, *ders.,* BB 1981, 761; etwas relativierend hingegen die Ausführungen *dess.,* AG 1987, 340; GK-*Hinz,* § 62 Rdnr. 22 (Stand: Dezember 1981).

[140] So GK-*Junge,* § 51 Rdnr. 15 (Stand: Dezember 1981); wohl auch *Lerche,* ZZP 78 (1965), 23 f.

[141] Siehe dazu schon oben F IV 1, S. 301 ff.

[142] Etwa von *Jarass,* in: Jarass / Pieroth, GG, Art. 19 Rdnr. 21, ohne nähere Erläuterung; weiterhin *Schmidt-Aßmann,* in: Maunz / Dürig, Art. 19 IV Rdnr. 134 (Stand: Januar 1985), allerdings im Zusammenhang mit privatrechtlichem Handeln des Staates.

[143] So von *Kremer,* S. 42; *Schenke,* BK, Art. 19 Rdnr. 286: Wenn ein Recht gegen hoheitliches Handeln geschützt sei, liege logischerweise ein subjektiv-öffentliches Recht vor; *Lerche,* ZZP 78 (1965), 6 ff., anders dann aber wohl *ders.,* aaO, S. 24. Vgl. auch *Obermayer,* VwVfG, § 13 Rdnr. 27 m. Fußn. 28.

[144] Siehe *Schmidt-Aßmann,* in: Maunz / Dürig, Art. 19 Abs. IV Rdnr 121.

[145] Ausführlich zum Schutz obligatorischer Rechtspositionen oben C III 2 b bb, S. 136 f. Zum Einfluß der Grundrechte in diesem Zusammenhang siehe FK-*Bracher,* § 51 Rdnr. 59 (Stand: November 1991).

[146] Ausführlich oben C III 6, S. 170 ff.

## 2. Beteiligungsvorschriften und Breitenwirkung

Es gibt zwei Möglichkeiten zur methodischen Umsetzung der aus Art. 19 Abs. 4 GG folgenden verfassungsrechtlichen Vorgabe. Man kann sich – entsprechend dem Ansatz, den vor allem Karsten Schmidt verfolgt – entweder für eine bestimmte Reichweite der privatrechtsgestaltenden Wirkung kartellbehördlicher Verfügungen entscheiden und dann die Bestimmungen über die Beteiligung vor den Kartellbehörden (vor allem § 51 Abs. 2 Nr. 4 GWB) entsprechend weit interpretieren. Die zweite Möglichkeit besteht darin, die Beteiligungsvorschriften des GWB als Hinweis auf den vom GWB gewollten Umfang privatrechtsgestaltender Wirkungen zu verstehen.

Folgt man dem ersten Ansatz, ist man gezwungen, bei angenommener inter-omnes-Wirkung kartellbehördlicher Verfügungen eine notwendige Beiladung zum Kartellverwaltungsverfahren anzuerkennen.[147] Jeder, dessen privatrechtliche Ansprüche von der Entscheidung betroffen wären, müßte auf Antrag beigeladen werden.[148] § 51 GWB kennt jedoch das Institut der notwendigen Beiladung nicht.[149] Die Beteiligung Dritter ist vielmehr in § 51 Abs. 2 Nr. 4 GWB an verhältnismäßig enge Voraussetzungen gebunden, nämlich die erhebliche Interessenberührung und die Beiladung durch die Kartellbehörde. Gerade letzteres weist deutlich auf ein Ermessen der Behörde hin.[150] Ohne daß es hier auf die Frage ankäme, ob dieses Ermessen auch subjektiven Drittinteressen dient,[151] gibt es nach dem Wortlaut des § 51 Abs. 2 Nr. 4 GWB jedenfalls keinen Automatismus zwischen einer bestimmten Art der Interessenberührung und der Beiladung. Das bestätigt das Merkmal der Erheblichkeit. Hiermit zielt das Gesetz auf einen quantitativen Maßstab ab.[152] Käme es aber auf das Maß der

---

[147] So vor allem *K. Schmidt*, Kartellverfahrensrecht, S. 450, *ders.*, in: Immenga / Mestmäcker, § 51 Rdnr. 45 ff., *ders.*, Drittschutz, S. 54 ff., *ders.*, Gerichtsschutz, S. 50 ff. Zustimmend *Kremer*, S. 95 f. und die mittlerweile wohl h. M., siehe *K. Schmidt*, Festschrift für Steindorff, S. 1105 m. w. N.

[148] So deutlich *K. Schmidt*, in: Immenga / Mestmäcker, § 51 Rdnr. 47: Jeder, dem durch die Verfügung ein Anspruch nach § 35 GWB zuwachsen würde, und jeder, der durch die Verfügung einen solchen Anspruch verlieren würde, sei notwendig beizuladen.

[149] *K. Schmidt*, Kartellverfahrensrecht, S. 470: Eine notwendige Beiladung sei im Gesetzestext nicht aufgenommen; weiterhin *ders.*, BB 1981, 758.

[150] Siehe auch *Soell*, Festschrift für Wahl, S. 460 f.

[151] So *Soell*, Festschrift für Wahl, S. 455: Die Beiladung nach § 51 Abs. 2 Nr. 4 GWB habe auch individuelle Rechtsschutzfunktion. Anders *Scholz*, Wirtschaftsaufsicht, S. 61: Maßgebend für die behördliche Ermessensentscheidung seien allein die objektiven Zweckmäßigkeitserfordernisse des konkreten Verwaltungsverfahrens.

[152] Wie hier FK-*Bracher*, § 51 Rdnr. 56 (Stand: November 1991). Es kommt insoweit nicht darauf an, ob man einer relativen Wertung (Vergleich der möglichen Auswirkungen mit Gesamtumsatz) oder einer absoluten Wertung (Vergleich der möglichen Auswirkungen mit Umsatz im entsprechenden Marktbereich) abstellt. Vgl. dazu GK-*Junge*, § 51 Rdnr. 18 (Stand: Dezember 1981) m. w. N. Anders als hier hingegen *Soell*, Festschrift für Wahl, S. 457 sowie *K. Schmidt*, in: Immenga / Mestmäcker, § 51 Rdnr. 40, der eine quantitative Prüfung für entbehrlich hält. Hiergegen spricht aber zum einen der Wortlaut, von dem *K. Schmidt* sich an dieser Stelle vorschnell löst. Auch die von *K. Schmidt* geltend gemachten

privatrechtsgestaltenden Wirkung an, wäre dies jedoch ein ungeeigneter Ansatzpunkt. Denn das damit eingeführte Kriterium ist ein qualitatives. Würde ein subjektives Recht nicht eingeräumt oder berührt, läge ein Fall von notwendiger Beiladung vor. Ob dieser Vorgang im konkreten Fall erheblich ist oder nicht, wäre irrelevant. Es mag deshalb Fälle geben, bei denen sich das Beiladungsermessen der Kartellbehörden nach § 51 Abs. 2 Nr. 4 GWB so reduziert, daß eine Beiladung zwingend geboten und damit „notwendig" ist. Auf diese Weise alle Fälle von Privatrechtsgestaltung bei unterstellter inter-omnes-Wirkung „einzufangen", ist jedoch vom Wortlaut des § 51 Abs. 2 Nr. 4 GWB nicht gedeckt. Voraussetzung für eine Beiladung nach § 51 Abs. 2 Nr. 4 GWB ist ein bestimmtes Maß, nicht eine bestimmte Art der Interessenberührung.[153]

Damit soll nicht gesagt sein, daß das Institut der notwendigen Beiladung im GWB überhaupt nicht existiert. § 70 Abs. 1 S. 4 GWB weist auf das Gegenteil hin.[154] Die Vorschrift beweist jedoch nur, daß es Fälle gibt, in denen Beigeladene an einem strittigen Rechtsverhältnis derart beteiligt sind, daß ihnen gegenüber eine Entscheidung nur einheitlich ergehen kann. Wann das der Fall ist, ergibt sich aus dem materiellen Recht. Hieran anknüpfend folgt dann aus der nur subsidiär und korrigierend heranzuziehenden Bestimmung des § 13 Abs. 2 S. 2 VwVfG die Pflicht, den Betroffenen vom Verfahren Kenntnis zu geben und sie auf Antrag hinzuzuziehen. Daß es Verfügungen gibt, für die die Regelungen des § 51 GWB dem verfassungsrechtlichen Mindeststandard nicht genügen, haben bereits die Erwägungen zur verfassungsrechtlichen Adressateneigenschaft von Gebundenen nach § 18 GWB ergeben.[155] Der hier empfohlene Interpretationsansatz wird nicht widerlegt. Es bleibt möglich, von den Beteiligungsvorschriften des § 51 GWB auf die materielle Reichweite kartellbehördlicher Verfügungen zu schließen. Denn die Anerkennung notwendiger Beiladung ist eine Korrektur der gesetzgeberischen Konzeption. Sie ist nur dort verfassungsrechtlich geboten und dem Grundsatz des Anwendungsvorrangs des einfachen Rechts angemessen, wo die Reichweite der privatrechtsgestaltenden Wirkung eindeutig ist und die Beteiligungsvorschriften verfassungsrechtlichen Vorgaben nicht genügen. Nur in diesen Fällen ist ein Rückgriff auf § 13 Abs. 2 S. 2 VwVfG zuzulassen.

Auch § 51 Abs. 2 Nr. 1 GWB bietet keinen Ausweg, um Dritte bei unterstelltem öffentlich-rechtlich vermitteltem Privatrechtsschutz zum Verfahren hinzuzuziehen. Denn die Beteiligung als Antragsteller setzt nach ganz überwiegender Meinung nicht nur einen Antrag, sondern auch ein Antragsverfahren

---

Bedenken, „diversifizierende Großunternehmen" könnten sonst von der Beiladung ausgeschlossen sein (aaO), sind kaum überzeugend. Nichts zwingt dazu, die Erheblichkeit mit Blick auf die Unternehmensgröße zu bestimmen (so auch FK-*Bracher*, aaO).

[153] So auch BGH, B. v. 5.12.1963, Z 41, 61 (64): Rechtliche Interessen bräuchten durch die Entscheidung nicht berührt sein, als Korrelat müsse aber eine erhebliche Interessenberührung vorliegen.

[154] Siehe auch *K. Schmidt*, in: Immenga / Mestmäcker, § 70 Rdnr. 4.

[155] Siehe ausführlich oben C II 3, S. 128 ff.

und eine Antragsberechtigung voraus.[156] § 51 Abs. 2 Nr. 1 GWB zieht aus dem materiellen Antragsrecht nur die verfahrensrechtlichen Folgerungen.[157] Ansonsten hätte die verhältnismäßig enge Umschreibung der Beteiligten in § 51 Abs. 2 GWB keinen Sinn, ebensowenig die ausdrückliche Ausgestaltung bestimmter Verfahren als Antragsverfahren.

Eine interpretatorische Ausweitung des § 62 Abs. 2 GWB über die Anfechtungsbeschwerdebefugnis für den Bereich von kartellrechtlichen Erlaubnissen hilft über die Lösung, die der in geschilderter Weise restriktiv auszulegende § 51 Abs. 2 GWB vorgibt, ebenfalls nicht hinweg.[158] Die Beschwerdebefugnis ist durch § 62 Abs. 2 GWB für den Bereich der Anfechtungsbeschwerde formalisiert.[159] Es gibt daher in ihrem Rahmen keine gerichtliche ohne vorhergehende verwaltungsverfahrensrechtliche Beteiligung.[160] Bezüglich der Verpflichtungsbefugnis nach § 62 Abs. 3 GWB findet eine solche Formalisierung zwar nach überwiegender Auffassung nicht statt.[161] Was das Kartellverwaltungsverfahren nicht leistet, kann im kartellgerichtlichen Verfahren aber nicht immer nachgeholt werden. Das Verwaltungsverfahren selbst muß schon rechtsstaatlichen Ansprüchen genügen.[162] Eine Korrektur nur des § 62 GWB wäre deshalb in beiden Fällen nicht mehr als eine Teillösung. Bestätigt wird das gefundene Ergebnis mit einem Blick auf § 66 GWB.[163] Die Beiladungsmöglichkeit nach § 66 Abs. 1 Nr. 3 GWB knüpft an § 51 Abs. 2 Nr. 4 GWB an. Der Kreis derjenigen, die am Beschwerdeverfahren beteiligt sind, kann nicht weiter sein als der der Beteiligten am Verwaltungsverfahren.[164]

---

[156] *Kapp,* S. 175 ff.; *Kremer,* S. 71; *K. Schmidt,* Drittschutz, S. 35, *ders.,* Kartellverfahrensrecht, S. 495, *ders.,* in: Immenga / Mestmäcker, § 51 Rdnr. 23; *Scholz,* Wirtschaftsaufsicht, S. 79; *von Venrooy,* S. 157; *Westrick / Loewenheim,* § 51 Rdnr. 18 (Stand: Januar 1978). Anders zunächst FK-*Bracher,* § 51 Rdnr. 29 ff. (Stand: November 1991), der jedoch letztlich auch daran festhält, daß Beteiligter im eigentlichen Sachverfahren nur derjenige sein kann, der auch ein materielles Antragsrecht hat.

[157] OLG Celle, B. v. 21.2.1973, WuW/E OLG 1387 (1390).

[158] Siehe aber *Scholz,* Wirtschaftsaufsicht, S. 198: Die Anfechtungsbeschwerde müsse den materiellen Beteiligtenbegriff aufnehmen. Kritisch zu dieser Auffassung auch *Soell,* Die Verwaltung 6 (1973), 504.

[159] *K. Schmidt,* in: Immenga / Mestmäcker, § 62 Rdnr. 21.

[160] Wie hier GK-*Hinz,* § 62 Rdnr. 22 (Stand: Dezember 1981); anders (aus seiner Sicht konsequent) *K. Schmidt,* in: Immenga / Mestmäcker, § 62 Rdnr. 21.

[161] Vgl. *Kremer,* S. 132 ff. und *Mazanowski,* WRP 1990, 590 f., jeweils in Auseinandersetzung mit der gegenteiligen These von *K. Schmidt* (siehe etwa *diesen,* Kartellverfahrensrecht, S. 522 ff.). Nach Auffassung von *K. Schmidt* ist auch im Bereich des § 62 Abs. 3 GWB die Beteiligung am Verwaltungsverfahren ausreichend, um die Beschwerdebefugnis zu bejahen (aaO, S. 524). Dies würde die unbedingte Notwendigkeit einer Beteiligung im Verwaltungsverfahren noch mehr unterstreichen, auch wenn *K. Schmidt* anschließend noch eine Prüfung der Merkmale des § 62 Abs. 3 GWB zulassen will (aaO, S. 527).

[162] *K. Schmidt,* Gerichtsschutz, S. 1; *Lerche,* ZZP 78 (1965), 27 ff.

[163] Siehe *K. Schmidt,* in: Immenga / Mestmäcker, § 66 Rdnr. 1, der aus seiner Sicht davon ausgehen muß, § 66 GWB „sachgerecht zu ergänzen".

[164] Eine Erweiterung des § 66 Abs. 1 GWB ist deshalb nur im Hinblick auf § 13 Abs. 2 S. 2 VwVfG nötig.

Methodisch richtig ist deshalb der Weg, die Wirkung der Genehmigung bei vom Gesetz nicht vorgesehener Verfahrensbeteiligungsberechtigung Dritter auf das Verhältnis inter partes zwischen Genehmigungsbehörde und Genehmigungsempfänger zu beschränken und den möglicherweise betroffenen Dritten auf den Rechtsschutz im Zivilrechtsweg zu verweisen. Die Beteiligungsregeln sind im Hinblick auf Dritte eindeutig, die „Breitenwirkung" hingegen unsicher. Es ist deshalb von ersteren auf letztere zu schließen, nicht umgekehrt. Dieser Interpretationsansatz beschränkt sich allerdings auf Zivilrechtsverhältnisse außerhalb vertragsrechtlicher Sonderbeziehungen. Bei Vertragsbeziehungen ergibt sich der Kreis der von einem hoheitlichen Eingriff Betroffenen stets aus dem Eingriffsobjekt. In diesen Fällen ist aus der Betroffenheit auf das Beteiligungsrecht zu schließen. Dies wurde am Beispiel von § 18 GWB bereits demonstriert.

### *3. Vergleich mit dem europäischen Kartellrecht*

Die für das GWB entwickelten Grundsätze lassen sich auf das europäische Kartellrecht übertragen. Das Verfahren bei Einzelfreistellungen nach Art. 85 Abs. 3 EWGV genügt in seiner Ausformung durch die Verfahrensvorschriften nach der EWG-Kartellverordnung eher als im GWB rechtsstaatlichen Grundsätzen. Zunächst handelt es sich nicht um Fälle von Mißbrauchsaufsicht, sondern von Freistellung, für die die Frage der Breitenwirkung nicht in gleichem Maße diskutiert und relevant ist. Nach Art. 19 Abs. 2 S. 2 EWG-KartellVO besteht eine Anhörungspflicht, soweit ein ausreichendes Interesse glaubhaft gemacht wird. Die Publizitätsvorschrift des Art. 19 Abs. 3 EWG-KartellVO wirkt darauf hin, daß betroffene Dritte vom laufenden Verfahren Kenntnis erlangen können und ihnen dadurch die Möglichkeit eröffnet wird, sich ins Verfahren einzuschalten. Eine Publizierung sieht zwar § 10 GWB auch vor, aber eben nicht für den Bereich der Mißbrauchsaufsicht.

Besondere Probleme bereiten allerdings die Widerspruchsverfahren im Rahmen von Gruppenfreistellungsverordnungen. Hier stellt sich vor allem die Frage, inwieweit trotz Nichtwiderspruchs der Kommission nationale Gerichte von einem Verstoß gegen Art. 85 Abs. 1 EWGV ausgehen können. Gegen eine Breitenwirkung spricht die fehlende Publizität des Widerspruchsverfahrens. So gibt es keine Art. 19 Abs. 3 EWG-KartellVO vergleichbare Bekanntgabe bei Widerspruchsverfahren im Rahmen von Gruppenfreistellungsverordnungen.[165] Dies wird damit gerechtfertigt, daß die entsprechenden Vorschriften des EWG-KartellVO bei „automatischen", also normativ veranlaßten Freistellungen nicht anwendbar sind und dieser Prozeß mit dem Widerspruch lediglich gestoppt wird.[166] Gleichwohl fordert die mit dem Widerspuchsverfahren

[165] Siehe *G. Wiedemann,* Band I, AT, Rdnr. 209 m. w. N.; *Venit,* CMLR 1985, 173.
[166] Siehe *G. Wiedemann,* Band I, AT, Rdnr. 209.

erreichte Flexibilität gegenüber dem Verfahren nach der EWG-KartellVO[167] ihren Preis im Hinblick auf die juristische Wirkungsbreite. Auch auf der Ebene des EG-Rechts ist es nicht hinnehmbar, Schadensersatzansprüche verfahrensmäßig abzuerkennen, ohne den betroffenen Anspruchsinhabern die Möglichkeit der Beteiligung zu geben.[168] Daß es sich um eine verfahrensmäßige und nicht um eine normative Aberkennung handelt, dürfte nicht zweifelhaft sein. Denn Voraussetzung für die Freistellung ist ein förmlicher Antrag und der Nichtwiderspruch.[169] Wirksamkeit durch Nichtwiderspruch führt deshalb nicht zu einer Breitenwirkung auf deliktsrechtliche Ansprüche. Die Wirkung der Freistellung bleibt auf das Verhältnis der Vertragspartner beschränkt.[170]

## *VI. Öffentlich-rechtlich vermittelter Deliktsrechtsschutz und Ermessen*

### *1. Der Zusammenhang zwischen der Theorie des öffentlich-rechtlich vermittelten Drittschutzes und der Ermessensfrage*

#### *a) Der „privatrechtliche" Gesetzesvorbehalt*

#### *aa) Ermessen und Gesetzgebung im GWB*

Das GWB enthält auf der Tatbestandsseite eine Fülle von unbestimmten Rechtsbegriffen, auf der Rechtsfolgenseite in weitem Umfang Ermessensbestimmungen.[171] Das Ermessen der Kartellbehörden bestimmt die repressive, privatrechtsgestaltende Tätigkeit, also vor allem die Mißbrauchsaufsicht (§§ 18, 19 Abs. 2, 22 Abs. 5 u. a. GWB).[172] Auch die Zulassung von Kartellen nach §§ 4, 7, 8 GWB liegt im Ermessen der Kartellbehörden.[173] Den Materialien läßt sich sogar die Auffassung entnehmen, daß das GWB auch auf der Tatbe-

---

167 Siehe dazu *Axster,* GRUR 1985, 594; *C. W. Neumann,* RIW 1985, 97.

168 Vgl. auch *Schwarze,* Europäisches Verwaltungsrecht, Band II, S. 1276 ff.

169 Vgl. Art. 4 GVO 2349/84.

170 Abschließend ist die Problematik bisher wohl noch nicht gelöst. Siehe *Venit,* CMLR 1985, 173 f., 183 ff.

171 Vgl. auch *Soell,* Ermessen, S. 3, S. 46 ff.

172 Vgl. *Lukes,* ZZP 68 (1955), 10 ff.; *Scholz,* Wirtschaftsaufsicht, S. 35: Das Opportunitätsprinzip als funktionelle Grundmaxime der Wirtschaftsaufsicht. Ausführlich zu den einzelnen Ermessenstatbeständen im GWB *Schwippert,* S. 31 ff.

173 Es ist jedoch ausgesprochen mißverständlich, wenn *Immenga,* in: Immenga / Mestmäcker, § 12 Rdnr. 8, von einer „freien Erlaubnis" spricht. Dies lehnt sich terminologisch an die Figur des „freien Ermessens" an. Rechtsstaatliches Ermessen ist jedoch stets pflichtgemäß, d. h. gesetzesgebunden auszuüben (siehe vor allem *Soell,* Ermessen, durchgehend). Die Frage, die noch zu beantworten sein wird, ist lediglich die, wieweit diese Gesetzesbindung geht bzw. gehen muß.

standsseite „Ermessen" vorsehe.[174] Dieser Aspekt kann jedoch im folgenden außer Betracht bleiben.[175] Wenn man im Kartellrecht Beurteilungsspielräume anerkennt, würden die Bedenken, die im weiteren gegen die Theorie des öffentlich-rechtlich vermittelten Drittschutzes zu artikulieren sind, nur verstärkt werden.[176]

Ermessen ist schon auf der Rechtsfolgenseite[177] rechtsstaatlich höchstens dann hinnehmbar, soweit die Wirkung kartellbehördlicher Verfügungen auf das Verhältnis der Vertragspartner beschränkt ist. Wenn die Kartellbehörde nicht eingreift, bleibt die privatrechtliche Vereinbarung inter partes wirksam. Auch wenn die Mißbrauchsaufsicht objektiv- oder subjektivrechtlich dem Schutz eines möglicherweise unterlegenen Vertragspartners bezweckt, ist ein Ermessen zulässig. Damit wird dem verfassungsrechtlichen Befund Rechnung getragen, daß die hoheitliche Auflösung eines Vertrages auch diesem gegenüber ein Grundrechtseingriff ist, wenn er auch möglicherweise subjektiv willkommen sein mag.[178] Das Ermessen ermöglicht insoweit die Auslotung der konkreten Umstände im Einzelfall.[179] Verfassungsrechtlich bedenklich wird das Ermessen aber dann, wenn solchen privatrechtsgestaltenden Akten auch im Verhältnis zu Dritten eine konstitutive Rolle zugestanden wird.[180] Das gilt auch, wenn man nicht mehr wie früher von einem „freien" Ermessen,[181] son-

---

[174] *Soell,* Ermessen, S. 51. Siehe auch *K. Schmidt,* in: Immenga / Mestmäcker, § 70 Rdnr. 36: Bei § 70 Abs. 2 GWB dürfe nicht streng zwischen Ermessen und Beurteilungsspielraum unterschieden werden.

[175] Die nach § 50 Abs. 1 S. 3 GWB zu veröffentlichenden Verwaltungsgrundsätze zeigen, daß Auslegungs- und Ermessensrichtlinien vielfach ineinanderfließen. Vgl. *K. Schmidt,* AG 1987, 339.

[176] Die Vorstellung, das Ermessen nicht auf die Rechtsfolgenseite zu beschränken, wird zwar immer wieder diskutiert, scheint sich aber nicht allgemein durchzusetzen und ist deshalb im Sinne der Integration des Kartellverwaltungsrechts in das allgemeine öffentliche Wirtschaftsaufsichtsrecht auch in diesem Bereich abzulehnen (vgl. auch *Tettinger,* Rechtsanwendung, S. 101: Allen Versuchen zur völligen Aufhebung des traditionellen Dualismus ständen unüberwindliche Hindernisse entgegen.). Wird die judikative Kontrolldichte vereinzelt oder generell zurückgenommen, ist das entsprechend den im Allgemeinen Verwaltungsrecht geltenden Regeln zu begründen. Auch das BVerfG geht im übrigen nach wie vor von der klassischen Vorstellung aus, unbestimmte Rechtsbegriffe seien vollständig überprüfbar und sieht insoweit einen Gegensatz zur Ermessenskontrolle. Deutlich wird dies gerade in der neueren Rechtsprechung zum Beurteilungsspielraum im Prüfungsrecht (siehe etwa BVerfG, B. v. 17.4.1991, E 84, 34 / 49 f.).

[177] Im folgenden stets kurz: „Ermessen".

[178] Zum verfassungsrechtlich gebotenen Abstellen auf die formelle Vertragsfreiheit siehe oben C II 3, S. 128 f. und C III 3 a bb, S. 142 (144 f.).

[179] Es ist deshalb zumindest verfassungsrechtlich nicht geboten, die „Kann"-Vorschrift des § 18 GWB als ein Kompetenz-Kann zu deuten (so aber *Emmerich,* in: Immenga / Mestmäcker, § 18 Rdnr. 248 m. w. N.; *von Venrooy,* S. 179 ff.).

[180] So auch *U. Huber,* Gemeinschaftsunternehmen, S. 8: Verwaltungsgrundsätze des BKartA könnten im zivilrechtlichen Verhältnis keine Bindung herbeiführen.

[181] So noch *Clodius,* S. 53.

dern von einem „gebundenen" Ermessen[182] ausgeht.[183] Auch dann ersetzt das Opportunitätsprinzip die konkrete Regelung subjektiver privater Rechte und Pflichten durch den Gesetzgeber. Das gilt jedenfalls, soweit man das herrschende Verständnis von Ermessen zugrundelegt.[184] Private Ansprüche entstehen nach Maßgabe einer inhaltlich nicht volldeterminierten staatlichen Aufsichtstätigkeit.

Es ist verfassungsrechtlich jedoch bedenklich, die Voraussetzungen für das Entstehen oder Nichtentstehen, die Vernichtung oder Nichtvernichtung privater subjektiver Rechte im Regelfall anders zu bestimmen als durch formelles Gesetz.[185] Dies ergibt sich letztlich aus der Wesentlichkeitstheorie. Das Bestehen oder Nichtbestehen, Entstehen oder Nichtentstehen privatrechtlicher Schadensersatzansprüche gegenüber Wettbewerbern ist in erheblichem Maße grundrechtsrelevant, vor allem im Hinblick auf Art. 12 Abs. 1 GG sowie Art. 2 Abs. 1 GG (Vertrags- und ggf. Wettbewerbsfreiheit).[186] Für Gewerbetreibende ist der zivilrechtliche Rahmen ihrer Position im Wettbewerb in jedem Fall entscheidend für das weitere geschäftliche Fortkommen, vielfach sogar existenzbedeutend. Über Voraussetzungen, Art und Umfang solcher Ansprüche „in der Breite" muß daher per Gesetz entschieden werden.[187] Wenn in den Vollzug Verwaltungsbehörden eingeschaltet werden, müssen die Entscheidungen möglichst vollständig rechtlich gebunden sein. Zudem müssen die Behörden von ihrer Ausstattung her in der Lage sein, wirklich „flächendeckend" zu arbeiten. Wo dies von vornherein – wie im Kartellrecht – nicht annähernd möglich ist, wäre ein Ermessen grundrechtswidrig.[188] Daß im Bereich der Präklusionsvor-

---

[182] Grundlegend *Soell,* Ermessen, durchgehend, *ders.,* Der Staat 10 (1971), 569.

[183] Die Diskussion um „freies" und „gebundenes" Ermessen hat allerdings wohl nie die Bedeutung gehabt, die ihr gelegentlich beigemessen wird. Denn auch diejenigen, die in dem einen oder anderen Zusammenhang ein „freies Ermessen" propagierten bzw. propagieren, bemühen sich in der Regel um das Aufzeigen von Bindungen, denen die Verwaltung bei der Ermessensausübung unterliegt. Siehe als Beispiel *Clodius,* S. 55 ff., für die Mißbrauchsaufsicht nach § 18 GWB.

[184] Der Vorstellung vor allem von *Soell,* Ermessen, durchgehend, und anderer Autoren von einer vollständigen Gesetzesdeterminiertheit der Ermessensausübung wird im Rahmen dieser Arbeit nicht gefolgt. Siehe ausführlich unten G VI, S. 335 ff.

[185] Hierauf hat vor allem *Soell,* Festschrift für Wahl, S. 448, zutreffend hingewiesen. Ähnlich auch *K. Schmidt,* in: Immenga / Mestmäcker, § 51 Rdnr. 9: Es könne nicht vom Ermessen der Kartellbehörden abhängen, ob ein Marktbeteiligter den ihm durch § 35 GWB eingeräumten Rechtsschutz genieße oder nicht. Zutreffend ist auch der Hinweis von *K. Schmidt,* Kartellverfahrensrecht, S. 195, daß es nicht darauf ankommt, ob Gesetz oder Verwaltungsakt eine Rechtsfolge anordnet, sondern darauf, ob das Gesetz die bestimmte Rechtsfolge will. Nicht die Einschaltung von Behörden ist also „verwerflich", sondern die fehlende gesetzliche Determinierung von deren Tätigkeit.

[186] *Soell,* Festschrift für Wahl, S. 448.

[187] So auch *Liebs,* Vertriebsverträge, S. 43.

[188] Die hier dargestellten Zusammenhänge werden gerade von denen mißachtet, die in den Fällen, in denen eine kartellrechtliche Befugnisnorm Ermessen gewährt, von einer privatrechtsgestaltenden Breitenwirkung ausgehen, bei gebundenen Entscheidungen hingegen für die Zulässigkeit eines Verfahrensdurchgriffs plädieren. Siehe etwa *E. Koch,* S. 113 f.; weitere Nachweise bei *K. Schmidt,* Kartellverfahrensrecht, S. 253.

schriften Ermessenstatbestände (vor allem bei der Planfeststellung und im Wasserrecht[189]) ein von verfassungsrechtlichen Bedenken verhältnismäßig unbeanstandetes Dasein führen, ist kein Gegenargument. Zum einen ist die Präklusionswirkung vielfach von Sekundäransprüchen abgefedert (vgl. § 75 Abs. 2 S. 2 – 5 VwVfG). Zudem handelt es sich um Wirkungen in einem überschaubaren Bereich; betroffen sind die Eigentümer und sonstigen dinglich Berechtigten von Nachbargrundstücken.

### *bb) Ermessen und Gesetzgebung im europäischen Kartellrecht*

Für Art. 85 Abs. 3 EWGV stellt sich auf den ersten Blick das Problem einer „Privatrechtsordnung nach Ermessen von Verwaltungsbehörden" zunächst nicht in gleichem Maße. Legt man die Begriffe der deutschen Rechtsordnung zugrunde,[190] hat die Kommission bei der Anwendung von Art. 85 Abs. 3 EWGV kein Ermessen.[191] Für Widerspruchsverfahren ist allerdings ein Ermessen auch normativ verankert.[192] Der EuGH dürfte zudem im Hinblick auf unbestimmte Rechtsbegriffe und Ermessensspielräume nicht dem deutschen Verständnis folgen, sondern davon ausgehen, daß es sich um zwei Teilaspekte des umfassenden Phänomens der Entscheidungs- und Gestaltungsfreiheit für die Verwaltung handelt.[193] Beurteilungsspielräume auf der Tatbestandsseite werden deshalb der Kommission bei der Anwendung von Art. 85 EWGV in weitem Umfang zugestanden.[194] Auch diese Gesichtspunkte sprechen damit dagegen, vor allem dem Nichtwiderspruch privatrechtsgestaltende Breitenwirkung zuzugestehen.[195]

Besondere Probleme ergeben sich weiterhin dann, wenn von der Möglichkeit Gebrauch gemacht wird, Verfahren nicht förmlich nach der EWG-KartellVO, sondern durch einen sog. comfort letter vorläufig abzuschließen.[196]

[189] Das Ermessen der Planfeststellungsbehörden ergibt sich aus §§ 74, 75 VwVfG; vgl. weiterhin §§ 6, 11 WHG.

[190] Vgl. allerdings *Schwarze,* Europäisches Verwaltungsrecht, Band I, S. 281: Eine konsistente Begriffsbildung vor allem durch den EuGH ist wohl derzeit nicht nachweisbar.

[191] Grabitz-*Koch,* Art. 85 Rdnr. 157; *Schroeter,* in: von der Groeben / Thiesing / Ehlermann, Art. 85 Abs. 3, Rdnr. 111; *Greiffenhagen,* S. 160. Allerdings wird darauf hingewiesen, daß die Kommission sich vielfach so verhält, als hätte sie ein Ermessen (siehe *Bechtold,* EuR 1992, 43 f.). Vielfach bleibt ihr aufgrund ihrer geringen personellen und sachlichen Ausstattung (vgl. *C. W. Neumann,* RIW 1985, 97) gar nichts anderes übrig, als selektiv, also nach Ermessen vorzugehen.

[192] Siehe Art. 4 Abs. 5 S. 1 GVO 2349/84.

[193] So *Schwarze,* Europäisches Verwaltungsrecht, Band I, S. 281.

[194] *Schroeter,* in: von der Groeben / Thiesing / Ehlermann, Art. 85 Abs. 3 Rdnr. 111. Für Art. 85 Abs. 1 etwa *Schwarze,* Europäisches Verwaltungsrecht, Band I, S. 347 ff., für Art. 85 Abs. 3 *ders.,* aaO, S. 350 ff.

[195] Dazu schon oben G V 3, S. 334 f.

[196] In einem comfort letter stellt die Kommission fest, daß die Anmeldung unter den gegenwärtigen Umständen ein Tätigwerden der Kommission nicht erforderlich macht. Siehe *Bechtold,* EuR 1992, 45; *Venit,* CMLR 1985, 169 f. Dies ist zu unterscheiden vom

Dann stehen letztlich alle zivilrechtlichen Rechtsfolgen unter dem Vorbehalt einer endgültigen Entscheidung der Kommission.[197] Die Zuständigkeit der nationalen Gerichte und Behörden nach Art. 9 Abs. 3 EWG-KartellVO dürfte in diesem Fall allerdings zunächst bestehen bleiben.[198] Der comfort letter führt nicht zu einer Bindung der innerstaatlichen Gerichte,[199] auch wenn von Seiten der Kommission möglicherweise gegenteilige Erwartungen gehegt werden.[200]

### *b) Das Ermessensbetätigungsrisiko*

Nicht nur die Wesentlichkeitstheorie spricht gegen die Möglichkeit einer zumindest partiellen „Privatrechtsordnung nach dem Ermessen von Verwaltungsbehörden". Ein Angewiesensein eines Dritten auf behördliches Einschreiten, wie es der Auffassung vom öffentlich-rechtlich vermittelten Drittschutz für den Bereich der Mißbrauchsaufsicht vorschwebt, führt auch zu einer unter Interessensgesichtspunkten unangemessenen Risikokumulation zu dessen Lasten. Der Dritte ist darauf angewiesen, daß die Kartellbehörde „seine" Auffassung teilt. Tut sie das nicht, muß sich der Dritte im Wege der Verpflichtungsbeschwerde an die Gerichte wenden. Statt eines Gegners hat er dann zwei, die Behörde mit ihrem gesamten, auch prozessual effektiven Sachverstand und denjenigen, der wettbewerbsbeschränkende Handlungen vornimmt oder vornehmen will.[201] Besonders nachteilig für den Dritten wirkt sich in solchen Fällen die schon beschriebene Struktur kartellrechtlicher Ermessenstatbestände aus. Ansprüche gegen Behörden auf Einschreiten gegen Dritte hängen bei Ermessensnormen umso mehr vom good-will der staatlichen Stellen ab, je komplexer der zu beurteilende Sachverhalt ist. Komplexität der Verhältnisse ist aber geradezu ein typisches Merkmal des Wettbewerbsrechts.[202] Das Risiko, daß sich die Kartellbehörde auf den Standpunkt des Wettbewerbsbeschränkenden stellt und sich damit das Indeterminationsrisiko bei kartellrechtlichen Eingriffsbefugnissen zu Lasten des Dritten auswirkt, ist in bestimmten Konstellationen erheblich.[203] So suchen Unternehmen in zweifelhaften Fragen vielfach

---

Negativattest nach Art. 2 EWG-KartellVO, welches im förmlichen Verfahren ergeht und die gleichen Wirkungen hat wie eine förmliche Freistellung.

197 *Bechtold,* EuR 1992, 46.

198 EuGH, Urt. v. 10.7.1980, Slg. 1980, 2511 (2533) Rdnr. 11 und 2535 Rdnr. 18.

199 EuGH, Slg. 1980, 2511 (2533) Rdnr. 11. Nach Auffassung des EuGH, aaO, liegt ein tatsächlicher Umstand vor, den die nationalen Gerichte bei ihrer Prüfung der Frage, ob die betreffenden Vereinbarungen oder Verhaltensweisen mit Art. 85 EWGV vereinbar sind, berücksichtigen können.

200 Siehe dazu *Müller-Graf,* EuR 1992, 12; *Ulmer,* RIW 1985, 523; *Venit,* CMLR 1985, 170, jeweils m. w. N.

201 Derjenige, gegen den sich ein Verfahren richtet, ist nach § 51 Abs. 2 Nr. 2 GWB am Verfahren beteiligt.

202 So deutlich *Soell,* Festschrift für Wahl, S. 454; weiterhin *Liebs,* Vertriebsverträge, S. 45, mit Hinweis auf die Gesetzesbegründung; *Scholz,* Wirtschaftsaufsicht, S. 107.

203 So auch *Mertens,* AcP 178 (1978), 259: Die Staatsaufsicht über wirtschaftlich mächtige Unternehmen könne sich auf Dauer von Kartellbildungstendenzen nicht freihalten.

informalen Kontakt zum Kartellamt.[204] Ein gewisser Hang zur Informalität wird nicht zuletzt dadurch hervorgerufen, daß es nach überwiegender Auffassung keinen Anspruch auf die Erteilung eines Negativattestes gibt.[205] Hat die Kartellbehörde aber ein Vertragswerk bereits als kartellrechtlich unbedenklich beurteilt (ggf. unter Einflußnahme auf die konkrete Ausgestaltung), steht sie dem Ansinnen des Dritten auf Einschreiten im Wege der Mißbrauchsabwehr nicht mehr unbefangen gegenüber. Sie muß erst zum Umdenken bewegt werden, soweit dies aus Vertrauensschutzgesichtspunkten für die Kartellbehörde überhaupt noch möglich ist.[206] So kann die langjährige Zusicherung des Nichteinschreitens bei Ermessensbestimmungen im Kartellrecht – wie in anderen Materien auch – zu einem rechtlichen Eingriffshindernis werden.[207]

Teilt die Kartellbehörde die Position des Dritten und entschließt sie sich zum Eingreifen, setzt aber der Adressat sich gegen die Verfügung zur Wehr, hat der Dritte zwar in Gestalt der Behörde einen kompetenten Verbündeten, ist aber nun darauf angewiesen, daß das Kartellgericht ihm und der Behörde recht gibt. Die „prozessuale Machtstellung" ist zwar u. U. günstig, problematisch ist jedoch der Zeitfaktor. § 18 GWB sieht nicht die Möglichkeit vor, einen Vertrag ex tunc ab Vertragsschluß für unwirksam zu erklären.[208] Das ist frühestens ab Erlaß der Verfügung möglich.[209] Die herrschende Meinung nimmt das gleiche auch für § 22 Abs. 5 GWB an.[210] Stimmt man also der Lehre vom öffentlichrechtlich vermittelten Drittschutz zu, entstehen solange keine Schadensersatzansprüche des Dritten, bis die Kartellbehörde eine Verfügung mit entspre-

---

[204] Siehe *J. Wertenbruch,* BB 1992, 219; *K. Schmidt,* AG 1987, 339; vgl. auch den ARAL-Beschluß des KG v. 18.11.1985, WuW/E OLG 3685 ff.

[205] Siehe *Müller / Gießler / Scholz,* Vorb. zu §§ 51 – 96, Rdnr. 5; *J. Wertenbruch,* BB 1992, 219, mit beachtlichen Gegenargumenten. Die Kartellbehörden haben allerdings die Befugnis zum Erlaß feststellender Verwaltungsakte (siehe KG, aaO, WuW/E OLG 3685 ff.). Deren Erlaß steht aber in ihrem Ermessen (anders *Greiffenhagen,* S. 156 ff., der sich für die Unzulässigkeit der Erteilung eines Negativattestes im Bereich des GWB ausspricht). Konträr hierzu steht die Auffassung von *Engel,* Planungssicherheit, S. 164 ff., der einen weitgehenden Anspruch auf den Erlaß eines Negativattestes propagiert.

[206] Vgl. *Mertens,* AcP 178 (1978), 259.

[207] KG, B. v. 18.11.1985, WuW/E OLG 3685 ff. „ARAL".

[208] *Emmerich,* in: Immenga / Mestmäcker, § 18 Rdnr. 241: Nichtigkeit trete grundsätzlich erst mit Bestandskraft der Verfügung ein. Der Begriff „Bestandskraft" erfaßt das Problem jedoch nicht in zutreffender Weise. Es geht weder um die Unanfechtbarkeit (sog. formelle Bestandskraft, siehe *Kopp,* VwVfG, Vorbem § 35 Rdnr. 21), noch um die Bindung der Beteiligten an den Verwaltungsakt (sog. materielle Bestandskraft, siehe *Kopp,* VwVfG, Vorbem § 35 Rdnr. 23). Entscheidend ist allein, daß § 18 Abs. 1 GWB eine Unwirksamkeitserklärung mit sofortiger oder mit Wirkung ab einem künftigen Zeitpunkt vorsieht, aber nicht mit Rückwirkung.

[209] Gegebenenfalls im Wege der Anordnung der sofortigen Vollziehung nach § 63 a Abs. 1 GWB. Siehe auch *Emmerich,* in: Immenga / Mestmäcker, § 18 Rdnr. 242.

[210] *Emmerich,* ZHR 140 (1976), 118 f.; *Möschel,* in: Immenga / Mestmäcker, § 22 Rdnr. 195 m. w. N.

chender innerer Wirksamkeit erläßt und dies im gerichtlichen Verfahren Bestand hat.[211] Das Risiko einer Verzögerung geht zu Lasten des Dritten.[212]

Die Möglichkeit einer Mehrerlösabschöpfung nach § 37 b oder § 38 Abs. 4 GWB bietet keinen hinreichenden Ausgleich. Zum einen hat sie rein objektivrechtliche Sanktionsfunktion, zum zweiten liegen die Voraussetzungen für ihre Erhebung vielfach nicht vor. § 37 b GWB ist beschränkt auf Verfügungen nach §§ 22 Abs. 5 oder 103 Abs. 4 GWB und auf den Zeitpunkt nach Zustellung der Verfügung; § 38 GWB verlangt den Nachweis von Verschulden,[213] nach § 38 Abs. 1 Nr. 2 GWB bedarf es einer unanfechtbar gewordenen Verfügung (etwa für § 18 GWB). Nur abgemildert, nicht widerlegt wird der Einwand aus dem Zeitmoment schließlich dadurch, daß betroffenen Dritten neben den „Mißbrauchsnormen" möglicherweise andere, ipso iure entstehende Ansprüche zustehen.[214] Das unterstreicht vielmehr die Fragwürdigkeit eines öffentlichrechtlich vermittelten Kartelldeliktsschutzes.

Auf den ersten Blick scheint das Risiko des auf öffentlich-rechtliche Vermittlung angewiesenen Dritten noch dadurch verstärkt zu werden, daß §§ 62 ff. GWB das Institut der „Bescheidungsbeschwerde" nicht regeln. Zöge man hieraus den Schluß, eine solche Beschwerde gäbe es nicht,[215] könnte der auf behördliches Eingreifen angewiesene Dritte sich nur im Fall der Ermessensschrumpfung auf Null an die Gerichte wenden. Die h. M. ist sich jedoch zu Recht darüber einig, daß eine Bescheidungsbeschwerde als „Minus" zur Verpflichtungsbeschwerde zuzulassen ist.[216]

Die trotzdem verbleibende Kumulation von Unsicherheiten im Hinblick auf die behördliche Ermessensbetätigung spricht gegen den Gedanken eines öffentlich-rechtlich vermittelten Drittschutzes, der durch das Ermessen der Verwaltung mitbestimmt ist. Eine prozessual angemessene Stellung erhält der

---

[211] Verstärkt wird das Risiko dann, wenn man während des Suspensiveffekts eines Rechtsmittels keine Schadensersatzansprüche anerkennt (anders allerdings *K. Schmidt,* in: Immenga / Mestmäcker, § 63 Rdnr. 26, jedoch mit gewissen Zweifeln). Die damit verbundenen Fragen können an dieser Stelle nicht vertieft werden. Jedenfalls sollte man die Lösung dieses Problems jedoch nicht von dem wohl nie endenden Streit zwischen Vollziehbarkeits- und Wirksamkeitstheorie abhängig machen.

[212] So auch *Jörißen,* S. 3 f. § 35 Abs. 2 GWB schafft insofern keine entscheidende Abhilfe, auch wenn dort eine Schadensersatzpflicht ab Zustellung für den Fall angeordnet wird, daß eine Verfügung unanfechtbar wird; denn die meisten Verfügungen der Kartellbehörden sind keine Schutzverfügungen nach § 35 Abs. 1 GWB, sondern erklären rechtsgeschäftliche Vereinbarungen für unwirksam. Gegen eine Unwirksamerklärung kann man jedoch nicht im Sinne von § 35 GWB verstoßen. Siehe schon oben G III 1, S. 312 f.

[213] Siehe *Emmerich,* in: Immenga / Mestmäcker, § 37 b Rdnr. 15: Nach den praktischen Erfahrungen sei dies einer der Hauptmängel des § 38 Abs. 4 GWB.

[214] Dazu *K. Schmidt,* Kartelldeliktsrecht, S. 77 ff.

[215] So *Bettermann,* Festschrift für Bötticher, S. 20.

[216] *Kremer,* S. 119; *K. Schmidt,* in: Immenga / Mestmäcker, § 70 Rdnr. 19, jeweils m. w. N. Dazu, daß der Kreis der ausdrücklich genannten Beschwerdearten nicht abschließend ist, siehe BGH, B. v. 18.2.1992, NJW 1992, 1829 (zur Zulässigkeit der allgemeinen Leistungsbeschwerde im kartellgerichtlichen Verfahren).

Dritte nur dann, wenn er selbst gegen die Beschränkung vorgehen kann. Deshalb ist eine mögliche Unterstützung durch die Kartellbehörden nicht ausgeschlossen. Parallel zur eigenen Klage kann der Dritte versuchen, eine entsprechende kartellbehördliche Verfügung zu erreichen. Er ist hierauf jedoch – folgt man der These vom Verfahrensdurchgriff – nicht angewiesen. Aus der Sicht des Wettbewerbsbeschränkers ist es allerdings zweifellos angenehmer, solange nicht mit Schadensersatzansprüchen rechnen zu müssen, wie keine kartellbehördliche Verfügung vorliegt.[217] Gleichwohl ist die Theorie vom Verfahrensdurchgriff auch unter Berücksichtigung seiner Belange interessengerecht. Er weiß um die kartellrechtliche Problematik etwa von Bindungen nach § 18 GWB oder von Verhaltensweisen nach § 22 Abs. 4 GWB. Er handelt zum eigenen Vorteil und auf eigenes Risiko, wenn er sich trotzdem zu solchen Geschäftspraktiken entschließt.[218]

### 2. *Ermessen und Ermessenskontrolle nach dem GWB*

#### *a) Problemstellung*

Besteht im GWB Ermessen im klassischen, verwaltungsrechtlichen Sinn, ist die Auffassung vom öffentlich-rechtlich vermittelten Drittschutz aus doppeltem Grunde unhaltbar. Sie ist nicht vereinbar mit der Idee des „privatrechtlichen Gesetzesvorbehaltes". Sie ist weiterhin nicht interessengerecht. Konsequenterweise wird deshalb von denen, die diese Theorie favorisieren, das Bestehen eines behördlichen Ermessens bestritten.[219] Ermächtigung und Verpflichtung zum Erlaß und zur Unterlassung gestaltender Verwaltungsakte seien kongruent zu denken;[220] für die wichtigsten Bestimmungen der §§ 18, 22 GWB seien die Kartellbehörden unter den Eingriffsvoraussetzungen dieser Bestim-

---

217 Vgl. *Liebs,* Vertriebsverträge, S. 47, für § 18 GWB.

218 Diesen Ausführungen liegt die Grundüberzeugung zugrunde, daß die Handlungsfreiheit potentiell wettbewerbswidrig handelnder Unternehmen keinen Vorrang vor der Effektivität der Wettbewerbskontrolle hat (so auch *Vollmer,* DB 1979, 2214). Teilt man diese Grundauffassung nicht, mag man zu einer anderen Interessenbewertung kommen.

219 So etwa von *K. Schmidt,* Kartellverfahrensrecht, S. 566: Ermächtigung und Verpflichtung zum Erlaß und zur Unterlassung „gestaltender" Verwaltungsakte nach dem GWB seien kongruent zu denken. Vgl. auch *dens.,* in: Immenga / Mestmäcker, § 51 Rdnr. 8 ff.; *Liebs,* Vertriebsverträge, S. 42. ff. *K. Schmidt* dürfte seine Auffassung allerdings nach Veröffentlichung seiner Habilitationsschrift partiell modifiziert haben. Siehe *dens.,* AG 1987, 339 ff., wo er das Problem privatrechtlicher Wirkungen von kartellrechtlichen Verwaltungsgrundsätzen (§ 50 Abs. 1 S. 3 GWB) und von Zusagen untersucht und ihnen nicht prinzipiell ablehnend gegenübersteht. Siehe auch *dens.,* in: Immenga / Mestmäcker, vor § 51 Rdnr. 10 ff. Ermessenslenkende Verwaltungsgrundsätze und Zusagen im Einzelfall über das Nichteingreifen trotz Vorliegens der tatbestandlichen Eingriffsvoraussetzungen haben jedoch nur bei Geltung des Opportunitätsprinzips ihre Daseinsberechtigung.

220 So *K. Schmidt,* Kartellverfahrensrecht, S. 566. Zu den denkbaren „Systemen" im Verhältnis von Ermessensproblem und Durchgriffsproblematik siehe auch *Kapp,* S. 200 f.

mungen zum Einschreiten verpflichtet;[221] bei Ermächtigungen zum Erlaß von gestaltenden Verwaltungsakten sei das Opportunitätsprinzip fehl am Platz, weil es nicht in das System des kartellrechtlichen Drittschutzes passe.[222]

Es gibt verschiedene denkbare Wege, um das Ermessen aus dem GWB zu verbannen. Einer besteht darin, die „Kann"-Vorschriften des GWB nicht als Ermessens-Kann, sondern als Kompetenz-Kann zu verstehen.[223] Es müßte für jede einzelne in Betracht kommende Bestimmung des GWB begründet werden, warum sie kein Ermessen enthält, und zwar angesichts einer herrschenden Meinung und Rechtsprechung, die von einem Ermessen ausgeht. Weiterhin werden Kann-Bestimmungen im allgemeinen öffentlichen Recht vor allem dann im Sinne einer gebundenen Entscheidung verstanden, wenn grundrechtliche Gründe gegen ein Ermessen sprechen.[224] Das ist aber bei einer auf das Adressatenverhältnis beschränkten repressiven Tätigkeit zumindest nicht der Fall. Das Ermessen läßt sich deshalb durch sachgerechte Interpretation auf einfachgesetzlicher Ebene durchaus gegen mögliche Einwände verteidigen.

Erfolgversprechend ist eher, das Vorliegen von Ermessen im GWB mit einer Bestimmung zu bestreiten, die dieses insgesamt für das ganze Gesetz eliminieren würde. Hierfür bietet sich § 70 Abs. 5 S. 1 GWB an. Unter Berufung auf diese Norm propagiert die herrschende kartellrechtliche Ermessenslehre einen Sonderweg gegenüber dem allgemeinen Verwaltungsrecht.[225] Das Ermessen der Kartellbehörden sei umfassend „verrechtlicht", was zu einer weitgehenden Eliminierung bzw. Einschränkung des Opportunitätsprinzips führe.[226]

---

[221] *K. Schmidt,* Kartellverfahrensrecht, S. 593; für § 18 GWB auch *von Venrooy,* S. 155.

[222] Vgl. *K. Schmidt,* Kartellverfahrensrecht, S. 593, *dens.,* in: Immenga / Mestmäcker, § 51 Rdnr. 9. Für eine Beibehaltung des Opportunitätsprinzips hingegen z. B. *Möschel,* Oligopolmißbrauch, S. 210: Es habe seinen guten Sinn, wenn die Kartellbehörde bei der Frage des Einschreitens Zweckmäßigkeitsgesichtspunkte berücksichtigen könne.

[223] Dies wird vor allem für § 18 GWB vielfach versucht. Siehe *von Venrooy,* S. 155.

[224] Beispiel: § 35 Abs. 2 BauGB. Siehe dazu *Dyong,* in: Ernst / Zinkahn / Bielenberg, BauGB, § 35 Rdnr. 75 m. w. N. (Stand: März 1987). Ebenfalls im Sinne eines Kompetenz-Kann wird die Bestimmung des Art. 75 Abs. 1 S. 1 BayBauO (Vorbescheid) interpretiert (*Schwarzer,* BayBO, Art. 75 Rdnr. 1; *Simon,* BayBO, Art. 75 Rdnr. 3 – Stand: Februar 1991).

[225] Siehe etwa *Liebs,* Vertriebsverträge, S. 42 ff.; *Müller / Gießler / Scholz,* § 70 Rdnr. 20 ff. Vgl. auch BGH, B. v. 5.2.1968, Z 49, 367 (373). Anders hingegen ausdrücklich *Kull,* JZ 1961, 683: Es sei kein Grund ersichtlich, warum der Begriff des Verwaltungsermessens im GWB von dem in der verwaltungsrechtlichen Lehre und Rechtsprechung entwickelten Begriff abweichen solle. Auch nach *Kull,* aaO, gilt jedoch Anderes für die Kontrolle der Verwaltungstätigkeit durch die Gerichte.

[226] Siehe vor allem *K. Schmidt,* Drittschutz, S. 4, *dens.,* Kartellverfahrensrecht, S. 551 und S. 592 ff., *dens.,* in: Immenga / Mestmäcker, § 70 Rdnr. 31: „Die Verrechtlichung der kartellbehördlichen Tätigkeit ist Normzweck von Abs. 5 S. 1." Weiterhin *Soell,* Ermessen, S. 52 ff.; GK-*Hinz,* § 70 Rdnr. 22 (Stand: Dezember 1981): Die Bedeutung der Vorschrift liege in der „maximalen Verrechtlichung" der angeordneten Rechtsfolgen als Ausgleich tatbestandlicher Rechtsungewißheit; *Kapp,* S. 172.

### *b) Die Ermessenslehre des Allgemeinen Verwaltungsrechts als Ausgangspunkt*

#### *aa) Die Unterscheidung von Recht- und Zweckmäßigkeit*

Ausgangspunkt und Orientierungsrahmen für die Diskussion über Ermessen und Ermessenskontrolle nach dem GWB bildet die Ermessenslehre des Allgemeinen Verwaltungsrechts.[227] Dort unterscheidet man grundsätzlich zwischen der Recht- und Zweckmäßigkeit der Ermessensausübung.[228] „Zweckmäßigkeit" umfaßt den Bereich, der von zwingenden Vorgaben des ermächtigenden Gesetzes frei ist, ein Reservat der Verwaltung, in den sich die „Richtig"- oder „Falsch"-Entscheidung nicht in jedem Fall nach objektivierbaren Kriterien des zugrundeliegenden oder höherrangigen Gesetzes entscheiden läßt.[229] Die Verwaltung kann zu verschiedenen, aus der Sicht des Gesetzes gleichermaßen rechtmäßigen Ergebnissen kommen.[230] Die konkrete Prioritätenwahl vollzieht die Verwaltung autonom, das konkrete Ergebnis ist nur in Umrissen, nicht im Detail vom Gesetz (= aus der Sicht der Verwaltung heteronom) bestimmt.[231]

Die damit umrissene Position der herrschenden Ermessenslehre wird gelegentlich verkürzt dahingehend verstanden, die Verwaltung sei ermächtigt, auch „suboptimal" zu handeln, sich also nicht für die in concreto optimale Maß-

[227] Anders *Rittner,* Festschrift für Kaufmann, S. 308, der für die Lösung von GWB-Problemen keine Hilfe vom Allgemeinen Verwaltungsrecht erwartet. *Rittner* sieht jedoch den Zustand der Ermessenslehre im Allgemeinen Verwaltungsrecht zu pessimistisch. Zwar werden fast alle Fragen kontrovers diskutiert, gleichwohl lassen sich deutliche Konturen einer herrschenden Meinung erkennen, die auch in der Rechtsprechung ihren Rückhalt hat.

[228] Siehe *Busch,* in: Knack, VwVfG, § 40 Rdnr. 10.1.; *Pietzcker,* JuS 1982, 106. Die Nachweise auf Rechtsprechung und literarische Stellungnahmen müssen sich im folgenden angesichts einer unüberschaubaren Menge an Material auf eine restriktive Auswahl beschränken.

[229] *Kopp,* VwGO, § 114 Rdnr. 1; *Schwarze,* Europäisches Verwaltungsrecht, Band II, S. 256. Richtigerweise kommt es darauf an, daß das Gesetz selbst zu erkennen gibt, daß es kein „Programm" für eine vollständig bestimmte Ja- oder Nein-Entscheidung enthält. Dazu, daß es terminologisch nicht weiterführt, eine gerichtliche Kontrollpflicht zur Überprüfung zweckmäßigen Handelns anzunehmen, siehe *Alexy,* JZ 1986, 706.

[230] *Erichsen,* in: Erichsen / Martens, § 10 II 2 Rdnr. 14; *Schmidt-Salzer,* VerwArchiv 60 (1969), 267. Etwas anders *Bullinger,* Verwaltungsermessen, S. 131, der kumulativ auch eine eingeschränkte gerichtliche Überprüfung des Ermessens als Wesensmerkmal nennt. Zum Problem der Ermessensausübung und Ermessenskontrolle durch die Gerichte siehe aber ausführlicher unten G VI 2, S. 342 ff.

[231] Besonders deutlich macht dies § 73 Abs. 1 Schl.-H. LVwG v. 2.6.1992, GVBl. Schl.H. 1992, S. 244. Die Vorschrift lautet:

§ 73
*Ermessen*

*(1) Die Behörde entscheidet, soweit Rechtsvorschriften nicht bestimmen, daß und in welcher Weise sie tätig zu werden hat, im Rahmen der ihr erteilten Ermächtigung nach sachlichen Gesichtspunkten unter Abwägung der öffentlichen Belange und der Interessen der einzelnen Personen über die von der Behörde zu treffenden Maßnahmen (pflichtgemäßes Ermessen).*

nahme zu entscheiden.[232] Damit wird aber der entscheidende Gesichtspunkt verdeckt, der darin besteht, daß das Gesetz nicht den Anspruch erhebt, in jedem Fall eine abschließende Entscheidung über die „optimale" Maßnahme zu treffen. Die Behörden sind, wenn ihnen Ermessen eingeräumt wird, nicht dazu ermächtigt, suboptimal zu handeln. Sie sind verpflichtet, alle Umstände des Einzelfalls und alle relevanten rechtlichen Vorgaben zu berücksichtigen.[233] Es gibt eben nur keine nach dem Regelungsanspruch des Gesetzes im Wege des Subsumtionsschlusses zu vollziehende Vorgabe des Gesetzgebers über die konkrete Optimalität in jedem Fall. Soweit sich eine solche bei der jeweiligen Rechtsanwendung aus dem Gesetz und nicht nur dem Rechtsempfinden eines Beteiligten entnehmen läßt, ist allein diese Maßnahme rechtmäßig.[234] Für Zweckmäßigkeitserwägungen bleibt kein Raum.[235] Ermessen bedeutet also nichts anderes als die Delegation der endgültigen Ergebniskonkretisierungsbefugnis auf den Rechtsanwender. „Zweckmäßigkeit" umschreibt im Rechtsstaat moderner Prägung den Bereich, in dem die Optimalität von Maßnahmen von verschiedenen Beteiligten am Gesetzesvollzug deshalb unterschiedlich beurteilt werden kann, weil das Gesetz eine abstrakte eindeutige Vorgabe nach dessen Intention nicht enthält und sie ihm im konkreten Fall auch nicht zu entnehmen ist.[236]

---

[232] So *Kremer,* S. 68; *Lohmann,* etwa S. 104.

[233] Siehe nur *Soell,* Der Staat 10 (1971), 569.

[234] Daß es bei jeder Rechtsanwendung und vor allem auch bei den unbestimmten Rechtsbegriffen eine subjektive Divergenzspanne menschlicher Erkenntnis gibt – vgl. *H. H. Rupp,* Grundfragen, S. 186 – ist deshalb kein Gegenargument. Es kommt im vorliegenden Zusammenhang allein darauf an, ob das Gesetz einen Anspruch auf eindeutige Regelung der Frage erhebt oder nicht. Nicht entscheidend ist, ob es *objektiv* eine eindeutige Entscheidung gibt oder nicht. Auch wenn sich aus der Sicht einer von der konkreten gesetzlichen Vorgabe abstrahierenden Methodenlehre ein Unterschied in der „Lückenfüllung" nicht erkennen läßt (so *Soell,* Ermessen, S. 141 ff.), hat eben doch der Gesetzgeber eine jeweils unterschiedliche Konzeption für die Rechtsanwendung (ähnlich auch *Schenke,* WiVerw 1988, 173 f, 175 ff.).

[235] Zuzugeben ist allerdings, daß gelegentlich Äußerungen zur Dogmatik der allgemeinen Ermessenslehre den gegenteiligen Schluß fördern (siehe *Lohmann,* S. 20 f. m. w. N.). Manchmal werden aber entsprechende Äußerungen auch schlicht verkürzt und inhaltlich entstellt wiedergegeben. So beruft sich *Lohmann* als Beleg für die Aussage, wonach Zweckwidrigkeit nicht gleich Rechtswidrigkeit sei, auf *Peters,* Verwaltung, S. 11 *(Lohmann,* S. 21 m. Fn. 9). *Peters,* aaO, stellt jedoch den entscheidenden Gesichtspunkt klar, auf den es immer ankommt, wenn von „Zweckmäßigkeit" die Rede ist, nämlich denjenigen festzulegen, der über die Zweckhaftigkeit entscheidet. *Peters,* aaO, spricht ausdrücklich davon, daß aus der Sicht der von der Verwaltung verfolgten Ziele sich u. U. eine Maßnahme als unzweckmäßig erweisen kann. Allein deshalb ist sie es aber noch nicht auch aus der Sicht des Gesetzes und eben deshalb nicht rechtswidrig.

[236] Dies kennzeichnet letztlich den Unterschied zum unbestimmten Rechtsbegriff ohne Beurteilungsspielraum. Bei jenen besteht zwar aus der Sicht des Rechtsanwenders häufig ebenfalls keine eindeutige gesetzliche Determinierung. Gleichwohl erhebt das Gesetz den Anspruch, die jeweilige Frage eindeutig und verbindlich zu lösen. Es delegiert die Rechtskonkretisierung also nicht auf die Verwaltung, sondern hält hierfür jeden Beteiligten berufen. Ein konkretes Anwendungsbeispiel hierfür ist etwa die Rechtsprechung des BVerwG

Die Unterscheidung von Rechts- und Zweckmäßigkeit ist positivrechtlich an zentralen Stellen, zum einen auf verfassungsrechtlicher Ebene in Art. 85 Abs. 4 S. 1 GG, im einfachen Bundesrecht etwa in § 68 Abs. 1 S. 1 VwGO verankert. Auch das (Landes-)Kommunalrecht kennt die Unterscheidung von Rechts- und Fachaufsicht, die sich an die Unterscheidung von Recht- und Zweckmäßigkeit anknüpft.[237] Gleichwohl wird die Unterscheidung in Frage gestellt, und zwar namentlich von Soell.[238] Seine Untersuchung geht auf die Ausgangspunkte im positiven Recht allerdings nicht hinreichend ein.[239] Gleichwohl verdient sie nicht nur wegen ihrer Ausführlichkeit und Dichte, sondern auch wegen des engen Bezug zum Kartellrecht und vor allem zum § 70 Abs. 5 GWB (damals § 70 Abs. 4 GWB) besondere Aufmerksamkeit. Nach Soell gibt es für das rechtsstaatlich gebundene Ermessen der Eingriffsverwaltung aus verfassungsrechtlichen und vor allem rechtsstaatlichen Gründen keine Frage der Zweckmäßigkeit, die nicht zugleich Rechtsfrage wäre.[240] Wenn sich dies als richtig erwiese, müßte von der Kategorie der Zweckmäßigkeit zumindest für den Bereich der Eingriffsverwaltung (zu der zweifellos auch das Kartellrecht gehört) Abschied genommen werden. Denn die Kategorie Zweckmäßigkeit hätte keine Existenzberechtigung mehr, da es sich in ihrem Bereich letztlich doch um Rechts- und damit um Rechtmäßigkeitsfragen handelt. Ermessensausübung wäre nichts anderes als Auffindung des Gesetzeswillens, also im Grundsatz ein Rechtsanwendungs- bzw. Rechtsfindungsprozeß.[241] Jeglicher

---

zur Unterscheidung von planerisch-gestaltender Abwägung (etwa bei § 1 Abs. 6 BauGB) und nachvollziehender Abwägung (z. B. bei § 35 Abs. 1 und 2 BauGB). Bei planerisch-gestaltender Abwägung besteht nur eine reduzierte gesetzliche Determination; bei nachvollziehender Abwägung ist hingegen nur eine Lösung „richtig" (siehe BVerwG, Urt. v. 25.10.1967, E 28, 148 / 151; Urt. v. 22.5.1987, NVwZ 1988, 54 / 56; vgl. auch *Manssen,* Örtliche Bauvorschriften, S. 240).

[237] Vgl. etwa Art. 109 Abs. 1, Abs. 2 BayGO.

[238] *Soell,* Das Ermessen der Eingriffsverwaltung (1973). Siehe des weiteren die zeitlich parallel zur Untersuchung von *Soell* entstandene und zu ganz ähnlichen Ergebnissen kommende Dissertation von *Lohmann,* Die Zweckmäßigkeit der Ermessensausübung als verwaltungsrechtliches Rechtsprinzip (1972). Vgl. auch *K. Schmidt,* in: Immenga / Mestmäcker, § 70 Rdnr. 37, der sich (für § 70 Abs. 5 S. 1 GWB) ebenfalls gegen ein Denken in den Kriterien „Rechtmäßigkeit" und „Zweckmäßigkeit" ausspricht. In eine ähnliche Richtung gehen auch Überlegungen von *Czermak,* DÖV 1966, 750 ff. Siehe *diesen,* aaO, 752: Nur diejenige Entscheidung sei rechtmäßig, die den Besonderheiten des jeweiligen Einzelfalls am besten entspricht. Energisch gegen die „Spielraumtheorie" der herrschenden Ermessenslehre wendet sich auch *Rupp,* Grundlagen, S. 180 ff., *ders.,* NJW 1969, 1273 ff.

[239] Zutreffend kritisch *Feige,* Die Verwaltung 8 (1975), 529; auch *Tettinger,* Rechtsanwendung, S. 89: Die Untersuchungen von *Soell* seien zwar im einzelnen „höchst lichtvoll", ohne letztlich jedoch die maßgeblichen Rechtsnormen (§§ 68, 114 VwGO, § 40 VwVfG) „überspielen" zu können.

[240] Siehe *Soell,* Ermessen, S. 74, S. 117 ff. Ähnlich *Lohmann,* S. 66: Rechtsstaatliche Grundsätze des Gesetzesvorbehalts und Gesetzesvorrangs, der Bestimmtheit und Berechenbarkeit staatlichen Handelns wie auch der Gewaltenteilung verlangten eine strikte heteronome Determinierung des Ermessens.

[241] Siehe auch *Soell,* AöR 114 (1989), 346.

Einfluß der Verwaltung auf das bei der Ermessensbetätigung aufzufindende Ergebnis durch autonome (also nicht vom Gesetz vorgegebene) Zwecksetzungen und damit auch Zweckprioritätensetzungen wäre ausgeschlossen.[242] Der Gesetzgeber würde durch die Konstituierung von Ermessensnormen seine Verpflichtung zur im Grundsatz abschließenden Regelung der privaten Rechten und Pflichten nicht verletzen.[243] Ein wesentliches Argument gegen die Lehre vom öffentlich-rechtlich vermittelten Drittschutz wäre widerlegt.

Soell hat den dargestellten Ansatz jedoch nicht vollständig umgesetzt. Er erkennt einen wenn auch eingeschränkten Entscheidungsspielraum des Rechtsfindenden an, nennt dies jedoch nicht „Entscheidung nach Zweckmäßigkeitserwägungen", sondern „Restraum subjektiven Fürrichtighaltens",[244] bzw. „Würdigungsspielraum".[245] Auch nach Auffassung von Soell gibt es „Wahlmöglichkeiten für die konkrete Entscheidung".[246] Damit ist der Zweckmäßigkeitsbereich der herrschenden Lehre[247] jedoch nicht eliminiert, sondern zumindest partiell nur umgetauft. Im Ergebnis kommt Soell sowenig wie andere Auffassungen, die von der Vorstellung einer vollständigen rechtlichen Steuerung des Ermessens ausgehen, an der Erkenntnis vorbei, daß die konkrete Entscheidung des Rechtsanwenders bei Ermessenstatbeständen nicht vollständig vom Gesetz vorherbestimmt sein soll.[248] Es besteht in diesen Fällen ein *gesetzlich vorgesehener Indeterminationsspielraum*.[249] Können schon nach dem gesetzlichen Regelungsanspruch die heteronomen Vorgaben für die Verwal-

---

[242] Siehe *Lohmann*, S. 66.

[243] Jedenfalls bestände kein Unterschied zu den unbestimmten Rechtsbegriffen. Für eine Gleichbehandlung beider Komplexe deshalb konsequent *Soell*, Ermessen, S. 199 ff.

[244] *Soell*, Ermessen, S. 180, *ders.*, Der Grundsatz der wirtschaftlichen Vertretbarkeit, S. 8. Vgl. zu früheren ähnlichen Stimmen auch *Stern*, Ermessen, S. 17 m. w. N.

[245] *Soell*, Ermessen, S. 199.

[246] *Soell*, Ermessen, S. 199. Ein vergleichbarer „Rückzug" aus der ursprünglich eingenommenen Ausgangsthese findet sich auch bei *Lohmann*, S. 92 ff.: Eine vollständig neue Ermessensausübung durch die Gerichte (die ja nach *Lohmann* nur eine Rechtskontrolle wäre) soll deshalb ausscheiden, weil der Verwaltungsentscheidung aufgrund ihrer besonderen Sachkenntnis eine Rechtmäßigkeitsvermutung zur Seite stehe.

[247] Dies gilt zumindest dann, wenn man den heutigen Stand der Ermessenslehre zugrundelegt. Man muß bei diesen Ausführungen berücksichtigen, daß die Ausführungen von *Soell* bis 1964 geschrieben wurden, und sich deshalb noch sehr stark mit „frührechtsstaatlichen" Ermessenslehren auseinandersetzen. Die weitere Entwicklung ist mehr in Richtung auf eine zu starke Einschränkung des Ermessens der Dritten Gewalt verlaufen, die es zur Sicherung eines funktionsgerechten Aufteilung der Staatsfunktionen heute zu korrigieren gilt (siehe dazu auch *Schenke*, WiVerw 1988, 172). Deutlich wird dies vor allem an den diversen Tatbeständen, in denen die Rechtsprechung eine Ermessensreduzierung auf Null annimmt. Siehe dazu *Maurer*, Allgemeines Verwaltungsrecht, § 7 Rdnr. 24 f., S. 116; *Kopp*, VwGO, § 114 Rdnr. 6.

[248] Eine wirklich umfassende und vollständige Gesetzesdeterminierung der Verwaltung ist wohl auch gar nicht denkbar. So zu Recht *Ossenbühl*, DÖV 1970, 85: Es gäbe keine „perfekte Legalordnung". Ähnlich *G. Meder*, DVBl. 1970, 858; *Schmidt-Salzer*, VerwArchiv 60 (1969), 275.

[249] Vgl. auch *Ossenbühl*, DÖV 1968, 621 f.

tung kein eindeutiges Ergebnis ergeben, ist der Verwaltung der Rückgriff auf „autonome" Erwägungen erlaubt.[250] Aufgabe der Ermessensfehlerlehren ist es, den Kreis der zulässigen autonomen Erwägungen quasi unter Berücksichtigung allgemeiner rechtsstaatlicher Überlegungen einzukreisen.[251] Ob man jedoch den Bereich, für den das Gesetz mehrere Möglichkeiten rechtmäßiger Entscheidung offenläßt und damit der Verwaltung die endgültige Entscheidung überläßt, mit dem Begriff der Zweckmäßigkeit oder anders bezeichnet, lohnt keinen Streit, zumal die Erkenntnis, daß Opportunitätsprinzip und Ermessensfreiheit keine Freiheit zur Willkür geben, sondern daß es nur ein pflichtgemäß auszuübendes Ermessen gibt, seit langem zu den anerkannten Grundsätzen des allgemeinen Verwaltungsrechts gehört.[252] Ermessensausübung ist also ein gesetzesakzessorischer, aber kein vollständig gesetzlich determinierter Vorgang.[253]

### *bb) Ermessensausübung und Freiheit der Zielwahl*

Soell will die Ermessensausübung nicht als rein syllogistisches Verfahren verstehen.[254] Entschieden bestritten wird aber letztlich jede Gestaltungsfreiheit der Verwaltung im Hinblick auf die Zielwahl, jede insofern auch nur graduelle Emanzipation der Verwaltung vom ermächtigenden Gesetz, jede Möglichkeit eigener Zweck- und Zielsetzung durch die zweite Gewalt.[255] Dies scheint der eigentlich zentrale Unterschied zwischen der Auffassung von Soell und der herrschenden Auffassung vom Ermessen zu sein.

Mit der Konzeption von Soell wird aber sowohl der Determinationswille als auch die Determinationskraft zweifellos rechtsstaatsgemäßer formeller Gesetze erheblich überschätzt. Zwar ist Soell unumschränkt zuzustimmen, wenn er das Erarbeiten, Abwägen und Bewerten der individuellen Gegebenheiten als einen vom Recht gesteuerten und nicht einen rein verwaltungstechnischen bzw. eine vom Recht ausgesparten Vorgang verstehen will.[256] Es geht jedoch zu weit, daraus das rechtsstaatliche Gebot einer vollinhaltlichen Determination der Ermessensbetätigung (und sei es auch nur für die Zielsetzung unter Berücksichtigung der Idee eines „mehrstufigen", vor allem auch externe gesetzliche

---

[250] Ähnlich *Ossenbühl,* DÖV 1968, 621 f.

[251] Siehe *Ossenbühl,* DÖV 1970, 87: Die eigentliche „'Wahlfreiheit'", die den Kern des Verwaltungsermessens ausmache, beziehe sich auf die „'Wahl'" zusätzlicher Entscheidungsmaßstäbe, die ihrerseits wiederum normativ determiniert und dirigiert würden.

[252] Sehr deutlich schon BVerwG, Urt. v. 18.9.1960, E 11, 95 (97); *Stern,* Ermessen, S. 14 ff.; vgl. weiterhin *Ossenbühl,* Verwaltungsvorschriften, S. 314 ff.

[253] Siehe statt vieler *Ossenbühl,* DÖV 1968, 619.

[254] Vgl. *Soell,* Ermessen, S. 95, S. 180 ff.

[255] Siehe *Soell,* Ermessen, S. 112 f.

[256] Siehe *Soell,* Ermessen, S. 100.

Vorgaben berücksichtigenden Bindungsmaßstabes) ableiten zu wollen.[257] Dies zeigt deutlich die neuere Diskussion um die Unterscheidung von Planungs- und Verwaltungsermessen.[258] Daß im Bereich von Planungsentscheidungen keine vollinhaltliche Determinierung der Planung durch formelles Gesetz stattfindet und auch nicht stattfinden soll, dürfte heute zum Allgemeingut der verwaltungsrechtlichen Dogmatik gehören. Ein wie auch immer bestimmbarer Mindestbestand an Verwaltungsvorbehalt für diesen Bereich[259] wird auch unter Zugrundelegung strenger rechtsstaatlicher Maßstäbe nicht ernsthaft bestritten. Seine Notwendigkeit ergibt sich letztlich aus der Sachstruktur solcher Entscheidungen.[260] Exemplarisch hierfür steht das Baurecht. Eine Analyse der möglichen Zielsetzungen der Bauleitplanung zeigt, daß letztlich jeder abwägungserhebliche Belang für den konkreten Plan zielbestimmenden Charakter haben kann.[261] Die Ziele der Bauleitplanung sind zwar in § 1 Abs. 5 S. 1 BauGB teilweise konkretisiert, letztlich aber genauso offen wie die abwägungserheblichen Belange.[262] Die mit jeder Planung einhergehende planerische Gestaltungsfreiheit hat gerade bei der Bauleitplanung die Folge, daß eine konkrete Zielvorgabe nicht stattfindet.[263] Es gibt trotz § 1 Abs. 5 S. 1 BauGB keine „Oberziele“ (welche untereinander wieder in eine bestimmte hierarchische Ordnung zu bringen wären), die bei Kollision von „Unterzielen“ mit eindeutigem Ergebnis streitschlichtend wirken.[264] Jeder Belang kann, wenn er gewichtig genug ist, die Abwägung und damit die Planung in seine Richtung lenken. Insofern liegt in weitem Umfang eine Wahlfreiheit für die Zielwahl vor.[265] Als Kompensation für die fehlende Zieldeterminierung besteht eine umfassende Abwägungs-

[257] Letztlich vermeidet *Soell* eine Festlegung hinsichtlich des der Verwaltung verbleibenden Freiraums. Er deutet ihn zwar an, versucht ihn aber weitgehend zu minimalisieren und thematisiert ihn deshalb auch nicht.

[258] Sehr instruktiv *Hügel*, S. 44 ff. Nicht weiter nachgegangen werden kann im vorliegenden Zusammenhang auf die ideen- und verfassungsgeschichtlichen Grundlagen der „frührechtsstaatlichen“ und der heutigen Ermessenslehre. Es spricht aber einiges für die Richtigkeit etwa der Auffassung von *Schenke*, WiVerw 1988, 172, daß Ermessensspielräume keine rechtsfreien Räume sind, sondern durch das Recht geschaffene und von ihm gewollte Handlungsspielräume der (mittelbar demokratisch legitimierten!) Verwaltung.

[259] Siehe *Maurer*, VVDStRL 43 (1984), S. 156 f.: Verwaltungsvorbehalt beim Gesetzesvollzug; *Schnapp*, VVDStRL 43 (1984), S. 173 ff.

[260] So allgemein auch *Maurer*, VVDStRL 43 (1984), S. 160.

[261] Ausführlich *Manssen*, Örtliche Bauvorschriften, S. 69 ff.

[262] *Schmidt-Aßmann*, Ordnungsidee, S. 53, spricht von „kontrollreduzierten Räumen“.

[263] *Soell*, Der Grundsatz der wirtschaftlichen Vertretbarkeit, S. 13, spricht im Hinblick auf das Bauplanungsrecht selbst von einer „offenen Abwägung“.

[264] So die Vorstellung von *Soell*, Ermessen, S. 116, für das GWB; anders *ders.*, Der Grundsatz der wirtschaftlichen Vertretbarkeit, S. 13, für das Baurecht. Vgl. für das Planungsrecht die zutreffende Feststellung von *Papier*, NJW 1977, 1715: Planungsnormen enthielten eine Vielzahl von Zwecksetzungen, die vom Gesetzgeber unkoordiniert und ohne Festlegung eines (abstrakten) Stufensystems niedergelegt seien; Ziel- und Zielmittelkonflikte in unübersehbarer Zahl seien „mitprogrammiert“. Siehe weiterhin *dens.*, aaO, 1716.

[265] Siehe *Papier*, NJW 1977, 1716: Kompetenzentscheidung zugunsten des Planungsträgers für eine sukzessive Zielkonkretisierung.

pflicht. Was das Gesetz im Wege der inhaltlichen Garantie nicht zu liefern vermag, wird ersetzt durch entsprechende Vorgangsanforderungen.

Allerdings hat Soell seine Ermessenslehre für das Ermessen der Eingriffsverwaltung konzipiert.[266] Bei genauerer Untersuchung erweist sich jedoch, daß sich „normales" Verwaltungsermessen und sog. Planungsermessen nicht qualitativ unterscheiden.[267] Ein deutlicher Hinweis in diese Richtung ergibt sich bereits daraus, daß die Fehlerkategorie des sog. Ermessensfehlgebrauchs ebenfalls eine Vorgangsgarantie ist.[268] Gibt es aber keinen grundsätzlichen Unterschied zwischen Ermessensausübung und Abwägung, existiert genausowenig ein fest umrissener Bereich der Eingriffsverwaltung. Ein weiterer Streifzug in eine Materie moderner Planungstätigkeit bestätigt dies. Eine Entscheidung, die wie die Aufstellung eines Verkehrszeichens herkömmlich als typische Maßnahmen der Gefahrenabwehr angesehen wurde, ist heute planifiziert.[269] Die Befugnisnorm des § 45 StVO ist durch Maßnahmen des Gesetz- und Verordnungsgebers sowie aufgrund einer extensiven Rechtsprechung seit langem mehr als eine reine Verkehrsordnungsvorschrift mit dem alleinigen Ziel der Sicherung der Leichtigkeit des Verkehrs.[270] Beispielsweise Verkehrsberuhigung erfolgt aufgrund einer Planungs- und Abwägungsentscheidung, unabhängig davon, ob und mit welchen rechtlichen Instrumentarien sie alternativ oder kumulativ herbeigeführt werden kann.[271] Teilweise spielen typische Planungsinstrumente wie das Aufstellen eines Bauleitplans und der „Eingriffs"-Verwaltungsakt Verkehrszeichen zur Verwirklichung einer Maßnahme zusammen, etwa bei der Kennzeichnung von verkehrsberuhigten Bereichen nach §45 Abs. 1 b Nr. 3 StVO,[272] oder bei der Unterstützung einer geordneten städtebaulichen Entwicklung nach § 45 Abs. 1 b Nr. 5 StVO. Es gibt daher keinen abgeschlossenen Bereich „Eingriffsverwaltung", der sich der „planenden Verwaltung" gegenüberstellen ließe, zumal die entsprechenden Befugnisse oft bei einem Kompetenzträger vereinigt sind. Planung erfolgt auch durch oder in Verbindung mit Eingriffen, sei es im Verkehrsrecht (Beschränkung von Fortbewegungs- oder Parkmöglich-

---

[266] Vgl. nur den Titel der Schrift: „Das Ermessen der Eingriffsverwaltung".

[267] *Hügel,* S. 48 ff. Siehe auch *Soell,* in: Koch (Hrsg.), Auf dem Weg zum Umweltgesetzbuch, S. 71, der die Bauleitplanung als „Eingriffsplanung" qualifiziert.

[268] *Alexy,* JZ 1986, 702, 707 ff.

[269] Vgl. nur BVerwG, Urt. v. 25.4.1980, NJW 1981, 184 (184): „Die Anwendung des § 45 Abs. 1 StVO ist ... nicht dadurch ausgeschlossen, daß die angefochtenen Straßensperrmaßnahmen ... Teil eines Gesamtkonzepts sind, das neben anderen Zielen auch stadtplanerischen Absichten dient." Vgl. weiterhin *Czermak,* JuS 1981, 26; *Steiner,* DAR 1989, 402 ff., *dens.,* DVBl. 1992, 1562 f.

[270] Siehe BVerwG, Urt. v. 13.12.1979, E 59, 221 ff. Dazu *Steiner,* DVBl. 1980, 417 f., *ders.,* Straßen- und Wegerecht, Rdnr. 6, *ders.,* DAR 1989, 405, auch mit Hinweisen auf die Gesetzgebungstätigkeit, *ders.,* UTR 15, S. 120. Vgl. auch VGH Kassel, Urt. v. 7.3.1989, NJW 1989, 2767 (2767), wonach § 45 Abs. 1 b Nr. 5 StVO ausdrücklich die Möglichkeit zu städtebaulich begründeten straßenverkehrsrechtlichen Maßnahmen eröffnet.

[271] Siehe *Hügel,* S. 60 ff.; *Peine,* Fußgängerstraßen, S. 45.

[272] Dazu *Steiner,* NVwZ 1984, 202.

keiten), Baurecht (Beschränkungen der zulässigen baulichen oder sonstigen Nutzung von Grundstücken durch Bebauungsplan) oder anderen Materien. Deshalb kann das „Ermessen der Eingriffsverwaltung" keine dogmatischen Sonderwege gegenüber der allgemeinen Ermessens- und Planungslehre gehen. Gibt es aber bei Planungsentscheidungen keine „vollinhaltliche Determinierung der Verwaltungsentscheidung",[273] gibt es dies bei „normalen" Ermessenentscheidungen ebenfalls nicht, auch nicht im Hinblick auf die Zielwahl. Eine vollinhaltliche Determinierung der Ermessensentscheidung kennt daher das Allgemeine Verwaltungsrecht für die Frage der Zielsetzung zu Recht nicht.

### c) *§ 70 Abs. 5 GWB als möglicher kartellrechtlicher Sonderweg*

Die behauptete Verrechtlichung des Ermessens im Kartellrecht ist also ein Sonderweg, der sich auf gesicherte Erkenntnisse des Allgemeinen Verwaltungsrechts nicht berufen kann. Ausgangspunkt für die Verrechtlichungsthese ist § 70 Abs. 5 S. 1 GWB.[274] Normzweck des § 70 Abs. 5 S. 1 GWB sei die Verrechtlichung von Zweckmäßigkeitserwägungen.[275]

Ihren Ausgangspunkt findet die Verrechtlichungsthese in der Entstehungsgeschichte des GWB. Dies ist dank deren detaillierter Aufschlüsselung durch Soell[276] verhältnismäßig eindeutig festzustellen. Nach Äußerung des Abgeordneten Prof. Dr. Wahl war es ein Hauptanliegen, die zunächst vagen und deshalb in hohem Maße interpretationsbedürftigen Begriffe rechtlich zu konturieren.[277] Man ging zutreffend davon aus, daß dies ohne Mithilfe der Gerichte nicht zu leisten war.[278] Rechtsstaatliche Zustände im Bereich des Kartellverwaltungsrechts waren deshalb nur dann zu erwarten, wenn die Gerichte bei der Interpretation der Bestimmungen des GWB nicht vorschnell vor Beurteilungs- und Ermessensspielräumen der Gerichte Halt machten.[279] Um insofern keine ungewünschte „Scheu" der Gerichte aufkommen zu lassen, sollte ihnen die komplette Ermessensüberprüfung übertragen werden.

Somit sollte das GWB eine indirekte Aufforderung zur Schaffung von Richterrecht enthalten. Verwirklicht werden sollte dies durch eine umfassende Ermessens„prüfung" (die eigentlich eine Ermessensausübung ist[280]). Die Schaffung von richterrechtlichen Konturen für unbestimmte Rechtsbegriffe ist aber auch ohne eine eher singuläre Konstruktion wie der vollständigen Ermessens-

---

[273] Vgl. *Soell*, Ermessen, etwa S. 92.

[274] Siehe *Kremer*, S. 69, S. 72; *K. Schmidt*, in: Immenga / Mestmäcker, § 70 Rdnr. 31; vgl. auch *Soell*, Ermessen, S. 52 ff.

[275] Siehe *K. Schmidt*, in: Immenga / Mestmäcker, § 70 Rdnr. 31.

[276] *Soell*, Ermessen, S. 36 ff.

[277] Nachweise bei *Soell*, Ermessen, S. 52.

[278] Nachweise bei *Soell*, Ermessen, S. 46, S. 52.

[279] Siehe *Soell*, Ermessen, S. 40, mit Hinweis auf Äußerungen vor allem von *Wahl*.

[280] Siehe unten im Text.

ausübung durch die Gerichte[281] möglich. Dies zeigt gerade auch die Rechtsprechung der Verwaltungsgerichtsbarkeit zur Ermessenslehre, obwohl § 114 VwGO nach einhelliger Meinung die Kompetenz zur Überprüfung des Ermessens der Verwaltung deutlich auf die Rechtmäßigkeitsprüfung beschränkt. So war die Befürchtung, die Gerichte würden vorschnell vor den Verwaltungskompetenzen kapitulieren, aus heutiger Sicht unbegründet und wohl letztlich auch historisch nicht belegbar, vor allem nicht für die allgemeine Verwaltungsgerichtsbarkeit. Das PrOVG hatte bereits den Weg in eine rechtsstaatliche Kontrolle des Ermessens gewiesen.[282] Die weitere Entwicklung der sechziger, siebziger und achtziger Jahre ging – zumindest in den Verwaltungsrechtsmaterien unter dem prozeßrechtlichen Regime des § 114 VwGO – weiter in diese Richtung. Es kam sogar eher zu einer übermäßigen Einengung der Verwaltungsfreiräume[283] mit entsprechenden gesetzgeberischen Reaktionen (vgl. §§ 214 – 216 BauGB).

Letztlich kommt es nicht darauf an, inwieweit für den Bereich des Kartellrechts Ähnliches oder Anderes anzunehmen war oder ist. Für die Verwirklichung des ohnehin zweifelhaften Verrechtlichungsanliegens war der gewählte Weg untauglich. Die Vorschrift des § 70 Abs. 5 S. 1 GWB betrifft das Verhältnis von Zweiter und Dritter Gewalt.[284] Sie konstitutiert zwar nach überwiegender Auffassung eine weitergehende Kontrolle der Exekutive durch die Gerichte als nach allgemeinen Regeln.[285] Die Kartellgerichte sollen auch in Fragen intervenieren dürfen, in denen § 114 VwGO Respekt vor der Verwaltungsentscheidung gebiete, also auch die Zweckmäßigkeit einer Maßnahme überprüfen.[286] Mit „Verrechtlichung" hat das – wenn es überhaupt stimmt – im eigentlichen Sinne aber nichts zu tun. Denn inwieweit ein Ermessen verrechtlicht ist, kann sich nicht aus einer Vorschrift wie § 70 Abs. 5 S. 1 GWB ergeben (ebensowenig aus § 114 VwGO). Es handelt sich vielmehr um eine Frage des materiellen Rechts.[287] Der gedankliche Fehler der herrschenden Meinung, der auch in den Gesetzes-

---

[281] Eine vollständige Ermessensausübung (was nicht zwingend Gesetzesvollzug bedeutet) kennt die deutsche Rechtsordnung aber auch in anderen Gebieten. Wichtigste „Bereichsausnahme" sind die Vorschriften des FGG.

[282] Detaillierte Darstellung bei *Soell*, Ermessen, S. 123 ff.

[283] Allgemein dazu auch *Kriele*, Theorie der Rechtsgewinnung, S. 37.

[284] So zutreffend auch *Rittner*, Festschrift für Kaufmann, S. 310.

[285] BGH, B. v. 5.2.1968, Z 49, 367 (373): § 70 Abs. 5 S. 1 GWB dehne den Bereich der Nachprüfung des durch die Behörden ausgeübten Ermessens durch die Gerichte über die Grenzen entsprechender verwaltungsgerichtlicher Vorschriften hinaus aus. Weiterhin *Lohmann*, S. 71; *Müller / Gießler / Scholz*, § 70 Rdnr. 22; *Tettinger*, Rechtsanwendung, S. 340 m. w. N.

[286] *Tettinger*, Rechtsanwendung, S. 340 f.; GK-*Hinz*, § 70 Rdnr. 22 und 27 (Stand: Dezember 1981). Kritisch dazu *K. Schmidt*, in: Immenga / Mestmäcker, § 70 Rdnr. 31.

[287] So allgemein auch *Soell*, Ermessen, S. 102. *Soell* gerät an dieser Stelle allerdings wohl in gewisse Widersprüche zu seinen Ausführungen zu § 70 Abs. 5 GWB. Die beiden Aspekte des Maßes der vom Gesetz vorgesehenen Bindung der Rechtsanwendungsorgane (Verwaltung und Gerichte) auf der einen und der Kontrolle einer von der Verwaltung gefundenen Entscheidung auf der anderen Seite müssen bei der Diskussion um eine rechtsstaat-

intentionen klar zum Ausdruck kommt, besteht also darin, zu meinen, ein Ermessen werde angesichts der Schwierigkeit der Formulierung materieller Maßstäbe dadurch „verrechtlicht", daß die Rechtsanwendung den Richtern übertragen werde.[288] Dies ist nicht der Fall. Will man eine Zweckmäßigkeitsentscheidung verrechtlichen, muß der Gesetzgeber rechtliche Kriterien vorgeben, die den Indifferenzspielraum bei der Rechtsanwendung verkleinern. Geschieht dies nicht, muß die Rechtskonkretisierung in der Rechtsanwendung erfolgen. Das ist jedoch *nicht allein Aufgabe der Gerichte,* sondern vielmehr in gleichem Maße *auch von der Exekutive zu leisten.*[289] Allein die Übertragung der Entscheidung auf die Gerichte bewirkt keine größere Determinationskraft des Gesetzes, sondern nur eine verstärkte institutionelle Absicherung der Unabhängigkeit der Entscheidung, also mehr „Gerichtsschutz", was nicht gleichbedeutend mit „Rechtsschutz" ist.[290]

Die mit § 70 Abs. 5 GWB bewirkte unglückliche Abwertung der Exekutive wirkt bis heute fort. Sie verursacht zum einen fruchtlose Unklarheiten,[291] zum anderen eine im Ergebnis unerwünschte Entwicklung des Kartellverwaltungsrechts zu einem Sonderverwaltungsrecht, das sich nicht auf die Erkenntnisse des Allgemeinen Verwaltungsrechts abstützen kann, obwohl dies durch fast durchgängig privatrechtlich orientierte personelle Besetzung der Kartellrechtswissenschaft dringend nötig wäre. Auf diese Weise entstehen unrichtige Vorstellungen über den Inhalt der allgemeinen verwaltungsrechtlichen Regeln und daraus folgend falsche Schlüsse über angeblich notwendige Sonderwege im Kartellrecht. Das erweist eine Äußerung wie die, daß die (angebliche) Verrechtlichung der Zweckmäßigkeitserwägungen durch § 70 Abs. 5 S. 1 GWB dazu

---

liche Ermessenslehre deutlich getrennt werden. Es ist nicht weiterführend, das Wesen des Ermessens von vornherein in einer beschränkten Kontrollkompetenz der Judikative zu sehen. So aber zunächst *Schmidt-Salzer,* VerwArchiv 60 (1969), 265, mit dann im weiteren allerdings durchaus differenzierteren Ausführungen.

[288] Besonders deutlich wird dies in einer Äußerung von *Kremer,* S. 68: Die h. M. nehme an, auch die Zweckmäßigkeitsfrage sei verrechtlicht, so daß auch die kartellbehördlichen Zweckmäßigkeitserwägungen der beschwerdegerichtlichen Nachprüfung unterliegen. Vgl. auch *Soell,* Ermessen, S. 38: Verkürzung des „Rechtsschutzes", wenn keine umfassende richterliche Prüfungszuständigkeit (wie nach dem ursprünglichen Regierungsentwurf) mehr besteht. Anders dann wohl *ders.,* aaO, S. 102 ff., S. 122. Richtig insoweit *Rittner,* Festschrift für Kaufmann, S. 309: Die Frage der vom Gesetz verlangten Bindung und der gerichtlichen Kontrolle seien zu unterscheiden. Zutreffend auch *Häberle,* Öffentliches Interesse, der an verschiedenen Stellen (etwa S. 160 m. Fn. 271, S. 602, 656, 698) – wenn auch in anderem Zusammenhang – darauf hinweist, daß rechtliche Bindung und gerichtliche Kontrolle nicht gleichzusetzen sind.

[289] Erwähnt sei nur die Aufstellung von Verwaltungsrichtlinien, die gegebenenfalls in Verbindung mit Art. 3 Abs. 1 GG Rechtswirkungen nach außen äußern können. Man braucht deshalb gar nicht soweit zu gehen, in Verwaltungsvorschriften „administratives Ergänzungsrecht" zu sehen (so aber *Ossenbühl,* in: Erichsen / Martens, § 7 IV 2, S. 132 Rdnr. 39).

[290] Anders zunächst wohl *Soell,* Ermessen, etwa S. 41.

[291] Sehr kritisch *Rittner,* Festschrift für Kaufmann, S. 311: § 70 Abs. 5 GWB müsse als so gut wie ganz gescheitert angesehen werden.

führe, daß keine Wahlfreiheit der Behörde zwischen mehreren gleichwertigen Möglichkeiten mehr bestehe, sondern nur die Entscheidung für die sinnvollste, d. h. die zur gesetzlichen Zweckerreichung in concreto optimale Maßnahme rechtmäßig sei.[292] Wie bereits aufgezeigt wurde, führt das am Problem vorbei, denn diese Auffassung unterstellt „normalen" Ermessennormen des klassischen Verwaltungsrechts eine Aussage, die diese nicht treffen. Läßt sich dem Gesetz entnehmen, welche Maßnahme optimal ist, ist nur diese rechtmäßig.[293] § 70 Abs. 5 GWB kann auch in seiner von der überwiegenden Meinung angenommenen weiten Interpretation also das aus der Wesentlichkeitstheorie abgeleitete Plädoyer gegen die These vom öffentlich-rechtlich vermittelten Drittschutz nicht entkräften. Diese Norm macht allein die Begriffe des GWB nicht justiziabler als sie es sind. Ein solcher Prozeß kann erst durch eine längere Behörden- und richterliche Spruchpraxis geleistet werden. Sie liegt zu wichtigen Punkten heute sicherlich vor. Entscheidend schlauer als der Gesetzgeber und die Verwaltung sind die Gerichte jedoch auch nicht. Sie verfügen zwar im Laufe der Zeit über entsprechendes Anschauungsmaterial. Die der Rechtsanwendung bei Vollzug des GWB belassenen Spielräume sind jedoch – wie schon ausgeführt – keineswegs nur Ausdruck einer wie auch immer motivierten, bewußten Zurückhaltung der Ersten Gewalt. Es handelt sich vielmehr um die Konsequenz daraus, daß die Dynamik des Wirtschafts- und Wettbewerbsrechts einen Verzicht auf allzu starre Bestimmtheitsanforderungen nötig macht und auch erlaubt.[294] Dies setzt aber auch den Möglichkeiten und Pflichten der Rechtsprechung zur Schaffung von Richterrecht ihre Grenzen. Die Abhängigkeit des Rechtsunterworfenen und gerade des Drittbetroffenen hinsichtlich der Ergebnisse der Anwendung des GWB wird aber nicht dadurch erträglicher, daß auch die Zweckmäßigkeitsgesichtspunkte von den Gerichten entschieden werden. Die Tätigkeit der Gerichte ist dann funktional keine andere als die der Verwaltungsbehörden. Selbst wenn man also in § 70 Abs. 5 GWB eine Norm sieht, die einen grundsätzlichen Unterschied zum allgemeinen Verwaltungsprozeß konstituiert, werden die Bedenken gegen die notwendige Einschaltung der Kartellbehörden für die Entstehung von Ansprüchen Dritter nicht widerlegt.

### *d) § 114 VwGO und § 70 Abs. 5 GWB im Vergleich*

Darüber hinaus läßt sich bezweifeln, ob sich mit der herrschenden Meinung wirklich ein Unterschied zwischen § 70 Abs. 5 S. 1 GWB und § 114 VwGO im Sinne einer weitergehenderen, auch Zweckmäßigkeitsfragen umfassende Kon-

---

292 So *Kremer*, S. 68.

293 Siehe oben G VI 2 b aa, S. 344 (345).

294 *Scholz*, Wirtschaftsaufsicht, S. 107, *ders.*, Konzentrationskontrolle, S. 92.

trolle der Verwaltungsentscheidung[295] ermitteln läßt.[296] Eines der Argumente dieser Auffassung ist der unterschiedliche Wortlaut beider Bestimmungen.[297] Von der Formulierung des § 114 VwGO haben sich jedoch die verschiedenen Ermessensfehlerlehren des Allgemeinen Verwaltungsrechts schon lange emanzipiert.[298] Bei ihnen besteht zwar über vieles Uneinigkeit, kaum aber darüber, daß die allgemeinen systematischen Überlegungen zu Struktur und Grenzen von Ermessensentscheidungen gewichtiger sind als reine Wortlautargumente. Eine stärkere Ermessenskontrolle als im allgemeinen Verwaltungsprozeß war zwar auch – wie schon ausgeführt – die Absicht der am Gesetzgebungsverfahren beteiligten Organe und Personen.[299] Der Wortlaut des § 70 Abs. 5 GWB ist jedoch durch eine Reihe von „Verbesserungsvorschlägen"[300] in hohem Maße verunklart worden. Die angestellten Erwägungen zur Ermessenskontrolle wirken zumindest aus heutiger Sicht alles andere als überzeugend.[301] Ein übertriebener Respekt vor dem subjektiven Auslegungsergebnis verbietet sich daher, zumal die Rechtsdogmatik dafür verantwortlich ist, daß sich die Ermessenskontrolle nach dem GWB in das Gesamtsystem der Rechtsordnung einfügt. Die subjektive Auslegung des § 70 Abs. 5 GWB erschwert dies mehr als sie es erleichtert.[302]

Bezüglich § 70 Abs. 5 GWB ergibt sich deshalb Folgendes: Für die „Arbeitsverteilung" zwischen Verwaltung und Gerichten bei der Rechtsanwendung bestehen eigentlich nur zwei praktische Möglichkeiten. Entweder kann das Gesetz mit seinem „Aufgabenverteilungsplan" dem klassischen System der Überprüfung von Ermessensentscheidungen folgen. Dann überprüfen die

---

[295] Siehe dazu *Müller / Gießler / Scholz,* § 70 Rdnr. 22; *Westrick / Loewenheim,* § 70 Rdnr. 28 (Stand: Oktober 1981); *Tettinger,* Rechtsanwendung, S. 340 m. w. N. Vgl. auch die Gesetzesentstehung, ausführlich dargelegt von *Soell,* Ermessen, S. 36 ff.

[296] Gegen eine Erstreckung der Gerichtskontrolle nach § 70 Abs. 5 GWB auch auf Zweckmäßigkeitserwägungen *Rittner,* WuW 1969, 73 m. Fußn. 39, *ders,* Festschrift für Kaufmann, S. 311. Für einen „Gleichlauf" von § 114 VwGO und § 70 Abs. 5 GWB *Bettermann,* Festschrift für Bötticher, S. 19; *Schwippert,* S. 187.

[297] Siehe etwa *Müller / Gießler / Scholz,* § 70 Rdnr. 22; *Tettinger,* Rechtsanwendung, S. 340. Der hauptsächliche Unterschied zwischen § 70 Abs. 5 S. 1 GWB und § 114 VwGO besteht darin, daß § 70 Abs. 5 S. 1 GWB den fehlsamen Ermessensgebrauch als Oberbegriff verwendet, und dann Ermessensüberschreitung sowie Sinn- und Zweckverfehlung als Untergruppen behandelt (siehe *Tettinger,* Rechtsanwendung, S. 340). Unbedingt zwingend ist dieses Argument nicht, siehe *Schwippert,* S. 19.

[298] Ausführliche Systematisierung bei *Alexy,* JZ 1986, 701 ff.

[299] Deutlich *Soell,* Ermessen, S. 40 ff. und S. 44.

[300] Siehe *Soell,* Ermessen, S. 40 ff.

[301] So auch *Schwippert,* S. 18 ff.

[302] Die vorliegende Untersuchung hat also einen grundsätzlich anderen methodischen Ansatz als die Untersuchung von *Soell.* Siehe *diesen,* Ermessen, S. 16 ff.: „Die grundsätzliche Entscheidung für die subjektive Methode".

Gerichte nur die Rechts-, nicht die Zweckmäßigkeit des Verwaltungshandelns. Oder die Gerichte sind zur umfassenden Neuentscheidung berufen, wenn sie im Wege eines Rechtsbehelfs angegangen werden. Unter „Neuentscheidung" in diesem Sinne ist nicht gemeint, daß die Gerichte zwingend auch selbst den Verwaltungsvollzug übernehmen, obwohl dies möglich und verfassungsrechtlich zulässig ist.[303] Von „Neuentscheidung" läßt sich auch dann sprechen, wenn die Gerichte die Entscheidung der Sache nach unter Berücksichtigung von allen relevanten Kriterien treffen.

Im ersteren Fall müssen Grenzen für die Ermessenskontrolle entwickelt werden. Dort, wo Determinationswirkung und Determinationswille des Gesetzes enden, beginnt der Freiraum der Verwaltung. Grundsätzlicher Ausgangspunkt jeder Ermessensfehlerlehre ist es, diesen Freiraum nicht schon dann entstehen zu lassen, wenn die Tatbestandsvoraussetzungen vorliegen, sondern das ermächtigende Gesetz umfassend auszulegen und unter Berücksichtigung verfassungsrechtlicher Wertungen allgemeine Grenzen der Ermessensfreiheit zu entwickeln. Es geht um das richtige Verhältnis zwischen Rechtsgebung und Rechtsanwendung, nicht um das zwischen Verwaltung und Verwaltungskontrolle.[304] Zur Rechtsgebung zählt selbstverständlich auch die Rechtsfortbildung durch die Gerichte und gegebenenfalls die Verwaltungsbehörden. Dieses Problem ist aber nicht Thema einer prozeßrechtlichen Vorschrift wie § 114 VwGO oder § 70 Abs. 5 GWB. Der genannten Bestimmungen bedarf es erst dazu, klarzustellen, daß für den Gesetzesvollzug außerhalb gesetzlicher Determinierung ein gewisser Autonomiebereich der Verwaltung anerkannt werden soll. Hingegen sind beim zweiten Modell, also der umfassenden Entscheidungskompetenz der Gerichte, jegliche Normierungen zur Ermessenskontrolle überflüssig.[305] In diesem Fall sollen die Gerichte das Ermessen ausüben, es nicht kontrollieren. Damit ist § 70 Abs. 5 GWB trotz seines teilweise von §114 VwGO abweichenden Wortlauts ein Argument für die zumindest enge Verwandtschaft von Verwaltungskontrolle durch die Verwaltungs- und die Kartellgerichte. Denn daß §70 Abs. 5 S. 1 GWB innerhalb der Zweckmäßigkeitsgesichtspunkte eine Aufteilung zwischen Behörden und Gerichten vornehmen soll, ist nicht anzunehmen. Gibt das GWB schon nur unzureichende rechtliche Kriterien für die Entscheidung vor (denn dann würde es ja um reine Rechtmäßigkeitskontrolle gehen), sind für eine solche Aufteilung erst recht keine Hinweise zu ermitteln. Ermessenskontrolle nach GWB und VwGO entsprechen sich also. Hieran ändert im übrigen auch die verunglückte Vorschrift des §70 Abs. 5 S. 2 GWB nichts.[306] Es handelt sich um eine Klarstellung zu §70 Abs. 5

[303] Siehe *Soell,* Ermessen, S. 39. Vgl. auch § 39 und § 80 a Abs. 3 VwGO.
[304] Das übersieht *Schwippert,* S. 29.
[305] Zutreffender Hinweis von *Soell,* Ermessen, S. 37.
[306] Siehe dazu *Soell,* Ermessen, S. 26 ff.

S.1 GWB. Betrifft § 70 Abs. 5 S. 1 GWB aber allein Rechtmäßigkeitsfragen, kann § 70 Abs. 5 S. 2 GWB nur insoweit eine Aussage treffen. Auch bei § 70 Abs. 5 S. 2 GWB geht es also nicht um die Aufteilung von Zweckmäßigkeitsgesichtspunkten.

### *3. Fazit und Ausblick*

Privatrechtsgestaltende kartellrechtliche Verfügungen beschränken sich in ihrer Wirkung auf das avisierte Vertragsverhältnis. Das GWB gesteht ihnen keine „Breitenwirkung" zu. Mit den im GWB enthaltenen Beteiligungs- und Ermessensvorschriften wäre eine solche Breitenwirkung auch nicht in verfassungsrechtlich unbedenklicher Weise einführbar.

Das Verfahren „Privatrechtsgestaltung durch Hoheitsakt" ist deshalb an dieser Stelle an eine verfassungsrechtliche Grenze gestoßen, also in einem Fall, in dem es nicht um punktuelle (oder wie bei Anlagengenehmigungen vorhabenbezogene) Eingriffe in die Privatrechtsordnung geht, sondern um die Gestaltung ganzer Rechte- und Pflichtenkomplexe. Es dürfte aber auch deutlich geworden sein, daß diese Grenze nicht starr, sondern relativ ist. Maßgebende Argumente gegen die Theorie vom öffentlich-rechtlich vermittelten Drittschutz und damit verbunden für die Annahme von Verwaltungstätigkeit unabhängiger Rechte und Pflichten sind die im GWB anzutreffende nur geringe Determinationswirkung der Rechtsnormen gegenüber dem Rechtsanwender bei der Ermessensausübung, das bei notwendiger behördlicher Einschaltung eintretende Vollzugsdefizit und vor allem die fehlenden Beteiligungsmöglichkeiten Betroffener im kartellverwaltungsrechtlichen Verfahren. Je weniger gewichtig jeder dieser Faktoren durch gesetzliche oder verwaltungsorganisatorische Maßnahmen wird, je mehr verfassungsrechtlicher Spielraum entsteht für „großräumige" privatrechtsgestaltende Tätigkeit der Verwaltung.

Rechtspolitisch besteht im Kartellverwaltungsrecht ein erheblicher Reformbedarf. Die bisher im GWB enthaltenen Lösungen sind gerade im Hinblick auf privatrechtsgestaltendes Handeln zum einen verfassungsrechtlichen Bedenken ausgesetzt, etwa bei § 51 Abs. 2 GWB. Zum zweiten fördern einige Bestimmungen des GWB die Tendenz, daß das Kartellverwaltungsrecht zu einem Sonderverwaltungsrecht auszubauen, das nicht wie andere Materien des Besonderen Verwaltungsrechts im Allgemeinen Verwaltungsrecht fußt. Rechtsstaatliche Defizite sind damit vorprogrammiert. De lege ferenda ist eine stärkere Orientierung des Kartellverwaltungsrechts am VwVfG wünschenswert.[307]

---

[307] Dies soll nicht als Vorwurf gesetzgeberischen Versagens mißverstanden werden. Rechtsstaatliche Mängel sind vielfach Zeugnis der historischen Bedingtheit der Kartellgesetzgebung (so zutreffend *K. Schmidt,* Drittschutz, S. 13). Gleichwohl ändert dies nichts an der Berechtigung eines Reformverlangens.

# H. Zusammenfassung der wichtigsten Ergebnisse der Arbeit

1. Hoheitliche Privatrechtsgestaltung ist eine verwaltungsrechtliche Erscheinung mit verfassungsrechtlichem Hintergrund. Sie ist Ausdruck des Spannungsverhältnisses von Rechts- und Sozialstaat und vor grundrechtlichen Garantien, die zugunsten der Privatautonomie wirken, zu rechtfertigen.

2. Ausgangspunkt für die Untersuchung ist der Dualismus von öffentlichem und privatem Recht. Eine Übersicht über das Zusammenspiel von öffentlichem und privatem Recht zeigt, daß beide Materien in erheblichem Maße miteinander verwoben sind. Daraus ergibt sich, daß sich ein eigener dogmatischer Begriff „Privatrechtsgestaltung" angesichts der Fülle unterschiedlicher privatrechtsbeeinflussender Maßnahmen nicht gewinnen läßt. Die Umgrenzung des Begriffs der Privatrechtsgestaltung kann deshalb im wesentlichen nur provisorisch zu Zwecken der Themenabgrenzung erfolgen. „Privatrechtsgestaltung" ist keine eigenständige rechtliche Kategorie.

3. Auf die enge Verwobenheit des öffentlichen und privaten Rechts weisen insbesondere die „Eventualfälle" hin, in denen nur nach den jeweiligen Umständen gesagt werden kann, ob eine Maßnahme der Verwaltung privatrechtsgestaltende Qualität hat. Hierzu zählt etwa der Fall des Negativattestes, welches nur dann privatrechtsgestaltend wirkt, wenn es rechtswidrig aber wirksam feststellt, daß ein privatrechtsgestaltender Mitwirkungsakt nicht erforderlich ist. Ähnliches gilt für die dispenslose Baugenehmigung. Der Bebauungsplan ist wegen zivilrechtlicher Anknüpfung in § 823 Abs. 2 BGB privatrechtsgestaltend, soweit er subjektiv-öffentliche Nachbarrechte begründet.

4. Die Unterscheidung von öffentlichem und privatem Recht kann für die Erfassung der Erscheinung hoheitlicher Privatrechtsgestaltung aufgrund einer Rechtssatzqualifizierungstheorie erfolgen. Eine solche Theorie existiert in brauchbarer Form jedoch nicht. Das ist darauf zurückzuführen, daß die Unterscheidung von öffentlichem und privatem Recht zum einen dispositiv ist. Der Gesetzgeber kann Normen in weitem Umfang – auch unter Berücksichtigung allgemeiner und spezieller verfassungsrechtlicher Vorgaben – in die eine oder andere Kategorie einordnen. Die Unterscheidung von öffentlichem und privatem Recht ist zum anderen relativ, d. h. sie kann und muß nur im Hinblick auf Normen getroffen werden, die an sie anknüpfen. Sie braucht deshalb nicht einheitlich für die gesamte Rechtsordnung zu erfolgen. Eine Theorie zur Abgren-

zung von öffentlichem und privatem Recht braucht und kann es deshalb nicht geben. Hierzu trägt vor allem auch die Gesetzgebung bei, die teilweise miteinander unvereinbare Orientierungspunkte für eine theoretische Einordnung setzt. Die herrschenden Theorien zur Abgrenzung von öffentlichem Recht (Interessen-, Subordinations- und Subjektstheorie) sind auch unter Berücksichtigung ihrer Bedeutung in der höchstrichterlichen Rechtsprechung weitgehend entbehrlich. Ihnen lassen sich lediglich gewisse Anhaltspunkte für die Rechtsnormqualifizierung entnehmen.

5. Aus der gesetzgeberischen Dispositionsbefugnis über die Unterscheidung von öffentlichem und privatem Recht folgt, daß eine entsprechende gesetzgeberische Qualifikation keine unmittelbaren verfassungsrechtlichen Konsequenzen haben kann. Dies bestätigt sich bei der Überprüfung verfassungsrechtlicher Garantien, die zugunsten der Privatautonomie fruchtbar gemacht werden können. Weder bei der Vertrags-, noch bei der Vereinigungs-, noch bei der Eigentumsfreiheit hat das Privatrecht eine verfassungsrechtlich abgesicherte Sonderstellung. Vielmehr stehen privatrechtliche Normenkomplexe allein deshalb unter formellem verfassungsrechtlichem Bestandsschutz, weil sie freiheitsermöglichend wirken. Selbst bei der Eigentumsgarantie (Art. 14 GG) erweist sich das Privatrecht als nur ein mögliches gesetzgeberisches Erfüllungssubstrat. Unrichtig ist auch die Vorstellung, das Privatrecht bestimme den Inhalt des Eigentums und das öffentliche Recht seine Schranken.

6. Die Vertragsfreiheit (unabhängig davon, ob sie öffentlich-rechtlich oder privatrechtlich verwirklicht wird) ist ein unbenanntes Grundrecht im Rahmen von Art. 2 Abs. 1 GG. Hierbei handelt es sich nicht um eine interpretatorische Neuschöpfung, sondern um die Anerkennung eines verfassungsrechtlichen Schutzstandards, der von der Rechtsprechung des BVerfG in Grundzügen vorgezeichnet ist. Hingegen ist die Vertragsfreiheit keine Institutsgarantie. Auch der grundsätzlich richtige Gedanke des formellen Normbestandsschutzes von einfachem, grundrechtsverwirklichendem Recht erklärt den verfassungsrechtlichen Schutz der Vertragsfreiheit nicht vollständig. Bei Annahme eines unbenannten Grundrechts sind hingegen alle gesetzlichen Bestimmungen, die das Recht zum Vertragsschluß in personaler, inhaltlicher oder formaler Hinsicht beschränken, am Übermaßverbot zu messen. Es kommt nicht darauf an, ob die Beschränkung öffentlich-rechtlicher oder privatrechtlicher, vorkonstitutioneller oder nachkonstitutioneller Natur ist.

7. In ähnlicher Weise ist auch die Vereinigungsfreiheit in Art. 9 Abs. 1 GG garantiert. Die öffentliche Gewalt ist durch Art. 9 Abs. 1 GG verpflichtet, Vereinigungen den natürlichen Personen weitgehend gleichzustellen. Beschränkungen des Rechts zur Gründung rechtsfähiger Vereinigungen sind ebenfalls am Übermaßverbot zu messen. Die spezielle Grundrechtsschranke des Art. 9 Abs. 2 GG gilt hingegen nur dann, wenn der Gesetzgeber in die „natürliche" Vereinigungsfreiheit eingreift. Dies ist bei sämtlichen privatrechtsgestaltenden Maßnahmen im Schutzbereich des Art. 9 Abs. 1 GG nicht der Fall. Hier ist die rechtlich konstituierte bzw. zu konstituierende Freiheit betroffen.

8. Die Eigentumsgarantie des Art. 14 GG schützt auch den Bestand privatrechtlicher Forderungen, sowie bestimmte sozialversicherungsrechtliche Ansprüche. Die Einbeziehung öffentlich-rechtlicher Ansprüche in die Eigentumsgarantie hat Modellcharakter für das Verständnis des Verhältnisses von Verfassungsgarantie und einfachem Gesetzgeber. Ohne gesetzgeberisches Tätigwerden gibt es kein Eigentum. Gleichwohl hat der Gesetzgeber nicht die Befugnis, selbst zu bestimmen, an welchen Gegenständen Eigentum besteht. Art. 14 Abs. 1 GG ist vielmehr ein Qualifikationstatbestand. Eigentum liegt vor, wenn der vom Gesetzgeber geschaffene Gegenstand bestimmte, aus der Verfassung abzuleitende Kriterien erfüllt.

9. Privatrechtsgestaltende Vorgänge sind nur dann eine Enteignung im Sinne von Art. 14 Abs. 3 GG, wenn sie modal und hinsichtlich ihrer Intensität dem Bild eines klassischen Güterbeschaffungsvorganges entsprechen. Die Fälle faktischer Forderungsvereitelung, etwa Embargomaßnahmen nach dem AWG, der Anschluß- und Benutzungszwang nach den Gemeindeordnungen oder staatliche Vorkaufsrechte sind deshalb allein vor Art. 14 Abs. 1, Abs. 2 GG zu rechtfertigen.

10. Der privatrechtsgestaltende Verwaltungsakt ist das zentrale Instrument hoheitlicher Privatrechtsgestaltung. Er kann die Änderung der privaten Rechtslage ipso iure mitbewirken, also ein entsprechendes Tatbestandsmerkmal einer Norm erfüllen. Er kann in anderen Fällen die Änderung aber auch unmittelbar aufgrund seiner Regelungswirkung herbeiführen. Der privatrechtsgestaltende Verwaltungsakt läßt sich als Denkfigur nicht durch die der „Rechtsfolgenanordnung durch Verfahren“ ersetzen. Im Rahmen des Allgemeinen Verwaltungsrechts spielt der privatrechtsgestaltende Verwaltungsakt nur eine beschränkte Sonderrolle. Er ist, soweit die jeweilige gesetzliche Grundlage nicht ein anderes ergibt, aufhebbar und nicht bedingungsfeindlich. Lediglich bei „Auflagen zur Vertragsänderung“ zeigen sich gewisse Besonderheiten. Solche „Auflagen“ sind als Bedingungen zu verstehen.

11. Für die Anfechtung privatrechtsgestaltender Verwaltungsakte kommt es entscheidend darauf an, ob die Beschränkung vor allem der Vertragsfreiheit auf einem Legislativ- oder einem Exekutivakt beruht. Nur in letzterem Fall ergeben sich aus Art. 19 Abs. 4 GG ein Beteiligungsrecht im Verwaltungsverfahren und gerichtliche Anfechtungsrechte. Deshalb sind Tarifgenehmigungen von Kunden der dem Genehmigungszwang unterliegenden Unternehmen nicht anfechtbar.

12. Privatrechtsgestaltende Verfügungen spielen im Kartellrecht eine wichtige Rolle. Eine Sonderdogmatik ist für das Kartellverwaltungsrecht jedoch nur insoweit zu rechtfertigen, wie gesetzliche Spezialregelungen dies verlangen. Daher ist das Kartellverwaltungsrecht auf den Prüfstand des Allgemeinen Verwaltungsrechts zu stellen. Hierbei ergeben sich Erkenntnisse für das Problem der Breitenwirkung kartellrechtlicher Verfügungen. Eine solche Breitenwirkung muß deshalb ausscheiden, weil nach der Ausformung der Beteiligungsvorschriften im GWB eine Beteiligungsmöglichkeit für betroffene Dritte nicht

allgemein vorgesehen ist. Weiterhin schließt auch das den Kartellbehörden eingeräumte Ermessen eine Breitenwirkung aus. Bei Ermessensbestimmungen ist die Verwaltungstätigkeit nicht vollständig gesetzlich determiniert. Dies wäre aufgrund der Grundrechtsrelevanz solcher Ansprüche jedoch erforderlich. Auch § 70 Abs. 5 S. 1 GWB führt zu keinem anderen Ergebnis. Ermessen und Ermessenskontrolle unterscheiden sind nach dem GWB nicht von den Lehren des Allgemeinen Verwaltungsrechts.

# Literatur


*Abel, Gunther,* Die Bedeutung der Lehre von den Einrichtungsgarantien für die Auslegung des Bonner Grundgesetzes, Berlin 1964.

*Abendroth, Wolfgang,* Zum Begriff des demokratischen und sozialen Rechtsstaates im Grundgesetz der Bundesrepublik Deutschland (1954), in: Forsthoff, Ernst (Hrsg.), Rechtsstaatlichkeit und Sozialstaatlichkeit, Darmstadt 1968, S. 114 ff. (zit.: Zum Begriff des Rechtsstaates).

*Achilles, Wilhelm-Albrecht,* Die Aufsicht über die kirchlichen Stiftungen der evangelischen Kirchen in der Bundesrepublik Deutschland, Tübingen 1986.

*Achterberg, Norbert,* Die Gesellschaftsbezogenheit der Grundrechte, in: Kaulbauch, Friedrich / Krawietz, Werner (Hrsg.), Recht und Gesellschaft, Festschrift für Helmut Schelsky zum 65. Geburtstag, Berlin 1978, S. 1 ff.

*Adorno, Theodor W.,* Stichwort: Gesellschaft, in: Herzog, Roman / Kunst, Hermann / Schlaich, Klaus / Schneemelcher, Wilhelm, EvStL, 3. Auflage, Stuttgart 1987, Sp. 1103 ff.

*Albrecht, Carsten,* Das Spannungsverhältnis zwischen dem privaten und öffentlichen Vereinsrecht in der Vergangenheit und Gegenwart, dargestellt am Erwerb der Rechtsfähigkeit, München 1989.

*Alexy, Robert,* Das Gebot der Rücksichtnahme im baurechtlichen Nachbarschutz, DÖV 1984, 953 ff.

*Ders.,* Ermessensfehler, JZ 1986, 701 ff.

*Ders.,* Grundrechte als subjektive Rechte und als objektive Normen, Der Staat 29 (1990), 49 ff.

*Ders.,* Theorie der Grundrechte, Baden-Baden 1985 (zit.: Theorie der Grundrechte).

*Alternativkommentar zum Bürgerlichen Gesetzbuch,* Band 1, Allgemeiner Teil, Neuwied u. a. 1987 (zit.: AK-BGB).

*Andersen, Holger,* Probleme der Wandlung des Eigentumsbegriffs, dargestellt am Beispiel öffentlich-rechtlicher Rechtspositionen, Frankfurt / Main u. a., 1984.

*Andrick, Bernd,* Stiftungsrecht und Staatsaufsicht unter besonderer Berücksichtigung der nordrhein-westfälischen Verhältnisse, Baden-Baden 1988.

*Angermann, Erich,* Das Auseinandertreten von „Staat" und „Gesellschaft" im Denken des 18. Jahrhunderts, in: Böckenförde, Ernst-Wolfgang (Hrsg.), Staat und Gesellschaft, Darmstadt 1976, S. 109 ff. (zit.: „Staat und Gesellschaft").

*Anschütz, Gerhard,* Die Verfassung des Deutschen Reichs vom 11. August 1919, Ein Kommentar für Wissenschaft und Praxis, 14. Auflage, Berlin 1933 (zit.: Verfassung des Deutschen Reichs).

*Ders.,* Die Verfassungsurkunde für den preußischen Staat vom 31. Januar 1850, Ein Kommentar für Wissenschaft und Praxis, 1.(einziger) Band, Einleitung. Vom Staatsgebiete und von den Rechten der Preußen, Neudruck der Ausgabe Berlin 1912, 1974 (zit.: Verfassungsurkunde).

*Arndt, Hans-Wolfgang,* Wirtschaftsverwaltungsrecht, in: Steiner, Udo (Hrsg.), Besonderes Verwaltungsrecht, 4. Auflage 1992, S. 735 ff. (zit.: Wirtschaftsverwaltungsrecht).

*Arnim, Hans Herbert von,* Leistungsstaat contra Rechtsstaat, Sozialstaatliche Errungenschaften zwischen Freiheitsverwirklichung und Freiheitsgefährdung, in: Randelzhofer, Albrecht / Süß, Werner (Hrsg.), Konsens und Konflikt, 35 Jahre Grundgesetz, Berlin u. a. 1986, S. 117 ff.

*Aschke, Manfred,* Übergangsregelungen als verfassungsrechtliches Problem, Frankfurt / Main 1987 (zit.: Übergangsregelungen).

*Augustin, Georg,* siehe Das Bürgerliche Gesetzbuch, Band III/1.

*Aust, Manfred / Jacobs, Rainer,* Die Enteignungsentschädigung, 3. Auflage, Berlin u. a. 1991.

*Axer, Peter,* Das Hamburger Stadtsiegel – ein Problem des Rechts der öffentlichen Sachen, NWVBl. 1992, 11 ff.

*Axster, Oliver,* Offene Fragen unter der EG-Gruppenfreistellungsverordnung für Patentlizenzverträge, GRUR 1985, 581 ff.

*Bachof, Otto,* Anmerkung zu BVerwG, Urt. v. 18.8.1960, DVBl. 1961, 125 ff., in: DVBl. 1961, 128 ff.

*Ders.,* Teilrechtsfähige Verbände des öffentlichen Rechts, Die Rechtsnatur der Technischen Ausschüsse der § 24 der Gewerbeordnung, AöR 83 (1958), 208 ff.

*Ders.,* Über öffentliches Recht, in: Bachof, Otto / Heigl, Ludwig / Redeker, Konrad (Hrsg.), Verwaltungsrecht zwischen Freiheit, Teilhabe und Bindung, Festgabe aus Anlaß des 25jährigen Bestehens des Bundesverwaltungsgerichts, München 1978, S. 1 ff.

*Badura, Peter,* Anmerkung zu BGH, Urteil vom 28.6.1965 – III ZR 220/62 – DVBl. 1966, 266 f., in: DVBl. 1966, 267 ff.

*Ders.,* Der Eigentumsschutz des eingerichteten und ausgeübten Gewerbebetriebes, AöR 98 (1973), 153 ff.

*Ders.,* Der Regierungsentwurf eines Mitbestimmungsgesetzes, – Verfassungsrechtliche Einwände -, ZfA 5 (1974), 357 ff.

*Ders.,* Der Sozialstaat, DÖV 1989, 491 ff.

*Ders.,* Eigentum, in: Benda, Ernst / Maihofer, Werner / Vogel, Hans-Jochen (Hrsg.), Handbuch des Verfassungsrechts der Bundesrepublik Deutschland, Berlin u. a. 1983, S. 653 ff.

*Ders.,* Eigentumsordnung, in: Deutscher Sozialgerichtsverband e. V. (Hrsg.), Sozialrechtsprechung, Verantwortung für den sozialen Rechtsstaat, Festschrift zum 25jährigen Bestehen des Bundessozialgerichts, Köln u. a. 1979, Band 2, S. 673 ff.

*Ders.,* Mitbestimmung und Gesellschaftsrecht – Verfassungsrechtliches Korollarium zur Rolle des Privatrechts in der Rechtsordnung – in: Löwisch, Manfred / Schmidt-Leithoff, Christian / Schmiedel, Burkhard (Hrsg.), Beiträge zum Handels- und Wirtschaftsrecht, Festschrift für Fritz Rittner zum 70. Geburtstag, München 1991, S. 1 ff.

*Ders.,* Möglichkeiten und Grenzen des Zivilrechts bei der Gewährleistung öffentlicher und sozialer Belange im Bodenrecht, AcP 176 (1976), 119 ff.

*Ders.,* Paritätische Mitbestimmung und Verfassung, München 1985 (zit.: Paritätische Mitbestimmung).

*Ders.,* Staatsrecht, Systematische Erläuterung des Grundgesetzes für die Bundesrepublik Deutschland, München 1986 (zit.: Staatsrecht).

*Ders.,* Zulässigkeit und Grenzen der Gründung von Tochtergesellschaften und des Erwerbs von Beteiligungen durch die Deutsche Bundespost, insbesondere durch die Deutsche Bundespost TELEKOM, – Fragestellungen und Grundgedanken -, ArchivPF 1991, 389 ff.

*Ders.,* Zur Lehre von der verfassungsrechtlichen Institutsgarantie des Eigentums, betrachtet am Beispiel des „geistigen Eigentums", in: Lerche, Peter / Zacher, Hans / Badura, Peter (Hrsg.), Festschrift für Theodor Maunz zum 80. Geburtstag am 1. September 1981, München 1981, S. 1 ff.

*Badura, Peter / Rittner, Fritz / Rüthers, Bernd,* Mitbestimmungsgesetz 1976 und Grundgesetz, Gemeinschaftsgutachten, München 1977.

*Ballerstedt, Kurt,* Soll das Stiftungsrecht bundesgesetzlich vereinheitlicht und reformiert werden, gegebenenfalls mit welchen Grundzügen?, Gutachten für den 44. DJT, Tübingen 1962, Band I/5, S. 5 ff.

*Ballhaus, Werner,* siehe *Das Bürgerliche Gesetzbuch.*

*Barbey, Günther,* Probleme einer strukturgerechten Rechtsprechung im Bereich der Versicherungsaufsicht, VersR 1985, 101 ff.

*Ders.,* Wahrnehmung staatlicher und gemeindlicher Aufgaben in privatrechtlichen Handlungs- und Entscheidungsformen, WiVerw 1978, 77 ff.

*Bartlsperger, Richard,* Anmerkung zu BGH, Urt. v. 15.11.1971 – V ZR 110/68 -, DVBl. 1971, 744 f., in: DVBl. 1971, 745 f.

*Ders.,* Art. 90 GG, Kommentierung im Kommentar zum Bonner Grundgesetz, Zweitbearbeitung, Stand: Juli 1969.

*Ders.,* Das Dilemma des baulichen Nachbarrechts, VerwArchiv 60 (1969), 35 ff.

*Ders.,* Die Straße im Recht des Umweltschutzes, Hamburg 1980 (zit.: Straße im Recht des Umweltschutzes).

*Ders.,* Verkehrssicherungspflicht und öffentliche Sache, Hamburg 1970 (zit.: Verkehrssicherungspflicht).

*Bary, Gottfried von,* Das Mißbrauchsverbot des Art. 86 EWGV, München 1987.

*Battis, Ulrich / Krautzberger, Michael / Löhr, Rolf-Peter,* Baugesetzbuch – BauGB –, 3. Auflage, München 1991.

*Baur, Fritz,* Anmerkung zu OLG Hamm, Urt. v.6.11.1980, JZ 1981, 277 f., in: JZ 1981, 278.

*Ders.,* Die „Naßauskiesung" – oder wohin treibt der Eigentumsschutz?, NJW 1982, 1734 ff.

*Ders.,* Die privatrechtlichen Auswirkungen des Bundesimmissionsschutzgesetzes, JZ 1974, 657 ff.

*Ders.,* Möglichkeiten und Grenzen des Zivilrechts bei der Gewährleistung öffentlicher und sozialer Erfordernisse im Bodenrecht, AcP 176 (1976), 97 ff.

*Ders.,* Neue Verbindungslinien zwischen Privatrecht und öffentlichem Recht, JZ 1963, 41 ff.

*Baur, Jürgen F.,* Das Verhältnis von verwaltungs- und zivilrechtlichem Rechtsschutz gegenüber Immissionen aus der Sicht eines Zivilisten, in: Selmer, Peter / von Münch, Ingo (Hrsg.), Gedächtnisschrift für Wolfgang Martens, Berlin u. a. 1987, S. 545 ff.

*Ders.,* Schadensersatz- und Unterlassungsansprüche bei Verstößen gegen die Kartellrechtsvorschriften des EWG-Vertrages, EuR 1988, 257 ff.

*Ders.,* siehe *Soergel, Hans Theodor / Siebert, Wolfgang.*

*Bechtold, Rainer,* Die positivrechtliche Unterscheidung von öffentlichem Recht und Privatrecht in Frankreich, Eine Untersuchung über die Problematik und die Funktion der Unterscheidung auf der Grundlage des Verhältnisses von Verwaltungsrecht und Privatrecht, Freiburg 1969.

*Ders.,* Die Stellung der Kommission und der Unternehmen im EWG-Kartellverfahren, EuR 1992, 41 ff.

*Becker, Hans-Jürgen,* Städel-Paragraph, in: Erler, Adalbert / Kaufmann, Ekkehard (Hrsg.), Handwörterbuch der Deutschen Rechtsgeschichte, Band IV, Berlin 1990, Sp. 1847 f.

*Becker, Joachim,* Die Rechtsnatur der Abgeschlossenheitsbescheinigung nach dem Wohnungseigentumsgesetz und das Prüfungsrecht des Grundbuchamts, NJW 1991, 2742 ff.

*Becker, Rudolf G.,* Artikel 9 Absatz 1 Bonner Grundgesetz und das Vereins- und Gesellschaftsrecht, Untersuchungen zum Verhältnis von Grundrecht und Einzelnorm, Tübingen 1957.

*Behrends, Behrend,* Grenzen des Privatrechts in der gesetzlichen Krankenversicherung, Das Leistungs- und Vertragsrecht der GKV im Spannungsverhältnis zwischen öffentlichem und privatem Recht, Berlin 1986.

*Benda, Ernst,* Der soziale Rechtsstaat, in: Benda, Ernst / Maihofer, Werner / Vogel, Hans-Jochen (Hrsg.), Handbuch des Verfassungsrechts der Bundesrepublik Deutschland, Berlin u. a. 1983, S. 477 ff.

*Bender, Michael,* Die Befugnis des Bundesverfassungsgerichts zur Prüfung gerichtlicher Entscheidungen, Zur Bedeutung der Grundrechte für die Rechtsanwendung, Heidelberg 1991 (zit.: Prüfung gerichtlicher Entscheidungen).

*Bengel, Manfred,* Der privatrechtsgestaltende Verwaltungsakt, Würzburg 1968.

*Benisch, Werner* (Hrsg.), Gesetz gegen Wettbewerbsbeschränkungen und Europäisches Kartellrecht, Gemeinschaftskommentar, 4. Auflage, Köln u. a., 1980 ff. (zit.: GK-*Verfasser).*

*Ders.,* Private Verfolgung von Wettbewerbsbeschränkungen und Allgemeininteresse, in: Wettbewerbsordnung im Spannungsfeld von Wirtschafts- und Rechtswissenschaft, Festschrift für Gunther Hartmann, Köln 1976, S.37 ff.

*Berg, Wilfried,* Bestandsschutz von Renten und Anwartschaften in der Sozialversicherung und im Versorgungsrecht, Köln 1963 (zit.: Bestandsschutz).

*Berg, Wilfried,* Das Hausrecht des Landgerichtspräsidenten – VGH München, BayVBl. 1980, 723, in: JuS 1982, 260 ff.

*Ders.,* Der Rechtsstaat und die Aufarbeitung der vor-rechtsstaatlichen Vergangenheit, VVDStRL 51 (1991), S. 46 ff.

*Ders.,* Die wirtschaftliche Betätigung des Staates als Verfassungsproblem, GewArchiv 1990, 225 ff.

*Ders.,* Stichwort „Wirtschaftsverwaltungsakte", in: Bunte, Hermann-Josef / Stober, Rolf (Hrsg.), Lexikon des Rechts der Wirtschaft (LdRW), Stand: November 1992.

*Ders.,* Zum Einfluß des öffentlichen Rechts auf das Privatrecht, Möglichkeiten und Grenzen staatlicher Einwirkungen auf den Grundstücksverkehr unter besonderer Berücksichtigung des Rechts der Flurbereinigung, Die Verwaltung 21 (1988), 319 ff.

*Bergerfurth, Bruno,* Zur Bedeutung des Negativattestes, NJW 1956, 289 f.

*Berkemann, Jörg,* Sportstättenbau in Wohngebieten – Alte und neue bau- und immissionsschutzrechtliche Probleme, NVwZ 1992, 817 ff.

*Bethge, Herbert,* Der verfassungsrechtliche Standort der „staatlich gebundenen" Berufe, Berufliche Teilhabe an Staatsfunktionen oder Verstaatlichung berufsgrundrechtsgeschützter Tätigkeiten?, Köln 1968 (zit.: Standort).

*Ders.,* Die verfassungsrechtliche Problematik einer Zulassungsberufung im Zivilprozeß, Einige kritische Anmerkungen zum Entwurf eines Rechtspflege-Entlastungsgesetzes, NJW 1991, 2391 ff.

*Ders.,* Rechtswegprobleme des öffentlich-rechtlich strukturierten Rundfunks, VerwArchiv 63 (1972), 152 ff.

*Ders.,* Zur Problematik von Grundrechtskollisionen, München 1977 (zit.: Grundrechtskollisionen).

*Bettermann, Karl August,* Anmerkung zu BGH, Beschluß vom 22.3.1976 – GSZ 1/75 -, DVBl. 1977, 177 ff., in: DVBl. 1977, 180 ff.

*Ders.,* Formen der gerichtlichen Anfechtung verwaltungsbehördlicher Entscheidungen, in: Bettermann, Karl August / Zeuner, Albrecht (Hrsg.), Festschrift für Eduard Bötticher zum 70. Geburtstag am 29. Dezember 1969, Berlin 1969, S. 13 ff.

*Ders.,* Grundfragen des Preisrechts für Mieten und Pachten, Tübingen 1952 (zit.: Grundfragen).

*Ders.,* Hypertrophie der Grundrechte (1984), in: Merten, Detlef / Papier, Hans-Jürgen / Schmidt, Karsten / Zeuner, Albrecht (Hrsg.), Karl August Bettermann, Staatsrecht – Verfahrensrecht – Zivilrecht, Schriften aus vier Jahrzehnten, Köln u. a. 1988, S. 49 ff. (zit.: Hypertrophie der Grundrechte).

*Ders.,* Rundfunkfreiheit und Rundfunkorganisation, Kritische Bemerkungen zum Fernsehurteil des Bundesverfassungsgerichts, DVBl. 1963, 41 ff.

*Ders.,* Über Flughafengebühren, Von der Erfüllung öffentlicher Aufgaben in Privatrechtsformen und von der zivilgerichtlichen Kontrolle der Benutzungsordnungen öffentlicher Anstalten, in: Ackermann, Heinrich / Albers, Jan / Bettermann, Karl August, Aus dem Hamburger Rechtsleben, Walter Reimers zum 65. Geburtstag, Berlin 1979, S. 415 ff.

*Ders.,* Vom Rechtsschutz und Rechtsweg des Bürgers gegen Rundfunk-Rufmord, Bemerkungen zu BGHZ 66, 182, in: Merten, Detlef / Papier, Hans-Jürgen / Schmidt, Karsten / Zeuner, Albrecht (Hrsg.), Karl August Bettermann, Staatsrecht – Verfahrensrecht – Zivilrecht, Schriften aus vier Jahrzehnten, Köln u. a. 1988, S. 259 ff. (zit.: Vom Rechtsschutz gegen Rundfunk-Rufmord).

*Beuthien, Volker,* Kartellverbot und abgestimmtes Verhalten, Verhältnis der §§ 1 und 25 I GWB zueinander sowie Grenzen der kartellfreien Kooperation, in: Wettbewerbsordnung im Spannungsfeld von Wirtschafts- und Rechtswissenschaft, Festschrift für Gunther Hartmann, Köln 1976, S. 51 ff.

*Bidinger, Helmuth,* Personenbeförderungsrecht, Kommentar zum Personenbeförderungsgesetz nebst sonstigen einschlägigen Vorschriften, 2. Auflage, Berlin ab 1971.

*Biedenkopf, Kurt H.,* Vertragliche Wettbewerbsbeschränkung und Wirtschaftsverfassung, Die Ausschließlichkeitsbindung als Beispiel, Heidelberg 1958 (zit.: Vertragliche Wettbewerbsbeschränkung).

*Bleckmann, Albert,* Buchbesprechung von: Robert Alexy, Theorie der Grundrechte, in: NJW 1986, 1598 f.
*Ders.,* Staatsrecht II – Die Grundrechte, 3. Auflage 1989 (zit.: Staatsrecht II).
*Ders.,* Zum materiellrechtlichen Gehalt der Kompetenzbestimmungen des Grundgesetzes, DÖV 1983, 129 ff.
*Blümel, Willi,* Unwirksamkeit der gewerberechtlichen Ausschlußfrist für Einwendungen gegen „genehmigungspflichtige Anlagen", Eine Erwiderung, BB 1963, 882 ff.
*Böckenförde, Ernst-Wolfgang,* Die verfassungstheoretische Unterscheidung von Staat und Gesellschaft als Bedingung der individuellen Freiheit, Opladen 1973 (zit.: Verfassungstheoretische Unterscheidung).
*Ders.,* Die Bedeutung der Unterscheidung von Staat und Gesellschaft im demokratischen Sozialstaat der Gegenwart, in: Staat, Gesellschaft, Freiheit, Studien zur Staatstheorie und zum Verfassungsrecht, Frankfurt/Main 1976, S. 185 ff. (zit.: Bedeutung der Unterscheidung).
*Ders.,* Einleitung, in: Böckenförde, Ernst-Wolfgang (Hrsg.), Staat und Gesellschaft, Darmstadt 1976, S. XI ff. (zit.: Einleitung).
*Ders.,* Entstehung und Wandel des Rechtsstaatsbegriffs (1969), in: Böckenförde, Ernst-Wolfgang, Recht, Staat, Freiheit, Studien zu Rechtsphilosophie, Staatstheorie und Verfassungsgeschichte, Frankfurt / Main 1991, S. 143 ff. (zit.: Rechtsstaatsbegriff).
*Ders.,* Freiheit und Recht, Freiheit und Staat (1985), in: Böckenförde, Ernst-Wolfgang, Recht, Staat, Freiheit, Studien zu Rechtsphilosophie, Staatstheorie und Verfassungsgeschichte, Frankfurt / Main 1991, S. 42 ff. (zit.: Freiheit und Recht).
*Ders.,* Grundrechte als Grundsatznormen, Zur gegenwärtigen Lage der Grundrechtsdogmatik, Der Staat 29 (1990), 1 ff.
*Ders.,* Grundrechtstheorie und Grundrechtsinterpretation, NJW 1974, 1529 ff.
*Boehmer, Gustav,* Art. 154, Erbrecht, in: Nipperdey, Hans Carl, Die Grundrechte und Grundpflichten der Reichsverfassung, Kommentar zum zweiten Teil der Reichsverfassung, Dritter Band: Art. 143 – 165 und „Zur Ideengeschichte der Grundrechte", Berlin 1930.
*Ders.,* Erbrecht, in: Neumann, Franz L. / Nipperdey, Hans Carl / Scheuner, Ulrich, Die Grundrechte, Handbuch der Theorie und Praxis der Grundrechte, Zweiter Band, Berlin 1954, S. 401 ff. (zit.: Erbrecht).
*Böhmer, Werner,* Die rechtsgeschichtlichen Grundlagen der Abgrenzungsproblematik von Sozialbindung und Enteignung, Der Staat 24 (1985), 157 ff.
*Ders.,* Diskussionsbeitrag, in: ÖJK, Grundrechtsschutz des Eigentums, Seine Grenzen und Beschränkungen im öffentlichen Interesse, Karlsruhe 1977, S. 63 ff. (zit.: Grundrechtsschutz des Eigentums).
*Ders.,* Probleme der Dogmatik und Systematik der Eigentumsbestimmungen des Grundgesetzes, Beilage I/1984 in AgrarR 4/1984, 2 ff.
*Bogdandy, Armin von,* Die außenwirtschaftliche Genehmigung: Rechtsnatur und Rechtsfolgen, VerwArchiv 83 (1992), 53 ff.
*Bogs, Walter,* Das Problem der Freiheit im sozialen Rechtsstaat (1961), in: Forsthoff, Ernst (Hrsg.), Rechtsstaatlichkeit und Sozialstaatlichkeit, Darmstadt 1968, S. 509 ff.
*Ders.,* Die Einwirkung verfassungsrechtlicher Normen auf das Recht der sozialen Sicherheit, 43. DJT (1960), Band II, G 5 ff., Tübingen 1962.
*Boujong, Karlheinz,* Zu den enteignungsrechtlichen Schutzgrenzen des eingerichteten und ausgeübten Gewerbebetriebes nach der Rechtsprechung, in: Bruchhausen, Karl / Hefermehl, Wolfgang / Hommelhoff, Peter / Messer, Herbert (Hrsg.), Festschrift für Rudolf Nirk zum 70. Geburtstag am 11. Oktober 1992, München 1992, S. 61 ff.
*Bracher, Christian-Dietrich,* siehe Frankfurter Kommentar.
*Breuer, Rüdiger,* Baurechtlicher Nachbarschutz, DVBl. 1983, 431 ff.
*Ders.,* Die Bodennutzung im Konflikt zwischen Städtebau und Eigentumsgarantie, München 1976 (zit.: Bodennutzung).
*Broß, Siegfried,* Anmerkung zum Urt. d. BSG v. 14.01.1981, SGb 1981, 547 ff., in: SGb 1981, 549 ff.

*Ders.*, Rechtswegprobleme zwischen den Zivil- und den Verwaltungsgerichten, VerwArchiv 79 (1988), 97 ff.

*Brünneck, Alexander von,* Die Eigentumsgarantie des Grundgesetzes, Baden-Baden 1984 (zit.: Eigentumsgarantie).

*Brugger, Winfried,* Elemente verfassungsliberaler Grundrechtstheorie, JZ 1987, 633 ff.

*Bruha, Thomas,* Handelsembargo gegen Argentinien durch EWG-Verordnung?, DVBl. 1982, 674 ff.

*Brunner, Otto,* Die Freiheitsrechte in der altständischen Gesellschaft, in: Böckenförde, Ernst-Wolfgang (Hrsg.), Staat und Gesellschaft, Darmstadt 1976, S. 20 ff. (zit.: Freiheitsrechte).

*Bryde, Brun-Otto,* „Rückenteignung" bei zweckverfehlter Umlegung – BVerwGE 85, 96, in: JuS 1993, 283 ff.

*Buchner, Herbert,* siehe *Richardi, Reinhard / Wlotzke, Otfried.*

*Büdenbender, Ulrich,* Energierecht, Eine systematische Darstellung des gesamten Rechts der öffentlichen Energieversorgung, Köln 1982.

*Bürckner, Hermann,* Der privatrechtsgestaltende Staatsakt, Leipzig 1930.

*Bull, Hans-Peter,* Die Staatsaufgaben nach dem Grundgesetz, 1973 (zit.: Staatsaufgaben).

*Bullinger, Martin,* Anmerkung zu OVG Berlin, Urt. v. 21.06.1961, DÖV 1961, 945 f., in: DÖV 1961, 946 ff.

*Ders.*, Die behördliche Genehmigung privater Rechtsgeschäfte und ihre Versagung, DÖV 1957, 761 ff.

*Ders.*, Öffentliches Recht und Privatrecht, Studien über Sinn und Funktionen der Unterscheidung, Stuttgart u. a. 1968 (zit.: Öffentliches Recht und Privatrecht).

*Ders.*, Öffentliches Recht und Privatrecht in Geschichte und Gegenwart, in: Löwisch, Manfred / Schmidt-Leithoff, Christian / Schmiedel, Burkhard (Hrsg.), Beiträge zum Handels- und Wirtschaftsrecht, Festschrift für Fritz Rittner zum 70. Geburtstag, München 1991, S. 69 ff.

*Ders.*, Verwaltungsermessen im modernen Staat, Landesbericht Bundesrepublik Deutschland, in: Bullinger, Martin (Hrsg.), Verwaltungsermessen im modernen Staat, Landesberichte und Generalbericht der Tagung für Rechtsvergleichung 1985 in Göttingen, Baden-Baden 1986, S. 131 ff.

*Bumiller, Ursula / Winkler, Karl,* Freiwillige Gerichtsbarkeit, Gesetz über die Angelegenheiten der freiwilligen Gerichtsbarkeit, 5. Auflage, München 1992.

*Burmeister, Joachim,* Vom staatsbegrenzenden Grundrechtsverständnis zum Grundrechtsschutz für Staatsfunktionen, Frankfurt / Main, 1977 (zit.: Grundrechtsverständnis).

*Ders.*, Der Begriff des „Fiskus" in der heutigen Verwaltungsrechtsdogmatik, DÖV 1975, 695 ff.

*Ders.*, Vertrauensschutz im Prozeßrecht, Ein Beitrag zur Theorie vom Dispositionsschutz des Bürgers bei Änderung des Staatshandelns, Berlin 1979 (zit.: Vertrauensschutz).

*Busch, Jost-Dietrich,* siehe *Knack, Hans Joachim.*

*Bydlinski, Franz,* Privatrecht und umfassende Gewaltenteilung, in: Festschrift für Walter Wilburg zum 70. Geburtstag, Graz 1975, S. 53 ff.

*Canaris, Claus-Wilhelm,* Anmerkung zum Beschluß des BVerfG v. 07.02.1990 – 1 BvR 26/84, AP Nr. 65 zu Art. 12 GG.

*Ders.*, Funktion, Struktur und Falsifikation juristischer Theorien, JZ 1993, 377 ff.

*Ders.*, Gesetzliches Verbot und Rechtsgeschäft, Heidelberg 1983 (zit.: Gesetzliches Verbot und Rechtsgeschäft).

*Ders.*, Grundrechte und Privatrecht, AcP 184 (1984), 201 ff.

*Ders.*, Schutzgesetze – Verkehrspflichten – Schutzpflichten, in: Canaris, Claus-Wilhelm / Diederichsen, Uwe (Hrsg.), Festschrift für Karl Larenz zum 80. Geburtstag am 23. April 1983, München 1983, S. 27 ff.

*Ders.*, Verfassungs- und europarechtliche Aspekte der Vertragsfreiheit in der Privatrechtsgesellschaft, in: Badura, Peter / Scholz, Rupert (Hrsg.), Wege und Verfahren des Verfassungslebens, Festschrift für Peter Lerche zum 65. Geburtstag, München 1993, S. 873 ff.

*Chlosta, Joachim,* Der Wesensgehalt der Eigentumsgewährleistung, Unter besonderer Berücksichtigung der Mitbestimmungsproblematik, Berlin 1975.

*Christ, Egon,* Die Verwaltung zwischen öffentlichem und privatem Recht, Erörtert am Beispiel von Realakt und Vertrag, Frankfurt / Main 1984.

*Clasen, Heinrich,* Rechtsfolgen der endgültigen Versagung der notwendigen Genehmigung des Erfüllungsgeschäfts, NJW 1963, 429.

*Clodius, Gernot,* Die Mißbrauchsbestimmungen des Gesetzes gegen Wettbewerbsbeschränkungen (GWB) als Schutzgesetze, Göttingen 1968.

*Coing, Helmut / Habermann, Norbert,* J. von Staudingers Kommentar zum Bürgerlichen Gesetzbuch mit Einführungsgesetz und Nebengesetzen, Einleitung, Erstes Buch, Allgemeiner Teil, §§ 1 – 89, Verschollenheitsgesetz, 12. Auflage, Berlin 1980 (zit.: Staudinger-*Coing).*

*Czermak, Fritz,* Nochmals: Rechtsnatur von Verkehrsregelungen durch amtliche Verkehrszeichen – VGH München, NJW 1978, 1988 und NJW 1979, 670 und BVerwG, NJW 1980, 1640, in: JuS 1981, 25 f.

*Ders.,* Was ist Verwaltungsermessen?, DÖV 1966, 750 ff.

*Das Bürgerliche Gesetzbuch:* mit besonderer Berücksichtigung der Rechtsprechung des Reichsgerichts und des Bundesgerichtshofs, Kommentar, hrsg. von den Mitgliedern des Bundesgerichtshofs, Band 1, 12. Auflage 1982 (zit.: RGRK-*Bearbeiter/in).*

*Dass.,* Band II, 1. Teil, §§ 241 – 413, 12. Auflage, Berlin 1976 (zit.: RGRK-*Bearbeiter/in).*

*Dass.,* Band III, 1. Teil, §§ 854 -1011, 12. Auflage, Berlin 1979 (zit.: RGRK-*Bearbeiter/in).*

*Degenhart, Christoph,* Die allgemeine Handlungsfreiheit des Art. 2 I GG, JuS 1990, 161 ff.

*Ders.,* Gerichtsorganisation, in: Isensee, Josef / Kirchhof, Paul (Hrsg.), HbStR III, Das Handeln des Staates, Heidelberg 1989, S. 879 ff.

*Dengler, Fritz,* Zur Prüfung der Verkehrstarife im Personennahverkehr nach § 39 Abs. 2 Personenbeförderungsgesetz, DÖV 1979, 662 ff.

*Dennewitz, Bodo,* Die institutionelle Garantie, Breslau 1932.

*Denninger, Erhard,* Staatliche Hilfe zur Grundrechtsausübung durch Verfahren, Organisation und Finanzierung, in: Isensee, Josef / Kirchhof, Paul (Hrsg.), HbStR V, Heidelberg 1992, S. 291 ff.

*Deringer, Arved,* Anmerkung zu EuGH, Urt. v. 6.2.1973, NJW 1973, 963 ff., in: NJW 1973, 965 f.

*Dickersbach, Alfred,* Die wirtschaftliche Betätigung der öffentlichen Hand im Verhältnis zur Privatwirtschaft aus öffentlich-rechtlicher Sicht, WiVerw 1983, 187 ff.

*Dickert, Thomas,* Naturwissenschaften und Forschungsfreiheit, Berlin 1991 (zit.: Forschungsfreiheit).

*Diederichsen, Uwe,* Ausbau des Individualschutzes gegen Umweltbelastungen als Aufgabe des bürgerlichen und des öffentlichen Rechts, 56. DJT, Band II, München 1986, L 48 ff.

*Ders.,* Die Verantwortlichkeit für Altlasten im Zivilrecht, BB 1986, 1723 ff.

*Dienes, Karsten,* Die 3. Novelle zum Bundes-Immissionsschutzgesetz, NWVBl. 1990, 404 ff.

*Dilcher, Gerhard,* Die Auseinanderentwicklung von Staat und Gesellschaft im deutschen Vormärz (1815 – 1848), in: Dilcher, Gerhard / Horn, Norbert (Hrsg.), Sozialwissenschaften im Studium des Rechts, Band IV, Rechtsgeschichte, München 1978, S. 67 ff.

*Dilcher, Hermann,* J. von Staudingers Kommentar zum Bürgerlichen Gesetzbuch mit Einführungsgesetz und Nebengesetzen, Buch 1, Allgemeiner Teil, §§ 90 – 240, 12. Auflage, Berlin 1980 (zit.: Staudinger-*Dilcher).*

*Dörschuck, Michael,* Typen- und Tarifgenehmigungen im Verwaltungsrecht, Heidelberg 1988.

*Dolde, Klaus Peter,* Städtebauliche Enteignung und planerische Abwägung, in: Franßen, Everhardt / Redeker, Konrad / Schlichter, Otto / Wilke, Dieter (Hrsg.), Bürger – Richter – Staat, Festschrift für Horst Sendler zum Abschied aus seinem Amt, München 1991, S. 225 ff.

*Drath, Martin,* Stichwort „Staat", in: Herzog, Roman / Kunst, Hermann / Schlaich, Klaus / Schneemelcher, Wilhelm, EvStL, 3. Auflage, Stuttgart 1987, Sp. 3305 ff.

*Dreher, Meinrad,* Konkurssicherungsfond statt Wirtschaftsaufsicht? – Zu den Schranken des Vorrangs der privatautonomen Selbstverwaltung der Wirtschaft –, in: Löwisch, Manfred / Schmidt-Leithoff, Christian / Schmiedel, Burkhard (Hrsg.), Beiträge zum Handels- und Wirtschaftsrecht, Festschrift für Fritz Rittner zum 70. Geburtstag, München 1991, S. 93 ff.

*Dreier, Ralf,* Der Rechtsstaat im Spannungsverhältnis zwischen Gesetz und Recht, JZ 1985, 353 ff.

*Ders.,* Zur Theoriebildung in der Jurisprudenz, in: Dreier, Ralf, Recht, Moral, Ideologie, Studien zur Rechtstheorie, Frankfurt / Main 1981, S. 70 ff. (zit.: Theoriebildung).

*Dürig, Günter,* Das Eigentum als Menschenrecht, ZgesStW 1953, 326 ff.

*Ders.,* Der Staat und die vermögenswerten öffentlich-rechtlichen Berechtigungen seiner Bürger, (Subjektive öffentliche Rechte als Eigentum im Sinne des Art. 14 GG), in: Maunz, Theodor / Nawiasky, Hans / Heckel, Johannes (Hrsg.), Staat und Bürger, Festschrift für Willibalt Apelt zum 80. Geburtstag, München u. a. 1958, S. 13 ff.

*Ders.,* Grundrechte und Zivilrechtsprechung, in: Maunz, Theodor (Hrsg.), Vom Bonner Grundgesetz zur gesamtdeutschen Verfassung, Festschrift zum 75. Geburtstag von Hans Nawiasky, München 1956, S. 157 ff.

*Ders.,* Kommentierung Art. 1 GG, in: Maunz, Theodor / Dürig, Günter, u. a., Grundgesetz, Kommentar, Band 1, München, Stand der Kommentierung: 1958.

*Ders.,* Kommentierung Art 2 GG, in: Maunz, Theodor / Dürig, Günter, u. a., Grundgesetz, Kommentar, Band 1, München, Stand der Kommentierung: 1958.

*Ders.,* Kommentierung Art. 3 GG, in: Maunz, Theodor / Dürig, Günter, u. a., Grundgesetz, Kommentar, Band 1, München, Stand der Kommentierung: Dezember 1973.

*Ders.,* Zum „Lüth-Urteil" des Bundesverfassungsgerichts vom 15.1.1958, DÖV 1958, 194 ff.

*Ders.,* Zurück zum klassischen Enteignungsbegriff!, JZ 1954, 4 ff.

*Dyong, Hartmut,* siehe *Ernst, Werner.*

*Ebel, Hans-Rudolf,* Energielieferungsverträge, Recht der Elektrizitäts-, Gas- und Fernwärmeversorgung industrieller Sonderabnehmer, Heidelberg 1992.

*Eberl, Wolfgang / Martin, Dieter / Petzet, Michael,* Bayerisches Denkmalschutzgesetz, 4. Auflage, München 1992.

*Ebersbach, Harry,* Besprechung: Jochen Abr. Frowein, Grundrecht auf Stiftung, in: AöR 104 (1979), 157 ff.

*Ders.,* Die Stiftung des öffentlichen Rechts, Göttingen 1961 (zit.: Stiftung des öffentlichen Rechts).

*Ders.,* Handbuch des deutschen Stiftungsrechts, Göttingen 1972 (zit.: Handbuch).

*Ebert, Arnold,* Die gesetzlichen Vorkaufsrechte nach dem Bundesbaugesetz, NJW 1961, 1430 ff.

*Ders.,* Gesetzliche Vorkaufsrechte der öffentlichen Hand, NJW 1956, 1621 ff.

*Echterhölter, Rudolf,* Grundrechte und Privatrecht, BB 1973, 393 ff.

*Eckhoff, Rolf,* Der Grundrechtseingriff, Köln u. a. 1992.

*Eckhold-Schmidt, Fridel,* Legitimation durch Begründung, Eine erkenntnistheoretische Analyse der Drittwirkungs-Kontroverse, Berlin 1974.

*Ehlers, Dirk,* Die Unterscheidung von privatem und öffentlichem Recht, Zugleich eine Besprechung des gleichnamigen Buches von Detlef Schmidt, Die Verwaltung 20 (1987), 373 ff.

*Ders.,* Die wirtschaftliche Betätigung der öffentlichen Hand in der Bundesrepublik Deutschland, JZ 1990, 1089 ff.

*Ders.,* Eigentumsschutz, Sozialbindung und Enteignung bei der Nutzung von Boden und Umwelt, VVDStRL 51 (1991), S. 211 ff.

*Ders.,* Verwaltung in Privatrechtsform, Berlin 1984 (zit.: Verwaltung in Privatrechtsform).

*Ders.,* Verwaltungsrechtsdogmatik und modifizierte Auflage, VerwArchiv 67 (1976), 369 ff.

*Ders.,* Wirtschaftsaufsicht, in: Achterberg, Norbert / Püttner, Günter (Hrsg.), Besonderes Verwaltungsrecht, Band 1, Heidelberg 1990 (zit.: Wirtschaftsaufsicht).

*Ehmke, Horst,* „Staat" und „Gesellschaft" als verfassungstheoretisches Problem, in: Hesse, Konrad / Reicke, Siegfried / Scheuner, Ulrich (Hrsg.), Festgabe für Rudolf Smend zum 80. Geburtstag am 15. Januar 1962, Tübingen 1962 (zit.: Staat und Gesellschaft).

*Ders.*, Wirtschaft und Verfassung, Die Verfassungsrechtsprechung des Supreme Court zur Wirtschaftsregulierung, Karlsruhe 1961 (zit.: Wirtschaft und Verfassung).

*Ehrlich, Eugen,* Die stillschweigende Willenserklärung, Berlin 1893.

*Eickmann, Dieter,* Immobiliarsachenrecht, Heidelberg 1988.

*Elster, Theodor,* Begünstigende Verwaltungsakte mit Bedingungen, Einschränkungen und Auflagen, Göttingen 1979.

*Emmerich, Volker,* Anmerkung zu BGH, Urt. v. 22.10.1973, NJW 1974, 901 f., in: NJW 1974, 902 ff.

*Ders.*, Das Wirtschaftsrecht der öffentlichen Unternehmen, Bad Homburg v. d. H., 1969 (zit.: Öffentliche Unternehmen).

*Ders.*, Der unlautere Wettbewerb der öffentlichen Hand, Tübingen 1969 (zit.: Der unlautere Wettbewerb der öffentlichen Hand).

*Ders.*, Die Fiskalgeltung der Grundrechte, namentlich bei erwerbswirtschaftlicher Betätigung der öffentlichen Hand – BGHZ 52, 325 und BGH, Betr. 1969, 1791, in: JuS 1970, 332 ff.

*Ders.*, Die höchstrichterliche Rechtsprechung zum GWB, ZHR 140 (1976), 97 ff.

*Ders.*, Kartellrecht, 6. Auflage, München 1991 (zit.: Kartellrecht).

*Ders.*, siehe *Immenga, Ulrich / Mestmäcker, Ernst-Joachim.*

*Ders.*, siehe *Rebmann, Kurt / Säcker, Franz Jürgen.*

*Engel, Christoph,* Planungssicherheit für Unternehmen durch Verwaltungsakt, Tübingen 1992 (zit.: Planungssicherheit).

*Ders.*, Eigentumsschutz für Unternehmen, AöR 118 (1993), 169 ff.

*Ders.*, siehe *Mestmäcker, Ernst-Joachim.*

*Engelhardt, Dieter,* Erwiderung, BayVBl. 1991, 279 f.

*Erichsen, Hans-Uwe,* Allgemeine Handlungsfreiheit, in: Isensee, Josef / Kirchhof, Paul (Hrsg.), HbStR I, Heidelberg 1989, S. 1185 ff.

*Ders.*, Das Verwaltungshandeln, in: Erichsen, Hans-Uwe / Martens, Wolfgang (Hrsg.), Allgemeines Verwaltungsrecht, 9. Auflage, Berlin u. a. 1992, S. 179 ff.

*Ders.*, Öffentliches und privates Recht, Jura 1982, 537 ff.

*Erman, Walter,* Handkommentar zum Bürgerlichen Gesetzbuch, herausgegeben von Harm Peter Westermann, Band 2, 8. Auflage 1989 (zit.: Erman-Bearbeiter).

*Ernst, Werner / Zinkahn, Willy / Bielenberg, Walter* u. a., Baugesetzbuch, Kommentar, München ab 1987.

*Evers, Hans-Ulrich,* Das Recht der Energieversorgung, 2. Auflage, Baden-Baden 1983 (zit.: Recht der Energieversorgung).

*Ders.*, Die Nachbarklage im Baurecht, JuS 1962, 87 ff.

*Ders.*, Die Zeit – eine Dimension des Sozialrechts?, Anspruchsgrundlage bei Änderung der Verhältnisse und Gesetzesänderung, in: Weber, Werner / Ule, Carl Hermann / Bachof, Otto, Rechtsschutz im Sozialrecht, Beiträge zum ersten Jahrzehnt der Rechtsprechung des Bundessozialgerichts, Köln u. a. 1965, S. 63 ff. (zit.: Die Zeit).

*Faßbender, Hermann J.*, Anmerkung zu OLG Köln, Beschl. v. 29.5.1980 – 23 Wlw 26/79, AgrarR 1980, 311, in: AgrarR 1981, 52.

*Fechner, Erich,* Freiheit und Zwang im sozialen Rechtsstaat (1953), in: Forsthoff, Ernst (Hrsg.), Rechtsstaatlichkeit und Sozialstaatlichkeit, Darmstadt 1968, S. 73 ff. (zit.: Freiheit und Zwang).

*Feige, Konrad,* Buchbesprechung: Soell, Hermann, Das Ermessen der Eingriffsverwaltung, Heidelberg 1973, in: Die Verwaltung 8 (1975), 526 ff.

*Feldhahn, Ursula,* Der Begriff der Abgeschlossenheit nach dem Wohnungseigentumsgesetz und das Urteil des Bayerischen Verwaltungsgerichtshofs vom 8. Mai 1989, BayVBl. 1991, 233 ff.

*Fielitz, Karl Heinrich / Meier, Hans / Montigel, Eberhard / Müller, Leo,* Personenbeförderungsgesetz, Frankfurt / Main 1990.

*Fikentscher, Wolfgang,* siehe *Benisch, Werner.*

*Finkelnburg, Klaus,* Öffentliches Baurecht, Band I, Bauplanungsrecht, 2. Auflage, München 1990 (zit.: Öffentliches Baurecht).

*Fischötter, Werner,* siehe *Benisch, Werner.*
*Fleiner, Fritz,* Ueber die Umbildung zivilrechtlicher Institute durch das öffentliche Recht, Tübingen 1906 (zit.: Umbildung).
*Flume, Werner,* Allgemeiner Teil des Bürgerlichen Rechts, Erster Band, Zweiter Teil, Die juristische Person, Berlin u. a. 1983 (zit.: AT I/2).
*Ders.,* Allgemeiner Teil des Bürgerlichen Rechts, Zweiter Band, Das Rechtsgeschäft, 3. Auflage, Berlin u. a. 1979 (zit.: AT II).
*Ders.,* Rechtsgeschäft und Privatautonomie, in: Caemmerer, Ernst von / Friesenhahn, Ernst / Lange, Richard (Hrsg.), Hundert Jahre deutsches Rechtsleben, Festschrift zum hundertjährigen Bestehen des Deutschen Juristentages 1860 – 1960, Band 1, Karlsruhe 1960, S. 135 ff.
*Forsthoff, Ernst,* Der Staat der Industriegesellschaft, dargestellt am Beispiel der Bundesrepublik Deutschland, München 1971 (zit.: Staat der Industriegesellschaft).
*Ders.,* Die Umbildung des Verfassungsgesetzes, in: Barion, Hans / Forsthoff, Ernst / Weber, Werner (Hrsg.), Festschrift für Carl Schmitt zum 70. Geburtstag, Berlin 1959, S. 35 ff.
*Ders.,* Lehrbuch des Verwaltungsrechts, Band I, Allgemeiner Teil, 10. Auflage, München 1973 (zit.: Verwaltungsrecht).
*Ders.,* Verfassungsprobleme des Sozialstaats (1954), in: Forsthoff, Ernst (Hrsg.), Rechtsstaatlichkeit und Sozialstaatlichkeit, Darmstadt 1968, S. 145 ff. (zit.: Verfassungsprobleme des Sozialstaats).
*Frankfurter Kommentar zum Gesetz gegen Wettbewerbsbeschränkungen,* 2. Auflage, Köln ab 1975 (zit.: FK-*Bearbeiter).*
*Franßen, Everhardt,* Über bedingungsfeindliche Verwaltungsakte, Münster 1969 (zit.: Bedingungsfeindliche Verwaltungsakte).
*Frey, Peter,* siehe *Prölss.*
*Friauf, Karl Heinrich,* Zur Rolle der Grundrechte im Interventions- und Leistungsstaat, DVBl. 1971, 674 ff.
*Friesenhahn, Ernst,* Der Wandel des Grundrechtsverständnisses, in: Verhandlungen des fünfzigsten Deutschen Juristentages, Hamburg 1974, Band II, G 1 ff., München 1974.
*Frowein, Jochen Abr.,* Grundrecht auf Stiftung, Essen 1976 (zit.: Grundrecht auf Stiftung).
*Füßlein, Rudolf Werner,* Vereins- und Versammlungsfreiheit, in: Neumann, Franz L. / Nipperdey, Hans Carl / Scheuner, Ulrich (Hrsg.), Die Grundrechte, Handbuch der Theorie und Praxis der Grundrechte, Zweiter Band, Berlin 1954, S. 425 ff.
*Funk, Werner,* Anmerkung zu BayVGH, Beschluß vom 15.1.1992 Az. 4 CS 90.1061, BayVBl. 1993, 53 f., in: BayVBl. 1993, 279 f.
*Gaentzsch, Günter,* Sportanlagen im Wohnbereich, – Rechtsproblematik aus öffentlichrechtlicher Sicht –, UPR 1985, 201 ff.
*Ders.,* Ausbau des Individualschutzes gegen Umweltbelastungen als Aufgabe des bürgerlichen und des öffentlichen Rechts, NVwZ 1986, 601 ff.
*Gallwas, Hans-Ulrich,* Faktische Beeinträchtigungen im Bereich der Grundrechte, Ein Beitrag zum Begriff der Nebenwirkungen, Berlin 1970 (zit.: Faktische Beeinträchtigungen).
*Gather, Gernot,* Diskussionsbeitrag 44. DJT, G 47 ff., Tübingen 1964.
*Geiger, Harald,* Anmerkung zu BayObLG, Urt. v. 2.7.1990, BayVBl. 1991, 28, in: BayVBl. 1991, 252 f.
*Ders.,* Zum Verhältnis zwischen öffentlichem und privatem Nachbarrecht, JA 1989, 454 ff.
*Geis, Max-Emanuel,* Der Kernbereich des Persönlichkeitsrechts, Ein Plädoyer für die „Sphärentheorie", JZ 1991, 112 ff.
*Geißler, Markus,* Die Privatautonomie im Spannungsfeld sozialer Gerechtigkeit, JuS 1991, 617 ff.
*Gerlach, Johann W.,* Die Grundstrukturen des privaten Umweltrechts im Spannungsverhältnis zum öffentlichen Recht, JZ 1988, 161 ff.
*Ders.,* Privatrecht und Umweltschutz im System des Umweltrechts, Berlin 1989 (zit.: Privatrecht und Umweltschutz).
*Gern, Alfons,* Neuansatz der Unterscheidung des öffentlichen Rechts vom Privatrecht, ZRP 1985, 56 ff.

*Ders.*, Neue Aspekte der Abgrenzung des öffentlich-rechtlichen vom privatrechtlichen Vertrag, VerwArchiv 70 (1979), 219 ff.

*Gitter, Wolfgang*, Möglichkeiten der Fortentwicklung des Rechts der sozialen Sicherheit zwischen Anpassungszwang und Bestandsschutz, NZA 1984, 137 ff.

*Gleiss, Alfred / Kracht, Friedrich*, „Mißbrauchsbestimmungen" des GWB als Schutzgesetz?, NJW 1959, 971 ff.

*Göbel, Reinhold*, Der wirtschaftliche Verein, Besteht ein Rechtsanspruch auf Verleihung der Rechtsfähigkeit gem. § 22 BGB?, DB 1964, 137 ff.

*Göldner, Detlef Christoph*, Gesetzmäßigkeit und Vertragsfreiheit im Verwaltungsrecht, JZ 1976, 352 ff.

*Ders.*, Verfassungsprinzip und Privatrechtsnorm in der verfassungskonformen Auslegung und Rechtsfortbildung, Verfassungskonkretisierung als Methoden- und Kompetenzproblem, Berlin 1969 (zit.: Verfassungsprinzip und Privatrechtsnorm).

*Goerlich, Helmut*, Wertordnung und Grundgesetz, Kritik einer Argumentationsfigur des Bundesverfassungsgerichts, Baden-Baden 1973 (zit.: Wertordnung und Grundgesetz).

*Götz, Volkmar*, Bundesverfassungsgericht und Vertrauensschutz, in: Starck, Christian (Hrsg.), Bundesverfassungsgericht und Grundgesetz, Festgabe aus Anlaß des 25jährigen Bestehens des Bundesverfassungsgerichts, Zweiter Band, Verfassungsauslegung, Tübingen 1976, S. 421 ff.

*Gottwald, Peter*, Die Schadenszurechnung nach dem Umwelthaftungsgesetz, in: Medicus, Dieter / Mertens, Hans-Joachim / Nörr, Knut Wolfgang / Zöllner, Wolfgang (Hrsg.), Festschrift für Hermann Lange zum 70. Geburtstag am 24. Januar 1992, Stuttgart u. a. 1992, S. 447 ff.

*Grabitz, Eberhard*, Freiheit und Verfassungsrecht, Kritische Untersuchungen zur Dogmatik und Theorie der Freiheitsrechte, Tübingen 1976 (zit.: Freiheit und Verfassungsrecht).

*Ders.*, (Hrsg.), Kommentar zum EWG-Vertrag, München, Stand: Juni 1990.

*Ders.*, Vertrauensschutz als Freiheitsschutz, DVBl. 1973, 675 ff.

*Greiffenhagen, Gottfried*, Die Kartellgenehmigung im Recht des Gesetzes gegen Wettbewerbsbeschränkungen der Europäischen Gemeinschaft für Kohle und Stahl und der Europäischen Wirtschaftsgemeinschaft, Berlin 1966.

*Griller, Stefan*, Drittwirkung und Fiskalgeltung von Grundrechten, ZfV 1983, 1 ff. und 109 ff.

*Grimm, Dieter*, Abweichende Meinung zum Beschluß des Ersten Senates des Bundesverfassungsgerichts vom 6. Juni 1989 – 1 BvR 921/85 – BVerfGE 80, 164 ff.

*Ders.*, Die Trennung von öffentlichem und privatem Recht, in: Dilcher, Gerhard / Horn, Norbert (Hrsg.), Sozialwissenschaften im Studium des Rechts, Band IV, Rechtsgeschichte, München 1978, S. 55 ff.

*Ders.*, Die verfassungsrechtlichen Grundlagen der Privatrechtsgesetzgebung, in: Coing, Helmut (Hrsg.), Handbuch der Quellen und Literatur der neueren europäischen Privatrechtsgeschichte, Dritter Band, Das 19. Jahrhundert, Erster Teilband, Gesetzgebung zum allgemeinen Privatrecht, München 1982, S. 17 ff.

*Ders.*, Eigentumsschutz sozialpolitischer Positionen und rechtlich-politisches System, in: Deutscher Sozialrechtsverband – 2. Sozialrechtslehrertagung, Verfassungsrechtlicher Eigentumsschutz sozialer Rechtspositionen, Wiesbaden 1982, S. 226 ff. (zit.: Eigentumsschutz sozialpolitischer Positionen).

*Ders.*, Zur politischen Funktion der Trennung von öffentlichem und privatem Recht in Deutschland, in: Wilhelm, Walter (Hrsg.), Studien zur europäischen Rechtsgeschichte, Frankfurt/Main 1972, S. 224 ff. (zit.: Zur politischen Funktion).

*Groeben, Hans von der / Thiesing, Jochen / Ehlermann, Claus-Dieter*, Handbuch des Europäischen Rechts, Baden-Baden (zit.: Bearbeiter in: von der Groeben / Thiesing / Ehlermann).

*Großfeld, Bernhard*, Zivilrecht als Gestaltungsaufgabe, Karlsruhe 1977 (zit.: Zivilrecht als Gestaltungsaufgabe).

*Grüttner, Wolfgang*, Die sozialversicherungsrechtliche Anwartschaft, Zugleich ein Beitrag zur Bestimmung der eigentumsfähigen Positionen des Art. 14 GG, Stuttgart u. a. 1990.

*Grunsky, Wolfgang,* Anm. zu GmS-OGB, B. v. 04.06.1974, AuR 1975, S. 92 ff., in: AuR 1975, 94 ff.
*Grupp, Klaus,* Aufhebung von Planfeststellungsbeschlüssen durch die Verwaltung, DVBl. 1990, 81 ff.
*Gusy, Christoph,* Die Bindung privatrechtlichen Verwaltungshandelns an das öffentliche Recht, DÖV 1984, 872 ff.
*Hachenburg, Max,* Gesetz betreffend die Gesellschaften mit beschränkter Haftung (GmbhG), Großkommentar, Dritter Band: §§ 53 – 85, 7. Auflage, Berlin u. a. 1984.
*Hadding, Walther,* siehe *Soergel, Hans Theodor.*
*Häberle, Peter,* Buchbesprechung: Alexy, Robert, Theorie der Grundrechte, Der Staat 26 (1987), 135 ff.
*Ders.,* Die Menschenwürde als Grundlage der staatlichen Gemeinschaft, in: Isensee, Josef / Kirchhof, Paul (Hrsg.), HbStR I, Grundlagen von Staat und Verfassung, Heidelberg 1987, S. 815 ff.
*Ders.,* Die Wesensgehaltsgarantie des Art. 19 Abs. 2 Grundgesetz, Zugleich ein Beitrag zum institutionellen Verständnis der Grundrechte und zur Lehre vom Gesetzesvorbehalt, 3. Auflage, Heidelberg 1983 (zit.: Wesensgehaltsgarantie).
*Ders.,* Öffentliches Interesse als juristisches Problem, Eine Analyse von Gesetzgebung und Rechtsprechung, Bad Homburg v. d. H. 1970 (zit.: Öffentliches Interesse).
*Häde, Ulrich,* Rechtliche Aspekte des Irak-Embargos, BayVBl. 1991, 485 ff.
*Hagen, Horst,* Privates Immissionsschutzrecht und öffentliches Baurecht, NVwZ 1991, 817 ff.
*Ders.,* Sportanlagen im Wohnbereich, – Rechtsproblematik aus bürgerlich-rechtlicher Sicht –, UPR 1985, 192 ff.
*Ders.,* siehe *Erman, Walter.*
*Hahn, Hartmut,* Zur Rückwirkung im Steuerrecht, – zugleich eine Kritik am Beschluß des Bundesverfassungsgerichts vom 14. Mai 1986 –, Institut „Finanzen und Steuern", Nr. 269, Bonn 1987 (zit.: Rückwirkung).
*Hamel, Walter,* Deutsches Staatsrecht, I. Grundbegriffe, Berlin 1971 (zit.: Deutsches Staatsrecht I).
*Hanau, Peter,* siehe *Rebmann, Kurt / Säcker, Franz Jürgen.*
*Hantke, Wolfgang,* Die Verschärfung des Außenwirtschaftsrechts, NJW 1992, 2123 ff.
*Harms, Wolfgang,* Unlauterer Wettbewerb durch wirtschaftliche Aktivitäten öffentlicher Hände, Bemerkungen zu den Augenoptiker-Urteilen des BGH, BB 1986 Beilage 17, S. 1 ff.
*Ders.,* siehe *Benisch, Werner.*
*Hart, Dieter,* siehe *Alternativkommentar zum Bürgerlichen Gesetzbuch.*
*Hartmann, Gunther / Atzpodien, Hans Christoph,* Zu den Auswirkungen stiftungsrechtlicher Genehmigungserfordernisse bei Rechtsgeschäften, in: Löwisch, Manfred / Schmidt-Leithoff, Christian / Schmiedel, Burkhard (Hrsg.), Beiträge zum Handels- und Wirtschaftsrecht, Festschrift für Fritz Rittner zum 70. Geburtstag, München 1991, S. 147 ff.
*Heck, Philipp,* Begriffsbildung und Interessenjurisprudenz, Tübingen 1932 (zit.: Begriffsbildung).
*Heckelmann, Dieter,* Der Idealverein als Unternehmer?, – Ein Beitrag zur Abgrenzung vom Idealverein, dargestellt am Beispiel der Fußballbundesligen, AcP 179 (1979), 1 ff.
*Hedemann, Justus Wilhelm,* Der Kontrahierungszwang, Erinnerung und Ausblick, in: Dietz, Rolf / Hueck, Alfred / Reinhardt, Rudolf (Hrsg.), Festschrift für Hans Carl Nipperdey zum 60. Geburtstag 21. Januar 1955, München u. a. 1955, S. 251 ff.
*Hefermehl, Wolfgang,* siehe *Soergel, Hans Theodor.*
*Heinze, Meinhard,* Die Rechtsbeziehungen der Leistungserbringer von Heil- und Hilfsmitteln zu den Krankenkassen, VSSR 1991, 1 ff.
*Ders.,* Möglichkeiten der Fortentwicklung des Rechts der sozialen Sicherheit zwischen Anpassungszwang und Bestandsschutz, 55. DJT (1984), Band I, E 5 ff., München 1984.
*Helm, Johann Georg,* AGB-Gesetz und Allgemeine Versicherungsbedingungen, NJW 1978, 129 ff.

*Henke, Wilhelm,* Das Recht der Wirtschaftssubventionen als öffentliches Vertragsrecht, Tübingen 1979 (zit.: Vertragsrecht).

*Ders.,* Die politischen Parteien zwischen Staat und Gesellschaft, in: Böckenförde, Ernst-Wolfgang (Hrsg.), Staat und Gesellschaft, Darmstadt 1976, S. 367 ff. (zit.: Parteien zwischen Staat und Gesellschaft).

*Henrich, Dieter,* Familienrecht, 4. Auflage, Berlin u. a. 1991 (zit.: Familienrecht).

*Ders.,* Wertentscheidungen im Wertewandel: Betrachtungen zu Art. 6 Abs. 1 GG, in: Badura, Peter / Scholz, Rupert (Hrsg.), Wege und Verfahren des Verfassungslebens, Festschrift für Peter Lerche zum 65. Geburtstag, München 1993, S. 239 ff.

*Herdegen, Matthias,* Die Zulassung zu kommunalen Einrichtungen in privatrechtlich ausgestalteter Regie, DÖV 1986, 906 ff.

*Herget, Rudolf / Kohler, Klaus,* Hat der wirtschaftliche Verein als Unternehmensform Zukunft?, AG 1969, 70 ff.

*Hermes, Georg,* Das Grundrecht auf Schutz von Leben und Gesundheit, Schutzpflicht und Schutzanspruch aus Art. 2 Abs. 2 Satz 1 GG, Heidelberg 1987 (zit.: Grundrecht auf Schutz).

*Ders.,* Grundrechtsschutz durch Privatrecht auf neuer Grundlage?, Das BVerfG zu Schutzpflicht und mittelbarer Drittwirkung der Berufsfreiheit, NJW 1990, 1764 ff.

*Hesse, Konrad,* Bemerkungen zur heutigen Problematik und Tragweite der Unterscheidung von Staat und Gesellschaft, DÖV 1975, 437 ff.

*Ders.,* Der Rechtsstaat im Verfassungssystem des Grundgesetzes (1962), in: Forsthoff, Ernst (Hrsg.), Rechtsstaatlichkeit und Sozialstaatlichkeit, Darmstadt 1968, S. 557 ff. (zit.: Der Rechtsstaat im Verfassungssystem).

*Ders.,* Grundzüge des Verfassungsrechts der Bundesrepublik Deutschland, 17. Auflage 1990 (zit.: Verfassungsrecht).

*Ders.,* Verfassungsrecht und Privatrecht, Heidelberg 1988 (zit.: Verfassungsrecht und Privatrecht).

*Hillermeier, Karl,* Freiheit und soziale Verantwortung im Vertragsrecht, BB 1976, 725 ff.

*Hillgruber, Christian,* Grundrechtsschutz im Vertragsrecht, – zugleich: Anmerkung zu BVerfG NJW 1990, 1469 –, AcP 191 (1991), 69 ff.

*Hitzler, Gerhard,* Die Vergabe von Standplätzen auf Märkten und Volksfesten durch Gemeinden – Eine Frage des Verwaltungsrechts oder des Kartellrechts?, GewArch 1981, 360 ff.

*Höfling, Wolfram,* Offene Grundrechtsinterpretation, Grundrechtsauslegung zwischen amtlichem Interpretationsmonopol und privater Konkretisierungskompetenz, Berlin 1987 (zit.: Offene Grundrechtsinterpretation).

*Ders.,* Vertragsfreiheit, Eine grundrechtsdogmatische Studie, Heidelberg 1991 (zit.: Vertragsfreiheit).

*Hönig, Wolfgang,* Die Zulässigkeit von Nebenbestimmungen bei Verwaltungsakten, München 1968.

*Holland, Ingo,* Auflagen der Kartellbehörden zu Rationalisierungskartellen, Köln u. a. 1977.

*Hornung, Paul,* Der wirtschaftliche Verein nach § 22 BGB, Göttingen 1972.

*Huber, Ernst Rudolf,* Besprechung: Bodo Dennewitz, Die institutionellen Garantien, AöR n. F. 23 (1933), 377 f.

*Ders.,* Bedeutungswandel der Grundrechte, AöR n. F. 23 (1933), 1 ff.

*Ders.,* Der Streit um das Wirtschaftsverfassungsrecht, DÖV 1956, 97 ff., 135 ff., 200 ff.

*Ders.,* Grundgesetz und wirtschaftliche Mitbestimmung, Stuttgart u. a. 1970 (zit.: Wirtschaftliche Mitbestimmung).

*Ders.,* Rechtsstaat und Sozialstaat in der modernen Industriegesellschaft, in: Huber, Ernst Rudolf, Nationalstaat und Verfassungsstaat, Studien zur Geschichte der modernen Staatsidee, Stuttgart 1965, S. 249 ff. (zit.: Rechtsstaat und Sozialstaat).

*Ders.,* Wirtschaftsverwaltungsrecht, Institutionen des öffentlichen Arbeits- und Unternehmensrechts, Tübingen 1932 (zit.: Wirtschaftsverwaltungsrecht, 1. Auflage).

*Ders.,* Wirtschaftsverwaltungsrecht, Erster Band, 2. Auflage, Tübingen 1953 (zit.: Wirtschaftsverwaltungsrecht, 2. Auflage).

*Huber, Hans,* Die verfassungsrechtliche Bedeutung der Vertragsfreiheit, Berlin 1966 (zit.: Vertragsfreiheit).

*Huber, Peter-Michael,* Konkurrenzschutz im Verwaltungsrecht, Tübingen 1991 (zit.: Konkurrenzschutz).

*Huber, Ulrich,* Der Mischwerke-Beschluß des BGH und die Verwaltungsgrundsätze des Bundeskartellamts zur kartellrechtlichen Beurteilung von Gemeinschaftsunternehmen, in: Gemeinschaftsunternehmen Deutsches und EG Kartellrecht, FIW-Schriftenreihe, Heft 122, Köln u. a. 1987, S. 1 ff.

*Hübner, Ulrich,* Haftungsprobleme der technischen Kontrolle, NJW 1988, 441 ff.

*Hügel, Stefan,* Dritte als Betroffene verkehrsberuhigender Maßnahmen, Berlin 1991.

*Hufen, Friedhelm,* Die Freiheit der Kunst in staatlichen Institutionen, Dargestellt am Beispiel der Kunst- und Musikhochschulen, Baden-Baden 1982 (zit.: Freiheit der Kunst).

*Ders.,* Fehler im Verwaltungsverfahren, 2. Auflage, Baden-Baden 1991 (zit.: Fehler im Verwaltungsverfahren).

*Husserl, Gerhart,* Rechtskraft und Rechtsgeltung, Eine rechtsdogmatische Untersuchung, Erster Band, Genesis und Grenzen der Rechtsgeltung, Berlin 1925 (zit.: Rechtskraft und Rechtsgeltung).

*Iliopoulos-Strangas, Julia,* Rückwirkung und Sofortwirkung von Gesetzen, Eine verfassungsrechtliche Untersuchung unter Berücksichtigung des deutschen und griechischen Steuerrechts, Baden-Baden 1986.

*Immenga, Ulrich / Mestmäcker, Ernst-Joachim* (Hrsg.), GWB, Gesetz gegen Wettbewerbsbeschränkungen, Kommentar, 2. Auflage, München 1992.

*Ipsen, Hans Peter,* Anmerkung zu BVerfG, Urteil v. 1.7.1953 – 1 BvL 23/51, JZ 1953, 662 f., in: JZ 1953, 663 f.

*Ders.,* Apothekenerrichtung und Artikel 12 des Grundgesetzes, Frankfurt / Main 1957 (zit.: Apothekenerrichtung).

*Ders.,* Enteignung und Sozialisierung, VVDStRL 10, (1952), S. 74 ff.

*Ders.,* Öffentliche Subventionierung Privater, DVBl. 1956, 461 ff., 602 ff.

*Ders.,* Verfassungsfragen zur Handwerksordnung, DVBl. 1956, 358 ff.

*Ipsen, Jörn / Koch, Thorsten,* Öffentliches und privates Recht – Abgrenzungsprobleme bei der Benutzung öffentlicher Einrichtungen, JuS 1992, 809 ff.

*Isensee, Josef,* Anwendung der Grundrechte auf juristische Personen, in: Isensee, Josef / Kirchhof, Paul (Hrsg.), HbStR V, Heidelberg 1992, S. 563 ff.

*Ders.,* Das Grundrecht als Abwehrrecht und als staatliche Schutzpflicht, in: Isensee, Josef / Kirchhof, Paul (Hrsg.), HbStR V, Heidelberg 1992, S. 143 ff.

*Ders.,* Die Ambivalenz des Eigentumsgrundrechts, Umweltschutz im grundrechtstheoretischen Koordinatensystem, in: Ossenbühl, Fritz (Hrsg.), Eigentumsgarantie und Umweltschutz, Symposion zu Ehren von Jürgen Salzwedel aus Anlaß seines 60. Geburtstages, Heidelberg 1990, S. 3 ff. (zit.: Ambivalenz).

*Ders.,* Grundrechtsvoraussetzungen und Verfassungserwartungen an die Grundrechtsausübung, in: Isensee, Josef / Kirchhof, Paul (Hrsg.), HbStR V, Heidelberg 1992, S. 353 ff.

*Ders.,* Subsidiaritätsprinzip und Verfassungsrecht, Eine Studie über das Regulativ des Verhältnisses von Staat und Gesellschaft, Berlin 1968 (zit.: Subsidiaritätsprinzip).

*Ders.,* Verfassungsgarantie ethischer Grundwerte und gesellschaftlicher Konsens, Verfassungsrechtliche Überlegungen zu einer sozialethischen Kontroverse, NJW 1977, 545 ff.

*Ders.,* Wer definiert die Freiheitsrechte?, Selbstverständnis der Grundrechtsträger und Grundrechtsauslegung des Staates, Karlsruhe 1980 (zit.: Wer definiert?).

*Jachmann, Monika,* Vereinbarungen über Erschließungsbeiträge im Rahmen von Grundstücksverträgen mit Gemeinden, Regensburg, 1991 (zit.: Erschließungsbeiträge).

*Jacobi, Erwin,* Grundlehren des Arbeitsrechts, Leipzig 1927 (zit.: Grundlehren).

*Janicki, Hubertus,* Die Erteilung privatrechtsgestaltender behördlicher Genehmigungen nach unanfechtbarer Versagung, NJW 1963, 838 ff.

*Jansen, Udo,* Die Koppelungsverträge im Recht der Wettbewerbsbeschränkungen, Bad Homburg v. d. H. 1968.

*Janssen, Albert,* Über die Grenzen des legislativen Zugriffsrechts, Untersuchung zu den demokratischen und grundrechtlichen Schranken der gesetzgeberischen Befugnisse, Tübingen 1990 (zit.: Zugriffsrecht).

*Jarass, Hans D.,* Die Gemeinde als „Drittbetroffener", Probleme der Klagebefugnis, insbesondere bei der Anfechtung einer atomrechtlichen Genehmigung, DVBl. 1976, 732 ff.

*Ders.,* Grundrechte als Wertentscheidungen bzw. objektivrechtliche Prinzipien in der Rechtsprechung des Bundesverfassungsgerichts, AöR 110 (1985), 363 ff.

*Ders.,* Verwaltungsrecht als Vorgabe für das Zivil- und Strafrecht, VVDStRL 50 (1990), S. 238 ff.

*Jarass, Hans D. / Pieroth, Bodo,* Grundgesetz für die Bundesrepublik Deutschland, 2. Auflage, München 1992.

*Jellinek, Walter,* Behördlicher Kündigungsschutz und Verwaltungsgerichtsbarkeit, in: Festschrift für Richard Thoma zum 75. Geburtstag am 19. Dezember 1949, Tübingen 1950, S.931 ff.

*Ders.,* Verwaltungsrecht, 3. Auflage 1931, unveränderter Nachdruck, Offenburg 1948 (zit.: Verwaltungsrecht).

*Jesch, Dietrich,* Die Bindung des Zivilrichters an Verwaltungsakte, Erlangen 1956 (zit.: Bindung des Zivilrichters).

*Jörißen, Hermann,* Die Schutzgesetzeigenschaft des § 22 GWB i. S. d. § 35 GWB, Gelsenkirchen 1983.

*Johlen, Heribert,* Bauplanungsrecht und privatrechtlicher Immissionsschutz, BauR 1984, 134 ff.

*Junge, Werner,* siehe *Benisch, Werner.*

*Kaiser, Joseph H.,* Die repräsentative Funktion organisierter Interessen, in: Böckenförde, Ernst-Wolfgang (Hrsg.), Staat und Gesellschaft, Darmstadt 1976, S. 175 ff. (zit.: Repräsentative Funktion).

*Kanzleiter, Rainer,* siehe *Rebmann, Kurt / Säcker, Franz Jürgen.*

*Kapp, Thomas,* Wettbewerbsbeschränkung durch vertikale Vertriebsbindungen?, Eine Studie zu § 18 GWB unter Berücksichtigung der neueren Entwicklung im US-Antitrustrecht, Baden-Baden 1984.

*Karl, Dieter,* Der Rechtsschutz gegenüber rechtswidrigen Nebenbestimmungen begünstigender Verwaltungsakte, Würzburg 1973.

*Karpen, Ulrich,* Die Unterscheidung von Staat und Gesellschaft als Bedingung der rechtsstaatlichen Freiheit, JA 1986, 149 ff.

*Katzenstein, Dietrich,* Aspekte einer zukünftigen Rechtsprechung des Bundesverfassungsgerichts zum Eigentumsschutz sozialrechtlicher Positionen, in: Fürst, Walther / Herzog, Roman / Umbach, Dieter C. (Hrsg.), Festschrift für Wolfgang Zeidler, Band 1, Berlin u.a. 1987, S. 645 ff.

*Kaufmann, Franz-Xaver,* Der Schutz der Vermögensrechte des Bürgers gegenüber dem Staat aus soziologischer Sicht, in: Deutscher Sozialrechtsverband — 2. Sozialrechtslehrertagung, Verfassungsrechtlicher Eigentumsschutz sozialer Rechtspositionen, Wiesbaden 1982, S. 132 ff. (zit.: Schutz der Vermögensrechte).

*Keidel, Theodor / Kuntze, Joachim / Winkler, Karl,* Freiwillige Gerichtsbarkeit, Teil A, 11. Auflage, München 1978.

*Kempen, Bernhard,* Die Formenwahlfreiheit der Verwaltung, Die öffentliche Verwaltung zwischen öffentlichem und privatem Recht, München 1989 (zit.: Formenwahlfreiheit).

*Kerber, Markus C.,* Die Unternehmensentflechtung nach dem GWB, Ein Beitrag zur Dogmatik von § 24 VI, VII GWB aus wettbewerbs-, gesellschafts- und verfassungsrechtlicher Sicht, Baden-Baden 1987.

*Ketteler, Gerd,* Die Bedeutung der Sportanlagenlärmschutzverordnung im Spannungsfeld zwischen Sport und Wohnen, BauR 1992, 459 ff.

*Kiekebusch, Klaus,* Die öffentlich-rechtliche Genehmigung privater Rechtsgeschäfte, VerwArchiv 57 (1966), 17 ff., 162 ff.

*Kilian, Wolfgang,* Kontrahierungszwang und Zivilrechtssystem, AcP 180 (1980), 47 ff.

*Kimminich, Otto,* Art. 14 GG, Kommentierung im Kommentar zum Bonner Grundgesetz, Stand: August 1992.

*Ders.,* Die Rückwirkung von Gesetzen, Zu dem Urteil des Bundesverfassungsgerichts vom 19.12.1961, JZ 1962, 518 ff.

*Ders.,* Die „Zufallsenteignung" im System des verfassungsrechtlichen Eigentumsschutzes, NuR 1985, 1 ff.

*Ders.,* Eigentum, Enteignung, Entschädigung, Eine Kommentierung des Art. 14 GG, Sonderausgabe aus dem Bonner Kommentar, Hamburg 1976 (zit.: Eigentum).

*Ders.,* Erweiterung des verfassungsrechtlichen Eigentumsbegriffs?, Der Staat 14 (1975), 397 ff.

*Ders.,* Rechtsgrundlagen für eine Neuordnung des Energiepreisrechts, DÖV 1970, 223 ff.

*Kipp, Theodor,* Über Doppelwirkungen im Recht, insbesondere über die Konkurrenz von Nichtigkeit und Anfechtbarkeit, in: Festschrift der Berliner Juristischen Fakultät für Ferdinand von Martitz zum fünfzigjährigen Doktorjubiläum am 24. Juli 1911, Berlin 1911, S. 211 ff.

*Kirchhof, Ferdinand,* Private Rechtssetzung, Berlin 1987 (zit.: Private Rechtsetzung).

*Kirchhof, Paul,* Der Leistungswettbewerb unter Einsatz der Beitragshoheit, – Zum rechtsstaatlichen Gehalt von Geld- oder Sachleistungen durch den gesetzlichen Krankenversicherer –, DVBl. 1982, 933 ff.

*Ders.,* Verwalten durch „mittelbares" Einwirken, Köln u. a. 1977 (zit.: Verwalten durch „mittelbares" Einwirken).

*Kisker, Gunter,* Vertrauensschutz im Verwaltungsrecht, VVDStRL 32 (1973), S. 149 ff.

*Klappstein, Walter,* siehe *Knack, Hans Joachim.*

*Klein, Bodo,* Das Verhältnis zwischen Legislative und Exekutive in Bayern, BayVBl. 1992, 300 ff.

*Klein, Eckart,* Grundrechtliche Schutzpflicht des Staates, NJW 1989, 1633 ff.

*Klein, Friedrich,* Das Bonner Grundgesetz, Erläutert von Hermann von Mangoldt, 2. Auflage von Friedrich Klein, Band I, unveränderter Nachdruck, Berlin u. a. 1966 (zit.: *von Mangoldt / Klein).*

*Ders.,* Institutionelle Garantien und Rechtsinstitutsgarantien, Breslau 1934 (zit.: Institutionelle Garantien).

*Klein, Hans Hugo,* Die Grundrechte im demokratischen Staat, kritische Bemerkungen zur Auslegung der Grundrechte in der deutschen Staatsrechtslehre der Gegenwart, Stuttgart u. a. 1972 (zit.: Grundrechte).

*Kleinlein, Kornelius,* Das System des Nachbarrechts, Eine Darstellung anhand des BBauG, des privaten Nachbarrechts und des BImSchG, Düsseldorf 1987 (zit.: System des Nachbarrechts).

*Ders.,* Neues zum Verhältnis von öffentlichem und privatem Nachbarrecht, NVwZ 1982, 668 ff.

*Kleinmann, Werner,* Die Rechtsnatur der Beziehungen der gesetzlichen Krankenkassen zu den Leistungserbringern im Gesundheitswesen, NJW 1985, 1367 ff.

*Kloepfer, Michael,* Grundrechte als Entstehenssicherung und Bestandsschutz, München 1970 (zit.: Grundrechte).

*Ders.,* Grundrechtstatbestand und Grundrechtsschranken in der Rechtsprechung des Bundesverfassungsgerichts, – dargestellt am Beispiel der Menschenwürde –, in: Starck, Christian (Hrsg.), Bundesverfassungsgericht und Grundgesetz, Festgabe aus Anlaß des 25jährigen Bestehens des Bundesverfassungsgerichts, Zweiter Band, Verfassungsauslegung, Tübingen 1976, S. 405 ff.

*Klußmann, Manfred,* Zulässigkeit und Grenzen von nachträglichen Eingriffen des Gesetzgebers in laufende Verträge, Berlin 1970.

*Knack, Hans Joachim* (Hrsg.), Verwaltungsverfahrensgesetz (VwVfG), 3. Auflage, Köln u. a. 1989.

*Knöchel, Harald,* Die Preisaufsicht nach dem Energiewirtschaftsgesetz: verfassungsrechtliche Vorgaben und verwaltungsrechtliche Probleme, Stuttgart u. a., 1989.

*Knöpfle, Franz,* Die Körperschaften des öffentlichen Rechts im formellen Sinn, in: Blümel, Willi / Merten, Detlef / Quaritsch, Helmut (Hrsg.), Verwaltung im Rechtsstaat, Festschrift für Carl Hermann Ule zum 80. Geburtstag am 26. Februar 1987, Köln u. a. 1987, S. 93 ff.

*Knöpfle, Robert,* Anmerkung zu EuGH, Urt. v. 9.7.1969, JZ 1969, 788 f., in: JZ 1969, 789 ff.

*Ders.,* Anmerkung zu EuGH, Urt. v. 18.3.1970, JZ 1970, 543 ff., in: JZ 1970, 545 ff.

*Ders.,* Zur Feststellung der Nichtigkeit von Kartellvereinbarungen durch nationale Gerichte, WuW 21 (1971), 81 ff.

*Koch, Eckart,* Schadensersatz bei unerlaubten wettbewerbsbeschränkenden Handlungen nach deutschem und europäischem Recht, Bad Homburg v. d. H. u. a. 1968.

*Koch, Norbert,* siehe *Grabitz, Eberhard.*

*Köhler, Karl-Heinz von,* Die Problematik gestaltender Verwaltungsakte im Kartellrecht, DB 1970, 1161 ff.

*Köttgen, Arnold,* Der soziale Bundesstaat (1960), in: Forsthoff, Ernst (Hrsg.), Rechtsstaatlichkeit und Sozialstaatlichkeit, Darmstadt 1968, S. 431 ff. (zit.: Der soziale Bundesstaat).

*Konrad, Horst,* Verwaltungsrechtsschutz im Nachbarschaftsverhältnis, BayVBl. 1984, 33 ff., 70 ff.

*Kopp, Ferdinand O.,* Der Rechtsweg bei Streitigkeiten gegen öffentlich-rechtliche Rundfunkanstalten, in: Becker, Jürgen (Hrsg.), Beiträge zum Medienprozeßrecht, Festgabe für Carl Hermann Ule zum 80. Geburtstag, Baden-Baden 1988, S. 31 ff.

*Ders.,* Der Schutz des Bürgers gegenüber wirtschaftlichen Maßnahmen der öffentlichen Hand, durch die der Wettbewerb verfälscht wird, GewArch 1988, 353 ff.

*Ders.,* Mittelbare Betroffenheit im Verwaltungsverfahren und Verwaltungsprozeß, DÖV 1980, 504 ff.

*Ders.,* Um eine neue Begründung des Grundsatzes des Vertrauensschutzes im öffentlichen Recht, BayVBl. 1980, 38 ff.

*Ders.,* Verwaltungsverfahrensgesetz, 5. Auflage, München 1991 (zit.: VwVfG).

*Ders.,* Verwaltungsgerichtsordnung, 9. Auflage, München 1992 (zit.: VwGO).

*Kormann, Karl,* System der rechtsgeschäftlichen Staatsakte, Verwaltungs- und prozeßrechtliche Untersuchung zum allgemeinen Teil des öffentlichen Rechts, Berlin 1910.

*Kottke, Ferdinand,* Dreistufiges Vorkaufsrecht, Zur Rechtsnatur des gesetzlichen Vorkaufsrechts, MDR 1967, 975 ff.

*Kraft, Ingo,* Folgenbeseitigung in dreipoligen Rechtsverhältnissen, BayVBl. 1992, 456 ff.

*Kramer, Ernst A.,* Die „Krise" des liberalen Vertragsdenkens, München u. a. 1974 (zit.: „Krise").

*Ders.,* siehe *Rebmann, Kurt / Säcker, Franz Jürgen.*

*Krasshöfer-Pidde, Horst-Dieter / Molkenbur, Josef,* Der Rechtsweg zu den Gerichten für Arbeitssachen im Urteilsverfahren, NZA 1991, 623 ff.

*Krause, Peter,* Das neue Sozialgesetzbuch: Verwaltungsverfahren, NJW 1981, 81 ff.

*Ders.,* Eigentum an subjektiven öffentlichen Rechten, Die Tragweite des Eigentumsschutzes von öffentlich-rechtlichen Leistungsansprüchen am Beispiel der Rentenversicherung, Berlin 1982 (zit.: Eigentum).

*Ders.,* Rechtsformen des Verwaltungshandelns, Überlegungen zu einem System der Handlungsformen der Verwaltung, mit Ausnahme der Rechtsetzung, Berlin 1974 (zit.: Rechtsformen).

*Ders.,* Wettbewerbliche Grenzen der Selbstabgabe und Sachleistungsprinzip der gesetzlichen Krankenversicherung, ZfS 1983, 132 ff.

*Krebs, Walter,* Vorbehalt des Gesetzes und Grundrechte, Vergleich des traditionellen Eingriffsvorbehalts mit den Grundrechtsbestimmungen des Grundgesetzes, Berlin 1975 (zit.: Vorbehalt des Gesetzes).

*Kremer, Matthias-Gabriel,* Die kartellverwaltungsrechtliche Beschwerde, Zugleich ein Beitrag zur Lehre vom subjektiven öffentlichen Recht im GWB, Berlin 1988.

*Kriele, Martin,* Theorie der Rechtsgewinnung, entwickelt am Problem der Verfassungsinterpretation, Berlin 1967 (zit.: Theorie der Rechtsgewinnung).

*Krockow, Christian Graf von,* Staat, Gesellschaft, Freiheitswahrung, in: Böckenförde, Ernst-Wolfgang (Hrsg.), Staat und Gesellschaft, Darmstadt 1976, S. 432 ff. (zit.: Staat, Gesellschaft, Freiheitswahrung).

*Kroeber, Wilhelm,* Das Problem des privatrechtsgestaltenden Staatsaktes, Stuttgart 1931.

*Krückmann, Paul,* Enteignung, Einziehung, Kontrahierungszwang, Änderung der Rechtseinrichtung, Rückwirkung und die Rechtsprechung des Reichsgerichts, Berlin 1930 (zit.: Enteignung).

*Krüger, Herbert,* Die Bestimmung des Eigentumsinhaltes (Art. 14 Abs. I S. 2 GG), in: Ipsen, Hans Peter (Hrsg.), Hamburger Festschrift für Friedrich Schack zu seinem 80. Geburtstag am 1. Oktober 1966, Hamburg 1966, S. 71 ff.

*Ders.,* Der Regierungsentwurf eines Betriebsverfassungsgesetzes vom 29. Januar 1971 und das Grundgesetz, Hamburg 1971 (zit.: BetrVG und GG).

*Krüger-Nieland, Gerda,* siehe *Das Bürgerliche Gesetzbuch.*

*Kübler, Friedrich,* Die Differenziertheit sozialrechtlicher Positionen und der Anspruch der Eigentumsgarantie aus privatrechtlicher Sicht, in: Deutscher Sozialrechtsverband – 2. Sozialrechtslehrertagung, Verfassungsrechtlicher Eigentumsschutz sozialer Rechtspositionen, Wiesbaden 1982, S. 213 ff. (zit.: Differenziertheit).

*Kübler, Friedrich / Schmidt, Walter / Simitis, Spiros,* Mitbestimmung als gesetzgebungspolitische Aufgabe, Zur Verfassungsmäßigkeit des Mitbestimmungsgesetzes 1976, Baden-Baden 1978.

*Kühne, Gunther,* Anmerkung zu BVerfG, Beschluß der 3. Kammer des 1. Senats v. 16.5.1989 – 1 BvR 705/88, JZ 1990, 335, in: JZ 1990, 335 f.

*Kull, Edgar,* Zur Rechtsnatur des Verfahrens in Kartell-Verwaltungssachen, JZ 1961, 681 ff.

*Kunert, Franz-Josef,* Staatliche Bedarfsdeckungsgeschäfte und Öffentliches Recht, Berlin 1977.

*Kunig, Philip,* Das Rechtsstaatsprinzip, Überlegungen zu seiner Bedeutung für das Verfassungsrecht der Bundesrepublik Deutschland, Tübingen 1986 (zit.: Rechtsstaatsprinzip).

*Kunze, Thomas,* Unternehmensrechtsreform, Hamburg 1976.

*Kutschera, Peter,* Bestandsschutz im öffentlichen Recht, Zugleich ein Beitrag zur Dogmatik des Art. 14 GG, Heidelberg 1990 (zit.: Bestandsschutz).

*Laband, Paul,* Die rechtliche Natur des Retracts und der Expropriation, AcP 2 (1869), 151 ff.

*Landsberg, Gerd / Lülling, Wilhelm,* Umwelthaftungsrecht, Kommentar, Stuttgart 1991.

*Lang, Gerhard,* Sportanlagen im Wohnbereich, UPR 1985, 185 ff.

*Lange, Klaus,* Die Abgrenzung des öffentlich-rechtlichen Vertrages vom privatrechtlichen Vertrag, NVwZ 1983, 313 ff.

*Ders.,* Die isolierte Anfechtbarkeit von Auflagen unter besonderer Berücksichtigung der Rechtsprechung des Bundesverwaltungsgerichts zur „modifizierenden Auflage", AöR 102 (1977), 337 ff.

*Lange, Otto,* Anmerkung zu BGH, Urt. v. 24.10.1956 – V ZR 21/55 – DVBl. 1957, 249 ff., in: DVBl. 1957, 251 f.

*Ders.,* Die behördliche Genehmigung und ihre zivilrechtlichen Auswirkungen, AcP 152 (1952/53), 241 ff.

*Laubinger, Hans-Werner,* Nachbarschutz gegen kirchliches Glockengeläut, VerwArchiv 83 (1992), 623 ff.

*Laufke, Franz,* Vertragsfreiheit und Grundgesetz, in: Das Deutsche Privatrecht in der Mitte des 20. Jahrhunderts, Festschrift für Heinrich Lehmann zum 80. Geburtstag, I. Band, Berlin u. a. 1956, S. 145 ff.

*Lecheler, Helmut,* „Funktion" als Rechtsbegriff?, NJW 1979, 2273 ff.

*Lehmann, Heinrich,* Art. 151, Absatz 1, Ordnung des Wirtschaftslebens, in: Nipperdey, Hans Carl (Hrsg.), Die Grundrechte und Grundpflichten der Reichsverfassung, Kommentar zum Zweiten Teil der Reichsverfassung, Dritter Band, Art. 143 – 165 und „Zur Ideengeschichte der Grundrechte", Berlin 1930, S. 125 ff.

*Lehr- und Praxiskommentar Bundessozialhilfegesetz* (LPK-BSHG), Autorengruppe, 3. Auflage, Baden-Baden 1991.

*Leipold, Dieter,* Anmerkung zu BGH, Urt. v. 6.12.1989 – IV a ZR 249/88, JZ 1990, 697 ff., in: JZ 1990, 700 ff.

*Leisner, Walter,* Anmerkung zu BVerwG, Urt. v. 22.9.1972 – VII C 27.71 – DÖV 1973, 272 f., in: DÖV 1973, 273 f.
*Ders.,* Baufreiheit oder staatliche Baurechtsverleihung?, DVBl. 1992, 1065 ff.
*Ders.,* Das Gesetzesvertrauen des Bürgers, Zur Theorie der Rechtsstaatlichkeit und der Rückwirkung der Gesetze, in: Blumenwitz, Dieter / Randelzhofer, Albrecht (Hrsg.), Festschrift für Friedrich Berber zum 75. Geburtstag, München 1973, S. 273 ff.
*Ders.,* Eigentum, in: Isensee, Josef / Kirchhof, Paul (Hrsg.), HbStR I, Heidelberg 1989, S. 1023 ff.
*Ders.,* Eigentumswende?, Liegt der Grundwasserentscheidung des Bundesverfassungsgerichts ein neues Eigentumsverständnis zugrunde?, DVBl. 1983, 61 ff.
*Ders.,* Grundrechte und Privatrecht, München 1960 (zit.: Grundrechte und Privatrecht).
*Ders.,* Sozialbindung des Eigentums, Berlin 1972 (zit.: Sozialbindung des Eigentums).
*Lenz, Gisela,* Zur Rechtsnatur der Rechtsbeziehungen zwischen Krankenhäusern und gesetzlichen Krankenkassen, NJW 1985, 649 ff.
*Leptien, Ulrich,* siehe *Soergel, Theodor.*
*Lerche, Peter,* Buchbesprechung: Peter Häberle, Die Wesensgehaltsgarantie des Art. 19 Abs. 2 Grundgesetz, in: DÖV 1965, 212 ff.
*Ders.,* Die Rechtsnatur von Streitsachen aus Rundfunksendungen, in: Studienkreis für Presserecht und Pressefreiheit, Festschrift für Martin Löffler zum 75. Geburtstag, München 1980, S. 217 ff.
*Ders.,* Grundrechtlicher Schutzbereich, Grundrechtsprägung und Grundrechtseingriff, in: Isensee, Josef / Kirchhof, Paul (Hrsg.), HbStR V, Heidelberg 1992, S. 739 ff.
*Ders.,* Grundrechtsschranken, in: Isensee, Josef / Kirchhof, Paul (Hrsg.), HbStR V, Heidelberg 1992, S. 775 ff.
*Ders.,* Übermaß und Verfassungsrecht, Zur Bindung des Gesetzgebers an die Grundsätze der Verhältnismäßigkeit und der Erforderlichkeit, Köln u. a. 1961 (zit.: Übermaß).
*Ders.,* Verfassungsrechtliche Aspekte der „inneren Pressefreiheit", Berlin 1974 (zit.: „Innere Pressefreiheit").
*Ders.,* Verfassungsrechtliche Zentralfragen des Arbeitskampfes – Zum hessischen Aussperrungsverbot – Bad Homburg v. d. H. 1968 (zit.: Arbeitskampf).
*Ders.,* Zum „Anspruch auf rechtliches Gehör", ZZP 78 (1965), 1 ff.
*Lerche, Peter / Degenhart, Christoph,* Verfassungsfragen einer Neuordnung der Mißbrauchsaufsicht auf der Grundlage eines Vierten Gesetzes zur Änderung des Gesetzes gegen Wettbewerbsbeschränkungen, Düsseldorf 1979.
*Liebs, Rüdiger,* Wettbewerbsbeschränkende Vertriebsverträge und unerlaubte Handlung, Stuttgart 1973 (zit.: Vertriebsverträge).
*Liermann, Hans,* Die Staatsaufsicht über Wissenschaftsstiftungen und ihre Grenzen, in: Hauer, Rolf / Pigram, Hans / Pölnitz-Egloffsstein, Winfrid Frhr. von (Hrsg.), Deutsches Stiftungswesen 1966 – 1976, Tübingen 1977, S. 17 ff.
*Link, Christoph,* Staatszwecke im Verfassungsstaat – nach 40 Jahren GG, VVDStRL 48 (1989), S. 7 ff.
*Lipphardt, Hanns-Rudolf,* Grundrechte und Rechtsstaat, EuGRZ 1986, 149 ff.
*Loeber, Dietrich A.,* Der hoheitlich gestaltete Vertrag, Eine rechtsvergleichende Untersuchung über den Planvertrag im Sowjetrecht und den „diktierten Vertrag" im Recht der Bundesrepublik Deutschland, Berlin u. a. 1969.
*Loewenheim, Ulrich / Belke, Rolf* (Hrsg.), Gesetz gegen Wettbewerbsbeschränkungen, Kommentar, Herne u. a. ab 1977.
*Loewenstein, Karl,* Erscheinungsformen der Verfassungsänderung, Verfassungsrechtsdogmatische Untersuchungen zu Artikel 76 der Reichsverfassung, Tübingen 1931 (zit.: Verfassungsänderung).
*Löwisch, Manfred,* §§ 275 – 309 BGB, in: J. von Staudingers Kommentar zum Bürgerlichen Gesetzbuch mit Einführungsgesetz und Nebengesetzen, Zweites Buch, Recht der Schuldverhältnisse §§ 255 – 327, 12. Auflage, Berlin 1979 (zit.: Staudinger-*Löwisch).*

*Lohmann, Hans Henning,* Die Zweckmäßigkeit der Ermessensausübung als verwaltungsrechtliches Rechtsprinzip, Berlin 1972.

*Lübbe-Wolff, Gertrude,* Die Grundrechte als Eingriffsabwehrrechte, Struktur und Reichweite der Eingriffsdogmatik im Bereich staatlicher Leistungen, Baden-Baden 1988 (zit.: Grundrechte als Eingriffsabwehrrechte).

*Lüke, Gerhard,* Der Verwaltungsrechtsweg, JuS 1980, 644 ff.

*Lürig, Rolf,* Kontrahierungszwang und sog. Zwangsverträge als Mittel des Wohnungsnotrechts, Zugleich ein Beitrag zur Lehre vom fehlerhaften Verwaltungsakt, Göttingen 1951.

*Lukes, Rudolf,* Zur Funktionsverteilung zwischen Justizgerichten und Kartellbehörden, ZZP 68 (1955), 4 ff.

*Lutz, Reinhardt,* Eigentumsschutz bei „störender" Nutzung gewerblicher Anlagen, Hamburg 1983 (zit.: Eigentumsschutz).

*Majewski, Otto,* Auslegung der Grundrechte durch einfaches Gesetzesrecht?, Zur Problematik der sogenannten Gesetzmäßigkeit der Verfassung, Berlin 1971.

*Malzer, Erich,* Die Abgrenzung des öffentlichen und privaten Rechts bei privatrechtsgestaltenden Verwaltungsakten, Köln 1953.

*Mangoldt, Hermann von,* siehe *Klein, Friedrich* oder *Starck, Christian.*

*Mann, Jürgen,* Das gestufte Verwaltungsverfahren im Baurecht, Frankfurt / Main 1992.

*Manssen, Gerrit,* Anmerkung zu VGH Bad.-Württ., Urt. v. 17.10.1989 – 5 S 3065/88, VBlBW 1991, 22 ff, in: VBlBW 1991, 24 f.

*Ders.,* Der Hamburger Stadtsiegelfall – VG Köln, NJW 1991, 2584, in: JuS 1992, 745 ff.

*Ders.,* Die Aufnahme von auf Landesrecht beruhenden Festsetzungen in den Bebauungsplan (§ 9 Abs. 4 BauGB), BauR 1991, 697 – 703.

*Ders.,* Die Neufassung des § 51 Abs. 2 SGG und die Zuständigkeit der ordentlichen Gerichte für Wettbewerbsfragen, SGb 1992, 339 ff.

*Ders.,* Öffentlichrechtlich geschützte Interessen bei der Anfechtung von Verkehrszeichen, NZV 1992, 465 ff.

*Ders.,* Regelung der Baugestaltung und gemeindliche Selbstverwaltung, Ein Beitrag zur legitimierenden Funktion des Art. 28 Abs. 2 S. 1 GG beim Erlaß von örtlichen Bauvorschriften durch die Gemeinden, Die Verwaltung 24 (1991), 33 ff.

*Ders.,* Stadtgestaltung durch örtliche Bauvorschriften, Berlin 1990 (zit.: Örtliche Bauvorschriften).

*Marburger, Peter,* Ausbau des Individualschutzes gegen Umweltbelastungen als Aufgabe des bürgerlichen und des öffentlichen Rechts, 56. DJT, Band I, C 1 ff., München 1986.

*Ders.,* Die Regeln der Technik im Recht, Köln u. a. 1979 (zit.: Regeln der Technik).

*Marburger, Peter / Herrmann, Heinrich,* Zur Verteilung der Darlegungs- und Beweislast bei der Haftung für Umweltschäden – BGHZ 92, 143, in: JuS 1986, 354 ff.

*Markert, Kurt,* siehe *Immenga, Ulrich / Mestmäcker, Ernst-Joachim.*

*Martens, Joachim,* Der Rechtsweg zu den Gerichten, LKV 1991, 295 ff.

*Martens, Wolfgang,* Öffentlich als Rechtsbegriff, Bad Homburg v. d. H. u. a., 1969 (zit.: Öffentlich als Rechtsbegriff).

*Maunz, Theodor,* Hauptprobleme des öffentlichen Sachenrechts, Eine Studie zu Methodik und Dogmatik des deutschen Verwaltungsrechts, München u. a. 1933 (zit.: Öffentliches Sachenrecht).

*Maurer, Hartmut,* Allgemeines Verwaltungsrecht, 8. Auflage, München 1992 (zit.: Allgemeines Verwaltungsrecht).

*Ders.,* Anmerkung zu BVerwG, Urt. v. 23.1.1990, JZ 1990, 862 f., in: JZ 1990, 863 ff.

*Ders.,* Der Verwaltungsvertrag – Probleme und Möglichkeiten, DVBl. 1989, 798 ff.

*Ders.,* Der Verwaltungsvorbehalt, VVDStRL 43 (1984), S. 135 ff.

*Ders.,* Enteignungsbegriff und Eigentumsgarantie, in: Maurer, Hartmut (Hrsg.), Das akzeptierte Grundgesetz, Festschrift für Günter Dürig zum 70. Geburtstag, München 1990, S. 293 ff.

*Ders.,* Kontinuitätsgewähr und Vertrauensschutz, in: Isensee, Josef / Kirchhof, Paul (Hrsg.), HbStR III, Heidelberg 1988, S.211 ff.

*Mayer, Norbert,* Rechtsschutz im Rahmen staatlicher Tarifgenehmigungsverfahren unter besonderer Berücksichtigung des Verhältnisses zwischen Deutscher Bundesbahn und Bundesverkehrsminister, Berlin 1992.

*Mayer, Otto,* Deutsches Verwaltungsrecht, Erster Band, 3. Auflage, München u. a. 1924 (zit.: Verwaltungsrecht I).

*Ders.,* Deutsches Verwaltungsrecht, Zweiter Band, 2. Auflage, München u. a. 1917 (zit.: Verwaltungsrecht II).

*Mayer-Maly, Theo,* siehe *Rebmann, Kurt / Säcker, Franz Jürgen.*

*Mazanowski, Jörg,* Drittschutz und Beschwerdebefugnis im Rahmen der kartellrechtlichen Verpflichtungsbeschwerde, § 62 Abs. 3 S. 1 GWB, WRP 1990, 588 ff.

*Meder, Götz,* Verwaltungsermessen und Rechtssatzkontrolle, Ein Diskussionsbeitrag zu H. H. Rupp: Ermessensspielraum und Rechtsstaatlichkeit (NJW 69, 1273 ff.), in: DVBl. 1970, 857 ff.

*Medicus, Dieter,* Zivilrecht und Umweltschutz, JZ 1986, 778 ff.

*Meedermann, Dietrich / Lassek, Ulrike,* Rechtsfortbildung der Baulast, NJW 1993, 424 ff.

*Meister, Hans,* Zur Rechtsnatur der Ausübung des gemeindlichen Vorkaufsrechts, DVBl. 1967, 262 ff.

*Melullis, Klaus-J.,* Zum zivilprozessualen Rechtsschutz gegen wettbewerbswidriges Handeln staatlicher Einrichtungen, WRP 1988, 228 ff.

*Menger, Christian-Friedrich,* Der Begriff des sozialen Rechtsstaates im Bonner Grundgesetz (1953), in: Forsthoff, Ernst (Hrsg.), Rechtsstaatlichkeit und Sozialstaatlichkeit, Darmstadt 1968, S. 42 ff. (zit.: Der Begriff des sozialen Rechtsstaates).

*Ders.,* Zum Stand der Meinungen über die Unterscheidung von öffentlichem und privatem Recht, in: Menger, Christian-Friedrich (Hrsg.), Fortschritte des Verwaltungsrechts, Festschrift für Hans J. Wolff zum 75. Geburtstag, München 1973, S. 149 ff.

*Menzel, Eberhard,* Das Ende der institutionellen Garantien, AöR n. F. 28 (1937), 32 ff.

*Merten, Detlef,* Handlungsgrundrechte als Verhaltensgarantien – zugleich ein Beitrag zur Funktion der Grundrechte – VerwArchiv 73 (1982), 103 ff.

*Ders.,* Zur Abgrenzung von öffentlich-rechtlichen und bürgerlich-rechtlichen Streitigkeiten im Sozialversicherungsrecht – Dargestellt am Beispiel des §405 RVO –, VerwArchiv 66 (1975), 387 ff.

*Ders.,* Zur Rechtsnatur der Rechtsbeziehungen zwischen dem versicherten Beschäftigten und seinem Arbeitgeber im Sozialversicherungsrecht, in: Baumann, Horst / Schirmer, Helmut / Schmidt, Reimer (Hrsg.), Festschrift für Karl Sieg, Karlsruhe 1976, S. 383 ff.

*Mertens, Hans-Joachim,* Deliktsrecht und Sonderprivatrecht – Zur Rechtsfortbildung des deliktischen Schutzes von Vermögensinteressen, AcP 178 (1978), 227 ff.

*Merz, Hans,* Privatautonomie heute – Grundsatz und Rechtswirklichkeit, Karlsruhe 1970 (zit.: Privatautonomie).

*Mestmäcker, Ernst-Joachim,* Europäisches Wettbewerbsrecht, München 1974.

*Ders.,* Macht – Recht – Wirtschaftsverfassung (1972), in: Mestmäcker, Ernst-Joachim, Recht und ökonomisches Gesetz, Über die Grenzen von Staat, Gesellschaft und Privatautonomie, 2. Auflage, Baden-Baden 1984, S. 15 ff. (zit.: Macht – Recht – Wirtschaftsverfassung).

*Ders.,* Über das Verhältnis des Rechts der Wettbewerbsbeschränkungen zum Privatrecht, AcP 168 (1968), 235 ff.

*Ders.,* Soll das Stiftungsrecht bundesgesetzlich vereinheitlicht und reformiert werden, gegebenenfalls mit welchen Grundzügen?, 44. DJT, G 3 ff., Tübingen 1964.

*Mestmäcker, Ernst-Joachim / Engel, Christoph,* Das Embargo gegen Irak und Kuwait, Entschädigungsansprüche gegen die Europäische Gemeinschaft und gegen die Bundesrepublik Deutschland – ein Rechtsgutachten, Baden-Baden 1991.

*Meyer-Abich, Jann,* Der Schutzzweck der Eigentumsgarantie, Leistung, Freiheit, Gewaltenteilung, Zur teleologischen Auslegung des Art. 14 Abs. 1 GG, Berlin 1980 (zit.: Schutzzweck).

*Meyer zum Wischen, Erich,* Rechtsgeschäft und behördliche Genehmigung, Göttingen 1956.

*Michel, Lutz H.*, „Hinweise zur Auslegung der sog. 'Freistellungsklausel für Altlasten' im Einigungsvertrag" durch das Bundesumweltministerium veröffentlicht, BauR 1992, 175 ff.

*Miebach, Martin,* Zur Willkür- und Abwägungskontrolle des Bundesverfassungsgerichts bei der Verfassungsbeschwerde gegen Gerichtsurteile, München 1990.

*Mittenzwei, Ingo,* Umweltverträglichkeit statt Ortsüblichkeit als Tatbestandsvoraussetzung des privatrechtlichen Immissionsschutzes, MDR 1977, 99 ff.

*Möschel, Wernhard,* Der Oligopolmißbrauch im Recht der Wettbewerbsbeschränkungen, Tübingen 1974 (zit.: Oligopolmißbrauch).

*Ders.*, Die Auflösung vollzogener Unternehmenszusammenschlüsse nach dem GWB, Heidelberg 1982 (zit.: Auflösung).

*Ders.*, Entflechtungen im Recht der Wettbewerbsbeschränkungen, Eine vergleichende rechtspolitische Studie, Tübingen 1979 (zit.: Entflechtungen).

*Ders.*, siehe *Immenga, Ulrich / Mestmäcker, Ernst-Joachim.*

*Molitor, Erich,* Über öffentliches Recht und Privatrecht, Eine rechtssystematische Studie, Karlsruhe 1949 (zit.: Über öffentliches Recht).

*Morlok, Martin,* Was heißt und zu welchem Ende studiert man Verfassungstheorie?, Berlin 1988 (zit.: Verfassungstheorie).

*Mronz, Dieter,* Körperschaften und Zwangsmitgliedschaft, Die staatsorganisations- und grundrechtliche Problematik der Zwangsverbände, aufgezeigt am Beispiel von Arbeitnehmerkammern, Berlin 1973.

*Muckel, Stefan,* Kriterien des verfassungsrechtlichen Vertrauensschutzes bei Gesetzesänderungen, Berlin 1989 (zit.: Vertrauensschutz).

*Mühl, Otto,* Die Ausgestaltung des Nachbarrechtsverhältnisses in privatrechtlicher und öffentlichrechtlicher Hinsicht, Ein Beitrag zur Methode des Richterrechts und zum institutionellen Rechtsdenken, in: Baur, Fritz / Esser, Josef / Kübler, Friedrich / Steindorff, Ernst, Funktionswandel der Privatrechtsinstitutionen, Festschrift für Ludwig Raiser zum 70. Geburtstag, Tübingen 1974, S. 159 ff.

*Müller, Friedrich,* Korporation und Assoziation, Eine Problemgeschichte der Vereinigungsfreiheit im deutschen Vormärz, Berlin 1965 (zit.: Korporation und Assoziation).

*Müller, Hans-Ulrich,* Der Rechtsschutz des Konkurrenten im Gesetz gegen Wettbewerbsbeschränkungen, Eine kritische Würdigung der Spruchpraxis, Moers 1976.

*Müller, Heinz / Gießler, Peter / Scholz, Ulrich,* Wirtschaftskommentar, Kommentar zum Gesetz gegen Wettbewerbsbeschränkungen, 4. Auflage 1981.

*Müller, Jörg Paul,* Die Grundrechte der Verfassung und der Persönlichkeitsschutz des Privatrechts, Bern 1964 (zit.: Persönlichkeitsschutz).

*Ders.*, Zur sog. subjektiv- und objektivrechtlichen Bedeutung der Grundrechte, Rechtsvergleichende Bemerkungen aus Schweizer Sicht, Der Staat 29 (1990), 33 ff.

*Müller, Wigo,* Die Zuständigkeit der Arbeitsgerichte zur Entscheidung steuer- und sozialversicherungsrechtlicher Fragen, DB 1977, 997 ff.

*Müller-Freienfels, Wolfram,* „Vorrang des Verfassungsrechts" und „Vorrang des Privatrechts", in: Löwisch, Manfred / Schmidt-Leithoff, Christian / Schmiedel, Burkhard (Hrsg.), Beiträge zum Handels- und Wirtschaftsrecht, Festschrift für Fritz Rittner zum 70. Geburtstag, München 1991, S. 423 ff.

*Müller-Graf, Peter-Christian,* Die Freistellung vom Kartellverbot, EuR 1992, 1 ff.

*Müller-Henneberg, Hans,* siehe *Benisch, Werner.*

*Müller-Laube, Hans-Martin,* Der private Rechtsschutz gegen unzulässige Beschränkungen des Wettbewerbs und mißbräuchliche Ausübung von Marktmacht im deutschen Kartellrecht, Berlin 1980 (zit.: Privater Rechtsschutz).

*Münch, Ingo von,* Bonner Kommentar, Art. 8 GG, Zweitbearbeitung, Dezember 1964.

*Münzel, Karl,* Nachträgliche Erteilung der verweigerten Genehmigung?, Eine Studie zur Methode der Rechtsfindung, NJW 1959, 601 ff.

*Murswiek, Dietrich,* Grundfälle zur Vereinigungsfreiheit – Art. 9 I, II GG, JuS 1992, 116 ff.

*Müssig, Peter,* Privatrechtliche Zulassung bei Inanspruchnahme der Dienstleistungen der Unternehmen Deutsche Bundespost Postdienst und Deutsche Bundespost Postbank, NJW 1991, 472 f.

*Mußgnug, Reinhard,* Der Dispens von gesetzlichen Vorschriften, Heidelberg 1964 (zit.: Dispens).

*Ders.,* Die Beiladung zum Rechtsstreit um janusköpfige und privatrechtsrelevante Verwaltungsakte, NVwZ 1988, 33 ff.

*Mutius, Albert von,* Zur Grundrechtssubjektivität privatrechtlicher Stiftungen, VerwArchiv 65 (1974), 87 ff.

*Mutzbauer, Norbert,* Die hoheitliche Gestaltung privatrechtlich vereinbarter Preise durch Rechtsvorschriften und Verwaltungsentscheidungen, München 1988.

*Narr, Helmut,* Anmerkungen zu BSG, B. v. 12.02.1985, SGb 1986, 28 ff., in: SGb 1986, 32 ff.,

*Neuhoff, Klaus,* siehe *Soergel, Hans Theodor.*

*Neumann, Carl Wolfgang,* Lizenzverträge im EWG-Kartellrecht, Zur neuen Gruppenfreistellung von Patentlizenzverträgen nach Art. 85 Abs. 3 EWG-Vertrag, RIW 1985, 88 ff.

*Neumann, Peter,* Wirtschaftslenkende Verwaltung, Stuttgart 1959.

*Neumann, Volker,* Dogmatische und prinzipiengeleitete Argumente bei der Abgrenzung von Verwaltungsverträgen, – Zur Rechtsnatur der Pflegesatzvereinbarungen im Sozialhilferecht –, DÖV 1992, 154 ff.

*Nicolaysen, Gert,* Eigentumsgarantie und vermögenswerte subjektive öffentliche Rechte, in: Ipsen, Hans Peter (Hrsg.), Hamburger Festschrift für Friedrich Schack zu seinem 80. Geburtstag am 1. Oktober 1966, Hamburg 1966, 107 ff.

*Niebler, Engelbert,* Die Bedeutung der allgemeinen Handlungsfreiheit, insbesondere der Vertragsfreiheit in der Rechtsprechung des Bundesverfassungsgerichts, in: Bayerischer Notarverein e. V. (Hrsg.), Festschrift 125 Jahre bayerisches Notariat, München 1987.

*Nierhaus, Michael,* Grundrechte aus der Hand des Gesetzgebers? – Ein Beitrag zur Dogmatik des Art. 1 Abs. 3 GG –, AöR 116 (1991), 72 ff.

*Nipperdey, Hans Carl,* Allgemeiner Teil des Bürgerlichen Rechts, Ein Lehrbuch von Ludwig Enneccerus, 1. Halbband, Allgemeine Lehren, Personen, Rechtsobjekte, 15. Auflage, Tübingen 1959 (zit.: AT).

*Ders.,* Freie Entfaltung der Persönlichkeit, in: Bettermann, Karl August / Nipperdey, Hans Carl (Hrsg.), Die Grundrechte, Handbuch der Theorie und Praxis der Grundrechte, Band IV/2, Berlin 1960, S.741 ff.

*Ders.,* Kontrahierungszwang und diktierter Vertrag, Jena 1920 (zit.: Kontrahierungszwang).

*Ders.,* Tatbestandsaufbau und Systematik der deliktischen Grundtatbestände, Zum „Referentenentwurf eines Gesetzes zur Änderung und Ergänzung schadensersatzrechtlicher Vorschriften", NJW 1967, 1985 ff.

*Nowak, Richard,* Zur Drittwirkung der Grundrechte, Die österreichische Lage aus rechtsvergleichender Sicht, EuGRZ 1984, 133 ff.

*Numberger, Ulrich,* Anmerkung zu BayVGH, Urteil vom 11.8.1989 Az. 9 B 86.02748, in: BayVBl. 1991, 278 f.

*Obermayer, Klaus,* Kommentar zum Verwaltungsverfahrensgesetz, 2. Auflage 1990 (zit.: VwVfG).

*Odersky, Walter,* Kartellrechtliche Kontrolle des Handelns der öffentlichen Hand, in: Badura, Peter / Scholz, Rupert (Hrsg.), Wege und Verfahren des Verfassungslebens, Festschrift für Peter Lerche zum 65. Geburtstag, München 1993, S. 949 ff.

*Oppermann, Thomas,* Europarecht, München 1991 (zit.: Europarecht).

*Ossenbühl, Fritz,* Der Eigentumsschutz sozialrechtlicher Positionen in der Rechtsprechung des Bundesverfassungsgerichts, Eine Zwischenbilanz, in: Fürst, Walther / Herzog, Roman / Umbach, Dieter C. (Hrsg.), Festschrift für Wolfgang Zeidler, Berlin u. a. 1987, Band 1, S. 625 ff.

*Ders.,* Die Interpretation der Grundrechte in der Rechtsprechung des Bundesverfassungsgerichts, NJW 1976, 2100 ff.

*Ders.,* Die Rücknahme fehlerhafter begünstigender Verwaltungsakte, 2. Auflage, Berlin 1965 (zit.: Rücknahme).

*Ders.*, Die Quellen des Verwaltungshandelns, in: Erichsen, Hans-Uwe / Martens, Wolfgang (Hrsg.), Allgemeines Verwaltungsrecht, 9. Auflage, Berlin u. a. 1992, S. 101 ff.
*Ders.*, Ermessen, Verwaltungspolitik und unbestimmter Rechtsbegriff, DÖV 1970, 84 ff.
*Ders.*, Inhaltsbestimmung des Eigentums und Enteignung – BVerfGE 83, 201, in: JuS 1993, 200 ff.
*Ders.*, Maßhalten mit dem Übermaßverbot, in: Badura, Peter / Scholz, Rupert (Hrsg.), Wege und Verfahren des Verfassungslebens, Festschrift für Peter Lerche zum 65. Geburtstag, München 1993, S. 151 ff.
*Ders.*, Öffentliches Recht und Privatrecht in der Leistungsverwaltung, Anmerkung zum Urteil des BGH vom 27.10.1972 – KZR 1/72 – DVBl. 1974, 541 ff.
*Ders.*, Staatshaftungsrecht, 4. Auflage 1991 (zit.: Staatshaftungsrecht).
*Ders.*, Tendenzen und Gefahren der neueren Ermessenslehre, DÖV 1968, 618 ff.
*Ders.*, Vertrauensschutz im sozialen Rechtsstaat, DÖV 1972, 25 ff.
*Ders.*, Verwaltungsrecht als Vorgabe für Zivil- und Strafrecht, DVBl. 1990, 963 ff.
*Ders.*, Verwaltungsvorschriften und Grundgesetz, Bad Homburg v. d. H. u. a., 1968 (zit.: Verwaltungsvorschriften).
*Osterloh, Lerke,* Das Prinzip der Eigentumsopferentschädigung im Zivilrecht und im öffentlichen Recht, Untersuchungen zu Inhalt und Geltungsbereich des verfassungsrechtlichen Entschädigungsgebots nach Art. 14 GG, Berlin 1980 (zit.: Eigentumsopferentschädigung).
*Dies.*, Eigentumsschutz, Sozialbindung und Enteignung bei der Nutzung von Boden und Umwelt, DVBl. 1991, 906 ff.
*Dies.*, Entschädigungspflichtige Inhalts- und Schrankenbestimmung des Eigentums und Enteignung, Tendenzen der neueren Rechtsprechung des Bundesverfassungsgerichts, NJW 1981, 2537 ff.
*Ottmann, Hans Paul,* Die Vereinigungsfreiheit als Richtmaß und Schranke der unternehmensverfassungsrechtlichen Gesetzgebung, München 1985.
*Pabsch, Ekkehard,* Der grundrechtliche Eigentumsschutz im Europa der Zwölf, AgrarR 1992, 278 ff.
*Palm, Heinz,* Die nachträgliche Erteilung der verweigerten Genehmigung, Bielefeld 1964.
*Papier, Hans-Jürgen,* Art. 14 GG, in: Maunz / Dürig u. a., Grundgesetz, Kommentar, Stand: September 1983.
*Ders.*, Die Differenziertheit sozialrechtlicher Positionen und der Anspruch der Eigentumsgarantie, in: Deutscher Sozialrechtsverband – 2. Sozialrechtslehrertagung, Verfassungsrechtlicher Eigentumsschutz sozialer Rechtspositionen, Wiesbaden 1982, S. 193 ff. (zit.: Differenziertheit).
*Ders.*, Eigentumsgarantie des Grundgesetzes im Wandel, Karlsruhe 1984 (zit.: Eigentumsgarantie im Wandel).
*Ders.*, Einwendungen Dritter im Verwaltungsverfahren, NJW 1980, 313 ff.
*Ders.*, Recht der öffentlichen Sachen, 2. Auflage, Berlin u. a. 1984 (zit.: Recht der öffentlichen Sachen).
*Ders.*, Rechtliche Bindung und gerichtliche Kontrolle planender Verwaltung im Bereich des Bodenrechts, NJW 1977, 1714 ff.
*Ders.*, Sportstätten und Umwelt, UPR 1985, 73 ff.
*Ders.*, Unternehmen und Unternehmer in der verfassungsrechtlichen Ordnung der Wirtschaft, VVDStRL 35 (1977), S. 54 ff.
*Ders.*, Verfassungsschutz sozialrechtlicher Rentenansprüche, -anwartschaften und „-erwerbsberechtigungen", VSSR 1973, 33 ff.
*Ders.*, Wirkungen des öffentlichen Planungsrechts auf das private Immissionsschutzrecht, in: Pikart, Heinz / Gelzer, Konrad / Papier, Hans-Jürgen, Umwelteinwirkungen durch Sportanlagen, Düsseldorf 1984, S. 97 ff.
*Peine, Franz-Joseph,* Die Legalisierungswirkung, JZ 1990, 201 ff.
*Ders.*, Öffentliches und privates Nachbarrecht, JuS 1987, 169 ff.
*Ders.*, Privatrechtsgestaltung durch Anlagengenehmigung, NJW 1990, 2442 ff.

*Ders.*, Rechtsfragen der Einrichtung von Fußgängerstraßen, (Neue Schriften des Deutschen Städtetages, Heft 35), Köln 1979 (zit.: Fußgängerstraßen).

*Pernice, Ingolf*, Grundrechtsgehalte im Europäischen Gemeinschaftsrecht, Ein Beitrag zum gemeinschaftsimmanenten Grundrechtsschutz durch den Europäischen Gerichtshof, Baden-Baden 1979 (zit.: Grundrechtsgehalte).

*Pernthaler, Peter*, Ist Mitbestimmung verfassungsrechtlich meßbar? Eine Analyse der Entscheidung des BVerfG über das Mitbestimmungsgesetz, Berlin 1980 (zit.: Mitbestimmung).

*Ders.*, Qualifizierte Mitbestimmung und Verfassungsrecht, Berlin 1972 (zit.: Qualifizierte Mitbestimmung).

*Pestalozza, Christian von*, Formenmißbrauch des Staates, München 1973 (zit.: Formenmißbrauch).

*Ders.*, Kollisionsrechtliche Aspekte der Unterscheidung von öffentlichem Recht und Privatrecht, DÖV 1974, 188 ff.

*Peters, Hans*, Lehrbuch der Verwaltung, Berlin u. a. 1949 (zit.: Verwaltung).

*Picker, Eduard*, Der privatrechtliche Rechtsschutz gegen baurechtswidrige Bauten als Beispiel für die Realisierung von „Schutzgesetzen", AcP 176 (1976), 28 ff.

*Pieroth, Bodo*, Besprechung von: Gertrude Lübbe-Wolff, Die Grundrechte als Eingriffsabwehrrechte, in: AöR 115 (1990), 517 ff.

*Ders.*, Die neuere Rechtsprechung des Bundesverfassungsgerichts zum Grundsatz des Vertrauensschutzes, JZ 1984, 971 ff.

*Ders.*, Rückwirkung und Übergangsrecht, Verfassungsrechtliche Maßstäbe für intertemporale Gesetzgebung, Berlin 1981 (zit.: Rückwirkung).

*Ders.*, siehe *Jarass, Hans D. / Pieroth, Bodo.*

*Pieroth, Bodo / Kotulla, Michael*, Das Verhältnis der Aufhebung von Miet- und Pachtverhältnissen nach § 182 Abs. 1 BauGB zu zivilrechtlichen Kündigungen, DVBl. 1992, 585 ff.

*Pietzcker, Jost*, Der Anspruch auf ermessensfehlerfreie Entscheidung, JuS 1982, 106 ff.

*Ders.*, Der Staatsauftrag als Instrument des Verwaltungshandelns, Recht und Praxis der Beschaffungsverträge in den Vereinigten Staaten von Amerika und der Bundesrepublik Deutschland, Tübingen 1978 (zit.: Staatsauftrag).

*Ders.*, Die salvatorische Entschädigungsklausel – BVerwG, NJW 1990, 2572, in: JuS 1991, 369 ff.

*Pinger, Winfried*, Der Rechtsweg bei Wettbewerbsverstößen der öffentlichen Hand, GRUR 1973, 456 ff.

*Pipkorn, Jörn*, siehe *von der Groeben, Hans / Thiesing, Jochen / Ehlermann, Klaus-Dieter.*

*Preu, Peter*, Die historische Genese der öffentlichrechtlichen Bau- und Gewerbenachbarklagen (ca. 1800 – 1970), Berlin 1990 (zit.: Nachbarklagen).

*Preuß, Ulrich K.*, Zum staatsrechtlichen Begriff des Öffentlichen, untersucht am Beispiel des verfassungsrechtlichen Status kultureller Organisationen, Stuttgart 1969 (zit.: Begriff des Öffentlichen).

*Prölss*, Versicherungsaufsichtsgesetz, von *Reimer Schmidt* und *Peter Frey*, 10. Auflage, München 1989.

*Püttner, Günter*, Anmerkung zu BGH, Beschl. v. 22.3.1976 – GSZ 1/75 –, DÖV 1976, 633 ff., in: DÖV 1976, 635 f.

*Ders.*, Die öffentlichen Unternehmen, Ein Handbuch zu Verfassungs- und Rechtsfragen der öffentlichen Wirtschaft, Stuttgart u. a. 1985 (zit.: Die öffentlichen Unternehmen).

*Ders.*, Vertrauensschutz im Verwaltungsrecht, VVDStRL 32 (1973), S.200 ff.

*Ders.*, Wider den öffentlich-rechtlichen Vertrag zwischen Staat und Bürger, DVBl. 1982, 122 ff.

*Quaritsch, Helmut*, Stichwort: Institutionelle Garantie, in: Herzog, Roman / Kunst, Hermann / Schlaich, Klaus / Schneemelcher, Wilhelm, EvStL, 3. Auflage, Stuttgart 1987, Sp. 1351 ff.

*Raiser, Ludwig*, Die Zukunft des Privatrechts, in: Raiser, Ludwig, Die Aufgabe des Privatrechts: Aufsätze zum Privat- und Wirtschaftsrecht aus 3 Jahrzehnten, Kronberg/Ts. 1977, S. 208 ff. (zit.: Die Zukunft des Privatrechts).

*Ders.*, Grundgesetz und Privatrechtsordnung, 46. DJT 1966, Band II, München 1967, B 5 ff. (zit.: GG und Privatrechtsordnung).

*Ders.*, Vertragsfreiheit heute, JZ 1958, 1 ff.

*Ramm, Thilo,* Grundrechte und Arbeitsrecht, – Zur Verständigung über Grundfragen – JZ 1991, 1 ff.

*Ramsauer, Ulrich,* Die faktischen Beeinträchtigungen des Eigentums, Berlin 1980 (zit.: Faktische Beeinträchtigungen).

*Rasner, Henning,* siehe *Rowedder, Heinz.*

*Rebmann, Kurt / Säcker, Franz Jürgen* (Hrsg.), Münchener Kommentar zum Bürgerlichen Gesetzbuch, Band 1: Allgemeiner Teil, 2. Auflage, München 1984 (zit.: MüKo-*Bearbeiter).*

*Dies.*, Band 2: Schuldrecht – Allgemeiner Teil (§§ 241 – 432), 2. Auflage, München 1985 (zit.: MüKo-*Bearbeiter).*

*Dies.*, Band 4: Sachenrecht (§§ 854 – 1296), Wohnungseigentumsgesetz, Erbbaurechtsverordnung, 2. Auflage, München 1986 (zit.: MüKo-*Bearbeiter).*

*Dies.*, Band 8: Familienrecht II, 3. Auflage, München 1992 (zit.: MüKo-*Bearbeiter).*

*Redeker, Konrad / von Oertzen, Hans-Joachim,* Verwaltungsgerichtsordnung, 10. Auflage, Stuttgart u. a. 1991.

*Reidt, Olaf,* Die Bedeutung nachbarlicher Erklärungen im baurechtlichen Genehmigungsverfahren und ihre zivilrechtliche Relevanz – BayObLGZ 90, 204, in: JuS 1993, 20 ff.

*Reiter, Heinrich,* Die Rechtsnatur der Beziehungen der gesetzlichen Krankenkassen untereinander und zu den Leistungserbringern, in: Franßen, Everhardt / Redeker, Konrad / Schlichter, Otto / Wilke, Dieter (Hrsg.), Bürger – Richter – Staat, Festschrift für Horst Sendler zum Abschied aus seinem Amt, München 1991, S. 519 ff.

*Renck, Ludwig,* Leistungsverwaltung und Wettbewerbsrecht – BGHZ 67, 81 und BayKompKonflH, DÖV 1975, 394, in: JuS 1978, 459 ff.

*Rengeling, Hans-Werner,* Grundrechtsschutz in der Europäischen Gemeinschaft, München 1993.

*Rennert, Klaus,* Das Reiten im Wald – Bemerkungen zu Art. 2 Abs. 1 GG, NJW 1989, 3261 ff.

*Ress, Georg,* Staatszwecke im Verfassungsstaat–nach40JahrenGG,VVDStRL 48 (1989),S. 57 ff.

*Reuß, Wilhelm,* Öffentliche Verwaltung durch Private, DVBl. 1976, 927 ff.

*Reuter, Dieter,* siehe *Rebmann, Kurt / Säcker, Franz Jürgen.*

*Richardi, Reinhard,* Arbeitsrecht in der Kirche, Staatliches Arbeitsrecht und kirchliches Dienstrecht, 2. Auflage, München 1992 (zit.: Arbeitsrecht in der Kirche).

*Ders.*, Betriebsverfassung und Privatautonomie, Berlin u. a. 1973 (zit.: Betriebsverfassung und Privatautonomie).

*Ders.*, Der Sonn- und Feiertagsschutz im Arbeitsleben, in: Marré, Heiner / Stütting, Johannes (Hrsg.), Essener Gespräche zum Thema Staat und Kirche, Band 24, Der Schutz der Sonn- und Feiertage, Münster 1990, S. 117 ff.

*Ders.*, Kollektivgewalt und Individualwille bei der Gestaltung des Arbeitsverhältnisses, München 1968 (zit.: Kollektivgewalt).

*Ders.*, Prinzipien des Grundrechtsschutzes im Arbeitsverhältnis nach deutschem Recht, in: Martinek, Oswin (Hrsg.), Arbeit, Recht und Gesellschaft, Festschrift Walter Schwarz zum 65. Geburtstag, Wien 1991, S. 781 ff.

*Richardi, Reinhard / Woltzke, Otfried* (Hrsg.), Münchener Handbuch zum Arbeitsrecht, Band 1, Individualarbeitsrecht I, München 1992 (zit.: MünchArbR-*Verfasser).*

*Ridder, Helmut,* Der Grundrechtsschutz des Eigentums, seine Grenzen und Beschränkungen im öffentlichen Interesse, in: ÖJK, Grundrechtsschutz des Eigentums, Seine Grenzen und Beschränkungen im öffentlichen Interesse, Karlsruhe 1977, S. 39 ff. (zit.: Grundrechtsschutz des Eigentums).

*Ders.*, Zur verfassungsrechtlichen Stellung der Gewerkschaften im Sozialstaat, in: Böckenförde, Ernst-Wolfgang (Hrsg.), Staat und Gesellschaft, Darmstadt 1976, S. 221 ff. (zit.: Verfassungsrechtliche Stellung).

*Riechmann, Volkhard,* Zur Frage der Anwendung allgemeiner Grundsätze des Verwaltungsverfahrensrechts in Kartellverfahren, WuW 1980, 241 ff.

*Riedel, Manfred,* Der Begriff der „Bürgerlichen Gesellschaft" und das Problem seines geschichtlichen Ursprungs, in: Böckenförde, Ernst-Wolfgang (Hrsg.), Staat und Gesellschaft, Darmstadt 1976, S. 77 ff. (zit.: „Bürgerliche Gesellschaft").

*Rinck, Gerd,* siehe *Schwark, Eberhard.*

*Ripert, Georges,* Le déclin du droit, Etudes sur la legislation contemporaine, Paris 1949.

*Rittner, Fritz,* Das Ermessen der Kartellbehörde, in: Bartholomeyczik, Horst / Biedenkopf, Kurt H. / Hahn, Helmut von (Hrsg.), Beiträge zum Wirtschaftsrecht, Festschrift für Heinz Kaufmann zum 65. Geburtstag, Köln 1972, S. 307 ff.

*Ders.,* Die Ausschließlichkeitsbindungen in dogmatischer und rechtspolitischer Betrachtung, Düsseldorf 1957 (zit.: Ausschließlichkeitsbindungen).

*Ders.,* Die Rechtssicherheit im Kartellrecht, WuW 1969, 65 ff.

*Ders.,* Öffentliches Auftragswesen und Privatrecht, ZHR 152 (1988), 318 ff.

*Ders.,* Über das Verhältnis von Vertrag und Wettbewerb, AcP 188 (1988), 101 ff.

*Ders.,* Über den Vorrang des Privatrechts, in: Dieckmann, Albrecht / Frank, Rainer / Hanisch, Hans / Simitis, Spiros (Hrsg.), Festschrift für Wolfram Müller-Freienfels, Baden-Baden 1986, S.509 ff.

*Ders.,* Wirtschaftsrecht, 2. Auflage, Heidelberg 1987 (zit.: Wirtschaftsrecht).

*Robbers, Gerhard,* Buchbesprechung von: Gertrude Lübbe-Wolff, Grundrechte als Eingriffsabwehrrechte, in: DÖV 1989, 687 f.

*Ders.,* Sicherheit als Menschenrecht, Aspekte der Geschichte, Begründung und Wirkung eines Grundrechtsfunktion, Baden-Baden 1987 (zit.: Sicherheit).

*Rohlf, Dietwalt,* Der grundrechtliche Schutz der Privatsphäre, Zugleich ein Beitrag zur Dogmatik des Art. 2 Abs. 1 GG, Berlin 1980 (zit.: Privatsphäre).

*Rohwer-Kahlmann, Harry,* BGH untersagt RVO-Kassen die Selbstabgabe von Brillen, – Schutz der zugelassenen Optiker der Kassen vor „ruinösem Wettbewerb" oder Begründung eines „gesetzeswidrigen Lieferungsmonopols"? –, SGb 1982, 373 ff.

*Ronellenfitsch, Michael,* Der Einwendungsausschluß im Wasserrecht, VerwArchiv 74 (1983), 369 ff.

*Ders.,* Wirtschaftliche Betätigung des Staates, in: Isensee, Josef / Kirchhof, Paul (Hrsg.), HbStR III, Heidelberg 1988, S. 1171 ff.

*Roscher, Falk,* Vertragsfreiheit als Verfassungsproblem, Dargestellt am Beispiel der Allgemeinen Geschäftsbedingungen, Berlin 1974 (zit.: Vertragsfreiheit).

*Roth, Günther H.,* siehe *Rebmann, Kurt / Säcker, Franz Jürgen.*

*Roth, Herbert,* J. von Staudingers Kommentar zum Bürgerlichen Gesetzbuch, Drittes Buch, Sachenrecht, §§ 905, 906, 12. Auflage, Berlin 1989 (zit.: Staudinger-*Roth).*

*Rowedder, Heinz,* Gesetz betreffend die Gesellschaften mit beschränkter Haftung (GmbhG), Kommentar, München 1985.

*Rüfner, Wolfgang,* Die Differenziertheit sozialrechtlicher Positionen und der Anspruch der Eigentumsgarantie, in: Deutscher Sozialrechtsverband – 2. Sozialrechtslehrertagung, Verfassungsrechtlicher Eigentumsschutz sozialer Rechtspositionen, Wiesbaden 1982, S. 169 ff. (zit.: Differenziertheit).

*Ders.,* Drittwirkung der Grundrechte, Versuch einer Bilanz, in: Selmer, Peter / von Münch, Ingo (Hrsg.), Gedächtnisschrift für Wolfgang Martens, Berlin u. a. 1987, S. 215 ff.

*Ders.,* Materiellrechtliche Voraussetzungen und Grenzen des nachbarrechtlichen Baudispenses, DVBl. 1963, 609 ff.

*Rüthers, Bernd,* „Institutionelles Rechtsdenken" im Wandel der Verfassungsepochen, Ein Beitrag zur politisch-kritischen Funktion der Rechtswissenschaft, Bad Homburg v. d. H. u. a., 1970 (zit.: „Institutionelles Rechtsdenken").

*Rumpel, Erwin,* Abschied von der „modifizierenden Auflage" im Umweltverwaltungs- und Umweltstrafrecht, NVwZ 1988, 502 ff.

*Ders.,* Zur Verwendung von Genehmigungsinhaltsbestimmungen und Auflagen – Zugleich ein Beitrag zur Rechtsfigur der inhaltlichen Beschränkung –, BayVBl. 1987, 577 ff.

*Rupp, Hans Heinrich,* Die Unterscheidung von Staat und Gesellschaft, in: Isensee, Josef / Kirchhof, Paul (Hrsg.), HbStR I, Grundlagen von Staat und Verfassung, Heidelberg 1987, S. 1187 ff.

*Ders.*, Ermessensspielraum und Rechtsstaatlichkeit, NJW 1969, 1273 ff.

*Ders.*, Grundfragen der heutigen Verwaltungsrechtslehre, Verwaltungsnorm und Verwaltungsrechtsverhältnis, 2. Auflage, Tübingen 1991 (zit.: Grundfragen).

*Ders.*, Verfassungsrechtliche Aspekte der Postgebühr und des Wettbewerbs der Deutschen Bundespost mit den Kreditinstituten, Köln 1971 (zit.: Postgebühr).

*Ders.*, Vom Wandel der Grundrechte, AöR 101 (1976), S. 161 ff.

*Rupp-von Brünneck, Wiltraut,* Abweichende Meinung zu BVerfG, B. v. 20.10.1971 – 1 BvR 757/66 –, E 32, 111 ff., in: BVerfGE 32, 129 ff.

*Sachs, Michael,* Buchanzeige: Wolfram Höfling, Vertragsfreiheit, Eine grundrechtsdogmatische Studie, in: AöR 17 (1992), 152 f.

*Säcker, Franz Jürgen,* siehe *Rebmann, Kurt / Säcker, Franz Jürgen.*

*Salzwedel, Jürgen,* Anstaltsnutzung und Nutzung öffentlicher Sachen, in: Erichsen, Hans-Uwe / Martens, Wolfgang (Hrsg.), Allgemeines Verwaltungsrecht, 9. Auflage 1992, S. 515 ff.

*Ders.*, Soll das Stiftungsrecht bundesgesetzlich vereinheitlicht und reformiert werden, gegebenenfalls mit welchen Grundzügen?, 44. DJT, Band I/5, S. 52 ff. (Tübingen 1962).

*Ders.*, Sportanlagen im Wohnbereich, – Zusammenfassung der Ergebnisse der Podiumsdiskussion –, UPR 1985, 210 ff.

*Ders.*, Verfassungsrechtlich geschützte Besitzstände und ihre „Überleitung" in neues Recht, Zur Theorie der gesetzesfreien Rechtspositionen, Die Verwaltung 5 (1972), 11 ff.

*Sass, Wolfgang,* Art. 14 GG und das Entschädigungserfordernis, Heidelberg 1992 (zit.: Entschädigungserfordernis).

*Sasse, Christoph,* Die verfassungsrechtliche Problematik von Steuerreformen, AöR 85 (1960), 423 ff.

*Schachtschneider, Karl Albrecht,* Staatsunternehmen und Privatrecht, Kritik der Fiskustheorie, exemplifiziert an § 1 UWG, Berlin u. a. 1986 (zit.: Staatsunternehmen und Privatrecht).

*Schack, Friedrich,* Bemerkenswertes aus dem Hamburgischen Wegegesetz vom 4. April 1961, DVBl. 1961, 897 ff.

*Schapp, Jan,* Das subjektive Recht im Prozeß der Rechtsgewinnung, Berlin 1977 (zit.: Das subjektive Recht).

*Ders.*, Das Verhältnis von privatem und öffentlichem Nachbarrecht, Berlin 1978 (zit.: Nachbarrecht).

*Schaub, Günter,* Arbeitsrechtshandbuch, 7. Auflage, München 1992 (zit.: Arbeitsrechtshandbuch).

*Schelter, Kurt,* Demokratisierung der Verbände?, Demokratie als Ordnungsprinzip in privilegierten Interessenverbänden, Berlin 1976 (zit.: Demokratisierung der Verbände?).

*Schenke, Wolf-Rüdiger,* Art. 19 Abs. 4 GG, Zweitbearbeitung, Kommentar zum Bonner Grundgesetz, Stand: 1982.

*Ders.*, Verwaltung und Verwaltungsgerichtsbarkeit – Gedanken zu einem der Grundthemen des Wirtschaftsverwaltungsrechts, WiVerw 1988, 145 ff.

*Scherer, Joachim,* Realakte mit „Doppelnatur", Anmerkungen zu den Beschlüssen des Gemeinsamen Senats zum Rechtsweg bei wettbewerbsrelevantem Verwaltungshandeln, NJW 1989, 2724 ff.

*Scherf, Dieter,* siehe *Frankfurter Kommentar.*

*Scherzberg, Arno,* Grundfragen des verwaltungsrechtlichen Vertrages, JuS 1992, 205 ff.

*Scheuner, Ulrich,* Die institutionellen Garantien des Grundgesetzes, in: Wandersleb, Hermann (Hrsg.), Recht – Staat – Wirtschaft, Schriftenreihe des Innenministers des Landes Nordrhein-Westfalen für Staatswissenschaftliche Fortbildung, 4. Band, Düsseldorf 1953, S. 88 ff.

*Ders.*, Die neuere Entwicklung des Rechtsstaats in Deutschland (1960), in: Forsthoff, Ernst (Hrsg.), Rechtsstaatlichkeit und Sozialstaatlichkeit, Darmstadt 1968, S. 461 ff. (zit.: Die neuere Entwicklung des Rechtsstaats).

*Ders.*, Grundrechtsinterpretation und Wirtschaftsordnung, Zur Auslegung des Art. 12 Grundgesetz, DÖV 1956, 65 ff.

*Schick, Walter,* Stichwort: Autonomie, I. Im Staat, in: Herzog, Roman / Kunst, Hermann / Schlaich, Klaus / Schneemelcher, Wilhelm, EvStL, 3. Auflage, Stuttgart 1987, Sp. 159 ff.

*Schink, Alexander,* Umweltschutz – Eigentum – Enteignung – Salvatorische Klauseln, Zur Entscheidung des Bundesverwaltungsgerichts vom 15. Februar 1990, 1375 ff.

*Schlapp, Jan,* Theoriestrukturen und Rechtsdogmatik, Ansätze zu einer strukturalistischen Sicht juristischer Theoriebildung, Berlin 1989 (zit.: Theoriebildung).

*Schlink, Bernhard,* Korporatismus im Krankenhauswesen, – Zur Neuregelung des Verhältnisses zwischen Krankenhäusern durch das Fünfte Buch des Sozialgesetzbuchs –, in: Giese, Dieter / Neumann, Volker (Hrsg.), Beiträge zum Recht der sozialen Dienste und Einrichtungen, Heft 11, Köln u. a. 1990, S. 1 ff. (zit.: Korporatismus).

*Schmidbauer, Wilhelm,* Enteignung zugunsten Privater, Berlin 1989 (zit.: Enteignung zugunsten Privater).

*Schmidt, Detlef,* Die Unterscheidung von öffentlichem und privatem Recht, Baden-Baden 1985.

*Schmidt, Karsten,* Anspruch auf Verleihung der Rechtsfähigkeit an einen wirtschaftlichen Verein?, BB 1974, 254 ff.

*Ders.,* Aufgaben und Leistungsgrenzen der Gesetzgebung im Kartelldeliktsrecht, Eine rechtspolitische Studie zu den außerstrafrechtlichen Sanktionen im GWB, Baden-Baden 1978 (zit.: Kartelldeliktsrecht).

*Ders.,* Der bürgerlich-rechtliche Verein mit wirtschaftlicher Tätigkeit, AcP 182 (1982), 1 ff.

*Ders.,* Der Subsidiaritätsgrundsatz im vereinsrechtlichen Konzessionssystem, NJW 1979, 2239 f.

*Ders.,* Drittschutz, Akteneinsicht und Geheimnisschutz im Kartellverfahren, Köln u. a. 1992 (zit.: Drittschutz).

*Ders.,* Gemeinschaftsunternehmen im Recht der Wettbewerbsbeschränkungen, Eine Studie zum GWB und zur Tragweite von kartellbehördlichen Verwaltungsgrundsätzen und Unbedenklichkeitserklärungen, AG 1987, 333 ff.

*Ders.,* Gerichtsschutz in Kartellverwaltungssachen, Zur Fortbildung des Verwaltungsrechtsschutzes in der Wettbewerbsaufsicht, Heidelberg 1980 (zit.: Gerichtsschutz).

*Ders.,* Kartellverfahrensrecht – Kartellverwaltungsrecht – Bürgerliches Recht, Kartellrechtspflege nach deutschem Recht gegen Wettbewerbsbeschränkungen, Köln u. a. 1977 (zit.: Kartellverfahrensrecht).

*Ders.,* Klagebefugnis und Beschwerdebefugnis verfahrensbeteiligter Dritter im europäischen und im nationalen Kartellrecht, in: Baur, Jürgen F. / Hopt, Klaus J. / Mailändern, K. Peter (Hrsg.), Festschrift für Ernst Steindorff zum 70. Geburtstag am 13. März 1990, Berlin u. a. 1990, S. 1085 ff.

*Ders.,* Notwendige Beiladung betroffener Dritter im Kartellverwaltungsverfahren, BB 1981, 758 ff.

*Ders.,* Pfandrechtsfragen bei erlaubtem und unerlaubtem Eingriff der Mobiliarvollstrekkung in schuldnerfremde Rechte, zugleich zum Wert der Pfändungspfandrechtstheorien, JuS 1970, 545 ff.

*Ders.,* Waffengleichheit im Kartellverfahrensrecht?, Bericht über die vom Verfasser geleitete Podiumsdiskussion mit dem Thema: „Besteht zwischen Kartellbehörde und Betroffenen im Rechtsmittelverfahren Waffengleichheit?“, in: Schwerpunkte des Kartellrechts 1982/83, FIW-Schriftenreihe Heft 106, Köln u. a. 1984, S. 53 ff.

*Ders.,* Wohin steuert die Stiftungspraxis?, – Eine rechtspolitische Skizze –, DB 1987, 261 ff.

*Ders.,* Zivilprozessuale „Kartellrechtssachen“, Versuch einer Einordnung des § 87 I GWB in das „Recht gegen Wettbewerbsbeschränkungen“, JZ 1976, 304 ff.

*Ders.,* Zur Amtslöschung unrechtmäßig eingetragener Wirtschaftsvereine, NJW 1993, 1225 ff.

*Ders.,* siehe *Immenga, Ulrich / Mestmäcker, Ernst-Joachim.*

*Schmidt, Lutz,* Unmittelbare Privatrechtsgestaltung durch Hoheitsakt, Bielefeld 1975.

*Schmidt, Walter,* Die Entscheidungsfreiheit des einzelnen zwischen staatlicher Herrschaft und gesellschaftlicher Macht, AöR 101 (1976), 24 ff.

*Ders.,* Die Freiheit vor dem Gesetz, Zur Auslegung des Art. 2 Abs. 1 des Grundgesetzes, AöR 91 (1966), 42 ff.

*Ders.*, Grundrechtstheorie im Wandel der Verfassungsgeschichte, Jura 1983, 169 ff.

*Ders.*, „Vertrauensschutz“ im öffentlichen Recht, NJW 1973, 529 ff.

*Schmidt-Aßmann, Eberhard,* Das allgemeine Verwaltungsrecht als Ordnungsidee und System, Insbesondere zur Bedeutung von Rechtsform und Verfahren im Verwaltungsrecht, Heidelberg 1982 (zit.: Ordnungsidee).

*Ders.*, Der Grundrechtsschutz gemischt-wirtschaftlicher Unternehmen nach Art. 19 Abs. 3 GG, BB 1990, Beilage 34, S. 1 ff.

*Ders.*, Formen der Enteignung (Art. 14 Abs. 3 GG), JuS 1986, 833 ff.

*Ders.*, Kommentierung Art. 19 Abs. 4 GG, in: Maunz / Dürig, Kommentar zum GG (Stand der Kommentierung: Januar 1985).

*Schmidt-Jortzig, Edzard,* Die Einrichtungsgarantien der Verfassung, Dogmatischer Gehalt und Sicherungskraft einer umstrittenen Figur, Göttingen 1979 (zit.: Einrichtungsgarantien).

*Schmidt-Leithoff, Christian,* Gedanken über die Privatrechtsordnungen als Grundlage zum EWG-Vertrag, in: Löwisch, Manfred / Schmidt-Leithoff, Christian / Schmiedel, Burkhard (Hrsg.), Beiträge zum Handels- und Wirtschaftsrecht, Festschrift für Fritz Rittner zum 70. Geburtstag, München 1991, S. 597 ff.

*Schmidt-Preuß, Matthias,* Kollidierende Privatinteressen im Verwaltungsrecht, Das subjektive öffentliche Recht im multipolaren Verwaltungsrechtsverhältnis, Berlin 1992 (zit.: Privatinteressen).

*Ders.*, Die Treuhandanstalt und ihr gesetzlicher Auftrag, Die Verwaltung 25 (1992), 327 ff.

*Ders.*, Verfassungsrechtliche Zentralfragen staatlicher Lohn- und Preisdirigismen, Baden-Baden 1977 (zit.: Zentralfragen).

*Schmidt-Räntsch, Jürgen,* Das Vermögens- und Investitionsrecht nach dem Zweiten Vermögensrechtsänderungsgesetz vom 14. Juli 1992 (BGBl. I, S. 1257), VIZ 1992, Beihefter zu Heft 8, B 1 ff.

*Schmidt-Salzer, Joachim,* Die normstrukturelle und dogmatische Bedeutung der Ermessensermächtigungen, VerwArchiv 60 (1969), 261 ff.

*Ders.*, Rechtspolitische Grenzen der zivilrechtlichen Vertragsfreiheit, NJW 1971, 173 ff.

*Ders.*, Vertragsfreiheit und Verfassungsrecht, NJW 1970, 8 ff.

*Schmitt, Carl,* Das Reichsgericht als Hüter der Verfassung (1929), in: Schmitt, Carl, Verfassungsrechtliche Aufsätze aus den Jahren 1924 – 1954, Materialien zu einer Verfassungslehre, 3. Auflage, unveränderter Nachdruck der 1958 erschienenen 1. Auflage, Berlin 1985, S. 63 ff. (zit.: Das Reichsgericht als Hüter der Verfassung).

*Ders.*, Der Hüter der Verfassung, 3. Auflage, unveränderter Nachdruck der 1931 erschienenen 1. Auflage, Berlin 1985 (zit.: Hüter der Verfassung).

*Ders.*, Die Wendung zum totalen Staat (1931), in: Schmitt, Carl, Positionen und Begriffe: im Kampf mit Weimar – Genf – Versailles 1923 – 1939, unveränderter Nachdruck, Berlin 1988, S. 146 ff. (zit.: Die Wendung zum totalen Staat).

*Ders.*, Freiheitsrechte und institutionelle Garantien der Reichsverfassung (1931), in: Schmitt, Carl, Verfassungsrechtliche Aufsätze aus den Jahren 1924 – 1954, Materialien zu einer Verfassungslehre, 3. Auflage, unveränderter Nachdruck der 1958 erschienenen 1. Auflage, Berlin 1985, S. 140 ff. (zit.: Freiheitsrechte und institutionelle Garantien).

*Ders.*, Grundrechte und Grundpflichten (1932), in: Schmitt, Carl, Verfassungsrechtliche Aufsätze aus den Jahren 1924- 1954, Materialien zu einer Verfassungslehre, 3. Auflage, unveränderter Nachdruck der 1958 erschienenen 1. Auflage, Berlin 1985, S. 181 ff. (zit.: Grundrechte und Grundpflichten).

*Ders.*, Über die neuen Aufgaben der Verfassungsgeschichte (1936), in: Schmitt, Carl, Positionen und Begriffe: im Kampf mit Weimar – Genf – Versailles 1923 – 1939, unveränderter Nachdruck, Berlin 1988, S. 229 ff. (zit.: Aufgaben der Verfassungsgeschichte).

*Ders.*, Über die zwei großen „Dualismen“ des heutigen Rechtssystems, in: Schmitt, Carl, Positionen und Begriffe: im Kampf mit Weimar – Genf – Versailles 1923 – 1939, unveränderter Nachdruck, Berlin 1988, S. 261 ff. (zit.: „Dualismen“).

*Ders.*, Verfassungslehre, 7. Auflage, unveränderter Nachdruck der 1928 erschienenen 1. Auflage, Berlin 1989 (zit.: Verfassungslehre).

*Schmitt, Jochem,* Leistungserbringung durch Dritte im Sozialrecht, Köln u. a. 1990 (zit.: Leistungserbringung).

*Schmitt Glaeser, Walter,* Die Freiheit der Forschung, WissR 7 (1974), 107 ff., 177 ff.

*Ders.,* Mißbrauch und Verwirkung von Grundrechten im politischen Meinungskampf, Eine Untersuchung über die Verfassungsschutzbestimmung des Art. 18 GG und ihr Verhältnis zum einfachen Recht, insbesondere zum politischen Strafrecht, Bad Homburg v. d. H. u. a. 1968 (zit.: Mißbrauch).

*Ders.,* Schutz der Privatsphäre, in: Isensee, Josef / Kirchhof, Paul (Hrsg.), HbStR I, S. 41 ff.

*Schnapp, Friedrich E.,* Amtsrecht und Beamtenrecht, Eine Untersuchung über normative Strukturen des staatlichen Innenbereichs, Berlin 1977 (zit.: Amtsrecht).

*Ders.,* Der Verwaltungsvorbehalt, VVDStRL 43 (1984), S. 172 ff.

*Ders.,* Öffentliche Verwaltung und privatrechtliche Handlungsformen, DÖV 1990, 826 ff.

*Schneider, Hans,* Der verfassungsrechtliche Schutz von Renten der Sozialversicherung, Karlsruhe 1980 (zit.: Verfassungsrechtlicher Schutz).

*Schnorr von Carolsfeld, Ludwig,* Anmerkung zu OLG Stuttgart, Urt. v. 22.10.1975 – 13U 111/75, SGb 1977, 212 ff., in: SGb 1977, 214 ff.

*Ders.,* Probleme der Rechtsstellung der Prüfungsverbände, ZgesGenW 17 (1967), 20 ff.

*Schoch, Friedrich,* Die Eigentumsgarantie des Art. 14 GG, Jura 1989, 113 ff.

*Schöne, Ludwig,* Privatrecht und öffentliches Recht, Geschichte, Inhalts- und Bedeutungswandel eines juristischen Grundbegriffes, Freiburg 1955.

*Scholz, Rupert,* Das Grundrecht der freien Entfaltung der Persönlichkeit in der Rechtsprechung des Bundesverfassungsgerichts, AöR 100 (1975), S. 80 ff., S. 265 ff.

*Ders.,* Die Koalitionsfreiheit als Verfassungsproblem, München 1971 (zit.: Koalitionsfreiheit).

*Ders.,* Entflechtung und Verfassung, Baden-Baden 1981 (zit.: Entflechtung).

*Ders.,* Kommentierung Art. 9 GG, in: Maunz / Dürig, Kommentar zum Grundgesetz, Stand der Kommentierung: August 1979.

*Ders.,* Kommentierung Art. 12 GG, in: Maunz / Dürig, Kommentar zum Grundgesetz, Stand der Kommentierung: September 1981.

*Ders.,* Konzentrationskontrolle und Grundgesetz, Stuttgart 1971 (zit.: Konzentrationskontrolle).

*Ders.,* Paritätische Mitbestimmung und Grundgesetz, Verfassungsrechtliche Fragen zur gesetzlichen Einführung der paritätischen Unternehmensmitbestimmung, Berlin 1974 (zit.: Paritätische Mitbestimmung).

*Ders.,* Qualifizierte Mitbestimmung unter dem Grundgesetz, Der Staat 13 (1974), 91 ff.

*Ders.,* Wettbewerb der öffentlichen Hand – Sanktions- und Rechtswegprobleme zwischen öffentlichem Recht und Privatrecht, NJW 1974, 781 ff.

*Ders.,* Wettbewerbsrecht und öffentliche Hand, ZHR 1969, 97 ff.

*Ders.,* Wettbewerbsrechtliche Klagen gegen Hoheitsträger: Zivil- oder Verwaltungsrechtsweg?, NJW 1978, 16 ff.

*Ders.,* Wirtschaftsaufsicht und subjektiver Konkurrenzschutz, Insbesondere dargestellt am Beispiel der Kartellaufsicht, Berlin 1971 (zit.: Wirtschaftsaufsicht).

*Scholz, Rupert / Langer, Stefan,* Stiftung und Verfassung, Strukturprobleme des Stiftungsrechts am Beispiel der „Stiftung Warentest", Berlin 1990.

*Schroeder, Friedrich-Christian,* Buchbesprechung: Peter Häberle, Die Wesensgehaltsgarantie des Art. 19 Abs. 2 Grundgesetz, ROW 1965, 45 f.

*Schröter, Helmuth,* siehe *von der Groeben, Hans / Thiesing, Jochen / Ehlermann, Claus-Dieter.*

*Schulin, Bertram,* Der öffentlich-rechtliche Vertrag vor einer Bewährungsprobe, JZ 1986, 476 ff.

*Schulte, Hans,* Eigentum und öffentliches Interesse, Berlin 1979 (zit.: Eigentum und öffentliches Interesse).

*Ders.,* Zur Dogmatik des Art. 14 GG, Karlsruhe 1979 (zit.: Dogmatik).

*Schulte, Martin,* Staat und Stiftung, Verfassungsrechtliche Grundlagen und Grenzen des Stiftungsrechts und der Stiftungsaufsicht, Heidelberg 1989 (zit.: Staat und Stiftung).

*Schulze-Osterloh, Lerke,* siehe *Osterloh, Lerke.*
*Schumann, Ekkehard,* Verfassungs- und Menschenrechtsbeschwerde gegen richterliche Entscheidungen, Berlin 1963 (zit.: Verfassungs- und Menschenrechtsbeschwerde).
*Schwab, Dieter,* Famlienrecht, 6. Auflage, München 1991 (zit.: Familienrecht).
*Ders.,* siehe *Rebmann, Kurt / Säcker, Franz Jürgen.*
*Schwabe, Jürgen,* Anmerkung zu: BVerfG, Beschluß v. 7.2.1990 – 1 BvR 26/84, DVBl. 1990, 474 ff., in: DVBl. 1990, 477 ff.
*Ders.,* Anmerkung zu: BVerfG, Beschluß v. 9.1.1991 – 1 BvR 929/89, JZ 1991, 774 ff, in: JZ 1991, 777 ff.
*Ders.,* Buchbesprechung von Gertrude Lübbe-Wolff, Die Grundrechte als Eingriffsabwehrrechte, in: Der Staat 30 (1991), 283 ff.
*Ders.,* Bundesverfassungsgericht und „Drittwirkung" der Grundrechte, AöR 100 (1975), 442 ff.
*Ders.,* Das Verbot mit Erlaubnisvorbehalt, JuS 1973, 133 ff.
*Ders.,* Die Enteignung in der neueren Rechtsprechung des Bundesverfassungsgerichts, JZ 1983, 272 ff.
*Ders.,* Die sogenannte Drittwirkung der Grundrechte, Marburg 1971 (zit.: Drittwirkung).
*Ders.,* „Drittwirkung" und kein Ende, NJW 1973, 229 ff.
*Ders.,* Facetten des Eigentums, Ein Literaturbericht, Der Staat 27 (1988), 93 ff.
*Ders.,* Probleme der Grundrechtsdogmatik, Darmstadt 1977 (zit.: Grundrechtsdogmatik).
*Ders.,* Über den Wert von Gemeinplätzen für das Drittwirkungsproblem, JR 1975, 13 ff.
*Schwark, Eberhard,* Wirtschaftsrecht, Wirtschaftsverfassung, Kartellrecht, Wettbewerbsrecht, Wirtschaftsverwaltung, 6. Auflage des von Gerd Rinck begründeten und in 1.-5. Auflage bearbeiteten Werkes, Köln u. a. 1986 (zit.: *Rinck / Schwark).*
*Schwarz, Theo,* Der Schutz der Wettbewerbsordnung vor verbotenen Kartellen – Überlegungen zur Durchsetzbarkeit des Kartellverbots im GWB, WuW 1967, 175 ff.
*Schwarze, Jürgen,* Europäisches Verwaltungsrecht, Entstehung und Entwicklung im Rahmen der Europäischen Gemeinschaft, Band I und II, Baden-Baden 1988 (zit.: Europäisches Verwaltungsrecht, Band I bzw. Band II).
*Ders.,* Privatrecht als Freiheitsgarantie bei staatlicher Kunstförderung? – VGH Mannheim, DVBl. 1976, 951, und BVerwG, MDR 1976, 874, in: JuS 1978, 94 ff.
*Schwarze, Karl-Robert,* siehe *Knack, Hans Joachim.*
*Schwarzer, Herbert,* Bayerische Bauordnung mit Erläuterungen, 2. Auflage, München 1992 (zit.: BayBO).
*Schwerdtfeger, Gunther,* Die dogmatische Struktur der Eigentumsgarantie, Berlin u. a. 1983 (zit.: Eigentumsgarantie).
*Ders.,* Grundrechtlicher Drittschutz im Baurecht, Dogmatische Grundlegungen zur Rechtsprechung des BVerwG, NVwZ 1982, 5 ff.
*Ders.,* Unternehmerische Mitbestimmung der Arbeitnehmer und Grundgesetz, Frankfurt / Main 1972 (zit.: Unternehmerische Mitbestimmung).
*Ders.,* Zur Verfassungsmäßigkeit der paritätischen Mitbestimmung, Heidelberg u. a. 1978 (zit.: Paritätische Mitbestimmung).
*Schwippert, Emil,* Die Ermessensentscheidungen der Kartellbehörden und die Prüfungsbefugnis der Kartellgerichte, Bonn 1974.
*Schwonke, Martina,* Rechtsweg bei Gebührenrechtsstreitigkeiten gegen die deutsche Bundespost TELEKOM, NVwZ 1991, 149 f.
*Scupin, Hans Ulrich,* Untrennbarkeit von Staat und Gesellschaft in der Frühneuzeit, in: Kaulbauch, Friedrich / Krawietz, Werner (Hrsg.), Recht und Gesellschaft, Festschrift für Helmut Schelsky zum 65. Geburtstag, Berlin 1978, S. 637 ff.
*Seewald, Otfried,* Rückwirkung, Grundrechte, Vertrauensschutz, DÖV 1976, 228 ff.
*Seifart, Werner,* Grenzen staatlicher Stiftungsaufsicht, in: Hauer, Rolf / Pigram, Hans / Pölnitz-Egloffsstein, Winfrid Frhr. von (Hrsg.), Deutsches Stiftungswesen 1966 – 1976, Tübingen 1977, S. 303 ff.
*Seiler, Hans Hermann,* J. von Staudingers Kommentar zum Bürgerlichen Gesetzbuch, Drittes Buch, Sachenrecht, Vorbem zu §§ 903 ff., Berlin 1989 (zit.: Staudinger-*Seiler).*

*Selk, Michael,* Zum heutigen Stand der Diskussion um das Zitiergebot, Art. 19 I 2 GG, JuS 1992, 816 ff.

*Sellner, Dieter,* Ausbau des Individualschutzes gegen Umweltbelastungen als Aufgabe des bürgerlichen und des öffentlichen Rechts, 56. DJT, Band II, L 8 ff., München 1986.

*Selmer, Peter,* Privates Umwelthaftungsrecht und öffentliches Gefahrenabwehrrecht, Heidelberg 1991 (zit.: Privates Umwelthaftungsrecht).

*Ders.,* Unternehmensentflechtung und Grundgesetz, Köln u. a. 1981 (zit.: Unternehmensentflechtung).

*Sendler, Horst,* Die Konkretisierung einer modernen Eigentumsverfassung durch Richterspruch, DÖV 1971, 16 ff.

*Ders.,* Zum Wandel der Auffassung vom Eigentum, DÖV 1974, 73 ff.

*Siebert, Wolfgang,* Einige Fragen zur Wirkung der Verwaltungsakte im Arbeitsverhältnis, in: Wegener, Wilhelm (Hrsg.), Festschrift für Karl Gottfried Hugelmann, Band II, Aalen 1959, S. 605 ff.

*Ders.,* Zur neueren Rechtsprechung über die Abgrenzung von Zivilrechtsweg und Verwaltungsrechtsweg, DÖV 1959, 733 ff.

*Ders.,* siehe *Soergel, Hans Theodor.*

*Sieg, Harald / Leifermann, Werner / Tettinger, Peter J.,* Gewerbeordnung, erläutert von Peter J. Tettinger, 5. Auflage, München 1988.

*Simon, Alfons,* Bayerische Bauordnung mit ausführlichen Erläuterungen und grafischen Darstellungen, den Durchführungsverordnungen sowie dem Baugesetzbuch und weiteren bundes- und landesrechtlichen Vorschriften, München (Stand: Februar 1991).

*Soell, Hermann,* Beiladung und Konkurrentenschutz im Verwaltungsverfahren des Kartellgesetzes, in: Müller, Klaus / Soell, Hermann (Hrsg.), Rechtswissenschaft und Gesetzgebung, Festschrift für Eduard Wahl zum siebzigsten Geburtstag am 29. März 1973, Heidelberg 1973, S. 439 ff.

*Ders.,* Buchanzeige: Martin Bullinger (Hrsg.), Verwaltungsermessen im modernen Staat, Baden-Baden 1986, in: AöR 114 (1989), 345 f.

*Ders.,* Buchbesprechung: Greiffenhagen, Gottfried, Die Kartellgenehmigung im Recht des Gesetzes gegen Wettbewerbsbeschränkungen, der Europäischen Gemeinschaft für Kohle und Stahl und der Europäischen Wirtschaftsgemeinschaft, Berlin 1966, in: Der Staat 10 (1971), 566 ff.

*Ders.,* Das Ermessen der Eingriffsverwaltung, Zugleich eine Studie zur richterlichen Ermessenskontrolle im Kartellrecht und zur Bedeutung des détournement de pouvoir im französischen Verwaltungs- und europäischen Gemeinschaftsrecht, Heidelberg 1973 (zit.: Ermessen).

*Ders.,* Der Grundsatz der wirtschaftlichen Vertretbarkeit im Bundesimmissionsschutzgesetz, Tübingen 1980 (zit.: Grundsatz der wirtschaftlichen Vertretbarkeit).

*Ders.,* Die Bedeutung der Sozialpflichtigkeit des Grundeigentums bei der Landschaftspflege und dem Naturschutz, DVBl. 1983, 241 ff.

*Ders.,* Kommentierung des Gesetzes zum Schutz gegen Fluglärm, in: Landmann, Robert von / Rohmer, Gustav, Umweltrecht, Band II, Sonstiges Umweltrecht, München, Stand: Oktober 1991.

*Ders.,* Landschaftsschutz, Kiesabbauverbot und Enteignung, Anmerkung zu den Urteilen des BGH vom 26.1.1984 – III ZR 178 und 179/82 – NuR 1984, 196 und 198, in: NuR 1984, 185 ff.

*Ders.,* Rechtliche Instrumente zur Flächensicherung im Interesse des Naturschutzes, in: Heft 59 – 1991 der Schriftenreihe des Deutschen Rates für Landschaftspflege: Naturschutz und Landschaftspflege in den neuen Bundesländern, S. 971 ff. (zit.: Flächensanierung).

*Ders.,* Schutz gegen Fluglärm, in: Cramer, Peter / Lamarque, Jean / Soell, Hermann / du Pontavice, Emmauel, Schutz gegen Verkehrslärm, Frankfurt / Main 1978, S. 45 ff.

*Ders.,* Umweltfolgenprüfung, in: Koch, Hans-Joachim (Hrsg.), Auf dem Weg zum Umweltgesetzbuch, Symposium über den Entwurf eines AT-UGB, Baden-Baden 1992, S. 70 ff.

*Ders.,* Wirtschaftsaufsicht und subjektiver Konkurrenzschutz, Bemerkungen zu einem Buch von Rupert Scholz, Die Verwaltung 6 (1973), 499 ff.

*Ders.*, Zur Methodik der Rechtsfindung des Bundesverfassungsgerichts (unter besonderer Berücksichtigung seiner bisherigen Entscheidungen auf arbeitsrechtlichem Gebiet), ZfA 12 (1981), 509 ff.

*Söllner, Alfred,* Der verfassungsrechtliche Rahmen für Privatautonomie im Arbeitsrecht, RdA 1989, 144 ff.

*Soergel, Hans Theodor* (Begr.) / *Siebert, Wolfgang* (Hrsg.), Bürgerliches Gesetzbuch, Band 1, Allgemeiner Teil, 12. Auflage, Stuttgart 1981 (zit.: Soergel-*Bearbeiter).*

*Dies.*, Band 6, Sachenrecht (§§ 854- 1296), WEG, ErbbauVO, SchiffsG, Stuttgart u. a., Stand: Sommer/ Herbst 1989 (zit.: Soergel-*Bearbeiter).*

*Sonnenschein, Jürgen,* Die Rechtsprechung des Bundesverfassungsgerichts zum Mietrecht, NJW 1993, 161 ff.

*Spindler, Gerald / Spindler, Beate,* Die Sportanlagenlärmschutz-Verordnung in ihrer praktischen Anwendung, NVwZ 1993, 225 ff.

*Starck, Christian,* Das Bonner Grundgesetz, Kommentar, begründet von Hermann von Mangoldt, fortgeführt von Friedrich Klein, Band 1: Präambel, Artikel 1 bis 5, 3. Auflage 1985 (zit.: *von Mangoldt / Klein / Starck).*

*Staudinger, Julius von,* Kommentar zum Bürgerlichen Gesetzbuch mit Einführungsgesetz und Nebengesetzen, Buch 1, siehe *Coing, Helmut,* oder *Dilcher, Hermann.*

*Ders.*, Kommentar zum Bürgerlichen Gesetzbuch mit Einführungsgesetz und Nebengesetzen, Buch 2, Recht der Schuldverhältnisse §§ 255 – 327, siehe *Löwisch, Manfred.*

*Ders.*, Kommentar zum Bürgerlichen Gesetzbuch mit Einführungsgesetzen und Nebengesetzen, Buch 3, Sachenrecht, siehe *Seiler, Hans Hermann,* oder *Roth, Herbert.*

*Steffen, Erich,* siehe *Das Bürgerliche Gesetzbuch.*

*Stein, Ekkehard,* Die Wirtschaftsaufsicht, Tübingen 1967 (zit.: Wirtschaftsaufsicht).

*Stein, Erwin,* Zur Wandlung des Eigentumsbegriffes, in: Ritterspach, Theo / Geiger, Willi (Hrsg.), Festschrift für Gebhard Müller, Zum 70. Geburtstag des Präsidenten des Bundesverfassungsgerichts, Tübingen 1970, S. 503 ff.

*Steinbeiß-Winkelmann, Christine,* Grundrechtliche Freiheit und staatliche Freiheitsordnung, Funktion und Regelungsgehalt verfassungsrechtlicher Freiheitsgarantien im Licht neuerer Grundrechtstheorien, Frankfurt / Main u. a., 1986.

*Steinberg, Rudolf,* Grundfragen des öffentlichen Nachbarrechts, NJW 1984, 457 ff.

*Steindorff, Ernst,* Anmerkung zu BGH, Urt. v. 4.4.1975 – KZR 6/74, JZ 1976, 28 f., in: JZ 1976, 29 ff.

*Ders.*, Gesetzgeberische Möglichkeiten zu verbesserter Durchsetzung des Gesetzes gegen Wettbewerbsbeschränkungen, ZHR 138 (1974), 504 ff.

*Ders.*, Zur Nichtigkeit wettbewerbsbeschränkender Abreden im Europäischen Gemeinschaftsrecht, in: Hallstein, Walter / Schlochauer, Hans-Jürgen, Zur Integration Europas, Festschrift für Carl Friedrich Ophüls aus Anlaß seines siebzigsten Geburtstages, Karlsruhe 1965, S. 209 ff.

*Steiner, Udo,* Aktuelle Rechtsfragen der Einrichtung Verkehrsberuhigter Bereiche, NVwZ 1984, 201 ff.

*Ders.*, Anmerkung zu BVerwG, Urt. v. 13.12.1979, DVBl. 1980, 299, in: DVBl. 1980, 417 f.

*Ders.*, Baurechtliche Teilungsgenehmigung und Privatrechtsordnung, DVBl. 1981, 348 ff.

*Ders.*, Bindungswirkung und Bestandskraft der fingierten Bodenverkehrsgenehmigung, Zugleich ein Beitrag zur Lehre vom Verwaltungsakt, DVBl. 1970, 34 ff.

*Ders.*, Der Schutz vor Kraftfahrzeugabgasen im geltenden Recht und insbesondere im Recht der straßenrechtlichen Planfeststellung, UTR 15, S. 117 ff.

*Ders.*, Kulturauftrag im staatlichen Gemeinwesen, VVDStRL 42 (1984), S. 7 ff.

*Ders.*, Kulturpflege, in: Isensee, Josef / Kirchhof, Paul (Hrsg.), HbStR Band III, Heidelberg 1988, S. 1235 ff.

*Ders.*, Öffentliche Verwaltung durch Private, DÖV 1970, 526 ff.

*Ders.*, Öffentliche Verwaltung durch Private, Hamburg 1975 (zit.: Öffentliche Verwaltung durch Private).

*Ders.*, Rechtsfragen der Einrichtung von Zonen mit beschränkter Geschwindigkeit innerhalb geschlossener Ortschaften, DAR 1989, 401 ff.

*Ders.*, Rechtsprobleme hoheitlicher Eingriffe in den Innenstadtverkehr, DVBl. 1992, 1561 ff.

*Ders.*, Sport und Medien aus verfassungsrechtlicher Sicht, in: Steiner, Udo (Hrsg.), Sport und Medien, Heidelberg 1989, S. 39 ff. (zit.: Sport und Medien).

*Ders.*, Staatliche Gefahrenvorsorge und Technische Überwachung: Vereinbarkeit d. § 7 Abs. 1 und 2 der schleswig-holsteinischen Verordnung über die Organisation der Technischen Überwachung vom 29. Oktober 1960 (GVBl. SchlH S. 191) mit dem Grundgesetz, Heidelberg 1984 (zit.: Staatliche Gefahrenvorsorge).

*Ders.*, Straßen- und Wegerecht, in: Steiner, Udo (Hrsg.), 4. Auflage, Heidelberg 1992 (zit.: Straßen- und Wegerecht).

*Ders.*, Zum Anwendungsbereich der verwaltungsverfahrensrechtlichen Regelungen über die materielle Bestandskraft von Verwaltungsakten (§§ 48, 49 VwVfG), VerwArchiv 83 (1992), 479 ff.

*Stenger, Gernot,* Das Handelsembargo im Außenwirtschaftsrecht, Praxis und Zulässigkeit, Gießen 1988.

*Stern, Klaus,* Das allgemeine Verwaltungsrecht in der neueren Bundesgesetzgebung, JZ 1962, 297 ff.

*Ders.*, Das Staatsrecht der Bundesrepublik Deutschland, Band I, Grundbegriffe und Grundlagen des Staatsrechts, Strukturprinzipien der Verfassung, 2. Auflage, München 1984 (zit.: Staatsrecht I).

*Ders.*, Das Staatsrecht der Bundesrepublik Deutschland, Band III, Allgemeine Lehren der Grundrechte, 1. Halbband, München 1988 (zit.: Staatsrecht III/1).

*Ders.*, Die Öffentliche Sache, VVDStRL 21 (1964), S. 183 ff.

*Ders.*, Ermessen und unzulässige Ermessensausübung, Eine Analyse der subjektiven und objektiven Elemente, Berlin 1964 (zit.: Ermessen).

*Ders.*, Idee und Elemente eines Systems der Grundrechte, in: Isensee, Josef / Kirchhof, Paul (Hrsg.), HbStR V, Heidelberg 1992, S. 45 ff.

*Ders.*, Zur Entstehung und Ableitung des Übermaßverbotes, in: Badura, Peter / Scholz, Rupert (Hrsg.), Wege und Verfahren des Verfassungslebens, Festschrift für Peter Lerche zum 65. Geburtstag, München 1993, S. 165 ff.

*Ders.*, Zur Grundlegung einer Lehre des öffentlich-rechtlichen Vertrages, VerwArchiv 49 (1958), 106 ff.

*Ders.*, Zur Problematik des energiewirtschaftlichen Konzessionsvertrages, AöR 84 (1959), 137 ff., 273 ff.

*Stier-Somlo, Fritz,* Art. 109, Gleichheit vor dem Gesetz, in: Nipperdey, Hans Carl (Hrsg.), Die Grundrechte und Grundpflichten der Reichsverfassung, Kommentar zum Zweiten Teil der Reichsverfassung, Erster Band: Allgemeine Bedeutung der Grundrechte und die Artikel 102 – 117, Berlin 1929, S. 158 ff.

*Stober, Rolf,* Rein gewerbliche Betätigung der öffentlichen Hand und Verfassung, ZHR 145 (1981), 565 ff.

*Ders.*, Verfassungsrechtlicher Eigentumsschutz sozialer Rechtspositionen, Grundlinien der einschlägigen Rechtsprechung des Bundesverfassungsgerichts, des Bundessozialgerichts und der anderen obersten Gerichte, in: Deutscher Sozialrechtsverband – 2. Sozialrechtslehrertagung, Verfassungsrechtlicher Eigentumsschutz sozialer Rechtspositionen, Wiesbaden 1982, S. 9 ff. (zit.: Verfassungsrechtlicher Eigentumsschutz).

*Stödter, Rolf,* Öffentlich-rechtliche Entschädigung, Hamburg 1933 (zit.: Entschädigung).

*Stoll, Heinrich,* Art. 152, Vertragsfreiheit, in: Nipperdey, Hans Carl (Hrsg.), Die Grundrechte und Grundpflichten der Reichsverfassung, Kommentar zum Zweiten Teil der Reichsverfassung, Dritter Band, Art. 143 – 165 und „Zur Ideengeschichte der Grundrechte", Berlin 1930, S. 175 ff.

*Stolleis, Michael,* Der Schutz der Vermögensrechte des Bürgers gegenüber dem Staat – aus verfassungsgeschichtlicher Sicht, in: Deutscher Sozialrechtsverband – 2. Sozialrechtslehrertagung, Verfassungsrechtlicher Eigentumsschutz sozialer Rechtspositionen, Wiesbaden 1982, S. 104 ff. (zit.: Schutz der Vermögensrechte).

*Ders.*, Möglichkeiten der Fortentwicklung des Rechts der Sozialen Sicherheit zwischen Anpassungszwang und Bestandsschutz, 55. DJT 1984, Band II, N 9 ff., München 1984.

*Straub, Wolfgang,* siehe *Benisch, Werner.*

*Streissler, Erich,* Der Schutz der Vermögensrechte des Bürgers gegenüber dem Staat aus ökonomischer Sicht, in: Deutscher Sozialrechtsverband – 2. Sozialrechtslehrertagung, Verfassungsrechtlicher Eigentumsschutz sozialer Rechtspositionen, Wiesbaden 1982, S. 151 ff. (zit.: Schutz der Vermögensrechte).

*Strickrodt, Georg,* Diskussionsbeitrag, 44. DJT, G 31 ff., Tübingen 1964.

*Stuck, Gerhard,* Vertragsfreiheit – ein Grundrecht?, DuR 1988, 39 ff.

*Taupitz, Jochen,* Buchbesprechung: Wolfram Höfling, Vertragsfreiheit, Eine grundrechtsdogmatische Studie, in: AcP 192 (1992), 341 ff.

*Ders.*, Die Standesordnungen der freien Berufe, Geschichtliche Entwicklung, Funktionen, Stellung im Rechtssystem, Berlin u. a. 1991 (zit.: Standesordnungen).

*Tettinger, Peter J.*, Rechtsanwendung und gerichtliche Kontrolle im Wirtschaftsverwaltungsrecht, München 1980 (zit.: Rechtsanwendung).

*Ders.*, siehe *Sieg, Harald / Liefermann, Werner / Tettinger, Peter J.*

*Thiel, Jürgen Michael,* Europa 1992: Grundrechtlicher Eigentumsschutz im EG-Recht, JuS 1991, 274 ff.

*Thiele, Wolfgang,* Die Zustimmungen in der Lehre vom Rechtsgeschäft, Köln u. a. 1966 (zit.: Zustimmungen).

*Ders.*, siehe *Rebmann, Kurt / Säcker, Franz Jürgen.*

*Thoma, Richard,* Die juristische Bedeutung der grundrechtlichen Sätze der deutschen Reichsverfassung im allgemeinen, in: Nipperdey, Hans Carl (Hrsg.), Die Grundrechte und Grundpflichten der Reichsverfassung, Kommentar zum Zweiten Teil der Reichsverfassung, Dritter Band, Art. 143 – 165 und „Zur Ideengeschichte der Grundrechte", Berlin 1929, S. 1 ff. (zit.: Juristische Bedeutung).

*Ders.*, Grundrechte und Polizeigewalt, in: Triepel, Heinrich (Hrsg.), Verwaltungsrechtliche Abhandlungen, Festgabe zur Feier des fünfzigjährigen Bestehens des Preußischen Oberverwaltungsgerichts, Berlin 1925, S. 183 ff.

*Tilmann, Winfried,* Zur Rechtsstellung des Verbrauchers bei Wettbewerbsdelikten, ZHR 141 (1977), 32 ff.

*Timm, Charlotte,* Eigentumsgarantie und Zeitablauf, Baden-Baden 1977.

*Timmermann, Franz Hubert,* Der baurechtliche Nachbarschutz, Berlin 1969.

*Trautmann, Lutz,* siehe *Benisch, Werner.*

*Ule, Carl Hermann,* Zur rechtlichen Bedeutung von Ausschlußfristen im Verwaltungsverfahren für den Verwaltungsprozeß, BB 1979, 1009 ff.

*Ule, Carl Hermann / Laubinger, Hans-Werner,* Bundesimmissionsschutzgesetz, Kommentar, Neuwied u. a., ab 1974.

*Ullrich, Hanns,* Zivilprozeß und Kartellverstoß, in: Gewerblicher Rechtsschutz, Urheberrecht, Wirtschaftsrecht, Mitarbeiterfestschrift zum 70. Geburtstag von Eugen Ulmer, Köln u. a. 1973, S. 521 ff.

*Ulmer, Peter,* Rule of Reason im Rahmen von Artikel 85 EWGV, RIW 1985, 517 ff.

*Ders.*, siehe *Hachenburg, Max.*

*Vassel, Eick,* Die Einflußnahme des Bundesaufsichtsamtes für das Versicherungs- und Bausparwesen auf die Ausgestaltung der Allgemeinen Versicherungsbedingungen der von ihm beaufsichtigten privaten Versicherungsunternehmungen, Würzburg 1971.

*Veelken, Winfried,* Die Bedeutung des EG-Rechts für die nationale Rechtsanwendung, JuS 1993, 265 ff.

*Venit, James S.*, The Commission's Opposition Procedure – between the Scylla of ultra vires and the Charybdis of Perfume: Legal Consequences and tactical Considerations, CMLR 1985, 167 ff.

*Venrooy, Gerd J. von,* Vertrag und Unwirksamkeit bei § 18 des Gesetzes gegen Wettbewerbsbeschränkungen (GWB), Berlin 1980.

*Vieweg, Klaus,* Normsetzung und -anwendung deutscher und internationaler Verbände,

Eine rechtstatsächliche und rechtliche Untersuchung unter besonderer Berücksichtigung der Sportverbände, Berlin 1990 (zit.: Normsetzung).

*Ders.*, Sportanlagen und Nachbarrecht, JZ 1987, 1104 ff.

*Voelskow, Rudi,* Kommentierung der Hausratsverordnung, in: Johannsen, Kurt H. / Henrich, Dieter (Hrsg.), Eherecht, Scheidung, Trennung, Folgen, 2. Auflage, München 1992.

*Vollmer, Lothar,* Wettbewerbsrechtliche Mehrerlösabschöpfung nach der UWG- und GWB-Novelle, DB 1979, 2213 ff.

*Voß, Matthias,* Vertrauensschutz im Kartellrecht, Privatrechtliche Nichtigkeitssanktion und öffentlich-rechtlicher Vertrauensschutz, Göttingen 1990.

*Wagner, Gerhard,* Öffentlich-rechtliche Genehmigung und zivilrechtliche Rechtswidrigkeit, Köln u. a. 1989 (zit.: Öffentlich-rechtliche Genehmigung).

*Ders.*, Wesentlichkeit gleich Erheblichkeit? Zur Harmonisierung von öffentlichem und privatem Nachbar- und Immissionsschutzrecht, NJW 1991, 3247 ff.

*Wagner, Heinz,* Amts- oder Fiskalhaftung?, Zur Abgrenzung zwischen öffentlichem und privatem Recht im System der staatlichen Ersatzleistungen, JZ 1968, 245 ff.

*Wagner, Robert,* Handlungsformen und Handlungsfelder der Treuhandanstalt – öffentlich-rechtlich oder privatrechtlich?, DÖV 1991, 813 ff.

*Wahl, Rainer,* Der Vorrang der Verfassung, Der Staat 20 (1981), 485 ff.

*Ders.*, Der Vorrang der Verfassung und die Selbständigkeit des Gesetzesrechts, NVwZ 1984, S. 401 ff.

*Wallerath, Maximilian,* Öffentliche Bedarfsdeckung und Verfassungsrecht, Beschaffung und Leistungsserstellung im Staat der Gegenwart, Baden-Baden 1988 (zit.: Bedarfsdekkung).

*Ders.*, Zur Rechtsnatur der Leistungserbringungsverträge in der gesetzlichen Krankenversicherung, NJW 1987, 1472 ff.

*Walz, Gustav Adolf,* Vom Wesen des öffentlichen Rechts, Akademische Antrittsvorlesung, Stuttgart 1928 (zit.: Vom Wesen des Öffentlichen Rechts).

*Wannagat, Georg,* Die umstrittene verfassungsrechtliche Eigentumsgarantie für die Renten der gesetzlichen Rentenversicherung, in: Hans F. Zacher (Hrsg.), Soziale Sicherung durch soziales Recht, Festschrift für Horst Peters zum 65. Geburtstag, Stuttgart u. a. 1975.

*Weber, Werner,* Eigentum und Enteignung, in: Neumann, Franz L. / Nipperdey, Hans Carl / Scheuner, Ulrich (Hrsg.), Die Grundrechte, Handbuch der Theorie und Praxis der Grundrechte, Zweiter Band, Berlin 1954, S. 331 ff. (zit.: Eigentum und Enteignung).

*Weber-Dürler, Beatrice,* Vertrauensschutz im öffentlichen Recht, Basel 1983 (zit.: Vertrauensschutz).

*Weides, Peter,* Rechtsweg bei Streitigkeiten über die Veräußerung von Geschäftsanteilen einer GmbH durch die Treuhandanstalt -OVG Berlin, NJW 1991, 715 f., und VG Berlin, NJW 1991, 1969 f., in: JuS 1991, 818 ff.

*Weimar, Robert / Geitzhaus, Georg / Delp, Udo A.*, Die Stiftung & Co. KG als Rechtsform der Unternehmung, BB 1986, 1999 ff.

*Wendt, Rudolf,* Eigentum und Gesetzgebung, Hamburg 1985 (zit.: Eigentum).

*Ders.*, Rücknahme und Widerruf von Verwaltungsakten in Spezialgesetzen und im Verwaltungsverfahrensgesetz, JA 1980, 85 ff.

*Wertenbruch, Johannes,* Der Anspruch des Unternehmens auf Erteilung eines kartellbehördlichen Negativattestes, Art. 12 Abs. 1 und Art. 20 Abs. 3 GG als Rechtsgrundlage, BB 1992, 219 ff.

*Wertenbruch, Wilhelm,* Zum privatrechtsgestaltenden Verwaltungsakt, in: Seidl, Erwin (Hrsg.), Aktuelle Fragen aus modernem Recht und Rechtsgeschichte, Gedächtnisschrift für Rudolf Schmidt, Berlin 1966, S. 89 ff.

*Westermann, Harry,* Der konstitutive und deklaratorische Hoheitsakt als Tatbestand des Zivilrechts, in: Pawlowski, Hans-Martin / Wieacker, Franz (Hrsg.), Festschrift für Karl Michaelis zum 70. Geburtstag am 21. Dezember 1970, Göttingen 1972, S. 337 ff.

*Ders.*, Die Funktion des Nachbarrechts, Zugleich eine Untersuchung der Bedeutung des Immissionsschutzgesetzes für das Privatrecht, in: Paulus, Gottgard / Diederichsen,

Uwe / Canaris, Claus-Wilhelm (Hrsg.), Festschrift für Karl Larenz zum 70. Geburtstag, München 1973, S. 1003 ff.

*Westermann, Harm Peter,* Das private Nachbarrecht als Instrument des Umweltschutzes, in: UTR 11, Düsseldorf 1990, S. 103 ff.

*Ders.,* siehe *Erman, Walter.*

*Westrick, Klaus,* siehe *Loewenheim, Ulrich / Belke, Rolf.*

*Weyreuther, Felix,* Modifizierende Auflagen, DVBl. 1984, 365 ff.

*Ders.,* Über „Baubedingungen", DVBl. 1969, 232 ff und 295 ff.

*Wieacker, Franz,* Zur praktischen Leistung der Rechtsdogmatik, in: Bubner, Rüdiger / Cramer, Konrad / Wiehl, Reiner (Hrsg.), Hermeneutik und Dialektik, Festschrift für Hans-Georg Gadamer zum 70. Geburtstag, Aufsätze II, S. 311 ff.

*Wiedemann, Gerhard,* Kommentar zu den Gruppenfreistellungsverordnungen des EWG-Kartellrechts, Band I, Köln 1989.

*Ders.,* Kommentar zu den Gruppenfreistellungsverordnungen des EWG-Kartellrechts, Band II, Köln 1990.

*Wiedemann, Herbert,* Anmerkung zu BVerfG, B. v. 07.02.1990 – 1 BvR 26/84, JZ 1990, 691 ff. in: JZ 1991, 695 ff.

*Wieland, Joachim,* Die Konzessionsabgaben, Zur Belastung wirtschaftsverwaltungsrechtlicher Erlaubnisse mit Abgaben, Berlin 1991 (zit.: Konzessionsabgaben).

*Wilke, Dieter / Schachel, Jens,* Probleme fiskalischer Betätigung der öffentlichen Hand, WiVerw 1978, 95 ff.

*Willke, Armin,* Anmerkung zum BGH Urt. v. 6.6.1977, WM 1977,1226, in: WM 1977, 1229 f.

*Willke, Helmut,* Stand und Kritik der neueren Grundrechtstheorie, Schritte zu einer normativen Systemtheorie, Berlin 1975 (zit.: Grundrechtstheorie).

*Wittig, Peter,* Der Erwerb von Eigentum und das Grundgesetz, NJW 1967, 2185 ff.

*Wolf, Ernst,* Zur Methode der Bestimmung von privatem und öffentlichem Recht, in: Nipperdey, Hans Carl (Hrsg.), Festschrift für Erich Molitor zum 75. Geburtstag 3. Oktober 1961, München u. a. 1962, S. 1 ff.

*Wolf, Manfred,* siehe *Soergel, Hans Theodor.*

*Wolff, Hans J.,* Der Unterschied zwischen öffentlichem und privatem Recht, AöR 76 (1950/51), 205 ff.

*Wolff, Hans J. / Bachof, Otto / Stober, Rolf,* Verwaltungsrecht II, 5. Auflage 1987.

*Wolff, Martin,* Reichsverfassung und Eigentum, in: Festgabe der Berliner Juristischen Fakultät für Wilhelm Kahl, Tübingen 1923.

*Wolfrum, Rüdiger,* Der Ausschluß von Einwendungen im Anhörungsverfahren und sein Einfluß auf den Verwaltungsrechtsschutz, DÖV 1979, 497 ff.

*Zacher, Hans F.,* Das soziale Staatsziel, in: Isensee, Josef / Kirchhof, Paul (Hrsg.), HbStR I, Grundlagen von Staat und Verfassung, Heidelberg 1987, S. 1045 ff.

*Ders.,* Sozialpolitik und Verfassung im ersten Jahrzehnt der Bundesrepublik Deutschland, Berlin 1980 (zit.: Sozialpolitik und Verfassung).

*Zapp, Michael Robert,* Privatrechtliche Voraussetzungen und privatrechtliche Wirkungen der Baugenehmigung, München 1983.

*Zezschwitz, Friedrich v.,* Rechtsprobleme eines administrativen Preis- und Lohnstopps, DB 1973, 1435 ff.

*Ders.,* Rechtsstaatliche und prozessuale Probleme des Verwaltungsprivatrechts, NJW 1983, 1873 ff.

*Zitzelsberger, Heribert,* Verfassungsrechtliche Fragen beim Widerruf einer Anlagengenehmigung nach § 21 BImSchG, GewArch 1990, 153 ff.

*Zöller, Hannelore,* siehe *Das Bürgerliche Gesetzbuch.*

*Zöllner, Wolfgang,* Die politische Rolle des Privatrechts, JuS 1988, 329 ff.

*Zuck, Rüdiger,* Verwaltungsrecht und Verfassungsrecht, in: Franßen, Everhardt / Redeker, Konrad / Schlichter, Otto / Wilke, Dieter (Hrsg.), Bürger – Richter – Staat, Festschrift für Horst Sendler zum Abschied aus seinem Amt, München 1991, S. 155 ff.

*Zuleeg, Manfred,* Anmerkung zu VG Neustadt an der Weinstraße, Urteil vom 7.8.1962 -I K 270/61 – in: DVBl. 1963, 34 f.

*Ders.,* Die Anwendungsbereiche des öffentlichen Rechts und des Privatrechts, VerwArchiv 73 (1982), 384 ff.

*Ders.,* Die Rechtsform der Subventionen, Berlin 1965 (zit.: Subventionen).

*Ders.,* Die Zweistufenlehre, Ausgestaltung, Abwandlungen, Alternativen, in: Oberndorfer, Peter / Schambeck, Herbert (Hrsg.), Verwaltung im Dienste von Wirtschaft und Gesellschaft, Festschrift für Ludwig Fröhler zum 60. Geburtstag, Berlin 1980, S. 275 ff.

*Ders.,* Verfahrensfragen und Interessenschutz bei Ausübung des Vorkaufsrechts nach §§ 24 ff. BBauG, DVBl. 1966, 233 ff.

*Ders.,* Zur Rechtsnatur der Ausübung des gemeindlichen Vorkaufsrechts, DVBl. 1967, 266 ff.

# Stichwortverzeichnis

# Jus Publicum
Beiträge zum öffentlichen Recht

## 1 Peter-Michael Huber
*Konkurrenzschutz im Verwaltungsrecht*

Schutzanspruch und Rechtsschutz bei Lenkungs- und Verteilungsentscheidungen der öffentlichen Verwaltung

Wenn eine Behörde die Verteilung knapper Güter beeinflußt, kann sich ein einzelner Wettbewerber nur wehren, wenn er sich auf subjektive öffentliche Rechte berufen kann. Peter-Michael Huber zeigt, wie diese Rechte bestimmt werden.
1991. XXV, 592 Seiten. Leinen.

## 2 Jörg Lücke
*Vorläufige Staatsakte*

Auslegung, Rechtsfortbildung und Verfassung am Beispiel vorläufiger Gesetze, Urteile, Beschlüsse und Verwaltungsakte

Inwieweit Parlamente, Gerichte und Behörden vorläufige Staatsakte erlassen dürfen, ist umstritten. Jörg Lücke stellt diese Maßnahmen dar und prüft ihre Zulässigkeit anhand der Verfassung.
1991. XVI, 264 Seiten. Leinen.

## 3 Hartmut Bauer
*Die Bundestreue*

Zugleich ein Beitrag zur Dogmatik des Bundesstaates und zur Rechtsverhältnislehre

Hartmut Bauer legt hier eine umfassende rechtswissenschaftliche Aufarbeitung des Grundsatzes bundesfreundlichen Verhaltens vor.
1992. XXII, 429 Seiten. Leinen.

## 4 Rolf Gröschner
*Das Überwachungsrechtsverhältnis*

Wirtschaftsüberwachung in gewerbepolizeilicher Tradition und wirtschaftsverwaltungsrechtlichem Wandel

*Das Überwachungsrechtsverhältnis* ist der Versuch, den Ort der Wirtschaftsüberwachung zwischen Liberalismus und Etatismus zu bestimmen. Mit dieser Ortsbestimmung leistet der Autor einen Beitrag zur aktuellen Diskussion um das Verwaltungsrechtsverhältnis.
1992. XIV, 376 Seiten. Leinen.

## 5 Moris Lehner
*Einkommenssteuerrecht und Sozialhilferecht*

Bausteine zu einem Verfassungsrecht des sozialen Steuerstaates

Die Arbeit beschäftigt sich mit den Zusammenhängen zwischen dem steuerfrei zu belassenden Mindesteinkommen und den Leistungen der Sozialhilfe. Der Verfasser kommt zu dem

Ergebnis, daß dem, der seinen und den Lebensunterhalt seiner Angehörigen selber verdient, vom Steuerrecht mehr belassen werden muß als das, was der Sozialhilfeempfänger vom Staat bekommt.
1993. XX, 459 Seiten. Leinen.

6 Martin Morlok
*Selbstverständnis als Rechtskriterium*
Vorkommen – Funktionen – dogmatische Bedeutung

Wann und wie können in einer eigentlich objektiven Rechtsordnung subjektive Einschätzungen verbindlich werden? Mit soziologischem Hintergrund analysiert Martin Morlok Struktur und Funktionen der Berücksichtigung von Selbstverständnissen durch das Rechtssystem. Die Berücksichtigung subjektiver Interpretationen ist auch ein Mittel zur erfolgsorientierten Anpassung des Rechts an seine Umwelten und zur personalen Ausrichtung des Rechts.
1993. XX, 496 Seiten. Leinen.

7 Walter Pauly
*Der Methodenwandel im deutschen Spätkonstitutionalismus*
Ein Beitrag zur Entwicklung und Gestalt der Wissenschaft vom Öffentlichen Recht im 19. Jahrhundert.

Walter Pauly vollzieht die Etappen nach, in denen dem Staatsrecht seine eigentümliche willenstheoretische Codierung verliehen wurde, die auf dem Willensbegriff als Universalcode jeden Rechts gründet.
1993. XI, 269 Seiten. Leinen.

8 Udo Di Fabio
*Risikoentscheidungen im Rechtsstaat*
Zum Wandel der Dogmatik im öffentlichen Recht, insbesondere am Beispiel der Arzneimittelüberwachung

In der Verwaltung müssen zunehmend Entscheidungen getroffen werden, mit denen unbekannte Risikolagen gestaltet werden. Im Mittelpunkt der Untersuchung dieses neuen Entscheidungstyps steht das Arzneimittelrecht.
1994. Ca. 560 Seiten. Leinen.

9 Gerrit Manssen
*Privatrechtsgestaltung durch Hoheitsakt*
Verfassungsrechtliche und verwaltungsrechtliche Grundlagen

1994. XXIII, 414 Seiten. Leinen.